民法総則

新井 誠
岸本雄次郎
著

日本評論社

はしがき

　本書は、私たちが精魂を傾けて執筆した教科書であり、タイトルのとおり、民法総則をその対象としている。夥しい数の民法教科書が出版されている現状においてなお私たちが本書をまとめようと決断するに至った理由は、民法総則を初めて学ぶ学生、一般社会人のニーズに、より適したテキストを公刊したいとの一念にあった。

　民法総則は、民法の共通法則であることから、抽象的で分かり難い。民法で最初に学ぶ領域でありながら、その抽象性により民法が不得手となる学生を数多く見てきた。そこで、有為な学徒が民法学習の最初の段階で躓かないように意図したのが本書である。その特徴は、以下の4点にある。

　第1に、独学用にも資するように、民法総則で用いられる概念・定義等の「約束事」をできる限り丁寧に説明している。

　第2に、学術的水準を維持した上で、読者に理解してもらうための工夫を施している。すなわち、コラムにて説明を補充・展開したり、挿絵によって視覚的に理解させるようにしたりしている。

　第3に、判例を重視していることである。その好例として、民法総則関連の『判例百選』最新版の事案をすべて収録している。判例解説の機能をも具備させようとしたものである。

　第4に、民法総則に関する情報を可能な限り収めている。民法総則を、条文に基づいて観念的に説くのではなく、社会に生起している事象に即して理解させるべく試みた。「民法典」制定史を詳細に論じたのも、その一環である。

　さて、新井と岸本は、いわゆる師弟関係にある。新井は、35年にわたって民法・信託法を講じてきた。岸本は、その講筵に列した者であるが、学界の新しい世代を体現している。その両名が、従来の経験と新しい感性とを融

合させて、これまでにないタイプの教科書をまとめようとした挑戦が本書なのである。刊行に至るまでの途は、決して平坦ではなかった。新井は岸本の正確かつ精力的な執筆作業に感謝し、岸本は新井の的確な方向づけと協働作業に謝意を表するものである。

　本書が1人でも多くの読者によって受け容れられることを切望するとともに、読者・識者のご批判等には謙虚に耳を傾け、本書を機会あるごとに改訂・補充して完きものにしていきたいと思う。

　本書のカバーおよび本文中の挿絵に関しては、日本画家の服部繭子氏に筆を執っていただいた。本書が少しでも読み易くなっているならば、得てして味気なくなりがちな「教科書」に彩りを添えてくださった同氏のおかげである。この場を借りて同氏のご厚意に心より御礼申し上げる。

　また、出版事情がきわめて厳しい状況において本書の出版を引き受けて下さった日本評論社に対しては、かかる有り難いご支援に満腔の謝意を表したい。そして、周到かつ丁寧な編集作業を担当下さった同社の高橋耕氏に対しても、その温かいご配慮に衷心からの感謝を申し上げる次第である。

　2015年1月

　　　　　　　　　　　　　東京・多摩のキャンパス研究室にて
　　　　　　　　　　　　　　　　　　　　　　　新井　誠
　　　　　　　　　　　　　京都・衣笠のキャンパス研究室にて
　　　　　　　　　　　　　　　　　　　　　　　岸本　雄次郎

目　次

はしがき　i
民法百選［第7版］の民法総則関連判例　xvii

第1章　民法を学ぶ　　1

1　民法の意義 …………………………………………… 1
（1）総　説　1
（2）民法とは　2
　　（ⅰ）市民生活と民法　2　（ⅱ）民法とは何か　6　（ⅲ）民法の私法性　7
（3）西欧式法典の移植前　11
　　（ⅰ）大岡裁き　12　（ⅱ）科学技術の進展による新たな問題　14

2　民法の法源 …………………………………………… 15
（1）法源とは　15
（2）民法の存在形式　16
　　（ⅰ）民法典（成文法）17　（ⅱ）民事特別法（成文法）17　（ⅲ）慣習法（不文法）19　（ⅳ）判例法（不文法）19　（ⅴ）条理　20

3　民法の基本原則 ……………………………………… 21
（1）近代民法の基本原則　21
　　（ⅰ）所有権絶対の原則　22　（ⅱ）契約自由の原則　22　（ⅲ）過失責任主義　23
（2）基本原則の修正　23
　　（ⅰ）所有権絶対の原則の修正　23　（ⅱ）契約自由の原則の修正　25　（ⅲ）無過失責任主義　26

4　日本民法典の成立 …………………………………… 27
（1）民法典制定の背景　27
　　（ⅰ）維新直後　27　（ⅱ）フランス民法と旧民法　29　（ⅲ）民法典論争　31

（2）民法典の成立　　　　　　　　　　　　　　　　　　　　　　34
　　　　（ⅰ）緒論　34　（ⅱ）明治14年の政変とドイツ法の継受　36　（ⅲ）小括　40

5　民法の改正 ………………………………………………………………41
　　（1）終戦直後の改正　　　　　　　　　　　　　　　　　　　　　　41
　　　　（ⅰ）私権の公共性・信義誠実の原則・権利濫用の禁止　41　（ⅱ）個人の尊厳　45　（ⅲ）男女平等　46
　　（2）その後の改正　　　　　　　　　　　　　　　　　　　　　　　47
　　　　（ⅰ）新たな立法　47　（ⅱ）現代語化　48　（ⅲ）債権法改正への動き　48

6　民法典の構成 ……………………………………………………………49
　　（1）ローマ法　　　　　　　　　　　　　　　　　　　　　　　　　49
　　（2）ドイツにおけるローマ法継受　　　　　　　　　　　　　　　　50
　　（3）フランスにおけるローマ法継受　　　　　　　　　　　　　　　51
　　（4）日本民法とパンデクテン体系　　　　　　　　　　　　　　　　51

7　民法総則の構造 …………………………………………………………51

第2章　自然人　　　　　　　　　　　　　　　　　　　　　　　　　59

1　自然人の権利能力 ………………………………………………………59
　　（1）権利能力　　　　　　　　　　　　　　　　　　　　　　　　　59
　　　　（ⅰ）序論　59　（ⅱ）権利能力平等の原則　60
　　（2）権利能力の始期　　　　　　　　　　　　　　　　　　　　　　62
　　　　（ⅰ）序論　62　（ⅱ）胎児の権利能力　62
　　（3）権利能力の終期　　　　　　　　　　　　　　　　　　　　　　65

2　自然人の意思能力・行為能力 …………………………………………67
　　（1）意思能力　　　　　　　　　　　　　　　　　　　　　　　　　67
　　　　（ⅰ）「意思」の意義　67　（ⅱ）意思無能力の効果　71
　　（2）行為能力　　　　　　　　　　　　　　　　　　　　　　　　　74
　　　　（ⅰ）行為能力制度の趣旨　74　（ⅱ）制限行為能力者　75　（ⅲ）成年後見制度の創設（1999年民法改正）　76　（ⅳ）意思能力と行為能力との関係　79

3　未成年者 …………………………………………………80
　　　（1）未成年の行為能力　81
　　　（2）未成年者が単独で法律行為をすることができる場合　81
　　4　成年後見制度 ……………………………………………87
　　　（1）序　論　87
　　　（2）後　見　87
　　　　　（i）後見の対象者　87　（ii）後見開始の審判　91
　　　（3）保　佐　95
　　　　　（i）保佐の対象者　95　（ii）保佐開始の審判　96
　　　（4）補　助　100
　　　　　（i）補助の対象者　100　（ii）補助開始の審判　100
　　　（5）任意後見制度　103
　　　　　（i）立法の背景　103　（ii）任意後見契約法　104　（iii）任意後見契約の締結　105　（iv）任意後見人　106　（v）任意後見監督人　106　（vi）任意後見契約の終了　107
　　　（6）後見等の登記　107
　　　　　（i）戸籍から登記へ　107　（ii）登記の概要　108
　　　（7）制限行為能力者の相手方の保護　109
　　　　　（i）序論　109　（ii）相手方の催告権　109　（iii）取消権の剝奪　111
　5　住所・失踪 …………………………………………………116
　　　（1）住　所　116
　　　　　（i）住所の意義　116　（ii）住所の決定　117　（iii）居所　120　（iv）仮住所　120
　　　（2）不在者　120
　　　　　（i）不在者の意義　121　（ii）家庭裁判所が選任した管理人の職務・権限　121　（iii）委任財産管理人　122
　　　（3）失踪宣告　122
　　　　　（i）失踪宣告の意義　122　（ii）失踪宣告の要件　123　（iii）失踪宣告の手続　124　（iv）失踪宣告の効果　125　（v）失踪宣告の取消し　126　（vi）認定死亡制度　131
　　　（4）同時死亡の推定　132

第3章 法人　　141

1　総　説 …………………………………………………141
　（1）法人の意義　　141
　（2）法人本質論　　142
　（3）法人の種類　　144
　（4）法人格否認の法理　　147
　（5）法人制度改革　　149
　　　（i）公益法人制度改革の経緯　149　（ii）公益法人制度改革関連法　150　（iii）改革後の制度の概要　151　（iv）特例民法法人　152
　（6）法人設立の諸主義　　153
　　　（i）法人法定主義　153　（ii）設立の諸主義　153
2　法人の設立 ……………………………………………155
　（1）一般社団法人　　155
　　　（i）許可主義から準則主義へ　155　（ii）定款の作成　155　（iii）設立時役員（理事）156　（iv）登記　156　（v）社員　157
　（2）一般財団法人　　157
　　　（i）定款の作成　157　（ii）設立時役員（理事）158　（iii）財産拠出の履行　159　（iv）登記　159
　（3）公益法人の認定　　159
　　　（i）公益法人制度　159　（ii）公益目的事業　161　（iii）公益認定基準　162　（iv）公益法人の事業活動　163　（v）行政庁による監督　164　（vi）公益認定等委員会　164
3　法人の能力 ……………………………………………165
　（1）権利能力　　165
　（2）権利能力のない社団・財団　　166
　　　（i）権利能力のない社団・財団とは　166　（ii）権利能力のない社団・財団の意義　167　（iii）「組合」との異同　168　（iv）成立要件　169　（v）権利能力のない社団の財産の帰属　173　（vi）権利能力のない社団の債務と責任　175　（vii）不動産の登記　176
　（3）行為能力　　178
　　　（i）法人の行為の実現者　178　（ii）「法人の目的」の範囲　179　（iii）「目的の範囲内」の判断基準　181
　（4）法人の不法行為責任　　188
　　　（i）緒論　188　（ii）法人の不法行為能力　189　（iii）成立要件　189　（iv）役員等の法人に対する責任　191　（v）代表理事ほかの個人

責任 191 （ⅵ）一般法人法 78 条と民法 110 条 192 （ⅶ）企業
責任論 194

4 法人の管理 ·· 195
 （1）一般社団法人 195
  （ⅰ）機関 195 （ⅱ）役員等の損害賠償責任 203
  （ⅲ）計算・基金 204
 （2）一般財団法人 205

5 法人の合併・解散・清算 ·· 207
 （1）合 併 207
 （2）解 散 207
  （ⅰ）一般社団法人 207 （ⅱ）一般財団法人 208 （ⅲ）みなし
  解散 208 （ⅳ）清算 208

第4章　物　　209

1 物の意義 ··· 209
 （1）権利の客体と物 209
 （2）物の要件 209
  （ⅰ）有体性・支配可能性 209 （ⅱ）外界の一部 211
 （3）一物一権主義 212

2 物の分類 ··· 216
 （1）緒 論 216
 （2）不動産・動産 217
  （ⅰ）両者の区別の意義 217 （ⅱ）不動産 218 （ⅲ）動産 224

3 主物・従物 ·· 226
 （1）意 義 226
 （2）従物の要件 227
 （3）効 果 228

4 元物・果実 ·· 229
 （1）天然果実 230
 （2）法定果実 230

第5章　法律行為　　233

1　総　説　……………………………………………………233
（1）法律要件と法律効果　　233
（2）法律行為の意義　　234
（3）準法律行為　　234
（4）法律行為の種類　　236
（ⅰ）単独行為・契約・合同行為　236　（ⅱ）債権行為・物権行為・準物権行為　237　（ⅲ）財産行為・身分行為　238　（ⅳ）要式行為・不要式行為　238　（ⅴ）生前行為・死後行為　238　（ⅵ）有因行為・無因行為　238　（ⅶ）有償行為・無償行為　239　（ⅷ）信託行為　239

2　法律行為自由の原則とその制限　……………………240
（1）法律行為自由の原則　　240
（2）法律行為の自由の制約　　241

3　法律行為の解釈　………………………………………242
（1）法律行為の解釈の意義　　242
（2）法律行為の解釈の基準　　243
（ⅰ）当事者の意思　243　（ⅱ）任意規定　245　（ⅲ）慣習　246　（ⅳ）信義則（条理）249
（3）法律行為の成立要件　　250
（4）法律行為の有効要件　　250
（ⅰ）目的の確定性　250　（ⅱ）目的の実現可能性　251　（ⅲ）目的の適法性　251　（ⅳ）目的の社会的妥当性　255

第6章　意思表示　　267

1　総　説　……………………………………………………267
（1）意思表示とは　　267
（2）意思の欠缺と瑕疵ある意思表示　　268
（ⅰ）意思の欠缺　268　（ⅱ）正常に形成されない意思表示　271

2　心裡留保　…………………………………………………272
（1）意義と要件　　272
（2）効　果　　272
（3）適用範囲　　274

（4）93条ただし書の類推適用　　275
　3　虚偽表示 ………………………………………………………275
　　（1）意義と要件　　275
　　（2）効　果　　276
　　　（i）当事者間　276　（ii）対第三者　277　（iii）「対抗することができない」とは　280
　　（3）対抗要件具備の要否　　280
　　（4）適用範囲　　281
　　（5）隠匿行為　　282
　　（6）虚偽表示の撤回　　283
　　（7）詐害行為取消権との関係　　283
　4　94条2項の類推適用 …………………………………………284
　　（1）外観信頼保護法理　　284
　　（2）判例の展開　　285
　　　（i）真の権利者が積極的に虚偽の外観を作出したケース　285
　　　（ii）真の権利者が虚偽の外観を了承・放置していたケース　286
　　　（iii）94条2項と110条の類推適用が併用されるケース　287
　　（3）94条2項の類推適用の要件　　293
　　　（i）帰責性　294　（ii）第三者の無過失の要否　294
　5　錯　誤 …………………………………………………………295
　　（1）錯誤の意義　　295
　　（2）錯誤の種類　　296
　　　（i）表示行為の錯誤　296　（ii）動機の錯誤　297　（iii）目的物に関連しない錯誤　301
　　（3）要　件　　301
　　　（i）要素の錯誤　301　（ii）表意者に重大な過失がないこと　305
　　　（iii）相手方の悪意・過失　307
　　（4）効　果　　311
　　　（i）相対的無効　311　（ii）錯誤無効主張者の損害賠償義務の有無　311
　　（5）他の制度との関係　　312
　　　（i）瑕疵担保責任との関係　312　（ii）事情変更の原則との関係　314
　　　（iii）和解との関係　314

6　瑕疵ある意思表示 ……………………………………………315
　　　（1）意思形成過程での不当な干渉　315
　　　（2）詐欺による意思表示　315
　　　　　（ⅰ）要件　315　（ⅱ）第三者の詐欺　316　（ⅲ）効果　317
　　　（3）強迫による意思表示　319
　　　　　（ⅰ）要件　319　（ⅱ）効果　320
　　　（4）誤認・困惑　321
　　　　　（ⅰ）消費者契約法　321　（ⅱ）消費者の誤認による取消し　321
　　　　　（ⅲ）消費者の困惑による取消し　321　（ⅳ）効果　322
　　7　意思表示の効力発生時期と受領能力 ……………………322
　　　（1）意思表示の効力発生時期　322
　　　　　（ⅰ）序説　322　（ⅱ）到達主義　322　（ⅲ）発信主義　325　（ⅳ）公示の方法による意思表示　325
　　　（2）意思表示の受領能力　326

第7章　代　理　329

　　1　総　説 ……………………………………………………329
　　　（1）代理の社会的機能・意義　329
　　　（2）代理の種類　330
　　　　　（ⅰ）任意代理と法定代理　330　（ⅱ）能動代理と受動代理　331
　　　　　（ⅲ）有権代理と無権代理　332
　　　（3）代理の法的性質　332
　　　（4）代理の要件　333
　　　　　（ⅰ）代理人による法律行為　332　（ⅱ）顕名主義　335
　　　（5）代理の効果　339
　　　（6）代理の認められる範囲　340
　　　（7）代理と類似の制度　340
　　2　代理権 ……………………………………………………344
　　　（1）代理権の本質　344
　　　（2）代理権の発生原因　345
　　　　　（ⅰ）法定代理の場合　345　（ⅱ）任意代理の場合　346　（ⅲ）代理権授与行為と内部契約との関係　349　（ⅳ）代理権授与行為の方式　353

（3）代理権の範囲　　　　　　　　　　　　　　　　　　　353
　　　　（i）法定代理権の範囲　354　（ii）任意代理権の範囲　354　（iii）権限の定めのない代理権の範囲　354　（iv）共同代理　355　（v）代理人の権利・義務　355　（vi）自己契約・双方代理の禁止　359　（vii）代理権の消滅　361

　　（4）代理権の濫用　　　　　　　　　　　　　　　　　　　362
　　　　（i）代理権濫用の法律構成　362　（ii）転得者の保護　365　（iii）法人の代表者・雇用関係　365

　　（5）代理行為の瑕疵　　　　　　　　　　　　　　　　　　366
　　　　（i）意思の不存在　366　（ii）瑕疵ある意思表示　368　（iii）特定の法律行為をすることを委託された場合　369　（iv）代理人の不法行為　369

　　（6）復代理　　　　　　　　　　　　　　　　　　　　　　369
　　　　（i）復代理の意義　369　（ii）復任権とその責任　370　（iii）復代理当事者間の法律関係　371　（iv）復代理人が受領物を引き渡すべき相手方　371

3　無権代理 ………………………………………………………372
　　（1）無権代理の意義　　　　　　　　　　　　　　　　　　372
　　（2）契約（双方行為）の無権代理　　　　　　　　　　　　373
　　　　（i）追認の意義　373　（ii）追認の効果　374　（iii）116条の類推適用　375　（iv）相手方の催告権　376　（v）追認の拒絶　376　（vi）相手方の取消権　377

　　（3）無権代理人の責任　　　　　　　　　　　　　　　　　377
　　　　（i）責任の要件　377　（ii）責任の内容　381

　　（4）地位の同化　　　　　　　　　　　　　　　　　　　　382
　　　　（i）無権代理人が本人の地位を相続した場合　382　（ii）本人が無権代理人の地位を承継した場合　390　（iii）無権代理人が本人から譲渡により権利を取得した場合　393　（iv）第三者が双方の地位を承継した場合　394　（v）無権代理人が本人の後見人に就任した場合　396

　　（5）単独行為の無権代理　　　　　　　　　　　　　　　　398

4　表見代理 ………………………………………………………399
　　（1）表見代理制度　　　　　　　　　　　　　　　　　　　399
　　　　（i）表権代理制度の意義　399　（ii）表見代理の法的性質　400　（iii）表見代理と無権代理との関係　401

　　（2）代理権授与表示による表見代理（109条）　　　　　　403
　　　　（i）109条の趣旨　403　（ii）要件　403　（iii）法定代理への適用の有無　411

（3）権限外の行為による表見代理（110条）　　　　　　　411
　　　　（ⅰ）110条の趣旨　411　（ⅱ）要件　411　（ⅲ）第三者の範囲　417
　　　　（ⅳ）拡張適用　418
　　（4）代理権消滅後の表見代理（112条）　　　　　　　　423
　　　　（ⅰ）112条の趣旨　423　（ⅱ）要件　423　（ⅲ）効果　424　（ⅳ）適
　　　　用範囲　425
　　（5）表見代理の重畳適用　　　　　　　　　　　　　　425
　　　　（ⅰ）109条と110条の重畳適用　425　（ⅱ）112条と110条の重畳
　　　　適用　426

第8章　無効と取消し　　　　　　　　　　　　　　　　429

1　無効と取消しの差異　　　　　　　　　　　　　　429
　（1）緒　説　　　　　　　　　　　　　　　　　　　429
　（2）具体的な差異　　　　　　　　　　　　　　　　429
　（3）無効と取消しの区別　　　　　　　　　　　　　430
2　無　効　　　　　　　　　　　　　　　　　　　　431
　（1）無効の意義　　　　　　　　　　　　　　　　　431
　　　　（ⅰ）無効とは　431　（ⅱ）無効の種類　432
　（2）無効行為の追認　　　　　　　　　　　　　　　432
　（3）一部無効　　　　　　　　　　　　　　　　　　433
　（4）無効行為の転換　　　　　　　　　　　　　　　434
3　取消し　　　　　　　　　　　　　　　　　　　　435
　（1）取消しの意義　　　　　　　　　　　　　　　　435
　（2）取消権者　　　　　　　　　　　　　　　　　　436
　　　　（ⅰ）120条1項　436　（ⅱ）120条2項　438
　（3）取消しの方法　　　　　　　　　　　　　　　　439
　（4）取消しの効果　　　　　　　　　　　　　　　　439
　　　　（ⅰ）遡及効　439　（ⅱ）不当利得の返還義務　439
　（5）取り消すことができる行為の追認　　　　　　　441
　　　　（ⅰ）追認の意義　441　（ⅱ）要件　441　（ⅲ）効果　442　（ⅳ）法定
　　　　追認　442

（6）取消権の行使期間　　　　　　　　　　　　　　　　　444
　　　　（ⅰ）不行使に基づく取消権の消滅　444　（ⅱ）短期消滅時効　445
　　　　（ⅲ）長期消滅時効　445　（ⅳ）「取消権」と「原状回復請求権・現存利
　　　　益返還請求権」との消滅時効にかかる関係　446　（ⅴ）制限行為能力者
　　　　の取消権と法定代理人のそれとの消滅時効の競合　447

第9章　条件・期限・期間　　　　　　　　　　　　　　　　449

1　条件　………………………………………………………449
　（1）条件の意義　　　　　　　　　　　　　　　　　　449
　（2）条件の要件　　　　　　　　　　　　　　　　　　450
　（3）条件となり得ないもの　　　　　　　　　　　　　453
　（4）条件に親しまない行為　　　　　　　　　　　　　454
　（5）条件付法律行為の効力　　　　　　　　　　　　　454
　　　（ⅰ）条件成就の効果　454　（ⅱ）条件の成否が未定である段階におけ
　　　る効力（期待権の保護）455

2　期　限　………………………………………………………461
　（1）期限の意義　　　　　　　　　　　　　　　　　　461
　（2）期限の種類　　　　　　　　　　　　　　　　　　461
　（3）期限の要件　　　　　　　　　　　　　　　　　　461
　（4）期限付法律行為の効力　　　　　　　　　　　　　462
　（5）期限の利益とその放棄・喪失　　　　　　　　　　462
　　　（ⅰ）期限の利益　462　（ⅱ）期限の利益の放棄　463　（ⅲ）期限の利
　　　益の喪失　463

3　期　間　………………………………………………………466
　（1）期間の意義　　　　　　　　　　　　　　　　　　466
　（2）期間の計算方法　　　　　　　　　　　　　　　　466
　　　（ⅰ）自然的計算方法　466　（ⅱ）暦法的計算方法　467

第10章　時　効　　　　　　　　　　　　　　　　　　　　　469

1　時効通則　……………………………………………………469
　（1）時効の意義と存在理由　　　　　　　　　　　　　469
　　　（ⅰ）時効の意義　469　（ⅱ）時効制度の存在理由　469

（2）時効の援用　　　　　　　　　　　　　　　　　　　　　470
　　　　（ⅰ）援用の意義　470　（ⅱ）時効の完成と援用　471　（ⅲ）援用権者　474　（ⅳ）援用の方法　478　（ⅴ）援用権の代位行使　479　（ⅵ）援用の効果　480　（ⅶ）援用の撤回　480　（ⅷ）援用権の濫用　481
　　（3）時効利益の放棄　　　　　　　　　　　　　　　　　　　482
　　　　（ⅰ）時効利益の放棄の意義　482　（ⅱ）時効完成前の放棄の禁止　482　（ⅲ）時効完成後の放棄　483　（ⅳ）放棄の能力と権限　484　（ⅴ）援用権の喪失　484
　　（4）時効の効果　　　　　　　　　　　　　　　　　　　　　487
　　（5）時効の中断　　　　　　　　　　　　　　　　　　　　　488
　　　　（ⅰ）中断の意義　488　（ⅱ）中断事由　489　（ⅲ）中断の効果　497
　　（6）時効の停止　　　　　　　　　　　　　　　　　　　　　499
　　　　（ⅰ）時効停止の意義　499　（ⅱ）時効の停止事由　499
2　取得時効　……………………………………………………………500
　　（1）取得時効の意義　　　　　　　　　　　　　　　　　　　500
　　（2）所有権の取得時効　　　　　　　　　　　　　　　　　　501
　　　　（ⅰ）占有　501　（ⅱ）取得時効期間　506　（ⅲ）取得時効と登記　519　（ⅳ）自然中断　520
　　（3）所有権以外の財産権の取得時効　　　　　　　　　　　　521
　　　　（ⅰ）地上権・永小作権・地役権　522　（ⅱ）債権　522　（ⅲ）担保物権　524　（ⅳ）準物権・無体財産権　524　（ⅴ）形成権ほか　525
　　（4）取得時効の効果　　　　　　　　　　　　　　　　　　　525
3　消滅時効　……………………………………………………………525
　　（1）消滅時効の意義と効果　　　　　　　　　　　　　　　　525
　　（2）債権の消滅時効　　　　　　　　　　　　　　　　　　　526
　　　　（ⅰ）債権の不行使　526　（ⅱ）消滅時効の起算点　526　（ⅲ）消滅時効期間　531
　　（3）債権以外の財産権の消滅時効　　　　　　　　　　　　　534
　　　　（ⅰ）所有権　534　（ⅱ）地上権・永小作権・地役権　534　（ⅲ）担保物権　534　（ⅳ）準物権・無体財産権　535　（ⅴ）形成権　535　（ⅵ）抗弁権　536
　　　　（ⅶ）その他の権利　537
　　（4）消滅時効類似の制度　　　　　　　　　　　　　　　　　537
　　　　（ⅰ）除斥期間　537　（ⅱ）権利失効の原則　540

【コラム】ちょっと休廷

- No. 1　国民道徳の創造と民法典論争　35
- No. 2　民法の解釈　54／法律用語の解説① 法的三段論法　55
- No. 3　相互主義と内国民待遇　61
- No. 4　意思と意志　68
- No. 5　死んだはずの亭主　134
- No. 6　沖縄の門中　172
- No. 7　野球場　221
- No. 8　貨幣と即時取得　225
- No. 9　「別れさせ屋」は公序良俗違反？　261
- No.10　民法上の"代理" ✗ 法律上の"代理"　330
- No.11　民法102条と信託法7条　334
- No.12　役付取締役の名称　405
- No.13　出世払い　451
- No.14　不動産仲介契約と直接取引　456
- No.15　銀行取引約定書　464
- No.16　法律用語の解説②「その他」と「その他の」　468
- No.17　法律用語の解説③「この限りでない」／「妨げない」／「前段・中段・後段」／「相当の（な）」／「遅滞なく・直ちに・速やかに」／「及び・並びに」／「～に係る・～に関する」／「又は・若しくは」　542

参照文献　545

主要判例索引　549

事項・人名索引　552

条文索引　561

民法百選［第7版］の民法総則関連判例

(左から、事件番号／タイトル／本書掲載ページの順)

1	宇奈月温泉事件	43 頁
2	信玄公旗掛松事件	44 頁
3	賃貸借契約の終了と転借人への対抗	43 頁
4	北方ジャーナル事件	45 頁
5	意思能力のない者の行為	73 頁
6	後見人の追認拒絶	69 頁
7	法人の目的と団体の性質	187 頁
8	権利能力のない社団の成立要件	171 頁
9	権利能力のない社団の取引上の債務	175 頁
10	栗尾山林事件	213 頁
11	建築中の建物	222 頁
12	不倫な関係にある女性に対する包括遺贈	256 頁
13	証券取引における損失保証契約	258 頁
14	日産自動車事件	47 頁
15	暴利行為	259 頁
16	取締法規違反の法律行為の効力	254 頁
17	強行法規違反の法律行為の効力	252 頁
18	内心の意思の不一致	244 頁
19	塩釜レール入事件	249 頁
20	法律行為の解釈と任意規定	245 頁
21	民法94条2項の類推適用	287 頁
22	民法94条2項・110条の類推適用	291 頁
23	詐欺における善意の第三者の登記の必要性	318 頁
24	錯誤——法律行為の要素	299 頁
25	意思表示の到達	324 頁
26	代理権の濫用	363 頁
27	白紙委任状と代理権授与表示	408 頁
28	東京地裁厚生部事件	406 頁
29	民法110条の基本代理権——事実行為	413 頁
30	民法110条の正当理由の判断	416 頁
31	代表理事の代表権の制限と民法110条	200 頁
32	民法109条と110条の重畳適用	425 頁
33	民法110条と112条の重畳適用	427 頁
34	無権代理人の責任	380 頁
35	本人の無権代理人相続	391 頁
36	無権代理人の本人相続——共同相続の場合	385 頁
37	無権利者を委託者とする販売委託契約の所有者による追認の効果	374 頁
38	他人の権利の処分と追認	376 頁
39	故意の条件成就	458 頁
40	時効援用の効果	472 頁
41	時効の援用権者	477 頁
42	時効完成後の債務承認	486 頁
43	じん肺罹患による損害賠償請求権	530 頁
44	自己の物の時効取得	505 頁
45	前主の無過失と10年の取得時効	509 頁
46	賃借権の時効取得	523 頁

第1章

民法を学ぶ

■ 1　民法の意義 ■

（1）総　説

　民法は、家族関係や相続にかかる規定以外については、あまり一般受けするような法律ではないようである。法律に関するテレビのクイズ・バラエティ番組も、その取り扱うテーマのほとんどが、刑罰法令にかかる事例（犯罪に関するもの）か、離婚・相続の事例である。しかし、民法は、われわれの身の回りに起こることの多くを規律する法律であり、本当は実に興味深い学域なのである。

　たとえば、隣の家の柿の木の「枝」が境界を越えて伸びてきて、自分の家の敷地上で実をつけたとしても、それを勝手に収穫して食べる権利はないとされる（民法233条1項）。他方で、竹が全く生えていない自分の敷地内でタケノコが芽を出した場合、それが地中で境界を越えてきた、隣地の竹林の「根」から出たものと推定されても、それを勝手に掘り出して食べてしまってもよいとされる（同233条2項）。また、盗まれた品物については、盗人がそれを自己の支配下に置いている限り、盗人のその**占有**[1]も保護される（同197条以降）ために、被害者といえども原則として実力でそれを奪い返すことはできないとされている。

　私人（公的な地位や立場を離れた一民間人）の財産関係や家族関係など、市民

---

1) 占有とは、自己のためにする意思（自分が利益を受ける意思）で物を現実に支配している事実状態（所持）をいう（民法180条）。

相互の関係について規定している法律が民法である。上例の、柿は食べてはいけないのにタケノコはいいのはなぜか、また、盗人の盗品占有を保護するのはなぜか、ということも民法学習の範疇なのである。

(2) 民法とは

(i) 市民生活と民法

　九州にある男子高3年生のA（18歳）は、首都圏にキャンパスを置くB大学法学部と関西圏にそれを置くC大学法学部の入学検定料（入試受験料）を保護者に支出してもらって入学試験に挑んだところ、C大は不合格であったが、B大には合格した。保護者が初年度の学費等をB大に払い込んでくれたので、AはB大への入学手続を済ませた。
　自宅通学は物理的に不可能なので、Aと保護者は、B大キャンパス近辺で営業している不動産仲介業者を通じて、大学のキャンパスからバスで15分程度の所にある学生用アパートを借りることとした。その際、契約時に「礼金」なるお金を払わねばならないと聞いた保護者は、多少驚いた。
　入学式の後、Aは、大学の生協で必要な教科書等を購入し、定期券でバス通学している。節約のため手作りの弁当を持参して昼食としているが、たまには学友と大学近辺の定食屋等にも行く。大学からの帰路に、

第1章　民法を学ぶ

スーパーで食材を購入し、それを自分で調理して夕食とするのが日常だ。保護者の仕送り等の負担をできるだけ少なくするために、Aはアルバイトとしてスポーツ店の在庫管理を始めたが、慣れないため今のところ学業との両立には苦心している。一方で、女学生と2人でコーヒーショップに入った際には、相手が謝絶しているにもかかわらず2人分のコーヒー代を支払っ

ているので、電気代を滞納してしまい、夏休み前には電気を止められてしまった。

　上述は、高校3年生の3学期から大学1年生にかけてのイベントや日常生活として、それほど稀有なことではないと思われるが、そういった中にも多くの法的な事象が含まれている。列挙してみよう。

① 保護者およびAが入学検定料をB大学・C大学に支払い入学願書を提出した行為は、B大学・C大学が入試問題を提供し、これにAが解答をし、その解答をB大学・C大学が採点をした上で、AがB大学法学部・C大学法学部に入学するに足りる能力を有しているかどうか決定することを内容とする契約をそれぞれ締結・履行したことになる。

② 保護者が初年度の学費等を払い込んだことは、**扶養義務**の履行の一環である。

③ Aが入学手続を済ませたことは、（保護者・B大学間の）**在学契約**（B大学によるAへの教育の提供ほか）を締結したことになる。

④ 不動産仲介業者を通じてアパートを借りたということは、当該業者と**賃貸借媒介契約**を締結・履行したことになる。

⑤ アパートを借りるにあたって、保護者の住んでいる地方ではみられない「礼金」も、賃貸人（家主）がこれを賃借人（借主）から徴収することが首都圏では**慣習法**（2(2)(ⅲ)にて後述）として認められている。

⑥ Aが生協で教科書等を購入すること、スーパーで食材を購入することは、**売買契約**を締結・履行したことになる。
⑦ 定期券でバス通学をしていることは、バス会社とAとが一般乗合旅客自動車運送事業に関する運送契約（**旅客運送契約**）を締結・履行していることとなる。
⑧ 定食屋で昼食をとること、また、コーヒーショップでコーヒー代を支払うことは、**飲食契約**を締結・履行することになる。
⑨ Aがスポーツ店でアルバイトをし、労賃の給付を受けていることは、**労働契約**を締結・履行していることになる。
⑩ 女学生にコーヒー代を奢ったことは、**贈与契約**を締結・履行したことになる。
⑪ 電気代を滞納したことは、Aが**電気需給契約**の履行を怠ったということであり、それゆえに電気を止められてしまったということは、同契約に基づいた電力会社の措置となる。

　法学部生（法学部受験生）といえども、入学したばかりのハイティーンであるAが、上記の法的意味づけを意識するのは、せいぜい電気を止められたときであろう。アパートの賃貸借契約締結に際しても、後々に家主とのトラブルに遭遇しない限り、その締結が法的な行為であるとは意識しないと思われる。
　しかし、上記において、ひとたび問題が起きて損害を与えた、あるいは被ったということになれば、否応なくそれらの法的意味づけを意識せざるを得なくなるであろう。
　たとえば、
③′ C大で採点ミスが見つかり、再判定の結果、Aは追加合格者となった。あらためてC大学に入学したいが、B大に支払った初年度学費等および支払ったアパートの賃借費用や引越し代等はどうなるのか？
④′ 借りているアパートの天井から雨漏りがしているのを発見した。家主との間ではどのような権利・義務が生じるか？
⑥′ 間違えて同じ教科書を2冊も買ってしまったAに対し、先輩が「その教科書の購入は、法定代理人（保護者）の同意を得ないでしたのだから、民法5条2項により取り消すことができる。よって、その本を返品して代金を取り戻すことができるよ」と助言してくれたが、本当だろうか？

⑦′ 通学途上でバスが中央分離帯にぶつかったことによりけがを負ってしまった。入院したために単位を落としてしまった科目があるが、どの程度まで損害賠償をしてもらえるのか？

⑧′ 定食屋で昼食をとった後、食中毒症状が現れた。一緒に食べた友人も同様の症状を訴えているが、定食屋にはどのような責任を負わせることができるか？

⑨′ アルバイト先で終電・終バス時刻を超えた残業を命じられ、仕方なく数時間かけて徒歩で帰宅したが、残業代を払ってくれない。Ａはアルバイト先に対してどのような請求ができるか？

⑨′ アルバイト先でたまたま店頭にいたときに、横柄な来店客から怒鳴られた。カッとなって殴ってしまったが、当該客とアルバイト先の両方から損害賠償請求を受けた。両方に支払わねばならないのか？

⑩′ コーヒーを奢ってあげた女学生がボーイフレンドと腕を組んでキャンパス内を歩いているのを目撃してしまった。ほのかな期待が全く空しいものとなったことにより、相当落ち込んでしまったＡは、先行投資が無駄になった、あるいは男子の嗜みとしてあきらめるしかないのか。それとも、その女学生に「コーヒー代を返せ」と言えるのか？

などである。

(ⅱ) 民法とは何か

　民法に関するいわゆる一般教養書（教科書や基本書あるいは研究書と呼ばれるものではない、要するに堅苦しくない本）によると、「民法はシビル・ロー（civil law：市民法という意味）の訳語[2]で、法人も含んだ民間の人どうしで起きたもめごと（国や地方公共団体などは登場しない、人と人との間で起きたトラブル）のルールを定めた法律[3]」、あるいは「私たちの日常生活を規律する法律[4]」と説明されている。

　民法715条が規定する責任（使用者責任）に関する裁判で、国（通産省）がその責任を問われた事例も存在する（最判昭30・12・22民集9・14・2047）ので、「(民法は)国や地方公共団体などは登場しない、民間の人どうしで起きたもめごと」との上記件（くだり）は必ずしも正確ではない[5]。また、定義にもよるが、民法が規律するのは必ずしも"日常生活"とは限らない。観光旅行という"非日常生活"についても、民法はこれを規律している。たとえば、預けてあったパスポートを旅行代理店が不注意により紛失してしまったような場合、民法規定により代理店に損害賠償責任が生じるのである。したがって、「(民法は)"日常生活"を規律する法律」という上記件（くだり）に関しても、これにつき正確であるとはいえないであろう。

---

2) ただし、現行民法の起草者のひとりである穂積陳重（ほづみのぶしげ）(1855-1926年)によると、「民法」の語は、箕作麟祥（みつくりりんしょう）(4(1)(ⅰ)にて後述)がフランス語のコード・シヴィール（Code civil：市民法典という意味）の訳語として用いてから一般的となったが、元は慶応4年に津田真道（まみち）がオランダ語のビュルゲルリーク・レグト（Burgerlyk regt：ドイツ語のBürgerliches Rechtに相当し、市民法という意味）の訳語として新たに作り、著書『泰西国法論』(1866年)に載せたものを、箕作が採用したものらしい。法律の訳語は最初の案出から幾度もの変遷を経た後に一定したものが多い（たとえば、国家の基本法たる「憲法」については、当初、「世守成規」「律例」「根本律法」などが案出されたようである〈穂積178頁〉)が、ひとり「民法」だけははじめから一度も変わったことがなく、また他の名称が案出されたこともなかったとされる（穂積180頁）。
3) 木山泰嗣『弁護士が教える分かりやすい「民法」の授業』(光文社、2012年) 19頁
4) 伊藤15頁
5) 道垣内弘人教授は、「国や公共団体と私人との法律関係には、絶対に民法は適用されないのか、といえば、そうではない。また、公法は私人間の取引関係には一切関係ないわけではない。しかし、おおざっぱな分類として（国や公共団体の相互間の関係を規律するルール、および、それらと私人との関係を規律するルールが《公法》であり、私人相互間の関係を規律するルールが《私法》であると）理解しておくことは重要である」とされる（道垣内7-8頁）。もっとも、国民が国に対して不法行為などを理由に損害賠償を請求するのは、私法と公法の中間領域に属するとする見解もある（川井健『はじめて学ぶ民法――所有、契約、付保行為、家族』〈有斐閣、2011年〉3頁）。

人が社会生活をしていく上で必要とされる"決まり事"が社会規範であり、その中でも、「人の生活もしくは取引関係を維持・発展させるためのポジティブな規範（できること・しなければならないこと）であって、市民の権利・義務を承認し、その経済生活の基本を構成する規範の中心が**民法規範**（＝人の生活もしくは取引上の権利・義務に関する"社会的な取り決め"）である[6]」というのが、「民法とは何か」という命題に対する最も適切な解であろう。

（ⅰ）にて述べたように、法は、ひとたび問題（紛争）が起きた場合に意味を持つようになる。当事者どうしで解決に至らない場合は、最終的には裁判で解決される[7]。民法は、裁判にあたっての判断基準、つまり**裁判規範**としての意味を持つ[8]。

さらに、民法は、社会における行為準則としての機能をも有する。たとえば、（ⅰ）における⑦'のような損害賠償義務が発生しないようにバス会社が事故防止につとめるならば、**紛争抑止のための行為規範として機能する**[9]。

(ⅲ) 民法の私法性
(ア) 私法とは

民法とはどのような法律であるかを明らかにすることには、実質上の、そして形式上の意義が認められる。すなわち、実質的には、市民社会における市民相互の関係を規律する**私法**の**一般法**をいい（実質的意味での民法）、形式的には、**民法典**（明治29年法律89号）をいう（形式的意味での民法）とされる。

まず、「私法」であるが、これは、**公法**に対立する概念である。私法の代表としては民法と商法、公法の代表としては憲法や行政法、刑法、訴訟法が挙げられる。両者の区別は、論理的というより歴史的なものであり、両者の分裂は近代社会において実現される。すなわち、民事責任（私法）と刑事責任（公法）の区別は、**ローマ法**[10]（後述）においても明確ではなく、ドイツ法の歴史の中で両者を分ける"**民刑峻別**"の考え方が成立し、近代法の姿になったのである。日本においても、江戸時代には、民事訴訟の中で犯罪事実が

---

6) 近江0・15頁
7) もっとも、裁判さえすればすべてが解決されるわけではない。
8) 加藤4頁
9) 加藤4頁
10) 古代ローマの法制度。近代民法はすべて、これに淵源をもっている（近江0・23頁）とされる。

出てくると、民事訴訟をさて措いて、当事者の身柄が拘束され、職権で直ちに刑事訴訟に移行した。また、金銭訴訟において債務が認められる場合には履行命令が申し渡されるが、その支払いがない場合は、「手鎖[11]」とか「押込[12]」という刑罰が、民事の強制執行の手段として用い

られた。つまり、わが国においても、私法と公法とが厳格に区別されたのは、近代以降なのである。

図1.1

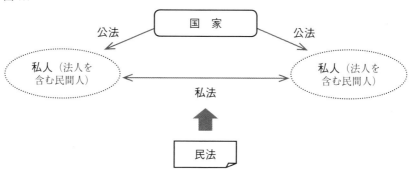

次いで、「一般法」であるが、これは、**特別法**に対立する概念である。適用領域が限定されていない法を一般法、限定された法を特別法と呼ぶが、両者の区別は相対的なものである。民法は取引に関する一般法であるが、それ

---

11) 一定期間（30日間とか100日間）手錠をかけること。身柄が拘束されるわけではなく、食事等に支障をきたさないように後ろ手錠ではなく前手錠とされるが、隔日または5日ごとに（勝手に手錠を外していないか、あるいは外そうとした形跡がないかの）検査がなされる。

12) 20日以上100日以下の間、門戸を閉ざして自宅に幽閉し、他行を許さないこと。手鎖より寛容な処分であり、武士・病人・女性（大坂の場合）については、手鎖に代えてこれが適用されたようである。手鎖または押込の措置の間に相当な価値のある財産を提供し、またはその措置に処せられたことを聞いた親類縁者等の第三者が債務を支払い、または債務の支払いを保証することがあったようで、間接強制の作用があった。それ

に対して、取引の中でも商取引（商業上の取引行為）を規律する商法は特別法である。民法がすべての取引を適用領域とするのに対して、商法はその適用領域を取引の中でも商取引に限定しているということである。他方で、商取引に関して商法は一般法であるが、それに対して、商取引の中でも手形取引を規律する手形法は特別法となる。法の適用にあたっては、**特別法は一般法に優先**して適用される。すなわち、取引であっても、それが商取引であれば、民法ではなく商法が適用される。同様に、商取引であっても、それが手形取引であれば、商法ではなく手形法が適用されるということである。

「民法は私法の一般法である」ということについては、「社会的生活関係について、まずは、商法など、民法に対する特別法の優先的な適用を考慮し、特別法による規定が存在しない、もしくは不十分である場合には、最終的に民法によってこれが規律せられるべきである」と理解すればよい。

図 1.2

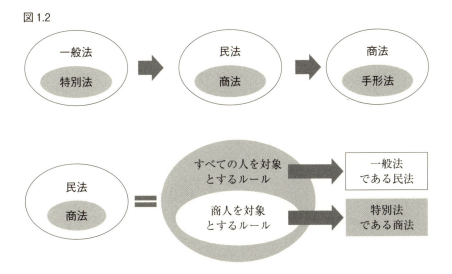

(イ) **公法と私法とを峻別する理由**

論理的には、公法は、国家生活関係、あるいは、国家の一員としての地位を前提として考えられるような生活関係を規律し、国家権力の直接的発現を規制する法とされる。これに対して私法は、その規律する対象が国家の一員たる地位を前提としないでも、なお考えられるような生活関係であるとされ

ている。つまり、国や地方公共団体と国民との関係を規律するものが公法[13]ということである。一方で、私法は、国家の行為の直接的な規制ではなく、国家は一歩後退して、裁判や執行を通して、この生活関係についての規範の保障に任ずるということを表明したものと解せられるとされている。端的には、市民社会の関係を規律するものが私法ということである。上述のとおり、民法は、市民社会のルールなのだから、私法のひとつといえるのである[14]。

　公法では、公益の確保が問題となる一方で、個人（＝私人）の権利が不当に害されることがないように、国家権力に対して適正なコントロールを加えることも問題となる[15]。翻って、私法では、個人と個人（＝私人と私人）というひとまず対等の関係にあると考えられる者どうしの間での利害関係をいかに調整するかが、中心的な問題となる[16]。

　司法裁判所とは別に行政裁判所が存在していた戦前は、行政事件の裁判管轄は行政裁判所の専属となっていたので、行政事件を誤って司法裁判所に提訴しないように、公法と私法を区別し、行政事件か否かを判断する必要があった。行政裁判所が廃止された戦後においても、行政事件訴訟法の定めが民事訴訟法に優先するので、その限りでは、両者を区別する実益が残っている。

　また、県営住宅の使用料（家賃）等の性質が、私債権（私法上の請求権）と考えるか、公債権（公法上の請求権）と考えるかによって、差異が生じると考えられていた。すなわち、どちらで考えても**消滅時効**[17]は5年である（民法169条、地方自治法236条）が、私債権とすると、債務者（借主）は、滞納家賃につき5年という時効期間が経過しただけでは消滅時効の利益を確定的に受けることはできず、自分が時効の利益を受けるということを相手方（債権者（家賃の請求権者）＝県）に対し伝えること（これを**時効の援用**という。民法145条）によってはじめてその利益を享受できる。それに対して、公債権とすると、5年という時効期間が経過すれば（時効の援用なくして）債務者は消滅時効の利益を確定的に受けられる。このことについて**判例**（⇒15頁）は、「公営住宅の

---

13) 伊藤17頁
14) 伊藤17頁
15) 山本9頁
16) 山本9頁
17) 消滅時効とは、一定の期間（この場合は5年間）、債権者（この場合は県）がその権利を行使しないと、その権利が消滅してしまうというもの。その反射として、債務者（借主）は、支払う義務から解放される。時効については、第10章にて詳述する。

使用関係には、公の営造物の利用関係として公法的な一面がある」が、「公営住宅の使用関係が設定されたのちにおいては、事業主体と入居者との間の法律関係は、基本的には私人間の家屋賃貸借関係と異なるところはな」く「原則として民法及び借家法の適用があ」るとしている（最判昭 59・12・13 民集 38・12・1411）[18]。

なお、近時では、公法関係か私法関係かを分けた上で概念的にこの種の問題を決することには反対が多く、一般的な法適用の問題について両者を区別することに、今や実益はほとんどないとする見解[19]も存する。

（3）西欧式法典の移植前

わが国においては、幕末に江戸幕府が列強と締結した不平等条約（日米修好通商条約をはじめとする安政五カ国条約）によって甘受していた「治外法権と協定関税率」の撤廃（領事裁判権の撤廃と関税自主権の回復）という政治目的をもって、西欧式法典をモデルとした法典編纂事業が明治政府によって着手された[20]。民法に関しても、西欧式の近代的民法典の編纂が企てられ、現行民法の第1編（総則）・第2編（物権）・第3編（債権）が 1896（明治 29）年に、第4編（親族）および第5編（相続）が 1898（明治 31）年にそれぞれ公布、1898（明治 31）年に施行されたのである（なお、第4編および第5編は、第二次大戦後の 1947 年に根本的に改められた）。

その編纂の過程については後述するとおりであるが、近代民法制定前でも当然に、私人の財産関係や家族関係などにかかる紛争は生じていたはずである。近代的民法典なくして、どのように解決していたのであろうか。

---

18) 下級裁判例（最高裁判所以外の裁判所〈＝高等裁判所・地方裁判所・家庭裁判所・簡易裁判所〉で行われた裁判）でも、大阪地判昭 34・9・8 下民集 10・9・1916 においては「公営住宅利用の法律関係は私法上の賃貸借契約にほかならない」とされ、大阪高判昭 45・1・29 行集 21・1・102 でも同様の考え方を採っている。
19) 加藤 13 頁
20) 欧米諸国は、「文明国民は、文明国の法の適用を受ける権利があり、日本の法体制が反文明的なものに留まっている限りは、治外法権は撤廃できない」（木下毅「日本法と外国法：法継受論（2）」北法 46（4）号（1995 年）1120 頁）と、日本の基本的法典の未整備を理由に、不平等条約改正への反対を正当化していた。

（ⅰ）大岡裁き

実母継母の子ども争い

　昔、江戸で、夫に死なれた女性が、まだ乳飲み子のわが子を里親に預けて奉公に出た。

　何年か経って、子どもを返してもらおうと里親を訪ねたところ、先方は預かった覚えがないと言って返そうとしない。里親が里子への愛に溺れて、実の親にその子を返すことを拒むことはよくある話。実母は困って、町奉行へ訴え出た。

　時の町奉行は名高い大岡越前守(おおおかえちぜんのかみ)で、「1人の子どもに2人の実母はないはず」と言って、いろいろ調べたが、どちらも自分が実母だと言い張る。越前守は、じっと考えたが、

「その子を2人の真ん中において、両方から子どもの手を取って引き合え。勝った方へその子を渡す」

と言った。2人の女性は、

「かしこまりました」

と、両方から引き合ったが、子どもが痛がって、わっと泣き出すと、実母は驚いて手を離した。里親の方は「それ見よ」と言わんばかりに子どもを引き寄せると、越前守は声をかけて、

「これ女、その手を離せ。泣くのも構わず力まかせに引くとは、情を知らぬ不届き者。手を離した女が実母に決まった」

と申し渡したので、里親は恐れ入ったという。

　徳川8代将軍吉宗の下、江戸の町奉行に任ぜられた大岡越前守忠相(ただすけ)は、法規の文面や形式に拘泥せず、融通性や機知に富み、人情味にあふれ、公正・明快な裁断を下した名奉行（名裁判官）であるとされている。その裁判物語を集めたのが「大岡政談」であり（ただし、そのほとんどは史実ではなく作り話で

ある。現在伝えられている政談は、幕末あたりに講釈師によってまとめられたらしい)、公平でなおかつ人情味のある巧みな裁定・判決を「大岡裁き」という。

上記は、大正時代の尋常小学国語読本に載っていた大岡政談である。

今日において母子関係を確定するにあたっては、遺伝学上の親子関係はDNA多型による親子鑑定をすれば極めて精度の高い判定ができるから、子どもが2人の女性のうちどちらの遺伝子を受け継いでいるかわからないということは、まずあり得まい。言うまでもなく、DNAによる鑑定はごく最近の科学技術であり、前世紀においてすら信頼に足る技術ではなかった。ましてや、血液型判定で親子関係を完全に否定することはできないのだから、平成初頭までは遺伝学的に親子関係を判定することは容易ではなかったと考えられる(もっとも、父子関係であるならいざ知らず、母子の血縁事実に紛争が起こることは極めて例外的であるといえようが……)。

さて、今日のわが国において、父子関係に関しては民法がこれを規定しているが、母子関係については民法の規定も沈黙している。**父子関係の規定**(772条[21])の解釈により、母子関係は懐胎・出産という客観的な事実により当然に成立することを前提としていると解せられている[22]に過ぎない(これを**「分娩主義」**という)。上記の政談においては、どちらの女性が分娩したかも第三者には不明となっているから、DNA鑑定を行って分娩の事実を証明しない限り、これは今日でも解決し難い問題である。大岡越前守は、分娩の事実を離れて、どちらの女性がその子の母親として相応しいか(「産みの親」がどちらであろうと、その子の最善の利益を第一に考慮し、「育ての親」としてはどちらがより適切か)につき判断したのである。子どもの最善の利益を第一に考慮するということは、離婚にあたっての親権者の決定の際に用いられる基準(親権者をどちらにするのが子どもにとって利益になるのか)であるから、上記のような越前守の裁断は、現代においても十分に通用するといえよう。

すべての裁判官が大岡越前守であれば、近代的法典なくしても紛争は解決できるのかもしれないが、それは望むべくもない。担当裁判官がたまたま越前守であれば世人の納得できる判決・決定が得られるが、それ以外の裁判官

---

21)「妻が婚姻中に懐胎した子は、夫の子と推定する。婚姻の成立の日から200日を経過した後又は婚姻の解消若しくは取消しの日から300日以内に生まれた子は、婚姻中に懐胎したものと推定する」という規定である。
22)「母と(中略)子との間の親子関係は、原則として(中略)分娩の事実により当然発生すると解するのが相当である」(最判昭37・4・27民集16・7・1247)

であればそれは期待できないというのでは、公平とはいえない。当時の列強は、そのようなわが国の不安定な司法システムに自国民を委ねることを忽せにできなかったのである（⇒本章脚注20）。

ただ、『御仕置類例集』（江戸時代の最高裁刑事判例集）によると、近代民法制定前の江戸時代においても埋蔵物や拾得物が今日の民法の規定とほぼ同様に取り扱われていたようである[23]から、わが国における一般的な正義・公平の感覚は、古今で大きな差異はないともいえるかもしれない。

（ⅱ）科学技術の進展による新たな問題

どちらの女性が実の母であるかを決することは、科学技術の発展で、それほど困難ではなくなった。このような事案に大岡裁きが求められることも稀有となったであろう。しかし、今日が抱える2人の母という問題は、越前守の時代に負けず劣らず深刻となり始めた。すなわち、**代理母**の問題点である。代理母による生殖の場合、分娩した女性が当然にその子の母であるとすれば、これまた当然に問題が生じる。現行の民法は、代理母による出産や凍結精子を用いた**体外受精生殖補助医療**の概念を想定していないのである。

たとえば、タレント夫妻が、夫妻の受精卵を米国人女性に移植する方法で代理出産を依頼して生まれた双子の出生届を東京都品川区に提出したが、不受理となった事案である。東京高裁は、「（出生届をした）夫婦に養育されることが最も子らの福祉にかなう」と、受理を命じる決定をしたが、最高裁第二小法廷は、「自分の卵子を提供した場合でも、今の民法では母子関係の成立は認められない」と、夫妻との親子関係を認めない決定を出した（最決平19・3・23民集61・2・619）。品川区が（タレント夫妻を父母とする）出生届を受理しなくてもよいということが確定したため、夫妻は、「子どもたちの親権はどこにあるのかを確認するために、仕方なく**特別養子縁組**[24]の申請という形をとっ」た。双子からすれば、遺伝上の母は法的には「実の母」ではなく「育ての母」に過ぎないと、最高裁に言われたことになる[25]。米国人代理母からすれば、望んでもいないのに、日本法上、その双子の実母とされてしま

---

23) 瀧川政次郎『裁判史話』（燃焼社、1997年）240-241頁
24) 特別養子とは、1987年の民法改正によって創設された養子縁組制度で、特別養子の戸籍には、実親の名は記載されず、続柄も実子と同様になる点で、一般の養子とは異なる。ただ、身分事項欄に特別養子であることが記載される。

ったことになる。

　従前は想定されていなかった生殖補助医療での出産における親子関係にかかる問題は、立法の問題でもあるが、最高裁の民法にかかるこの解釈が何を保護しようとしているのかを考えることが民法学である。

■ 2　民法の法源 ■

(1) 法源とは

　紛争が裁判所に持ち込まれた場合、裁判所は、"法"（＝実態規範）に照らし合わせて判断する。この"法"を**法源**という[26]。判断を下すにあたって裁判官が用いている基準が「法源」なのである。民法や刑法等、「文章に書き表された"法"」（＝**成文法**[27]）がその基準となるのは無論のこと、成文法以外にも**慣習法**のように文書の形をとらない"法"（＝**不文法**）なども裁判官が裁判において物事を判断する際の基準となる。**判例**（過去に下された裁判に含まれる原則[28]）のうち現在拘束力を持つ[29]ものも、裁判官が判断基準として用いる"法"となり得るが、判決文そのものが"法"となっているのではなく、そこに含まれている法原則が基準となり得るというわけである。判例の中か

---

25) もっとも、卵子提供者たる妻は、この最高裁の決定につき「『代理出産による子との母子関係は認めないけれど、ささっと、特別養子縁組の手続をすれば、法的にちゃんと親子になれますよ。そうすれば、友人知人にはもちろん、子ども本人にも、"私たちは親子だよ！"と、自信を持っていえるようになります。それが、最高司法の考える"子の福祉"です』という意味を持つ」と理解するように至ったようである。
26) 近江 0・9 頁
27) 憲法や国会で制定された法律、地方自治体の条例等は、成文法である。
28) 刑事訴訟法 405 条にいわゆる「判例」や裁判所法 10 条 3 号の「（憲法その他の法令の解釈適用について）前に最高裁判所のした裁判」がその意味を有している。
29) その原則が変更されていないということ。最高裁判所が判例変更をするときには、**大法廷**で裁判をしなければならない（つまり、**小法廷**で裁判をすることができないということである。裁判所法 10 条 3 号）。大法廷は最高裁判所裁判官全員（15 人）で構成する合議体（定足数は 9 人）で、最高裁判所長官が裁判長となる。一方、小法廷は最高裁判所の定める裁判官 5 人で構成する合議体（定足数は 3 人）である。小法廷には、第一・第二・第三の 3 法廷があり、裁判長は各小法廷で定める。最高裁判所の事件は、まず小法廷で審理されるが、法令などに憲法違反がある場合や、従前の最高裁判例を変更する場合などは大法廷で審理される。

ら形成された"法"が判例法と呼ばれる。したがって、判例法も不文法に含まれる。

このように、「判決」と「判例」とでは、意味が異なることを理解しておかれたい。

（2）民法の存在形式

民法の法源にも、成文法源と不文法源とがある。欧州大陸法を継受[30]して**成文法主義**（＝制定法主義）（下記囲み記事参照）を採っているわが国においては、「**民法典**」（いわゆる六法のうちの「民法」。明治29年法律89号）という成文法（制定法）を基本とした形態で存在しているのであるが、不文法源も、これを補充あるいは改変するものとして重要な機能を有している。以下では、それぞれについて概観する。

> **成文法主義（制定法主義）と判例法主義（不文法主義）**
> イングランドやその法制度（**英米法★**＝ Anglo-American law）の影響を受けたアメリカの（ルイジアナ州を除く）州では、裁判所の判例の積み重ねを基礎とした**判例法主義**（**不文法主義**）を採っている。これに対して、わが国の民法典は、フランス民法典（Code civil）やドイツ民法典（Bürgerliches Gesetzbuch, BGB）と同じく、成文法主義を採っている。この法体系は、英米法との比較において、**大陸法**（Kontinentalrechtskreis：英語では、continental law あるいは civil law★）と呼ばれており、わが国もこの法域に入る。
> 　成文法主義である大陸法については、その内容が明白となるので規範体系としては優れているが、その反面、社会の変遷にそれが追いついてゆかず、乖離現象が生じる（上述1（3）(ⅱ)の特別養子縁組の事例を想起されたい）。その間隙を埋めるためには、法律（規定）の合理的な解釈等が重要な作業となる。成文法の下では、解釈はいわば必然化しているのである。他方で、英米法のような不文法主義では、社会の変遷に機敏に対応できるが、それゆえに法的安定性に欠けるという欠点がある[31]。
> 　**英米法**：英米法の法域としては、ほかに、オーストラリア・ニュージーランド・カナダ（ケベック州を除く）・インド・アイルランド・香港など

---
30) 欧州大陸法の継受に関しては、4および6にて後述する。
31) 近江Ⅰ7頁

がある。なお、イングランドと同じくイギリスにあっても、スコットランドは英米法圏にない[32]。また、一国二制度を採る中国は、香港が英米法圏であるのに対して、中国本土は大陸法圏にある。

civil law：civil law という英単語は、英米法との対比としての"大陸法"の意味として使われるが、刑事法（criminal law）の対比としての"民事法"の意味として使われることもある。なお、英米法に相当する英単語としては、既述の Anglo-American law のほか、common law も使われる。ただ、common law は、イングランド法が19世紀まで有していた二重の法制度のうちの一方をも意味する（もう一方の equity との対比としての用語）ので注意を要する。後者の意味での訳語としては"普通法"が使われるが、これはドイツの gemeines Recht（ドイツ普通法）と混同するおそれがあるので、この意味では、カタカナで"コモン・ロー"とされることが多い。なお、equity の訳語は"衡平法"であるが、コモン・ローとの対比で、これもカタカナで"エクイティ"と表されることが多い。

（ⅰ）**民法典**（成文法）

わが国の民法は、成文法である「民法典」をその基本としている（私法の基本法となるべき法規範を法典化したものが「民法典」であるともいえる）。

欧州においては、19世紀以降、体系的な民法典が相次いで編纂されていったが（フランス民法典＝1804年、オーストリア一般民法典＝1811年、ドイツ民法典＝1900年、スイス債務法＝1911年、同民法典＝1912年など）、わが国においても明治政府により民法典の制定が急がれた。もっとも、その編纂が始められてからその施行に至るまでには、30年近くの年月を要している（わが国民法典の制定史については、4にて後述する）。

（ⅱ）**民事特別法**（成文法）

民法の法源には、民法典のほか、その内容を修正あるいは補充する機能を有する法律が存在する。これらの特別法については、2つの類型に分けられる。

ひとつは、私法としての性質を有し、民法典を修正する機能を持つ諸法で、たとえば、「失火ノ責任ニ関スル法律（失火責任法）」である。民法709条は、

---

[32] いわゆる英国（グレートブリテン及び北アイルランド連合王国）という国家は、グレートブリテン（イングランド、ウェールズ、スコットランド）と北アイルランドの4つの国からなる連合王国であり、それぞれ独自の法律や制度を持っている（スコットランドに至っては、独自の紙幣まであるとのことである）。

「故意又は過失によって他人の権利又は法律上保護される利益を侵害した者は、これによって生じた損害を賠償する責任を負う」(傍点引用者)としている。この責任を**不法行為責任**というが、これに従えば、交通事故で人に怪我をさせた場合、加害者が被害者に損害を賠償しなければならないのは無論のこと、自宅からの失火で近所を延焼させた場合も、失火者が類焼させられた側に損害賠償をしなければならないこととなる(失火なのだから、失火者に過失があったことになる)。しかし、狭い土地に木造家屋が密集しているわが国は、火災が発生すると広がりやすいという住環境にあり、民法709条をそのまま適用すると失火者に過大な責任を課すことになる(自宅を失った上に、類焼者への損害賠償責任まで負わせるのは、賠償能力をはるかに超えてしまう)ことが問題とされた。そのため失火責任法が1899(明治32)年に制定され、失火による不法行為の場合は民法709条を適用せず、故意または重過失がある場合のみ損害賠償責任を負い、軽過失による失火の場合は損害賠償責任を負わないとされたのである。(失火責任法という)特別法が(民法典の規定という)一般法に優先して適用されることは、1(2)(ⅲ)(ア)にて既述した。

　この第1の類型には、失火責任法のほかに、利息制限法・借地借家法・大規模な災害の被災地における借地借家に関する特別措置法・商法・会社法・信託法・工場抵当法・農業動産信用法・自動車抵当法・自動車損害賠償保障法などがある。

　もうひとつは、民法典を補充する機能を持つものである。民法施行法・不動産登記法・戸籍法・土地収用法・土地改良法・農地法・鉱業法・漁業法・質屋営業法などがこの第2の類型とされる。ただ、これらを民法の法源とすることには、理論的な問題が生じる。これらは、公的な手続関係の規制をその内容とするのだから、法律の分類としては、むしろ公法に属する。すると、「公法」が「私法の一般法たる民法」の法源であるという帰結を招来してしまう。

　また、雇用関係については、労働三法に代表されるいわゆる労働法(以下、本書では「労働法」)が民法典の規定を修正するが、それは、民法典と原理を異にするとされる。ただ、そもそも、私法・公法を区別することに今や実益はほとんどないとする見解もあり、種々の特別法を取り立てて分類する必要もない[33]。民法典と同一原理に基づいてこれを修正する第1の類型に属する諸法と、労働法等を区別することも、社会の発展に伴って生ずる社会関係の

複雑化への対応として認識することに意味を持つに過ぎない。

(ⅲ) **慣習法**（不文法）

ある社会（殊に地域社会）で古くから受け継がれて、その社会の人々に認められるようになった生活上の慣わし（共同体的生活規範）を「慣習」（慣習規範）というが、それが法的効力を有する法規範にまで高められたものが「慣習法」である。成文法は、いかに詳細であっても、もとより完全ではあり得ない。また、社会の要請に基づいて形成された慣習法を完全に否定することもできない。

慣習法の例示としては、不動産の賃貸借契約が成立した時の「礼金」が挙げられる。これは、返還されない一種の契約料ないし権利金的なものであるが、貸主・借主間でのその授受は、一定地域（たとえば、京都）においては慣習法として承認されている。また、温泉権（温泉源利用の権利。湯口権ともいう）や、村落共同体による水の事実的支配を基礎として成立した農業水利権も、慣習法上の権利と考えられている。

慣習法の法的効力は、法の適用に関する通則法（法適用通則法）3条に基づいている。そこでは、慣習が慣習法として承認される条件が定められている。すなわち、「公の秩序又は善良の風俗（公序良俗）に反しない」ことを大前提として、「法令の規定により認められたもの」、または「法令に規定されていない事項に関するもの」に限り、「法律と同一の効力を有する」とされる。例として、前者については入会権についての民法263条などがあり、後者については譲渡担保（⇒255頁）や所有権留保などがある。

なお、民法においても、当事者が"法令中の公の秩序に関しない規定と異なる慣習"による意思を有しているものと認められるときは、その慣習に従うとされている（92条）が、「法適用通則法3条」と「民法92条」との関係については第5章3（2）（ⅲ）にて後述（⇒246頁）する。

(ⅳ) **判例法**（不文法）

民事事件において、裁判所は、成文法たる民法典や上記（ⅱ）の特別法、また上記（ⅲ）の慣習法、さらには、先例（過去の裁判例）に照らし合わせて法的

---

33) 近江Ⅰ 11頁

判断を下す。もちろん、先例の法的拘束力については、わが国のそれは、判例法主義を採る英米法とは異なる。しかし、同じ内容の案件においては、司法は同じ判断を下さなければならない。法的な権利・義務は、条件が同じである限り、等しい取扱いをしなければならないというのが、近代憲法下での基本原則のひとつである。そうでなければ、社会構成員に共通する法秩序というものが成立しない。法自体が、構成員にとって平等でなければならないのである。それゆえ、ある事案について先例としての法的判断が存在すれば、同様の法的事案においても、それが同一的な判断基準となることが予測される。先例が法的規範性を帯び、成文法同様の拘束力を有するに至るのである。

成文法上も、上級審★の裁判所の判断は、その事件について下級審★の裁判所を拘束する（裁判所法4条）とされる。

> **上級審・下級審**：日本の裁判所の審級は、①簡易裁判所→②地方裁判所・家庭裁判所→③高等裁判所→④最高裁判所の4階級に分かれているが、その順序関係において、上位にある裁判所が行う審判を「上級審」といい、下位にある裁判所が行うものを「下級審」という。第1審に対しての第2審、第2審に対しての上告審などが前者であり、第2審に対しての第1審、上告審に対しての第2審などが後者である。下級審に似た言葉として「下級裁判所」があるが、これは、最高裁判所の下位に置かれる高等裁判所・地方裁判所・家庭裁判所・簡易裁判所を指す（⇒本章脚注18）。

（ⅴ）条 理

他に拠るべき基準がない場合、すなわち、成文法や慣習法、判例もない場合、裁判官は何を判断基準とすべきであろうか。

最終的には、「**条理**」に従って判断するしかあるまい。条理とは、一般には、物事のすじみち・道理という意味であり、法律上でも、ほぼこのように用いられるが、法特有の意味がある。明治8年太政官布告103号（裁判事務心得）3条は、「民事の裁判に成文の法律なきものは習慣に依り習慣なきものは条理を推考して裁判すべし」と規定し、条理をもって民事裁判の基準とすべき旨を定めた。この布告が現在でも法律としての効力を持っているかどうかは問題であるが、**学説★**は、一般に、この規定の精神を根拠として、条理を、制定法・慣習に次ぐ私法の法源のひとつと考えている。これは、スイス民法1条2項にいわゆる「裁判官が立法者であったなら法規として定めるであろうと考えるところに従って裁判すべきである」との規定と同趣旨と解

されている。

　上記太政官布告3条の規定からすれば、条理も、裁判における判断基準となるのだから、法源であるといえるのかもしれない。しかし、「物事のすじみち・道理」は、法的側面を離れても、なお人間の行為規範である。ゆえに、裁判準則となることは当然であり、成文法や慣習法、判例法等の"法"の礎となっている[34]わけだから、それを特に「法源」と解する必要はなく[35]、**道徳**や**神意**と同視せられるべきものであるといえよう。

　　学説：学説とは、意見対立の余地ある主題について説かれる学問的見解のことである。法学を含む社会科学においては、真理（自然の法則）が1つである自然科学の場合とは異なり、絶対的価値が存し得ず、多様な価値観の下に多様な考え方が生じる。その考え方というのが、社会科学での"学説"である。
　　学説に関して法学では、ことさら、"通説・多数説・有力説・少数説"などの用語で表されることが多い。順に説明しよう。
　　通説とは、ほぼ異論なく認められている見解であり、判例（裁判所の考え方＝公権的判断）と同一の考え方になることが多い。
　　多数説とは、通説にまで至っていないが、数の上では多数を占めている見解をいう。
　　有力説とは、有力な学者が主張しているとされる見解をいう。
　　少数説とは、多数説と対置する見解をいう。
　　裁判所の見解もひとつの考え方に過ぎないから、判例もひとつの学説といえよう（もっとも、公権的判断であるから、通説化する傾向にあることは否めない[36]）。

■ 3　民法の基本原則 ■

(1) 近代民法の基本原則

　フランス革命を嚆矢とした市民革命を通じて、人間の自由・平等が高らかに謳われ、近代ブルジョワ国家が樹立された。このようにして築き上げられた近代社会を背景にして編纂された民法典は、従前の封建的身分制度を否定

---

[34] 近江Ⅰ 12頁
[35] 我妻22頁。一方で、「稀ではあるが条理による裁判も認めざるを得ないと考えられる」ことにより、「条理も法源の一種とみてよい」とする見解もみられる（川井5頁）。
[36] 近江Ⅰ 9-12頁

し、市民社会の基礎を確立する法的枠組みを作り上げた。

　19世紀以降、相次いで制定されていった欧州諸国の近代民法は、各国の事情に応じた多様性を示すが、同時に、「自由で平等な市民」という人間像の確立という近代社会の要求に応ずるものとしての普遍性をも持っていた。すなわち、各国民法に共通する基本的態度——**近代民法典の３つの基本原則**（所有権絶対の原則・契約自由の原則〈私的自治の原則〉・過失責任主義）である。

（ⅰ）**所有権絶対の原則**

　財産については、市民個人の自由な私的支配にこれを委ねた上で、国家はこれを尊重し、みだりに干渉しないという原則である。この原則により、各人の所有権は絶対不可侵とされ、自己の所有財産についてはこれを自由に使用・処分することができ、その自由な経済活動により得られた成果も保護されることになるのである。

　現代のわが国においても、上述のことは、憲法（29条１項＝「財産権は、これを侵してはならない」）によって宣明されている[37]。つまり、国家や支配者による所有権の侵害を禁止し、私的所有権を公権力から隔離しているのである。これを受けて民法206条は、「所有者は、法令の制限内において、自由にその所有物の使用、収益及び処分をする権利を有する」と規定している。

　この所有権絶対の原則は、上述の市民革命によってもたらされた。それ以前の封建社会にあっては、所有権、殊に土地所有権については、領主の権力と、村落等の共同体的規制に支配されていた。所有権絶対の原則の導入は、このような「階級・身分による支配」を否定するとともに、資本主義経済の前提となる所有権制度を確立したのである。

（ⅱ）**契約自由の原則**

　契約締結に際して、公権力を含め何人（なんぴと）からもみだりに干渉されないという原則であり、契約をするか否かの自由、相手方選択の自由、内容決定の自由、方式の自由[38]をその具体的内容としている。このような自由の保障により、

---

[37] 旧憲法（大日本帝国憲法）においても、その27条１項で、「日本臣民はその所有権を侵さるることなし」とされていた。
[38] 口頭であろうが書面によるものであろうが、契約の形式は自由であるという原則である。

はじめて自由な経済活動も可能となるのである。

財産の私的支配の自由を確保するには、財産の処分や管理を行うための契約に自由を認めることが必須であるといえよう。上述の所有権絶対の原則と契約自由の原則は、表裏一体として理解される所以である。

英国の法学者メイン（Sir Henry Sumner Maine）がその著書『古代法』（1861年）の中で唱えた、「身分から契約へ（from Status to Contract）」という非常に有名な言葉は、人々が身分的に拘束されていた前近代社会から、個人の自由な同意のもとで形成される契約に基づく近代社会への進化（すなわち、自由な契約が門地・門閥・系譜に由来する旧時代の制限的身分に優位する社会への進化）について表現したものである。「中世の法から近代法への移行」を表現する、その他の学術的標語としては、「人の支配から法の支配へ（from the rule of persons to the rule of law）」（英国のダイシー〈Albert Venn Dicey〉）、「共同体から利益社会へ（from Gemeinschaft to Gesellschaft）」（ドイツのテンニエス〈Ferdinand Toennies〉）などがある。

（ⅲ）過失責任主義

他人に損害を与えたとしても、加害者に故意・過失が認められない限り、損害賠償の責任を負わされることはないとする原則であり、自己責任の原則とも呼ばれる。「過失なければ責任なし（Quae sine culpa accidunt, a nullo praestantur）」という法格言は、このことを表している。このような保障を与えることによって、上述の「所有権絶対の原則」および「契約自由の原則」と相俟って、市民をして、萎縮することなく、自由な経済活動をなさしめることを狙っているのである。

（2）基本原則の修正

市民革命によりもたらされた上記3原則も、その後、社会の近代化をさらに推進するための修正を受けるようになった。

（ⅰ）所有権絶対の原則の修正

わが国の現行憲法29条は、その1項で、「財産権は、これを侵してはならない」と、（1）（ⅰ）にて既述した「所有権絶対の原則」（財産権の不可侵性）

を謳いながらも、2項および3項にて、「財産権の内容は、公共の福祉に適合するやうに、法律でこれを定める」「私有財産は、正当な補償の下に、これを公共のために用ひることができる」と、所有権絶対の原則にも制限を加えるとしている。この制限にかかる判例としては、次のようなものが存する。

金融商品取引法164条1項は、いわゆるインサイダー取引（インサイダー情報〈公開会社に関する情報で、公表されていない情報〉の不当な利用により行う当該株式等の不公正取引）を防止するために、上場会社等の主要株主がその上場会社等の株式等を買付けあるいは売付けをした後6か月以内にそれを売り付けあるいは買い付けて利益を得た場合には、当該上場会社等は、その利益の提供を請求することができると規定している。この規定により利益の提供を請求された者が、本項を適用することは憲法29条違反であると主張した事案において、最高裁は、「財産権に対する規制が憲法29条2項にいう公共の福祉に適合するものとして是認されるべきものであるかどうかは、規制の目的、必要性、内容、その規制によって制限される財産権の種類、性質及び制限の程度等を比較考量して判断すべき」として、合憲と判断した（最判平14・2・13民集56・2・331）。

また、何人も、自己の所有する土地の上であっても、空港設置の告示の後に、安全な飛行機の運航の妨げとなるような高さの建造物・植物の設置・植栽をしてはならない（航空法49条1項）。また、空港設置のためには、十分な補償の下に反対者の土地を強制的に収用することもできるのである（憲法29条2項、土地収用法3条）が、これらも所有権絶対の原則に対する制限である。

このような制限が観念されるようになったのは、所有権絶対の原則を貫徹すれば、時として、他人の権利を侵害したり、公共の利益にも反する結果となったりする場合がある[39]からである。なお、戦後および平成16年の民法改正で1条1項も、憲法29条2項・3項に合わせ、「**私権**★は、公共の福祉に適合しなければならない」と規定した。

> **私権**：私権とは、私法上の権利をいい、公法上の権利である公権と区別される概念である。
> 「私権の分類」については、以下のような方法があるとされる[40]。
> ① 権利の対象とする内容による分類

---

39) 近江Ⅰ16頁
40) 近江Ⅰ19-20頁

財産権：民法財産法上の諸権利で、下の身分権や人格権に対立する意味で用いられる。一般的には、物権・債権（物権と債権については50頁参照）・知的財産権がこれに属する。

身分権：民法家族法上の諸権利で、夫・妻や親・子のように親族法上一定の地位にあることに基づいて法律上認められた各種の権利の総称。

社員権：社団法人（⇒141-142頁）の社員が社団に対して有する権利義務の総称で、典型的には株主権がある。

人格権：人間が人間として有する権利で、生命・身体・自由・名誉・貞操・信用など法的保護の対象となる人格的利益の総称。

② 権利の作用・行使による分類

支配権：物権や知的財産権のように、権利者の意思だけで権利の内容を実現できる権利（権利の客体を直接に支配する権利）の総称。

請求権：他人の行為を請求することができる権利で、債権法（民法第3編）の領域では債権と同義語と考えてよい。

形成権：当事者の一方的な意思表示で法律関係の変動を生じさせる地位のことで、契約の解除（民法540条以下）（⇒435頁）や取消権の行使（同120条以下）などがその一種である。法律関係の変動・形成は、本来、当事者の合意を必要とするが、形成権はその例外である。

抗弁権：他人の請求権の実現を正当に阻止する権利で、**同時履行の抗弁権**（民法533条）（⇒441頁）や**催告の抗弁権**（同452条）（⇒85頁）、**検索の抗弁権**（同453条）（⇒85頁）などがその例である。

（ⅱ）契約自由の原則の修正

契約自由の原則を貫徹すれば、当事者間の力関係などにより、契約内容決定などの自由は実際的に制限され、一方当事者にとって非常に不利な内容とならざるを得なくなるのが実情である。雇用契約や不動産賃貸借契約を想起されたい。労務者や賃借人が、契約を締結するにあたって、相手方（雇用主や家主）と対等の立場に立てるということは、極めて稀有となろう。

契約自由の原則は、契約当事者が対等の地位に立ち、実質的にも当事者の自由な意思によって契約が締結されるということが前提とされなければならない。然るに、「契約をするか否かの自由」「契約相手選択の自由」「契約内容の決定」を支配できるのは経済的強者である。そうした実情に基づき、経済的弱者保護の必要性から、契約自由の原則を修正する特別法が制定された。借地借家法や利息制限法、農地法、労働法などがそうである。労働法は、契約自由の原則を修正して、経済的弱者たる労務者を保護するのである。

なお、そのような特別法を離れても、民法1条（1項＝私権の公共の福祉への

適合性、2項＝信義誠実の原則、3項＝権利濫用の禁止）（いずれも42頁参照）が、契約自由の原則の制限を実践している。

（ⅲ）無過失責任主義

現代の社会事情は、市民革命直後とは大きく変わり、重大な危険を生じさせる企業活動や、放射性物質等、甚大な損害を発生させる物が、数多く発生している。このような状況下においては、過失責任主義はもはや、市民を保護する機能を有しなくなったともいえる。そこで、過失責任主義から**無過失責任主義**（損害を発生させた者は、その過失の有無に関わりなく責任を負うべきだ、という法思想）へという方向性が打ち出されてきた。

その論拠としては、「利益の存するところ損失もまた帰するべきである」という**報償責任**や、「危険物を管理する者は、絶対的な責任を負う」という**危険責任**の思想がある。

かくして、過失責任主義については、民法そのものがその717条で土地工作物にかかる無過失責任主義を認めることによりこれを制限しているほか、鉱害の賠償責任や原子力事故の損害賠償責任について、無過失責任主義を導入し（それぞれ、鉱業法109条、原子力損害の賠償に関する法律〈原賠法〉3条）、同様にこれを制限している。また、特別法による例外措置に加え、解釈によっても過失責任主義が緩和されている（過失の有無にかかる**立証責任の転換**★等）。

> **立証責任の転換**：通説・判例によれば、権利関係に関する法律効果が自己に有利に働く当事者が、その法律効果を基礎づける事実（法律要件）を証明しなければならないとされる。すなわち、過失責任を問うて損害賠償請求権を主張する原告が、被告に「過失」があったことの立証責任を負うのが原則ということである。
>
> 然るに、交通事故や公害、医療過誤などの事件では、その証明は容易ではない。そこで、一定の場合には、逆に被告が無過失を証明しない限り、賠償責任を免れないとされた。これを「立証責任の転換」というが、上記のほか、使用者責任（715条）、運行供用者責任（自賠3条）などに適用される[41]。無過失責任主義とは異なるが、過失責任主義を修正する一場面と位置づけられる。

41）近江0・205頁

4 日本民法典の成立

（1）民法典制定の背景

（ⅰ）維新直後

　明治政府が、西洋法をモデルとした法典★の編纂事業を性急に行うとした理由は、1（3）にて既述したように、不平等条約の改正である。そのためには、少なくとも財産法に関しては、「泰西原理」に基づく民法典編纂が必要とされた[42]。

> **法典**：成文法規を体系的に編纂したものをいう。したがって、2（2）（ⅱ）にて既述した「失火責任法」のように、1カ条しか条文のないものは法典とはいえず、ある程度の分量が必要となる[43]。
> 　なお、徳川5代将軍綱吉が制定したとされる悪名高い"生類憐みの令"は、「生類憐みの令という総括的な法規が制定されたわけではなく、生類憐みの趣旨をかかげた様々な命令があ[44]」るとされている。"生類憐み"の趣旨を掲げた種々の単行的な法令の総体を"生類憐みの令"という歴史用語で呼んでいるに過ぎないわけである。したがって、巷間に知られる"生類憐みの令"は法典とはいえない。

　民法編纂事業は、1870（明治3）年に制度局を太政官に設置されたのに始まった。まずは、フランス民法典を、ほとんどそのまま模倣して、日本民法典にするつもりであったといわれている。その当時の様子については、穂積陳重（のぶしげ）（（2）（ⅰ）にて後述）が次のように著している[45]（なお、引用者が若干現代語にあらためている）。

> 　制度局の民法編纂会の会長であった**江藤新平**[46]は、「日本と欧州各国とは、それぞれその風俗習慣を異にするけれども、民法をもたない

---

42) 百年7頁〔小柳春一郎〕
43) 小辞典1132頁
44) 塚本学『徳川綱吉（人物叢書）』（吉川弘文館、1998年）102頁
45) 穂積210頁以下

ということはあり得ない。ぜひとも、フランスの民法に基づいて日本の民法を制定すべきである」という意見を持っていた。

　司法卿になった江藤は、法典編纂局を設け、箕作麟祥[47]にフランスの商法、訴訟法、治罪法（刑事手続に関する法典）などを翻訳させた。その際に、「誤訳もまた妨げず、ただ速訳せよ[48]」と、しきりに催促したとのことである。当時の江藤の見解は、日本に民法というものがある方がよいか、ない方がよいかといえば、それはある方がよいではないかというもので、「フランス民法と書いてあるのを日本民法と書き直せばよい」というものであったという。

　民法典が編纂される前に存在した民事法令は、太政官布告としては、次のようなものがあった。すなわち、戸籍法たる明治4年170号（1871年）、江戸時代以来の地所永代売買禁止令を廃止した明治5年50号（1872年）、代理にかかる規則たる明治6年215号（1873年）、債権の出訴期限（消滅時効）にかかる規則である同年362号、保証にかかる同年195号、明治8年103号の裁判事務心得（1875年）、満20年を成年とする明治9年41号（1876年）、債権譲渡にかかる同年99号、利息制限法たる明治10年太政官布告66号（1877年）などである。また、1886（明治19）年には、法律1号として登記法が制定された。

　このように、明治初年には、民事法令が十分でなく、民事紛争が法廷に持ち込まれたときに、何を基準に裁判をするかが問題となっていた。明治8年太政官布告103号の3条が、「民事の裁判に成文の法律なきものは習慣に依り習慣なきものは条理を推考して裁判すべし」と規定していたことは、2（2）（v）にて既述した。しかし、直ちに問題となるのは、何が慣習か、何が条理かということである。当時は大改革の時期であり、そこに明確な慣習なり条理なりが存在したとは考えにくいからである。そこで、フランス民法や

---

46) 佐賀藩出身の政治家。尊王攘夷運動に加わり、藩庁から永蟄居を命じられたが、王政復古とともに許され、明治政府が成立すると徴士として出仕し、太政官中弁をふりだしに司法卿として司法の整備に尽力した。1873年参議となったが、佐賀の乱にて梟首（1834-74年）。
47) 津山藩の出身。蘭学者の家に生まれ、蘭・英・仏語を学び、1867年徳川民部大輔（慶喜の弟）に随行してフランスに赴き、『仏蘭西法律書』を刊行した（1846-97年）。
48) 「誤訳があっても構わないから、とにかく急いで翻訳せよ」ということで、巧遅は拙速に如かずというわけである。

後述するボアソナードの民法草案が、実質的な条理の役割を果たしたこともある[49]とされる。

　明治初年に、フランス民法が日本の民法典編纂にかくなる影響を与えた理由は、その秀逸性[50]はもとより、次のようなことにあったとされる。すなわち、西洋法制を摂取しようとすれば、フランス、ドイツ、もしくはイギリス（イングランド）のいずれかの法制に学ぶほかなかったが、当時ドイツはまだ統一的な法典を有していなかったため、ひっきょうフランスかイギリスかの二者択一となる。そして、イギリス法に関しては、過去の判例の蓄積を判断基準にする判例法であるため導入が難しかったこと、さらには、判例を使いこなせる法律家を育成するために時間を要することから、導入を見送らざるを得なかったので、消極法でも、範をとるべきはフランス法制となったのである。

(ⅱ) フランス民法と旧民法
(ア) ボアソナード

　結局、江藤の上記計画は、彼自身の下野により完成に至ることなく中絶したが、その後ふたたびフランス民法の強い影響を受けた民法典が編集されることになる。その再開は、政府が、**ギュスタヴ・ボアソナード**（Gustave É. Boissonade, 1825-1910 年）に民法の草案作成を依頼した 1879（明治 12）年であった。

　ボアソナードは、明治政府の招きで 1873（明治 6）年に来朝したフランスのパリ大学のアグレジェ（agrégé：大学教授資格試験合格者）であった法学者で、1895（明治 28）年までお雇い外国人として、法学教育、立法、外交交渉などに多くの功績を残した。当初は数年で帰仏する予定であったが、日本において刑法、刑事訴訟法、民法などの重要法典の編纂を依頼されているうちに、長期の滞在となった。22 年にも及ぶ滞在中、もっとも心血を注いだのは、

---

[49] 百年 4-6 頁
[50] 栗本鋤雲（1822-97 年、幕府の駐仏全権大使）は、その著書『暁窓追録』（明治 2 年刊）の中で、フランス民法典につき「実に驚嘆欽羨に堪えざるなり」と、これを賛美している。また、フランス民法は、用語が日常語と整合性が高く、一般国民にとっても比較的理解しやすく、かつ格調の高い文体（スタンダールが語調をまねするためにフランス民法を読んだという逸話がある）に特徴があるとされる。他方で、1900 年施行のドイツ民法は、正確さを重視し、無味乾燥な文体が評判の悪いものにしている（百年 38 頁）。

民法草案の起草であった[51]とされる。

ボアソナードに日本人の編纂委員が加わって起草された民法草案は、財産編・財産取得・債権担保編・証拠編が1890（明治23）年4月に法律28号として、財産取得編・人事編が同年10月に法律98号として公布され、1893（明治26）年から施行されることになっていたが、その後に後述の民法典論争が起こり、ついに施行されずに終わるという運命をたどった。

しかし、一度公布されたこの民法典は、「旧民法」の名で呼ばれ、現代でも示唆に富む法典として、現在の民法学にも少なからぬ影響力を有している[52]。

(イ) 旧民法

旧民法の編纂方式の特徴は、現行民法の財産法（第1編～第3編）に相当する部分についてはボアソナードがこれを起草し、残る家族法（第4・5編）に相当する部分は最初から日本人の委員が担当したことである。ただ、後者についても、ボアソナードの圧倒的な権威の下で行われた。たとえば、家族法において、1888年7月頃に成立した第1草案は、わが国の伝統的な家族制度に批判的であり、戸主の特権もほとんど認めず、長男の相続分も他の子より若干優遇しただけであった。家族法には直接関与していないボアソナードも、日本の単独相続慣行には批判的であって、間接に影響を与えたとされる。

当然として、ボアソナードの手になる旧民法は、フランス民法典が基礎となっている。フランス民法は、人事編（能力規程と親族法）・財産編（物権法）・財産取得編（それ以外）という伝統的な3編構成となっているが、ボアソナードは、その財産取得編が広範に過ぎるとして、これを分割して旧民法を5編構成とした。すなわち、人事編・財産編（物権法と債権総論、および不法行為法）・財産取得編（契約法と相続法）・債権担保編（担保物権と保証等）、証拠編（時効その他）である。

---

51) 百年 7-8頁
52) 星野英一「日本民法典及び日本民法学説におけるG.ボアソナードの遺産」星野英一＝森島昭夫編『加藤一郎先生古稀記念・現代社会と民法学の動向 下巻』（有斐閣、1992年）50頁以下

(ⅲ) 民法典論争
(ア) 法典論争

　明治政府は、1881（明治14）年太政官中に商法編集委員を置き、同時にドイツの法学者・経済学者である**ヘルマン・ロエスレル**（Karl Friedrich Hermann Roesler, 1834-94年）に商法草案の起草を命じた。ロエスレルは、ボアソナードと同じく政府のお雇い外国人で、1878年から1893年まで日本に滞在し、商法のほか、大日本帝国憲法の起草にも助言者として参加した。ロエスレルの起草した商法も旧民法と同様に、憲法の実施・帝国議会の第1回議会開会（いずれも1890〈明治23〉年11月）を目前に控えながら、これを待たずして政府が公布（商法は明治23年3月、旧民法は既述のとおり同23年4月および10月）したことは、いささか憲法実施のはじめから議会を軽視したような嫌いがないわけでもない。この商法も、1899（明治32）年6月に現行商法が施行されたため、**旧商法**と呼ばれる。

　上記のような状況下、1889（明治22）年5月に、帝国大学の卒業生よりなる法学士会が、法典編纂に関する意見書を発表し、法典の速成急施の非を痛論した。これを契機として、旧民法と旧商法とには、重大な欠点があるから、その実施を延期してこれを改修せねばならないとする説（**延期派**）[53]と、これに対して、両法典にはそのような欠点は存しないし、予定期日においてその実施を断行するのは急務であるとする説（**断行派**）とで、激烈な論戦（**法典論争**）が始まった（そのうち民法典にかかる部分を「**民法典論争**」ともいう）。

(イ) 法律学派

　明治初年には、わが国の法学者は2派に分かれていた。すなわち、**フランス法学派**（司法省法学校〈明法寮〉・明治法律学校〈現在の明治大学〉・和仏法律学校〈現在の法政大学〉等の学生・卒業生）と**イギリス法学派**（東京開成学校〈東京大学の前身〉・東京法学院〈現在の中央大学〉・東京専門学校〈現在の早稲田大学〉等の学生・卒業生）である。なお、1887（明治20）年には、帝国大学法科大学にドイツ法科も設けられたが、ドイツ法学派はまだ極めて少数派であったから、法典論争が起こった時分には、日本の法律家は英仏の2大派に分かれていた。法典論争における英仏両派の論陣はその旗幟甚だ鮮明で、イギリス法学派のほとん

---

[53] 旧商法に関しては、1,000条超の大法典でありながら、公布後わずか8か月で、まだ法律に慣れていない国内商業者に対してこれを実施しようとしていることも、延期派の批判根拠であった。

どは延期派で、これに対してフランス法学派は概ね**断行派**であった。断行派の中心人物としては、ボアソナード以外では、後述の梅謙次郎が知られる。

(ウ) **自然法的思想の衰退**

大革命後の 1804 年に公布された、フランス人権宣言の所産たるフランス民法典（「ナポレオン法典」ともいう）は、普遍的な人間理性による合理的な法の実現という**自然法学説**の下に制定された。これは、法は万世不変、万国共通なものであるから、法典は何時にても作り得べきものとする思想[54]であり、法律として社会を規律してきた慣習法やローマ法のかわりに、国家が統一的な法典を作り、そのようにして国家によって作られたものだけに、法律としての権威を要求するものである。それは、政治的・経済的な観点からも、人間の自由や平等という理想からも、等しく要求される思想であり、フランス法学を支配するものであった。

フランス民法典の制定に直接・間接の影響を受けたのであろう、ドイツでも 19 世紀の初頭に法典論争（下記の囲み記事参照）が起きた。

サヴィニーとティボーの法典論争

当時ドイツ諸国はナポレオンの馬蹄に蹂躙されて、ほとんどその独立を失いかけており、その復興策として、盛んに民族統一の必要を唱道する者が多かった。1814 年、ハイデルベルク大学の教授であったアントン・フリードリヒ・ティボー（Anton Friedrich Justus Thibaut, 1772-1840 年）が、「ドイツ統一市民法典の必要性について（Über die Nothwendigkeit eines allgemeinen bürgerlichen Rechts für Deutschland）」と題する論文を発表し、ドイツ復興策として、ドイツ全土に適用される市民法典を制定すべきことを主張した。民族の統一は、法律の統一によって得られるべきものというのであった。

上記ティボー説は、当時の学者・政治家の賛同を得たが、フランスにおける自然法的思想による統一法典要求とは重要な差異があった。すなわち、フランスにおいて統一法典制定の推進力となったブルジョアジーが、当時のドイツにおいては未成熟であった。ティボー説に対して、ベルリン大学の教授であったフリードリヒ・カール・フォン・サヴィニー（Friedrich Carl von Savigny, 1779-1861 年）が同じく 1814 年に、「立法と法学に対する現代の使命について（Beruf unserer Zeit für Gesetzgebung und Rechtswissenschaft, 1814）」と題する一

---

54) 法の原則は、時と所とを超越し、いずれの国、いずれの時においても、同一の根本原理によって法典を編纂し得べきという思想である。

書を著して、法は言葉や風俗習慣と同様に、人民（Volk）の意識から発生し、過去の法と有機的な関連を有し、立法の有意的な行為によらずして歴史的に生成されるものである（法は、国民的、発達的なものだから、国家的介入を拒否すべき）と反対説を唱えた。その上で、歴史的事実の認識としてドイツの法として作用してきたローマ法[55]を素材とし、倫理的市民社会（家長たちの社会）を前提とする近代私法の体系を組み立てた。

　この論争は、結局サヴィニーの勝利に終わり、ティボーの統一市民法典編纂論は、この段階では実行されなかった。しかし、この争議の後半世紀を経て、ドイツ帝国は建設され、民法をはじめ各種の普通法典の編纂が行われた。

　明治維新後の当時においても、自然法思想はすでにフランス民法典編纂の時代に有していた役割を終え、ヨーロッパにおいても厳しい批判にさらされていた。わが国においても旧民法に対する批判は、この自然法思想に対するものとして現れている。すなわち、自然法思想は、当時の学問からみると歴史上の遺産であると論断されたのである。

　わが国の法典論争は、サヴィニーとティボーの上記法典論争と同じく、自然法学派と歴史法学派との論争にほかならない。断行派のフランス法学派は、もとより自然法学説を信奉したが、延期派は、国民性・時代などに重きを置く歴史法学を奉じて旧民法（ボアソナード案の法典）に反対したのである。

　㈡　**民法典論争の経緯**

　民法典論争は、フランス法学派とイギリス法学派との純粋な学術的論争でもあったが、実質的にはむしろ多分に政治的なものであった。延期派の主張は、主として、旧民法は、泰西法の導入によって、封建的旧制度を一挙に廃棄しようとしているゆえに、わが国古来の醇風美俗を破壊することを理由としていた。

　延期派が特に攻撃したのは、家族法の領域で、家族の概念が争点となった。延期派は、夫婦を単位とする旧民法の考え方を批判し、家長の権威のもとに形成される大家族を中心とした家族観による立法を主張した[56]。

　延期派は、すでに公布されていた両法の実施を阻止せんとして、1890（明治23）年11月に召集予定の第1回帝国議会に延期法案を提出した。ここに

---

[55] 通常、「ローマ法」と呼んでいるのは、6世紀前半に東ローマ帝国のユスティニアヌス大帝の下で編纂された「ローマ法大全」（Corpus Iuris Civilis）である（近江Ⅰ30頁）。

法典論争の幕が切って落とされたのである。延期派（イギリス法学派）は東京法学院を根拠として戦備を整え、断行派（フランス法学派）は明治法律学校を根拠として陣容を整え、双方とも両院議員の勧誘に全力を尽くした。議員を動かして来たるべき議会の論戦において多数を得る目的のために大なる効き目があったのは、延期派の急先鋒であった**穂積八束**（1860-1912年）の「**民法出でて忠孝亡ぶ**」と題した論文であった。双方から出た脅し文句はたくさんあったが、このように覚えやすくて口調がよく、センセーショナルな響きを有する警句は、群集心理を支配するには絶大な効力があったとするのは、現行民法の起草者の１人である穂積陳重（穂積八束の兄）の後年の回想である。

（２）民法典の成立

（ⅰ）緒 論

民法典論争は、結局、延期派の勝利に終わり、旧民法はついに施行されることはなかった。すなわち、民法商法施行延期法案が1892（明治25）年の第３回帝国議会で可決され、旧民法については、そのまま施行されるものではないが、修正されるべきものとして1896（明治29）年末まで施行を延期するとされたのである[57]。

かくして、その後、1893（明治26）年から、**梅謙次郎**[58]・**富井政章**[59]・**穂積陳重**[60] の３人の帝国大学教授を起草委員とする民法典編纂が開始され、これは、1898（明治31）年に施行された。この民法典は、太平洋戦争後におい

---

56) 旧民法の第１草案が、伝統的家族制度に批判的であったことは既述したが、成立した旧民法においては単独相続と戸主特権が認められた。延期派は、それでも不満だったようである。
57) 旧民法を土台として新たな民法典を編纂するということであり、旧民法が現行民法典に大きな影響を与えることになった（百年16頁）。
58) 東京大学教員として独仏に留学、リヨン大学にて法学博士の学位を取得。帰国後、帝国大学法科大学教授となる（1860-1910年）。法典論争においては、断行派の立場に立った。断行論者でありながら、明治民法起草委員となることには何らの躊躇も感じなかった（有地亨「明治民法起草の方針などに関する若干の資料とその検討」法政37〈1/2〉号〈1971年〉102頁）とされる。
59) リヨン大学にて法学博士の学位を取得。帰国後、東京大学教授。フランス法学者でありながら、旧民法に反対してドイツ法的規定の採用を主張（1858-1935年）。
60) 開成学校においてイギリス法を学び、英独などに留学。帰国後、東京大学法学部教授兼法学部長。後に、枢密院議長。

て、特に家族法の領域で根本的な改正を受けたので、戦後民法に対し、**明治民法**と呼ばれている。

なお、明治民法の家族観は、戸主の特権を承認し、また、男子・長子優先のたてまえをとり、忠孝精神（後述「ちょっと休廷」No.1 参照）を維持した。ところが、財産法領域に目を転ずると、事情が異なる。明治民法のそれについての規定の内容は、旧民法に比べて、家族法におけるような差異を示していない。財産取引についての経済的な要求は、旧来の戸長制度のような非個人主義を許さなかった

切手となった起草者

左から富井、梅、穂積

反面、財産法における個人主義のたてまえも、家族法における家の尊重を覆すことはできなかったということである。したがって、明治民法は、財産法の領域は近代的な考え方に立脚する一方、家族法の領域は前近代的な性格を残存させて出発したのである[61]。民法典論争（「ちょっと休廷」No.1 参照）に破れたボアソナードは、心血注いだ旧民法が葬られ、失意のうちに1895（明治28）年に帰国したが、彼の手になる旧民法を激しく攻撃した延期派の主張が採り入れられたのは、彼が直接関与していない家族法の領域であって、彼自身が草案した財産法の領域は明治民法でも大きな差異を示さないということであれば、ボアソナードには気の毒であったというほかないのかもしれない。

ちょっと休廷 No.1

国民道徳の創造と民法典論争

　誕生して間もない明治国家は、西洋から軍事・経済的脅威だけではなく、思想的挑戦を受けていた。個人主義とキリスト教の浸透である。これらは天皇を機軸とする国家体制を揺るがすおそれがあった。対抗するために創られたのが天皇を「家長」、国民を「赤子（せきし）」とみたてる家族国家観と忠孝の国民道徳であ

---

61) 高島平蔵『民法学の歳月』（敬文堂、1981年）73頁

った。

　1868 年に布告された「五箇条の御誓文」には「旧来の陋習（ろうしゅう）を破り」「智識（ちしき）を世界に求め」など、封建的社会慣習を改め、西洋の科学・文化を積極的に学び、平等で合理的社会を築いていこうという精神が表現されていた。しかし、急進的な欧化主義への反発もあって、維新から 10 年もたたないうちに復古的な揺り戻しが始まる。

　大日本帝国憲法が公布されたのは 1889 年であったが（翌年施行）、個人主義・自由主義に対する日本独自の思想機軸がまだなかった。そこで登場したのが、1890 年に発布された教育勅語であった。その翌年、勅語の思想の理論的基礎を固めた哲学者・井上哲次郎が、勅語の公式解説書といえる『勅語衍義（えんぎ）』を執筆して、各徳目について詳しく意義を説明した。全部で 12 ある徳目の 1 つ「爾臣民父母ニ孝ニ（あなたたち国民は、父母に孝行しなさい）」については、「国君の臣民における、なお父母の子孫におけるがごとし、すなわち一国は一家を拡充せるものにて、一国の君主の臣民を指揮命令するは、一家の父母の慈心をもって子孫に吩咐（ふんぷ）（命令）すると、もって相異なることなし」と述べる。日本を大家族とみなし、天皇を親、国民を子に擬した家族国家主義である。国家は「家」の集合体であり、親への孝行と天皇への忠節が同一とみなされる「忠孝一致」「忠孝一本」という考え方が生まれる。そのためには国民各層に家制度が確固として定着していなければならない。これは民法で規定することだが、教育勅語と同年に公布された旧民法が家族制度を無視していると批判される。結局、旧民法は廃止され、1898 年に施行された明治民法は、家長である戸主の絶対的権限と家族統制、直系男子の家督相続で家の存続を規範化した。この家父長的家族制度は近世の上流武士階級の家族制度をモデルにしており、主従の関係が強調されている。家族全員が家長に服従する制度は、拡大すれば国民全体が天皇に服従することにつながる。「明治 20 年代は都市化が始まる時期で、政府には農村的な家が崩壊するという危機感もあり、思想的基盤を必要としていた」と説明される。

出典：日本経済新聞 2013 年 10 月 20 日「熱風の日本史」

（ⅱ）明治 14 年の政変とドイツ法の継受

　旧民法の施行延期が帝国議会で決定された後に、内閣直属の機関である「法典調査会」が組織された。3 名の起草委員の中で指導的立場に立ったとされる穂積[62]が、方針意見書として上申したことは、次のごとくである。すなわち、民法の修正は根本的改修であること、法典の体裁はドイツ民法草

案★（特にザクセン民法の編別構成）に倣ったものであること、起草委員は1人1編を担当すること、総則編および法例（今日の「法の適用に関する通則法」）の起草委員はこれを兼務できること、委員には各学派はもちろん弁護士・実業家等の実務家も加えること等々である。また、富井もドイツ民法草案を高く評価していたことはつとに知られ、旧民法がこれを参照しなかったのは法典編纂上の手落ちであると厳しく批判していた。

かくして、明治民法の編纂にあたっては、ドイツ帝国民法の例に倣って1編ごとに1人の起草委員を置き、ドイツ法の編別構成が採用されたのである。

ドイツ民法草案：ドイツでは、サヴィニーとティボーの法典論争の後、半世紀を経て、ようやく民法統一の機運が持ち上がってきた。その契機は、1871年にプロイセンの武力を背景にしてドイツ帝国が成立したことである。

ユンカー的プロイセン支配（あくまでプロイセンという枠組みと力を温存させた上で、ドイツ帝国を形成。ドイツ皇帝はプロイセン王の兼任）の機構は、ドイツ帝国憲法（ビスマルク憲法ともいう）にも反映した。すなわち、帝国議会の機構は、1850年のプロイセン憲法を引き継ぐものであった。

1874年、帝国憲法下の連邦参議院が、民法草案作成のための（第1）委員会を設置した。同委員会が1887年にビスマルク首相に提出した民法草案（第1草案）は、あまりにもローマ的で、ドイツ固有の要素を軽視しているとの批判を受けた。そこで、連邦参議院は1890年、第2起草委員会を設置して第1草案の修正を命じた。1895年に帝国宰相に提出された第2草案については、連邦参議院で若干修正されて第3草案となり、これが1896年帝国議会を通過した（1900年施行）。

わが国が参考にしたのは、第1草案と第2草案である[63]。

民法典論争は、既述のとおり、イギリス法学派たる延期派がフランス法学派たる断行派に勝利したのであるが、明治民法がイギリス法ではなくドイツ法に範をとったことは皮肉である。イギリス法を導入しなかった理由として、これが判例法であるため、判例を使いこなせる法律家を育成するために時間を要することなどが挙げられることが挙げられると述べた（⇒29頁）。しかし、なぜドイツだったのであろうか。フランス法学派と対立したイギリス法学派が、ドイツに漁夫の利を得させたというわけではなさそうである。

---

62) 福島正夫＝清水誠編『明治民法の制定と穂積文書』（民法成立過程研究会、1956年）16頁
63) 坂口洋一「民法典起草の方向——穂積と梅におけるドイツ民法継受の論理」東京外国語大学論集22号（1972年）109-111頁

理由のひとつとして、個人に固有の権利を認めず、権利は国家から付与されるものとするドイツ法学流の国家観の方が、徹底した個人主義を前提とするフランス法学より、当時のわが国になじみやすかったということが挙げられるが、経済学の分野でも、ドイツの新歴史学派の導入が著しかったことも大いに影響したとも考えられる。明治10年代後半から20年代にかけて、わが国は経済的、社会的、文化的にフランスよりドイツに接近するような事情にあった[64]とされるのである。その背景として、**明治14年の政変★**は看過できない。

> **明治14年の政変**：自由民権運動に対して弾圧を加えていた政府も、民心安定のために国会開設の必要性を認めるに至った。国会開設のためには憲法を制定しなければならないが、政府内でも、君主大権を残すプロイセン憲法を支持する伊藤博文・井上毅と、イギリス型の議院内閣制の憲法を支持する大隈重信とが対立した。伊藤・井上は、明治天皇の行幸に大隈が同行している間に協議を行い、大隈の罷免を決め、1881（明治14）年10月11日に大隈と彼を中心とするイギリス派を政府から追放した政治事件が明治14年の政変である[65]。これにより、強大な君主権を機軸とするプロイセン風の立憲君主制に統一され[66]、プロイセン憲法をモデルとした大日本帝国憲法が、旧民法が公布される前年（1889（明治22）年）に発布されることとなった[67]。

　旧商法の起案者であるロエスレルは、1887（明治20）年頃、次のように述べたとされる[68]。

> 　フランス民法は、個人の平等、親族関係の疎薄、財産の不安定、家督保存の欠如など民主主義的性質を帯びているために、革命相次ぎ政

---

64) 有地・前掲（注58）114-115頁
65) なお、世論がこの事件に対して激化、民権運動はさらに高揚の様相を呈したため、政府は、近い将来の議会制度確立を約束して、運動の尖鋭化を抑えようと、翌12日に**国会開設の詔**を天皇に発してもらった。
66) 矢野祐子「ボアソナードと、その法思想――陪審制度をめぐる一考察」早誌47号（1997年）354頁
67) 坂口・前掲（注63）113頁は、「ドイツは絶対主義的な国でありながら、外形的には近代国家（君主制的立憲主義）であったので、最も日本に近いと考えられたのであろう」としている。
68) 有地・前掲（注58）117頁

情の不安をもたらしたが、ドイツ民法はフランス民法とは反対に保守の性格を帯び、貴族政体、君主政体に適し、一国の政治上の基礎を強固にする機能をもつということになる。そして、日本の民事慣行はドイツ民法と相通ずるものがある。

　伊藤博文はロエスレルの該博な知識と円熟した判断力を高く評価し、彼を第一の顧問としたといわれる。したがって、ロエスレルの意見は、当時の政界に対して、かなりの影響力を有していたと考えられている[69]。

　学術的にみれば、明治初年から23年頃まではフランス法が支配的であり、イギリス法がそれに続いた。この間におけるドイツ法の状態は、いまだ学派をなす程度に達していなかったが、明治14年を回転軸にして、政府が、ドイツ法体制を模範とする方針を強力に打ち出した。憲法以外にも、旧商法はロエスレル、民事訴訟法（1884〈明治17〉年に起草依頼）はヘルマン・テヒョー（Eduard Hermann Robert Techow, 1838-1909年）、裁判所構成法（明治23年に公布）はオットー・ルドルフ（Otto Rudorff, 1845-1922年）のように、はじめからドイツ人に編纂を委嘱していたのである[70]。

　このような状況下、明治民法の編纂に際しては、ドイツ民法第1草案の影響が強くみられるのは、当然の事理でもあった[71]。その後、刑法（1901〈明治34〉年草案）も刑事訴訟法（1922〈大正11〉年全面改正）もドイツ法の影響を受け、憲法以下のいわゆる六法のすべての法分野において、ドイツ型の法典を持つことになった。かくして、ドイツ法が英仏法を圧倒して、「ドイツ法に非ずんば法にあらず」という風潮を生み出すに至った。民法制定から大正初年にかけて、ドイツの法解釈学がわが国の法学者の訓練の対象となり、その理論がわが国の法解釈に機械的に適用されるようになった。

---

69) 同118頁
70) 坂口・前掲（注63）113頁
71) 穂積陳重が1881（明治14）年に留学から帰朝した後、一連の論文で、英仏独法の総括として「ドイツ法学は最も法理学者たるに適すべし」等と述べていたことも、ドイツ民法への方向づけが基礎づけられた（坂口・前掲（注63）113-114頁、125頁）要因とされる。すなわち、「イギリス法は"内容"を具えているが"外形"を欠き、フランス法は"外形"を具えているが"内容"を欠く。ドイツ法こそ"外形"と"内容"を具えている」という評価である。

(ⅲ) 小 括

　上述のように、以下のことから、民法典は、ドイツ民法草案の影響を全面的に受けているようにみえる。すなわち、①フランス法に範をとった旧民法が法典論争で敗れたこと、②民法典が編別構成においてドイツ民法草案の影響を受けていること、③フランス民法典や旧民法になくドイツ民法草案にあった制度（たとえば、**法律行為**や**法人**などの制度。それぞれ第5章・第3章にて後述するが、前者については当面、「法律関係の変動〈法律上の権利の取得と義務の負担〉を直接目的とする行為」と理解されたい）が導入されたこと、等々である。

　ドイツ法学重視の傾向は、戦後しばらくまで続いたが、近時では、民法典にはフランス法の影響も大きいとする見解も極めて有力である。けだし、民法典の起草委員は、法案起草にあたって、旧民法の規定について特に問題がないと考えた場合には、基本的にそのままのかたちで承継している。フランス法の影響に関しては、星野英一教授が早い段階でその点を指摘していて[72]、現在では、フランス法由縁の規定や制度をドイツ法式に解釈することの問題性がはっきりと意識されるようになった[73]。

表1.1　明治民法にまつわる年表

西暦	和暦	日本	諸外国
6世紀前半			ローマ法大全
1804			フランス民法典
1811			オーストリア民法典
1838			オランダ旧民法典
1870	明3	江藤新平が民法編纂の準備（箕作麟祥にフランス法の翻訳を命ずる）	
1872	明5	江戸時代以来の地所永代売買禁止令を廃止　司法省法学校にてフランス法の教授開始	
1873	明6	ボアソナード来朝	
1874	明7	東京開成学校にてイギリス法の教授開始	
1875	明8	大審院設置　太政官布告103号裁判事務心得（条理）	
1878	明11	ロエスレル来朝	
1879	明12	ボアソナードに民法草案の作成を依頼	

---

72) 星野英一「日本民法典に与えたフランス民法の影響」星野論集69頁以下
73) 山本26頁

1881	明14	ロエスレルに商法草案の起草を依頼 穂積陳重が留学から帰朝 明治14年の政変 国会開設の詔	
1884	明17	テヒョーに民事訴訟法の起草を依頼	スイス旧債務法
1885	明18	司法省学校が東大法学部に合併され、フランス法学部へ	
1887	明20	帝国大学法科大学にドイツ法科設置	
1888			ドイツ民法第1草案
1889	明22	大日本帝国憲法公布	
1890	明23	旧商法公布 旧民法公布 ルドルフに編纂依頼した裁判所構成法公布 大日本帝国憲法施行 第1回帝国議会開会	
1892	明25	民法および商法施行延期法案が第3回帝国議会で可決	
1893	明26	梅・富井・穂積による民法典起草開始 梅らによる商法編纂開始 ロエスレル帰国	
1895	明28	ボアソナード帰国	ドイツ民法第2草案
1896	明29	民法第1編～第3編公布	ドイツ民法典公布
1898	明31	民法第4編・第5編公布 民法施行	
1899	明32	現行商法施行	
1900			ドイツ民法典施行

■ 5 民法の改正 ■

(1) 終戦直後の改正

(i) 私権の公共性・信義誠実の原則・権利濫用の禁止

　太平洋戦争後の1947(昭和22)年に、大日本帝国憲法は、**国民主権・基本的人権の尊重・平和主義**の3つを基本原理とする日本国憲法へと改正された。それに伴って、民法典も、民主化という観点から大幅な改正を受けた。この民法改正において、財産法の部分については、分量的にわずかな修正が施されたに過ぎないのに対し、身分法の領域では、実質的には新たな立法とでもいうべき根本的・全面的な改正となった。第4編(親族)・第5編(相続)が

全面改正であるほか、冒頭（1条・2条）には以下の4つの基本原則を定めたが、これも民主化の一環としての新規定である。明治民法が有していた身分法の特徴をなしていた要素は、根本的に覆されたのである（家制度の廃止、男女平等の確立、婚姻の自由、均分相続の統一的な確立など）。

　戦後民法の4つの基本原則とは、①**公共の福祉**（1条1項）、②**信義誠実の原則**★（1条2項）、③**権利濫用の禁止**★（1条3項）、そして④**個人の尊厳・男女平等**（2条）、である。これらは、具体的な要件・効果が明確にされていない**一般条項**[74]として、民法典を貫く条項（理念）である。1条2項・3項（上記の②および③）については後述することとして、ここでは、2条（同④）につき若干触れておく。

　日本国憲法の基本的理念である、個人の尊厳と男女平等（13条、14条1項）については、上述のとおり、民法に新設された第2条に反映された。同条は、明治民法の男性優位と家制度を廃止して、個人を基礎とする男女平等の民法を宣言する規定である。フランス革命の所産であり市民法典の範とされるフランス民法典であるが、明治民法は、その徹底した個人主義的思想を退けた。しかし、終戦直後の改正民法は、家族関係に関する部分のみに限らず、財産関係に関する部分についても、個人主義的思想へと180度転換することとなったのである。

　　信義誠実の原則：「信義誠実の原則（「信義則」と称される）」という概念は、ドイツ民法典においても、「誠実・信義（Treu und Glauben）の原則」が債務履行の際に遵守さるべきものとして明文で規定されている（242条）[75]。フランス民法典もその1134条で、「合意は、誠実に（de bonne foi）履行されねばならない」との規定を有する。しかしながら、信義則は、「権利の行使」と「義

74）一般条項とは、立法者が予見して列挙することが困難な場合に対処した一般規定をいう。具体的な法規定が存在しない場合などに、妥当な法の適用を可能にする長所があるが、法適用者（裁判官）の権限を過大にして**法的安定性**（どのような行動がどのような法的効果に至るかということが安定していて、予見可能な状態）を害する危険もある。一般条項は、立法者が予測困難な場合に対処した一般規定であって（近江Ⅰ18頁）、これが濫用されれば（裁判官が既存の個別具体的な法規範を重視せず、信義則等の一般条項へ安易に逃避するようなことになると）、立法者が定めた法規範の存在意義が無視される危険が生じる。この危険性に関しては、古く、ドイツの私法学者ヘーデマンにより指摘されていて（J. W. Hedemann, Die Flucht in die Generalklauseln, 1933）、わが国もこの議論を受け、「一般条項への逃避」を戒めるべく、一般条項は「それ以外に救済手段がない」場合のみに用いられるべき（近江Ⅰ18頁）とされる。

75）村上淳一＝守矢健一／H・P・マルチュケ『ドイツ法入門 改訂第8版』（有斐閣、2012年）131-132頁

務の履行」についての準則というだけではなく、法律行為解釈の基準となる準則である（［判例1.1］参照）。

権利濫用の禁止：権利濫用につきドイツ民法典は、その226条において、「他人に損害を与えることのみを目的とする権利行使」（＝「シカーネ（Schikane）」）は許されないとしているに過ぎない。これは、そもそもドイツ人にとって、何の妨げもなく権利を行使し得ることが、いわば一種の基本権として意識されているからである[76]とされる。

日本の現行民法1条3項は、1947（昭和22）年に新たに設けられた規定であるが、判例はそれ以前から、権利濫用の禁止を確固たる判例法理として固めてきた[77]。［判例1.2］は、権利行使が権利濫用に当たるとされたリーディングケースである。

賃貸借契約の終了と転借人への対抗

> ［判例1.1］最判平14・3・28民集56・3・662（民百選Ⅰ［7版］3）
>
> 事業用ビル全体を一括して対象とする賃貸借契約が、賃貸人の承諾を得て、当初から賃借人による転貸を予定したものであった場合には、当該賃貸借契約が賃借人の更新拒絶により終了しても、賃貸人は、信義則上、その終了を賃貸人の承諾を得た再転借人に対抗できない（"対抗"については215頁参照）。

宇奈月温泉事件

> ［判例1.2］大判昭10・10・5民集14・1965（民百選Ⅰ［7版］1）
>
> 温泉場を経営する会社Yが所有する引湯管（源泉から温泉の湯を引いてくるためのパイプ）が他人の土地（約2坪）の上に設置され、村落民の多くがその温泉によって生計を立てていた。ところが、その土地の使用につき所有者からの承諾を取っていなかった。当該土地に隣接する急斜面で荒蕪地を所有するXが、それを奇貨として、当該土地を買い受けた上で、Yに対して、隣接する自己の土地とパッケージで（法外な値段で）買い取るよう要求した。Yが拒否したので、X★が、土地所有権に基づき引湯管の撤去と立入りその他一切の妨害行為の禁止を求めて訴えを提起した事案である。これに対し、大審院の判示したところは、次の如くである。すなわち、
>
> > 所有権の侵害があっても、それによる損失の程度がいうに足りないほど軽微であり、しかもこれを除去するのに莫大な費用を要する場合に、第三者が不当な利得を企図し、別段の必要がないのに侵害に係る物件を買収し、所有者として侵害の除去を請求することは、社会観念上、所有権の目的に

---

76) 同133頁
77) 近江Ⅰ25頁

違背し、その機能として許されるべき範囲を超脱するものであって、権利の濫用になる。

> **原告と被告の表示（XとY）**：民事裁判では、どの審級においても、第1審の原告をX、被告をYで表すのが通常である（第1審の原告は、上告審において被上告人であっても、あくまでもXで表される）。

　権利濫用の禁止の効果としては、①権利行使をすることができないことと、②権利行使の結果として他人の権利・利益を侵害した場合は、不法行為責任（損害賠償責任）を負うことである。[判例1.3] は、②の不法行為責任に関する有名なケースである。

信玄公旗掛松事件

[判例1.3] 大判大8・3・3民録25・356（民百選Ⅰ[7版] 2）

　停車場に近い松樹（信玄公旗掛松）が蒸気機関車の多大な煤煙にさらされるのを防止しないでこれを枯死させた行為は、社会観念上、被害者が認容すべきものと一般に認められる程度を超え、権利行使の適当な範囲にあるものといえず、不当行為となる。

　わが国における権利濫用の禁止も、上述の"シカーネの禁止"から出発したが、判例は次第に、権利行使者の主観的意図の態様にかかわらず、客観的見地から権利者が権利行使によって得ようとする利益と、それが相手方や社会に与える不利益を比較考量（**客観的利益衡量**）して判断するようになった。**高知鉄道事件**[78]（大判昭13・10・26民集17・2057）や**板付基地事件**[79]（最判昭40・3・9民集19・2・233）などは、当事者の主観的事情は全く考慮されていない。

　ただし、一般条項（⇒42頁）である

---

78) 鉄道線路敷設工事に際して無断で他人の土地に土砂を搬入した鉄道会社に対して、土地の所有者が土砂を除去せよと請求した事件において、大審院が「重要交通路に長期に互り著しき不便を招来し一般公共の利益を阻害すること甚し」と排斥した判決。
79) 国が所有者から賃借して米空軍基地用地として提供していた土地について、所有者が契約期間満了後に国に対してその返還を求めた事件において、最高裁が「私権の本質である社会性、公共性を無視し、過当な請求をなすものとして、許容しがたい」と排斥した判決。

> 権利濫用禁止規定（民法1条3項）は、常に濫用の危険がつきまとい、権利濫用についても「権利濫用法理の濫用」が問題となる。客観的利益衡量のみでなく主観的要素（何らかの加害の意図）もやはり必要であるとするのが最近の学説の趨勢である[80]とされる。

（ⅱ）個人の尊厳

人格権の保護の根拠となる「個人の尊厳」は近年重要性を増しており、不当な差別、学校等でのいじめ、セクシャル・ハラスメントをはじめとする各種ハラスメント（職場でのいじめやパワー・ハラスメント、アカデミック・ハラスメント等）などは、個人の尊厳を侵害する行為として不法行為となる（709条）と説明される[81]。

金沢セクハラ事件

> **［判例1.4］　最判平11・7・16労働判例767・14**
> 　会社社長（男性）が、自宅で家政婦の仕事に従事する従業員（女性）の体に触る、胸に触る、抱きつくなどの行為をしたことが、不快感を与え、その労働環境を悪化させるものであり、また、このような行為を拒んだことでボーナスを支給しなかったという事案について、男性上司の女性部下に対する当該行為は、被害女性の性的自由ないし性的自己決定権等の人格権を侵害するものとして、違法となると判示した。

北方ジャーナル事件

> **［判例1.5］　最判昭61・6・11民集40・4・872（民百選Ⅰ［7版］4）**
> 　昭和54年4月施行の北海道知事選挙に立候補を予定していたY_1（被告・被控訴人・被上告人）は、雑誌発行者X（原告・控訴人・上告人）が同年2月23日に発行予定の雑誌『北方ジャーナル』に、Y_1に関して「ある権力主義者の誘惑」という記事を掲載し、発売しようとしていることを知った。同記事は、Y_1について「嘘とハッタリとカンニングの巧みな……」とか「天性の嘘つき」「インチキ製品を叩き売っている（政治的な）大道ヤシ」などという表現で評していた。Y_1は、同年2月16日、札幌地裁に、名誉権の侵害を予防するため、同誌の印刷、製本、販売、頒布の禁止などを求める仮処分を申請したとこ

---

80) 大村敦志「権利の濫用」別冊ジュリ195号（2009年）5頁
81) 四宮＝能見11頁

ろ、同地裁は、無審尋でこれを認める仮処分命令を発した。そこで、X は、その仮処分命令は違憲・違法であるとして、国 Y_2（被告・被控訴人・被上告人）と Y_1 らに対して、逸失利益 2,025 万円の損害賠償を請求したという事件である。1 審・2 審判決は X の請求を棄却、X は、本件仮処分による記事の事前差止が検閲に当たるのみならず、言論・出版の自由を保障する憲法 21 条 1 項にも違反するとして上告した。

判決は、「名誉を違法に侵害された者は、損害賠償（民法 710 条）又は名誉回復のための処分（同 723 条）を求めることができるほか、人格権としての名誉権に基づき、加害者に対し、現に行われている侵害行為を排除し、又は将来生ずべき侵害を予防するため、侵害行為の差止を求めることができるものと解するのが相当である。けだし、名誉は、物権（⇒50 頁）の場合と同様に排他性を有する権利というべきである」(傍点引用者) として、上告を棄却した。

(ⅲ) 男女平等

戦前の性差別は、1945 年に実現した婦人参政権や 1947（昭和 22）年に刑法 183 条（姦通罪）の廃止等の改善があったほか、妻の無能力についての民法規定が廃止（下記の囲み記事参照）されるなど、大幅に改められた。

妻の無能力についての規定とその廃止

明治民法の総則には、以下のような「妻」という款（14 条-18 条）があったが、戦後民法は、それを削除した。

第 14 条　妻が左に掲げたる行為を為すには夫の許可を受くることを要す
1　第 12 条第 1 項第 1 号乃至第 6 号に掲げたる行為（筆者註：現行民法においては、「被保佐人（⇒78 頁）の行為」を指す）を為すこと
2　贈与若くは遺贈を受諾し又は之を拒絶すること
3　身体に羈絆を受くべき契約を為すこと
② 前項の規定に反する行為は之を取消すことを得
第 15 条　一種又は数種の営業を許されたる妻はその営業に関しては独立人と同一の能力を有す
第 16 条　夫はその与えたる許可を取消し又は之を制限することを得但しその取消し又は制限は之を以て善意の第三者に対抗することを得ず
第 17 条　左の場合に於ては妻は夫の許可を受くることを要せず
1　夫の生死分明ならざるとき
2　夫が妻を遺棄したるとき
3　夫が禁治産者又は準禁治産者なるとき（筆者註：禁治産者および

第1章　民法を学ぶ

> 　　準禁治産者については76頁参照）
> 　　　4　夫が瘋癲のため病院又は私宅に監置せらるるとき
> 　　　5　夫が禁錮1年以上の刑に處せられその刑の執行中に在るとき
> 　　　6　夫婦の利益相反するとき
> 　　第18条　夫が未成年者なるときは第4条の規定に依るに非ざれば妻の行為を許可することを得ず

　また、下記に示す19条については、2項中の「夫又は法定代理人に対し」を「法定代理人に対しその権限内の行為に付き」に改め、同項ただし書を削り、4項中「及び妻」、「又は夫の許可」、「又は妻」及び「又は許可」を削った。

> 　　第19条　無能力者の相手方はその無能力者が能力者となりたる後之に対して1か月以上の期間内にその取消し得べき行為を追認するや否やを確答すべき旨を催告することを得もしその無能力者がその期間内に確答を発せざるときはその行為を追認したるものと看做す
> 　　②　無能力者が未だ能力者とならざる時に於て［夫又は］法定代理人に対し［その権限内の行為に付き］前項の催告をなすも期間内に確答を発せざるとき亦同じ［但法定代理人に対しては其権限内の行為に付てのみ此催告を為すことを得］
> 　　③　特別の方式を要する行為に付ては右の期間内にその方式を践みたる通知を発せざるときは之を取消したるものと看做す
> 　　④　準禁治産者［及び妻］に対しては第1項の期間内に保佐人の同意［又は夫の許可］を得てその行為を追認すべき旨を催告することを得もし準禁治産者［又は妻］がその期間内に右の同意［又は許可］を得たる通知を発せざるときは之を取消したるものと看做す

日産自動車事件

> [判例1.6]　最判昭56・3・24民集35・2・300（民百選I［7版］14）
> 　会社が就業規則中に定年年齢を男子60歳、女子55歳と定めたときは、その就業規則中、女子の定年年齢を男子より低く定めた部分は、性別のみによる不合理な差別を定めたものとして、憲法14条1項や民法第1条ノ2（現2条）を参照して解釈される民法90条の公序に違反するから無効であると判示した。

（2）その後の改正

（ⅰ）新たな立法

　民法典は、終戦直後の上記改正を除いては、今日まで大きな改正はなされていない。ただ、近時の経済・社会情勢の著しい進展に対応するため、特に

1990年代以降、民法典自体のマイナーチェンジや民法の特例等の立法が盛んに行われている。

前者としては、1971（昭和46）年の根抵当の法制化、2000（平成12）年の成年後見制度の導入、2004（平成16）年の滌除（てきじょ）制度や短期賃貸借制度の廃止、2011（平成23）年の親権の停止制度新設などがあり、後者としては、1993（平成5）年の「特定債権法」（2004〈平成16〉年に廃止）、1998（平成10）年の「債権譲渡の対抗要件に関する民法の特例等に関する法律」（2004〈平成16〉年に「動産及び債権の譲渡の対抗要件に関する民法の特例等に関する法律（動産・債権譲渡特例法）」と改題）、2000（平成12）年の「消費者契約法」、2001年（平成13）年の「電子消費者契約及び電子承諾通知に関する民法の特例に関する法律（電子消費者契約法）」などがある。

(ⅱ) 現代語化

民法第1編（総則）・第2編（物権）・第3編（債権）について、片仮名・文語体の表記を平仮名・口語体とし、現代では用いられていない用語を他の適当なものに置き換える★ことにより、国民一般にわかりやすいものに改めることを内容として、民法の一部改正が行われた。

現代語化とともに、確立された判例・通説の解釈を前提とした条文の改正[82]が行われたほか、存在意義が失われていた規定の削除・整理[83]も行われた。また、貸金債務の包括根保証について個人保証人の保護の方策が採られた。

> **用語の置換え**：たとえば、「欠缺（けんけつ）」→「不存在」、「木戸銭」→「入場料（い）」、「囲繞地（にょうち）」→「その土地を囲んでいる他の土地」、「河渠（かきょ）」→「河川、水路」、「溝渠（きょ）」→「溝、堀」、「僕婢（ぼくひ）」→「家事使用人」等々ほか多数[84]。

(ⅲ) 債権法改正への動き

民法典のうち、財産法に関する部分は、1898（明治31）年の民法典の施行以来、2004（平成16）年に片仮名文語体から平仮名口語体へと現代語化され

---

82) 108、109、151、153、162、192、415、478、513、541、543、660、709、711、720の各条。
83) 旧35、旧97ノ2、旧311、旧320の各条。
84) 近江幸治編『新しい民法全条文——現代語化と保証制度改正』（三省堂、2005年）272頁以下に新旧用語対照表があるので参照されたい。

た以外は、部分的な改正はあったものの、全面的な改正はなされていない。民法施行当時からの社会、経済情勢の変動や、その後の判例法理の発展等に鑑みて、財産法の債権法を中心とする領域について、抜本改正の基礎となり得るような「改正の基本方針（改正試案）」を作成することを目的として 2006（平成 18）年に設立された「民法（債権法）改正検討委員会[85]」が 2009（平成 21）年 4 月に「債権法改正の基本方針」を公表した。

　2009（平成 21）年 11 月には、法制審議会に民法（債権関係）部会が設置され、民事基本法典である民法のうち債権関係の規定について、同法制定以来の社会・経済の変化への対応を図り、国民一般にわかりやすいものとする等の観点から審議を行っている。見直しの対象範囲は、民法第 3 編（債権）に置かれている規定（事務管理・不当利得・不法行為の法定債権を除く）、ならびに、第 1 編（総則）のうち、契約の成立・有効要件・代理と関わる法律行為の部分および消滅時効の部分とされている。

■ 6　民法典の構成 ■

（1）ローマ法

　近代民法は、プロイセンのフリードリヒ大王の草案から系統をひく 1794 年のプロイセン民法がその先駆けとされるが、最も有名なのが 1804 年のフランス民法典である[86]。日本民法も当然にこれに入るのだが、これら近代民法は、すべてローマ法に淵源を有する。

　周知のとおり、紀元前 3 世紀にイタリア半島を統一したローマ帝国は、その後、地中海一帯を支配するに至った。領土の拡大に伴って商取引活動も盛んになると、裁判制度や法整備も発達したが、それらを集大成したのが、東ローマ帝国のユスティニアヌス大帝（在位 AD527-565）の下で編纂された「ローマ法大全」である。これは、紀元前 1 世紀から 3 世紀頃までのローマ法学者の学説をまとめた「学説彙纂」（Digesta もしくはギリシア語名で Pandecta）、法学の入門書にあたる「法学提要」（Institutiones）、そして皇帝の勅法集であ

---

[85] 研究者を中心とした自発的な集まりとされる。
[86] 穂積重遠『民法読本 改版』（日本評論社、1943 年）4 頁

る「勅法彙纂」(Codex) と「新勅法」(Novellae) の4部から成っている。重要なものは前2者であるが、パンデクタは、全50巻という大部ではあるものの、学説を並べただけで体系的な整理がなされたものではない。一方、インスティトゥーツィオーネスは、第1巻が「人の法」、第2巻と第3巻が「物の法」、第4巻が「訴訟の法^{アクチオ}」と、体系づけられていた。

（2）ドイツにおけるローマ法継受

ローマ帝国の正当な後継者を自認する神聖ローマ帝国においては、1495年に設置された帝室裁判所（最高裁判所に相当）が「ローマ法」を法源のひとつとした。16〜17世紀以降には、法学者たちが、パンデクタを現実に適応するように修正し、さらにはこれを抽象的かつ緻密に体系化していった。これを「**パンデクテンの現代的慣用**」という。このようにして、ドイツ全土に普遍的に適用される法体系としての「**ドイツ普通法学＝パンデクテン法学**」が完成されていった。これは、**物権と債権との峻別**★と、通則たる「**総則**」の配置を特徴とする。この体系を「**パンデクテン体系**」と呼ぶ。

19世紀初頭にナポレオンの馬蹄に蹂躙されたドイツがようやく統一されたのは、1871年のことであった。1896年に完成した現行ドイツ民法典（1900年施行）は、上記の経緯を通じて、パンデクテン体系により編纂された。

> **物権と債権**：人間が社会的存在として生活していく場合、「物」に対する関わりと、「人」に対する関わりが、生存にとって必須の社会的接触関係である。この接触関係が、法律学上、「法律関係」（権利・義務の発生）となって現れる[87]。
> 　「物」に対する関わりの中で、人間が物を支配[88]するという権利構造を「物権」という。この権利は、他人の意思や行為を介することなく、当該物に対して直接に行使できる。要するに、世の中の誰が何と言おうが、当該物を支配できる権利のことである。翻って、近代社会における「人」に対する関わりにおいては、支配という関係構造はない。ただ、「人」に対して「あることを要求（＝請求）する」ことが認められるに過ぎない。「貸したお金を返せ」とか「代金を払ったのだから商品をよこせ」と、当該人物に対してのみ請求できるとい

---

[87] 近江幸治『民法講義Ⅱ 物権法 第3版』（成文堂、2006年）1頁
[88] 物の支配とは、具体的に、使用・収益・処分の3権能を指称する。たとえば、土地の所有者は、その土地を自由に使うことができる（使用権能）し、他人に貸して賃料を収得することもできる（収益機能）。また、売却して売却代金を得ることや担保に供して資金調達をすることもできる（処分機能）。

うことである。このような、特定の「人」に対する要求関係を「債権」という。

（3）フランスにおけるローマ法継受

フランスのローマ法継受はドイツほどではなかったが、1804年の民法典制定に際して、インスティトゥーツィオーネスを模範とした。ドイツのパンデクテン体系とは異なって、物権と債権とを峻別していない。このフランス民法典の体系は、「**インスティトゥーツィオーネン体系**」と呼ばれる。

（4）日本民法とパンデクテン体系

4（1）（ⅱ）（イ）にて既述のとおり、ボアソナードの手になるわが国の旧民法は、フランス民法典が基礎となっている。すなわち、インスティトゥーツィオーネン体系を継受したのである。

しかしながら、いったん公布された旧民法はついに施行されることはなく、民法典論争の結果、ドイツ民法草案を継受することに変更したということは既述した。つまり、明治民法の編纂に際しては、インスティトゥーツィオーネン体系を廃棄し、あらたにパンデクテン体系を採用したということである。

■ 7 民法総則の構造 ■

日本民法は、財産法（第1編総則、第2編物権および第3編債権）と家族法（第4編親族および第5編相続）に分けられているが、「民法総則」は、それら各編に共通する事項について規定する通則である。ただ、身分関係（家族法の領域）は独自の法観念に支配されていることが多く、そのため、民法総則は実際上は、財産法の総則たる性格が強い。

民法総則の内容は、以下のとおりである。
① 基本原則：総則の冒頭（したがって、民法典の冒頭でもある）において、私権の公共性、私権行使にかかる原則（1条）および民法解釈の基準（2条）を掲げる。
② 人：権利の主体にかかる規定で、自然人と法人とに分けて規定される。

③ 物：権利の客体にかかる規定。
④ 法律行為：人の諸行為のうち、法律効果をもたらすものについての共通の規制。
⑤ 期間：期間の計算方法についての規制。
⑥ 時効：一定の事実状態が法定期間継続した場合に、その状態に対するべく、権利の取得や消滅の法律効果を認める制度にかかる規定。

図1.3 民法典の条文構造

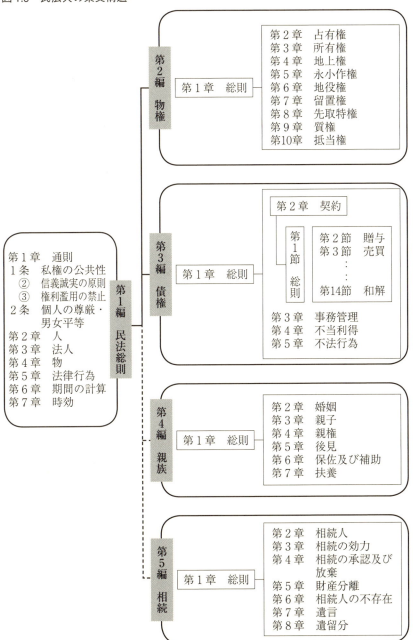

民法の解釈

1 民法解釈の必要性

成文法規であっても、解釈という操作を経ずとも意味の明瞭な法規は、1か条もない。文字に表された法則は、一見極めて明瞭なようであっても、具体的な事実に即してその意味を確定しようとすると、意外にも多くの不明な点を含むものである。したがって、最も重要困難な仕事は、成文の法規の解釈である[89]。たとえば、民法には、「相当な」とか「遅滞なく」とか、多様な事態にも対応できるようにするため、文言そのものが解釈の余地を残しているものがたくさんある[90]。

2 民法解釈の技法

(ⅰ) 文理解釈

文理解釈とは、当該条文の文字の普通の意味に従うものであり、通常の一般的な解釈方法である。もっとも、辞書的ないし法学辞典的意味に従う解釈を文字解釈といい、文法に従った解釈である文理解釈と一線が画されている。また、法規の文言を本来の意味より拡張して把握することによって当該条項の適用範囲を拡大する解釈方法を**拡大解釈**(拡張解釈)という。その反対で、文言の意味を縮小して理解することによって当該規定の適用を妥当な範囲に縮減する解釈方法を**縮小解釈**という。前者の例としては、民法85条にいわゆる"有体物"につき、その意味を拡大して"電気"も"物"として取り扱う(大判昭12・6・29民集16・1014)ことなどが挙げられる。後者の例としては、民法第754条の規定(夫婦間でした契約は、婚姻中、いつでも、夫婦の一方からこれを取り消すことができる)中の"婚姻中"には、単に形式的に婚姻が継続しているだけではなく、実質的にもそれが継続していることをいうものと解すべきという解釈がある(最判昭42・2・2民集21・1・88〈民百選Ⅴ 7版 152〉)。

(ⅱ) 論理解釈

論理解釈とは、民法をひとつの論理的体系に構成してその中に各条文を位置

---

89) 我妻 27 頁
90) 道垣内 21 頁

づけ、これと調和するような内容を与えようとする解釈方法である。
　（ⅲ）反対解釈
　反対解釈とは、類似したＡ・Ｂ２つの事実のうち、Ａについてだけ規定がある場合に、ＢについてＡと反対の結果を認める解釈方法である。これを用いれば、民法737条１項が「未成年の子が婚姻をするには、父母の同意を得なければならない」としていることから、婚姻をしようとしている子が成年であるならば、そのことにつき父母の同意を得ることを要しないと解釈することが可能である。
　（ⅳ）類推解釈
　類推解釈とは、反対解釈とは反対に、類似したＡ・Ｂ２つの事実があった際に、ＢについてもＡと同様の結果を認めようとする（ある事項につき、それを直接規定する法規は存在しないが、それと同一の立法理由を有する最も類似した法規が存在する場合には、その類似した法規をその事項に適用させようとする）解釈方法である。たとえば、「車馬通行止め」とある場合、その反対解釈をすれば歩行者は通行できることとなる。しからば、耕運機はどうか。車馬の通行を禁じた趣旨（e.g. 歩行者の安全確保とか道路の保護）を斟酌して、これも当然に車馬に含まれると解する手法が類推解釈である。ちなみに、同様に禁止の趣旨に鑑みて、乳母車は車馬に含まれないと解する手法が縮小解釈である。

法律用語の解説①

法的三段論法

　大前提（一般原則）・小前提（事実）および結論からなる演繹的推理を論理学上"三段論法"という。たとえば、「銀行の資本金は20億円以上である」（大前提）、「株式会社Ａは銀行である」（小前提）、ゆえに「株式会社Ａの資本金は20億円以上である」（結論）の類であるが、これを法の適用に当てはめた手法が"法的三段論法"である。すなわち、「女性に分娩という事実があれば、その女性を生まれた赤ちゃんの母とするという法的効果が生じる」という法律上のルールが存在するとき、「"女性Ａが赤ちゃんＢを出産したという事実がある（＝要件）"。したがって、"Ｂの母はＡである（＝効果）"」ということになる[91]。判決もこの論法で導かれる。

---

91) 当たり前のことのように思えるであろうが、代理母による出産の場合に問題となる。子宮等に何らかの事情があって自然懐胎・出産ができない妻とその夫との対外受精卵を、他の女性の子宮に移植して出産してもらった場合、生まれた子の法律上の母は、遺伝上のつながりもないにもかかわらず、出産した女性（代理母）とされる。ちなみに、その代理母がいわゆる既婚者であれば、代理母の夫がその子の法律上の父とされる（⇒13頁）。もっとも、父とされた男性は、自分の子であることを否認することができる（民法774条）。

「みなす」と「推定する」

　「みなす」とは、本来異なるものをある法律関係で同一なものとして扱う（擬制する）ことである。一定の法律関係に関する限りは、異なる事実が証明（反証）されても覆らず、絶対的に同一なものとして扱われる。民法31条の規定（失踪の宣告を受けた者はその危難が去った時に、死亡したものとみなす）では、死亡したとみなされた者が実は生きていたということが後で判明しても、法律上はなお死亡したとみなされたままで、みなされた効果は当然には覆らないのである[92]。

　一方、「推定する」とは、同一であるかどうか不明の事項について法令がいちおう同一であろうと判断を下すことである。「みなす」とは異なり、当事者が反証を挙げれば、同一視するという法律効果は生じない。民法32条の2の規定（数人の者が死亡した場合において、そのうちの1人が他の者の死亡後になお生存していたことが明らかでないときは、これらの者は、同時に死亡したものと推定する）では、後に同時死亡ではなかったことが明らかになった場合は、この推定が覆され、この推定により生じた法的効果は当然に無効となり、同時の死亡ではなかったとされる★。また、民法772条の規定（妻が婚姻中に懐胎した子は、夫の子と推定する）に関しては、774条で「夫は、子が嫡出であること（ここでは、妻が出産した子が夫の子であるということ）を否認することができる」との明文の規定がある。海外に単身赴任している夫は、その間に妻が自然懐胎した場合、自身が1年以上帰国しておらず、かつ妻も赴任地に来訪したことがないということを証明すれば、772条によりいったんは自分の子とされるお腹の子につき「いや、そのお腹の子は自分の子ではない」と、反証を挙げて推定されたことを覆すことができるとしている。

　以上のように、「みなす」と「推定する」では、反証により法的効果が無効とされるかされないかに異同がある。

> **同時死亡であったか否かが重要な問題となるケース**：Bは、母親Aと妻Cを残して、子のD（Aの内孫で14歳）とともに、東北地方太平洋沖地震の大津波により死亡した。B、Dが有していた財産額はそれぞれ3,000万円、0円であった（Bは遺言等を残していなかった）。
> 　BがDより先に死亡していたなら、Bの死亡時にその遺産は、Cと（まだ生存している）Dに半分ずつ（1,500万円ずつ）配分される。その後のDの死亡により、いったんDがBより相続した1,500万円をCが相続する。したがって、Bの有していた3,000万円については最終的にすべてCがこれを受け取ることとなる。しかし、同時死亡とされれば、D

---

92) これを覆すには、失踪宣告の取消しという別の法的手続が必要となる。

はBの相続人となり得ず、3,000万円については、妻たるCがその3分の2、親たるAがその3分の1を相続することとなる[93]。結局、Cが2,000万円、Aが1,000万円を受け取るというわけである。同時死亡ではなくDがBより1秒でも長く生きていたということを証明できれば、Cは、Bの遺産を1銭も姑に持っていかれることはない、つまり1,000万円多く受け取ることができるということである[94]。

---

[93] 法定相続分の具体例を示しておく。
　① 被相続人（＝相続財産を遺して亡くなった人）に親しかおらず、配偶者も子も兄弟もない場合 → 親100％（民法900条4号）
　② 被相続人に配偶者と子がいる場合 → 配偶者1/2・子1/2（同条1号）（∴ 親が生存していても、その相続分はゼロ）
　③ 被相続人に配偶者と親がいるものの子がいない場合 → 配偶者2/3・親1/3（同条2号）

[94] DがBより先に死亡していた場合は、同時死亡が推定される場合と同様の結果となる。

第2章

自 然 人

■ 1 自然人の権利能力 ■

(1) 権利能力

(i) 序論

　民法は、権利・義務による社会関係にかかる規範であるため、その技術的要請として、権利・義務の主体と客体に関する規定を置いている。権利・義務の主体たり得るもの、すなわち、権利を持ち、また義務を負うことのできる資格を認められたものを「人」という。この権利・義務[1]の帰属主体となることができる地位（または資格）を**権利能力**（または**法人格**＝法的人格）という。権利の客体について民法は、「**物**」についてのみ規定を設けている（⇒ 209 頁）。

　権利主体たり得る「人」につき民法は、これを「**自然人★**」と「**法人★**」とに分けている。

　日本の民法上、権利能力を有するものは、すべての自然人と法律に認めた法人との2種である[2]。

---

[1] 現代の法制においては、権利を有し得る者は、悉（ことごと）く、義務を有し得るものであって、古代の奴隷のように義務だけを負担することができて権利を有し得ない者は存在しない。したがって、現代においては、権利能力は同時に義務能力である。しかし、民法は、権利を中心として構成されているので、権利義務能力といわずにただ権利能力という（我妻 44 頁）。

[2] 我妻 44 頁

自然人：法人に対する語で、有機的な肉体を持ったいわゆる人間のこと。
　法人：自然人以外で、法人格を与えられ、独立して権利の主体となり得るもの。民法は、法人となり得るものとして、「社団」と「財団」を定めていた。前者は、一定の目的のもとに組織的に結合した自然人の団体のことで、後者は、一定の目的に捧げられた財産を中心とする組織のことである。これら社団・財団は、2008（平成20）年に施行された公益法人関連3法（⇒150頁）により、移行期間（特例民法法人）を経て、一般社団・財団法人制度もしくは公益社団・財団法人制度に移行した（詳細は次章）。
　なお、「人」という語は、上述のように、一般には法人を含めた意味で用いられる（民法99条所定の"本人"、同703条所定の"他人"など）が、法人と区別して自然人だけを意味することもある（民法1編2章の"人"など）。

(ⅱ) 権利能力平等の原則

　古代ローマでは、奴隷は自然人でありながら権利の客体とされていたし、中世においても農奴の権利能力は大きく制限されていた。然るに、今日のわが国では、すべての自然人が生まれながらにして権利能力を有する。この**権利能力平等の原則**は、近代市民革命の成果としての近代法においてはじめて実現したのである。民法3条1項が「私権[3]の享有は、出生に始まる」としていることは、そのことを宣明したものといってよい。すなわち同項は、人間として出生した以上、すべての者が平等に権利能力を取得する旨を表現しているのである。

　なお、民法は、外国人にも平等に権利能力を認めているが、法令や条約[4]の規定により禁止される場合を例外としている（3条2項）。ここにいわゆる「外国人」とは、日本国籍を有しない自然人をいう。無国籍の自然人も外国人である。法令により制限している具体例としては、まず、相互主義（「ちょっと休廷」No.3参照）に基づくものとして、特許権その他特許に関する権利（特許法25条）や土地所有権（外国人土地法）、国や地方公共団体に対する損害賠償請求権（国家賠償法6条）の取得等がある。次に、権利の取得自体は制限されないものの、登記・登録が制限されるものとして、日本船舶や日本航空機の所有権（船舶法1条、航空法4条）、特殊会社の株主権（日本電信電話株式会社等に関する法律6条、放送法116条）等がある。また、権利の救済や職業に就く

---

[3] 同項の意味するところは、特定の権利の取得ではないから、「私権の享有」という語は適当ではない。したがって、同項は、「権利能力の取得は、出生に始まる」と解するべきである（近江Ⅰ36頁）。
[4] 条約による制限は、現実には存在しない（近江Ⅰ40頁）。

相互主義と内国民待遇

　相互主義（レシプロシティ、reciprocity）とは、外国人・外国法人に自国法上の権利や保護を与えるための要件として、その外国が自国民・自国法人に対して同様の扱いをしていることを条件とすることである。これに対峙する概念として、**内国民待遇**（national treatment）がある。これは、条約当事者の一方が、その領域内で自国民に与えるのと同等の待遇を他の当事者の国民に保証することである。

　たとえば、銀行が証券業務を行うことにつき、Ａ国ではこれを禁止し、Ｂ国では禁止されていないとしよう。内国民待遇であれば、Ａ国の銀行は、母国内では禁じられている証券業務を、Ｂ国内においては営むことができる（Ａ国の銀行は、Ｂ国内において、証券業務を営むことができるというＢ国の銀行と同様の扱いを受ける）。一方で、Ｂ国の銀行は、母国内では許されている証券業務を、Ａ国内においては営むことができない（Ｂ国の銀行は、Ａ国内において、証券業務を営むことができないというＡ国の銀行と同様の扱いを受ける）。このように、自国民が海外で受ける内国民待遇と比べて、自国が相手国民に与えている内国民待遇の程度が劣る場合には、相手国が不満を抱くことが多い。翻って、相互主義であれば、Ｂ国の銀行がＡ国内で証券業務を営むことをＡ国の当局が許可しない限り、Ａ国の銀行は（銀行の証券業務兼営が許可されている）Ｂ国内においても証券業務を営むことができないこととなる。なお、この場合、Ａ国の当局が許可することは通常ないであろう。自国内で外国銀行のみに特権を与え、自国銀行にハンディキャップを負わせることになるからである。

ことを制限するものとして、それぞれ、著作物（著作権法6条）、公証人（公証人法12条）等がある[5]。すべての自然人が等しく享受するとされる原則を**一般権利能力**というのに対して、このように制限されたものを**特別権利能力**という。

---

5) 四宮＝能見29頁

（2）権利能力の始期

（ⅰ）序論

　自然人の権利能力取得の時期については、民法3条1項がそれを「出生に始まる」と定めている。時期とは、ある一時点を意味するが、この場合、「出生」とはどの一時点なのかが問題となる。通説は、胎児が母体から完全に露出した時をもって出生と解している（**全部露出説**）。一方で、全部露出しただけでは足りず、生まれた子が独立して呼吸を始めた時とする説（独立呼吸説）も存する。民法上は、胎児死なのか娩出後死亡なのか等の死亡時期によって、相続法上異なった結果が生じる[6]。

（ⅱ）胎児の権利能力

　権利能力の取得が「出生に始まる」とすれば、胎児には権利能力がないことになるが、それでは、近い将来生まれてくるであろうその胎児にとって不当な結果になる場合も想定される。たとえば、懐妊中の母が車にはねられたことにより胎児が傷害を負い、出生後も後遺症の残った場合に、加害者の不法行為時には権利能力なき胎児だったからといって、その子には加害者に対する損害賠償請求権が認められないとするならばどうであろうか。また、胎児の父が死亡した場合、その後無事に出生したその子には、相続開始の時（父の死亡時）には権利能力がなかったのだからといって、父の遺産につき相続権が認められないとすればどうであろうか。すでに出生している兄や姉には配分されるから、同じ父の子なのに兄弟姉妹間で異なる扱いを受けることになるのである。

　そこで、民法は、胎児について一定の場合に出生を擬制するべく3つの特則を置いた。まず、①損害賠償請求権および②相続につき、胎児はすでに生まれたものとみなすこととした（①721条、②886条）。次いで、③父は、胎児

---

6) たとえば、子のない夫Aが死亡した時に妻Bの体内で胎児であったCが、①娩出後に死亡した場合は、Aの遺産は全部Bが相続するが、②いわゆる死産（子宮内胎児死亡）であった場合は、Aの遺産は、BとAの直系尊属が相続することになる（法定相続分につき前章脚注93参照）。なお、刑法上の判例は、胎児が母体から一部でも露出すれば出生である（**一部露出説**）としている（大判大8・12・13刑録25・1367）。刑法においては、分娩中の胎児（嬰児）殺しに対して堕胎罪・殺人罪のいずれが適用されるかという問題が生じる。

でも母の承諾を得て認知★することができるとした（783条1項）のである。

> **認知**：認知とは、非嫡出子（法律上の婚姻関係にない男女の間に生まれた子〈＝婚外子・私生子〉。嫡出子〈＝婚内子〉の対義語）について、その父が自分の子であると認め、法律上の親子関係を発生させる民法上の制度をいう。なお、民法779条は、「父又は母がこれを認知することができる」（傍点引用者）と規定するが、母子関係は分娩の事実により当然に発生するから母の認知は不要とされる。かつては、父から認知された私生子を、その父との関係で庶子と呼んだ。

このように民法は、胎児に対してこれらの法的手当てを施したのであるが、依然として見解の対立がみられる。

まずは、721条および886条1項にいわゆる「既に生まれたものとみなす」の意味である。次の2つの見解が対立している。

すなわち、胎児は、やはり出生まで権利能力を持たず、生きて生まれたことによって権利能力を取得したという効果が、不法行為時もしくは相続発生時にまで遡ると解する見解（停止条件説）と、上記3つの場合に限り、胎児の

図2.1

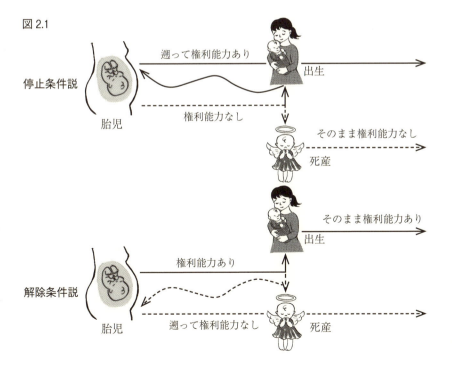

ときからすでに、権利能力を取得するという見解（解除条件説）である。

判例は「停止条件説」をとるが（大判昭7・10・6民集11・2023〈下記の［判例2.1］参照〉）、現在では、「解除条件説」が多数説となっている。

阪神電鉄事件

［判例2.1］大判昭7・10・6民集11・2023（民百選Ⅰ［6版］3）

Aは、Y電鉄会社（以下、Y社）の電車に運転手の過失により轢かれ死亡した。事故当時、Aの内縁の妻X_1は、Xの子X_2を懐胎していた。

Aの事故死を受けて、X_1を含む親族・縁者から、損害賠償額の決定・Y社への請求・賠償金の受領の権限を授与されたCは、X_1がX_2を懐妊している点も考慮し、金1,000円の受領で示談契約（親族らは今後Y社に対し何らの請求も行わないことを内容とする和解契約）を締結した。

Aの実父Bが1,000円をY社から受領したが、Bら親族はX_1に対して分配しなかった。翌月X_2が出生し、X_1とX_2がY社に対して、Aの死亡に伴って生じた財産的損失（扶養利益等）の賠償と慰謝料の合計8,600円余り（X_1が3,000円、X_2が5,600円余り）を求めて提訴した。

論点は、X_2の損害賠償請求権（請求額＝5,600円余り）が、（胎児X_2を代理したX_1からの依頼に基づいてCが締結した）示談契約により消滅しているかどうかということである。判決は、胎児は生まれる前から権利能力を有するのではなく、生きて生まれたときに、問題の時点まで遡って権利能力を取得するとみなすべきであるから、Cによる代理行為（X_2のための示談契約）は有効であったとはいえないとして、X_2本人の損害賠償請求を認めた。

両説のいずれをとるかという問題の実益は、生まれたものとみなされる胎

児に法定代理人をつけることができるかどうかにある。胎児の利益のためには、法定代理人が存在する方が望ましい。然るに、胎児自身に権利能力がないとする停止条件説では、権利行使を代理する法定代理人を観念する余地がない。胎児保護のために望ましいとされることを敢えて阻止する必要はないと考えられるので、胎児自身に権利能力を認め、その法定代理人を承認すべきであるとするのが、現在の多数説である。

次いで、いつから胎児になるのかという問題である。これについては、**受精説**と**胎盤着床説**とが対立しているが、医学界の通説は後者である。両者の異同も、自然懐胎の場合には特に法的にも問題とはならないであろう。しかし、いわゆる体外受精の場合は別異である。

生殖補助医療の過程において、精子と卵子とを女性の体外で受精させたものを受精卵という（受精後に細胞分裂したものは胚と呼ばれる）。これを母体に戻して、あるいは、卵子提供者とは別人である女性の子宮にこれを移植して、人工的に子を儲けようとするわけである。受精直後であってまだ体外にある時の受精卵が、いまだ胎児ではないことは当然であろう。ただ、胎児ではないならば、受精卵は、通常の「物」として扱わざるを得ないこととなる。しかし、それはそれで、特に凍結受精卵や凍結精子を用いた受精卵の場合、胎児の始期の問題を離れても問題が生じる。夫婦が離婚した場合、凍結受精卵を財産分与の対象となる「物」として扱うことは妥当であるとはいえまい。また、凍結精子を用いれば、父親の死亡後でも女性が懐胎・出産することが可能となる。その場合、その亡父が法的にも父となれるかという問題が生じる。受精卵そのものを単純に胎児とすることも無理があるし、さりとて、胎盤着床説では、人の生命の源という視点が欠けているといえよう[7]。

（3） 権利能力の終期

民法は、権利能力の消滅原因については何ら規定を置いていないが、自然人の権利能力は、死亡のみによって消滅すると解することに異論はみられない。というのも、死亡以外の消滅原因があるとするなら、生きていながら権利能力のない自然人の存在を想定していることとなり、すべての自然人を完

7） 近江Ⅰ 38頁

全な権利能力者とする近代法の理想に反するからである。後述する失踪宣告によって、不在者が死亡したものともなされることがある（民法30条以下）が、宣告を受けた者の権利能力がこれによって確定的に消滅するのではない。死亡の基準は、出生の場合とは異なり、法技術的判定を行う余地はなく、医学的な見地による。

　自然人の権利能力は死亡によって消滅するが、その時期の判定は、相続などに関して重要な意味を持つことが多い。従前は、心臓の停止時が死亡時期とされていた（心臓停止時説）が、1997（平成9）年に制定され2009（平成21）年に改正された臓器移植法との関係で、脳幹を含む全脳の機能が不可逆的に停止するに至った時が死亡時期ではないかという見解（脳死時説）が登場している。心臓が動いていても"死亡した"とされるのだから、これは、「死亡」という純然たる事実ではなく、臓器移植を前提とした"法律的"「死」である[8]。なお、数人が死亡し、その死亡の先後が不明である場合は、それらの者は同時に死亡したと推定される。死亡の先後関係は、遺産配分にも大きな影響を及ぼす。そこで民法は、1962（昭和37）年、上記の推定規定（32条の2）を追加した（同時死亡の推定の詳細は、後述5(4)で扱う。また、「ちょっと休廷」No.2 法律用語の解説①〈⇒56頁〉も参照されたい）。

　死亡の民法上の効果としては、相続が開始する（882条）ことのほか、（婚姻が解消されるため）生存配偶者の再婚が可能になることがある。戸籍法上は、同居の親族その他の同居者等は、死亡の事実を知った日から7日以内（国外で死亡があったときは、その事実を知った日から3か月以内）に、診断書または検案書を添付した上で、死亡の年月日時分および場所等の事項を記載した"死亡の届出"をしなければならないとされる（86条以下）。

　通常、人の死亡は、死亡の年月日時分および場所等を記載した医師の"死亡診断書"または"死体検案書"により証明される。それが得られない場合は、目撃者の事実陳述書等の"死亡の事実を証すべき書面"によって確認される（戸籍法86条）。しかしながら、医学的に死亡を証明することが困難な場合も少なくない。そのような生死不明者に対処する制度として、"失踪宣告制度"および"認定死亡制度"がある。

　行方不明者等の不在者が生死不明となった場合、なおその状態を長期間放

---

[8] 近江Ⅰ 39頁

置しておくと、相続は開始せず、配偶者の再婚も不可能であり、財産上も身分上も不確定な法律関係が継続することになる。そこで、不在者が一定期間（通常は7年間）生死不明なときは、家族などの利害関係者の請求により、不在者は死亡したものとみなされる（民法30条・31条）。これを**失踪宣告制度**という（詳細は、後述5（3）で扱う）。

上述の失踪宣告制度とは異なり、危難（水難、火災その他の事変）に遭遇して死亡したことは確定的であると思われるが、なお明白にこれを確認し得ないような場合（死体が確認されない場合など）でも、失踪宣告手続によって処理しなければならないとすることは、必ずしも適当とはいえない。そのような場合、その取調をした官庁または公署は、死亡地の市町村長に死亡の報告をしなければならないとされ（戸籍法89条）、それに基づいて戸籍に死亡の記載がなされる（同15条）。反証がない限り、その記載の日に死亡したと推定される（最判昭28・4・23民集7・4・396）。これを**認定死亡制度**という（5（3）(vi)でも後述する）。

2　自然人の意思能力・行為能力

自然人については、上記の権利能力のほか、意思能力・行為能力・責任能力（不法行為能力）などの諸能力がある。

(1) 意思能力

(i)「意思」の意義

幼児や著しい精神障害者に対して、義務を負担するという行為も自己責任で行えと要求することは、彼ら（幼児や著しい精神障害者）にとってあまりにも酷であるとすることに異論はないであろう。たとえば、資産家である両親を事故で亡くしたばかりの幼児が、「税引き後の遺産全額と、（市場価格が小学生の1か月分の小遣い程度の）ぬいぐるみ1体とを交換する」という契約書に幼い筆跡ながらサインをしたとしよう。幼児は、ぬいぐるみと引き換えに税引き後の遺産をすべて差し出さねばならない（換言すれば、契約〈書〉の内容に拘束される）とすれば、法はいったい何を保護しているのかということになって

しまう。

　法律関係の発生・変更という法律上の効果（上記設例では、ぬいぐるみの所有権の取得および遺産全額の支払い義務の発生）を生じさせる行為が**法律行為**であるが、それは、その効果を欲する意思があることを前提とする[9]。私人間の法律関係は、権利義務の主体の**意思**（「ちょっと休廷」No.4 参照）に基づいてのみ発生・変更されなければならないという原則（私的自治の原則 ⇒22頁）を基本として構成されているのである。したがって、法律行為が有効であるためには、当事者が、その法律効果の発生を意欲する意思を有していなければならない。

意思と意志

　日本語辞典（大辞林）によると、「"意思"は、『双方の意思を汲む』、『家族の意思を尊重する』など、思い・考えの意味に重点を置いた場合に用いられる。法律用語としては"意思"を用いることが多い。（他方で、）"意志"は、『意志を貫く』、『意志の強い人』、『意志薄弱』など、何かをしよう、したいという気持ちを表す場合に用いられる。哲学・心理学用語としては"意志"を用いることが多い。（なお）『意志（意思）の疎通を欠く』、『意志（意思）表示』などは、話し手の意識によって使い分けられることもある」とされる。

　要するに、"意思"の民法講学上の意味としては、法律関係を発生・変動させようとする（法的効果を発生させようとする）"思い・考え"（＝意欲）と理解しておけばよかろう。

　ところで、この意思を有することに関しては、権利能力と同様、自然人であれば誰もがその能力を有すると考えてよいであろうか。上述の幼児の設例に鑑みれば、それを肯定することは妥当であるとはいえまい。幼児や著しい精神障害者は、自らの行為の意味（そのような行為をすればどうなるかということ）を理解・判断する精神能力を有しない。正常な認識力と予期力を含むこ

9）川井21頁

の精神能力を**意思能力**という。自然人は、だいたい7〜10歳になれば、意思能力を有するようになると一般的に考えられている。したがって、それ以下の幼児や、それ以下の精神能力しか有しない精神障害者等には意思能力はないとされる（最判平6・9・13民集48・6・1263〈[判例2.2]〉は、6歳程度の知能では意思能力とはなり得ないとしている）。もっとも、意思能力の有無は、行われる行為の性質（複雑性や重大性）によって異なってくる★（意思能力については、88頁の「事理弁識能力」も参照）。

> **意思能力の相対性**[10]：従来の通説は、意思能力を法律行為（⇒68頁）一般に必要とされる能力であるとして、意思能力の判断を「あるか、ないか」の二者択一的問題として理解してきたといえる。しかし、現実の事案を考えた場合、通常、意思能力は段階的、漸次的に喪失されていく性質のものであって、たとえ判断能力が不十分な者であっても、法律行為の内容しだいでは、その残存能力でも十分に対応可能（自己決定可能）である場合が存在するはずである。したがって、意思能力の有無は、あらゆる法律行為を対象として画一的に判断すべきものではなく、当該法律行為の内容の難易度や表意者にとっての不利益の有無およびその大きさなどの諸事情を総合的に勘案した上で、当該行為の具体的状況の中で相対的に判断すべきものであるというべきであろう。

後見人の追認拒絶

[判例2.2] 最判平6・9・13（民百選Ⅰ[7版] 6）

> Yは、精神の発達に遅滞があり、読み書きもほとんどできず、6歳程度の知能年齢にある。Yの父Dは昭和40年に死亡し、その相続人は妻E、長女F、二女G、三女Yおよび長男Hであったが、Yを除く相続人らは、Dの遺志に従い、Yの将来の生活の資に充てるため、遺産のうち木造2階建店舗（以下「旧建物」という）の所有権およびその敷地の借地権をYが取得するとの遺産分割協議が成立したこととして、Yに対し旧建物の所有権移転登記手続をした。以後、Yと同居していたEとFがYの身の回りの世話をし、主としてFが旧建物を管理することとし、旧建物につき昭和43年5月、Yを賃貸人とするXとの間の賃貸借契約の締結、その後の賃料の改定、契約の更新等の交渉にはFがあたった。
>
> 昭和55年、I株式会社において旧建物の敷地およびそれに隣接する土地上に等価交換方式によりビルを建築する計画が立てられ、この計画を実施するた

---

10) 新井誠＝西山詮編『成年後見と意思能力——法学と医学のインターフェース』（日本評論社、2002年）38-39頁

めには旧建物を取り壊すことが必要になった。そこで、Xは、同年9月19日に旧建物からいったん立ち退くこととし、昭和56年2月17日、新築後のビルの中にYが取得することになる専有部分の建物（以下「本件建物」という）をYから本件建物を賃借することの予約（以下「本件予約」という）がされたが、その中には、Yの都合で賃貸借の本契約を締結することができないときは、Yは、Xに対し4,000万円の損害賠償金を支払う、という内容の合意が含まれていた。この契約は、X、FおよびGがJ弁護士の事務所に集まり、同弁護士においてあらかじめ用意していた文書に、Xが自己の署名および捺印をし、FがYの記名および捺印をして締結された。

Xが旧建物を明け渡した後の昭和57年8月にビルが完成したが、Fは、Xに対し、ビル完成前の昭和57年4月頃、Kを介して賃貸借の本契約の締結を拒む意思を表明し、同年6月17日付けで本件建物を借入金の担保としてLに譲渡した。

そこで、Xは、Yに対し、昭和57年8月27日、本件予約中の損害賠償額の予定の合意に基づき、4,000万円の損害賠償等を求める訴えを提起した。

原審（⇒74頁）は、①YがFに対し、本件予約に先立って、自己の財産の管理処分について包括的な代理権を授与する旨の意思表示をしたとは認められないから、FがYの代理人として本件予約をしたことは無権代理行為である、②しかし、FがYの事実上の後見人として旧建物についてのXとの間の契約関係を処理してきており、本件予約もFが同様の方法でしたものであるところ、本件予約は、その合意内容を履行しさえすればYの利益を害するものではなく、Y側には本契約の締結を拒む合理的理由がなく、また、後見人に選任されたGは、本件予約の成立に関与し、その内容を了知していたのであるから、本件予約の相手方であるXの保護も十分考慮されなければならず、結局、後見人のGにおいて本件予約の追認を拒絶してその効力を争うことは、信義則に反し許されない、としてXの請求を認容した。Yが上告。

破棄差戻し★。

禁治産者（⇒76頁）の後見人が、その就職前に禁治産者の無権代理人によって締結された契約の追認を拒絶することが信義則に反するか否かは、①契約の締結に至るまでの無権代理人と相手方との交渉経緯および無権代理人が契約の締結前に相手方との間でした法律行為の内容と性質、②契約を追認することによって禁治産者が被る経済的不利益と追認を拒絶することによって相手方が被る経済的不利益、③契約の締結から後見人が就職するまでの間に契約の履行等をめぐってされた交渉経緯、④無権代理人と後見人との人的関係および後見人がその就職前に契約の締結に関与した行為の程度、⑤本人の意思能力につい

て相手方が認識しまたは認識し得た事実、など諸般の事情を勘案し、追認を拒絶することが取引関係に立つ当事者間の信頼を裏切り、正義の観念に反するような例外的な場合にあたるか否かを判断して、決しなければならない。

> **破棄差戻し**：上訴裁判所が上訴（控訴ないし上告）に理由があるとして原判決（⇒74頁）を取り消すことを**破棄**という。破棄してさらに自ら事件について結論を出す判決を**破棄自判**といい、破棄してさらに審判させるために原裁判所へ差し戻すことを**破棄差戻し**という。また、破棄して、事件を原裁判所以外の裁判所へ直接移送することを**破棄移送**という（小辞典1010頁）。

（ⅱ）意思無能力の効果

法律効果を発生させる原因として、法律行為、不法行為[11]、事務管理[12]、不当利得[13]の4つが挙げられるが、前2者が法律上の効果を生ずるには、行為者が意思能力を有する場合でなければならない。民法は、法律行為を行う際の意思能力にかかる明文規定を置かないが、**意思能力を有しない者のした法律行為は無効**★というのが通説・判例である（大判明38・5・11民録11・706〈後掲［判例2.3]〉）。一方で、自己の行為の責任を弁識するに足りる知能を備えていない未成年や、精神上の障害によりその能力を欠く状態にある者が不法行為を行ったときはその責任を負わないことについては、明文規定を置いている（712条・713条）。この不法行為にかかる責任弁識能力は、**不法行為能力**ともいわれ、「法律行為の有効性の基礎としての意思能力とは制度の基点

---

[11] 不法行為とは、故意または過失によって他人の権利または法律上保護される利益を侵害することをいい、行為者は、それによって生じた損害を賠償する責任を負う（民法709条以下）。たとえば、過失により交通事故の加害者となった場合は、被害者に与えた損害を賠償しなくてはならないというものである。
[12] 事務管理とは、義務なく他人のために事務の管理を始めることをいい、行為者（管理者）は、一定の管理義務を負う一方、その他人に費用償還請求ができる（民法697条以下）。この規定によれば、旅行で留守中の隣家に生鮮食料品を配達に来た宅配便の従業員から（隣家のために）当該宅配物を預かった者には、それが腐らないように冷蔵庫で保管する等の管理義務が生じる。また、留守中の隣家の窓ガラスが割れていたので、雨風が入らないように、ガラス屋に修理をさせた者は、ガラス屋に支払った費用の償還を隣家に対して請求できる。
[13] 不当利得とは、法律上の原因なく他人の財産または労務によって利益を受け、そのために他人に損失を及ぼすことをいい、その利益を受けた者は、その利益の存する限度においてこれを返還する義務を負う（民法703条以下）。たとえば、債務者Aが債権者Bに弁済金を振り込んだつもりが、誤ってCの銀行口座に振り込んでしまった場合、Cはその金額をAに返さねばならないというものである（通常は、銀行を通じての組戻依頼に同意する）。

を若干異にし[14]」ている。

　不法行為能力について判例は、道徳上不正とされる行為であることを弁識する知能の意味ではなく、加害行為の法律上の責任を弁識するに足るべき知能をいうとした上で、12歳2か月の少年が空気銃で友人に怪我をさせた場合に責任能力なしとした（大判大6・4・30民録23・715「光清撃ツゾ事件」）。他方、11歳11か月の少年店員が主人のために自転車で物を運搬中に他人を負傷させた場合は、少年に能力ありとして、使用者（雇用主）の損害賠償責任を認めた（大判大4・5・12民録21・612「少年店員豊太郎事件」）。意思能力を有しない者の行為を無効とする根拠をいかに考えるかについては、従前と近時とで多少異なる。

　従前の見解は、「権利の取得や義務の負担は、自己の意思に基づいてのみ行われる」という私的自治の原則を背景とする理論（意思表示や法律行為の有効性の基本的要件を当事者の内心の意思とする理論＝**意思ドグマ**）から演繹されるのは、行為の意味を理解することのできない状態でなされた以上、有効な法律効果は発生しないと説明していた。正常な意思が欠けていれば、法律行為も存在する必要がないので、当然に無効となる。

　これに対して、近時は、弱者（意思能力を有しない者）を保護するという政策問題として意思能力制度を理解する見解が有力となっている。

　　無効：無効とは、法律行為の効力がはじめから生じない（＝不成立）ということであり、一般的には"絶対的無効"（民法119条参照）である。すなわち、意思無能力の場合においては、意思能力を有しない者の側からに限らず、誰からでも無効を主張できるということである。法律効果が存在しなかったという意味で理解されることより、存在しないものについては、誰でも存在しないと主張できるという考えである。伝統的な通説は、この**絶対無効説**に立脚していた。

　　これに対して、現在の通説は、意思無能力にかかる無効は、上記の絶対的無効とは異なり、意思能力を有しない者を保護するための制度であるのだから、相手方はその無効を主張することができず、意思能力を有しない者の側のみが無効を主張できるとしている。意思無能力にかかる無効制度の根拠とされる近時の弱者保護説と同調する考え方であり、**相対無効説**といわれる。

　　相対無効説の立場に立てば、意思能力を有しない者の側の選択に委ねられることとなり、相手方は、いつ無効とされるか判らないという甚だ不安定な立場に置かれる。意思能力の有無は、当該行為の具体的状況の中で相対的に判断さ

---

14) 近江 I 42頁

れるものとしても、おおよそ意思能力を有しない者とは7～10歳以下の幼児やそれ以下の精神能力しか有しない者であるから、正常な認識力と予測力を有する相手方は、いやしくも取引行為をするときにはそのような注意を払って然るべきであるから、相対無効説を妥当とする見解[15]が有力である。

意思能力のない者の行為

[判例2.3] 大判明38・5・11（民百選 I [7版] 5）

　Yの先代A（第1審判決前に死亡）は、約束手形★を振り出した後に、「後見開始の審判[16]」を受けたが、その手形を譲り受けたX銀行がAに対して手形上の請求をなした。原審★は、Aの手形振出行為は意思能力のない時になされたもので、当然無効であるとしてXの請求を斥けた。

　上告したXは、民法においては「制限行為能力者[17]」（⇒75頁）のなした行為のみが取り消すことができるとされているところ、手形を振り出した時のAはいまだ後見開始の審判を受けていなかった（＝制限行為能力者ではなかった）のだから、Aの行為は有効であると主張した。

　大審院は次のように説示して、Xの上告を棄却した。

　法律行為の要素として当事者が意思能力を有していなければならないことは言うまでもなく、手形振出人がその振出しの当時において意思能力を有していなかった場合、その振出行為が実質上無効であることに疑問の余地はない。法律が「精神上の障害により事理を弁識する能力を欠く常況にある者[18]」等の制限行為能力者を特定し、その行為を取り消すことを許したのは、制限行為能力者の利益を保護するために、意思が存在しない事実を証明することなく、当然にこれを取り消すことができるとしているのであって、これら制限行為能力者ではない者の行為は絶対にその効力を有するという趣旨ではない。したがって、後見開始の審判を受ける前の行為であるとしても、事実上意思能力を有しないときは、その行為は無効とされるべきである。

> **手形**：一定の時期に一定の場所で一定の金額を支払うことを委託または約束した有価証券のことを手形という。為替手形と約束手形とがあり、いずれも手形法によって規定されている。手形を発行することを「振出

---

15) 近江 I 43-44頁
16) 1999年民法改正前の事案なので、原文は「後見開始の審判」ではなく「禁治産宣告」であるが、現行法の条文に合わせた。本判決につき以下同様。「後見」をはじめとして、以下の「制限行為能力者」および「事理を弁識する能力」については、それぞれ、後述の4(2)、2(2)(ii)、4(2)(i)にて扱う。
17) 原文では「無能力者」（⇒76頁）。
18) 原文では「禁治産者」（⇒76頁）。

し（約束手形にあっては、支払約束をすること）」という。手形の受取人は、第三者への支払代金の代わりとしてその手形を当該第三者に譲渡することができるが、その方式は、受け取った手形の裏面に署名・捺印の上、第三者の名前を記載するのが正式である（電子記録債権法に基づき2009年11月から実施された電子手形は除く）。これを手形の「裏書」という。また、手形上の債務を保証することを「手形保証」という。これら手形の振出し・裏書・保証等の行為を「手形行為」という。詳しくは、手形法で習う。

原審：現在審理中の裁判のひとつ前の段階の裁判のことである。控訴審においては第1審を指し、上告審においては控訴審の裁判を指す。なお、原審で下された判決を原判決という。

(2) 行為能力

(i) 行為能力制度の趣旨

　意思能力が喪失されていく場合、それは段階的・漸次的であると述べた（上記「意思能力の相対性」）が、発展の場合でも、人の知能の程度に差があるように段階がある。自己の行為が何であるかを認識し得るにとどまる者もあれば、さらに行為に関する取引上の利害得失を計算し得る程度に発達した者もある。しかし、具体的場合に各当事者に意思能力があるかどうか、また、取引上の計算能力があるかどうかを判断することは容易ではない。そこで民法は、普通一般の平均人を標準とし、普通人であれば取引に際して通常有していると思われる程度のところに一線を画し、その線に至らない者とその線を超えた者とを区別している。この一線に達する取引上の計算能力を「**行為能力**」といい、これは、単独で確定的に有効な法律行為をなし得る地位または資格のことである。

　上述のとおり、意思能力者かどうかは外見だけでは判別しにくいため、取引の相手方が（後で無効とされることにより）不測の損害を被るおそれがある。また、意思能力を有しない者にとっても、取引当時に意思能力を欠いていたということを事後的に証明することは、実際には困難である。行為能力制度は、「取引の安全★」と「意思能力が不十分な者の保護」との調和を図るために設けられた。すなわち、予定したところの「瑕疵[19]」のない完全な行為

---

19) 瑕疵とは「きず」という意味で、人の行為・権利または物に法律上何らかの欠点・欠陥のあること。

をなし得る能力」を有しない者を画一的に「**制限行為能力者**」として扱い、それらの者が単独で有効な法律行為ができる場合を制限したのである。

> **取引の安全**：真の権利者の権利を犠牲にしても取引関係に入った者を保護すべきという要請のことを「**取引の安全**」（**動的安全**）の保護という。たとえば、Bからその占有するピアノを購入したAが、そのピアノを設置することができるように居所をリフォームしたところ、当該ピアノはBがCから借りていたに過ぎないとして、Cから返還請求を受けたとしよう。この場合、Aの保護（A・B間のピアノ売買契約を有効なものとすること）と、真の所有者であるCの保護（Bは当該ピアノにつき無権利者なのだからAに返還させること）とが正面から衝突する。取引の安全の保護を優先するなら当該契約は有効とされ、Cの返還請求を認めるのであれば**静的安全**が保護されることになる。

なお、幼児や著しい精神障害者のような意思能力を有しない者は行為をなし得ない者であるから、制限行為能力者の行為として特に問題となるのは、意思能力は有するが「瑕疵のない完全な行為をなし得る能力」を有しない者の場合である。

（ⅱ）制限行為能力者

上記の観点から、民法は、①未成年者（5条・6条）、②成年被後見人（7条以下）、③被保佐人（11条以下）、④被補助人（15条以下）の4者を**制限行為能力者**（20条1項）とし（3および4にて後述する）、これらの者の行った法律行為は、意思能力を有しない者の行った場合が無効とされるのとは異なり、**取り消すことができる**★ものとした。

> **取消し**：無効の場合、法律行為の効力がはじめから生じないのに対し、取消しの場合は、法律行為はいったん有効に成立し、取消権者の意思表示があってはじめて、その法律行為が遡及的に無効となる。その具体的な差異は、無効の場合は、誰からも主張することができ、また、追認権者が存しないが、取消しの場合は、取消権者のみが主張でき、また追認することができる。そのほかに、消滅時効に関しても差異が認められる（無効に関しては72頁参照）。

このように効果が異なることから理解されるように、意思能力と行為能力とは峻別される。前掲大判大4・5・12は、「事実上意思能力を有しないときは、その行為は無効とされるべきである」と述べた後、続けて「また、これと同様に、たとえ成年被後見人が行った行為であっても、全く意思能力を有していなかったという事実がある場合には、取消しの意思表示をすることな

く当然に無効である」と補足的に説示している。つまり、制限行為能力者が行為時に意思無能力であったことが明白な場合、「取消し」以外に「無効」の法効果までもが認められるとしたのである。

行為能力の制限という制度は、制限行為能力者の財産が、行為能力が不十分であるゆえに散逸しないようにするための、一種の財産管理制度である。その反射として、財産を持たない制限行為能力者には無縁の制度であるといえる[20]。

なお、学説は、事実的契約関係★については、意思無能力や制限行為能力を理由として無効や取消しを主張することを制限すべきであることを説いている。

> **事実的契約関係**：事実的契約関係とは、自動販売機を通じての物品購入、交通機関の利用、電気・ガス等の需給契約関係、無人有料駐車場の利用などにみられるように、不特定多数を相手方として契約内容につき個別的に合意できないまま給付の交換が行われている場合に、一定の定型的事実行為の存在を前提として、支払"意思"の有無にかかわらず契約が有効に成立した場合と同様の法律上の効果を与えようとする見解である[21]。

(iii) 成年後見制度の創設（1999年民法改正）

(ア) 緒 論

1999（平成11）年改正前の民法は、行為能力が認められない者（現行法の制限行為能力者におおよそ該当する）として、①未成年者、②禁治産者、および③準禁治産者の3者を掲げ、これらの者を「**無能力者**」と称していた（1947（昭和22）年改正前においては、妻もそれに含まれていたことは既述した）。その概要を以下で述べておこう。

① **未成年者**：満20歳未満の者
② **禁治産者**：「心神喪失の常況に在る者」で、家庭裁判所により禁治産宣告を受けた者
③ **準禁治産者**：「心神耗弱者及び浪費者」で、家庭裁判所により準禁治産宣告を受けた者

---

20) 近江Ⅰ 45頁
21) 事実的契約関係については、須永醇「いわゆる事実的契約関係と行為能力」熊法1号（1964年）1頁以下、神田博司「事実的契約関係と行為能力」ジュリ増刊・民法の争点（1978年）111頁、五十川直行「いわゆる『事実的契約関係理論』について」法協100巻6号（1983年）1102頁以下等を参照。

従前の上記無能力制度に対しては、次のような問題点が指摘されていた。
ⓐ 戸籍による公示性の問題：禁治産者とは、社会から隔離して、本人を守る制度であった。そのため、禁治産の宣告を受けると、戸籍にその旨が記載された。従前は外部者が簡単に戸籍を閲覧することができたので、プライバシーの侵害となっていた（また、「戸籍が汚れる」という理由で、禁治産制度の利用に抵抗があったとされる）。
ⓑ 「治産」（＝自分の財産を管理・処分すること）を「禁」止するという「禁治産」や「準禁治産」という呼称そのものが差別的な印象を与えるものであり、利用者の人権への配慮に欠けるとされていた。
ⓒ 「心神喪失の常況にあるもの」（禁治産宣告）、「心神耗弱者」（準禁治産宣告）としか定義していなかったので、その判定が困難であった。精神科医に鑑定を依頼するのだが、その費用・期間がそれぞれ50万円・半年程度もかかったとされる。
ⓓ 軽度の認知症、知的障害、精神障害等に対する対応が不可能であった。というのも、禁治産制度は、比較的重度の精神上の障害がある場合に限定されていたので、判断能力の低下が軽度である場合は利用対象にならないことから、消費者被害に遭う等の不利益を受けやすく、救済することも困難であった。また、無能力者とされる者の行う法律行為が一律に制限されていたので、判断能力の程度によっては、制限が過剰になり過ぎることがあった。
ⓔ 無能力者とされる者の後見人等になれるのは、夫婦の場合は必ず配偶者、人数も1人だけに限定されていたので、配偶者が高齢の場合等は十分に本人を保護することができなかった。

上記の問題点を踏まえ、高齢社会への対応および知的障害者・精神障害者等の福祉の充実の観点から、自己決定の尊重、残存能力の活用、ノーマライゼーション[22]等の新しい理念と従来の本人の保護の理念との調和を図ることを目的として、禁治産制度および準禁治産制度を改め、認知症、知的障害、精神障害などの理由で判断能力の不十分な者の権利擁護制度としての「成年後見制度」が1999年改正民法によって導入された。その特徴は、①旧制度と異なり、行為能力の全面的な剥奪は認められず、行為能力の制限にとどめ

---

[22] 障害者を特別視するのではなく、社会環境の中で普通の生活が送れるような条件や環境を整えるべきであり、共に生きることこそノーマル（当たりまえ）であるという考え。

た、②旧制度のような画一的な内容ではなく、必要に応じて柔軟に対応できる制度とした、③要保護者の細分化、④戸籍への記載を廃止し、新たに成年後見登記制度を導入して取引の安全を図った（「後見登記等に関する法律」参照）。

成年後見制度は、軽度の精神上の障害がある者にも対応した「法定後見制度」と、自己決定と本人の保護を重視した「任意後見制度」からなる。

(イ) **法定後見制度**

法定後見制度とは、利用者本人の判断能力が不十分な状態において結ばれる代理人への財産管理等の権利を与える制度であり、制度利用の申立ては本人、配偶者、四親等以内の親族、または検察官や市区町村長が行うことができる。この制度を利用するには、利用者本人の住む地域の家庭裁判所に申立てを行うことで手続をする必要がある。従前は、禁治産・準禁治産の2類型であったが、新制度では、利用者本人の判断能力の度合いにより、次の①～③の3類型が定められている（要保護者の細分化）。

① **後見**（＝判断能力が常に無い場合）：要保護者・その保護者はそれぞれ**成年被後見人**・**成年後見人**と呼ばれ、後者は、財産の管理権や契約等の取消権等、前者の財産に関する全般的な代理権を有する。ただし、成年被後見人の行った日用品の購入などを取り消すことはできない。

② **保佐**（＝判断能力を著しく欠いている場合）：要保護者・その保護者はそれぞれ**被保佐人**・**保佐人**と呼ばれ、前者は、一定の行為（財産に関する契約等）につき後者の同意なくして行うことができなくなる。保佐人の同意を得なければならない行為につき同意を得ないで行ったものは取り消すことができる。日用品の購入などについては後見の場合に同じ。

③ **補助**（＝判断能力が不十分な場合）：本人の判断能力が不十分ではあるが、著しいほどではない者が対象なので、制度利用の申立てに本人の同意が必要になる。要保護者・その保護者はそれぞれ**被補助人**・**補助人**と呼ばれ、家庭裁判所が定めた特定の法律に関する行為について、前者がそれらの行為をする場合には後者の同意が必要となる。同意のない行為に関しては取り消すことが可能である。同意権や代理権が適用される範囲は申立てを行った際に決められる。

(ウ) **任意後見制度**

任意後見制度とは、利用者本人の判断能力が十分な状態において、将来認知症等により判断能力が低下する可能性に備えて、利用者本人が代理人を選

定し、任意後見契約を結ぶことである。自己決定権に基づく事前的対処としての身上監護[23]制度であり、「任意後見契約に関する法律（任意後見契約法）」として民法改正と同時に導入された。

判断能力が低下した場合には、財産管理等の権利が代理人に授与されるという制度であり、制度利用の申立ては本人により行われる。任意後見制度を利用するには、公証人が作成する公正証書[24]により契約書を作成する必要がある（任意後見契約法3条）。

(ⅳ) 意思能力と行為能力との関係

成年被後見人は、「精神上の障害により事理を弁識する能力を欠く常況にある」として、関係人からの請求により後見開始の審判を受けた者である（民法7条）。そのような「常況」にあるということは、意思無能力の状態にあることをも意味する。すなわち、成年被後見人は、意思無能力であり、同時に制限行為能力でもあるということである。そこで、意思無能力と制限行為能力との関係につき以下で取り上げる。

(ｱ) 無効主張および取消しの主体

制限行為能力者が単独で行った制限行為は取り消すことができるとされる。一方で、意思能力を有しない者が単独で行った法律行為は無効とされる。無効を主張できる者、取り消すことができる者は、それぞれ以下のとおりとなる。

① 制限行為能力の場合：制限行為能力本人とその代理人（成年後見人等）。
② 意思無能力の場合：既述のとおり、絶対無効説（誰からでも無効を主張できる）と、相対無効説（意思能力を有しない者の側のみが主張可能）の争いがある。

(ｲ) 期 間

① 制限行為能力の場合：民法126条により、追認をすることができる時から5年、行為時（契約時）から20年を経過すると、取消権は時効によ

---

23)「身上監護」とは、健康・生命の維持、その他一身上の世話に関する決定権限のことである（米倉明『信託・成年後見の研究』〈新青出版、1998年〉433頁）。
24) 公正証書とは、金銭の貸借、不動産の貸借・売買あるいは離婚の際の財産分与・慰謝料支払約束などの各種契約や遺言等の民事上の法律行為について、公証人（公証役場にて執務する国家公務員）が法令に従い、当事者の依頼に応じて作成する文書をいう（一般財団法人東京公証人協会）。公文書として強い証拠力が認められる。

り消滅する（取り消すことができなくなる）。
② 意思能力を有しない者の場合：当初から法律効果が生じていない（＝法律行為が成立していない）のだから、期間の限定はなく、いつでも無効を主張することができる。

(ウ) **意思無能力と制限行為能力との競合**

以上のように、制限行為能力と意思無能力とでは、その効果に差異が生じる。事理弁識能力を欠く常況に置かれている原因が依然として消滅していない成年被後見人が単独で行った制限行為のように、制限行為能力と意思無能力のいずれもが認められる場合、どちらによって解決すべきか。

ⓐ 二重効肯定説

取消しの要件も無効主張の要件も充足しているのであるから、いずれの効力を認めても差し支えないとの考えにより、どちらを主張するかについては当事者の選択に委ねられるとする見解である（通説）。

ⓑ 二重効否定説

民法がわざわざ行為能力制度を制定したにもかかわらず、意思無能力による無効主張も認め得るとすると、民法が同制度を設けた趣旨が没却されるという理由から、制限行為能力を理由とした取消しだけが認められるべきとする見解である。前掲大判大4・5・12は、「当然に無効である」と、逆に取消しを排除しているから、本説の立場ではなく、むしろ二重効肯定説に立つものと考えられる。

■ 3 未成年者 ■

民法は、年齢20歳をもって成年としている（4条）が、成年であることの法的効果については沈黙している。これは、成年者であれば、独立・完全な財産行為能力を有することを前提として、その反面、未成年者（4条の反対解釈により、20歳に満たない者）を制限行為能力者として保護しているものと考えられている[25]。年齢の計算方法については、特別法（年齢計算ニ関スル法律）がこれを定めている。すなわち、同法は「年齢ハ出生ノ日ヨリ之ヲ起算

---

25) 注釈民法(1) 294頁ほか

ス」と規定し、期間の計算に際して初日不算入とする民法規定（140条）の例外としている。

（1）未成年の行為能力

　未成年者が法律行為をするには、原則として法定代理人★の同意を得ることを要する（5条1項）。同意を得ないで単独でなした法律行為は、取り消すことができる（同条2項）。取り消すことができる者は、未成年者自身または法定代理人もしくは承継人である（120条1項）。

　　法定代理人：民法上、法律の規定に基づいて代理権が発生する場合の代理人をいい、未成年者の法定代理人は、通常は親（親権者）である。親権者がいないときは未成年後見人が指定または選任される（839条・840条）。
　　未成年者の法定代理人は、上記の同意権を有するほか、未成年者を代理して法律行為を行う（824条・859条）。未成年者の法定代理人の権限については、824条本文の前段を財産管理権、後段（前段・後段につき「ちょっと休廷」No.17〈542頁〉参照）を代理権として区別し、前者の「管理」の内容は、未成年者の財産の保存（保全）・利用・改良を基本とした行為であって、処分行為は含まれない（処分する権限は、後者の代理権の範疇に入る）とする説[26]と、処分権限も824条本文前段にいわゆる「管理」に含まれるとする説[27]とに分かれる。
　　なお、**親権者**についても説明しておく。未成年者は、親権者（父母、養親）の親権に服する（818条）。一方で、親権者は、子の財産を管理し、かつ、その財産に関する法律行為についてその子を代表すると規定され（824条）、これにより、親権者は「法定代理人」と呼ばれる。なお、824条および859条における「代表」の語の不適切性について、342頁を参照されたい。

（2）未成年者が単独で法律行為をすることができる場合

　ただし、未成年者であっても、次の7つの場合においては、例外的に法定代理人の同意を得ずに単独で法律行為をすることができる。
　① **単に権利を得、または義務を免れる行為**（5条1項ただし書）
　　たとえば、負担の伴わない単純な贈与を受けたり（大判大9・1・21民録26・9）、債務免除を受諾したりする行為である。制限行為能力制度は、既

---
[26] 近江Ⅰ 52-53頁
[27] 大判明34・2・4民録7・2・18、我妻栄『親族法』（有斐閣、1961年）335頁ほか

述のとおり、制限行為能力者の財産が、行為能力が不十分であるゆえに散逸しないようにするための財産管理制度である。したがって、未成年者が一方的に利得するだけの受領行為については、法定代理人の同意を不要とすることは当然である。

② 処分を許された財産の処分（同条3項）

法定代理人が目的を定めて処分を許した財産については、その目的の範囲内において、未成年者はこれを自由に処分することができる。目的を定めないで処分を許した財産を処分するときもまた同様とする。部活動の合宿費や学費（目的を定めて処分を許した財産）、小遣い銭（目的を定めないで処分を許した財産）などは、未成年者が単独で処分することができるということである。

③ 営業を許された未成年者のその営業に関する行為（6条1項）

営業を許された未成年者は、その営業に関しては、成年者と同一の行為能力を持つとされる。というのも、商品の仕入れにかかる契約等、営業に関する行為につきいちいち法定代理人の同意が必要であるとなると、営業を許された意味がない。未成年の営業につき許可を与えることができる者は、当然に法定代理人である。営業を許可する場合には、営業の種類を特定せねばならず、一切の営業を許可するというようなことは認められない。営業に関する行為であれば、営業資金の借入れや店舗の賃借、未成年の芸妓が座敷着（客の座敷に出るときに着る着物）を購入する行為（後述「芸妓ももよ衣類購入事件」）等も含まれる。

未成年者において営業に堪えることができない事由があるときは、法定代理人は、その許可を撤回し、またはこれを制限することができる（6条2項・823条2項・857条）。この許可の撤回または制限の後に、未成年者がそれを逸脱してなした行為については、原則（5条2項）どおり、これを取り消すことができるとされる。その場合の第三者保護について、民法自体は沈黙している。芸妓稼業の許可を撤回された未成年が座敷着を購入した場合、売主はその売買契約が取り消されてしまうかもしれないということである。ただ、未成年者が営業を行うときは、その登記をしなければならない（商法5条）とされ、営業許可の撤回等も登記の抹消がなければ、原則（5条2項）に立ち戻って取り消すことはできない（登記の抹消が対抗要件となる）（商法9条）（"対抗"については、215頁参照）。その限りにおいて、善

意の第三者は保護されることとなる。

営業とは、商業に限らず広く営利を目的として、自らが主体となって同種の行為を反復・継続することをいう。判例は、芸妓稼業もまたいわゆる営業であるとする（大判大4・12・24民録21・2187「芸妓ももよ衣類購入事件」）。雇われて働く労働者の仕事は営業ではないとするのが通説のとる立場であるが、営業をもって職業と同視する説[28]も今日では有力である。

なお、親権者または後見人といえども、たとえ未成年者の同意を得ても、未成年者に代わって労働契約を締結することは禁止されている（労働基準法58条）し、未成年者の賃金を代わって受け取ることも禁止されている（労働基準法59条）。また、親権者の利益となって未成年に不利益となる利益相反行為については、法定代理人の代理権は制限され、家庭裁判所によって特別代理人を選任してもらわなければならない（民法826条1項・860条）。いずれも、親権者や後見人が未成年者を食いものにする弊害を防ぐための規定である。

[判例2.4] 最判昭43・10・8民集22・10・2172（家族百選［8版］45）

訴外（「そがい」と読む。訴訟の当事者〈通常は、原告と被告〉以外の者）Aとその妻X_1が協議離婚★をするに際し、Aの所有物である本件不動産がX_1および子X_2〜X_5に贈与され★、X_1らは5分の1ずつの共有持分を取得した。その後、訴外Bと知り合ったX_1は、Bが経営資金としてCから35万円を借り入れるに際して、Bの当該債務につき自ら連帯保証★するとともに、未成年の子X_2〜X_4については親権者として彼らを代理し、成年の子X_5についてはその代理人として連帯保証契約を締結し、かつ、同一債務を担保するため、物上保証★として本件不動産につき抵当権★を設定してその登記を了した。Cは、その後、本件抵当権付金銭債権を訴外Dに譲渡した。Dは、本件不動産につきその後、抵当権実行による競売申立てをしたところ、Yに競落許可決定がなされ、Yのため所有権移転登記がなされた。

X_2〜X_4は、Yに対して、X_1がX_2〜X_4を代理してなした当該連帯保証契約および抵当権設定契約に関しては、未成年者の利益相反行為に該当するから無効であるとして、所有権移転登記の抹消登記手続を請求した。

第1審は、X_2らの請求を棄却した。第2審は、X_1が未成年者X_2〜X_4を代

---

28) 幾代62頁

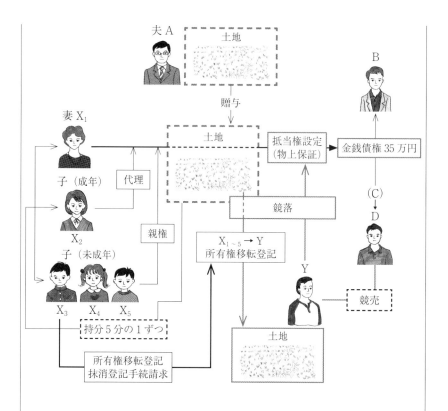

理した行為は利益相反行為に該当するとして、X_2〜X_4の請求を認容し、X_1の持分であるところの5分の1を限度としてYの所有権取得を認めた。Yが上告。

最高裁は、「原判決が確定した（略）具体的事実関係のもとにおいては、債権者が抵当権の実行を選択するときは、本件不動産における子らの持分の競売代金が弁済に充当される限度において親権者の責任が軽減され、その意味で親権者が子らの不利益において利益を受け、また、債権者が親権者に対する保証責任の追及を選択して、親権者から弁済を受けるときは、親権者と子らとの間の求償関係および子の持分の上の抵当権について親権者による代位の問題が生ずる等のことが、前記連帯保証ならびに抵当権設定行為自体の外形からも当然予想されるとして、X_2〜X_4の関係においてされた本件連帯保証債務負担行為および抵当権設定行為が、民法826条にいう利益相反行為に該当すると解した原判決の判断」を正当として是認した。

協議離婚：当事者の合意があるときは、戸籍法に従う届出だけで成立する離婚（民法763条）。
財産分与：離婚した男女の一方が他方に対して、財産の分与を求める権利をいう（民法768条・771条）。その性質は、夫婦が婚姻中に協力して蓄積した財産を清算するものであるが、そのほか離婚後の経済的弱者に対する扶養料や、離婚の原因をつくった有責配偶者の他方に対する慰謝料を含むと解される。
連帯保証：保証とは、債務者Aが債権者Bに債務の履行をしない場合に、これに代わってその履行をしなければならない保証人Cの義務をいう。この場合（Cに保証をしてもらった場合）のAの立場を「**主たる債務者（主債務者）**」と呼ぶ。保証人は、①債権者に対してまず主たる債務者に支払の請求を求めることができる権利（「**催告の抗弁権**」）、および②債権者Bから弁済の請求を受けた場合、主たる債務者Aに弁済の資力があることを証明してその請求を拒否できる権利（「**検索の抗弁権**」）を有している。「連帯保証」とは、保証の一種であるが、連帯保証人は、上記の「催告の抗弁権」や「検索の抗弁権」を有しない。債権者にとっては、主たる債務者に弁済の意思があるか否か、または資産があるか否かにかかわらず、いきなり連帯保証人に対して請求することができるというメリットがある。
物上保証：物上保証とは、自己所有の財産を他人の債務の担保に供することをいい、この担保提供者のことを物上保証人という。物上保証人は、保証人と異なり、債務を負わず、単に担保に提供した財産に対し担保権が実行されるのを甘受する責任を負担するに過ぎない。
抵当権：抵当権とは、債務者本人または第三者（＝物上保証人）が債務の担保に供した「不動産や一定の権利」などの目的物の使用収益権を、その担保提供者（＝抵当権設定者）に残したままにしながら、債務不履行の場合には担保権者（＝抵当権者）たる債権者が優先してその目的物の金銭的価値から弁済を受けることを内容とする担保物権（民法369条-398条の22）のことをいう。通常は、目的物に抵当権が設定されていることを広く社会に公示するために、登記所（不動産に関しては法務局が管掌）に備えられる登記簿に記載される。債務が履行されない場合、抵当権者（債権者）は、競売（多数の者に買受けの申出を行わせて、最高値の申出をした者に承諾を与える売買契約の方法）の申立てを裁判所に行うことにより、目的不動産を差し押さえた後に売却（強制的に換価）し、その代金から債権回収を図ることができる。

④ 法定代理人の同意を得ずにした法律行為（単に権利を得、または義務を免れる法律行為を除く）の取消し（5条2項）

上述のとおり、法定代理人の同意を得ないで未成年者が単独でなした法律

行為は、未成年者自身が取り消すことができる（5条2項・120条1項）。この取り消すという行為は法律行為であるが、5条1項所定の法定代理人の同意なくしても、同条2項にいわゆる「取り消すことができる法律行為」ではない（未成年者が単独で5条2項の取消しを行っても、その取消しに同意がないからとて、さらに取り消すことができるということではない）。

⑤ **身分行為**（親族編）

既述のとおり、制限行為能力制度は一種の財産管理制度であるから、身分上の行為とは無関係である。

子の認知に関して民法780条は、認知をしようとする者が未成年者であってもその法定代理人の同意を要しないと規定する。未成年者による遺言に関しても、同961条が、15歳以上であれば単独でそれをなし得ると規定する。

⑥ **代理行為**（102条）

民法102条は、「代理人は、行為能力者であることを要しない」と規定し、未成年者であっても単独で代理行為をすることができるとしている。その理由は、制限行為能力制度は制限行為能力者の保護のための制度であり、未成年者による代理行為が不適切であったとしても、代理行為の法律効果は本人に帰属して代理人である未成年者には帰属しないからと一般に説明されている[29]。

⑦ **未成年者が婚姻をした場合**（753条）

未成年者であっても、男性は18歳、女性は16歳に達すれば、父母の同意を得て婚姻をすることができる（民法731条・737条）。

婚姻した者が未成年者だからとて、新居や転居時の建物賃貸借契約をはじめとした各種の契約につき民法5条により依然として法定代理人の同意が必要となれば、独立した家庭生活（経済生活）を営むことは到底可能ではなかろう。そこで、民法753条は、未成年者が婚姻をしたときは、これによって成年に達したものとみなす、としている。これを、**成年擬制**という。

なお、離婚をした未成年者にも、この成年擬制の効果が維持されるか否かについては、否とする説もある[30]が、婚姻によって独立した社会的責任を自覚させた以上、それを元に戻すこと自体社会的不利益というべきであるから、成年擬制は覆されるべきではない[31]とするのが通説的見解である。

また、この成年擬制は、私法上の法律行為に関するものに過ぎないのであ

---

29) 注釈民法(4) 44頁
30) 四宮＝能見37頁ほか
31) 近江Ⅰ49頁、川井31頁ほか

って、公法上の資格とは無関係である。したがって、婚姻をした（ことのある）未成年者であっても、公職選挙法上の選挙権がないことはもとより、未成年者喫煙禁止法や未成年者飲酒禁止法などの適用は妨げられない。

■ 4 成年後見制度 ■

(1) 序論

　成年後見制度とは、未成年後見制度に対して、精神上の障害により判断能力の衰えた成年者を保護するための制度のことで、既述のとおり（⇒78頁）、民法の定める成年後見制度は、本人の判断能力の減退の程度に応じて、「①補助」「②保佐」「③後見」の3類型となっている。もっとも、民法は、このような包括的な意味での「成年後見」という表現は使用せず、「成年後見」という語は、上記の「③後見」にかかる「成年後見人」（および「成年後見監督人」）のみで使用されている（「未成年後見（監督）人」を除く）。民法の法文上には、この3類型を包括する呼称は存しないが、1999年民法改正過程で法務省が発表した「民法の一部を改正する法律案等要綱の概要」が「成年後見制度は、判断能力の不十分な成年者（略）を保護するための制度であ」り、「成年後見制度の改正に関する検討」として、「現行の禁治産・準禁治産の制度を（略）補助・保佐・後見の制度に改める」としていたことや、最高裁が2000年4月から年次で発表している「成年後見関係事件の概況」も「成年後見関係事件」につき「後見開始、保佐開始、補助開始及び任意後見監督人選任事件」と、いずれも「成年後見」という語を、上記3類型の包括的意味で用いている。本書でも「成年後見制度」につき同様に包括的意味として使用する。

(2) 後見

(i) 後見の対象者

　精神上の障害により事理を弁識する能力を欠く常況にある者については、後見開始の審判を受けることができる（7条）。「精神上の障害」という限定

がつけられているのは、弱年齢による場合と区別するためである。認知症・知的障害・精神障害などが想定される。

事理を弁識する能力（事理弁識能力★）とは、法律行為の結果について認識し、判断する能力のことをいい旧7条では「心神喪失の常況にある者」とされていたが、「心神喪失」では定義として不正確であり、また、マイナスイメージが強いということで改称された。

> **事理弁識能力**：「事理を弁識する能力」とは、法律行為の結果を判断するに足りるだけの精神能力のことであり、「意思能力」とほぼ同義であるといってよい[32]とされる。また、1999（平成11）年改正前民法における「心神喪失」が、自分の行為の結果について合理的に判断をする能力のないこと、すなわち、意思能力のないことであるとされていたが、現行法の「事理を弁識する能力を欠く常況」もほぼ同様に解すべきとの見解もある[33]。
>
> ここで、「意思能力」（⇒ 68-69頁）について復習しておこう。意思能力は、次の3つの能力の複合体として、意思表示を単独で有効になし得る能力という意味で、「自己の行為の動機と結果とを認識し、この認識に基づいて、正常な意思決定をなし得る能力とされる[34]。
> ① 効果意思の形成能力。たとえば、「自分のこの鉛筆を他人にあげる」ということの意味を理解し、それを実現しようと決断する能力のことである。すなわち、今まで自分が自由に使用し処分し得たこの鉛筆を、今度は他人が自由に使用し処分し、自分は、そのことについて何ら苦情をいえない状態になるという事実の認識能力と、そのような事実の実現を欲する決断能力である。
> ② 意思表示の形成能力。上記①の効果意思の内容を表白しようという能力であるが、それは、効果意思の内容を表白する手段、たとえば、言語、記号の意味を認識する能力と、その手段を使って表示しようという決断能力といえよう。
> ③ 自己の身体を含めて外界を目的的に支配して表示行為を行う能力。

もっとも、この概念は、1999（平成11）年民法改正前には、裁判例上、不法行為における過失相殺の要件である「過失」を判断する前提としての能力を指すものとして使われてきた。

たとえば、「（交通事故の被害者は）小学校一年の健康な男子で、平素両親から道路を横断する際の一般的な注意のほか、横断歩道や横断歩道橋を渡るようにいわれており、他方、小学校等においてもこのことは教えられていた

---

32) 我妻＝有泉 74頁
33) 注釈民法(1) 323頁
34) 前田達明『民法随筆』（成文堂、1989年）29頁

ものと考えられ、交通の危険につき弁識があったものと推定され、被害者はその事理を弁識するに足る知能を具えていたものというべき(傍点引用者)」とされた(名古屋高判昭58・2・22交通事故民事裁判例集16・1・37)。
　しかし、1999(平成11)年民法改正の立案担当者は、過失相殺の前提としての「事理弁識能力」と民法7条にいう「事理弁識能力」とは「弁識」の対象が異なっているとしている[35]。そして、意思能力は、法律行為を行った結果(法律行為に基づく権利義務の変動)を理解するに足る精神能力を指すものであるのに対し、意思能力があることを前提に、十分に自己の利害得失を認識して経済合理性に則った意思決定をするに足る能力が事理弁識能力であるとしている。

法定後見制度3類型の差異[36]

① **成年被後見人**：精神上の障害により事理を弁識する**能力を欠く常況**にある者

「精神上の障害により事理弁識能力を欠く」とは、自己の財産を管理・処分できない程度に判断能力が欠けていることを意味し、「常況にある」とは、間断なく心神喪失の状態にある場合のみならず、時々本心に復することはあっても、通常は事理弁識能力のない場合も含む。対象者としては、

- 通常、日常の買い物を自分ではできないため、誰かに代わってやってもらう必要のある人
- 家族の名前とか、自分の居住場所等、ごく日常的なことがらがわからなくなっている人
- 完全な植物状態にある人

などが挙げられる。

② **被保佐人**：精神上の障害により事理を弁識する**能力が著しく不十分**である者

「精神上の障害により事理弁識能力が著しく不十分である」とは、意思能力はあるけれども、自己の取引行為の利害を十分に判断する能力が欠けていることを意味する。具体的には、

- 日常的に必要な買い物程度は単独でできるが、不動産・自動車の売買や自宅の増改築、金銭の貸し借り等、重要な財産行為は自分ではできない人

---

[35] 713条で用いられている「自己の行為の責任を弁識する能力」は、不法行為責任を生じさせる前提としての精神能力であり、「不法行為能力」「責任能力」などと呼ばれる。事理弁識能力と類似しているが、責任能力は不法行為から生じる責任についての判断に関するものであるのに対し、事理弁識能力は法律行為についての判断に関するものであり、その存否については微妙な違いがある(我妻＝有泉74頁)。

[36] 遠藤浩編『基本法コンメンタール 民法総則』別冊法セ184号(2005年)41頁・48頁・56頁、安永正昭「基礎から読み解く新制度と法(2)」法教237号(2000年)56頁

・いわゆる「まだら呆け」で、その程度も重度で、自己の財産を管理・処分するには援助が必要な場合があるという程度の人

などである。

③ 被補助人：精神上の障害により事理を弁識する能力が不十分である者

「精神上の障害により事理弁識能力が不十分である」とは、保佐を受けるまでには至らないが、精神上の軽度障害のため、自己の取引行為の利害を十分に判断する能力が十分とはいえない状態にあることを意味する。具体的には、

・重要な財産行為について、自らできるかもしれないが、適切にできるか危惧があり、本人の利益のためには、誰かに代わってもらった方がいい人
・いわゆる「まだら呆け」が、その程度は軽度であるゆえに、自己の財産を管理・処分するには援助が必要な場合があるという程度の人

などである。

　後見開始の審判[37]を受けた者を「成年被後見人」という。成年被後見人の法律行為は、取り消すことができる（9条本文）が、日用品の購入その他日常生活に関する行為はその限りではない（同条ただし書）。事理弁識能力を欠く者とは、自己の財産を管理・処分できない程度に判断能力が欠けている、すなわち、日常的に必要な買い物も自分ではできず誰かに代わってやってもらう必要がある程度の者であるが、9条ただし書は、後見の対象者には日常生活に関する行為をする能力があることを前提としたものではない。すなわち、後見の対象者は、日常的に必要な買い物も自分ではできない程度の者であるが、本人の自己決定の尊重およびノーマライゼーション[38]から、法律はそこまで介入せず、日常生活に関する行為については取り消し得ないとしたものである[39]。

　事理弁識能力を欠く常況にあるというとは、時に回復することがあっても、通常はそのような状態にあることをいう。未成年者も、「精神上の障害により」事理弁識能力を欠く常況になればこの制度の対象となる[40]。ただし、重

---

37) 審判とは、家庭に関する紛争のうち、家庭裁判所の審判手続で取り扱う一定の事項について、裁判官が、当事者から提出された書類や家庭裁判所調査官の行った調査の結果等種々の資料に基づいて判断を決定する手続のことである。広義では、訴訟における審理・裁判を合わせたものをさす。
38) ノーマライゼーションとは、障害のある人も家庭や地域での通常の生活ができるような社会を作るという理念のことである。
39) 最高裁判所事務総局家庭局「新しい成年後見制度における診断書作成の手引」2頁

度の身体障害により意思疎通が著しく困難であるという場合は、精神上の障害により判断能力が減退した状態ではないので、この制度の対象とはならない。

(ⅱ) 後見開始の審判
㋐ 申立権者
後見開始審判の請求権者（申立権者）は、本人[41]、配偶者、四親等内の親族、未成年後見人・未成年後見監督人、保佐人・保佐監督人（本人が被保佐人の場合）、補助人・補助監督人（本人が被補助人の場合）、検察官、である（7条）。また、市町村長も、65歳以上の者または知的障害者、精神障害者について、その福祉を図るため特に必要があると認めるときは法定後見の申立てをすることができる（老人福祉法32条・知的障害者福祉法28条・精神保健及び精神障害者福祉に関する法律51条の11の2）。検察官の申立権は、公益上の観点から認められたものである。65歳未満の高次脳機能障害者については、市町村長の申立権からはずれるため、身寄りがない場合には検察官の申立てが必要となる。

本人が被保佐人または被補助人であるときは、家庭裁判所は、その本人にかかる保佐開始または補助開始の審判を取り消さなければならない（19条1項）。

夫婦の一方は、配偶者が強度の精神病にかかり、回復の見込みがないときは、離婚の訴えを提起することができる（770条1項4号）。つまり、回復見込みのない強度の精神障害は離婚原因になり得る。しかし、単に夫婦の一方が不治の精神病にかかった一事をもって直ちに離婚の請求を理由ありとするものと解すべきでなく、たとえかかる場合においても、諸般の事情を考慮し、病者の今後の療養、生活等についてできる限りの具体的方途を講じ、ある程度において、前途に、その方途の見込みのついた上でなければ、直ちに婚姻関係を廃絶することは不相当と認めて、離婚の請求は許さない法意であると解すべきである（最判昭33・7・25民集12・12・1823）。不治の精神病を理由として離婚を求めるには、まず、病者の今後の療養、生活等についてできる限

---

40) すでに親権者や未成年後見者のいる未成年者について成年後見を開始する必要性のある場合としては、未成年でかつ事理弁識能力を欠く常況にある者について、成人するとともに直ちに成年後見に移行させようという場合が想定される。
41) 本人は判断能力が欠けた常況にあるわけだから、その申立てが認められるのは、本人の判断能力が回復している例外的な状況下のことである。

りの具体的方途を講じさせるため、後見開始の審判を申し立て、その後見人（後見監督人）を被告として離婚訴訟を起こすべきとされる。

(イ) 後見開始の審判の効果

後見開始審判がなされると、意思表示の受領能力を失う（98条の2）。また、①代理人、②信託の受託者、③委任の受任者に後見開始審判がなされると、①代理権は消滅し（111条1項2号）、②受託者の任務は終了し（信託法56条1項2号）、③委任は終了する（民法653条3号）。事理弁識能力を欠いているので、責任能力・訴訟能力もなくなる（713条・民事訴訟法31条）。

上記の能力に制限が加えられるだけではなく、権利・資格の制限もなされている。すなわち、公務員等の就業資格の喪失（国家公務員法38条1号ほか）、専門資格の喪失（医師法3条ほか）、責任資格の制限（校長・教頭＝学校教育法9条1号ほか）などである。成年後見制度の導入から2013年5月まで、公職選挙法11条1項が、「選挙権および被選挙権を有しない」者として、「成年被後見人」を掲げていたので、その間は、成年被後見人は、選挙権も被選挙権も有しないとされてきた。しかし、2013年3月14日、東京地裁は公職選挙法第11条第1項第1号の規定は、憲法15条1項・3項および43条1項等の規定に違反し無効であるとして、成年被後見人の選挙権を認める判決を言い渡した★。この判決を受けて、2013年5月、成年被後見人の選挙権を剥奪する公職選挙法11条1項1号の規定を削除する改正案が成立し、同年7月の参院選前から後見人が付いた成年被後見人にも選挙権と（満25歳以上もしくは満30歳以上であれば）被選挙権が認められることとなった。

> **成年被後見人の選挙権**：本件は、成年後見制度を利用して被後見人となったことから選挙権を奪われた女性が、公職選挙法11条1項1号は選挙権を侵害するものであり憲法違反であるから、選挙権の存在を確認せよと、2011年2月1日、東京地方裁判所に裁判を起こしたものである。女性の後見人である父親は、当事者の自立と尊重を図る制度として制定された成年後見制度の趣旨を信頼して、娘の成年後見を申し立てた。それは、将来の娘の財産の管理を案じたからであった。2007年2月17日に、家庭裁判所の審判で後見開始となったところ、その後選挙はがきが来なくなった。これまで女性は成人以来、欠かさず両親とともに選挙に行き、選挙公報を見ながら投票を行っていた。選挙に行けなくなってからは、選挙になると投票に行く両親を見送るしかなく、原告の女性は、「選挙に行けなくなってつまらない。もう一度選挙に行きたい」と訴えていた。判決を言い渡した裁判官が最後に女性に「どうぞ選挙権を行使して社会に参加してください」と呼びかけたことは、女性だけにとどまらず、障害の

あることで参政権を制限されている人たちにも向けられた温かい発言として受け止められている。

(ウ) 成年後見人

後見開始の審判を受けた者（成年被後見人）には、成年後見人が付される（8条）。成年後見人を選任するには、家庭裁判所が、一切の事情を考慮して職権で選任する（843条）。成年後見人（および保佐人・補助人）の欠格事由は、ⓐ未成年者、ⓑ家庭裁判所で免ぜられた法定代理人・保佐人または補助人、ⓒ破産者、ⓓ被後見人に対して訴訟をし、またはした者ならびにその配偶者および直系血族、ⓔ行方の知れない者、である（847条）。欠格事由に該当するときは、これを見過ごした選任の審判が実体的に無効となる。選任後に欠格事由が生じたときは、当然に地位を喪失するとされている。

後見人・保佐人・補助人等については、複数の者を選任することができる[42]。成年後見人がすでに選任されている場合においても、家庭裁判所は、必要があると認めるときは、さらに成年後見人を選任することができる（843条3項）。法人も成年後見人となることができる（843条4項かっこ書）。その法人の資格については、特に規定はない。したがって、公益法人であると営利法人であるとを問わない。

① 成年後見人の職務

成年後見人の職務は、成年被後見人の生活、療養看護[43]および財産の管理に関する事務であり、それらを行うにあたっては、成年被後見人の意思を尊重し、かつ、その心身の状態および生活の状況に配慮しなければならない（858条）。後見の事務処理については、委任の規定が準用されて**善管注意義務**★が課される（869条）。

> **善管注意義務**：善管注意義務とは、"善良な管理者としての注意義務"の意で、業務を委任された者の職業や専門家としての能力・社会的地位などから考えて通常期待される注意義務のことをいう。民法では、298条（留置物の保管）・

---

[42] 未成年後見人は、842条により1人でなければならないとされていたが、2011年6月3日に公布された「民法等の一部を改正する法律」が同条を削除した。

[43] もっとも、医療行為についての同意権はないと解釈されている。立法担当者は成年後見人等の医療行為の同意を明確に否定しており、学説もこれに同調するのが多数説とされている。このことに関しては、医療の同意の意義や医療の同意をする者がいないため判断能力を喪失した人たちが医療を受けられない実情があるとして、成年後見人に医療行為の同意代行権を付与すべきであるとの提言がなされている（日本弁護士連合会ほか）。

400条（特定物の引渡し）・644条（受任者の注意義務）に規定がある。注意義務としては、民法には、このほか、無報酬で物の保管を引き受けた者がその物の保管について負う"自己の財産に対するのと同一の注意義務"（659条）、親権者が子の財産を管理するにあたって負う"自己のためにするのと同一の注意義務"（827条）などがある。いずれも注意義務の程度が"善管注意義務"に比べて軽減されている。

② 財産管理権

成年後見人は、被後見人の財産を管理する権限を有する（859条1項前段）。財産の管理とは、財産の保全（家屋の修理など）、その性質を変じない範囲での利用（賃貸など）、改良（建物の増築など）を目的とする一切の事実上および法律上の行為をいい、それに必要な範囲での処分行為も含まれる。この財産管理権に基づき、現金・証券・預貯金通帳等を保管し、成年被後見人の生活や療養等のために必要な支払いをしなければならない。後見費用を捻出するために借入れをすることもできるし、管理の必要上訴訟が必要となれば法定代理人として訴訟行為を行うこともできる。

③ 代理権

成年後見人は、成年被後見人に財産に関する法律行為について包括的な代理権を有する（859条1項後段）。法文上は、財産に関する法律行為とされているが、医療・診療契約、介護サービス受給契約等身上に関する法律行為についても、費用支出等という意味で財産に関することであるので、これの代理権も有する。上述のとおり、法定代理人として訴訟上の代理権を有する。身分上の行為についての代理権はないが、離婚の訴え、離縁の訴え等の人事に関する訴訟上の代理権を有する（人事訴訟法14条）。

なお、成年後見人の代理権には制限がある。まず、成年被後見人の行為を目的とする債務を生ずべき場合（e.g.雇用契約の締結）には、成年被後見人の同意を得なければならない（824条ただし書←859条2項）。また、後見監督人がある場合に、成年後見人が成年被後見人に代わって営業もしくは13条1項各号に掲げる一定の行為（ただし、元本の領収を除く）をするときには、後見監督人の同意を得なければならない（864条）。さらには、成年被後見人の居住用不動産について、売却、賃貸、賃貸借の解除または抵当権の設定その他これらに準ずる処分をするには、家庭裁判所の許可を得なければならない（859条の3）。

④ 後見監督人

　成年後見人を監督する機関で、必要に応じて家庭裁判所が成年被後見人等の請求によって選任することができる（849条の2）。その職務権限は、成年後見人の事務の監督、成年後見人が欠けた場合に後任者を就任させる手続をとること、急迫の場合に必要な処分をすること、成年後見人の利益相反行為につき成年被後見人を代表（代理）すること（851条）である（「代表」の語については342頁参照）。

(エ) 後見開始審判の取消し

　後見開始審判の原因が消滅したときは、家庭裁判所は、本人、配偶者、四親等内の親族、後見人、後見監督人または検察官の請求により、後見開始の審判を取り消さなければならない（10条）。

(3) 保　佐

(ⅰ) 保佐の対象者

　精神上の障害により事理を弁識する能力が著しく不十分である者については、保佐開始の審判を受けることができる（11条）。「精神上の障害により事理を弁識する能力が著しく不十分である者」とは、旧規定（旧11条）の「心神耗弱者」が改められたものであるが、その判断能力の程度は旧来と同一である（旧来の「準禁治産者」に該当）。日常的に必要な買い物など簡単な取引はできるが、（13条1項各号にあるような）一定の重要な法律行為（⇒96頁）を単独で行うことはできないという程度である。成年被後見人とは異なり、事理弁識能力の欠如が常況にあるとまでには至らない者が対象であるから、それが常況にある者は、保佐開始の審判を受けることができない（同条ただし書）。このような判断能力の者である限り、未成年者も対象となる。保佐開始の審判を受けた者を「被保佐人」という（12条）。

　改正前は浪費者も準禁治産の対象とされていたが、精神上の障害による判断能力減退者の保護という制度趣旨から、単に浪費者であるというだけでは対象とならなくなった。もっとも、浪費が判断能力の低下に起因するときは、その低下の程度によりこの制度の対象となる。

(ⅱ) 保佐開始の審判

(ア) 申立権者

保佐開始審判の申立権者は、本人、配偶者、四親等内の親族、後見人、後見監督人、補助人、補助監督人または検察官である(11条本文)。老人福祉法32条・知的障害者福祉法28条・精神保健及び精神障害者福祉に関する法律51条の11の2により市町村長に申立権が付与されていることは、成年被後見者の場合と同一である。なお、本人がすでに成年被後見人もしくは被補助人であるときは、家庭裁判所は、その本人にかかる後見開始または補助開始の審判を取り消さなければならない(19条2項)。

家庭裁判所は、精神上の障害により事理を弁識する能力が著しく不十分である者または保佐人もしくは保佐監督人の請求により、被保佐人が(13条1項各号に掲げる)一定の行為以外の行為をする場合であってもその保佐人の同意を得なければならない旨の審判をすることができる(13条2項)。同意権拡張の申立権者は、11条本文に掲げる者および保佐人、保佐監督人(13条2項)、市町村長(老人福祉法32条・知的障害者福祉法28条・精神保健精神障害者福祉法51条の11の2)である。

家庭裁判所はさらに、被保佐人のために特定の法律行為について保佐人に代理権を付与する旨の審判をすることができるが、その申立権者は、11条本文に規定する者または保佐人もしくは保佐監督人(876条の4第1項)、市町村長(老人福祉法32条・知的障害者福祉法28条・精神保健精神障害者福祉法51条の11の2)である。

(イ) 保佐開始の審判の効果

被保佐人には、保佐人が付される(12条)。被保佐人は、次に掲げる行為(ただし、日用品の購入その他日常生活に関する行為を除く)をするには、保佐人の同意を必要とし(13条1項)、保佐人の同意(または、それに代わる家庭裁判所の許可)を得ないで行った被保佐人の行為は、取り消すことができる。

① 元本の領収または利用 (13条1項1号)

　元本とは、地代、家賃、利息などの法定果実(⇒230頁)を生ずる財産のことである。預貯金の払戻しや債務弁済の受領、金銭の貸付けなどであるが、不動産の賃貸は下記⑨(本項9号)に規定されている。

② 借財または保証 (同項2号)

　金銭の借入れや保証人となることである。手形行為(振出・裏書・手形保

証など）についても、判例（大判大 3・11・20 民録 20・959）はこれを本号に入るとするが、手形の融通性を重要視すれば、被保佐人の手形行為は有効と解しながら、その保護として、借財契約の取消しを認めて不当利得の返還請求権を取得せしめるというのが通説である[44]。

③ 不動産その他重要な財産に関する権利の得喪を目的とする行為（同項 3 号）

相当な対価を伴う有償契約のすべてが含まれる。したがって、介護サービス利用契約や介護施設入所契約など、身上監護に関する有償双務契約はここに含まれることになる。

④ 訴訟行為（同項 4 号）

訴訟行為には保佐人の同意が必要となるが、訴えまたは上訴に関する同意は当該審級における訴訟行為につき包括的になすことを要するとされる。訴えや上訴の取下げ、和解、請求の放棄・認諾など判決によらずに訴訟を終了させる場合は特別の同意が必要であり（民訴法 32 条 2 項）、その同意は書面により証明しなければならない（民訴規則 15 条）。しかし、相手方の提起した訴えまたは上訴に応訴する場合は同意を必要としない（民訴法 32 条 1 項）。同意が必要であるにもかかわらず同意なくしてなされた訴訟行為は、取り消し得るにとどまらず、訴訟行為としての性質上無効となる[45]。

⑤ 贈与・和解・仲裁合意（同項 5 号）

贈与とは、他人に贈与することであり、他人から贈与を受けることは含まない（下記⑦参照）。和解は、裁判上のものかどうかを問わない。仲裁合意は、仲裁法 2 条 1 項に定義されるものである。

⑥ 相続の承認・放棄、遺産分割（同項 6 号）

遺産分割は一般的には上記③に含まれると解されるが、同意を必要とすることを明確にするために本号で掲げられている。同意なくしてなされた遺産分割は、実体法★上のものであるので取り消し得るものとなるが、同意なくしてなされた調停・審判は、手続法★上のものなので無効となる。

> **実体法・手続法**：私法においては、権利・義務の内容を定める法を実体法といい、それが定める権利・義務を実現する手続を定める法を手続法という。民法・商法が前者の典型であり、民事訴訟法が後者の典型である。

---

[44] 我妻 84 頁、近江 I 61 頁
[45] 小林＝原 107 頁

⑦ 贈与の申込みの拒絶、遺贈の放棄、負担付贈与の申込みの承諾、負担付遺贈の承認（同項7号）

　負担が付着していない贈与・遺贈（遺言によって、財産の一部または全部を、相続人または相続人以外の人に無償で贈与すること）を承認する場合は、同意を要しない。

⑧ 新築、改築、増築または大修繕をすること（同項8号）

　請負人等とこのような行為を目的とする契約を締結することである。

⑨ 602条に定める期間を超える賃貸借をすること（同項9号）

　短期賃貸借（602条）に該当する場合の賃貸借（樹木の栽植等を目的とする山林＝10年以内、それ以外の土地＝5年以内、建物＝3年以内、動産＝6か月以内）は管理行為と解されるので、同意を必要としない。賃貸は元本の利用に該当するから、本号は1号の例外規定である。

⑩ 同意権拡張事項（13条2号）

　上述の、事理弁識能力が著しく不十分である者が、上掲①～⑨の法定行為以外の行為をする場合であっても、その保佐人の同意を得なければならない旨の審判を受けた事項である。ただし、この場合も、「日用品の購入その他日常生活に関する行為」は除外される。

(ウ) 保佐人

ⓐ 同意権・取消権

　既述のとおり、被保佐人には保佐人が付される（12条）。保佐人は、13条に定められた被保佐人の行為（および同意権拡張事項）について同意権・取消権を持つ（13条4項）。しかし、成年後見人と異なり、当然には代理権を有しない。取消しは法律行為であるから、法定代理権を有しない保佐人が取消権を有するか否かにつき改正前は争われていた。改正前法文の文理からみれば、否定すべきようにみえるが、同意なくしてなされた行為を取り消し得るのでなければ、同意権は実行を収め得ない。したがって、代理権がなくとも、同意権がある以上、その効果として、追認権と取消権とを認めるべきであるとするのが通説[46]であった。改正法は、この通説に従い、取消権を認めた。被保佐人が、保佐人の同意を得なければならない行為について、その同意（またはこれに代わる家庭裁判所の許可）を得ないでした場

---

46) 我妻87-88頁

合は、その行為を本人（被保佐人）も保佐人も取り消すことができる（13条4項・120条）。また、保佐人は、被保佐人のなした行為を事後的に追認することもできる（122条）。

なお、保佐人の同意を得なければならない行為について、保佐人が被保佐人の利益を害するおそれがないにもかかわらず同意をしないときは、家庭裁判所は、被保佐人の請求により、保佐人の同意に代わる許可を与えることができる（13条3項）。

ⓑ 代理権

既述のとおり、保佐人には当然には代理権は付与されないが、被保佐人のために必要な場合には、家庭裁判所に対して特定の法律行為について保佐人に代理権を付与する旨の審判を請求することができる（876条の4第1項）。準禁治産制度においては、保佐人に代理権はなく、保護の実効性に欠けると批判されていたため、改正されたものである。代理権が付与されると、保佐人は、その代理権の範囲で財産管理の権限をも有することになる。

代理権を付与した後に、必要がなくなれば、保佐人への代理権付与にかかる申立権者の申立てより家庭裁判所は代理権の範囲を縮減し、または代理権を消滅させることができる（876条の4第3項）。

ⓒ 保佐の事務

保佐人は、保佐の事務を行うにあたっては、被保佐人の意思を尊重し、かつ、その心身の状態および生活の状況に配慮しなければならない（876条の5第1項）。

㈣ 保佐開始審判の取消し

保佐開始審判の原因が消滅したときは、家庭裁判所は、本人、配偶者、四親等内の親族、未成年後見人、未成年後見監督人、保佐人、保佐監督人または検察官の請求により、保佐開始の審判を取り消さなければならない（14条1項）。なお、同意権拡張事項については、家庭裁判所は、申立権者の請求により、その審判の全部または一部を取り消すことができる（同条2項）。

(4) 補　助

(ⅰ) 補助の対象者
　精神上の障害により事理を弁識する能力が不十分である者については、家庭裁判所は、補助開始の審判をすることができる (15条1項)。1999年の民法改正によって新設された制度である。事理弁識能力が不十分である者とは、13条1項各号に定める行為を単独で行うことも不可能ではないが、その一部について判断能力が不十分なため不安があり、援助を受けた方が適当であろうと考えられる者である[47]。認知障害・知的障害・精神障害等により判断能力が不十分な者への対応である[48]。

　成年後見制度においては、この補助が判断能力低下の最も軽度の場合ということになるが、保佐と補助の区別は困難である。結局、13条1項各号に列挙の法律行為すべてについて保護すべきか、部分的な保護でよいかという観点から判断することになろう[49]。

　補助開始の審判を受けた者を「被補助人」という (16条)。

(ⅱ) 補助開始の審判
(ア) 申立権者
　補助開始審判の申立権者は、本人、配偶者、四親等内の親族、後見人、後見監督人、保佐人、保佐監督人または検察官である (15条1項)。老人福祉法32条等で市町村長に申立権が与えられていることは、後見・保佐制度の場合と同一である。

　補助開始の審判を本人以外の者の申立てに基づいて行う場合には、本人の同意が必要である (15条2項)。補助制度は、後見・保佐制度に比べ、判断能力の高い者を対象とするため、本人の意思に反してまで保護を開始することは適当ではないからである。

(イ) 同意権付与ないし代理権付与
　補助の場合は、代理権はもとより同意権 (および取消権) も、申立人の請求

---

[47] 最高裁の手引きには、具体的に「不動産や自動車の売買のような重要な行為を1人でできるかもしれないが、心配があるので誰かの援助があった方がよい」という程度の状況の人とされている。
[48] 近江Ⅰ 63頁
[49] 小林＝原 131頁

によってはじめて付与される。補助の対象となる者は被保佐人以上に判断能力を有することから、保護の範囲のすべてを本人（被補助人）の自己決定に委ねることとしたものである。したがって、補助人が、同意権・取消権を有さずに代理権のみを有するという場合も認められる。

しかし、同意権も代理権もない補助開始というのは意味がないので、補助開始の審判は、「補助人の同意を要する旨の審判」または「補助人に代理権を付与する旨の審判」とともにしなければならない（15条3項）。したがって、補助開始申立てとともに、必ず同意権・代理権のいずれかまたは両方の付与を申し立てなければならない。

(ウ) 補助開始の審判の効果

被補助人には、補助人が付される（16条）。家庭裁判所は、補助開始の審判をするときは、職権で、補助人を選任する（876条の7第1項）。

ⓐ 同意権付与

申立権者は、家庭裁判所に対し、被補助人が特定の法律行為（13条1項に規定する行為の一部）をなすにつき補助人の同意を得なければならない旨の審判を請求することができる（17条1項）。本人以外の者の請求により同意権付与の審判をするには、本人の同意がなければならない（同条2項）。同意権が付与された場合は、同意なくしてなされた行為は補助人も取り消すことができる（同条4項・120条1項）。

ⓑ 代理権付与

申立権者は、家庭裁判所に対し、被補助人のために特定の法律行為について補助人に代理権を付与する旨の審判をすることができる（876条の9第1項）。付与することのできる代理権の対象となる行為は、同意権・取消権の対象となる行為（13条1項に規定する行為）に限定されない。本人以外の者の請求により代理権付与の審判をするには、本人の同意がなければならない（876条の4第2項←876条の9第2項）。

この代理権付与の必要性と範囲について「補助人への代理権付与があまりに安易に利用されることのないよう留意する必要がある。すなわち、本人に判断能力が相当程度残存していることに配慮して、限定された事務についてのみ代理権が付与され、また、その代理権が、本人の意思を尊重しつつ（876条の5第1項←876条の10第1項）適切に行使される」べきであるとの有力な見解[50]がある。わが国の有力説が補助について表明する立場に

は、同制度を活用しようとするインセンティブはない。軽度の認知症・知的障害・精神障害にある者が自分で適切な代理人を選任することが困難な状況であり、家庭裁判所による法定代理人を通じた精確な代理取引を媒介にして被補助人を保護しようとする補助制度の趣旨に鑑みると、代理権付与を抑制したり、代理権の対象をむやみに限定したりすることは、かえって保護の理念に悖るのではないか。補助制度活用のインセンティブとなり得るような民法学会での議論と対話が求められているように思われる。

(エ) **補助開始審判の取消し**

補助開始審判の原因が消滅したときは、家庭裁判所は、本人、配偶者、四親等内の親族、未成年後見人、未成年後見監督人、補助人、補助監督人または検察官の請求により、補助開始の審判を取り消さなければならない（18条1項）。特定の法律行為についての同意権の審判について家庭裁判所は、本人、配偶者、四親等内の親族、未成年後見人、未成年後見監督人、補助人、補助監督人または検察官の請求により、その全部または一部を取り消すことができる（同条2項）。また、同意権付与の審判および代理権付与の審判をすべて取り消す場合には、家庭裁判所は、補助開始の審判を取り消さなければならない（同条3項）。

表2.1 法定後見制度の概要

	後見	保佐	補助
対象となる者	判断能力が欠けているのが通常の状態の者	判断能力が著しく不十分な者	判断能力が不十分な者
申立てをすることができる者	本人、配偶者、四親等内の親族、検察官、市町村長など（注1）		
成年後見人等（成年後見人・保佐人・補助人）の同意が必要な行為		民法13条1項所定の行為（注2）（注3）（注4）	申立ての範囲内で家庭裁判所が審判で定める「特定の法律行為」（民法13条1項所定の行為の一部）（注2）（注4）
取消しが可能な行為	日常生活に関する行為以外の行為	同上（注2）（注3）（注4）	同上（注2）（注4）

---

50) 内田118頁

成年後見人等に与えられる代理権の範囲	財産に関するすべての法律行為	申立ての範囲内で家庭裁判所が審判で定める「特定の法律行為」(注1)	同左 (注1)

(注1) 本人以外の者の請求により、保佐人に代理権を与える審判をする場合、本人の同意が必要になる。補助開始の審判や補助人に同意権・代理権を与える審判をする場合も同じ。
(注2) 民法13条1項では、借金、訴訟行為、相続の承認・放棄、新築・改築・増築などの行為が挙げられている。
(注3) 家庭裁判所の審判により、民法13条1項所定の行為以外についても、同意権・取消権の範囲を広げることができる。
(注4) 日常生活に関する行為は除かれる。

(5) 任意後見制度

　成年後見制度としては、上述のような、裁判所の手続により後見人等を選任してもらう「法定後見制度」とは別に、当事者間の契約によって後見人を選ぶ「任意後見制度」も存在する。法定後見と任意後見とでどちらの制度を利用したらよいのかを、ごく一般的にいえば、法定後見は、判断能力がすでに失われたかまたは不十分な状態になり、自分で後見人等を選ぶことが困難になった場合に利用されるものであるのに対して、任意後見は、まだ判断能力が正常である者、または衰えたとしてもその程度が軽く、自分で後見人を選ぶ能力を持っている者が利用する制度である。

(ⅰ) 立法の背景
　旧来の禁治産・準禁治産制度については、基本的には1898年に施行された明治民法から大きな変更を受けずに維持されてきた。しかし、近年わが国において急速な高齢化が進み、老後の生活に関する社会的関心が高まるとともに、国民の権利意識の高揚・人権感覚の成熟により、明治期に施行された旧来の制度では、このような時代の変化に応じた需要に対応できないとして、数々の問題点が指摘されていた。

　欧米諸国においては、わが国と同様、高齢社会の到来は社会問題として認識され、1960年代後半から成年後見制度の見直しがなされ、自己決定の尊重・ノーマライゼーション・必要性の原則といった理念の下、法整備が図られている。特に、コモン・ロー（⇒16-17頁）諸国において制定された持続的

代理権制度は、本人が十分な判断能力を有する段階で自分で選定した代理人と契約を締結し、意思能力喪失時の本人の財産管理等の事務について代理権を授与し、本人がそのような状況に陥ったときに代理人の事務遂行がスタートするという枠組みである。イギリスでは、1986年3月に、持続的代理権授与法が施行され、利用件数は年を追うごとに増加している。

わが国における委任・代理権授与契約は、民法111条1項および653条において、委任者の意思能力喪失は、委任・代理権の終了・消滅事由と規定されていないため、このような事態に至ったとしても、委任は終了せず、代理権は消滅しないという考え方[51]が通説とされている。しかし、本来任意代理人をチェックし、コントロールするのは本人であるはずであるが、意思無能力の本人ではそれを期待できず、任意代理人の権限濫用を防遏（ぼうあつ）できないため、原則として本人の意思無能力により任意代理権は消滅し、特約によって存続することもあり得ると解すべきである[52]。

わが国においては、民法学者、とりわけ法制審議会に属した民法学者が、民法111条の通説的な理解に拘泥して、本人が意思能力のあるときに代理権を授与しておけば、本人が意思能力を喪失しても当該代理権は持続する、との立場に依拠して任意後見制度をあえて創設する必要は全くない、と声高に主張していた。また、日本人には家族に依存して自己決定できない風土があるから、任意後見制度の必要性は日本にはないとの主張もあった。このような厳しい状況の中にあって、弁護士会・司法書士会・社会福祉士会・マスコミが世論を後押しし、法制審議会の学者の意見に抗して、任意後見制度が誕生した。

(ⅱ) 任意後見契約法

任意後見制度は、1999年民法改正により設けられた法定後見制度とともに制定された「任意後見契約に関する法律（**任意後見契約法**）」によって法制化されたものである。立法者の言によると、私的自治の尊重の観点から、本人が自ら締結した委任・代理権授与の契約に対して本人保護のための必要最小限の公的な関与（任意代理人に対する公的機関の監督）を法制化することにより、自己決定の尊重の理念に則して、本人の意思が反映されたそれぞれの契

---

51) 川井232頁ほか
52) 新井誠「高齢者の意思能力喪失と代理・委任」ジュリ943号（1989年）64頁

約の趣旨に沿った本人保護の制度的な枠組みを構築しようとするもの[53]である。具体的には、任意後見契約（本人〈委任者〉が、受任者〈任意後見人〉に対し、精神上の障害により事理弁識能力が不十分な状況に至ったときの自己の生活、療養看護および財産の管理に関する事務の全部または一部を委託し、その委託にかかる事務について代理権を付与する委任契約）について、本人の利益を保護するための必要最小限の公的機関の関与（家庭裁判所の選任する任意後見監督人による、任意後見人の事務の監督）を法制化したものである。

将来において自分の事理弁識能力が減退した場合に備えて、あらかじめ他人に代理権を付与することは、それ自体「契約自由」の問題であるから、国家が介入する問題ではない。しかし、事理弁識能力が減退した場合は、代理人の権限濫用等を防遏するために——任意後見監督人を通して——公的な監視をしようとした。これが任意後見契約法の骨格である[54]。

任意後見契約が登記されている場合、それと競合する法定後見開始の審判については、家庭裁判所は、本人の利益のため特に必要があると認めるときに限り、それをすることができる（任意後見契約法10条1項）。しかし、任意後見監督人が選任された後において本人が後見開始の審判等を受けたときは、任意後見契約は終了する（同10条3項）。

(ⅲ) 任意後見契約の締結

任意後見契約とは、上述のとおり、「委任者が、受任者に対し、精神上の障害により事理を弁識する能力が不十分な状況における自己の生活、療養看護および財産の管理に関する事務の全部又は一部を委託し、その委託に係る事務について代理権を付与する委任契約」であって、「任意後見監督人が選任された時からその効力を生ずる旨の定めのある」契約をいう（任意後見契約法2条1項）。

任意後見契約は、法務省令で定める様式の公正証書によってしなければならない（任意後見契約法3条）。通常の委任契約とは異なり、要式行為（⇒238頁）とされているのである。なお、公証人は、任意後見契約の公正証書を作成するにあたって、本人の判断能力と任意後見契約を締結する意思を確認す

[53) 小林昭彦＝大門匡編著『新成年後見制度の解説』（金融財政事情研究会、2000年）220頁
[54) 近江Ⅰ66頁

るため、原則として本人と面接しなければならないが、本人が病気等のため公証人役場に赴くことができない場合は、「事件の性質が之を許さざる場合」に相当するとされ[55]、公証人の出張が許されている（公証人法 18 条 2 項但書）。

公証人は、任意後見契約証書を作成したときは、登記所に任意後見契約の登記を嘱託しなければならない（同法 57 条ノ 3 第 1 項）。任意後見人の代理権の消滅は、登記をしなければ、善意の第三者に対抗することができない（任意後見契約法 11 条）。

（iv）任意後見人

任意後見契約法および民法上、任意後見人の資格についての規定は存在しないので、法律上の制限はないことになる。本人の親族・知人のほか、弁護士・司法書士・社会福祉士・税理士等の専門家や信託銀行[56]等の法人も任意後見人になることができる。複数であってもよい。

任意後見人に不正な行為、著しい不行跡その他その任務に適しない事由があるときは、家庭裁判所は、任意後見監督人、本人、その親族または検察官の請求により、任意後見人を解任することができる（任意後見契約法 8 条）。

（v）任意後見監督人

上述のとおり、任意後見契約は、家庭裁判所による任意後見監督人の選任が効力発生要件となっている（任意後見契約法 2 条 1 項）。任意後見監督人の選任申立てにかかる請求権者は、本人・配偶者・四親等内の親族または任意後見受任者（任意後見監督人が選任される前における任意後見契約の受任者）である（同法 4 条 1 項）。検察官は、任意後見制度が私的自治に立脚するものであることから除かれた。本人以外の者の請求により任意後見監督人を選任するには、あらかじめ本人の同意がなければならない（同条 3 項）。

任意後見受任者または任意後見人の配偶者、直系血族および兄弟姉妹は、任意後見監督人となることができない（5 条）。

---

[55] 平成 12 年 3 月 13 日法務省民一 634 号民事局長通達第 2・3・(1)・ア
[56] 信託銀行の場合、法令（金融機関の信託業務の兼営等に関する法律および同施行規則）に基づいて所轄官庁（金融庁）に提出している「業務の種類及び方法書」に、営む業務の種類（施行規則 4 条 1 項 4 号）としてそれが記載されていることが前提となる。

任意後見監督人の職務は、ⓐ任意後見人の事務を監督すること、ⓑ任意後見人の事務に関し、家庭裁判所に定期的に報告をすること、ⓒ急迫の事情がある場合に、任意後見人の代理権の範囲内において、必要な処分をすること、ⓓ任意後見人またはその代理する者と本人との利益が相反する行為について本人を代表（代理）すること、である（7条1項）。また、任意後見監督人は、いつでも、任意後見人に対し任意後見人の事務の報告を求め、または任意後見人の事務もしくは本人の財産の状況を調査することができ（同条2項）、家庭裁判所は、必要があると認めるときは、任意後見監督人に対し、任意後見人の事務に関する報告を求め、任意後見人の事務もしくは本人の財産の状況の調査を命じ、その他任意後見監督人の職務について必要な処分を命ずることができる（同条3項）。

(vi) 任意後見契約の終了

任意後見監督人が選任される前においては、本人または任意後見受任者は、いつでも、公証人の認証を受けた書面によって、任意後見契約を解除することができる（9条1項）。しかし、任意後見監督人が選任された後においては、正当な事由がある場合に家庭裁判所の許可を得ない限り、本人も任意後見人も任意後見契約を解除することができない（同条2項）。

任意後見契約は、上記の解除の場合のほか、任意後見人の解任（8条）、法定後見の開始（10条3項）、任意後見契約当事者の死亡等（民法653条）によって終了する。

(6) 後見等の登記

(i) 戸籍から登記へ

旧来の禁治産・準禁治産制度の下では、それらの宣告を受けたことを本人の戸籍に記録することにより公示されていた（改正前戸籍法81条・85条）。これは、禁治産者や準禁治産者の法律行為は後で取り消すことが可能なため、取引の相手方がその事実を戸籍によって知ることができるように公示しておく必要があったからである。しかし、親族的身分関係の一覧的記録である戸籍にこのような能力制限に関する記載をすることに対しては、実際に、禁治産・準禁治産制度の利用を躊躇させる要因になっていたため、関係者のプラ

イバシーの保護の観点から強い批判があった。

そこで、1999年改正時に、「後見登記等に関する法律（後見登記法）」が制定され、戸籍記載に代わる新たな公示方法としての後見登記制度が新設された。いわば、取引の安全とプライバシー保護との調整という要請に応え、必要最小限の公示を行う制度として再構築がなされたものである。

(ⅱ) 登記の概要

登記は、ⓐ後見等（後見・保佐・補助）の登記（後見登記法4条1項）、ⓑ後見命令等（法定後見開始の審判前の保全処分）の登記（4条2項）、ⓒ任意後見契約の登記（5条）の3種類に限られる。

登記は、原則として、裁判所書記官または公証人の嘱託に基づいて後見登記等ファイルに記録することによって行われる（家事事件手続法116条・公証人法57条ノ3第1項）。

登記情報の開示は、登記官が申請者の書面による請求により、後見登記等ファイルに記録されている登記事項（登記がないときはその旨）または閉鎖登記ファイルに記録されている登記事項（同）を証明した登記事項証明書または閉鎖登記事項証明書を交付して行われる（後見登記法10条）。後見等に関する情報は、極めてセンシティブであるから、誰もがこれにアクセスできるとするのは適当ではないが、その一方で、取引の安全を図るために、相手方が本人の行為能力等を確認できるようにしておく必要がある。そこで、取引の安全の要請と本人のプライバシー保護の要請との調和を図る観点から、登記事項証明書の交付を請求できる者は、登記記録に記録されている者（e.g.成年被後見人としての本人等、成年後見人等、成年後見監督人等、任意後見受任者、任意後見人、任意後見監督人）、本人の一定の家族（配偶者・四親等内の親族）・未成年後見人等、国または地方公共団体の職員（職務上必要とする場合に限る）、に限定されている（10条）。取引の相手方や利害関係人は、登記事項証明書の交付を請求できる者に含まれていないため、本人の判断能力に疑念を抱いたときは、相手方に対して、登記がなされていない旨の登記事項証明書を提示するように請求することになろう。

終了の登記は、法定後見等または任意後見が終了した場合に行われる登記（8条）である。法定後見等は被保護者の死亡により当然終了するが、登記と実体とを合致させるため、後見監督人を含む保護者等に終了の登記の申請義

務を負わせている。任意後見契約の登記においては、登記に記録されている者は、本人の死亡その他の事由により当該契約が終了したことを知ったときは、嘱託による登記がされている場合を除き、終了の登記を申請しなければならない（8条2項）。

（7）制限行為能力者の相手方の保護

（ⅰ）序 論

　制限行為能力者が単独でした法律行為は、一応有効ではあるが、制限行為能力者側（制限行為能力者自身またはその代理人、承継人もしくは同意をすることができる者）からいつ取り消されるかもわからないという不安定な状況に置かれる。けだし、取消権は制限行為能力者側のみに与えられている（120条）から、制限行為能力者側はそれが自己に不利であれば取消権を行使し、有利であれば取消権は行使せずその法律行為の効果を享受するであろう。民法には、取消権の短期消滅時効（126条）および法定追認制度（125条）が設けられているが、これらは制限行為能力者に固有の制度ではなく、制限行為能力者と取引をした相手方を保護するためには十分ではない。そこで、民法はさらに、法律関係を速やかに確定させるために相手方の催告権を認める制度（20条）および制限行為能力者が詐術を用いて取引をした場合の取消権剝奪制度（21条）を設けた。

（ⅱ）相手方の催告権

　制限行為能力者の相手方は、その制限行為能力者側に対し、1か月以上の期間（起算については到達主義 ⇒ 322-323頁）を定めて、その期間内にその取り消すことができる行為を追認するかどうかを確答すべき旨を督促する権利（催告権）を有する。そして、制限行為能力者側がその期間内に確答を発しないときは、その行為を追認したものとみなされる。制限行為能力者の取消権は、一方的な意思表示で法律関係の変動を生じさせる形成権であるが、催告権は、期間徒過に法的効果を与える（相手方が期間内に確答しないときに一定の法律行為が生ずる）という点に意味がある。催告権は、準法律行為（⇒ 235頁）でもある。

　催告の相手方（制限行為能力者側）は、民法98条の2所定の「意思表示の受

領能力」を有していること、および、同 120 条所定の「取消権者」であることを要する。

(ア) 行為能力を回復した者に対する催告

制限行為能力者が行為能力者となった後（未成年者が成年に達した、あるいは成年被後見人が後見開始の審判を取り消されたような場合）においては、催告の相手方は、行為時に制限行為能力者であった本人である。催告を受けた本人が期間内に確答を発しない（発信主義 ⇒ 325 頁）ときは、その行為を追認したものとみなされる（20 条 1 項）。当然のことながら、催告を受けた本人は、期間内に取消しをすることもできる（追認をすることもできる）。

(イ) 制限行為能力者の法定代理人、保佐人または補助人に対する催告

制限行為能力者が行為能力者とならない間においては、催告の相手方は、その保護者（法定代理人、保佐人または補助人）である。催告を受けた保護者が期間内に確答を発しないときは、20 条 1 項による制限行為能力者本人に対する催告と同様に、その行為を追認したものとみなされる（20 条 2 項）。催告を受けた保護者は、期間内に取消しをすることもできる（追認をすることもできる）ことは当然である。保護者が追認をした（期間内に追認をした、あるいは期間内に確答を発しなかった）ときは、制限行為能力者側は取り消すことができなくなる（122 条）。

ここにいわゆる「追認」とは、5 条 1 項・13 条 1 項・17 条 1 項所定の「同意権」を事後的に行使することと同義である[57]。

ところで、20 条 2 項所定の法定代理人には成年後見人も含まれるであろうから、「取り消すことができる行為は、制限行為能力者の代理人が追認できる」とした 122 条により、成年被後見人の相手方は、当該成年被後見人が依然として行為能力を回復していない間に、成年後見人に対して催告をすることができると解される。つまり、成年後見人は、20 条 2 項所定の「追認権」（確答を発せずに、結果的に追認と同様の法的効果を成年被後見人に生じせしめることを含む）を有するというわけである。ただ、成年被後見人の法律行為は、成年後見人の同意を得た場合でも取り消すことができるとするのが通説的見解である。つまり、成年後見人は、5 条 1 項・13 条 1 項・17 条 1 項所定の「同意権」を有しないということである。事後的な同意権である「追認権」

---

[57] 「追認」は事後的承諾のことであり、事前的承諾である「同意」とは語法として峻別される（近江 I 72 頁）。

を有する成年後見人が、本来の（事前的な）同意権そのものは有しないということとなるのであるが、その説明には困難が伴う規定振りとなっているといわざるを得ない。

　(ウ) **被保佐人・被補助人に対する催告**

　被保佐人（あるいは17条1項の審判を受けた被補助人）に対しては、その保佐人（あるいはその補助人）の追認を得るべき旨の催告をすることもできる。その場合、被保佐人（あるいは被補助人）がその期間内にその追認を得た旨の通知を発しないときは、その行為を取り消したものとみなされる（20条4項）。なお、未成年者および成年被後見人は、民法98条の2所定の「意思表示の受領能力」を有していないので、これらの者に対する催告は効果を生じない。

　それでは、被保佐人（もしくは被補助人）の相手方が、被保佐人（もしくは被補助人）本人と、保佐人（もしくは補助人）の両方に催告したものの確答がない場合は、追認したものとみなされるのか、あるいは、取り消したものとみなされるのか、考え方は分かれるとされる[58]。

　(エ) **特別の方式を要する行為にかかる催告**

　特別の方式を要する行為については、上述の期間内にその方式を具備した旨の通知を発しないときは、その行為を取り消したものとみなされる（20条3項）。ここにいわゆる「特別の方式を要する行為」とは、864条所定の「後見監督人の同意を要する行為」のことである。したがって、後見監督人の同意を要する行為については、後見監督人の同意を得た追認の確答を発しない限りは、取り消したものとみなされる。

（iii）取消権の剝奪

　制限行為能力者が、自分が行為能力者であると信じさせるために詐術を用いて相手方を欺罔したような場合には、そのような制限行為能力者を保護する必要はもはやなく、むしろ欺罔された相手方を保護するべきである。未成年者が住民票を偽造して未成年者であることを隠蔽したような場合である。民法21条は、「制限行為能力者が行為能力者であることを信じさせるため詐術を用いたときは、その行為を取り消すことができない」と規定し、かかる場合は当該法律行為を有効とし、制限行為能力者側の取消権を剝奪した（制

---

58) 大村敦志『民法読解 総則編』（有斐閣、2009年）78頁

限行為能力者本人だけではなく、法定代理人・同意権者も取り消すことはできない)。

判例は、21条にいわゆる「制限行為能力者が行為能力者であることを信じさせるため詐術を用いたとき」とは、「制限行為能力者が行為能力者であることを誤信させるために、相手方に対し積極的術策を用いた場合に限るものではなく、制限行為能力者が、ふつうに人を欺くに足りる言動を用いて相手方の誤信を誘起し、または誤信を強めた場合をも包含する」と解すべきではあるものの、単に制限行為能力者であることを黙秘していたことの一事をもって、詐術に当たるとするのは相当ではないとしている(最判昭44・2・13民集23・2・291〈[判例2.5]〉)。

[判例2.5] 最判昭44・2・13 (民百選Ⅰ [6版] 6)

X(原告・控訴人・被上告人)は、知能程度が低い上に浪費癖があったので、昭和12年準禁治産の宣告を受け、その妻X′が保佐人に就任した(昭和40年11月5日Xが本件訴訟中に死亡、X′と2人の子が共同相続し本件訴訟を受継)。

Xは昭和30年1月22日本件土地(もと農地、現在宅地)110坪を代金41万2,500円でY₁(被告・被控訴人・上告人)に売却し同年7月6日に所有権移転登記がなされた。Y₁は同年11月10日本件土地をY₂に売り渡し、同月12日所有権移転登記がなされた。Xから、保佐人の同意がなかったことを理由に、X・Y₁間の上記売買契約を取り消し、Y₁・Y₂のためになされた上記各所有権移転登記の抹消を求めた。

最高裁は、「民法20条〔1999年改正前のもの〕にいう『詐術を用いたると

> き』とは、無能力者が能力者であることを誤信させるために、相手方に対し積極的術策を用いた場合にかぎるものではなく、無能力者が、ふつうに人を欺くに足りる言動を用いて相手方の誤信を誘起し、または誤信を強めた場合をも包含すると解すべきである。したがって、無能力者であることを黙秘していた場合でも、それが、無能力者の他の言動などと相俟って、相手方を誤信させ、または誤信を強めたものと認められるときは、なお詐術に当たるというべきであるが、単に無能力者であることを黙秘していたことの一事をもって、そのような詐術に当たるとするのは相当ではない。(中略)そして、詐術に当たるとするためには、無能力者が能力者であることを信じさせる目的をもってしたことを要すると解すべきであるが、Xが黙秘していたことから、同人に自己が能力者であることを信じさせる目的があったと認めなければならないものではない」と判示した。

　未成年者の詐術としては、成年であると偽る場合と法定代理人の同意があると偽る場合とが想定される。前者は「制限行為能力者が行為能力者であることを信じさせるため詐術を用いた」とされるであろうから、21条に規定により当該未成年者側は取消権が剥奪される。後者に関しては規定が存しないが、前者に準じて取消権が剥奪されると解される[59]。ただし、12歳の未成年者が成年であると偽った場合などは、外見からして未成年者ではないと信じることなどできないのが通常であろうから、21条で相手方を保護する必要はなかろう。12歳の小児が「成年であることを信じさせるため」に年齢詐称をしたとて、誤信が誘起されることはないのが通常だからである。年齢詐称の未成年者が19歳であっても、詐称時の外見等の状況によっては、同様に解せられることもあろう。未成年者保護規定（20条）の趣旨にも合致しよう。

　年齢詐称が相手方からの指示であった場合はどうか。茨木簡判昭60・12・20（判時1198・143）は、未成年者（18歳）がキャッチセールス[60]のセールスマンの指示に従って生年月日を偽って申込書に記入した事案において、「詐術」を否定した。年齢詐称を指示したということは、当該セールスマン

---

[59] 内田121頁
[60] 法律的無知と思われる若者（ハイティーン等）を駅前や路上で呼び止めて営業所などに連れていき、強引に商品やサービス等の購入の契約を締結させてしまう一種の悪徳商法である。

は勧誘した相手が未成年であることを知っていたということであり、申込書への虚偽記入により成年であると誤認したわけではないから、この判決結果は妥当であるといえよう。

ところで、被保佐人が保佐人の同意を得ないで金融機関のATM（現金自動預払機）によって預金の払戻しを行った場合、13条4項による取消権を行使し得るであろうか。［東京高判平22・12・8金商1383・42］を以下で概観してみよう。

［判例2.6］ 東京高判平22・12・8 金商1383・42

金融機関Yに預金口座を持つXは、保佐開始の審判を受けたが、保佐開始の届出をYにしないうちに、保佐人の同意を得ることもなく、ATMで合計424万9,890円の払戻しを受けて浪費した。後日になってXは、保佐開始の届出をした上で、本件払戻しをすべて取り消し、検めて同額の預金の返還をYに請求した。これに対し、Yは、①Xは本件払戻し後に審判を受けたことを届け出たので、預金規程の「家庭裁判所の審判により補助・保佐・後見が開始された場合には、直ちに成年後見人等の使命その他必要な事項を書面によってお届けください。届出の前に生じた損害について当金融機関は責任を負いません」との免責約款によりYは免責される、②Xは被保佐人であることを隠して払戻しを受けたので民法21条の詐術に当たり取消しは認められない、と反論した。

原審（横浜地判平22・7・22金法1949・118）は、①かかる免責約款は、制限行為能力者を一定の範囲で保護することとした民法の各規定の趣旨に著しく反するものであり、少なくとも制限行為能力者との関係では、その法的効果を認めることはできない、②制限行為能力者であることを単に黙秘していただけでは民法21条の詐術には当たらないこと（最判昭44・2・13民集23・2・291）を前提に、本件払戻しはATMによるものであり殊更にYを誤信させたものではないから詐術に当たらないと判断して取消しを認め、現存利益の消滅が認められない金額、つまりXがYに返還すべき金額を87万余円として、Yに

対し、337万624円の支払いを命じた。Yが控訴。
　東京高裁は「銀行取引の反復性、大量性、さらに金融機関における預金の払戻しが、本件のようにATMによってなされるような場合を考慮すれば、被保佐人が保佐人の同意がない場合に金融機関から預金の払戻しを受けられないようにするには、まずは、保佐人において、預金通帳や預金カードの管理を十分にすることが求められるほか、一般には、審判がなされたことを金融機関に届け出て、ATMによる払戻しを不可能にするなどの措置を採らない限り、被保佐人の保護が全うされないことが明らかである。このようなことからすれば、上記免責約款の規定は、被後見人、被保佐人、被補助人の保護と取引の安全の調和を図るための合理的な定めであると解される」として免責約款の効力を認め、したがって、Xは預金の払戻しを取り消すことはできないとして原判決を取り消し、Xの請求を棄却した。［最決平23・7・8公刊物未登載］により上告棄却・上告不受理決定。
　控訴審の判断は至極常識的であり、それを維持した最高裁の上告棄却・不受理の判断も適切である。民法21条の詐術に該当するか否かについては、保護の必要性・詐術を行う能力を有するかが考慮される。成年被後見人は保護の必要性も高く、詐術を用いる能力は具備されていないので21条は適用されない。また、被保佐人については、個別の事案ごとに判定されるが、真に保護を必要とする被保佐人は、詐術を用いる能力を実際には具備していないであろう。本件においては、審判がなされたことをYに届け出るのは、預金者たるX自身の義務であると同時に、保佐人の義務でもあると考えられよう。業界からも、関係者からの届出が期待されている[61]。かかる届出義務は、保佐人の義務でもあると理解すれば、X自身が詐術を用いる能力を具備していないとしても、取消しを認める必要性は消失しよう。

---

61) 松本貞夫「銀行における成年後見制度の活用」新井誠編『成年後見』（有斐閣、2000年）357頁

■ 5 住所・失踪 ■

(1) 住 所

(i) 住所の意義

「ここに住所を記入してください」と言われ、断る気がないなら、通常は起居している場所の住居表示を記入するであろう。たとえば、いわゆる親元から通学している学生は当然にその親元の居住表示を記入するであろうし、親元から離れて学生寮あるいはアパート等でひとり暮らしをしている学生は、住民票を親元に残したままであっても、その寮あるいはアパート等の居住表示を記入するのが通常であると思われる。

ところで民法は、「住所」につき「各人の生活の本拠」と定めている (22条)。「生活の本拠」とは、その人の生活に最も関係の深い一般的生活の場をいう[62]。ひとり暮らしの学生については、その住所は親元ではなくそのひとり暮らしをしている場所 (学生としての主たる生活〈＝学生生活〉の場) となるのである[63]。

民法第1編第2章第3節 (22条-24条) は「住所」に関する規定であるが、民法中最も無意味な規定であるともされる[64]。さりながら、さまざまな法律関係において、場所的な基準が意味を持つことがある。たとえば、不在および失踪の判定 (25条・30条)、債務履行の場所の決定 (484条)、相続の開始地 (883条)、管轄裁判所の決定 (民訴法4条)、選挙権行使地の決定 (公選法9条) などが、「住所」を場所的な基準としている。このため、当初は、この規定をしてすべての法律に共通する統一的な住所の観念を決定する役割を担わしめようとされていた。しかし、ある時期から、これらすべての場合に共通する統一的な住所観念を構成することは不可能であり、かつ非効率である[65]と

---

62) 山本92頁、川井52頁
63) もっとも、5歳の子の住所は、特別の事情のない限り、住民票の記載に関係なく親権者の住所にあるとみられる (大決昭2・5・4民集6・219)。他方で、親元を離れてひとり暮らしをする大学生の法令上の住所は、反対の解釈をなすべき特段の事由のない限り、各人の生活の本拠を指すとされる (最判昭29・10・20民集8・10・1907＝茨城大学星嶺寮事件)。
64) 川島76頁
65) 川島75頁以下

て、住所決定におけるそのような画一性を排し、状況に応じて柔軟に決定されるべきであるという見解が支配的となった。

(ⅱ) 住所の決定
住所決定については、さまざまな観点から考えられる。

(ア) 形式主義・実質主義
　住所決定基準についての形式主義とは、あらかじめ定めておいた一定の形式的基準に合致するものを画一的に「住所」とする見解である。本籍地のような単なる形式的な届出の場所を住所とすることなどがこれに該当する。なお、旧民法は民法上の住所につき「本籍地に存するものとす（る）」としていた。

　これに対して、住所決定基準についての実質主義とは、実質的な生活の根拠を住所とする見解であり、わが民法もこれを採用している（22条）。

(イ) 意思説・客観説
　実質的な生活の根拠を決定するに際して、ある場所を生活の根拠とする定住等の意思を必要とする見解[66]（意思説）と、客観的な継続的生活事実によってこれを判定すべきとする見解（客観説）とが対立する。意思説をとった場合、わが民法が法定住所を設けていないため意思無能力者の住所決定困難を来たすことになる（大決昭2・5・4民集6・219）こと等により、通説[67]は客観説の立場をとる。当然ながら、不在や失踪の場合においては、意思説はとり得ない。

　なお、本籍は、戸籍法上の身分を登録・公証する概念であり、住所とは全く無関係である。また、住民登録（住民票）は、行政事務のために現在の居住関係を公証するもので、やはり生活の根拠とは関係ないが、「住所」を推定させる重要な徴表とはなる[68]。

　公職選挙法21条1項は、住民票が作成された日から引き続き3か月以上登録市町村等の住民基本台帳に記録されている者を選挙人名簿に登録するとしており、住民票を基礎にしている。

---

[66] 石田喜久夫『口述民法総則 第2版』（成文堂、1998年）79頁
[67] 我妻95頁
[68] 近江Ⅰ76頁

(ウ) 単数説・複数説

「住所」はただ1つしか認められないのか、あるいは複数存在し得るのか、ということが問題となる。

人の住所は1つしかあり得ないという単数説がかつては有力であった。判例もこの立場に立つものと考えられている（最判昭35・3・22民集14・4・551）[69]。しかし、複雑・多様化した生活が営まれている今日においては、各生活関係につきそれぞれその中心を認め、法律関係に応じて住所も複数存在し得るとする複数説が通説となっている。ただし、公職選挙法上の住所は当然ながら1つに限られる。

野宿生活者が都市の公園内に設置したキャンプ用テントの所在場所を住所とすることの可否

最高裁は、「都市公園法に違反して、都市公園内に不法に設置されたキャンプ用テントを起居の場所とし、公園施設である水道設備等を利用して日常生活を営んでいるなどの事実関係の下においては、社会通念上、上記テントの所在地が客観的に生活の本拠としての実体を具備しているものと見ることはできない」から「（当該テント設置者）が上記テントの所在地に住所を有するものということはできない」と判示した（最判平20・10・3集民229・1）。

Xは、1998年頃から某市某区内の公園内で生活し、2000年3月頃、金属製の管や角材、ベニヤ板、ブルーシートなどでテントを設置。2004年3月、同公園を新住所とする転居届を出したが、同区長Yは翌月、「公共の公園に私的な工作物を設置することは認められないため、住所とは認められない」として不受理とした。そこでXは、「本件不受理処分により、国民の重要な権利である参政権を行使することができないばかりか、国民健康保健やパスポートの交付等も受けることができず、憲法上の諸権利や法律で保障された様々な住民サービスを享受する権利ないし法的利益が侵害されている」として、Yによる転居届不受理処分の取消しを求めて提訴した。

第1審（大阪地判平18・1・27判タ1214・160）は、「本件テントの所在地が、客観的にみて、原告の生活に最も関係の深い一般的生活、全生活の中心として、生活の本拠たる実体を具備して」おり「本件テントの所在地は法にいう住所と認められるから、被告は同所在地を住所とする本件転居届を受理すべきであり、

---

[69]「選挙権の要件としての住所は、その人の生活にもっとも関係の深い一般的生活、全生活の中心をもってその者の住所と解すべく、（中略）私生活面の住所、事業活動面の住所、政治活動面の住所等を分離して判断すべきものではない」

本件不受理処分は違法といわざるを得ない」として、住民票転居届不受理処分を取り消した。

控訴審（大阪高判平19・1・23判時1976・34）は、「生活の本拠としての実体があると認められるためには、単に一定の場所において日常生活が営まれているというだけでは足りず、その形態が健全な社会通念に基礎付けられた住所としての定型性を具備していることを要する」とした上、「テントにおける生活の形態は、健全な社会通念に基礎付けられた住所としての定型性を具備していると評価することはできないものというべきであって、いまだ生活の本拠としての実体があると認めるに足りず、したがって、前記テントの所在地を住所と認めることはできないとの判断の下にされた前記不受理処分は適法である」として、X逆転敗訴の判決を言い渡した。

生活実態 どこまで重要（読売新聞2012年6月13日朝刊多摩13S）
多摩市での生活実態に疑義の声が出ていたA氏が、「資格審査特別委員会」設置の直前に市議を辞職し、市民や同僚市議から「説明責任を果たしていない」との批判が出た。だが、生活実態の定義は曖昧だ。埼玉県新座市に続き、多摩市でも焦点が当たった生活実態とは何か。両市の実例をもとに、市議の資格を考えた。◇「市町村の区域内に住所を有すること」。これが公職選挙法が定める市町村議の資格だ。だが、住民票の登録だけでは不十分で、最高裁は、「（住所とは）その人の生活に最も関係の深い一般的生活、全生活の中心をもって解すべ」き（前掲最判昭35・3・22）との見解を示している。◇今年2月に当選した新座市のT市議は、昨年9月に同市に転入。その際、水道や電気の契約はしていたが、水道使用量は10月～2月でゼロ。電気使用量は月10～20キロワットで、ガスの契約は当選後だった。◇一方、A氏の場合は、多摩市議選の3か月前に多摩市の知人宅に移り住んだ。当選後、同市内のアパートに転居、水道、電気、ガスは契約しなかった。週の半分を、妻がいる世田谷区で生活していた。◇公職選挙法は、都議や首長に対し、当該選挙区のある自治体に居住することを求めていない。総務省選挙課は「都議は都民の代表なので都内に住んでいればいい。首長は広く人材を集めるために要件を定めていない。市町村議は地元の声を拾い上げるため、区域内に住むことに重きをおいている」と解説する。◇橋本基弘教授は「公職選挙法や最高裁判例が示す生活実態の定義は曖昧で、過去の事例もケース・バイ・ケースで判断している」と指摘する。

(ⅲ) 居 所

　人によっては、住所が存在しなかったり、不明であったりすることがある。だからとて、その人に関する法律関係の場所的基準を等閑視するわけにもいかない。住所のオルターナティブを観念する必要が生じてくるのである。そこで民法は、住所が知れない場合（住所がない場合を含む）および日本に住所を有しない者（日本人または外国人のいずれであるかを問わない）の場合は、「居所」を住所とみなすとした（23条1項・2項本文）。ただし、準拠法を定める法律に従いその者の住所地法によるべき場合は、この限りでない（23条2項ただし書）。

　なお、居所とは、生活関係の中心とはいえないまでも、人が多少の期間継続して居住している場所のことである。

(ⅳ) 仮住所

　24条は、「ある行為について仮住所を選定したときは、その行為に関しては、その仮住所を住所とみなす」と規定する。すなわち、当事者が特定の行為について一定の場所を「仮住所」として選定し、これに住所としての効果を与えるものである。仮住所を選定した場合、住所との併存が認められるかについては議論があるが、選定者の意思が明確でないときは、仮住所は住所を排斥するものと解されている。

（2）不在者

　出稼ぎに出たきり行方不明になっている者や、登山から帰来せず生死不明となっている者が法律上問題とされるのは、①その残していった財産を、放置による散逸・荒廃から保護する必要があること、および、②生死不明状態が長期にわたると、その者に関する法律関係が不確定な状態が継続するから、それを決済する必要が生じること、である。

　行方不明者に関して民法は、2つの制度を設けた。ひとつは、行方不明者が生存していることを前提に、その残留財産を管理する制度である。もうひとつは、生死不明の者につき死亡を擬制する手続および効果にかかる制度である。一般に前者（第1期）が「不在者の財産管理制度」、後者（第2期）が「失踪宣告制度」とされている。

(ⅰ) 不在者の意義

生死不明か否かにはかかわらず、従来の住所または居所を去って、容易に帰って来る見込みのない者を**不在者**という。具体的には、家出人を含むいわゆる行方不明者や、長期間外国に滞在していて帰国見込みのない者のことである。

不在者に、法定代理人のように財産管理の権限を有する者がいたような場合には、本人の財産の管理について国家が干渉をする必要はない。したがって、不在者の財産管理制度が必要とされるのは、そのような法定の財産管理人が存在しない場合である。

(ⅱ) 家庭裁判所が選任した管理人の職務・権限

民法は、不在者の財産管理制度につき「不在者がその財産の管理人を置かなかったときは、家庭裁判所は、利害関係人又は検察官の請求により、その財産の管理について必要な処分を命ずることができる」と規定する（25条1項前段）。ここにいわゆる「必要な処分」には、残留財産の封印とか競売なども含まれるが、重要なものは財産管理人の選任である。なお、25条1項所定の命令は、本人が管理人を置いたときは、その管理人、利害関係人または検察官の請求により取り消される（同条2項）。

家庭裁判所が選任した財産管理人は、一種の法定代理人であると解せられ、103条所定の管理行為（財産の保存行為およびその性質を変えない範囲での利用・改良行為）をなす権限を有するが、それを超える行為についても家庭裁判所の許可を得てなすことができる（28条）。また、管理人は、管理すべき財産の目録を作成しなければならないが、その費用は、不在者の財産をもって支弁する（27条1項）。管理人の職務については委任規定が準用され（家事事件手続法146条6項）、管理人は、善良な管理者の注意をもって職務を執行する義務（善管注意義務）その他の責任を負う（民法644条、646条および647条）。家庭裁判所は、必要に応じて、管理人に財産の管理および返還について相当の担保を立てさせることができる（29条1項）。

家庭裁判所は、管理人と不在者との関係その他の事情により、不在者の財産の中から、相当な報酬を管理人に与えることができる（29条2項）。管理人は、必要と認められる費用を支出したときはその費用およびその利息の償還を、過失なく損害を受けたときはその賠償を、それぞれ請求することができ

る(650条)。

なお、家庭裁判所は、いつでも管理人を改任することができる(家事事件手続法146条1項)。

(ⅲ) 委任財産管理人

不在者が委任契約により財産管理人を置いている場合、財産管理は当該委任契約に委ねられ、家庭裁判所が選任した財産管理人の場合のような措置は不要であるが、一定の場合において民法はなお家庭裁判所の干渉を許している。すなわち、本人の不在中に管理人の権限が消滅したときは、「不在者がその財産の管理人を置かなかったとき」と同様に扱われる(25条1項後段)。また、家庭裁判所は、不在者の生死が明らかでないときは、利害関係人または検察官の請求により、管理人を改任することができる(26条)が、改任することなく、管理すべき財産の目録の作成(27条2項)や財産の保存に必要と認める処分(同条3項)を命ずることもできる。

(3) 失踪宣告

(ⅰ) 失踪宣告の意義

不在者については、上述のように、まず財産管理人("委任財産管理人"もしくは"家庭裁判所が選任した財産管理人")をして残留財産の管理を行わせながら、その帰来を待つわけであるが、その生死が不明の状態が永続化すると、相続は開始されず、配偶者は再婚もできない。つまり、財産上も身分上も不確定な法律関係が継続し、親族等ほか利害関係人に不都合が生じるおそれが生じるのである。そのような場合、その生死不明であるところの不在者については死亡したものとみなすことが、利害関係人にとっては便宜である。そこで、一定の要件の下に、生死不明の不在者を死亡したものとして扱うことのできる制度として、民法は**失踪宣告**を用意した(30条-32条)。すなわち、失踪宣告がなされると、不在者は死亡したものとみなされ、その結果として、残留財産については相続が開始され、婚姻等の身分関係も終了する(配偶者の再婚も可能となる)。

なお、失踪宣告とはいうものの、語法としては死亡宣告とする方が妥当であろう[70]。

（ⅱ）失踪宣告の要件

不在者の生死が不明であり、その生死不明の状態が一定期間（**失踪期間**）継続すれば、家庭裁判所は、利害関係人の請求により、失踪の宣告をすることができる。なお、ここに生死不明とは、生存・死亡ともに証明し得ないことである。また、利害関係人とは、推定相続人・配偶者などのように、失踪宣告により直接に権利を得または義務を免れるという法律上の利害関係を有する者を意味し、単に事実上の利害関係を有するにとどまる者（債権者など）はこれに含まれない[71]。なお、25条1項の場合と異なり、失踪宣告については検察官による請求が認められていない点に注意されたい。

(ア) 普通失踪

通常、上述の一定期間とは7年である（30条1項）。その起算日は、不在者が生存していることが知られた最後のとき（たとえば最後の音信のとき）である。これを**普通失踪**という。

(イ) 特別失踪

特に死亡の可能性の高い危難に遭遇した場合、たとえば、戦地に臨んだ者、沈没した船舶に在った者、その他死亡の原因となるべき危難★に遭遇した場合、失踪期間は1年に縮減される。その起算日は、戦争が止んだ後、船舶が沈没した後、または、その他の危難が去ったときである（30条2項）。これを**特別失踪**（**危難失踪**）という。

> **その他死亡の原因となる危難**：戦地に臨んだ者、沈没した船舶に在った者以外の死亡の原因となるべき危難に遭遇した者とは、地震、火災、洪水、津波、山崩れ、雪崩、暴風、火山噴火、火薬庫などの爆発に遭遇した者、登山・探検に参加して生死不明の者などが挙げられている[72]。裁判事例として以下がある。
> ・釣りをするため歩いて沢の奥へ入ってそのまま消息を絶った不在者について、失踪宣言の申立てを却下した原審判を取り消し、特別失踪の要件をさらに調査する必要があるとした（仙台高決平2・9・18家月44・3・70）。
> ・台風の影響で大荒れになっていた海岸において、人命救助の最中に外海に流され行方不明となった不在者について、危難に遭遇したと認めた（大阪高決平5・3・8家月46・5・28）。
> ・不在者が船から転落した可能性はあるが、転落したかどうか不明である以上、危難に遭遇したとは認められないとして失踪宣告の申立てを却下した原審判

---

70) 幾代37頁ほか
71) 我妻105頁、幾代35頁、大決昭7・7・26民集11・1658
72) 注釈民法(1) 472頁

を取り消して差し戻した（福岡高決平 8・9・19 家月 49・1・126）。
・自殺の場合に特別失踪が認められるためには、不在者が自殺した可能性が高いというだけでは足りず、さらに、高度の蓋然性が肯定されることが必要であるとして申立てを却下した原審判を是認した（大阪高決平 17・12・14 家月 58・9・44）。

なお、30 条 2 項の規定に従うと、2011 年 3 月 11 日に発生した東北地方太平洋沖地震（東日本大震災）による災害で行方不明となった者については、1 年を経過しないと家庭裁判所が失踪宣告できず、その間、行方不明者と生計維持関係にあった親族は、被保険者の死亡を要件とする遺族年金などにつきこれを受給することができない。ひっきょう、生活の再建に着手することすら覚束ないこととなる。そこで、同年 5 月に「**東日本大震災に対処するための特別の財政援助及び助成に関する法律**」が公布・施行され、震災から 3 か月間不明であればこれを支給できることとした[73]。すなわち、遺族年金などについては、行方不明者の家族が申請すれば、約 3 か月後から、災害が起きた月に遡って受け取ることができることとなった。

（ⅲ）失踪宣告の手続

既述のとおり、失踪宣告の手続は、利害関係人の請求があってはじめて開始される。

なお、家庭裁判所は、失踪の宣告をするに先立って、次の事項を公告しなければならない（家事事件手続法 148 条 3 項）。すなわち、①不在者について失踪の宣告の申立てがあったこと（同項 1 号）、②不在者は、一定の期間までにその生存の届出をすべきこと（同 2 号）、③その届出がないときは、失踪の宣告がされること（同 3 号）、④不在者の生死を知る者は、一定の期間までにその届出をすべきこと（同 4 号）、である。これを**公示催告**という。家庭裁判所は、生存の届出がなかったときにはじめて審判によって失踪の宣告をなし得る（同項柱書前段。柱書につき 542 頁参照）。公示催告期間は、普通失踪の場合が 3 か月以上、特別失踪の場合が 1 か月以上である（同項柱書後段）。失踪宣告の審判が効力を生じた場合、裁判所書記官は、遅滞なく戸籍の記載を嘱託しなければならない。また、申立人は、審判が確定した日から 10 日以内に、審判書謄本を添付して、その旨を届け出なければならない（家事事件手続法

---

[73] 1995 年の阪神・淡路大震災では、こうした立法手当はなされなかった。

116条、戸籍法63条1項←94条)。

(iv) 失踪宣告の効果

失踪宣告がなされた場合、不在者は死亡したものとみなされる (31条)。失踪宣告を受けて死亡したものとみなされる者を**失踪者**という。

死亡とみなされる時期は、普通失踪と特別失踪とで異なる。普通失踪の場合は、失踪期間 (7年) の満了時であり、特別失踪の場合は、(失踪期間〈1年〉の満了時ではなく) 死亡の原因となるべき危難が去った時である。

このように、死亡したとみなされる時期は、いずれも失踪宣告の確定時ではなく、宣告の確定時から遡った時点であることに注意されたい。この点に関して、失踪期間満了後 (もしくは死亡の原因となるべき危難が去った後)・失踪宣告前に不在者に対する確定判決があっても、それは死者に対する判決となるから無効であり、さらには、その確定判決に基づき不在者を相手方としてなした不動産に対する強制執行も、第三者 (相続人) の不動産に対してなしたことになる。ひっきょう、競落人はその不動産の所有権を適法に取得することができないこととなる (大判大5・6・1民録22・1113)。死亡したとみなされる時期は宣告の確定時から遡った時点であるとする制度のもとではやむを得ない結論である[74]とされるが、解釈論としては、不在者の債権者は財産管理人の選任を申し立て (25条1項前段)、その者を被告として裁判を提起して勝訴判決を得た上で強制執行するほかはないとされる[75]。

失踪宣告による死亡擬制は、法律関係の不安定な状態を解消するためのものであるに過ぎない。それゆえに、この死亡擬制の効果は、失踪者が生存している場合、その権利能力を消滅させるものではない。すなわち、実は生存していた失踪者が、某所にて法律行為をなして権利を取得し、あるいは義務を負ったとしても、その法律行為が否定されるわけではない。このことは、失踪者が旧来の住所地に帰来して法律関係を形成した場合も同様であり、その法律関係は有効に成立する。もっとも、失踪宣告がなされると、失踪者は戸籍から除籍される (家事事件手続法116条、戸籍法63条1項←94条) から、不動産の購入などは困難であり、実際にはほとんど問題とはならない[76]。

---

74) 米倉 184 頁
75) 石田 (穣) 87 頁
76) 近江 I 82-83 頁

ところで、失踪宣告の効力にかかる規定である民法31条所定の「(死亡したものと)みなす」であるが、これは、既述のとおり(「ちょっと休廷」No.2 法律用語の解説①〈56頁〉参照)、「推定する」とは異なり、反対の証明によってもその効果を覆すことができない。死亡擬制という効果につき事実に反するとてそれを否定するためには、一定の手続に従ってその宣告自体の取消しを請求するほかはない。

(ⅴ) 失踪宣告の取消し
(ア) 失踪宣告の取消しの意義
　失踪宣告がなされ、不在者につき死亡が擬制されたとしても、それが事実に反するということ(死亡時期が擬制とは異なる・実は生存していた)も想定される。そのような場合、民法は、本人(生きて帰来した場合)もしくは利害関係人の請求により、家庭裁判所は、失踪の宣告を取り消さなければならないと規定した(32条1項前段)。

(イ) 取消しの効果
　既述のとおり、失踪宣告が取り消されるのは、失踪者が死亡擬制とは異なる時期に死亡したことが明らかになった場合と、失踪者が生存していたことが判明した場合である。前者にあっては、実際に相続などにおいて、財産の帰属者に変更を生ずるという効果が発生する。

　失踪宣告が取り消されると、そのコロラリーとして、宣告後の法律関係が無効となる(宣告がなかった状態に復帰する)。これが失踪宣告取消しの原則的効果であるが、宣告後に法律関係を形成した者を保護する必要上、次の2つの制限規定を設けた。

① 現存利益の返還

　　失踪の宣告によって財産を得た者は、宣告の取消しによってその権利を失うものの(32条2項本文)、その財産の返還義務は現に利益を受けている限度でよい(同項ただし書)として、同人の保護が図られている。ここにいわゆる「失踪の宣告によって財産を得た者」とは、失踪宣告によって直接に財産を取得した者である。相続人、受遺者、生命保険金の受取人などが適例となろう。相続人からさらに財産を譲り受けた者などは含まれない(大判昭13・2・7民集17・59)。また、「現に利益を受けている限度」(現存利益)の返還というのは、取得したすべての利益を返還させることは酷なの

で、費消した分や滅失毀損した分は差し引いて、現に手元に残っている利得を返還すればよい、ということである。取得した財産が原型のまま存在しているなら当然にその財産を、取得した財産が売却代金等に変容して残存していればその残存利得を返還しなければならない。なお、取得した財産もしくはその変容物を浪費した場合、その浪費分は上述の「費消した分」に含まれるが、通常の生活費に充てた場合は、含まれないと解するのが通説の立場である。本来必要な出費を免れたわけであるから、やはりその分だけ現に利益を受けていることになるというのがその理由である。なお、取得財産の利殖によって得た法定果実（⇒230頁）等の利得は、手元に存していても現存利益に含まれない（返還の義務はない）。

32条2項ただし書による保護が、財産取得者の善意・悪意を問わず認められるかどうかについては、学説が分かれる。

まず、善意の場合に限るとする**善意者限定説**[77]である。宣告取消しによる返還義務は、不当利得返還義務（703条以下）の性質を有するとされているが、不当利得においては、利得者の主観的要件（善意ないし悪意）によって取扱いが異なっており（703条・704条）、悪意の受益者は、返還義務につき現存利益への制限という保護は与えられていない。したがって、32条2項の場合も、悪意の取得者は、704条の場合と同様、全部の利益を返還しなければならないとする。現在の通説とされる。

もうひとつは、悪意者であっても現存利益の返還でよいとする**悪意者包含説**である[78]。ここでいう悪意は、利得の法律上の原因の不存在そのものについてではなく、宣告取消しの可能性についての認識を意味するに過ぎない。そして、32条2項が善意・悪意を区別していないのは、失踪宣告が不確定な法律関係を画一的に処理する制度であり、この場合の悪意者はさほど非難に値しないとする。

失踪宣告が取り消された場合においても、失踪の宣告によって得た財産については取得時効（⇒500頁）の完成を観念することができるであろうか。意に反して隔離された失踪者などは、権利の上に眠ったという責めを負うものではないこと等により、取得時効の適用を排斥する見解もあるが、

---

[77] 我妻112頁ほか
[78] 高島平蔵「失踪宣告の取消と不当利得」谷口知平教授還暦記念発起人編『不当利得・事務管理の研究(2)——谷口知平教授還暦記念』（有斐閣、1971年）62頁ほか

取得時効の成立を承認するのが多数説である[79]。同様に、32条2項による財産の返還義務については、10年で消滅時効（⇒525頁）が完成するものと解されるが、その起算点は、受益の時（死亡の擬制時）ではなく、宣告の取消し時とされる。というのも、前者と解すると、宣告取消しの実益がなくなることが考えられるからである[80]。

なお、失踪者が帰来後になした行為は、失踪宣告の取消しがなくても当然に有効である。

② 善意行為者の保護

失踪宣告がなされると、相続人が相続財産を第三者に譲渡したり、配偶者が再婚したりすることが当然に想定される。しかし、失踪宣告が取り消されると宣告後の法律関係が無効となるという原則に従うと、失踪宣告の取消しによりそれら譲渡や再婚も無効とされてしまう。そうだとすると、事情を知らなかった譲受人はたまったものではないし、再婚相手は困惑するであろう（もっとも、再婚が有効とされるならば、こんどは帰来者が困惑する立場に置かれるし、配偶者は無効・有効いずれであっても困惑するであろう）。そこで、民法は、失踪宣告後、その取消し前に善意でなした行為は、その効力に影響を及ぼさないとした（32条1項後段）。善意の行為者の保護を目的としていることはもちろんである（善意者保護規定）。ここにいわゆる善意とは、宣告が事実に反すること（失踪者が実は生存しているということ、または死亡擬制時とは異なる時期に死亡していたということ）を知らなかったということであるが、無過失であることまでは要しないとするのが通説である。

この善意に関しては、行為の両当事者に必要とされるのか、あるいは、一方当事者のみに必要とされるのかにつき見解が分かれる。

ⓐ 双方善意説

失踪者Aの相続人Bが相続財産を第三者Cに譲渡した後、失踪宣告が取り消された場合について、判例は、B・Cの双方が善意でなければならないとする双方善意説[81]の立場である。すなわち、「悪意の相続人B」→「善意の譲受人C」→「悪意の転得者D」と不動産が移転した後に宣告が取り消された事例で、失踪者は失踪宣告を取り消されたにもか

---

79) 注釈民法(1) 489頁
80) 注釈民法(1) 488-489頁
81) 我妻111頁ほか

かわらず、本来の権利状態を回復し得ないという不利益を受けなければならないのだから、当事者双方が善意であることを要すると解するのが妥当であると判示した（前掲大判昭13・2・7）。

ⓑ **取得者善意説**

これに対して通説は、相続人Bが悪意であっても譲受人Cが善意であればBの当該譲渡行為は無効とされない（Cは保護される）とする取得者善意説[82]の立場とされる。失踪者が特別に保護されるべき制度的理由はないし、このように解さないと、他の善意者保護制度との均衡を欠くことになるからとされる[83]。

なお、上掲大審院判決事例のように、善意の譲受人Cからさらに譲り受けた転得者Dが悪意者であった場合において、CからDへの譲渡の効果に影響は及ぶのか否かについては、94条2項の虚偽表示の問題（⇒278頁）と同様、学説が分かれる。

ⓒ **絶対的構成説**

Cは善意者であるゆえにその権利取得が確定的となり、その後の転得者の主観については効力に関係がないとする説[84]である。この説には、善意者をダミーとして介在させた上で転得した悪意者が保護されてしまうという難点がある。

ⓓ **相対的構成説**

相手方として譲受人Cと転得者Dを区別すべきでなく、取消しの効力は当時者ごとに相対的・個別的に決定すべきであるとする説である。悪意者の権利取得を否定し、相手方が善意者CであるところのB・C間の法律行為は有効、相手方が悪意者DであるところのC・D間の法律行為は無効（＝原状回復）とし、失踪者（帰来者）AはDから当該財産を取り戻すことができるとする[85]。この説には、取引の安全が損なわれる（取引の効力を不安定にする）という難点がある。また、転得者Dは調査すれば悪意となり得るので善意者Cは譲り受けた財産を処分しにくくなると指摘されている。なお、前者に関しては、法的安定性とは行為

---

82) 幾代42頁ほか
83) 近江Ⅰ86頁
84) 幾代42頁以下ほか
85) 近江Ⅰ86-88頁ほか

に対する法的効果の予見可能性をいうのであり、悪意の転得者は、その財産を確定的に取得できないと予見することが可能であるとの反論がある[86]。

(ウ) 身分行為の場合

失踪者の配偶者が再婚した後に、失踪者が帰来して失踪宣告が取り消されると、失踪の宣告による前婚（失踪者とその残存配偶者との婚姻）の解消の効力および後婚（再婚）の効力にどのような影響を及ぼすのであろうか。学説は分かれている。

まず、32条1項後段を適用して、後婚が善意でなされた場合は、前婚の解消も再婚もその効力を変じないとする**後婚有効説**[87]である。実務でも、残存配偶者や失踪宣告を取り消された帰来者の死亡等の場合の相続の問題や、離婚にかかる財産分与等の問題も生じず、自由に他人と再婚し得るとされている（昭25・2・21民甲520号民事局長回答）。なお、この「32条1項後段適用肯定説」における善意については、残存配偶者とその再婚者の双方が善意であることを要する双方善意説と一般には解されている。再婚の双方とも悪意または一方が悪意の場合は、前婚が復活し、後婚との重婚状態となるとする（重婚説）。これによれば、前婚につき離婚原因（770条1項5号）が、後婚につき取消原因（732条・744条）があり、残存配偶者が離婚か婚姻の取消しを選択することになる。

他方で、32条1項後段にいわゆる「善意でした行為」は財産行為のみに適用され、身分行為への適用は否定されるべきとする「32条1項後段適用否定説」が一般的となっているが、さらに2つの立場に分かれる。すなわち、常に後婚のみが有効であるとする後婚有効説と、前婚が復活して再婚は善意・悪意を問わず重婚となるとする重婚説である。前者によれば、失踪者の帰来が、後婚の離婚事由となる。後者によれば、前婚および後婚の処理は、当事者である三者の協議、特に失踪者の配偶者の意思による選択に委ねられる。なお、法制審議会民法部会が平成8年2月に法務大臣に答申した「民法の一部を改正する法律案要綱」は、後婚有効説を採用している。

配偶者の再婚を知った帰来者は、前婚の復活と後婚の無効を主張したいかもしれないし、あるいは、そうと知った以上もはや前婚の復活を望まないか

---

86) 近江Ⅰ 87頁
87) 我妻111頁ほか

もしれない。残存配偶者の再婚者は、配偶者の前婚の相手が失踪宣告を受けていることを知っていたのが通常であろうから、後婚の有効性を主張することが多いと思われるが、失踪者の帰来を祝福して後婚を解消しようとするかもしれない。そして、最も困惑するのは、残存配偶者であろう。後婚を解消して前婚を復活したいと思うかもしれないし、その逆を望むかもしれない。重婚が許されない限り、前婚・後婚の両者ともに有効であると期待することはできないわけで、どちらにしても悲しいから、両婚とも解消の上、出家して尼寺に入りたいと望むかもしれない。このように、三者がそれぞれどのような処理を望むかはケース・バイ・ケースである。それを、法律が画一的に前婚もしくは後婚のいずれかが有効であると押し付けることは妥当ではあるまい。三者間での協議に委ねるべきである。それが不成立の場合は、残存配偶者の意思に委ねるべきであろう。すなわち、理論的には、残存配偶者が後婚の解消を望めば、失踪者の帰来が後婚の離婚事由（770条1項5号）に、前婚の再解消を望むのであれば、失踪宣告がなされるほど長きにわたって生死が不明であったという事実が前婚の離婚事由（同）になると解するべきであると思料する（本章末「ちょっと休廷」No.5 死んだはずの亭主〈134頁〉参照）。

（ⅵ）認定死亡制度

認定死亡制度については、1（3）にて述べた（⇒67頁）ので繰り返さない。この制度により死亡が認定された者が実は生存していると後に確認されれば、戸籍の記載は当然に訂正される[88]。この場合、善意者の保護のために失踪宣告の取消請求の規定（32条1項後段・同条2項）を類推適用★すべきだ[89]とするのが多数説である。これに対しては、死亡認定は私法的請求とは異なる戸籍法という公法上の制度であることを理由に反対する学説[90]も有力である。

> **類推適用**：「適用」とは、法律を、個別・具体的事実にあてはめていく作業をいう。たとえば、「紙婚式（結婚1周年の記念日）を迎えたばかりの妻が出産した」という事実があった場合、その事実に対して、民法772条の「妻が婚姻中に懐胎した子は、夫の子と推定する」という規定を適用することができるので、生まれた子はその夫の子であると推定されることになる。
>
> 「類推適用」とは、ある事実につき直接定めた法規がない場合に、もっとも

---

88) 近江Ⅰ 39頁、山本38頁ほか
89) 我妻113頁、川井66頁ほか
90) 近江Ⅰ 39頁

類似した事実に関する法規を適用する方法をいう。すなわち、事実Pに直接適用できる条文はあるが（条文A）、Pに類似する事実Qに適用する条文が存在しない場合、PとQの利益状況が同じであるなら、Qにも条文Aを用いて処理をしようとすることである。

類推適用に類似するものに、**準用**がある。これは、事実Pに適用される条文Aに必要な変更を加えた条文Bを、Pと類似の事実Qに適用することである。たとえば、「この施設内で犬猫を飼ってはならない」という規則Aがあるとき、規則Bが「アライグマについては、規則Aを準用する」と規定していれば、アライグマについても、規則Aの「この施設内で飼ってはならない」という規定が適用されることになる。この施設内での動物飼育に関しては規則Aしか存在しない場合に、ある者が「規則では、犬猫だけが禁止対象であり、アライグマは対象外である」と主張して、この施設内でアライグマを飼い始めた場合、規則Aにつき「犬猫の飼育を禁止したということは、セキセイインコやハムスター等の小動物であれば禁止しないということに過ぎない」と理解し、アライグマは規則Aの犬猫の概念に含まれるから、その飼育に対しては規則Aが適用される、とすることが類推適用である。準用が立法技術であるのに対し、類推適用は解釈技術である点に差異がある。ちなみに、同施設内でヒツジを飼うことが許容されるか否かにつき、規則Aしか存しない場合と、規則Aのみならず規則Bも存する場合とで分けて考えてみよ。

（4）同時死亡の推定

被相続人・相続人の関係となり得る数人が死亡した場合において、その死亡の先後が不明であると、誰が相続人となるかにつき混乱が生じる。たとえば、A・D夫婦の間に子Bと子Eがおり、Bには妻Fと子C（A・Dの孫）がいる（Eは未婚で子もいない）場合、A・B・Cが共同危難で死亡し、この危難に遭う直前のA・B・Cの資産額はそれぞれ、3,000万円、1,000万円、0円であったとしよう。いずれが先に死亡したかによって、遺産の相続割合が大きな影響を受ける（図2.2参照）。

A・B・Cの死亡の先後によって、遺族の相続分が変わってくる。それぞれの場合の相続分割合については、民法900条および901条を参照して考えてみよ。また、「ちょっと休廷」No.2 法律用語の解説①（⇒56頁）も参照されたい。

従前より、共同危難等においては死亡時期の先後を証明できず、相続人の決定や相続分について問題が生じていた。そこで、1962（昭和37）年の民法の一部改正（法律40号）により、死亡したことが確実である数人の間におい

て、死亡の時期の先後が不明であるときは、これらの者は同時に死亡したものと推定するという規定を付加し（32条の2）、その解決を図った[91]。これを**同時死亡の推定**という。同一の危難に遭遇して死亡した場合に適用されるだけでなく、広く死亡した時期の先後が判然としない者の間にも適用される。たとえば、親が内地で病死した日時は明白だが、その頃子がシベリアの抑留所で死亡しその日時が明確でないため、親子のいずれが先に死亡したのかわからないようなケースである[92]。

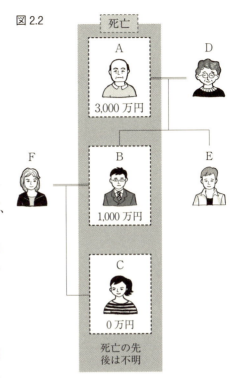

図2.2

同時死亡を推定された者の相互間では相続は生じないことになる。図2.2においては、Aの遺産（3,000万円）についてはBにもCにも相続されないし、Bの遺産（1,000万円）についてはCにもAにも相続されない。なお、同時に死亡した相続人の子は、被相続人の遺産につき代襲相続権[93]を有する（887条2項）。

同時死亡は、みなされるのではなく推定されるに過ぎない。したがって、死亡の先後につき同時ではないという反対の証明があるときは、その推定は覆される（「ちょっと休廷」No.2 法律用語の解説①〈56頁〉参照）。

---

91) それまでは、遺産を先に占有した者が有利になる、つまり事実上早い者勝ちの結果となるといわれていた（我妻53頁ほか）。
92) 注釈民法(1) 491頁
93) 被相続人の子（推定相続人）が、相続の開始前に死亡していたときは、その故推定相続人の子が代わって相続することを「代襲相続」という。父が祖父より先に亡くなっていた場合、孫は祖父の遺産を亡父に代わって相続することができるということである。

死んだはずの亭主

以下の小話は、「大岡政談」（⇒12頁）とされるものである。小四郎、おとき及び三五郎の三者関係を、上記（3）（v）㈦の各説で考えてみよ。

小間物屋政談[94]

　櫛（くし）や簪（かんざし）などの装飾品を背負って歩く小売商、背負（しょい）小間物屋の相生屋（あいおいや）小四郎は、上方で江戸の品を売り捌き、帰りには珍しい上方の小間物を仕入れてこようと、女房おときを江戸京橋に残してひとり旅立った。箱根の山にさしかかると、

「もし、旅のお方……」

と、声をかけられたので、ヒョイと道端を見ると、襦袢（じゅばん）1枚で木の根に縛られた男がぶるぶると震えながらこちらを見上げている。事情を聞くと、それほど歳でもないのに体のあちこちが悪くなってきたので、箱根の芦ノ湯に湯治に来て、だいぶよくなったので江戸に戻る途中、盗賊に襲われ身ぐるみ剥がされてしまったとのことであった。小四郎が、

「江戸のどちらですか？」

と聞くと、

「芝露月町の若狭屋甚兵衛と申します」

と言う。芝露月町の若狭屋といえば、江戸で一、二という指折りの小間物問屋といわれているので、同業の小四郎は驚いて、自分の荷物の中から着替えの帯・衣類を取り出して甚兵衛に着せ、

「取り敢えずこれで間に合うでしょう。それから、ここに2両ございます。これだけあれば江戸までおいでになれましょう」

と、縞の財布を渡した。嬉し涙を流して、江戸へ帰ったら礼をしたいという甚兵衛に、

「いえいえ、わざわざお礼なんぞに、おいで下さらずともよろしゅうございます」

と、謝辞したが、どうしてもと言うので、小四郎は自分の名前と住所を書い

94）参考文献：「白洲の祝言」一龍斎貞水編『一龍斎貞水の歴史講談2』（フレーベル館、2000年）84-118頁。

て渡し、「道中お大事に」と2人は東西に分かれた。

　ところがその夜、小田原の布袋屋という宿に泊まった甚兵衛は、夕食にお粥を摂り湯にも入らず横になったが、そのうち苦しみ出した。医者を呼んでいろいろ手当をしたが、病み上がりで身ぐるみ剥がされたのが体に堪えたのであろう。夜のひき明けに息を引き取った。しかし、あいにく宿帳を記していなかったので、亡くなったのはどこのどなたかと、布袋屋は頭を掻くばかりであった。何しろ着たっきりで、荷物も何もない。懐の縞の財布を調べると、2両のお金と、小四郎が残した書き付けが出てきた。事情を知らない布袋屋は、亡くなったのは江戸京橋の相生屋小四郎だとすっかり早合点して、相生屋に早飛脚を送った。

　知らせを受けた小四郎の女房おときは、愕然と泣き崩れるが、とにかく小四郎の亡骸（なきがら）を引き取らなくてはならない。かといって、女のひとり旅はなかなかそうたやすく出来るものではない。家主と店請け（引用者註：「借家人の身元保証人」のこと）の藤兵衛の3人連れで、小田原の布袋屋に出向くこととなった。到着した一行に丁寧にお悔みを申した布袋屋が

　「これがお泊りになったときのお召し物で……」

　と、差し出した着物と帯は、まさしく小四郎のものであった。他の着替えや荷物について聞くと、

　「いえ、ほかにはこの縞の財布のみで、このとおり2両が入っておりました」

　と差し出した財布も小四郎のものに相違ない。亡骸は布袋屋の菩提寺に預けられていたが、日も経っていて臭いもきつく、近づくのも往生する。遠くの方から覗くように棺の中を見て、

　「小四郎って、こんな感じだっけ？」

　「死ねば人相だって変わるよ」

　「うちの人は、もう少し背が高かったと思いますが……」

　などと、ちょっと変だとは思ったが、持ち物が小四郎のものだったから、これは間違いないと、この3人も早合点して、十分に確かめずに遺体を火葬にし、葬式を出した。

　弔いを終えて、ひと区切りの35日、急に夫を亡くしてこれから1人で店をやっていくのも大変だろうと、おときを案じた家主は、

　「ときにおときさんね、私ゃ、独り身になったお前さんのことが心配だ。この近辺にはどうも女癖の悪い奴が大勢いるからね。それでなくても、もう魚屋の照公だの八百屋の六兵衛なんぞがちょくちょくお前さんのところへ行ってる、ってことを聞いてるんだよ。間違いがあったらいけないから、今のうちに身を固めた方がよかろうと思う。ついては、小四郎のいとこの三五郎はどうだい。

たしか、小四郎より２つぐらい下だと言っていたが……」
　と、縁談を薦めた。おときは、
「まだうちの人の一周忌もたちませんのに……」
　と、いったんは断ったが、
「間違いがあるはずはないが、世間の口というものはうるさいものだ。こないだちょいと小当りにその話をしたところ、三五郎は、『おときさんさえその気になってくれたら、願ったり叶ったりです』となかなか乗気だったよ。さぁ、善は急げだから」
　と、実にそそっかしい家主である。小四郎の百か日の法要を済ませた吉日を選んで、おときと三五郎に祝言をあげさせた。
　一方、江戸でそんなことになっているとは夢にも思わない小四郎は、上方の旅は初めてだったから、伊勢参りをしてから、京都・大坂をくまなく見物し、四国は讃岐の金比羅様へ参詣したりしていた。仕入れの荷物を背負って江戸へ帰ってきたのは、出発してから半年後のことだった。
　自宅に戻った小四郎が、
「私だよ、いま帰ったよ」
　と、入ってきたので、おときはびっくりして、
「キャーッ！」
　と、叫ぶ。
「どうしたんだ‼」
　と、出てきた三五郎も、小四郎の姿を見るなり、
「うわーっ、ば、化けて出たっ！」
　と、夫婦揃って裏口から外へ逃げ出し、真っ青になって家主の家へ駆け込んだ。
「お、大家さん、た、大変です！」
「なんだ、なんだ、どうしたんだ」
「で、出ました。こ、小四郎の幽霊が……。重そうな荷物を背負って、『ああ、くたびれた。どっこいしょ』って！」
「なにふざけてやんだ。荷物を背負った幽霊がくたびれてどっこいしょなんてのは聞いたことがねえぞ」
　おときの家の中をそーっと覗いてみた家主も、こちらに気づいた小四郎が、
「やっ、こりゃどうも大家さん。留守中はいろいろとお世話様で」
　と、挨拶するので、肝をつぶして、
「うわーっ、成仏してくれ、南無阿弥陀仏、南無阿弥陀仏」
　と、合掌する。一方の小四郎は、女房といとこが驚いた様子で出て行ってし

第 2 章　自然人

まったし、さきほどから何が何だか分からない。
「大家さん、なんで私を拝むんですか？」
「も、もっともだ、もっともだ。迷うのも無理はないが、なんまいだーっ!!」
「じょ、冗談じゃありませんよ。私は生

きていますよ。ほれ、このとおり、ちゃんと足もあります」
「なるほど、足があるなぁ。確かにお前さんは、小四郎に間違いないな。しかし、お前さんは死んだはずだぜ」
　家主が小四郎に小田原での事情を詳しく話して聞かせたところ、漸く小四郎は事情が飲み込めた。
「亡くなったその人は、芝露月町の若狭屋甚兵衛さんですよ！」
　小四郎の話から真相を知った家主は、大いに驚いた。
「てっきりお前さんが死んだとばかり思って、葬式も出してしまった」
「えっ、私の葬式を？」
「そうなんだよ、なかなか立派な葬式だった。戒名も立派なのがついてな。喜んでおくれ」
「じょ、冗談じゃない。誰が喜ぶもんですか」
「いや、そんなことよりもな……、おときさんのことなんだ……」
「おときがどうかしたんですか」
「若い身空で後家を立たせるわけにもいくまいと、藤兵衛さんやみんなと相談のうえで、お前さんのいとこの三五郎と所帯を持たせてしまったんだ」
「えーっ！　そ、そんな乱暴な話がありますか。たとえ本当に私が死んだにせよ、まだ一周忌も経っていないのに……。絶対に承服できません。おときを返してください」
　小四郎が真っ赤になって怒るのも無理はない。家主は、おときと三五郎にそれぞれの了見を聞きに行った。
「いったん神仏の前で正式に祝言をし、おときと所帯を持ったのですから、小四郎さんが無事に帰ったからといって、いまさらおときと別れることはできません」

「小四郎さんは働き者だし決して悪い人ではない、いい亭主でしたけどもねえ……。私とても、いったん三五郎さんと一緒になったからには、小四郎さんが生きていると分かっても、直ぐに別れたのでは人の道が立ちません。でねぇ、また今のこの人が私を可愛がってくれましてね。どうしても三五郎さんと別れなければならないのなら、お二人に義理を立てて、私は尼寺にでも入ります」
　戻ってきた家主は、2人の了見を小四郎に伝えた。
　「（斯々云々で）おときさんも三五郎とは別れる気はないそうだ。ま、大体お前さんがはじめのとおり死んでいれば何事もなかったのに、なまじ生きているからこんなことになってしまった……しょうがないな、まあ我慢して……おときさんは三五郎にくれてやって、お前さんはどっかへ行ってしまいなよ」
　旅から戻れば店も女房も失って何もなし、これでは小四郎も収まりがつかない。もはや収拾がつかなくなったので、南町奉行大岡越前守に訴え出て、お裁きを受けることになった。
　訴えを受理した越前守は、小四郎をはじめ、三五郎、おとき、家主、そして若くして夫と死に別れた若狭屋甚兵衛の未亡人およしをお白洲（奉行所の法廷のこと）に呼び出した。一同罷り出たところでご出座となった越前守が、これから判決を申し渡す。
　「相生屋小四郎、面を上げい。……さて、小四郎。かかる時、男は何事もあきらめが第一である。いさぎよく女房ときを三五郎へつかわし、その方はいっそここで死んでしまえ！」
　「は、はい……、ええっ？」
　啞然とした表情の小四郎の、その不満を見透かしたように越前守は、およしに問いかけた。
　「さて、若狭屋甚兵衛が妻よし、面を上げい。この度は誠に気の毒であった。ところで、その方、本年何歳にあいなるか」
　「26歳でございます」
　「ふむ。して、その方の家では何人の奉公人を使っており、身代（しんだい）（引用者註：「資産額」のこと）はどれほどか」
　「はい、奉公人は店と奥とで23人、身代は3万両ばかりでございます」
　「にわかに主人を失い、まだ若いその身で、それほどの店を仕切るのは大変であろう。ところで、これにおる小四郎は、その方にとっては亡夫甚兵衛の危難を救いたる恩義のある者だが、その方はこれをなんと思う」
　「はい、まことに小四郎様には申し訳なきことと存じおります」
　「ついては、女房と家を失い路頭に迷っておる、この小四郎を迎えて若狭屋の主人としてはどうか」

「それも亡き夫甚兵衛の導きかと存じます」
「そうか。暫時控えおれ……。相生屋小四郎、面を上げい。その方、これなるよしと夫婦に相成ってはどうだ」
　すっかり捨て鉢になっていた小四郎は、気のない顔をして、およしをひょいと……、一目見て我に返った。
「ハハーッ、ありがとう存じます」
「今をもって、相生屋小四郎はもはや相果てた。今日よりその方、生まれ変わって若狭屋小四郎と相成ってこのよしと夫婦となり、共白髪まで添い遂げよ」
　お奉行様がご直々に仲立ちをしようとのお話である。一同感服して、ハハーッと相成った。しがない背負小間物屋から、江戸で一、二の小間物屋主人となった小四郎は、越前守に厚く御礼を申し述べる。
「お奉行様、こんな綺麗な人と大きな店をいただけるなんて、お奉行様へのご恩は生涯背負いきれないほどでございます。ありがとうございました」
「その方、今日から若狭屋小四郎と相成ったのだ。もう背負うには及ばん」

　上記小噺は、失踪宣言ではなく、検死ミス（人違い）であるが、失踪者（帰来者）・その配偶者・再婚相手の三者関係と同様の事態である。この三者間で協議をさせたところで、常に上記のおよしのような存在が都合よくあるわけではないし、仮にいたとしても、このように丸くは収まらず、問題をさらにややこしくするかもしれない。
　ロバート・ゼメキス監督／トム・ハンクス主演の映画『キャスト・アウェイ』（米国2000年）も同様の問題を炙り出す。乗り込んだ飛行機が墜落し、無人島に流れ着いたチャック（トム・ハンクス）は、1人でその無人島で過ごすが、墜落から4年後に救出された。しかし、地元のメンフィスに帰還したときには、恋人ケリーはすでに歯科医のジェリーと結婚していて子どもまで作っていた。チャックとケリーはまだお互いに愛し合いながらも、それぞれの道を歩むことを決意するが、チャックは、無人島にいた時以上の孤独を感じる……というものである。

第3章

法 人

1 総説

(1) 法人の意義

　権利の主体となり得るものは、「自然人」のほか、**法人**がある。形式的にいえば、自然人以外で「法人格」を付与されたものが法人なのである。すなわち、団体が、独立の主体として、団体財産を所有し、団体意思に基づいて団体の名で独自の活動を行っている[1]以上、この団体を（自然人とは異なり、肉体や生命を有しないながらも、換言すれば、切っても血の出る者ではないけれども）法技術的に権利主体とみなすことが適切である。実質的には、人の集団である「**社団**」または財産の集団である「**財団**」である。

　団体の構成員個人の財産と切り離された独立の財産の帰属主体を作り出す法技術が法人であり、一定の目的に捧げられた財産の集団（財団）のために法律上の権利義務の主体を作り出すために案出された法技術が財団法人[2]である。

　人間の社会的生活は、個人のほか、国家・公共団体・会社・学校・宗教団体・慈善団体・各種の組合など、さまざまな団体によっても営まれている。これら団体は、社会的に独立した行為単位として存在し、その目的や財産・行為は、（団体を構成する個人のそれではなく）団体それ自体のものとされる。これら団体は、その内部においては、構成員を統制するとともに、外部に対し

---

1) 森泉 32 頁
2) 森泉 33 頁

ては、構成員個人が個々に有するよりはるかに強大な力を発揮することができるので、個人の力をもってしては達し得ない目的を達成するという社会的作用を担当する。団体の地位が上述のようなものであるとするならば、人類の社会関係を規律する法律を制定して、これに対して一定の規制をしなければならなくなる。そこで法律は、各種の団体の存在する社会的事実の前に立ち、その成立・内部組織・外部に対する法律形式などを規制するに至るのであって、ここに社団法人制度の存在意義が存する。

また、一定の非個人的目的に捧げられた財産の集合、たとえば私人の寄付による育英財団・図書館・病院などは、その目的のために独立の存在を有し、これによって利益を受ける者やこれを運用する個人の増減変更とは関係なく、独自の存在を続ける。このような財産についても、その独自性と管理の永続性を確保するために一定の規律を設けることが要請される。財産の出捐者[3]および現実の管理者から離れて、財産の集団そのものを独立の権利の主体とする法人を創設する財団法人制度の存在意義が存する[4]。

（2）法人本質論

法人の本質をどのように解するかという法人理論については、19世紀初頭以来、さまざまな見解が主張されてきた。その中心をなす問題は、法律によって法人格を与えられる法人は、はたして自然人と同様に実在するものかどうかの究明であった。

このような法人本質論（法人学説）は、単なる理論的論争にとどまるものではなく、実定法[5]の解釈による現実の法人規制においても重要な意義を持つ。法人本質論は、法人の権利能力の範囲・法人の不法行為の認否などの判断において、その結論を左右する理論的前提であると解されてきたのであって、重要な実用的機能を営んできたのである。

これまでの法人学説を概観すれば、次のとおりである。

---

3) 出捐とは、当事者の一方が自分の意思で財産上の損失をし、他方に利益を得させることをいう。
4) 我妻 115-116 頁
5) 実定法とは、自然法（⇒32頁）の対立概念で、人為によって生成存立し、特定の社会で実効的に行われている法（成文法・判例法・慣習法等）をいう。実証法ともいう。

ⓐ **法人擬制説**[6]

　ドイツのサヴィニー（⇒32頁）によって主唱された。団体が存在するとき、そこには、個々の構成員ではなく団体そのものに帰属する利益がある。団体利益が存在する以上、法律上の利益の帰属者すなわち利益の主体が認められなくてはならない。法人は、その本質は実体のない観念的存在であって、法律上その利益の担い手として、あたかも存在しているものとして擬制された人為的主体である。法人擬制説は、法人実在説（後述）によってしばしば戯画化されたように団体の社会的実在を否認し、団体の存在そのものを擬制しようとするものではない。それは単に、社会的に実在する団体に権利能力ないし財産権能力の主体としての人格を擬制するものに過ぎない[7]。

　財団法人にあっても同様である。一定の目的のために寄付された財産（目的財産）は、寄付者や財産管理者の個人財産とは分別される独立の財産であるから、別にこの財産の法律上の帰属者（権利の主体）を擬制しなければならないとする。なお、英米法においては、今日なお法人擬制説が支配的見解である。ちなみに、「法人は1個の擬制的存在で、眼にみえず、手に触れず、ただ法の思考においてのみ存するものである」と定義づけられている。

ⓑ **法人否認説**

　法人が独自の社会的実体を持って存在するという考えを否定する説である。すなわち、法人の実体は現実には個人または財産以外には存在せず、法人はその法律関係における権利・義務の帰属先としてのみ認められる観念上の主体であるとする。その実質上の主体については、イェーリング（Jhering）は、法人として現象するところの社団・財団を通じて現実に利益を享受する構成員ないし受益者である（享受者主体説）とし、ヘルダー（Hölder）は、法人の財産の管理者である（管理者主体説）とし、ブリンツ（Brinz）は、財産そのものである（目的財産説）とする。法人擬制説と法人否認説との差異は、前者が法人の成否を全く政府権力に委ねたのに対し、後者は取引社会における実質的機能という客観的事実の中に法人の基礎を求めた点にあるといわれている[8]。

---

6) 森泉 93-95頁
7) 村上淳一「倫理的人格・法的人格・法人」法協 98(6)号（1981年）85頁

ⓒ **法人実在説**

法人格の基礎たる法人を、何らかの意味において実在するものとし、したがって、法人は、このような社会的実体性に対して権利能力を認めたものだと考える説である。社会的実体の性質をどのように解するかにより、この説は、次のように細分化される。

ⓒ-1 **有機体説**

法人の本質は、団体意思を有する社会的な有機体（gesellschaftliche Organisation）であると主張する説である。ギールケ（Gierke）によって説かれた。この見解によれば、法人は、経験的な実在として、独自に意思決定をなし、独自に行為するものと考えられることになる。しかし、法人が「有機体」であると解することには、社会学的に問題なしとはいえないし、仮に有機体性が認められたとしても、法律論として、これが当然に権利主体となり得るか否かは、なお明らかにされたとはいえない。

ⓒ-2 **組織体説**

法人の実体を有機体とすることを避け、人格を付与されるにふさわしい法律上の組織体として実在すると説く。フランスのミシュー（Michould）やサレイユ（Saleilles）によって主張された。この見解は、有機体説の難点は免れてはいるが、それだけに、実在性の基礎づけがさらに弱くなっている。

ⓒ-3 **社会的作用説**

法人が社会的に実在する本質は、個人以外で、個人と同様に、一個独立の社会的作用を担当するために、権利主体たるに適する社会的価値を有するということであり、独立の社会的作用を担当する団体が法人の実体だとすれば十分だとする説[9]である。わが国における有力説となっている。

（3）法人の種類

(ｱ) **公法人と私法人**

公法を準拠法とし、公的事務を担当する法人を**公法人**という。国や地方公

---

8) 川島89頁
9) 我妻126頁

共団体などがこれに該当する。これに対して、株式会社など、私法（e.g. 一般社団法人及び一般財団法人に関する法律、会社法）に準拠する法人を**私法人**という。公法人といえども、私法上の法律関係においては、私法人や私人と対等に、その権利・義務の主体となり、民事訴訟の当事者（原告・被告）になり得ることは当然である。この分類の実益は、法人に関する文書の偽造が、公文書偽造罪・私文書偽造罪のいずれになるか、汚職の罪が成立するかどうかなどに差異が存するところにある。

(イ) 外国法人と内国法人

日本法に準拠して設立された法人を内国法人というのに対し、外国法に準拠して設立された法人を外国法人という。外国法人は、国・国の行政区画・外国会社[10]・法律または条約[11]の規定により認許された外国法人のみがその成立を認許される（民法35条1項）。ここにいわゆる認許については、外国法人が日本において法人として活動するためにその法人格を承認することであると解するのが通説である（法人活動のための法人格承認説）。したがって、認許されない外国法人のわが国における扱いは、後述の「権利能力のない社団・財団」（⇒167頁）となる。

認許された外国法人は、日本において成立する同種の法人と同一の私権を有するが、外国人が享有することのできない権利[12]および法律または条約中に特別の規定がある権利については享受できない（35条2項）。

(ウ) 一般法人と公益法人

2006年に成立した「一般社団法人及び一般財団法人に関する法律（**一般法人法**）」によって認められる**一般社団法人**と**一般財団法人**とを併せて「一般法人」と呼ぶ。同法は、民間の非営利活動を促進するため、剰余金の分配を目的としない社団および財団について、その行う事業の公益性の有無にかかわらず、準則主義（登記）により簡便に法人格を取得することができるという一般的な非営利法人制度を創設した。これにより、非営利法人（営利を目的としない〈＝剰余金を分配しない〉法人）を設立するにあたって、主務官庁の許

---

10) 外国会社とは、外国の法令に準拠して設立された法人その他の外国の団体であって、会社と同種のものまたは会社に類似するものをいう（会社法2条2号）。
11) 条約で認許されたものとしては、国際連合教育科学文化機関（UNESCO）、世界保健機関（WHO）、国際労働機関（ILO）、世界貿易機関（WTO）などがある。
12) たとえば、日本船舶（船舶法1条）、日本航空機（航空法4条1項）、鉱業権（鉱業法17条）など。

可は不要となった。なお、「非営利」とは、「利潤を上げてはいけない」とか「対価を得て事業をしてはいけない」という意味ではなく、社員（≠従業員。その法人の構成員のことであり、株式会社の株主に相当する人のこと）に剰余金を分配してはならず、当該法人の活動の費用に充てなければならないということである。

一般法人法と同時に成立した「公益社団法人及び公益財団法人の認定等に関する法律（公益法人法）」は、一般法人（営利を目的としない一般社団法人もしくは一般財団法人）のうち、公益目的事業を行うものは、行政庁から公益認定を受けることにより、**公益社団法人**もしくは**公益財団法人**となることができる、としている。両者を併せ、「公益法人」と呼ぶ。公益目的事業とは、不特定かつ多数の者の利益の増進に寄与するものであって、学術・技芸・慈善その他の公益に関する種類の事業である（公益法人法2条4号）。公益認定を受けて公益法人となるメリットは、税務上の優遇措置が受けられるということである。その反面、会計監査人の設置が義務づけられるなど、公益認定基準による制約を受ける。

(エ) 営利法人と中間法人

株式会社その他の営利事業を営むことを目的とする法人（社員に剰余金を分配する法人）を「営利法人」という。これについては、会社法の適用を受け、株式会社（25条以下）のほか、合名会社・合資会社（575条以下）が該当し、一般法人法の規定の適用はない（公益法人法の適用がないことは当然である）。

2006年の民法改正（一般法人法・公益法人法の成立）以前は、民法上の法人は、公益を目的とするものに限られ、商法上のそれは、営利を目的とするものに限られていた。したがって、その中間的な性格の団体については、協同組合・労働組合等の特別法によって法人格を認められるもの以外は、法人格を取得できなかった。したがって、同窓会・同好クラブ・親睦団体などの団体については、従来は特別法もなく、法人格を取得する方法がなかった（後述の「権利能力のない社団」として活動するしかなかった）。2001年に成立した「中間法人法」は、「社員（同上）に共通する利益を図ることを目的とし、かつ、剰余金を社員に分配することを目的としない社団」につき、「中間法人」としてこれに法人格を与えた。ただ、中間法人制度は、その後、一般法人法の制定により廃止された。

(オ) **特別法による公益法人・NPO 法人**

　公益法人法以外の特別法に基づいて設立される公益を目的とする法人として、私立学校法による学校法人、社会福祉法による社会福祉法人、宗教法人法による宗教法人、医療法による医療法人、更生保護事業法による更生保護法人等がある。

　特定非営利活動促進法（NPO 法）による特定非営利活動法人（NPO 法人）も、上述の特別法に基づく公益法人に含まれる。2011 年 3 月 11 日の東北地方太平洋沖地震（東日本大震災）後、数多くの NPO（Non-Profit Organization）が被災地の内外で様々な支援活動を展開し、被災地の復旧・復興に向けた大きな力となってきた。災害時に限らず、保健・医療・福祉や子どもの健全育成・まちづくり・環境や国際協力など、多様なニーズに対応し、社会貢献活動を行う NPO の役割は、われわれの社会の中でますます重要になっている。こうした NPO の社会貢献活動をさらに広げていくために、2011 年 6 月に NPO 法が大幅に改正され、2012 年 4 月 1 日に施行された。改正法は、NPO に法人格を付与すること、ならびに運営組織および事業活動が適正であって公益の増進に資する特定非営利活動法人の認定にかかる制度を設けること等により、ボランティア活動をはじめとする市民が行う自由な社会貢献活動としての「特定非営利活動[13]」の健全な発展を促進し、もって公益の増進に寄与することを目的としている（1 条）。

　NPO 法人の設立には、その認証を受けなければならず（10 条）、登記が必要となる（7 条・13 条）。NPO 法人には、税法上の優遇措置が認められる（70 条・71 条）。

(4) 法人格否認の法理

　法人制度は必ずしも適切に利用されるとは限らず、法人が、①形骸化していたり、②悪用（濫用）されたりすることがある。そのような場合に対処す

---

13) 特定非営利活動とは、次を図る活動のことである。①保健・医療・福祉の増進、②社会教育の推進、③まちづくりの推進、④観光の振興、⑤農山漁村等の振興、⑥学術・文化・芸術・スポーツの振興、⑦環境の保全、⑧災害救援、⑨地域安全、⑩人権擁護・平和推進、⑪国際協力、⑫男女共同参画社会の形成の促進、⑬子どもの健全育成、⑭情報化社会の発展、⑮科学技術の振興、⑯経済活動の活性化、⑰職業能力の開発・雇用機会の拡充の支援、⑱消費者の保護、ほか（NPO 法 2 条）。

るための工夫のひとつが「法人格否認の法理」である。これは、上記①②が認められるときに、当該特定の法律関係に限って、その法人格が存在しないものとみなして、実質における主体である自然人あるいは別の法人に、法律関係を帰属させようとする理論である[14]。

上記①が認められる場合とは、法人とは名ばかりであり、実質的には社員の個人営業または親会社の営業の1部門に過ぎないといった状態をいい、個人または親会社が別法人を実質的に支配していることのほか、株主総会・取締役会の不開催、業務・財産の混同等がある場合をいう。一方で、上記②が認められるには、ⓐ法人の背後にある者が法人を自己の意のままに道具として用いることのできる支配的地位にあること（支配の要件）と、ⓑ債権者に対する債務の支払いを免れるために新法人を設立するなど法人の背後にある者が違法または不当な目的のもとに法人形態を利用していること（目的の要件）の2つの要件が必要とされる[15]。

旧会社との関係で新会社について法人格否認の法理の適用が問題となった従前の裁判例においては、新会社と旧会社との間の商号、本店所在地、営業目的、出資者、代表取締役、取締役の構成、従業員・営業用資産の同一性、得意先・仕入先の同一性の有無等を検討し、これらがほぼ同一の場合には、新会社の法人格が否認されている[16]。

法人が形骸化しているとして法人格否認の法理が適用された事例としては、［最判昭44・2・27民集23・2・511］がある。建物（店舗）の賃借人A（自然人）とXの間で賃貸借契約を合意解除し、AがXに店舗を明け渡す旨の合意・和解が成立していたが、Aは契約の賃借人はY（実質的にはAの個人企業）であるなどと主張して明け渡しをしなかったので、XがYに店舗の明渡請求訴訟を提起した事案において、Yの法人格を否定し、A名義でなされた和解についてYの行為であるとしてXの請求を認容したというものである。これのほか、［最判昭47・3・9判タ276・150］や［最判平7・4・25判タ878・117］も参照されたい。

法人格の濫用を理由として法人格が否定された事例としては、［最判昭48・10・26民集27・9・1240］がある。P株式会社の代表取締役が、P社

---

14) 我妻＝有泉 117-118頁
15) 後藤勇「法人格否認の法理適用の具体的要件」判タ699号（1989年）14頁
16) 同14頁

が賃借している居室の明渡し・延滞賃料等の債務を免れるために、P社の商号を（Q株式会社へと）変更した上、その人員（役職員）・営業用資産がQ社のそれと同一で、営業目的もQ社のそれとほとんど同一である新会社Y（Qの旧商号と同一の商号＝P株式会社）を設立したにもかかわらず、上記商号変更および新会社設立の事実を賃貸人に知らせなかったため、賃貸人Xが、その事実を知らないで、Q社の旧商号（かつ新会社Yの商号）である会社名（P株式会社）を表示して、Q社の債務の履行を求める訴訟を提起した事案において、新旧両会社の代表取締役を兼ねる者が、新旧両会社が別異の法人格であるとの実体法上および訴訟法上の主張をすることは、信義則に反し許されないとしたものである。

(5) 法人制度改革

(ⅰ) 公益法人制度改革の経緯

民法上の法人とは、明治31年（1898年）の同法施行以来、約110年もの間、2006年改正前民法（以下、「改正前民法」）34条[17]に基づき主務官庁の許可を得て設立され、学術、技芸、慈善、祭祀、宗教その他の公益に関する事業を行い、非営利を目的とする社団法人と財団法人のみを指した（以下、「旧公益法人」）。

旧公益法人に対しては、従前、次のような問題点が指摘されていた。すなわち、①公益法人の中には公益というのは名ばかりで、実際は公益とはいい難い事業を行っている法人もあった、②公益性の判断が主務官庁の自由裁量であったため非常に曖昧であった、③公務員の再就職先として、公益法人が安易に使われていたのではないか、④公益法人の事業内容が明確に国民に示されていないのではないか、⑤実際は営利事業を行っているような公益法人でも税制面で厚遇を受けているのは不公平なのではないか、等である。このような問題点の改善を図るため、2006年の「公益法人制度改革」に至ることとなった。ちなみに、日本相撲協会は、財団法人として

---

[17] 学術、技芸、慈善、祭祀、宗教その他の公益に関する社団または財団であって、営利を目的としないものは、主務官庁の許可を得て、法人とすることができる。

1925年に設立された旧公益法人であるが、営利的かつ職業的な相撲興行を全国規模で開催している唯一の法人である。

ところで、改革法(後述の「公益法人関連3法」)施行の2008年12月1日より前に設立された旧公益法人は、次の要件を満たすことにより設立されていた。すなわち、①公益に関する事業を行うこと、②営利を目的としないこと、③主務官庁の許可を得ること、である。以上の要件を満たして設立された公益法人は、2006年10月時点で2万4,893(社団法人1万2,572、財団法人1万2,321)であった。

公益法人制度改革で、この旧公益法人制度が大きく変わり、公益の認定を受けた非営利法人(公益法人)と、その他の非営利法人(一般法人)とに大別する制度となった。新制度では、これまで一体であった法人の設立と公益性の判断が分離され、法人格(一般法人)が登記のみで取得可能になるとともに、そのうちの公益目的事業を行うことを主たる目的とする法人については、民間有識者からなる合議制の機関(公益認定等委員会)の意見に基づき、行政庁(内閣総理大臣または都道府県知事)が認定する仕組みとなった。

(ⅱ) 公益法人制度改革関連法

公益法人制度改革の流れを受けて、2006年5月に新たに3つの法律が成立し、2008年12月1日に施行された。すなわち、「一般法人法」「公益法人法」および「一般社団法人及び一般財団法人に関する法律及び公益社団法人及び公益財団法人の認定等に関する法律の施行に伴う関係法律の整備等に関する法律(以下、「整備法」)」である(「公益法人関連3法」と総称される)。

一般法人法は、剰余金の分配を目的としない社団および財団については、行う事業の公益性の有無は特に問わず、定款作成・認証・登記の手続を経れば法人格を取得できるという一般法人に関する制度を創設し、その設立、組織、運営および管理についての規定を整備するものである。公益法人法は、公益社団法人および公益財団法人としての認定およびこれらに対する監督を独立した委員会等の関与のもとで内閣総理大臣または都道府県知事が行う制度を創設するものである。そして、整備法は、上記2つの法律の施行に伴い、旧公益法人の移行手続など、民法その他の関連法の整備等について定めたものである。

(iii) 改革後の制度の概要

　2006年に成立した公益法人制度改革関連法は、既述のとおり3部作である。その基盤をなす一般法人法は、定款案について公証人の認証を受けた上で登記手続をすることにより一般法人（一般社団法人・一般財団法人）を設立できるとした。この設立方式は準則主義と呼ばれ、会社設立と同様に、簡便かつ短期間に非営利法人（一般法人）を設立することができる。

　一般法人は、営利を目的としないことを大原則とするが、一般社団法人の場合は社員2名以上、一般財団法人の場合は拠出財産300万円以上で設立できるほか、設立目的や事業活動は、法令違反や公序良俗（⇒255頁）に反するものでない限り特段の制限がなく、また、解散時には、社員総会（一般社団法人の場合）・評議員会（一般財団法人の場合）の決議によって社員・役員・設立者への分配が可能となることや、行政庁による監督もない点で自由度が高い。

　公益法人は、まず一般法人法の求める規律を充足し、その諸要件に適合した上で、さらに公益法人法に規定された認定要件・認定基準をクリアーしなければならない。その結果、公益法人はその社会的役割に鑑み、一般法人に求められる上述の要件と規律に加えて、目的・事業・機関設計・役員の資格・情報公開・残余財産の帰属などが制限され、あるいは加重されている。一般法人と公益法人の内容を比較すると、次頁の表3.1のようになる。

表3.1[18]

	一般法人	公益法人
法人設立	準則主義（登記により設立）	同左
社員・財産額	2名以上（財団300万円以上）	同左
目的	目的を問わない	不特定かつ多数の者の利益の増進に寄与
事業	制限規制はない	主たる事業は公益法人法に掲げる事業（公益法人の社会的信用を維持する上でふさわしくないものは除く）
剰余金分配	不可	同左
残余財産分配	可能	社員・役員等への分配不可
情報公開	社員・債権者	一般市民を含む
監督	なし	行政庁（公益認定等委員会）
社員総会（社団法人）	法定・定款事項の決議機関（理事会を置かない場合はすべての決議機関）	法定・定款事項の決議機関
評議会（財団法人）	法定・定款事項の決議機関（3名以上による評議員会必置）	同左
理事	理事会設置型は3名以上 理事会非設置型は1名以上	3名以上
理事会	設置は任意（財団は必置）	必置（業務執行の決議機関・理事の監督機関）
監事	設置は任意（大規模法人・理事会設置型・財団は必置）	1名以上必置
会計監査人	大規模法人は必置	同左

（iv）特例民法法人

　改正前民法34条の規定により設立された社団法人または財団法人であって整備法の施行日である2008年12月1日に現に存するものは、以後も、それぞれ一般法人法の規定による一般社団法人または一般財団法人として存続するものとされた（整備法40条）。整備法により民法の中の法人に関する規定が大幅に改正された結果、施行日時点で、旧公益法人は法的根拠を失うことになるため、その手当をしたものである。存続会社は、それぞれ特例社団法人・特例財団法人（両者を併せて「特例民法法人」）と呼ばれたが（対外的呼称は従来どおり、社団法人ないし財団法人）、移行期間内（整備法施行日から2013年11月31

---

18) 公益法人25頁

日まで）に公益社団法人・公益財団法人としての認定を申請するか（整備法44条）、一般社団法人・一般財団法人としての認可申請をするか（同45条）を選ぶ必要があった。移行期間内に認定・認可を受けなければ、移行期間の満了の日に解散したものとみなされた（同46条）。したがって、今日においては、特例民法法人はもはや存しない。

なお、整備法により中間法人法は廃止となったが、既存の有限責任中間法人[19]は、一般法人法の施行日に、当然に一般社団法人となった（整備法24条）。一方、既存の無限責任中間法人[20]は、一般法人法の施行日から1年を経過する日までに、一般社団法人へ移行する手続をとる必要があった（同30条・31条）。中間法人も、今日においてはもはや存しない。

(6) 法人設立の諸主義

(i) 法人法定主義

法人の設立に国家がどのように関与するかは、国によって政策的に決められている。わが国は、法人は「法」が定めたものでなければ設立することができないという法人法定主義を採っている（民法33条）。法人設立への政府の関与としては、後述の諸主義がある。ここにいわゆる「法」とは、該当する団体に法人格を与える法律で、公益法人関連3法のほか、独立行政法人通則法、国立大学法人法、地方独立行政法人法、会社法、労働組合法、NPO法などすこぶる多岐にわたる。

(ii) 設立の諸主義

近代的資本主義の進展とともに、法人成立の要件は緩和され、法人たる実体を備えていれば当然に法人格を承認する自由設立主義を採用する立法さえ出現している（スイス民法52条2項・60条）。しかし、わが国はこの主義を採らず、上記のとおり法人法定主義を採った。自由設立主義は、法人の法律関係を不明確にし、取引の安全を害すると考えた[21]とされる。

---

19) 有限責任中間法人とは、社員が法人の債権者に対して責任を負わない中間法人をいう。
20) 無限責任中間法人とは、社員が法人と連帯して債権者に対して責任を負う中間法人をいう。
21) 四宮＝能見83頁

法人設立に際して、国家がどの程度関与するかは、法人の種類によって異なる。国家の承認がなければ設立が認められないものがある一方、法律上当然に法人格が認められるものもある。国家の関与が深いと思われる順に、以下に例示する。

ⓐ 強制主義

　団体が国家社会一般の利害に重大な関係がある場合に、国家が法人の設立（または法人への加入）を強制する主義である。弁護士会（弁護士法32条・45条）や司法書士会（司法書士法52条・62条）などがある。

ⓑ 特許主義

　法人を設立するためには特別の法律の規定を必要とするという主義である。日本銀行（日本銀行法1条）、農林中央金庫（農林中央金庫法1条）その他特殊銀行などが該当する。

ⓒ 許可主義

　法人の設立が主務官庁の許可によって認められるという主義である。その許否は主務官庁の自由裁量に委ねられる。この主義に対しては、団体結成の自由や財産処分の自由が承認されている現行法体系の基本原則と一致しないとの批判がある。旧公益法人、日本医師会、講道館などはこれに該当する。

ⓓ 認証主義

　下の認可主義の一種で、法人格の取得に際し、所轄庁の認証を要するという主義である。認証とは、ある行為または文書の成立・記載が正当な手続でされたことを公の機関が証明することである。その性質は確認であるが、実質的には許可の性質を持つものもあり、ある程度所轄庁の裁量が入るところが認可主義と異なる[22]。宗教法人、NPO法人がこれに該当する。

ⓔ 認可主義

　一定の要件を具備し、主務官庁の認可を受けることによって法人の設立が認められるという主義である。要件が具備された設立申請に対して、主務官庁は必ず認可しなければならない点で許可主義と区別される。学校法人、農業協同組合、消費生活協同組合、社会福祉法人、医療法人、地縁による団体（＝認可地縁団体：自治会・町内会）などがこれに該当する。

---

22) 近江Ⅰ 106頁

ⓕ **準則主義**

　法人の設立要件をあらかじめ法律で定めておいて、その要件を備えれば当然に法人の成立を認める主義である。この主義においては、その組織内容を公示するために、登記・登録が設立要件となっているのが通常である。一般法人のほか、株式会社、労働組合などがこれに該当する。なお、労働組合は、労働委員会の証明を受け、その主たる事務所の所在地において登記することによって法人となる（労働組合法11条）。

ⓖ **当然設立主義**

　法律上当然に法人として認めるとする主義で、地方公共団体（地方自治法2条1項）、相続財産法人（民法951条）などがこれに該当する。

2　法人の設立

(1) 一般社団法人

(ⅰ) 許可主義から準則主義へ

　旧公益法人の設立には、主務官庁の許可が必要とされていた（許可主義。改正前民法34条）。この許否については、主務官庁の裁量が大きく、既述の弊害が指摘されていた。そこで、一般法人法は、法人格の取得と公益性の判断を分離し、公益性の有無にかかわらず、準則主義により簡便に設立できる非営利法人制度を創設した。非営利法人（一般法人）の設立にあたり、主務官庁の許可は不要とし、登記をするだけでその設立を認めることにしたのである。

> **一般社団法人設立行為の性質**：一般社団法人の設立行為（定款の作成）は、2人以上の者で行うが、契約のような当事者間の意思表示の対立がみられないので、契約とは異なる。また、単独ではできない点で、単独行為とも異なる。そこで、このような社団法人設立行為を合同行為と呼ぶ。詳細については、237頁にて後述する。

(ⅱ) 定款の作成

　一般社団法人を設立するには、その社員になろうとする者（設立時社員）2名以上が、共同して定款を作成しなければならない（一般法人法10条）。

定款には、次の@から©に掲げる事項を記載しなければならない（同11条）。

@ **目 的**
　一般社団法人の行う事業に制限はないから、特に限定はない。ただし、社員に剰余金または残余財産の分配を受ける権利を与える旨の定款の定めは、その効力を有しない（同条2項）。非営利法人なのだから、当然である。

ⓑ **名 称**
　その名称中に一般社団法人という文字を用いなければならず、かつ、一般財団法人であると誤認されるおそれのある文字を用いてはならない（5条）。

© 上記@ⓑのほか、主たる事務所の所在地・設立時社員の氏名または名称および住所・社員の資格の得喪に関する規定・公告方法・事業年度。

定款は、公証人の認証を受けなければ、その効力を生じない（13条）。公証人の認証を受けた定款は、一定の場所（一般社団法人の成立後にあっては、その主たる事務所および従たる事務所）に備え置かなければならない（14条）。

(ⅲ) **設立時役員**（理事）

定款で設立時理事を定めなかったときは、財産の拠出の履行が完了した後遅滞なく、定款で定めるところにより、設立時理事を選任しなければならない（159条）。設立時理事は、その選任後遅滞なく、一般社団法人の設立の手続が法令または定款に違反していないことを調査しなければならない（20条1項）。その調査により、一般社団法人の設立の手続が法令もしくは定款に違反し、または不当な事項があると認めるときは、設立時理事は、設立時社員にその旨を通知しなければならない（同条2項）。

設立時社員・設立時理事は、一般社団法人の設立についてその任務を怠ったときは、当該一般社団法人に対し、これによって生じた損害を賠償する責任を負う（23条）。

(ⅳ) **登 記**

一般社団法人は、その主たる事務所の所在地において設立の登記をすることによって成立する（22条）。この登記は、設立時理事による調査（上記(ⅲ)）が終了した日あるいは設立時社員が定めた日のいずれか遅い日から2

週間以内にしなければならない（301条1項）。

　設立時の登記事項としては、定款の内容である、目的、名称、主たる事務所（および従たる事務所）の所在場所、公告方法のほか、理事の氏名、代表理事の氏名および住所等が必須記載事項となっている（301条2項）。

　設立の登記は、当該一般社団法人を代表すべき者の申請によってする。登記に添付せねばならない書類は、定款のほか318条に規定されている。

（ⅴ）社　員

　社員は、定款で定めるところにより、一般社団法人に対し、経費を支払う義務を負う（27条）。社員は、いつでも退社することができる。定款で別段の定めをすることはできるが、それでもやむを得ない事由があるときはいつでも退社することができる（28条）。やむを得ない事由がある場合のほか、社員は、①定款で定めた事由の発生、②総社員の同意、③死亡または解散、④除名、によって退社することができる（29条）。

　また、一般社団法人は、社員の氏名または名称および住所を記載した名簿（社員名簿）を作成しなければならない（31条）。

（2）一般財団法人

（ⅰ）定款の作成

　一般財団法人を設立するには、設立者（2人以上あるときは、その全員）が定款を作成し、これに署名し、または記名押印しなければならない（152条1項）。設立者は、遺言で、一般財団法人を設立する意思を表示することができる。この場合においては、遺言執行者[23]は、当該遺言の効力が生じた後遅滞なく、当該遺言で定めた事項を記載した定款を作成し、これに署名し、または記名押印しなければならない（同条2項）。

　定款には、次の@から@に掲げる事項を記載しなければならない（同153条1項）。

@　目　的

　一般財団法人の行う事業に制限はないから、特に限定はない。ただし、

---

23) 遺言の内容を実現するために一定の行為を必要とするものがあるが、これを行う職務権限を持つ者を遺言執行者という。

設立者に剰余金または残余財産の分配を受ける権利を与える旨の定款の定めは、その効力を有しない（153条3項2号）。非営利法人なのだから、当然である。
ⓑ 名　称
　その名称中に一般財団法人という文字を用いなければならず、かつ、一般社団法人であると誤認されるおそれのある文字を用いてはならない（5条）。
ⓒ 評議員の選任および解任の方法
　この方法として、理事または理事会が評議員を選任し、または解任する旨の定款の定めはその効力を有しない（153条3項1号）。
ⓓ 上記ⓐ～ⓒのほか、主たる事務所の所在地・設立者の氏名または名称および住所・拠出財産およびその価額・設立時評議員、設立時理事および設立時監事の選任に関する事項。会計監査人設置一般財団法人の場合、設立時会計監査人の選任に関する事項・公告方法・事業年度（153条1項）。

　定款については、評議員会の決議によって、これを変更することができる（ただし、上記のⓐおよびⓒを除く）（200条1項）。もっとも、ⓐおよびⓒに関しても、設立の当時予見することのできなかった特別の事情により、定款の定めを変更しなければ当該法人の運営の継続が不可能または著しく困難となるに至ったときは、裁判所の許可を得て、評議員会の決議によって、ⓐとⓒの両方、またはそのいずれか一方を変更することができる（同条3項）。

　定款は、公証人の認証を受けなければ、その効力を生じないこと、並びに、公証人の認証を受けた定款は、一定の場所（一般財団法人の成立後にあっては、その主たる事務所および従たる事務所）に備え置かなければならないことは、一般社団法人の場合と同じである（155条-157条）。

(ⅱ) **設立時役員**（理事）

　定款で設立時理事を定めなかったときは、財産の払込みまたは給付が完了した後遅滞なく、設立時理事を選任しなければならない（159条1項）。設立時理事は、その選任後遅滞なく、財産の拠出の履行が完了していること、および一般財団法人の設立の手続が法令または定款に違反していないことを調査しなければならない（161条1項）。その調査により、法令もしくは定款に違反し、または不当な事項があると認めるときは、設立者にその旨を通知し

なければならない（同条2項）。

設立者・設立時理事は、一般財団法人の設立についてその任務を怠ったときは、当該一般財団法人に対し、これによって生じた損害を賠償する責任を負う（166条1項）。

（ⅲ）財産拠出の履行

設立者（もしくは遺言執行者）は、公証人による定款の認証の後遅滞なく、拠出財産の全部の払込みもしくは給付をしなければならない（ただし、設立者が定めたときは、登記、登録その他権利の設定または移転を第三者に対抗するために必要な行為は、一般財団法人の成立後にすることを妨げない）（157条1項）。拠出財産の価額の合計額は、300万円を下回ってはならない（153条2項）。

生前の処分で財産の拠出をしたときは、その財産は、一般財団法人の成立の時に当該法人に帰属するが、遺言で財産の拠出をしたときは、遺言が効力を生じた時に当該法人に帰属したものとみなされる（164条）。

（ⅳ）登　記

一般財団法人は、その主たる事務所の所在地において設立の登記をすることによって成立する（163条）。この設立の登記は、設立時理事による調査（上記（ⅱ））が終了した日あるいは設立者が定めた日のいずれか遅い日から2週間以内にしなければならない（302条1項）。

設立時の登記事項としては、定款の内容である、目的、名称、主たる事務所（および従たる事務所）の所在場所、公告方法のほか、評議員・理事および監事の氏名、代表理事の氏名および住所等が必須記載事項となっている（同条2項）。

設立の登記は、当該一般財団法人を代表すべき者の申請によってする。登記に添付せねばならない書類は、定款のほか319条に規定されている。

（3）公益法人の認定

（ⅰ）公益法人制度

公益法人法1条は、「民間の団体が自発的に行う"公益を目的とする事業"の実施が公益の増進のために重要となっている」ことより、「当該事業

を適正に実施し得る公益法人を認定する制度」を創設し、「もって公益の増進及び活力ある社会の実現に資する」と謳っている。

　同法は、条文数が66と比較的少なく、詳細は、同法にかかる政令および施行規則に委ねられている。それでも明確でない具体的事項等については、「公益認定等ガイドライン」が内閣府より発出されている。さらには、FAQ (Frequently Asked Questions：頻繁に尋ねられる質問) が内閣府より適宜出されている。

　公益法人法上、"公益を目的とする事業（公益目的事業）"を行う者は、行政庁の「認定」を受けた一般社団法人または一般財団法人である（公益法人法4条）。「認定」を行う「行政庁」とは、公益法人制度改革前の主務官庁に代わり、下表の公益法人の区分により、内閣総理大臣または都道府県知事である（同3条）。従来は、公益性の認定のみならず、法人格の付与にも主務官庁の自由裁量が与えられていた。しかし、そのことには、既述のように問題があったため、法人の設立と公益性の認定とを分離した2段階の構造をとることとなった。まず、法人の設立は、一般法人法に基づき、準則主義により登記することで成立するので、従前に比べて容易となった。この段階では、事業の公益性の有無にかかわらず設立でき、主務官庁の自由裁量によらずに設立できることにより、法人になろうとする場合の予測可能性が増したといえる。さらに、法人の設立および公益性の認定を主務官庁の裁量にかからせることをやめることで、いわゆる縦割り行政の弊害を減らすことができる。そのうえで、公益法人となる場合には、公益法人法に基づいて公益性の認定を受けることとされた。公益法人法では、行政庁が、民間有識者による委員会の意見に基づき、一般法人の公益性を認定するとともに、認定を受けた法人の監督を行うこととされている[24]。

表3.2[25]

認定を行う行政庁が内閣総理大臣である公益法人：
① 2以上の都道府県に事務所を設置するもの
② 公益目的事業を2以上の都道府県で行うことを定款で定めているもの

---

24) 小町谷育子＝藤原家康＝牧田潤一郎＝秋山淳『Q&A 一般法人法・公益法人法解説』（三省堂、2008年）114-115頁
25) 公益法人50頁

> （この場合、海外で公益目的事業を行うことを定款で定めたケースも含まれる。また2以上の都道府県で行うことを定款で定めただけでは足りず、そのような実態を伴うことが必要とされている（FAQ問I-9-①）。
> ③ 国の事務（事業）と密接な関連を有する公益目的事業であって政令で定めるものを行うもの
>
> 認定を行う行政庁が都道府県知事である公益法人：
> 　上記①～③以外の公益法人は、その事務所が所在する都道府県知事が認定を行う行政庁となる。

（ⅱ）公益目的事業

公益目的事業とは、次の2つの要件を満たすものである（公益法人法2条4号）。

ⓐ 公益目的事業　学術・技芸・慈善その他の公益に関する事業
ⓑ 不特定かつ多数の者の利益の増進に寄与するもの

上記ⓐの要件については、公益法人法の別表各号[26]のとおり、ほとんどの公益事業が網羅されている。ただし、定款で定める法人の事業または目的に根拠のない事業は、公益目的事業と認められないこともあり得る（公益認定等ガイドラインⅠ-1）。

問題は、上記ⓑの要件である。「不特定かつ多数の者の利益」とは、特定の個人や仲間内の利益ではなく、社会全般を対象とした真の公の利益となるものでなければならない。ただし、表面的には特定かつ少数の利益であっても、その背後に不特定かつ多数の存在が予想されるときは、公益と判断されるときもある（FAQⅨ-6）[27]。

---

[26] 公益目的事業とは、次を目的とする事業のことをいう。①学術・科学技術の振興、②文化・芸術の振興、③障害者・生活困窮者・犯罪被害者等の支援、④高齢者の福祉の増進、⑤就労支援、⑥公衆衛生の向上、⑦児童・青少年の健全な育成、⑧勤労者福祉の向上、⑨教育・スポーツ等を通じた豊かな人間性の涵養、⑩犯罪防止・治安維持、⑪事故・災害の防止、⑫不当な差別・偏見の防止・根絶、⑬思想・信教・表現の自由の尊重・擁護、⑭男女共同参画社会の形成等、⑮国際相互理解の促進・経済協力、⑯地球・自然環境の保護・整備、⑰国土の利用・整備・保全、⑱国政の健全な運営の確保、⑲地域社会の健全な発展、⑳公正かつ自由な経済活動の機会の確保等、㉑エネルギー等の安定供給の確保、㉒消費者利益の擁護・増進、㉓その他公益に関する事業

[27] 公益法人50頁

(ⅲ) 公益認定基準

　行政庁が公益認定をするときの基準であり、この基準に適合すれば行政庁は公益認定をするものとなっている。

　認定要件としては、公益法人法5条1号から18号までに詳細に掲げられている[28]。注目すべきは、最初の公益認定時のみならず、その後の毎事業年度終了後に提出される事業報告や計算書類等（21条2項）あるいは立入検査（27条1項）等を通じてチェックされるということである。ただし、公益認定時の判断の際は、過去の活動実績を基本的に問わず、将来の計画を見るのに対し（FAQⅠ-10-①）、その後のチェックにおいては活動実績を基本とするという差異がある。これらの要件は、その全部を常に充たしていることが必要であり、その1つでも欠ければ行政庁は、必要な措置をとるべき旨の勧告をし（28条1項）、勧告事項が行われないときはその勧告にかかる措置をとるべきことを命令し（同条3項）、命令に従わないときは公益認定を取り消さなけ

---

[28] ①公益目的事業を行うことを主たる目的とするものであること、②公益目的事業を行うのに必要な経理的基礎・技術的能力を有するものであること、③事業を行うにあたり、社員・評議員・理事・監事・使用人その他の法人関係者に特別の利益を与えないものであること、④事業を行うにあたり、株式会社その他の営利事業を営む者または特定の個人もしくは団体の利益を図る活動を行う者に対し、寄附その他の特別の利益を与える行為を行わないものであること（ただし、公益法人に対し、当該公益法人が行う公益目的事業のために寄附その他の特別の利益を与える行為を行う場合は、この限りでない）、⑤投機的な取引、高利の融資その他の公益法人の社会的信用を維持する上でふさわしくない（公序良俗を害するおそれのある）事業を行わないものであること、⑥公益目的事業にかかる収入がその実施に要する適正な費用を償う額を超えないと見込まれること（収支相償の原則）、⑦公益目的事業以外の事業（収益事業等）を行う場合には、公益目的事業の実施に支障を及ぼすおそれがないものであること、⑧公益目的事業比率が100分の50以上となると見込まれるものであること（50％ルール）、⑨遊休財産額が制限を超えないと見込まれるものであること、⑩各理事（監事）について、配偶者または三親等内の親族である理事の合計数が理事の総数の3分の1を超えないものであること、⑪他の同一の団体（公益法人等を除く）の理事・監事・使用人等の合計数が理事の総数の3分の1を超えないものであること、⑫大規模法人は会計監査人を置いていること、⑬理事、監事および評議員に対する報酬等が不当に高額なものとならないような支給の基準を定めているものであること、⑭社員の資格の得喪に不当な条件を付していないこと、社員の議決権に関して社員が当該法人に対して提供した金銭その他の財産の価額に応じて異なる取扱いを行わないこと、理事会を置いていること、⑮他の団体の意思決定に関与することができる株式等を保有していないこと、⑯公益目的事業に不可欠な特定の財産があるときは、その維持・処分の制限について定款で定めていること、⑰公益認定取消しまたは合併により消滅する場合、公益目的取得財産残額を類似の公益法人等に贈与する旨を定款で定めていること、⑱清算の場合、残余財産を類似の公益法人等に帰属させる旨を定款で定めていること

ればならない（29条1項3号）と規定されている。

（iv）公益法人の事業活動

上述の過程を経て成立した公益法人の事業活動には、旧公益法人の場合より厳しい運営が要求される。公益法人は、公益目的事業を行うにあたり、公益法人法5条所定の18の要件と、それを補足する4つの要件（公益目的事業の収入における収支相償の原則、公益目的事業費率が50％以上の原則、遊休財産額の保有制限、適正な役員報酬基準の制定とその公表）のほかに次の要件が定められている。

① 寄附の募集に関する禁止行為（17条）

公益法人の理事もしくは監事または代理人・使用人その他の従業者は、寄附の募集に関して、ⓐ寄附の勧誘または要求を受け、寄附をしない旨の意思を表示した者に対し、寄附の勧誘または要求を継続すること、ⓑ粗野もしくは乱暴な言動を交えて、または迷惑を覚えさせるような方法で、寄附の勧誘または要求をすること、ⓒ寄附をする財産の使途について誤認させるおそれのある行為をすること、ⓓ上記ⓐ～ⓒのほか、寄附の勧誘もしくは要求を受けた者または寄附者の利益を不当に害するおそれのある行為をすること、をしてはならない。

② 公益目的事業を行うために「公益目的事業財産」を使用または処分すること（18条）

公益法人の財産のうち、公益目的のために費消すべき財産を「公益目的事業財産」というのであるから、これは当然のことである。もっとも、「公益目的事業を行うために使用し、又は処分しなければならない」については、パブリックコメントに対する回答[29]が「公益目的事業財産に繰り入れる財産は、毎年度、その金額を公益目的事業のために使用、処分しなければならないということではなく、相当額を公益目的事業財産として管理するという意味です」と回答している。

29）2007年9月8日内閣府新公益法人行政準備室「公益法人制度改革関連の政令・内閣府令案に関する意見公募手続（パブリック・コメント）の結果について」の「別添2」15頁

(ⅴ) 行政庁による監督

上述のとおり、行政庁は、公益法人の事業の適正な運営を確保するために、公益法人に対し、その運営組織および事業活動の状況に関し必要な報告を求め、またはその職員に、当該公益法人の事務所に立ち入り、その運営組織および事業活動の状況もしくは帳簿、書類その他の物件を検査させ、もしくは関係者に質問させることができる（27条）。また、公益法人に対し、必要な措置をとるべき旨の勧告をすることができ、勧告を受けた公益法人が、正当な理由がなく、その勧告に係る措置をとらなかったときは、当該公益法人に対し、その勧告に係る措置をとるべきことを命ずることができる（28条1項・3項）。さらに、正当な理由がなく当該命令に従わないとき等には、公益認定を取り消す権限を有する（29条）。

公益認定の取消しの処分を受けた公益法人は、その名称中の公益社団法人または公益財団法人という文字をそれぞれ一般社団法人または一般財団法人と変更する定款の変更をしたものとみなされる（29条5項）。改正前民法に基づく旧公益法人も、運営上問題がある場合には「設立許可の取消し・解散」という処分がなされた（改正前民法71条・68条1項4号）。翻って、公益法人法29条による「公益認定の取消し」の場合は、公益社団・公益財団としての資格は失っても、一般社団・一般財団としての地位にはとどまるというところが、旧公益法人の設立許可の取消しの場合と異なる点である。もっとも、「公益認定の取消し」により、法人格を喪失することはないとしても、公益目的取得財産残額を1か月以内に贈与しなければならず（5条17号）、その財産額次第でその法人の存亡に関わる[30]。

(ⅵ) 公益認定等委員会

内閣府に、法律・会計・公益法人にかかる活動に関して優れた識見を有し両議院の同意を得た7人からなる公益認定等委員会を置く（32条・34条・35条）。内閣総理大臣は、認定・勧告・公益認定取消しについて原則として公益認定等委員会に諮問しなければならない（43条1項）。内閣総理大臣は、関連する政令・内閣府令の制定改廃について原則として公益認定等委員会に諮問しなければならない（同条2項）。公益認定等委員会は、一定の事項につき

---

[30] 公益法人91-92頁

内閣総理大臣に勧告をすることができ、関係行政機関に資料の提出・意見の開陳・説明その他の必要な協力を求めることができる（46条・47条）。内閣総理大臣は、報告徴求・立入検査・質問などの権限を公益認定等委員会に委任する（59条）。都道府県にも、公益認定等委員会と同等の権限を有する「合議制の機関」を置く（50条）。

3 法人の能力

　法人の能力としては、自然人におけると同様、権利能力・行為能力・不法行為能力がある。

（1）権利能力

　法人についても、権利能力の意味は、自然人の場合と同様である。問題となるのは、各種の法人が、いかなる範囲で権利を享有できるか、換言すれば、法人の権利能力は、自然人に比して、どのように制限されるかということである。

　自然人においては、権利能力の範囲の制限ということは、外国人の場合（民法3条2項）の場合を除いて、一般的には問題とされていない。しかし、法人にあっては、自然人と本質を異にし、また技術的な考慮などよりして、権利能力の制限は、はじめから考慮されている。法人の権利能力の制限は、通常、①法人の性質に基づくもの、②法令によるもの、③目的によるもの、の3つが挙げられている。

　① 性質に基づく制限
　　法人は、性・生命・身体を有さず、親族・身分関係も認められないので、身体権、配偶者としての権利、親権など、自然人の天然の性質を要件とする権利は有しないことは当然であるが、それ以外の権利については享有することができると解すべきである。相続権については、法人の性質上享有し得ないのではなく、相続人の範囲を限定している（886条-890条・959条）ので、その結果、相続権を享有し得ないだけである[31]。なお、法人も、名

誉権のような人格権を享有し得る。

② **法令による制限**

権利主体の権利能力は、法律の規定に基づくものであるから、その範囲についても法律の制限に従うべきことは、もとより当然である（民法34条）。この観点からは、法人と自然人とで何ら差はない。ただ、自然人の権利能力の制限は、必ず法律によらなければならないのに対し、法人の権利能力の制限は、法令（法律のみならず、命令をも含む）の規定でなし得る。法人は、政策的な目的のもとに、命令によってもその権利能力を制限される点において、一般の自然人とは異なり、外国人と同様の扱いを受けるのである。

③ **目的による制限**

民法34条は、「法人は、法令の規定に従い、定款その他の基本約款で定められた目的の範囲内において、権利を有し、義務を負う」としており、これは一般に、目的による権利能力の制限を規定するものと解されている。自然人の権利主体としての社会的価値は平等であるから、その権利能力の範囲に差異があってはならないが、法人の社会的価値には差異があるから、その権利能力にも広狭があってしかるべきである（清算法人〈一般法人法207条〉・相続財産法人〈民法951条〉などは目的によって権利能力の制限される適例である）。

（2）権利能力のない社団・財団

（ⅰ）権利能力のない社団・財団とは

民法旧規定の下では、公益も営利も目的とせず、主として構成員の非営利的利益を目的とする団体は、公益を目的としないゆえに旧公益法人にもなり得なかった。したがって、そのような団体（e.g. 同窓会のような親睦団体・学会・スポーツクラブ）は、特別法でもない限り法人格を得ることができなかった。このように、その実体が「旧公益法人たる社団」であるにもかかわらず法人格を有しないものを「権利能力なき社団」と呼んだ。研究団体などのように、非営利・非公益の目的を有し、特別法によって法人とする途を与えら

---

31) 我妻154頁

れていない団体、および、公益を目的とはするが、旧公益法人となる手続を
とっていないものなどに、その例が多かった。

　一般法人法の下にあっては、公益を目的としない団体も営利を目的としな
い限りは法人格を取得できるようになった。しかし、準則主義の採用により
一般法人の設立が簡便になったとはいえ、その手続の煩瑣をなお嫌って一般
社団法人・一般財団法人とならない団体が、一般法人法の下でも、**権利能力
のない社団・財団**として存在する。

(ⅱ) 権利能力のない社団・財団の意義

　(1) にて述べたように、団体は、法人格を有すれば、自然人に比して若
干の制限を受けるものの、権利・義務の主体となり得る。法人格を得ていな
い団体は、いかに法人同様の実体を備えていても、かかる団体の法律関係に
ついては、民法に規定がない（手続法や税法で当事者能力が認められるに過ぎな
い[32]）から、これに法律上の人格を認めることはできない。権利・義務の主
体とはならないということであって、組織として行動しても、その効果は、
構成員に帰属することになるのである。しかし、そのような団体の行動は、
構成員個人の行動とは明らかに異なるのだから、かかる団体（権利能力のない
社団・財団）にもできるだけ法人と同じような効果を与えるべきとされてい
る。

　権利能力のない社団の内部関係に、法人の規定を適用することには何ら問
題はない。一般法人法における社団の内部関係に関する規定は、その社団た
ることに基づくものであって、法人たることに基づくものではないからであ
る[33]。

　権利能力のない社団の対外関係については、次のように解されている[34]。

---

[32] 民事訴訟法29条「法人でない社団又は財団で代表者又は管理人の定めがあるものは、その名において訴え、又は訴えられることができる」。同37条「この法律中法定代理及び法定代理人に関する規定は、法人の代表者及び法人でない社団又は財団でその名において訴え、又は訴えられることができるものの代表者又は管理人について準用する」。行政不服審査法10条「法人でない社団又は財団で代表者又は管理人の定めがあるものは、その名で不服申立てをすることができる」。所得税法4条「人格のない社団等は、法人とみなして、この法律（略）の規定を適用する」。法人税法3条「人格のない社団等は、法人とみなして、この法律（略）の規定を適用する」。

[33] 我妻133頁

[34] 我妻133頁

① 訴訟能力を有する（民事訴訟法29条ほか）。
② 団体としての権利能力の範囲、なし得る行為の範囲、代表機関の権限、行為能力、不法行為能力などについても、一般社団法人の規定をこれらに適用して妨げないとされる。第三者に不利益を及ぼすおそれがないからである。
③ 団体の資産については、これは構成員の総有（⇒173頁）に属し、構成員各員は、総会を通じてその管理に参画するだけで、個々の財産について、持分権を持つものではないとされる。
④ 団体の負債についても、社団の理論に従って、それは団体に総有的に帰属し、団体の総有財産のみがその引当て（責任財産[35]）となり、特に規則に規定のない限り、団体の構成員は責任を負わないと解される。社団としての組織を実体として整備しているのだから、第三者に不利益を及ぼすおそれは、ほとんどないと考えられるからである。
⑤ ただし、団体の財産を登記する場合、また、契約書に署名をする場合については、団体の名だけでこれらをすることはできず、代表機関たる自然人の名でしなければならない。しかし、その場合にも、個人としてではなく団体の代表機関としての行為である旨を明記してあれば、課税その他の関係で、その者個人の財産関係から区別して取り扱われる。

(ⅲ)「組合」との異同

権利能力のない社団の法律関係をどう処理するかについて、かつては、ドイツ民法54条の「権利能力なき社団（Nichtrechtsfähige Vereine）には、組合（Gesellschaft：「会社」と訳されることが多いが、民法上の組合も含まれる）に関する規定を適用する」との規定を根拠として、組合の規定[36]を適用するのが妥当であると解されていた。すなわち、人の集団を基礎とした団体を、社団法人と組合とに二分し、社団法人でないものは、すべて組合と考える傾向があった。法人格を有しない限りは、組合の規定を適用し、団体員に無限責任を課さなければ、第三者を害するおそれがあるからとされる。

---

[35] 責任財産とは、金銭債権の強制執行の場合に執行の対象となり得る、債務者に帰属する全財産（差押禁止財産や一身専属的な権利を除く）をいう。
[36] 民法上の組合とは、各当事者が出資をして共同の事業を営むことを約する契約をいい、667条以下に規定がある。

しかし、法人が、法律行為の面でも財産の帰属の面でも、構成員とは遮断され、構成員から独立した存在であって、団体的性格が強いものである一方、組合は、個人的要素が強い。すなわち、組合の財産は構成員の共有に属し（668条）、組合の債務は構成員が責任を負う（675条）[37]。このように団体的要素が希薄な組合の規定を、団体的性格の強い「社団の実質を有する団体」に適用することは、甚だしく事理に反する[38]。そこで、近時の学説は、これを「権利能力のない社団」という概念で捉え、できるだけその実質に沿った方向で扱う（＝法人規定を適用する）ようになった[39]（通説）。なお、ドイツの学者も、ドイツ民法54条の上記規定を非難し、制限的解釈をする[40]。

(ⅳ) 成立要件

権利能力のない社団といい得るためには、①団体としての組織を備え、②多数決原理によって団体の意思決定が行われ、③構成員の変更にもかかわらず、団体そのものが存続し、④その組織において代表の方法、総会の運営、財産の管理その他団体としての主要な点が確定しているものでなければならない、と解されている（最判昭39・10・15民集18・8・1671〈後掲の［判例3.1］〉）。

上記要件のうち、財産的側面についていえば、「団体として、内部的に運営され、対外的に活動するのに必要な収入を得る仕組みが確保され、かつ、その収支を管理する体制が備わっているなど、他の諸事情と併せ、総合的に観察して」、民事訴訟法29条にいわゆる「法人でない社団」として当事者能力が認められる場合があるというべきであるとするのが判例（最判平14・6・7民集56・5・899）の立場である。すなわち、「必ずしも固定資産ないし基本的財産を有することは不可欠の要件ではな」いということであり、そのような資産を有していなくても「権利能力のない社団」の成立が認められることもある。

権利能力のない社団であることが肯定された事例としては、ⓐ頼母子講（たのもしこう）（大判昭15・7・20民集19・1210）、ⓑ民法上の組合[41]（最判昭37・12・18民集16・

[37) ドイツ民法54条も、「権利能力なき社団の名において第三者に対してなされた法律行為については、行使者は人的にその責任を負う。数人が法律行為をなすときは、行為者は連帯債務者として責任を負う」と規定している。
[38) 我妻133頁
[39) 近江Ⅰ119頁
[40) 我妻133頁

12・2422)、ⓒ生活協同連盟の支部組織（前掲最判昭39・10・15）、ⓓ普通地方公共団体の一定区域（最判昭42・10・19民集21・8・2078）、ⓔ沖縄門中（後述「ちょっと休廷」No.6）という前近代的な宗家・分家というような同族意識によって支えられてきた血縁団体（最判昭55・2・8民集34・2・138）、ⓕ大学の学友会[42]（最判平16・4・20民集58・4・841）などがある。

権利能力のない社団であることが否定された事例としては、ⓖ預託金会員制ゴルフクラブ（最判昭50・7・25民集29・6・1147、最判昭61・9・11裁判集民148・482）[43]、ⓗ政党の地方委員会（東京地判昭63・2・22判タ675・208）[44]などがある。

権利能力のない財団については、その成立要件は、①一定の目的のために結合した財産であること、②寄附者その他特定の個人の財産から分離されていること、③管理体制を備えていることであると解されている（最判昭44・11・4民集23・11・1951）。その成立が認められた事例としては、相続人の明らかでない相続財産（大判昭8・7・11民集12・2213）、公傷退職者の授産・遺族救済のために募集された財産（大判昭12・11・18判決全集4・22・19）などがある。また、遺言による寄付行為に基づき設立準備中の財団法人（最判昭44・6・26民集23・7・1175）、キリスト教宣教師らによる社会福祉等を目的とする団体を発展させたものとして設立準備中の財団法人（上掲最判昭44・11・4）も法人格を取得するまでは、権利能力のない財団とされる。その他、限定承認がされた相続財産（922条以下）、財産分離の手続が取られた相続財産（941条以下）、破産財団（破産法34条）なども、権利能力のない財団である[45]。

---

41) 訴訟上の当事者能力についてのみ、民訴法46条（現29条）所定の「権利能力なき社団にして代表者の定あるもの（法人でない社団又は財団で代表者又は管理人の定めがあるもの）」としての能力を認めた。

42) 大学の学長を会長とし、全学生、教官等を会員として組織され、大学により設立を承認されて学生の課外活動を推進する事業を行う組織（学友会）を権利能力のない社団と認めた上で、大学は、その団体について、同事業が円滑にかつ効果的に行われるように指導する権限を有すると判示した。

43) いずれも、独立して権利・義務の主体となるべき社団としての実体を有していないことを理由とする。

44) 財産的独立性を欠くこと、党の中央組織から独立した自律的な意思決定の権限は与えられていないこと、固有の規約も存在しないこと等を理由とする。

45) 松坂124頁

権利能力のない社団の成立要件

［判例 3.1］最判昭 39・10・15（民百選 I［7 版］8）

訴外社団法人 B の支部組織である訴外団体 A は、B としてではなく A として、訴外 C から本件土地（約 191 坪）を賃借して店舗を建築し、当該店舗の各部分を構成員に分譲して、営業をさせてきた。C への地代は、構成員（会員）から徴収している会費を充当していた。また、Y_1～Y_3（以下、Y ら）は、A の会員として、本件土地（本件店舗敷地）の一部（計約 9 坪）の使用権限を有し、その上に建物を所有していた。その後、A は、上記店舗の改装を計画したが、Y らはこれに反対し、地代分担金を直接 C に支払うことを A の代表者に通告した。他方、A は X 株式会社に改組され、A から X に本件土地賃借権が譲渡された。X は、C に代位して、Y らに対し、当該約 9 坪の土地の明渡しを請求した。Y らは、A は法人ではないから、本件土地の賃借人は A ではなく、A の会員である Y らであると主張した。原審は、X の請求を認容したので、Y らが上告。

上告棄却。「法人格を有しない社団すなわち権利能力のない社団については、民事訴訟法 46 条（現 29 条）がこれについて規定するほか実定法上何ら明文がないけれども、権利能力のない社団といいうるためには」として、（既述した）4 つの要件を掲げ、「このような権利能力のない社団の資産は構成員に総有的に帰属する。そして権利能力のない社団は『権利能力のない』社団でありながら、その代表者によってその社団の名において構成員全体のため権利を取得し、義務を負担する」とした上で、「A は、支部という名称を有し、その規約は本部 B の定款と全く同旨のものであったが、それ自体の組織を有し、そこには多数決の原則が行なわれ、構成員の変更に拘らず存続を続け、本部 B とは異なる独立の存在を有する権利能力のない社団としての実体を備えていたものと認められるのである。従って、訴外 C と権利能力のない社団である A の代表者との間で締結された本件土地賃貸借契約により、いわゆる B の構成員全体は B の名の下に本件土地の賃借権を取得したものというべ」きとして、Y らの主張を排斥した。

沖縄の門中

　門中（ムンチュー）とは、日本本土の同族に類似した沖縄の親族集団で、始祖を共通にする父系の血縁集団をいう。17世紀以降、琉球王府の士族階層を中心に沖縄本島中南部で発達し、本島北部や周辺離島に広がったといわれる。門中はムートゥ（宗家）とユダチ、ユダファと呼ばれる分家群で構成される。門中の性格については地域的な偏差が大きいが、共有する門中墓を維持管理し、オコデ（門中の神人）などを中心に各種の先祖祭祀を定期的に行うなどの機能を有するほか、親族集団として日常的な交際や扶助といった場面でも重要な役割を果たしている。日本本土では、家の継承においては婿養子による継承も許容されるのに対して、沖縄の門中は父系血縁（シジ）による継承を貫こうとする強い志向を有し、養子を取る場合にも養子同門制の原則に固執することを特徴とする。そのため、たとえば他門中の出身の娘婿が家や位牌（トートーメー）を継承するとタチイマジクイ（他系混交）の禁忌に抵触するとされる[46]。

　ところで、那覇市久米にある約6,000m²の門中所有地に関して、戦災で土地の登記簿が焼失したため、有力な宗家が1951年に同家の所有地として登記したのに対して、他の宗家が「この土地は門中財産であり、土地の所有者は門中代表者にある」として1957年に提訴した。裁判では、門中が「権利能力なき社団」に該当するかどうかで争われ、1審[47]・2審[48]とも、門中は民事訴訟法29（旧46条）により当事者能力を有するとした。両者が上告。1980年2月最高裁[49]は、「門中において、家譜記録等により構成員の範囲を特定することができ、また有力家の当主が代表機関となり、かつ、毎年恒例の集会に参加した構成員の総意により業務執行者が選任される不文の規約があり、祖先が寄附した土地等の財産を門中財産として有し、これを管理利用して得た収益によって相互扶助事業を行っている場合、その門中は権利能力なき社団にあたる」と判示し、原判決を維持し、上告を棄却した[50]。

46）琉球新報社編『沖縄コンパクト事典』（琉球新報社、1998年）393-394頁
47）沖縄地判昭45・8・4昭和39年(ワ)第253号および昭和40年(ワ)第346号
48）福岡高那覇支部判昭50・4・25判時798・38
49）最判昭55・2・8判時961・64および同961・69
50）沖縄大百科事典刊行事務局編『沖縄大百科事典 下巻』（沖縄タイムス社、1983年）645頁参照

門中によって所有・使用される共同墓（門中墓(ムンチューばか)）がある。その集団所有の形態として、それぞれ出自（あるいは出自伝承）の異なる複数の血縁集団による所有（1つの門中の所有ではなく2つ以上の門中の共有）となっているものが少なくない。そのような共有形態はイリクミ（入れ込み）と呼ばれ、集団寄合的な所有である。墓を共有する血縁集団どうしは、連帯意識が強い場合もあるが、その主導的立場をめぐって逆に対立しあうこともある。有名な糸満(いとまん)の幸地腹(こうちばら)門中墓のように数百家族の門中構成員が同一の墓を共有するという形態とは別に、長男の系統、二男の系統という下位集団に分かれ、十数家族からなるより小さな規模の父系血縁集団によって共有される形式もある。それも小さな規模の門中墓とされる[51]。

（ⅴ）権利能力のない社団の財産の帰属

権利能力のない社団に実質上帰属する財産は、法的にはどのように帰属すると考えるべきかについては、学説が分かれる。判例は、実質的には社団を構成する総社員のいわゆる総有に属するものであると解している（総有説）。そして、総有的とは、特段の定めがない限り、構成員は財産に関し共有の持分権または分割請求権を当然に有するものではないという意味である（最判昭32・11・14民集11・12・1943）。学説は、ⓐ単独所有説、ⓑ共同所有説、およびⓒ個別的処理説、の3つに大別される。

ⓐ 単独所有説

権利能力のない社団も対外的に権利主体性が認められる場合がある（民事訴訟法29条ほか）ことからみて、権利能力のない社団にも端的に権利主体性を認め、財産は社団の単独所有に帰するとする[52]。この説に対しては、33条1項の趣旨に反するという批判[53]がある。

また、財産は、実質的には社団自体に帰属するが、法人格を欠く結果、形式的には代表者個人に帰属するほかはないという、権利能力のない社団から生ずる法形式と社会的実質のくい違い・矛盾を統一的に処理し、その架橋的役割を果たすものが信託（⇒239頁・344頁）であるとする信託説[54]

---

51) 同645-646頁
52) 注釈民法(2) 91-92頁〔森泉章〕
53) 近江Ⅰ121頁、阿久澤利明「権利能力なき社団」星野英一編『民法講座第1巻（民法総則）』（有斐閣、1984年）261-262頁
54) 末弘厳太郎「団体財産と信託法理」民法雑記帳下巻（日本評論新社、1953年）73頁

もある。
ⓑ 共同所有説
　財産は、構成員の共同所有に属するとする学説であるが、さらに、次の2つに分かれる。
　ⓑ-1 総有説
　　総有というのは、共有の一形態であって、団体的性格が強く、各個人の権利は団体的拘束を受ける共同所有関係で、総有物の使用・利用も団体的規則から制限される一方、各人は、持分権を持たず、分割請求はもちろん、共同所有関係などは認められず、ただ、そこからの脱退が認められるに過ぎないというものである。
　　この説は、(ⅱ)にて既述したように、社団の資産・負債は、構成員に「総有」的に帰属すると説く。判例もこの立場であることはすでに述べた。
　ⓑ-2 合有説
　　合有というのは、総有と同じく共有の一形態であって、各所有者は、「共同の目的」という団体的拘束に服するけれども、各人は、共有財産につき持分権を有し、「共同の目的」が終了すれば、持分の譲渡や分割請求もでき、団体的地位とともにする持分の譲渡も一般に認められるというものである。
　　この説は、権利能力のない社団は、共同の事業という統一体であって、財産や債務は構成員に「合有」的に帰属すると説く[55]。
ⓒ 個別的処理説
　社団の類型に応じて、「総有」的なものか、「合有」的なものかを考えれば十分であるとして、個別的処理をしようとする学説[56]である。
　上述のとおり、総有説がわが国の支配的見解であり、判例の立場でもある。しかし、今日では、権利能力のない社団といっても、種々の実態が存することが認識され、一律に社団法人の規定を適用するのではなく、個別の実態に応じて個別具体的に考えるとする説が有力となっている。財産の帰属形態についても、社団の債務につき構成員が無限責任を負うか有限責任で済むのかについても、権利能力のない社団への一般的適用を志向する

---

55) 川島139頁、川井107頁
56) 近江Ⅰ122頁、四宮＝能見153-154頁

のではなく、各個の実態に合わせて効果を考えるべきである。ⓒ説が妥当であろう。

(vi) 権利能力のない社団の債務と責任

社団の債務については、社団の総有財産だけがその責任財産となり、構成員は個人的責任を負わないとするのが判例の立場である（[判例3.2] 参照）。

権利能力のない社団の取引上の債務

[判例3.2] 最判昭48・10・9民集27・9・1129（民百選I [7版] 9）

権利能力のない社団であるA協会の常務理事BがAを代表して、X社から商品を購入したが、Bは代金を支払わずに行方をくらました。そこで、Xは、Aは民法上の組合であるとして、Aの他の構成員Y_1〜Y_{17}（以下、Yら）に対し、代金の支払を求めた。

判決は、「権利能力のない社団の代表者が社団の名においてした取引上の債務は、社団の構成員全員に1個の義務として総有的に帰属し、社団の総有財産だけがその責任財産となり、構成員各自は、取引の相手方に対し個人的債務ないし責任を負わない」として、Xの請求を棄却した。

上記の判例は、「総有財産だけがその責任財産とな」るとしているが、合有説の立場でも同様の結論に帰着する。

この判例の理は、営利（社員に剰余金または残余財産の分配を受ける権利を与えること）を目的としない社団の場合は妥当するであろうが、営利を目的とする社団では、構成員の責任を認めるべきだとする見解[57]が有力である。学説としては、その他に、構成員が潜在的持分を有する場合には構成員の責任を認めるとする説[58]のほか、債権者への財産状況の開示の状況によって有限責任

---

57) 星野英一「いわゆる『権利能力なき社団』について」星野論集294頁、四宮＝能見152-153頁、近江I 124頁、内田233頁

の有無を考えるとする説[59]がある。通説・判例は、構成員の責任を否定する理由として、権利能力のない社団は、構成員とは独立した社団の実体を有しており、取引の相手方としても、社団としての実体がある場合は、債務の引当てが社団財産に限定されることを覚悟すべきであって、この点は、営利を目的とする場合においても同様であることなどを挙げている[60]。

代表者の責任については、①代表者責任否定説（代表者に個人責任を負わせるのは負担が重過ぎるとして、代表者の責任を否定する説[61]）と、②代表者責任肯定説（一種の担保責任として代表者の責任を認める説[62]）があるが、代表者であるというだけで当然にその個人的責任を認めるのは、理論的根拠が不十分であり、必要があれば、代表者を保証人とするなどの方法によるべきであるとして、代表者責任否定説が多数説となっている[63]（前掲最判昭44・11・4参照）。

(vii) 不動産の登記

権利能力のない社団の不動産が誰の名義で登記されるか争われた事案で、判例は、「権利能力なき社団の資産たる不動産については、社団の代表者が、社団の構成員全員の受託者たる地位において、個人の名義で所有権の登記をすることができるにすぎず、社団を権利者とする登記をし、または、社団の代表者である旨の肩書を付した代表者個人名義の登記をすることは、許されないものと解すべきである」としている（最判昭47・6・2民集26・5・957）。

登記実務としても、民事局回答や登記関係先例集等に基づき、①権利能力なき社団を登記名義人とすることはできない、②代表者名義とする定めがある場合はその代表者の個人名義で、その他の場合構成員全員の名義で登記する、③権利能力なき社団の代表者である旨の肩書を付した登記はできない、④代表者の個人名義で登記されている場合に代表者が交替したときは「委任の終了」を原因として新代表者の個人名義の所有権移転登記をする、という取扱いをしており、上記判例と同様の立場に立っている。その理由として、

---

58) 注釈民法(2) 111頁〔森泉章〕
59) 江頭憲治郎「企業の法人格」竹内昭夫＝竜田節編『現代企業法講座 第2巻（企業組織）』（東京大学出版会、1985年）76頁
60) 『最高裁判所判例解説民事篇 昭和48年度』法曹会43頁〔東條敬〕
61) 内田 234頁
62) 川島 139頁
63) 川井 108頁

登記官は実質的審査権を有しないから、実体に沿わない虚無の登記を生じる危険があること、権利能力なき社団は印鑑登録ができず、登記手続に支障があることなどが挙げられる[64]。

学説には、「代表者個人名義説」のほか、権利能力なき社団名義の登記が認められるとする「社団名義説[65]」、権利能力なき社団の代表者の肩書を付した代表者名義の登記が認められるとする「肩書付代表者名義説[66]」、代表者が構成員の信託を受けて不動産を所有する場合には、信託の登記をすべきだとする「信託説[67]」などがある。

地方自治法は、一定の要件の下に、権利能力のない社団である地縁による団体につき、「不動産（または不動産に関する権利等）を保有するため市町村長の認可を受けたときは、権利を有し、義務を負う」と法人格（認可地縁団体⇒154頁）を与え、団体名義の登記を認めるに至った。不動産登記法が、今後このような方針（改革）に進むのであれば、この問題解決の大きな前進となるとする見解がある[68]。

上掲昭和47年6月2日最高裁判決は、「本来、社団構成員の総有に属する不動産は、構成員全員のために信託的に社団代表者個人の所有とされるものであるから、代表者は、その趣旨における受託者たる地位において当該不動産につき自己の名義をもって登記をすることができるものと解すべき」と、信託説に近接する見解を述べている。しかし、「代表者個人名義説」をそのように捉えても、代表者（受託者）の債権者が当該不動産を差し押えた場合、社団は代表者名義の登記のままで差押債権者に対抗できることになるが、そうすると、「登記又は登録をしなければ権利の得喪及び変更を第三者に対抗することができない財産については、信託の登記又は登録をしなければ、当該財産が信託財産に属することを第三者に対抗することができない」と規定する信託法14条と正面から衝突することになる。友人4名が毎月旅行費用を積み立てるため、うち1名（A）を団体（Bの会）の代表として銀行預金口座（名義：Bの会・代表A）を開設した場合、この4名の関係は権利能力のない社団にも当たらないが、当該代表者と他の3名との間の法律関係は信託で

---

64) 『最高裁判所判例解説民事篇 昭和47年度』法曹会622頁〔吉井直昭〕
65) 星野・前掲（注57）302頁
66) 幾代150頁、四宮＝能見152頁
67) 末弘・前掲（注54）107頁以下、辻170頁
68) 近江Ⅰ123頁

あるから、当該預金口座はBの預金であり、その残高は信託財産であると認定された事案[69]（東京地判平成24・6・15金判1406・47）に鑑みれば、代表者の差押債権者に対抗するためには、信託説が最も適切となろう。

なお、銀行預金については、権利能力のない社団の代表者の肩書を付した代表者名義とすることが認められている（上掲東京地判平成24・6・15参照）。

（3）行為能力

（ⅰ）法人の行為の実現者

「A社は、同業のB社を〇〇億ドルで買収すると発表した」などという表現は、新聞記事などでたびたびこれを目にする。「ある法人が一定の行為をする」ということを伝えているわけであるが、身体を持たず観念に過ぎない（切っても血の出ない）法人は、文書を書いたり読んだりすることはできない。人の話を聞いたり、口頭で伝えたりすることもできない。「法人」という「人」が、物を移動させる、物を作る等の事実行為をしているところを目撃した自然人は存在しないはずである。そこで、法人の行為とはどういうことかという問題が生じてくる。

法人擬制説および法人否定説の立場は、法人の行為というものはなく、法人は、その外部に存する代理人の行為によって権利を取得し義務を負担し得るに過ぎないと説く（代理説）。それとは反対に、法人実在説は、法人も団体意思ないしは組織的意思を有し、その意思に基づいて行動するから、法人の行為というべきものが成立する、その意思を体現して行動

---

[69] 信託財産たる預金は、「信託の登記又は登録」なくしても、それが信託財産に属することを第三者に対抗することができること、つまり信託法14条の反対解釈が判例（最判平14・1・17民集56・1・20）により確認されている（「（信託財産たる）預金は、これにつき登記・登録の方法がないから、受託者の一般財産から分別管理され、特定性をもって保管されていれば、委託者は、第三者に対しても、その預金が信託財産であることを対抗することができる」）。

する法人の機関（理事）の行動がすなわち法人の行為である、と説く（代表説）。

代表説に対しては、理事など法人の代理人（代表機関）の行為のほかに生理的・物理的な意味での法人自体の行為があるなどとは考えないところであるとの批判[70]がある。また、代表か代理かという議論は結果の差異をもたらすものではないから実益がなく、法技術的には代表は代理と同義であるとの批判[71]もある。

代理の場合、代理行為につき本人と代理人とが競合する。つまり、本人は、委任した行為をなお自ら行うことができる。法定代理であっても、本人の行為は「取り消すことができる」に過ぎず、本人は当該行為を行う権限を喪失しているわけではない。然るに、法人の代表機関の行為につき、法人自身が自ら行うことはできない。代理説（代表と代理を同義とする説）によると、「法人の行為というものはない」ということだから、「法人の行為」は、本人（法人）と代理人（代表機関）とが競合しない特殊な代理行為ということになる。そうであるならば、（本人と代理人とが競合する）通常の代理と区別してもよさそうに思える。近江教授は、「広く一般に、高校を代表して全国大会に出場することを『代理』するとは言わないはずである」と指摘する。本人と代理人との競合とはまさにこのことで、この代表者を代理人と同義と解すれば、本人（高校という法人もしくは法人の一部）自身が、代理人たる出場者（生徒）を差し置いて全国大会に出場することができるということになる。もっとも、代表説も、「代表」の形式・要件（顕名主義、無権代理、表見代理、代理権の濫用等）は、ことごとく代理の規定に準拠して妨げない[72]とするから、あくまでも考え方の差異であろう[73]。

(ⅱ) 「法人の目的」の範囲

代表機関（理事）の行為については、それが法人の権利・義務として帰属するのはどの範囲なのかということが、いわゆる「法人の行為能力」の範囲の問題である。理事がなし得る行為の範囲について問題があるのは、「目的

---

[70] 幾代 117 頁
[71] 川井 94 頁
[72] 我妻 160-161 頁
[73] 代表と代理の異同については、近江Ⅰ 127 頁に詳しい。

による制限（⇒166頁）」についてである。民法34条は、「法人は、法令の規定に従い、定款その他の基本約款で定められた目的の範囲内において、権利を有し、義務を負う」と規定する。同条（旧43条）は、能力（権限）外の行為は無効であるとする、英米法の「ウルトラ・ヴァイレスの理論（ultra vires rule）」に従って起草されたものであるが、その際、起草者は、法人は一定の目的のためにのみ法律によって権利・義務の主体と認められたものだから、目的の範囲内においてしか権利・義務を持ち得ず、また、行為をなし得ないと考えた。つまり、法人は、目的の範囲外の行為をすることができないということである。

同条が何を制限したものなのかについては、学説が対立している。

ⓐ **権利能力制限説**

34条は、法人の権利能力を制限したものとする説である。代表機関の行った範囲外の行為は、法人には帰属しない（無効である）という考え方であり、上述の起草者の見解にも沿うし、通説[74]・判例（大判昭16・3・25民集20・347、最判昭44・7・4民集23・8・1347等）であると解される[75]。これに対しては、理事による債務不履行や不法行為は法人の目的の範囲外の行為であるから、その効果が法人に帰属しないという不当な結論を招来するという批判[76]がある。

ⓑ **行為能力制限説**

法人の権利能力は目的によっては制限されず、それによって制限されるのは法人のなし得る行為の範囲であるから、34条は、行為能力を制限したものとする説[77]である。実在説に立脚する考え方である。

ⓒ **権利能力・行為能力制限説**

34条を、ⓐ説のように権利能力の範囲を示すとともに、その行為能力の範囲に関するものと解する説[78]である。法人実在説からは一般にこのように説明される。これに対しては、ⓑ説とともに、行為能力制度は自然人の保護のためのものであり、法人に用いることへの批判がある[79]。

---

74) 川井85頁ほか
75) 『最高裁判所判例解説民事篇 平成8年度 上』法曹会222頁〔八木良一〕
76) 辻151頁、前田達明「法人の目的」法教213号（1998年）13頁
77) 末川博『判例民法の理論的研究 第1巻』（日本評論社、1942年）7頁以下、近江Ⅰ129頁ほか
78) 我妻157頁、幾代125頁ほか多数

ⓓ 代表権制限説

　34条は、法人（すなわち理事）の活動およびその結果としての権利・義務の帰属の範囲を制限したものと解する説[80]である。法人擬制説に立脚し、法人の行為ないし行為能力という概念を廃し、法人の行為＝理事の法人代表そのものとした上で、理事の法人代表権の範囲を制限するという意味と解する。範囲外の代表行為については、代理法理から、理事の無権代理（⇒332頁）となる。この説をもって現在の通説であると解する見解[81]もある。この説とⓐ説との相違については、ⓐ説に立てば、目的と範囲外とされた行為は無効となるが、この説に立てば、目的の範囲外とされた場合の法律関係は無権代理と同じであり、追認や表見代理（⇒399頁）による取引の相手方の保護が可能になるという点にあると解される[82]。

ⓔ 内部的責任説

　34条は、法人の機関の法人に対する内部的義務を定めたものとする説[83]である。この説によれば、制限に違反した対外的行為は有効となる。これに対しては、34条の文言から遠ざかるものであるとの批判[84]がある。

　ⓐ説によれば、法人と取引をしたところ、それが「定款その他の基本約款で定められた目的」の範囲外の行為であったため、法人の行為とは認められず、当該契約は無効となるとすれば、相手方は不測の損害を被るおそれが生じることとなる。これに対して、ⓓ説に立てば、契約は完全に無効となるわけではないから、それだけ相手方が保護される可能性が大きくなる。かくして、問題は、法人と相手方の利益の調和を図ることにある。

(ⅲ)「目的の範囲内」の判断基準

　34条の「目的の範囲内」について、判例は興味ある変遷を示している。営利法人の場合と非営利法人の場合とに分けて考察してみよう。

---

79) 川島122頁、前田・前掲（注76）13頁
80) 川島112頁、四宮＝能見116頁
81) 前田・前掲（注76）13頁
82) 内田249頁
83) 上柳克郎「会社の能力」田中耕太郎編『株式会社法講座 第1巻』（有斐閣、1955年）85頁以下。幾代126頁は、「相手方の保護という点では、この説が最も徹底している」とする。
84) 川井84頁

(ｱ) 営利法人の場合

　当初は、定款等に目的として列挙された行為のみが「目的の範囲内」と、限定的に解されていたが（たとえば、会社が功労者に贈与することは目的の範囲外で無効とした［大判明36・1・29民録9・102］）、次第に目的の範囲を拡張して、所定の「目的」たる事業の遂行につき必要な事項はすべて「目的の範囲内」に含まれるという見解を採るに至った（たとえば、鉄道会社が石炭採掘事業を行うのも目的の範囲に属するとした［大判昭6・12・17新聞3364・17］、会社が取引会社の借地契約上の債務について連帯保証契約（連帯保証につき85頁参照）をすることは、会社の目的遂行に必要な事項であって、会社の目的の範囲内に属する行為と認めるべきであるとした［最判昭30・10・28民集9・11・1748］、会社が功労者に慰労金を贈呈することは目的の範囲に属するとした［大判大2・7・9民録19・619］）。かくして、会社による政治献金すら目的の範囲内であるとされた（最判昭45・6・24民集24・6・625〈［判例3.3]〉）。

八幡製鉄政治献金事件

[判例3.3] 最判昭45・6・24（民百選Ⅰ[6版] 8）

　訴外A社は、その定款において「鉄鋼の製造および販売ならびにこれに附帯する事業」を目的として定める株式会社である。A社の代表取締役 Y_1・Y_2

（以下、Yら）は、1960年にA社を代表して、訴外B政党に350万円の政治献金をした。これについて、A者の株主の1人であったXは、本件政治献金がA社の定款の目的外の行為であると主張し、YらはA社に対し与えた350万円の損害を賠償すべきであるとして、株主代表訴訟を提起した。1審は、「政治資金の寄付は非取引行為である。非取引行為は営利の目的に反するから、会社の定款所定の目的の範囲外の行為であり、かつ、定款違反の行為は取締役の忠実義務に違反する」と、請求を認容。原審は請求棄却。X上告。

上告棄却。

「会社は定款に定められた目的の範囲内において権利能力を有するわけであるが、目的の範囲内の行為とは、定款に明示された目的自体に限局されるものではなく、その目的を遂行する上に直接または間接に必要な行為であれば、すべてこれに包含されるものと解するのを相当とする。そして必要なりや否やは、当該行為が目的遂行上現実に必要であったかどうかをもってこれを決すべきではなく、行為の客観的な性質に即し、抽象的に判断されなければならないのである（最判昭30・11・29民集9・12・1886）。会社は、社会の構成単位たる社会的実在なのであるから、それとしての社会的作用を負担せざるを得ないのであって、ある行為が一見定款所定の目的と関わりがないものであるとしても、会社に、社会通念上、期待ないし要請されるものである限り、その期待ないし要請にこたえることは、会社の当然になし得るところであると言わなければならない。そしてまた、会社にとっても、一般に、かかる社会的作用に属する活動をすることは、無益無用のことではなく、企業体としての円滑な発展を図る上に相当の価値と効果を認めることもできるのであるから、その意味において、これらの行為もまた、間接ではあっても、目的遂行の上に必要なものであるとするを妨げない。災害救援資金の寄附、地域社会への財産上の奉仕、各種福祉事業への資金面での協力などはまさにその適例であろう。以上の理は、会社が政党に政治資金を寄附する場合においても同様である。憲法は、政党の存在を当然に予定しているものというべきであり、政党は議会制民主主義を支える不可欠の要素なのである。その健全な発展に協力することは、会社に対しても、社会的実在としての当然の行為として期待される。会社による政治資金の寄附は、客観的、抽象的に観察して、会社の社会的役割を果たすためになされたものと認められる限りにおいては、会社の定款所定の目的の範囲内の行為である」（傍点引用者）。

本判決については、政治献金は思想・信条に関係するものであるから、学説では1審判決を支持するものが多い。また、本判決は、民法旧43条（現34条）が会社にも適用されることを前提とする[85]。2006年改正により、34条は

> 会社にも適用されることが明らかになったが、それに対する商法学者の批判は強い[86]。

　かように、判例は「目的遂行に必要な行為」という一般条項的な表現を用い、その際、目的を遂行する上で必要かどうかは、行為の客観的な性質に即して抽象的に判断されねばならないという「客観的抽象的基準説」によって、法人の財政的基盤の安定と相手方の利益の保護の調整を図り、具体的妥当な解決を求めてきた。しかし、「目的を遂行する上で直接または間接に必要な行為をすべて含む」となれば、営利法人の場合、取引安全の要請も相俟って、あらゆる種類の取引行為が目的の範囲内とされるに至った。かくして、営利法人にかかる目的範囲の制限は形骸化され、ほぼ有名無実となった。

(イ) **非営利法人の場合**

　非営利法人に関しても、判例は、目的の範囲による制限を緩やかに解することを一般的に承認しながらも、営利法人の場合に比べると厳格に解しているようである。農業協同組合が非組合員との間に準消費貸借契約[87]を締結した事案について、「農業協同組合が、その経済的基礎を確立するため、リンゴの移出業者との間に、同人らをしてリンゴの集荷をさせ、右組合においてその販売委託を受けて所定の手数料を受くべき契約を締結し、同人らに対しリンゴの集荷に要する資金を貸し付け、後日その帳尻を準消費貸借に改めた場合は、その借主がその組合の組合員でなくても、特段の事情の認められない限りは、その準消費貸借は、少くとも組合の事業に附帯する事業の範囲内に属するものと認めるを相当とする」として、組合の目的の範囲内に属すると認めたが（最判昭33・9・18民集12・13・2027）、農業協同組合の理事長が員外者である土建業者に金員を貸し付けた事案については、「農業協同組合が

---

85) 我妻154頁
86) 江頭憲治郎『株式会社法 第2版』（有斐閣、2008年）30頁
87) 契約当事者の一方（借主＝債務者）が金銭その他の代替物（⇒217頁）を相手方（貸主＝債権者）から受け取り、後にこれと同種・同等・同量の物を返還することを約する契約を**消費貸借契約**という（金銭の貸借がその典型例である。要するに、借りたものと同じものを返すという契約）が、返すべき金銭その他の代替物を受け取ったわけではないのに、それを給付する義務を負う者（＝債務者。たとえば、売買代金を支払うべき者）が、その相手方（債権者）に対してそれを消費貸借の目的とすることを約する契約を**準消費貸借契約**という。売買代金を直ちに支払わずに借金とし、それに利息・担保をつける場合などがその例であって、新たに信用を供与する機能を営む（小辞典594頁）。消費貸借・準消費貸借のいずれも典型契約（⇒348頁）である（587条・588条）。

組合員以外の者に対し、組合の目的事業と全く関係のない土建業の人夫賃の支払のため金員を貸し付けた等原判示の事情のもとにおいては、当該貸付は組合の目的の範囲内に属しないと解すべきである」として、組合の目的の範囲内に属しないとした（最判昭41・4・26民集20・4・849〈[判例3.4]〉）。取引の相手方を保護するより、非営利法人の構成員保護という後見的保護思想に基づくものと思われる[88]。たとえば、重要物産同業組合が組合員のため、繭(まゆ)を買い入れ、その代金債務を引き受けたこと（大判大元・9・25民録18・810）、会員に資金貸付をすることを目的とする法人が会員外の者に貸し付けたこと（大判昭8・7・19民集12・2229）などは、目的の範囲外とされた。

> [判例3.4] 最判昭41・4・26（民百選Ⅰ [6版] 7）
> 　X農業協同組合の理事長Y_1は、自らが取締役をしていた訴外A土建会社の代表取締役Y_2から、人夫賃等の支払いのために250万円の融資を要請された。X農協は定款で非組合員への貸付を禁止し、かつ組合総会で同年度の組合員への貸付限度額を2万円としていた。そこでY_1はX農協から訴外B銀行にいったん250万円を預金し、この預金債権にB銀行の質権を設定してB銀行からY_2に250万円を貸し付けるかたちで、実質的にはX農協から非組合員Y_2への融資を実行した。このY_2債務についてY_3が連帯保証をした。しかし、Y_2は弁済期を過ぎても利息と遅延損害金のほかは、弁済を怠った。
> 　Y_1は、Y_2への不当貸付の責任を追及されてX農協理事長を辞任し、Y_2債務のうち240万円について保証し、その担保として、Y_1所有不動産とY_4所有不動産に第1順位の抵当権を設定する旨の契約証書が作成され、抵当権設定の仮登記（⇒288頁）が行われた。その後も、Y_2・Y_3が弁済しなかったことから、X農協は、①Y_2・Y_3に対しては貸付金と約定利息の支払いを、②Y_1に対しては保証債務の履行を、③Y_1とY_4に対しては抵当権設定の本登記手続を請求した。これに対し、Y_2はX農協からの借入れを、Y_3はそれに対する連帯保証を、Y_1はY_2債務の保証と抵当権設定契約をそれぞれ否認した。
> 　原審は、①につき、組合の目的の範囲は「客観的抽象的に見て」定款所定の目的遂行に必要か否かによるが、非組合員Y_2に対する貸付行為はX農協の「目的事業とは全く関係なく」、Y_1もY_2もその事情を承知して借り受けており、組合の目的の範囲内に属しないことが明らかで、組合の基礎を危うくし、組合

---

88) 遠藤浩＝川井健＝原島重義＝広中俊雄＝水本浩＝山本進一編『民法1 総則 第3版』（有斐閣、1987年）87頁〔森泉章〕

設立の目的にも反するから、法律上無効である。ゆえに、有効な貸付けを前提とする $Y_2 \cdot Y_3$ に対する支払請求には理由がない。ただし、Y_2 は法律上の原因のないことを知りながら250万円を利得したことにより、受領日からの利息を付して返還義務を負うので、X農協が主張する利息を付した250万円の不当利得返還請求（予備的請求）はその限度で理由がある、として、①のうち、Y_2 に対する元金250万円および利息の支払請求のみを認容し、その余の $Y_1 \cdot Y_2 \cdot Y_3$ に対する請求を棄却した。X農協は、Y_2 への貸付けが組合の定款所定の目的遂行に必要かどうかは「諸般の具体的事実に因り判断」されるべきで、員外貸付の一事をもって無効と断ずるべきではないなどと主張して上告。

原審判決を支持して、上告棄却。

しかし、上述のような法人であっても、その有する実質的な社会的機能は営利法人のそれと乖離するものではない。上記判例のような一般的傾向は厳格に失するとの批判が加えられていたが、最近に至り、判例の態度は緩和されてきたとされる[89]。すなわち、信用組合が組合員でない火災保険会社から預金を受け入れた場合（最判昭35・7・27民集14・10・1913）などを「目的の範囲内」であるとするが、やはり一定していない。強制加入団体である税理士会が政治献金をするために会員（税理士）から特別会費を徴求する旨の総会決議を行ったことにつき、「税理士会は、公的な性格を有する強制加入団体であって、その会員には、実質的には脱退の自由が保障されていないこと、そして、政治団体に対して金員の寄付をするかどうかは会員各人が自主的に決定すべき事柄であり、会員にその協力を義務付けることはできないこと」などを理由として、「目的の範囲外」であると判断した（最判平8・3・19民集50・3・615「南九州税理士会政治献金事件」〈[判例3.5]〉）。ところが、同じく強制加入団体が会員から追加徴求した事案であるにもかかわらず、それを「目的の範囲内」と判示した判例がある。すなわち、P県司法書士会が巨大地震被災地であるQ県の司法書士会に復興支援金を寄付するために、会員（司法書士）から特別負担金を徴収する旨の総会決議を行ったことにつき、「本件寄付は目的の範囲を逸脱するものではなく、会員の協力義務を否定すべき特段の事情は認められない。強制加入団体であることを考慮しても、本件負担金の徴収は、会員の政治的または宗教的立場や思想信条の自由を害するもの

---

[89] 幾代122頁

ではない」とした「群馬司法書士会震災復興支援事件」（最判平14・4・25判タ1091・215）である。

　以上のように、非営利法人についての「目的の範囲内」の解釈も、判例法上緩やかなものになったとはいえ、なお営利法人の場合と同じ程度には達していないようであり、また、学説においても、営利法人と非営利法人（ないし公益法人）との間に、この点につき若干の差異はやむを得ないとする見解も少なくない[90]。

法人の目的と団体の性質

[判例3.5] 最判平8・3・19（民百選Ⅰ[7版] 7）

　Yは、昭和55年改正前税理士法（以下単に「法」という）49条に基づき、熊本国税局の管轄する南九州地方の税理士を構成員として設立された法人である。Yは、その定期総会において、税理士法改正運動に要する特別資金とするため、全額を規正法上の政治団体へ会員数を考慮して配付するものとして、会員から特別会費5,000円を徴収する旨の決議をし、その決議に基づいて徴収した特別会費470万円のうち451万円を政治団体へ寄付した。さらに、その後の定期総会において、各会員から本件特別会費5,000円を徴収し、その使途は全額政治団体へ会員数を考慮して配付するとの内容の決議をした。

　Xは、Yの会員である税理士であるが、本件特別会費を納入しなかった。

　Yの役員選任規則には、役員の選挙権および被選挙権の欠格事由として「選挙の年の3月31日現在において本部の会費を滞納している者」との規定がある。Yは、その規定に基づき、本件特別会費の滞納を理由として、Xを選挙人名簿に登載しないまま役員選挙を実施した。

　Xは、政治団体へYが金員を寄付することはその目的の範囲外の行為であり、そのための本件特別会費を徴収する旨の本件決議は無効であるなどと主張して、Yとの間で、Xが本件特別会費の納入義務を負わないことの確認を求め、さらに、Yが本件特別会費の滞納を理由として役員選挙においてXの選挙権および被選挙権を停止する措置を採ったのは不法行為であると主張し、Yに対し、これにより被った慰謝料等の一部として500万円と遅延損害金の支払いを求めて提訴した。

　原審は、Xの各請求は理由がないと判断した。Xが上告。

　破棄、一部差戻し。

---

90) 幾代122頁

> 　税理士会が政党など規正法上の政治団体に金員の寄付をすることは、たとい税理士にかかる法令の制定改廃に関する政治的要求を実現するためのものであっても、法49条2項で定められた税理士会の目的の範囲外の行為であり、寄付をするために会員から特別会費を徴収する旨の決議は無効であると解すべきである。

　法人の行為が「目的の範囲外」とされた場合、当該行為は無効であるとするのが判例の立場である（前掲［判例3.4］）が、無効主張は信義則により制限される場合があるとする（前掲最判昭44・7・4、最判昭51・4・23民集30・3・306）。学説には、「目的の範囲外」の行為を無効とする判例を支持する無効説[91]、「目的の範囲外」であっても私法上無効ではなく、未履行の場合は履行請求が否定され、履行済みの場合は有効であるとする履行段階説[92]などがある。

　(ウ) 公益法人の場合

　公益を目的とする法人は、一定の財産で、公益目的を達成しなければならないのであるから、財産が公益事業以外に流出しないように財産を確保することが求められる。したがって、公益法人の場合には、「目的の範囲内」を厳格に解し、法人の財政的安定を図らねばならない。

（4）法人の不法行為責任

（i）緒　論

　一般法人法78条・197条は、一般社団法人・一般財団法人の「代表理事その他の代表者」が、その「職務を行うについて」第三者に損害を加えた場合、当該法人がそれを賠償する責任を負うと規定している。法人自身の「不法行為責任」である。会社法上の株式会社（会社法350条）はもとより、特別法上の各種の法人（e.g. 社会福祉法29条）、また、国または公共団体（国家賠償法1条）においても、この規定と同じ理論が採られている。なお、権利能力のない社団にも類推適用されると解するのが支配的である。

---

91) 近江 I 131頁
92) 川井87頁

(ⅱ) 法人の不法行為能力

　法人擬制説の立場からは、法人自体の行為を認め得ないから、法人自体の不法行為もまた認められないとし、民法旧44条1項（現・一般法人法78条・197条）は、一定の場合に法人が他人（代表機関たる自然人）の行為について賠償責任を負うことを定めたものと説かれる。

　これに対して、法人実在説の立場からは、法人は、自らの意思によって自ら行為をするのであるから、その行為は、ときに第三者に対して不法に損害を及ぼすこともあり、その場合には、法人自身の不法行為として、法人自身が賠償の責めに任ずべきことになると説かれる。

(ⅲ) 成立要件

一般法人法78条の解釈として、以下の3つの要件を必要とする、

① **代表理事その他の代表者の行為であること**

　　「代表理事その他の代表者」とは、代表理事のほか、「一時代表理事の職務を行うべき者（一般法人法79条2項）」、「民事保全法56条に規定する仮処分命令により選任された理事又は代表理事の職務を代行する者（同80条1項）」、「清算人・代表清算人その他清算法人[93]を代表する者（同214条1項）」などの代表機関をいう。もっとも、代表機関ではない被用者がその事業の執行について第三者に損害を加えた場合には、法人は使用者責任（民法715条[94]）を負うことになるから、「代表理事その他の代表者」と被用者とで結論に大差はない。

② **「職務を行うについて第三者に加えた損害」であること**

　　代表理事が休日にプライベートで車のドライブをしていて交通事故を起こしてしまい、第三者に損害を加えた場合、法人はそれまでは責任を負い切れないと考えられよう。一般法人法78条が適用される代表機関の加害行為は、「その職務を行うに」あたって行われたものでなければならない。「職務を行う」とは、代表機関が法人の事業を執行する際になした行為を意味する。

---

93) 清算法人とは、本章では、解散や設立の無効・取消しの確定により清算をする一般法人を指す。その清算手続を担当する者を清算人という。
94) ある事業のために他人を使用する者は、被用者がその事業の執行について第三者に加えた損害を賠償する責任を負う。

ここで、「職務」の範囲が問題となる。初期の判例は、職務行為自体およびそれと関連する不可分一体の行為であると狭く解し、しかもその職務に関連して不正行為がなされることが必要であると制限的に捉えていた（大判大 11・5・11 評論 11・民 307）。このように、職務の範囲を狭く解すれば、法人は責任を免れることになり、被害者の保護はなおざりにされる結果になる。かくして、判例は、民法 715 条の使用者責任に関するものであったが、株式会社の庶務課長として株券発行の事務を担当する者が、その地位を濫用して株券を偽造して他人に損害を生じさせた事案で、従来の見解を狭きに失するとしてこれを改め、いやしくも株券係員が株券を偽造することは 715 条にいわゆる「事業の執行について」というべきものとし、執行権の範囲を広く解するに至った（大連判大 15・10・13 民集 5・785）。この趣旨は、一般法人法 78 条の解釈をも改めさせたものと解されている[95]。この連合部判決を契機に、職務の範囲は広く解釈されるようになり、さらには外形標準説[96]の採用によって相手方保護が果たされていく。この説は、上記連合部判決に結実し、多くの学説の支持を得たうえで、民法旧 44 条（現・一般法人法 78 条）の「職務を行うについて」や 715 条の「事業の執行について」の解釈基準とされるに至る。これは、被害者の外形への信頼を保護するものであるから、その反射として、外形上は代表機関が「職務を行うについて第三者に加えた損害」であっても、当該被害者が、当該加害行為につき「職務を行うについて」なされたのではないことを知っていたか、または知らないことに重大な過失があったときは、法人は民法 44 条 1 項（現・一般法人法 78 条）の損害賠償責任を負わない（最判昭 50・7・14 民集 29・6・1012）。

③ 709 条の成立要件を充たすこと
　一般法人法 78 条は、民法 709 条に該当するものであるから、709 条の要求する一般不法行為の要件を備えなければならないことは当然であ

---

[95] 我妻 164 頁
[96] 代表機関ないし被用者の加害行為が、その行為の外形から判断して客観的に法人の事業活動ないし当該代表機関ないし被用者の職務範囲と認められれば、たとえ、代表機関ないし被用者が自己または他人の利益を図る目的で権限濫用した場合でも、当該代表機関ないし被用者の主観的事情は考慮せず、職務を行うについて（事業の執行について）の要件を充足することになることを認める理論である（鳩山秀夫『日本債権法 各論 下 増補改訂版』（岩波書店、1924 年）917 頁）。

る。すなわち、ⓐ故意または過失ある行為であること、ⓑ他人の権利または法律上保護される利益が侵害されたこと、ⓒ被害者が損害を被ったこと、である。

(iv) 役員等の法人に対する責任

役員等（理事、監事または会計監査人）は、その任務を怠ったときは、法人に対し、これによって生じた損害を賠償する責任を負う（一般法人法111条1項・198条）。

(v) 代表理事ほかの個人責任

代表理事その他の代表者（代表機関）がその職務を行うについて第三者に加えた損害につき、法人が賠償責任を負う場合でも、代表機関の行った不法行為であることには変わりはない。したがって、そのような場合、代表機関も個人として民法709条の責任を負い、法人とともに全額負担の責任がある。そして、一般法人法78条により法人が負担する損害賠償債務と民法709条により代表機関個人が負担する損害賠償債務は、不真正連帯債務★と解される。判例もそのように理解している（大判昭7・5・27民集11・1069「ああ玉杯に花受けて事件」）。

> **連帯債務・不真正連帯債務**：「連帯債務」とは、債権者に対して数人の債務者が同一内容の給付について各自独立に全部の給付をなすべき債務を負担し、しかもそのうちの1人が給付をすれば、他の債務者の債務もすべて消滅するという多数当事者の債務関係をいう。翻って、「不真正連帯債務」とは、複数の債務者が同一内容の給付について全部の履行をしなければならない義務を負い、1債務者の弁済によって他の債務者も債務を免れる点で連帯債務と近似するが、債務者間に主観的共同関係がなく、したがって弁済を除いて債務者の1人に生じた事由が他の債務者に効力を及ぼさない点でそれと区別される。民法719条所定の「共同不法行為者の責任」は、連帯責任と規定されているが、これは不真正連帯債務であると解する学説が有力である。

役員等（理事・監事・会計監査人等）がその職務を行うについて悪意または重大な過失があったときは、当該役員等は、これによって第三者に生じた損害を賠償する責任を負う（一般法人法117条1項・198条）。職務懈怠であることに悪意・重過失であったときの損害賠償責任規定である。虚偽の報告・登記・公告をした場合も同様とする（同条2項・同）。この責任は、709条の責任

とは性質が異なることに注意せねばならない。なお、「役員等が一般法人または第三者に生じた損害を賠償する責任を負う場合において、他の役員等も当該損害を賠償する責任を負うときは、これらの者は、連帯債務者とする」（一般法人法118条・同）と規定されているが、ここにいわゆる「連帯債務」は上述と同じく、「不真正連帯債務」のことであると考えられる（通説）。

なお、民法旧44条2項は、「法人の目的の範囲を超える行為によって他人に損害を加えたときは、その行為にかかる事項の決議に賛成した社員および理事並びにその決議を履行した理事その他の代理人は、連帯してその損害を賠償する責任を負う」と規定していた。しかし、2006年の民法改正によりこの条項は削除された（一般法人法にも同様の規定はない）。ただ、そのような規定が消滅しても、行為者・決議賛成者は、709条ないし719条により賠償責任を負わなければならないとされる[97]。

(vi) 一般法人法78条と民法110条

「代理」とは、他人（代理人）が本人に代わって第三者（相手方）に対して意思表示をし、または意思表示を受領することによって、本人が直接にその法律効果を取得する関係をいう（民法99条）。代理人は、当然に、本人からもしくは法律により、一定の法律行為を本人に代わって行うことができるという代理権が与えられている。民法110条は、代理人が、代理権の範囲を超えて代理行為をした場合（越権代理）において、第三者（相手方）が当該代理人がその権限を有していると信ずべき正当な理由を有しているときは、本人はその代理行為について責任（表見代理責任）を負う（法律効果を甘受せねばならない）と規定している。詳細については、代理の箇所（第7章）で扱う。

法人の代表機関が権限を越えて、私利を図る目的で、法人名義で代表行為をした場合、法人は、一般法人法78条による不法行為責任を負うのか、あるいは、民法110条の表見代理責任を負うのか。学説は分かれ、判例も軌を一にしない。

判例では、民法旧44条1項（現・一般法人法78条）を適用したものとして、町長が町議会の議決書を利用して個人的費消の目的で借り入れた事例（大判昭15・2・27民集19・441）や、市長が自己の負債に充てるために、議会の議

---

97) 近江 I 136頁

決を経ずに約束手形を振り出して金銭を借り入れた事例（最判昭41・6・21民集20・5・1052）などがある。他方、民法110条を適用した例としては、村長が村会の決議書を偽造して銀行から融資を受けた事例（大判昭16・2・28民集20・264）や、町条例で町有不動産につき一定価格未満の場合には町議会の議決を要せず、町長が代表して私法上の売買契約を締結できる権限があると規定されていたところ、町長がこの制限を超えて町有不動産を売却した事例（最判昭39・7・7民集18・6・1016）などがある。

学説は、以下のように分かれる。

ⓐ 110条適用排除説

不法行為法固有の問題として、民法110条の適用を排除し、一般法人法78条のみを適用すべきとする見解があり得る。

ⓑ 110条適用説

代表機関の越権行為が取引行為による場合には、取引法の原則に基づいて民法110条のみが適用されるべきで、一般法人法78条は適用されないとする見解[98]である。この問題の実質は、法律行為の代理権不存在の場合における相手方保護に関するものであり、表見代理もしくはその適用範囲拡大の問題として考慮すべきという。

ⓒ 重畳適用説

一般法人法78条と民法110条との重畳的適用を認める考え方であるが、さらに2つに分かれる。

ⓒ-1 110条優先適用説

民法110条と一般法人法78条の適用の要件はほとんど差異がないが、取引の安全をより一層厚く保護するためにまず110条の適用を考慮し、その適用の要件が否定された場合に一般法人法78条の適用を吟味すべきとする見解[99]である。取引行為はまず取引行為としての効力を維持することに努めるべきだからという。

ⓒ-2 選択的適用説

民法110条と一般法人法78条は、その要件・効果の点で大差はないので、いずれを適用してもよいとする見解[100]である。

---

98) 川島130頁
99) 我妻165頁、近江Ⅰ 134-135頁
100) 川井92頁ほか

要件については両者に差異はないが、効果に関しては、一般法人法78条では、損害額を限度とする金銭賠償の請求だけであるのに、民法110条では、法律行為の有効化による履行責任の追及が認められる。そして、前者では、相手方に過失があれば、過失相殺（民法722条2項）によって双方の利益調整がなされ得るのに対し、後者では、相手方が善意無過失かそうでないかによって効果が逆になる。また、前者では、被害者は、法人および代表機関個人の双方に責任追及ができるのに対し、後者では、法人の履行責任を追及できるにとどまる。最後に、前者の責任は、3年の短期消滅時効にかかる（民法724条）のに対し、後者の責任は通常の時効期間が適用される。

　いずれにしても、実質的には、代表者による越権代表行為について本人（法人）が責任を負うという形式であり、要件についても大きな差異はないのであるから、ⓒ説が妥当となろう。ⓒ説の中でも、ⓒ-1説に対しては、当事者が78条による救済を求めているときには妥当とはいえないとする批判[101]がある。また、被害者側にも過失があった場合には、110条の履行責任を負わせることは両者間の衡平を欠くことになるから、78条を適用した上で、過失相殺の適用を考慮すべきであろう。

(vii) 企業責任論

　一般法人法78条（あるいは民法715条）の法人の不法行為責任は、代表者ないし被用者の個人的な不法行為を前提としたものである。しかし、企業活動が活発化し、それに伴う事故・損害が多発してくるに及び、代表者ないし被用者個人の故意・過失を介して法人責任を問うのではなく、法人自体に直接責任を負わせるという、無過失責任の思想が提唱されるに至った。水銀性の有毒物が放出され、魚貝類が汚染され、それを食べた住民に損害を与えた熊本水俣病事件において、熊本地判昭48・3・20判時696・15は、「廃水の放流は被告（会社）の企業活動そのものであって、法人の代表機関がその職務を行う上で他人に損害を加えたり、あるいは被用者が事業の執行につき第三者に損害を加えたり（民法715条1項）したときのように、特定の人の不法行為について法人が責任を負うべき場合とは自らその本質を異にするものというべき」と判示した。

---

101) 川井92頁

4 法人の管理

(1) 一般社団法人

(i) 機関
(ア) 社員総会
ⓐ 権　限

　一般社団法人の意思決定機関である社員総会は、社員で構成され、一般社団法人の組織、運営、管理その他一般社団法人に関する一切の事項について決議をすることができる（一般法人法35条1項）。つまり、一般社団法人の重要事項等を社員によって決定する機関であり、株式会社の株主総会と同様の機能を有する機関である。したがって、一般法人法の規定により社員総会の決議を必要とする事項について、理事、理事会その他の社員総会以外の機関が決定することができることを内容とする定款の定めは、その効力を有しない（同条4項）。

　一般法人法の規定により社員総会の決議事項とされているものは、社員の除名（30条1項）、役員の選任・解任（63条1項・70条1項）、役員等の責任の一部免除（113条1項）、計算書類の承認（126条2項）、定款の変更（146条）、事業の全部譲渡（147条）、解散（148条3号）、解散後清算結了までの継続（150条）、合併契約の承認（247条・251条1項・257条）である。

　なお、一般社団法人は非営利法人であるから、社員総会は、社員に剰余金を分配する旨の決議をすることができない（35条3項）のは当然である。

ⓑ 招集手続

　理事は、毎事業年度の終了後一定の時期に社員総会を招集しなければならない（定時社員総会）。また、理事または社員は、必要がある場合にはいつでも社員総会を招集することができる。もっとも、社員による招集の場合は、総社員の議決権の10分の1（5分の1以下の割合を定款で定めた場合にあっては、その割合）以上の議決権を有する社員が、理事に対し、社員総会の目的である事項および招集の理由を示して、社員総会の招集を請求する場合に限られる（37条1項）。社員が請求しても遅滞なく招集の手続が行われない場合、あるいは請求をした日から6週間（これを下回る期間を定款で定めた場合にあっては、

その期間）以内の日を社員総会の日とする社員総会の招集の通知が発せられない場合は、請求をした社員は、裁判所の許可を得て、社員総会を招集することができる（同条2項）。

　社員総会を招集するには、理事は、原則として社員総会の日の1週間前までに、社員に対してその通知を発しなければならない（39条1項本文）。ただし、社員総会に出席しない社員が書面または電磁的方法によって議決権を行使することができることとするときは、社員総会の日の2週間前までにその通知を発しなければならない（同項ただし書）。

ⓒ **決　議**

　社員は、各1個の議決権を有する（48条1項本文）。これにつき、定款で別段の定めをすることはできるが（同項ただし書）、社員総会において決議をする事項の全部につき社員が議決権を行使することができない旨の定款の定めは、その効力を有しない（同条2項）。

　社員総会の決議は、原則として、総社員の議決権の過半数を有する社員が出席し、出席した当該社員の議決権の過半数をもって行うこととされているが（49条1項）、社員の除名・監事の解任・役員等の責任の免除・定款の変更・事業の全部の譲渡・解散および解散後清算結了までの継続・吸収合併契約の承認・新設合併契約の承認にかかる決議は、原則として、総社員の半数以上であって総社員の議決権の3分の2以上に当たる多数をもって行わなければならない（同条2項）。

　役員（理事および監事）および会計監査人は、社員総会の決議によって選任する（63条1項）。一般社団法人と役員および会計監査人との関係は、（民法の）委任に関する規定に従う（64条）。また、役員および会計監査人は、いつでも、社員総会の決議によって解任することができる（70条1項）。

　社員は、代理人によってその議決権を行使することができるが、当該社員または代理人は、社員総会ごとに、代理権を証明する書面を一般社団法人に提出しなければならない（50条1項・2項）。

　社員総会の議事録は作成が義務づけられており（57条1項）、社員総会の日から10年間、主たる事務所に備え置かなければならない（同条2項）。また、原則として社員総会の日から5年間、議事録の写しをその従たる事務所に備え置かなければならない（同条3項本文）。

(イ) 理　事
ⓐ 員数・任期・資格等
　一般社団法人は、社員総会以外の機関として、1人または2人以上の理事を置かなければならない（60条1項：改正前民法52条1項と同一の趣旨）ほか、定款の定めによって、理事会、監事または会計監査人を置くこともできる（同条2項）。
　理事は、社員総会によって選任・解任される（63条1項・70条1項）。理事の任期は、選任後2年以内に終了する事業年度のうち最終のものに関する定時社員総会の終結の時までとされるが（66条本文）、定款または社員総会の決議によってその任期を短縮することができる（同条ただし書）。なお、法人や成年被後見人・被保佐人等は、理事（理事および監事）となることができない（65条1項）。

ⓑ 権限等
　理事会を設置していない一般社団法人（理事会非設置一般社団法人）の理事の業務・権限等は、以下のとおりである。
　　業務の執行：理事は、定款に別段の定めがある場合を除き、理事会非設置一般社団法人の業務を執行する（76条1項）。理事が2人以上ある場合には、原則として、理事の過半数をもって決定する（同条2項）。
　　代表権：理事は、他に代表理事その他一般社団法人を代表する者を定めた場合を除き、一般社団法人を代表する（77条1項）。理事が2人以上ある場合には、理事は、各自が代表する（同条2項：改正前民法52条2項と同一の趣旨）。
　法人の代表者（理事）が法人の代表機関として物を所持する場合には、その直接占有者[102]は法人自身であって、代表者は（特段の事情がない限り）独自の占有があるとはいえない。したがって、法人の代表者が代表機関として不法占有をしている場合の引渡請求の被告は、代表者ではなく法人である（最判昭32・2・15民集11・2・270）。

---

102) 直接占有は代理占有（＝間接占有。⇒342頁）の対立概念であり、自己占有ともいう。他人を介して占有を取得するものが代理占有であるのに対し、直接占有は本人自ら占有するものである。占有の種類には、このほか、自主占有（所有の意思をもってする占有）・他主占有（所有の意思をもたない占有。e.g. 借用物の占有）等がある。詳しくは、「物権法」で習う。

ⓒ 責任等

理事会非設置一般社団法人の理事の責任・義務等は、以下のとおりである。

① 忠実義務

法令および定款ならびに社員総会の決議を遵守し、一般社団法人のため忠実にその職務を行わなければならない（一般法人法83条）。

② 競業および利益相反取引の制限

理事は、(a)自己または第三者のために一般社団法人の事業の部類に属する取引をしようとするとき、(b)自己または第三者のために一般社団法人と取引をしようとするとき、(c)一般社団法人が理事の債務を保証することその他理事以外の者との間において一般社団法人と当該理事との利益が相反する取引をしようとするときには、社員総会において、当該取引につき重要な事実を開示し、その承認を受けなければならない（84条1項）。会社法356条と同様の趣旨である。上記(b)の取引であっても、社員総会の承認を受けたものについては、自己契約・双方代理を禁じた民法108条の規定（⇒359頁）は当然ながら適用されない（同条2項）。

③ 報告義務

理事は、一般社団法人に著しい損害を及ぼすおそれのある事実があることを発見したときは、直ちに、当該事実を社員に報告しなければならない（85条）。

④ 社員による理事の行為の差止め

社員は、理事が一般社団法人の目的の範囲外の行為その他法令もしくは定款に違反する行為をし、またはこれらの行為をするおそれがある場合において、当該行為によって一般社団法人に著しい損害が生ずるおそれがあるときは、当該理事に対し、当該行為をやめることを請求することができる（88条1項）。

(ウ) 代表理事

理事会非設置一般社団法人は、定款の定めや社員総会の決議によって、理事の中から代表理事を定めることができる（一般法人法77条3項）。代表理事は、一般社団法人の業務に関する一切の裁判上または裁判外の行為をする権限を有する（同条4項）が、その権限に加えた制限は、善意の第三者に対抗することができない（同条5項：改正前民法54条と同一の趣旨）。

法人の代表機関と法人の関係は、代理人と本人の関係よりも、すべての点

ではるかに密接なものであるから、この関係を言い表すために、機関は法人を代表するというのを常とする[103]とされる。しかし、この代表関係のうちで法律行為の代表については、その形式・要件は、すべて代理の規定を準用して構わない。したがって、理事その他の代表機関の代表行為の形式は、代理行為と同様に、顕名（⇒335頁）をしなければならない。たとえば、「P会社・代表取締役Q」「R法人・理事S」のごとくである。77条にいわゆる「代表」（「一般社団法人を代表する」「各自、一般社団法人を代表する」「代表理事」）については、法律行為に関しては、代理と同義であると考えてよかろう。なお、法人の代表機関の行為の性質については、「代表説」と「代理説」とがある。前者は、法人実在説の立場から、代表機関が法人のためにした行為の効果はすべて法人に帰属するという特殊な法律関係であり、これを代表というとする説であり、後者は、主として法人擬制説・法人否認説の立場から、法人自身の行為はなく、法人は代表機関の行為によって権利を取得し義務を負担するのであり、通常の代理と性質は同じであるとする説である。

　代表理事を定めた場合、77条1項所定の代表権については、代表理事だけがこれを包括的に有し、他の（代表理事ではない）理事はこれを有しないことになる。このことは、同条4項の反対解釈により導かれる。すると、代表理事ではない理事が勝手に代表行為をした場合は、無権限行為（越権行為）となる。同条5項は、「代表理事の、一般社団法人の業務に関する一切の裁判上または裁判外の行為をする権限に加えた制限は、善意の第三者に対抗することができない」代表理事の代表権にかかる規定なので、代表理事ではない理事の行為に対しては適用できない。この場合は、権限外行為であることから、代理人が権限外の行為をした場合の規定である民法110条を類推適用すべきであるという見解[104]が有力である。

　上述のとおり、代表理事の代表権に加えた制限は、善意の第三者に対抗することができない。代表権の制限の例としては、合名会社において、代表社員に事故がある場合にのみ他の社員に代表権がある旨の定款による制限（大判大7・6・21民録24・1281）、他の理事と協議しなければ組合を代表して借入れができない旨の定款による制限（大判大9・10・21民録26・1561）、理事のうち、会長・副会長だけに代表権がある旨の定款による制限（大決昭9・2・2

---

103) 我妻160頁
104) 近江Ⅰ140頁

民集 13・115) などがある。また、「善意」の意義は、理事の代表権に制限が加えられていることを知らないことをいい、その主張・立証責任は第三者にあるとするのが判例（最判昭60・11・29民集39・7・1760)・通説である[105]。この場合、第三者は無過失までは要求されないとするのが通説[106]・判例（上掲最判昭60・11・29）である[107]。なお、理事の代表権に加えた制限に関する定款の定めにつき善意とはいえない場合であっても、理事会の承認があったと信じた第三者は、民法110条の類推適用により保護され、法人は責任を負わねばならない（上掲最判昭60・11・29〈[判例3.6]〉)。

代表理事の代表権の制限と民法110条

[判例3.6] 最判昭60・11・29（民百選Ⅰ [7版] 31）

　Xは、Y漁業協同組合の理事長Aに対して、Yが所有する土地の購入を申し入れたところ、Aが「役員会に諮って決める」と回答した上で、役員の意見を取りまとめるための運動費は必要と要求するので、Aに運動費を渡した。その後、AとXの間で本件土地の売買契約が締結されたのに基づき、Xは、当該土地の登記移転をYに求めて提訴した。

　原審は、法人と取引をした相手方が代表権に制限があることを知っていた場合に、理事会の承認を知らなかったとしても善意とはいえない、としてXの請求を棄却した。Xが上告。

　上告棄却。「（民法旧54条にいわゆる）善意とは、理事の代表権に制限が加えられていることを知らないことをいうと解すべきであり、また、善意についての主張・立証責任は第三者にあるものと解すべきである。そして、第三者が善意であるとはいえない場合であっても、第三者において、理事が当該具体的行為につき理事会の決議等を得て適法に漁業協同組合を代表する権限を有するものと信じ、かつ、このように信じるにつき正当の理由があるときには、民法110条を類推適用し、漁業協同組合は当該行為につき責任を負うものと解するのが相当である」と説示するも、「Xが、本件土地の売却につき理事会の承認がありAが本件売買契約締結の権限があるものと信じたとしても、そう信じるにつき正当の理由があるとはいえない」と原審が認定判断しているからとてXの請求を棄却した。

---

105) 民百選Ⅰ6版65頁〔能見善久〕は、「法人側で取引に際して相手方に告げるべきことであるから、法人側に立証責任を負わせるべきである」と、反対する。
106) 幾代128頁
107) 注釈民法(2) 379-380頁は、無過失が必要であると説く。

代表理事その他の代表者がその職務を行うについて第三者に加えた損害を賠償する責任については、法人がこれを負う（一般法人法78条）。

　代表権を有する理事が権限を濫用し、自己の利益のため法人の代表名義でなした法律行為は、相手方が当該理事の真意を知り、または、知り得べきものであったときは、民法93条ただし書の規定を類推適用して当該代表行為は無効となる、というのが判例の立場である。詳細については、代理の箇所で扱う（⇒363頁）。

　一般社団法人は、代表理事以外の理事に理事長その他一般社団法人を代表する権限を有するものと認められる名称を付した場合には、当該理事がした行為について、善意の第三者に対してその責任を負う（同法82条）。表見代表取締役（会社法354条[108]）と同様の趣旨である。

(ェ) 理事会

　一般社団法人は、定款の定めによって、理事会を置くことができる（一般法人法60条2項）。理事会を置く一般社団法人を「理事会設置一般社団法人」という（同法16条1項かっこ書）。

　理事会は、すべての理事で組織され、ⓐ理事会設置一般社団法人の業務執行の決定、ⓑ理事の職務の執行の監督、ⓒ代表理事の選定および解職を行う（90条1項・2項）。理事会非設置一般社団法人においては、代表理事の選定は任意であるが、理事会設置一般社団法人においては、理事会が理事の中から代表理事を選定しなければならない（同条3項）。理事会設置一般社団法人の業務を執行する理事は代表理事であるが、理事会の決議によって代表理事以外の理事を業務執行を行う理事として選定することもできる（91条1項）。代表理事および業務執行を行う理事は、原則として3か月に1回以上、自己の職務の執行の状況を理事会に報告しなければならない（同条2項）。

　理事会設置一般社団法人の理事は、理事会非設置一般社団法人の場合と同様に、競業および利益相反取引の制限を受ける。ただし、当該取引につき重要な事実を開示してその承認を受けるのは、社員総会ではなく理事会である（92条1項）

　理事会は、理事会を招集する理事を定款または理事会で定めたときを除き、

---

[108] 株式会社は、代表取締役以外の取締役に社長、副社長その他株式会社を代表する権限を有するものと認められる名称を付した場合には、当該取締役がした行為について、善意の第三者に対してその責任を負う。

各理事が招集する（93条1項）。招集権者以外の理事であっても、招集権者に対し、理事会の目的である事項を示して、理事会の招集を請求することができる（同条2項）。

理事会の決議は、原則として、議決に加わることができる理事の過半数が出席し、その過半数をもって行う（95条1項）。この決議について特別の利害関係を有する理事は、議決に加わることができない（同条2項）。

㋺ 監 事

理事会非設置一般社団法人は任意で監事を置くことができる（一般法人法60条2項）。翻って、理事会設置一般社団法人は、監事を置かなければならない（61条）。監事を置く一般社団法人を「監事設置一般社団法人」という（15条2項1号）。

監事は、理事の職務の執行を監査し、監査報告を作成する（99条1項）。この監査報告のため、監事は、いつでも、理事および使用人に対して事業の報告を求め、または監事設置一般社団法人の業務および財産の状況の調査をすることができる（同条2項）。また、理事が監事設置一般社団法人の目的の範囲外の行為その他法令もしくは定款に違反する行為をし、またはこれらの行為をするおそれがある場合において、当該行為によって監事設置一般社団法人に著しい損害が生ずるおそれがあるときは、当該理事に対し、当該行為をやめることを請求することができる（103条）。

なお、一般法人法においては、代表訴訟の制度が導入された。監事設置一般社団法人が理事（理事であった者を含む）に対し、または理事が監事設置一般社団法人に対して訴えを提起する場合には、当該訴えについては、監事が監事設置一般社団法人を代表する（104条1項）。

監事の義務としては、以下のようなものがある。

ⓐ 理事への報告義務

監事は、理事が不正の行為をし、もしくは当該行為をするおそれがあると認めるとき、または法令もしくは定款に違反する事実もしくは著しく不当な事実があると認めるときは、遅滞なく、その旨を理事（理事会設置一般社団法人にあっては、理事会）に報告しなければならない（100条）。

ⓑ 理事会への出席義務等

監事は、理事会に出席し、必要があると認めるときは、意見を述べなければならない（101条1項）。

ⓒ 社員総会に対する報告義務

　監事は、理事が社員総会に提出しようとする議案、書類その他法務省令で定めるものを調査しなければならない。この場合において、法令もしくは定款に違反し、または著しく不当な事項があると認めるときは、その調査の結果を社員総会に報告しなければならない（102条）。

⑷ 会計監査人

　一般社団法人は、定款の定めによって、任意で会計監査人を置くことができる（一般法人法60条2項）。ただし、会計監査人設置一般社団法人は、監事を置かなければならない（61条）。会計監査人を置く一般社団法人を「会計監査人設置一般社団法人」という（15条2項2号）。

　会計監査人は、一般社団法人の計算書類およびその附属明細書を監査する。この場合に、会計監査人は、会計監査報告を作成しなければならない（107条1項）。また、会計監査人は、いつでも、会計帳簿等の閲覧および謄写をし、または理事および使用人に対して会計に関する報告を求めることができる（同条2項）。

　会計監査人は、その職務を行うに際して理事の職務の執行に関し不正の行為または法令もしくは定款に違反する重大な事実があることを発見したときは、遅滞なく、これを監事に報告しなければならない（108条1項）。また、監事は、その職務を行うため必要があるときは、会計監査人に対し、その監査に関する報告を求めることができる（同条2項）。

(ⅱ) 役員等の損害賠償責任

　役員等（理事、監事または会計監査人）は、その任務を怠ったときは、一般社団法人に対し、これによって生じた損害を賠償する責任を負い、理事が84条1項の規定に違反して同項1号の取引（競業取引）をしたときは、当該取引によって理事または第三者が得た利益の額が損害の額と推定される（111条1項・2項）。

　84条1項2号または3号の取引（利益相反取引）によって一般社団法人に損害が生じたときは、ⓐ当該取引を行った理事、ⓑ当該取引をすることを決定した理事、ⓒ当該取引に関する理事会の承認の決議に賛成した理事は、その任務を怠ったものと推定される（同条3項）。

　役員等の111条1項の責任（任務を怠ったときの責任）は、総社員の同意がな

ければ、免除することができない（112条）。ただし、111条1項の責任は、当該役員等が職務を行うにつき善意でかつ重大な過失がないときは、賠償の責任を負う額から一定の額を控除して得た額を限度として、社員総会の決議によって免除することができる（113条）。84条1項2号の利益相反取引（自己のためにした取引に限る）をした理事の責任は、任務を怠ったことが当該理事の責めに帰することができない事由によるものであることをもって免れることができない（116条1項）。

役員等がその職務を行うについて悪意または重大な過失があったときは、当該役員等は、これによって第三者に生じた損害を賠償する責任を負う（117条1項）。また、ⓐ理事が、計算書類および事業報告ならびにこれらの附属明細書に記載し、または記録すべき重要な事項についての虚偽の記載または記録をしたこと、ⓑ理事が、基金（（ⅲ）にて後述）を引き受ける者の募集をする際に通知しなければならない重要な事項についての虚偽の通知または当該募集のための当該一般社団法人の事業その他の事項に関する説明に用いた資料についての虚偽の記載もしくは記録したこと、ⓒ理事が、虚偽の登記をしたこと、ⓓ理事が、虚偽の公告をしたこと、ⓔ監事が、監査報告に記載し、または記録すべき重要な事項についての虚偽の記載または記録をしたこと、ⓕ会計監査人が、会計監査報告に記載し、または記録すべき重要な事項についての虚偽の記載または記録をしたこと、によって第三者に生じた損害を賠償する責任についても同様とする（同条2項）。ただし、その者が当該行為をすることについて注意を怠らなかったことを証明したときは、責任を免れることができる（同項柱書ただし書）。

役員等が一般社団法人または第三者に生じた損害を賠償する責任を負う場合において、他の役員等も当該損害を賠償する責任を負うときは、これらの者は、連帯債務者とされる（118条）。

(ⅲ) 計算・基金
(ア) 計 算

一般社団法人の会計は、その行う事業に応じて、一般に公正妥当と認められる会計の慣行に従う（119条）。会計関係については、会計帳簿の作成および保存（120条）、会計帳簿の閲覧等の請求（121条）、会計帳簿の提出命令（122条）、計算書類等の作成および保存（123条）、計算書類等の監査等（124

条)、貸借対照表等の公告（128条）などの規定がある。

(イ) 基 金

一般社団法人に拠出された金銭その他の財産であって、当該一般社団法人が拠出者に対して返還義務を負うものを「基金」といい、一般社団法人（一般社団法人の成立前にあっては、設立時社員）は、基金を引き受ける者の募集をすることができる旨を定款で定めることができる（一般法人法131条）。

基金の返還は、定時社員総会の決議によって行わなければならない（141条1項）。基金の返還にかかる債権には、利息を付することができない（143条）。

（2）一般財団法人

一般財団法人の機関は、必置のものとしては、評議員・評議員会・理事・理事会・監事があるほか、定款の定めによって置かれる会計監査人があるが（一般法人法170条）、大規模一般財団法人では会計監査人は必置である（171条）。

(ア) 評議員・評議員会

一般財団法人は、一団の財産に法人格を与えるものであるから、一般社団法人の社員に相当するものは存在しない。ひっきょう、社員総会も存在しない。理事会は必置であるが、これだけでは、意思決定と業務執行が1機関に集中してしまうから、組織の統治システムとしては不適切である。そこで、一般社団法人の社員総会に代わる機関として評議員会が必置機関とされ、基本的事項の決議機能と理事の職務の監督機能を持つ。

評議員会は、すべての評議員で組織される（178条1項）。評議員は、3人以上でなければならず（173条3項）、一般財団法人またはその子法人の理事、監事または使用人を兼ねることができない（同条2項）。評議員は、定款に記載された方法によって、選任・解任される（153条1項8号）。評議員の任期は、原則として、選任後4年以内に終了する事業年度のうち最終のものに関する定時評議員会の終結の時までとされる（174条1項）。

評議員会は、一般法人法に規定する事項および定款で定めた事項（上述の基本的事項）に限り、決議をすることができる（178条2項）。一般社団法人にかかる35条3項に相当する規定はないが、設立者に剰余金を分配する決議

をすることができないのは当然である。評議員会の決議は、原則として、議決に加わることができる評議員の過半数が出席し、その過半数をもって行う（189条1項）。

評議員会については、その他に、評議員会の招集（179条以下）、評議員提案権（184条以下）、検査役の選任（187条）、裁判所による評議員会招集等の決定（188条）、理事等の説明義務（190条）、資料等の調査（191条）、延期または続行の決議（192条）、議事録（193条）、評議員会の決議の省略（194条）、評議員会への報告の省略（195条）などの規定がある。

(イ) **理事・理事会・監事・会計監査人**

社員を評議員に、社員総会を評議員会に読み替えるというような技巧的処理を施した上で、一般社団法人の規定が準用される（197条）。

(ウ) **設立者等の損害賠償責任**

設立者、設立時理事または設立時監事は、一般財団法人の設立についてその任務を怠ったときは、当該一般財団法人に対し、これによって生じた損害を賠償する責任を負い（166条1項）、その職務を行うについて悪意または重大な過失があったときは、これによって第三者に生じた損害を賠償する責任を負う（同条2項）。

設立者、設立時理事または設立時監事が一般財団法人または第三者に生じた損害を賠償する責任を負う場合において、他の設立者、設立時理事または設立時監事も当該損害を賠償する責任を負うときは、これらの者は、連帯債務者とされる（167条）。

一般財団法人が成立しなかったときは、設立者は、連帯して、一般財団法人の設立に関してした行為についてその責任を負い、一般財団法人の設立に関して支出した費用を負担する（169条）。

(エ) **役員等の損害賠償責任・計算**

一般社団法人にかかる規定がほぼ準用される（198条・199条）。

■ 5 法人の合併・解散・清算 ■

(1) 合　併

　一般社団法人または一般財団法人は、他の一般社団法人または一般財団法人と合併をすることができる（一般法人法242条前段）。改正前民法においては、合併の規定がなく、旧公益法人は、合併することができなかったが、一般法人法においては、営利法人と同様に合併を認めることとした。ただし、以下の制限がある。

　合併をする法人は、合併契約を締結しなければならない（同条後段）。一般法人以外の法人との合併はできない（242条前段の規定の反対解釈）。合併する法人が同じ種類である場合（一般社団法人同士・一般財団法人同士）は、合併後の法人も同種類の法人でなければならない（243条1項）。また、一般社団法人と一般財団法人の合併の場合において、合併をする一般社団法人が合併契約の締結の日までに基金の全額を返還していないときは、合併後存続する法人または合併により設立する法人は、一般社団法人でなければならない（同条2項）。

(2) 解　散

　裁判所は、公益を確保するため一般法人の存立を許すことができないと認めるとき（不法目的法人・休眠法人・理事の違法行為の継続）は、法務大臣または社員、評議員、債権者その他の利害関係人の申立てにより、一般法人等の解散を命ずることができる（一般法人法261条）。
　一般法人は、上記の裁判所による解散命令を除き、以下の理由で解散する。

（ⅰ）一般社団法人
① 定款で定めた存続期間の満了
② 定款で定めた解散の事由の発生
③ 社員総会の決議
④ 社員が欠けたこと

⑤ 合併（合併により当該一般社団法人が消滅する場合に限る）
⑥ 破産手続開始の決定

(ⅱ) 一般財団法人
① 定款で定めた存続期間の満了
② 定款で定めた解散の事由の発生
③ 基本財産の滅失その他の事由による一般財団法人の目的である事業の成功の不能
④ 合併（合併により当該一般財団法人が消滅する場合に限る）
⑤ 破産手続開始の決定

(ⅲ) みなし解散
　休眠法人に関しては、みなし解散も認められる。すなわち、休眠一般法人（一般法人に関する登記が最後にあった日から5年を経過したものをいう）は、法務大臣が休眠一般法人に対し2か月以内に管轄登記所に事業を廃止していない旨の届出をすべき旨を官報に公告した場合に、その届出をしないときは、その2か月の期間の満了の時に、解散したものとみなされる（一般法人法149条・203条）。

(ⅳ) 清　算
　一般法人は、ⓐ解散した場合、ⓑ設立の無効の訴えにかかる請求を認容する判決が確定した場合、ⓒ設立の取消しの訴えにかかる請求を認容する判決が確定した場合は、清算をしなければならない（一般法人法206条）。清算をする一般法人（清算法人）は、清算の目的の範囲内において、清算が結了するまではなお存続するものとみなされる（207条）。
　清算法人は、1人または2人以上の清算人を置かなければならない（208条1項）。清算人の職務は、ⓐ現務の結了、ⓑ債権の取立て及び債務の弁済、ⓒ残余財産の引渡し、ⓓ破産手続開始の申立て、である（212条・215条1項）。

第4章

物

1 物の意義

(1) 権利の客体と物

　私権は、財産権、身分権、社員権、人格権の4種に分類されると述べた（⇒24-25頁）ところであるが、これら権利の客体は多種多様である（人格権の客体は"人格的利益"であるし、財産権の客体としてだけでも、"物"のほか"人"と"知的財産"がある）。しかし、権利の客体全般に通底する通則を設けることは技術的に困難である。そこで、民法は、特に重要度や頻度の高い"物"についてのみ規定を設けた。けだし、"物"は、直接的に所有権や担保権等の物権（物を直接に支配する権利）の客体になるし、間接的には売買、貸借、寄託等の契約の目的物として多くの債権[1]の内容となっている。

(2) 物の要件

(i) 有体性・支配可能性

　物とは、実質的には、物権（当面は、所有権をイメージして理解されたい）に基づいて支配される対象として適当とされ得るものである。これについて民法は、85条で「この法律において『物』とは、有体物をいう」と規定するにとどまる。ここにいわゆる有体の意味については、一般的には体積を有する

---

1) 債権とは、特定の義務者（＝債務者）に対して一定の給付を請求し、その給付を受領することが法認されている権利・地位をいう（⇒50頁）。

こと、すなわち空間の一部を占めて有形的に存在することと解されている。よって、有体物とは、固体・液体・気体をいうものと理解されてきた。そのコロラリーとして、電気・熱・光などのエネルギーとか発明・考案・著作物など知的財産権などは、85条にいわゆる有体物に該当せず、ひっきょう所有権の客体となり得る"物"にならないことになる。

　有体物のみが物として扱われてきたのは、有体物のみが人の支配・管理に服すると考えられてきたからである。したがって、太陽や月、星等は、有体物ではあるものの、人による支配や管理が不能であるゆえに、物として扱われてこなかった。この有体性観念にかかる解釈の問題は特に電気に関して生じてきたが、その嚆矢（こうし）となったのは、電気窃盗が旧刑法366条（窃盗罪）の「他人の所有物」の窃盗にあたるか否かが問題となった刑事事件であった。第1審は窃盗罪を肯定したが、控訴審は、電気は有体物ではないから物（民法85条）ではないとして無罪にした。これに対し、大審院は、電気は管理可能であるということから、電気窃盗につき窃盗罪を認めた（大刑判明36・5・21刑録9・874）。その後、現行刑法（明治40年）は、窃盗および強盗などの罪について「電気は、財物とみなす」という明文の規定（245条）を置いた。今日においては、窃盗罪等の財産犯の客体となる財物は民法85条の物と同義で有体物であると解する有体物説が通説である。民事事件においても、電気需給契約の法的性質が請負契約（当事者の一方がある仕事を完成させ、他方がその結果に対して報酬を支払うことを約する契約）なのか売買契約なのかに関し、判例は、少なくともその需給契約は産物の売却つまり売買契約に類すると解すべきであるとしたものの、電気の供給は財産権の移転でないとした（大判昭12・6・29民集16・1014）。後者の判例をみて了解されるように、電気を物として支配することを保護することは困難であるし、電気という財産に対する侵害に対しては、施設の侵害に対する救済等で足るといえる。すなわち、電気を物として、それに対する所有権の成立や移転を認めることは困難である[2]。したがって、85条にいわゆる有体性を「管理可能性」として把握するよりも、「排他的支配可能性」として理解した方が妥当である[3]。

---

[2] 電池の所有権の移転は観念できても、電流の所有権の移転を観念することは困難である。これは、「（一定量の）水」の所有権の移転は観念できても、「水流」の所有権の移転を観念することは困難であることと同義であろう。

[3] 近江Ⅰ 158-159頁

支配可能性という視座からは、"海"が所有権の客体となり得るかが、悩ましい問題となる。判例（最判昭52・12・12集民122・323）は、明治4年8月大蔵省通達39号「荒蕪不毛地払下につき一般に入札せしむ」に基づき現場で区画を定めて私人に払い下げられその後陸地となった海岸寄州および海面につき「当時の法制によれば、海水の常時侵入する地所についても、これを払下げにより私人の取得しうる権利の対象としていたと解することができる」とした上、当該私人が払下げにより排他的総括支配権を取得したと判示した。［最判昭61・12・16民集40・7・1236］も、「海は、古来より自然の状態のままで一般公衆の共同使用に供されてきたところのいわゆる公共用物であって、国の直接の公法的支配管理に服し、特定人による排他的支配の許されないものであるから、そのままの状態においては、所有権の客体たる土地に当たらないというべき」であるが、「およそ人の支配の及ばない深海を除き、国が海の一定範囲を区画した部分は所有権の客体たる土地としての性格を保持している（私有の陸地が自然現象により海没した場合についても、当該海没地は、人による支配利用が可能でありかつ他の海面と区別しての認識が可能である限り、所有権の客体たる土地としての性格を失わない）ものと解するのが相当である」としている[4]。

（ⅱ）外界の一部

生命ある人体は、有体物ではあるものの"物"として扱われない。近代法では、「人」に対する支配を認めないからである[5]。これに対して、人体の切り離された一部（生体から分離した毛髪・歯・爪など）は、公序良俗（⇒255頁）に反しない限り"物"として扱われる。人体から分離された臓器や血液等も"物"ではあるが、通常の物とは異なる扱いがなされるべきである。臓器については、臓器移植法に基づいて提供されたもの以外を物として扱うことは、公序良俗に反するとされよう。死体や遺骨も臓器同様、特殊な物とし

---

[4] もっとも、本件係争地については、「明治4年8月大蔵省通達39号等に基づき私人に払い下げられたものではなく、また、埋め立てられずに海のままの状態にあるという点で、明治4年通達事例の海岸寄洲および海面とはその性格が異なり、昭和52年12月12日最高裁判決は本件とは事案を異にする」とした上、「本件係争地は、昔から海のままの状態にあり、私法上の所有権の客体たる土地に当たるものとはいうことができない」と判示した。

[5] 近江Ⅰ 159頁

て扱わざるを得ない。戦前の判例（大判昭2・5・27民集6・307）は、死体の所有権をその相続人に帰属せしめたが、家督相続制度下の単独相続時代はともあれ、今日の共同相続の下で、共同相続人が死体を共有するというのもおどろおどろしい話である。死体の所有権は喪主に帰属するとみるべきであり、所有権の内容も埋葬・祭祀供養のために限られ、その放棄は認められない（前掲大判昭2・5・27）。

受精卵（⇒65頁）については、受精説の立場によれば、すでに胎児なのだから、"物"として扱うことはできない。しかし、胎盤着床説の立場からすれば、"物"として扱われることになろうが、卵子提供者たる妻と精子提供者たる夫が離婚した場合の凍結受精卵の所有権帰属が問題となる。そのほかにも、受精卵の状態における相続権なども問題となり得る。受精卵が物でないとすれば、病院の試験管内にあるそれを第三者が盗んでも窃盗罪にはならないし、受精卵を破壊しても器物損壊罪にはならないことになる。85条制定時には想定されなかった受精卵については、代理母による出産の場合の法律上の親子関係（⇒14頁）同様、生命倫理に関わる問題であり、法律上のその扱いは、今後のさらなる検討が必要である[6]。

（3）一物一権主義

物権の客体となる物は、取引通念上、一個独立の存在を有していなければならない。1客のお椀とか1本の新品の鉛筆のように形式上単一体をなしている単一物や、将棋の駒や石付きの指輪のように各構成部分（将棋の各駒、宝石・台座）が固有の性質を保ちながら結合して1つの形態（40枚1セットの将棋駒、1つの指輪）になっている合成物が、法律上、独立した1個の物とされる。この独立存在性は、一物一権主義との関連で重要である。

一物一権主義とは、「1つの所有権の客体は、その物質的存在性において1つの物でなければならぬとする原則[7]」とされる。1個の所有権の客体は常に1個の物であるということである。要するに、1個の物に対しては1個の所有権しか存在し得ないし、物の一部は独立の所有権の客体とはならないということであるが、これは至極当然のことである。というのも、1個の物

---

6) 川井114頁
7) 川島145頁

の上に、Pの所有権とQの所有権とが同時に成立するとなれば、両者の所有権が衝突し、両者ともにその物を自由に使用（e.g. 建物に住む、土地を耕作する）・収益（e.g. 他人に貸して賃料を得る）・処分（e.g. 他人に売却して売却代金を得る）することができなくなるからである。

ところで、登記簿上の1筆[8]の土地の一部が物の一部ということであれば、これも独立の所有権の客体とはならず、ひっきょう、これを取引対象とすることはできないということとなろう。判例は最初これを否定したが、後にこれを改め、取引によって所有権を移転することも可能だとした（[判例4.1] 参照）。

栗尾山林事件

> [判例4.1] 大判大13・10・7民集3・476（民百選I [7版] 10）
>
> 　連続する一帯の某土地については、Aを含む10数名が各自その区域を定めてそれぞれの土地を単独所有していた。Aの土地所有権を相続により承継したBは、明治22年、これをCに売却し、次いでXがCを相続してこれを承継した（その旨の登記はなし）。
> 　他方、この一帯の土地は、土地台帳では2筆の土地と表示され、Aら4名の共有名義に登録されていた。Bは、それを奇貨として、Aの共有持分（4分の1）[9]を相続したとする登記をし、Bの死亡後、Y_1がこの共有持分を相続したとの登記がなされた、次いで、これをY_2に売却して移転登記がなされた。
> 　Xは、当該一帯の土地は実体上は共有地ではないから、共有名義の登記は虚偽であり、したがって、Y_1のした共有持分取得登記もY_1・Y_2間の売買による移転登記も虚偽であると主張して、自己の取得した土地部分（Aの実体上のもと所有部分）の所有権に基づき、Yらに対して上記移転登記の抹消を求めた。
> 　原審は、当該土地部分につき分筆の登記がなくても、これを対象としたB・C間の売買による譲渡は有効であり、Cを相続したXはその所有権を有するとして、Xを勝訴させた。これに対し、Yらが、法律上1筆でない土地は、物の一部に過ぎないため、かかる当該土地部分は譲渡によってもその所有権はC

---

8) 土地はほぼ無限に連続しているが、人為的に区分してその個数を計算する（我妻212頁）。登記簿に記載されている、その1区画を1筆という。1筆の土地を2筆以上に分割する登記（**分筆**）も、2筆以上の土地を1筆にまとめる登記（**合筆**）も可能である。
9) 共有とは、複数人が同一の物を同時に所有している状態（所有権は1個）をいう。1,000万円の中古プレジャーボートをPが600万円、Qが400万円を拠出して購入した場合は、そのボートの所有権（1個）についてはPとQの共有となり、当該1個の所有権にかかる持分がそれぞれ1,000分の600、1,000分の400となる。

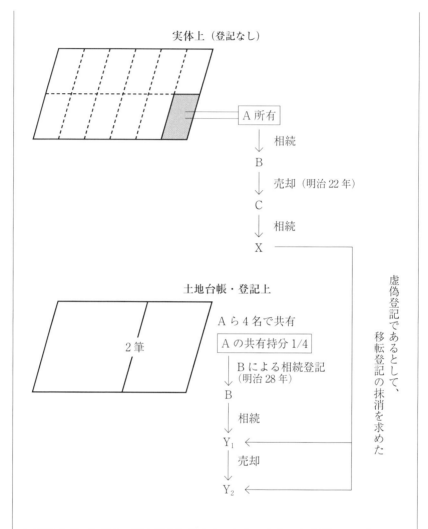

に移転せず、Xがその所有権を取得することもできないと主張して上告した。

　上告棄却。土地は、自然の状態においては一体となってはいるが、これを区分して分割することができないというものではない。1筆の土地の所有者は、その所有地内に1線を画し、あるいは標識を設置するなどして、任意にこれを分割し、その各個を譲渡の目的とすることができるというべきものである。そして、これについては、特に土地台帳における登録その他の方法により公認される必要はない。

なお、本判決の結論に対しては、二重譲渡同様の関係となり、対抗★の問題として処理されるべきとする疑問もあろうが、本件では、共有持分なるものは真に存在するものではないため、Y_2 は当該土地部分に何ら実体上の権利を取得していない。ゆえに、無権利者たる Y_2 は X の登記欠缺を主張し得ないと解されている。

> **対抗**：ある法律関係が当事者間で効力を有していても、その効力を第三者に及ぼすことができないことを「対抗することができない」という。当事者以外の第三者に対しても効力を及ぼすことができることを対抗力というが、不動産の所有権移転が対抗力を有するためにはその旨の登記が必要である（対抗力を有するために満たさねばならない要件を**対抗要件**という。不動産の譲渡の対抗要件は登記である）。Pが、その所有する某土地をQに売却し、その後、同じ土地をRに売却する契約を締結し、PからRへの所有権移転登記が行われたとしよう。Rとの売買契約締結時には、当該土地はQの所有物であるから、Pは同土地につきすでに無権利者である。したがって、PがRに二重譲渡した時点において、PからQへの所有権移転につきP・Q間では効力を有しているが、PからQへの所有権移転にかかる登記がなければ、それを第三者であるRに対抗できないということである。この場合、Q・R間で当該土地の所有権につき争えば、同土地の所有権移転登記を具備しているRが勝つことになる。対抗要件を具備していなければ第三者に対抗できないことを対抗要件主義というが、これは、"対抗要件を備えることができたにもかかわらず、それをしなかった以上、不利益を受けてもしかたがない"という信義性に支えられているのである[10]。詳細は、「物権法」にて習う。

　単一物と合成物が、所有権が成立する1個の物であると認めることには何ら違和感はないであろうが、問題となるのは、集合物である[11]。おおよそ、多数の物の集合体の上に単一の所有権は成立しないとされる[12]。然りながら、お茶碗1杯分（ごはんとして150g）の米3,000粒の上に、3,000もの所有権が成立していると考えるのも妥当ではあるまい。米粒1粒が取引の対象となるとは考えられないからである。ましてや、粉状の物や液状の物においては、何をもって1個の物（一物）とするかを統一的に定めることはできまい。ひっ

---

10) 近江○74頁
11) 集合物とは、個々の物が独自の存在と価値を失うことなく集合して経済的に1つの価値を有し、取引上も一体として取り扱われる「物の集合体」であり、具体的には、「生け簀内の養殖魚全部」や「家畜群」「倉庫内の全商品」とか「工場とその中の機械」などである。
12) 加藤176頁

きょう、度量衡で量るしかない。5kgの米が1個の物とされるときもあれば、10kgのそれが1個の物とされるときもあるということである。取引上、度量衡で数えることが通常である物（個数で数えることができない、もしくは個数で数えることをしないのが通常である物。粉状・液状にあっては分子・原子単位で数えるまでもなく、粒状にあっても1粒単位では観念しない物質）は一定の度量衡を単位として観念せざるを得ない。ところが、お椀や鉛筆等は、個数で数えることが通常であるからとて、初期伊万里の磁器皿5枚1組の上に存する所有権は常に5個であって1個ではないとなれば、いかにも座りが悪いであろう。

ことほどさように、何をもって1個の独立した物とするかについては、ケースバイケースであって、その基準を一義的に提示することは頗る困難である。

2　物の分類

(1) 緒 論

民法は、物の分類として、不動産・動産（86条）、主物・従物（87条）、元物・果実（88条・89条）について規定を設けているが、その他に次のような分類が認められるであろう。

① 私権の成立する物・しない物

私法的取引の目的となるか否かによる分類である。公用物[13]、公共用物[14]、禁制品[15]は、私権が成立せず、私法的取引が成立しない。

---

[13] 官公署の敷地・建物、官公立学校の敷地・校舎、官公舎等、国家または公共団体の所有に属し、直接その使用に供される物をいう。公の使用が廃された場合は、私権の対象へと転化し得る。

[14] 道路、河川、海、公園、港湾等、一般公衆の共同使用に供される物をいう。公用物同様、公共の用が廃されたときは、私権の対象となり得る（[最判昭50・12・24民集30・11・1104]は、公共用物としての外観を喪失して公共用財産としての使命を果たしていない公共用物（水路）について取得時効（⇒500頁）の完成が認められるか否かが争われた事案において、「もはやその物を公共用財産として維持すべき理由がなくなった場合には、その公共用財産については、黙示的に公用が廃止されたものとして、これについて取得時効の成立を妨げない」と判示した。

[15] 阿片、偽造・変造通貨等は、刑法等の規定により取引が禁止されている。

② 可分物・不可分物

その性質または価値を著しく低下させることなしに分割できる物が前者であり、そうでない物が後者である。金銭や穀物は前者であり、1頭の馬や1台の自動車は後者である。

③ 代替物・不代替物

取引上その物の個性を問題とせず、同種・同等・同量の物をもって代えることができる物が前者であり、取引上その物の個性に着眼し、その客体を任意に代えることができない物が後者である。汎用品や金銭は前者であり、芸術品や土地は後者である。

④ 消費物・非消費物

1回の消費または処分によってその使用目的が達せられる物が前者であり、そうでない物が後者である。前者は往々にして**消費財**、後者は**耐久財**と称される。お米や金銭は前者であり、不動産や乗用車などは後者である。

⑤ 特定物・不特定物

具体的な取引に際してその当事者が物の個性に着眼した物が前者であり、そうでない物が後者である。「赤兎馬」と指定して取引した場合は前者であり、「G1優勝馬を種牡馬とする子馬2頭」として取引した場合は後者である。上記③の区別に似ているが、物の性質上の区別ではなく、取引当事者の意思を重視した区別であるところが異なる。この区別の実益は、主として、債権の効力（債権の目的物の保管義務〈400条〉、債務の弁済の場所〈448条〉、危険負担〈534条-536条〉等）にあらわれるとされる。

（2）不動産・動産

（i）両者の区別の意義

不動産は、動産に比して財産的価値が高く、わけても土地は原則として経年劣化することもない。また、不動産はその名称が示すとおり、その位置を容易に動かすことができないのに対し、動産は容易にその位置を変更できる。このような性質上の差異に基づいて、不動産法と動産法とは別個の体系を形成してきた。現行民法においても、不動産の権利変動の**公示方法**★が登記とされている（177条）のに対し、動産のそれは引渡しとされている（178条）。その他に、時効または占有による権利取得（162条・163条・192条）、**先取特権**

(311条・325条)[16]、原則として不動産のみに成立する抵当権 (369条)、不動産についてのみ認められる買戻 (579条) などに両者の差異がみられる。ここに両者を区別する実益が認められるが、今日においては、輾転流通（てんてんりゅうつう）することが可能な高価な動産（航空機や高級車、希少ワイン、骨董品等々）も現出しているから、財産的価値の差異によって両者を区別する必要性は薄れてきたといえるであろう。

> **公示方法**：「公示」とは、一定の事柄を周知させるため、公衆が知ることのできる状態に置くことを指す。物権等の排他的権利の変動は、外部から認識できる方法を伴わなければならないとされ（**公示の原則**）、それを実現するための手段が公示方法である。なお、対抗要件主義の意味で「公示の原則」という言葉が用いられることもあるが、対抗要件は必ずしも公示の機能を持つとは限らないし（外界から認識できない対抗要件もあり得る）、公示の手段が当然に対抗要件として機能するわけでもないことに注意すべきである[17]。もっとも、不動産に関しては、公示方法＝対抗要件（いずれも登記）である。詳細は、「物権法」にて習う。

(ⅱ) 不動産

不動産といえば、土地と建物が思い浮かぶであろうが、民法は、土地およびその定着物を不動産とした (86条1項)。

ところで、何をもって不動産とするかは、法域によって異なる。土地が不動産であることは共通であるが、土地に付着する物（建物等）の取扱いに差異がみられる。わが民法は、建物が土地から独立した権利の対象となるとしているが、この点がわが国法制の特筆すべき特徴である（ドイツ民法94条以下、フランス民法517条以下等参照）。

(ア) 土 地

土地は、ほぼ無限に連続しているが、権利の対象となる1個の土地とは、地表を人為的に区画した一定の部分（地面）の上下（空中と地中[18]）に及ぶ3次元的な範囲である (207条)。したがって、土地の構成部分をなす地中の岩石や土砂、地下水などには、土地と別個の所有権は認められない。地中に存しているままのそれらは、当該土地の構成物として当然に土地所有者に帰属

---

16) 先取特権とは、法律が定める一定の債権につき、それが密接に関係する一定の物の上に、法律が優先的弁済権を与えた担保物権である。たとえば、雇用主が破産した場合、未払いの給料につき従業員は、他の債権者に先立って弁済を受けることができる。
17) 内田 437頁

する。ただ、鉱業法が、一定種類の未採掘鉱物について、国にその掘採・取得権を賦与する権能を有せしめていることに注意すべきである（2条・3条）。

　土地は、「1筆、2筆……」と数えられるが、1筆の土地とは、人為的に区画した一定範囲の地表に地番を付して土地登記簿の表題に記載して定められたものである。登記簿に1筆の土地として表示されていれば、それは1個独立の存在とされ、その上に1個の所有権が成立する。1筆の土地の一部にかかる権利変動については、通常、分筆の登記を行うが、それなくしても、その譲渡が可能であることは既述のとおり（前掲大判大 13・10・7〈[判例 4.1]〉、最判昭 30・6・24 民集 9・7・919）であるし、取得時効も認められる（大連判大 13・10・7 民集 3・509）。

　なお、春分の日・秋分の日の満潮時に海面下にある干潟地については、土地所有権は認められないとされる（最判昭 61・12・16 民集 40・7・1236）（なお、海が所有権の客体となる土地となり得るかについては、211 頁参照）。

　(イ)　土地の定着物

　土地の定着物とは、一定の土地に継続的に付着して容易に分離できない物であって、その状態で使用されることが、その物の取引上の性質であるものをいう。この定着物は、取引通念上、①土地と結合してその一部となり、当該土地と一体となるもの＝従属定着物（トンネル、井戸、石垣、溝、堀、敷石等）と、②土地に結合しながらも、当該土地とは別個独立の不動産とみられるもの＝独立定着物（建物、登記された立木〈後掲ⓑ参照〉等）とに分類される。従属定着物は、独立性を失って当該土地と一体をなし、所有権の客体は当該土地のみとなる。したがって、土地を売却したときに、従属定着物に対する物権的支配権も当該土地の所有権に包含されるものとして、譲受人に移転するのが原則である。他方で、独立定着物については、当該土地に対するのとは別個の所有権がそれに対して成立する。その結果、土地が譲渡されても、それに付着している独立定着物の所有権は移転しない。

　ⓐ　建　物

　建物は、「一定の土地に継続的に付着して容易に分離できない物であっ

---

18) 大深度地下の公共的使用に関する特別措置法では、政令で指定する地域（首都圏・近畿圏・中部圏）においては、地下室の建設のための利用が通常行われない深さ（地表から 40 メートル）以深について、土地所有者の権利から切り離し、補償なしで特別に公共の利益となる事業（公共事業）に利用できることを定めた。この限りで、土地所有者の地下使用権能が制限を受ける。

て、取引上の性質、その状態で使用される」ものであることに疑いはないから、土地の定着物である。そして、既述のとおり、民法86条1項が「土地及びその定着物は、不動産とする」と規定しているから、建物は不動産であり、しかも、土地とは独立の所有権の客体となる不動産である（370条本文）。ただ、民法は、「いかなる土地の定着物を建物というのか」については沈黙している。他方で、不動産登記の関連法令が建物の定義をしているので、それを参考にしよう。けだし、不動産である以上は、建物の所有権移転が対抗力を有するためにはその旨の登記が必要となる（⇒215頁）から、登記可能な建物の定義を参酌することは理に適う。

不動産登記規則（平成17年法務省令111条）は、建物とは「屋根及び周壁又はこれらに類するものを有し、土地に定着した建造物であって、その目的とする用途に供し得る状態にあるもの」と規定する。すなわち、建物として登記ができるための認定基準は、①外気分断性（屋根および周壁等によって外気を遮断できる構造を有すること）、②定着性（土地に定着し、容易に移動することができないこと）、③用途性（使用目的にかなうだけの設備を有していること）、ということである。したがって、支柱のみで壁がなく外気分断性を有していない車庫、基礎がなく定着性が認められない簡易プレハブのような建物、人や荷物の滞留が可能な場所が形成されていない住宅や店舗などは、不動産登記法上の建物ではないことになる。

さらに、不動産登記事務取扱手続準則77条が「建物として取り扱うもの」として、①停車場の乗降場または荷物積卸場（ただし、上屋を有する部分に限る）、②野球場（「ちょっと休廷」No.7参照）または競馬場の観覧席（ただし、屋根を有する部分に限る）、③ガード下を利用して築造した店舗、倉庫等の建造物、④地下停車場、地下駐車場または地下街の建造物、⑤園芸または農耕用の温床施設（ただし、半永久的な建造物と認められるものに限る）、を例示し、建物の認定にあたっては、これらから類推し、その利用状況等を勘案して判定すると規定している[19]。

---

[19]「建物として取り扱わないもの」としては、①ガスタンク、石油タンクまたは給水タンク、②機械上に建設した建造物（ただし、地上に基脚を有し、または支柱を施したものを除く）、③浮船を利用したもの（ただし、固定しているものを除く）、④アーケード付街路（公衆用道路上に屋根覆いを施した部分）、⑤容易に運搬することができる切符売場または入場券売場等、が例示されている。

野球場

　ドーム型ではない野球場については、球場自体は外気分断性を有しないが、屋根がある観覧席（e.g. 甲子園球場の銀傘の下）等のみ登記ができるとされる。また、ドーム型球場であっても、屋根を支える柱だけで壁がない西武ドーム（日本で唯一場外ホームランの出るドーム型球場といわれる）は、外気分断性を有しないにもかかわらず全体（観客席のみではなくグラウンド部分をも含む）が建物とされた。課税上の問題（市町村からすれば、建物として登記された方が固定資産税を高く徴収できる）によるのであろうが、建物として認められるか否かは、「その種別に応じ、取引上の、あるいは課税上の一般慣行等をも勘案しつつ、個々に判断されるべきもの[20]」とされる。

　また、建築中の建物が独立した物（不動産）となるのはどの時点かという問題が浮上する。判例は、屋根と壁があれば床・天井がなくても建物といえるとしている（大判昭10・10・1民集14・1671〈[判例4.2]〉）。

---

20) 田高寛貴「建築中の建物」別冊ジュリ195号（2009年）27頁

建築中の建物

[判例 4.2] 大判昭 10・10・1（民百選 I ［7 版］11）

　Aは、昭和5年9月、屋根瓦を葺き、荒壁を塗った段階にあった建物をXに担保として譲渡した。Xは、同年11月中にこれを完成させ、翌年9月にその所有権保存登記★をした。一方、Aに対して債権を有するY₁が、当該建物をAの所有として強制競売を申し立て、Xによる上記所有権保存登記の5日前に、競売手続開始決定により職権★でAのための所有権保存登記がなされ、ここにY₁の強制競売申立てが付記★された。その後、Y₁は自身で当該建物を競落した上で、これをY₂に賃貸した。そこでXは、当該建物につきY₁に対して所有権確認を、Y₂に対して明渡し等を求め、訴えを提起した。

　原審は、Aはいまだ独立の不動産ではなかった当該建物をXに売り渡したものであり、これを完成させたXが原始的にその所有権を取得したといえるため、実体法上無権利者であるAを所有者とする当該建物の保存登記は無効となると判示して、Xの請求を認容した。Yらが上告。

　破毀差戻し。工事中の建物といえども、すでに屋根および周壁を有し、土地に定着した1個の建造物として存在するに至ったときに、動産の領域を脱して不動産の部類に入り、建物として不動産登記法によって登記をすることができる。AからXへの譲渡時に当該建物は独立の不動産になっていたのだから、Xの当該建物の所有権取得は（原始取得[21]ではなく）Aからの承継取得となるため、民法177条の適用があり、Xが自身の所有権取得をYらに対抗するためには登記の具備が必要となる。本件では、Y₁の競売申立てによるAの保存登記が先になされていたため、Xの保存登記は二重登記として無効となる。

> **所有権保存登記**：建物を新築した場合などに、不動産についてはじめて行う所有権の登記をいう。
> **職権**：ここにいわゆる職権とは、当事者の申出によることなく、裁判所がその地位ないし資格においてなし得る事務をいう。
> **付記登記**：権利に関する登記のうち、すでにされた権利に関する登記についてする登記であって、当該すでにされた権利に関する登記を変更し、もしくは更正し、または所有権以外の権利にあってはこれを移転し、もしくはこれを目的とする権利の保存等をするもので、当該すでにされた権利に関する登記と一体のものとして公示する必要があるものをいう（不動産登記法4条2項）。

---

[21] ある権利を他人から承継するのではなく、いきなり自分のものとすることを原始取得という。前主のない権利がその対象である。

建物の個数は、通常、1棟の建物として登記されると1個の建物となる。ただ、建物は、土地とは異なり、1個の建物として登記されていても、分割して2個の建物として事実上の独立性を有するようになると、それぞれが独立した所有権の客体となり得る。

ⓑ 立木

立木（りゅうぼく）とは、1筆の土地または1筆の土地の一部分に生立する樹木の集団であって、その樹木の集団の所有者がそれらにつき所有権保存の登記を受けたもののことである。樹木は、本来、従属定着物であって、土地の一

部として扱われる。しかしながら、実際上は（特に植林事業において）、土地に生育している状態のままで、当該土地とは別個に取引の対象とされることが多かった。そこで、「立木ニ関スル法律」（立木法）が、一定の要件の下にこれを登記すれば、かかる樹木は、当該土地の所有権と離れた独立の不動産として取り扱われると規定した（1条・2条）。同法に基づく登記は、他人の土地の上で樹木を長期にわたって植栽したり、そのような樹木を金融の担保に供したりするために行われる。

立木法制定以前から、立木は、土地に生育している状態のままで、当該土地とは別個に取引の対象とされることが多かったわけである。その際に、取引の安全を図るために（立木の権利をその権利者から承継しようとする者が、その権利者が当該土地の所有者と異なったとしても、立木の権利者から有効にそれを承継できるために）、1本ずつであれば立木の皮を削って（土地の所有者とは異なる）立木の権利者の名前を墨書するとか、ある程度まとまった本数であればロープで囲った上で同じく立木の権利者の名前を書いた立札を立てるというような公示方法が採られてきた。このような方法を**明認方法**といい、登記と同様に、対抗要件とされてきた（大判大4・12・8民録21・2028）。明

認方法は、土地に生育中の樹木を買い受けて間もなく伐採するときに利用される。

ⓒ 未分離の果実

土地に生育しているままの未分離の果実（みかん、桑葉、葉たばこ、稲立毛〈刈り入れ前の稲穂〉等々）は、本来、従属定着物であるが、成熟すれば独立の物として取引の対象（独立定着物）となり（大判大 5・9・20 民録 22・1440）、明認方法がその対抗要件となる。

判例は、A より甲土地の所有権を承継した X がその移転登記をしないまま、当該土地を耕作して得た稲立毛につき A の債権者 Y がそれを差し押えたとき、X は、稲立毛の所有権を Y に対抗できるとした（大判昭 17・2・24 民集 21・151）。

(ⅲ) 動 産

不動産に該当しない"物"は、すべて動産である（86条2項）。土地に付着する物であっても、定着物でない物（e.g. 仮植中の植木）は動産である。樹木も伐採されれば動産となる。

無記名債権は、動産ではないものの動産とみなされる（86条3項）。無記名債権とは、証券的債権の一種で、証券上に特定の債権者名を表示せず、その所持人が債権者とされる債権である。商品券、乗車券、入場券、持参人払式小切手などがこれに該当する。動産であるところの証券（紙片）が権利そのものと考えられるので、民法はこれを動産として扱うのを適当としている。その効果として、無記名債権の譲渡は、債権譲渡の手続（467条以下）を踏むことなく、通常の動産と同様にその**引渡**しが対抗要件となる（178条）。無記名債権は、そのほか、**即時取得**★（192条）の適用も受ける。無記名債権の所持人は、通常の動産の所持人と同様に、正当な権利者とみられるのである。

また、船舶、自動車、航空機等も動産ではあるが、特別法により登録制度が準備されているため、178条が適用されず、登録が対抗要件となる。

なお、貨幣（紙幣・鋳造貨幣）も動産の一種であるが、通常、物体としての個性を有せずその価値基準に意味がある極めて特殊な動産である。貨幣については、動産にかかる民法の一般的原則（178条・192条-194条）は適用されない（「ちょっと休廷」No.8参照）ことに留意されたい。

即時取得：所有権等の正当な権限を有しない、単なる動産の占有者を正当な権利者と誤信して取引をした者が、その動産について完全な権利を取得することである。善意取得ともいう（詳細は、「物権法」にて習う）。

貨幣と即時取得

　民法は、192条で「取引行為によって、平穏に、かつ、公然と動産の占有を始めた者は、善意であり、かつ、過失がないときは、即時にその動産について行使する権利を取得する」と規定し、動産の即時取得制度を設けている。貨幣は動産であるが、この192条が適用される余地はない（なお、ここにいわゆる貨幣とは、コレクション・アイテムとなるようなものではなく、額面超の価値を有しない通常の紙幣・鋳貨のことである）。

　193条は、「前条の場合において、占有物が盗品又は遺失物であるときは、被害者又は遺失者は、盗難又は遺失の時から2年間、占有者に対してその物の回復を請求することができる」と、192条の例外規定を設けているが、194条にて「占有者が、盗品又は遺失物を、競売若しくは公の市場において、又はその物と同種の物を販売する商人から、善意で買い受けたときは、被害者又は遺失者は、占有者が支払った代価を弁償しなければ、その物を回復することができない」とさらなる例外を設けている。194条にいわゆる"物"に"貨幣"が含まれるとすると、「貨幣を（公の市場等において、もしくは、その貨幣と同種の貨幣を販売する商人から）善意で買い受けたときは、それが盗品（遺失物）であっても、被害者（遺失者）は、占有者が支払った代価を弁償しなければ、その貨幣を回復することができない」ということになる。「（コレクション用ではない、通常の）貨幣を買い受ける」ことはあり得ないし、「貨幣の返還を受けるために代価（それと同額の貨幣）を弁償する」などという無意味な規定となってしまうのである。

　貨幣の占有を開始した者は、それが取引行為によるものでなくても、平穏かつ公然でなくても、また、前占有者がそれを正当に占有する権利を有していないことにつき悪意・有過失であっても、即時にその貨幣について行使する権利を取得する（ゆえに貨幣に関しては、192条が適用される余地がない）のである。

■ 3 主物・従物 ■

(1) 意 義

　法律的には独立性を有する物が、同じ所有者に属する他の独立物に従属して1つの経済的作用を実現している場合がある。このように、甲・乙2つの独立の物の間に前者が後者の常用に供されているという関係があるとき、甲を「従物」、乙を「主物」と呼ぶ（民法87条1項）。民法は、両者をできるだけ一体として取り扱うことを適当と考え、従物は主物の処分の運命に従うとした（同条2項）。たとえば、建物を売買すれば、取り付けられているエアコンや畳・障子も主物たる建物とともに移転する。「自動車とキー」「刀と鞘」「テレビとリモコン」等の関係も同様である。

　87条2項の規定の根拠として、社会経済的にみて物の経済的効用を保持するのが望ましいとする社会的効用説[22]と、物の経済的効用を保持させようとする当事者の意思が推定されるとする当事者意思推定説[23]とが対立する。後者には、抵当権設定後の従物には抵当権の効力が及ばないことになるという難点があり、前者が今日の通説となっている。ただ、この規定は任意規定（⇒245頁）であるから、当事者がこれと異なる意思を表示したとき（e.g. 建物売買において、当該建物に取り付けられているエアコンは〈転居先に設置するべく〉売主が搬出すると当事者間で取り決めたとき）は、社会的効用説も妥当しない。そこで、同説も、当事者の意思による修正は可能と説明する。

　なお、権利は物ではないので主物にも従物にもならない。したがって、借地上の建物と借地権のような「物と権利」、あるいは、元本債権と利息債権のような「権利と権利」の間には、87条2項を直接適用する余地はない。しかし、これらには主物・従物に類似した関係が成立しているので、同項の趣旨を類推適用してよかろう。すなわち、借地上の建物が売買される場合には、当該建物とともに借地権も移転するとされる（最判昭47・3・9民集26・

---
22) 我妻222頁
23) 於保不二雄『民法総則講義』（有信堂、1956年）140頁

2・213[24]）。この場合の借地権のように、同項の類推適用によって他の物や権利の処分に従う権利を「**従たる権利**」と呼ぶ。他方、元本債権のように、処分の際に従たる権利（利息債権）を従わせる権利を「**主たる権利**」と呼ぶ。

（2） 従物の要件

従物たるには、次の要件を必要とする。
① **主物の常用に供されること**
　継続的に主物を助けて、その経済的効用を全うする関係にあることを要する。
② **主物に付属すること**
　主物への付属性を承認される程度の場所的近接性を要する。
③ **主物・従物がそれぞれ独立した存在であること**
　付属している主物に対してなお独立性を有していることを要する。庭に設置された取り外しの容易な庭石は、土地（主物）からの独立性を有する（土地に1つの所有権が成立し、庭石にも1つの所有権が成立している）から、従物である。しかし、取り外しが困難な庭石は、土地からの独立性は喪失しており、土地の構成部分となっている（もはや庭石には所有権は成立しない。土地と一体となって1つの所有権のみが成立する）から、従物にはならない。建物に対しても、畳・障子等は従物となる一方、建物の内外を遮断するドア・雨戸・窓等はその構成部分であるから従物とはならない（構成部分に関しては、212頁参照）。
④ **主物と同一の所有者に属すること**
　87条1項は、「自己の所有に属する他の物をこれに附属させたときは……」と、これを明文で要件としている。異なる所有者に属する2つの物を同一の運命に従わせると、第三者の権利を害することになるからである。ただし、Pの主有する物（甲）の常用に供されている物（乙）が（Pではなく）Qの所有に属するときに甲が処分された場合、乙に関しては他人物売

---

[24] 「賃借地上にある建物の売買契約が締結された場合においては、特別の事情のないかぎり、売主は、買主に対し、その建物の敷地の賃借権をも譲渡したものであって、それに伴い、その賃借権譲渡につき賃貸人の承諾を得る義務を負うものと解すべきである」と判示。

買となるが、これは契約としては有効に成立する。さらに、192条の要件を満たせば即時取得による買主の保護は認められると解される。

通説は、自己の所有に属する物の常用に供されている物が他人の所有に属する場合でも、主物・従物の関係を認める。その理由として、物の経済的効用における客観的結合は、所有者を異にする物についても成立し、第三者の権利を害しない範囲において、従物をして主物の法律的運命に随わしめることが適当であることを挙げる[25]。

（3）効 果

従物は、主物の処分に従う（87条2項）。主物が売買の目的物になった場合は、特別な意思表示がない限り、従物もその目的物となっていたものと取り扱われるということである。

また、87条2項にいわゆる「処分」には抵当権設定行為も含まれるとみなして、主物に抵当権が設定された場合には、やはり特別な意思表示がない限り、その効力は従物にも及ぶとされる（大連判大8・3・15民録25・473、最判昭40・5・4民集19・4・811〈[判例4.3]〉、最判昭44・3・28民集23・3・699〈[判例4.4]〉）。なお、抵当権設定後に従物となった場合も同様に扱われるか否かについては、見解が分かれる。判例が否とする一方で、今日の学説は肯定的に解するが、その理由づけは分かれている[26]。

従物が他人の物であるところの主物につき処分の債権契約が締結された場合の従物の運命は、87条の類推適用により、債権的効果は主物の処分に従うが、物権変動は当然には生じない。けだし、主物所有者には、従物の処分権限がない。従物の所有者が同意・追完★をする、あるいは相手方が即時取得すれば、他人物である従物についても有効に物権変動が生じる[27]。

[判例4.3] 最判昭40・5・4

土地賃借人の所有する地上建物に設定された抵当権の実行により、競落人が当該建物の所有権を取得したときに、①土地賃借人が当該土地上の建物に設定した抵当権の効力は当該土地の賃借権に及ぶか、②地上建物に抵当権を設定し

25）我妻223頁
26）詳細は、「担保物権法」にて習う。
27）近江Ⅰ 163-164頁。なお、他人物売買の詳細については、「契約法」にて習う。

た土地賃借人は抵当建物の競落人に対し地主に代位して当該土地の明渡しを請求できるか、につき争われた事案において、「①土地賃借人が当該土地上に所有する建物について抵当権を設定した場合には、原則として、当該抵当権の効力は当該土地の賃借権に及び、当該建物の競落人と賃借人との関係においては、当該建物の所有権とともに土地の賃借権も競落人に移転するものと解するのが相当である、②土地賃借人が当該土地上に所有する建物について抵当権を設定した場合には、賃借人は、賃貸人において賃借権の移転を承諾しないときであっても、競落人に対し、土地所有者たる賃貸人に代位して土地の明渡を請求することはできない」と判示。

[判例 4.4] 最判昭 44・3・28

宅地上の植木および取り外しの困難な庭石等宅地の構成部分となった物に抵当権の効力が及ぶかどうかにつき争われた事案において、「宅地に対する抵当権の効力は、特段の事情のないかぎり、抵当権設定当時その宅地の従物であった石燈籠および庭石にも及び、抵当権の設定登記による対抗力は、そのような従物についても生ずる」と判示。

追完：民法上、法律上必要な有効要件を備えていないため、一定の効果を生じない法律行為が、後に要件が補充されることにより法律効果が生じることを追完という。民法に明文規定があるわけではなく、講学上の概念である。

4 元物・果実

物から生じる収益（経済的利益）を**果実**といい、果実を生じさせる元の物を**元物**（げんぶつ）という。果実は、元物の権利者の収入に帰するものであるが、果実とみるべき範囲および果実の生ずるまでに元物の権利者に移動があった場合の果実の帰属について、争いを生ずるおそれがあるので、民法は、その観念と範囲とを定めた。果実には、元物から産出する天然果実と、元物を他人に利用させてその対価として収益する法定果実の2種がある。

（1）天然果実

　物の用法に従い収取する産出物を**天然果実**という（88条1項）。果樹から取れる果実はもちろん、畑から収穫される野菜、乳牛の乳、羊の毛、鶏の卵などのような、元物から有機的に産出される物がこれに該当する。石切り場から切り出された石材のような無機物でもよい。しかし、「物の用法に従い」とは、元物の本来の経済的効用として収取されることを要するということだから、盆栽になった実や愛玩動物の仔などは天然果実ではないものとされる。

　天然果実は、その元物から分離する時に、これを収取する権利を有する者に帰属する（89条1項）。すなわち、天然果実は、元物から分離しない間は当然として元物の一部であって、元物から分離して独立の動産となった時に、所有権や賃借権等に基づいてこれを収取する権利を有する者に帰属するということである。この趣旨は、天然果実の産出に貢献したと主張する者等が出現して争いが生ずる危険を避けるため、分離時を基準として、収取権者に果実を帰属させようとするところにある。「収取する権利を有する者」が誰であるかを個別に定めている規定もある[28]。なお、当事者が「収取する権利を有する者」につき別段の定めによって合意することは、もとより妨げない。

　なお、未分離の天然果実の対抗要件については、224頁を参照のこと。

（2）法定果実

　物の使用の対価として受けるべき金銭その他の物を、**法定果実**という（88条2項）。土地使用の対価たる地代、家屋使用の対価たる家賃、金銭使用の対価たる利子などがその典型である。法定果実は使用の対価でなければならないから、売却代金、株式の配当、雇用契約における報酬のような労働の対価などは、物の使用の対価ではないので果実ではない。また、果実は、物と物との関係だけにとどまるから、土地使用においては、地代請求権が果実なのではない。

---

[28] 善意の占有者による果実の取得に関する189条1項、所有権の機能に関する206条、地上権の機能に関する265条、永小作権の機能に関する270条、留置権者による果実の収取に関する297条、質権者による果実の収取に関する350条、売買目的物の果実の帰属に関する575条1項など

法定果実は、これを収取する権利の存続期間に応じて、日割計算によりこれを取得する（89条2項）。たとえば、賃貸家屋が月央で売買された場合、その月の家賃は、譲渡人と譲受人とが折半して取得するものとされる。ただし、これは、帰属権利者間の内部関係を定めたものに過ぎず、権利の帰属者を定めたものではないと解するのが通説[29]である。したがって、法定果実の支払いにかかる請求権は、支払期における当該賃貸家屋の所有者に帰属し、その権利者が受領した果実を後に当事者間において清算することになる[30]。要するに、法定果実も天然果実も、ともに支払期または分離期の権利者に帰属するが、前者は清算する必要あり、後者はその必要なし、とするのが民法の趣旨である[31]。

　一般的に物は、それを使用することによって得られる利益（使用利益）を生み出す価値を有している。それは果実そのものではないが、法定果実は当該物の使用利益の客観的・市場的価値と等価であるから、実質的には法定果実に帰一する。したがって、法律上の原因なくして他人の物を占有している者は、その使用利益を享受していようがいまいが（それを使用しようがしまいが）、その使用利益の価値を**不当利得**として権利者（その他人）に返還しなければならない。

　なお、民法88条2項は、法定果実につき「"物"の使用の対価として受けるべき金銭その他の物」と定義し、ドイツ民法のように権利の果実なる概念を認めないから、知的財産権のライセンス料のようなものは法定果実ではない。（知的財産権のような）無体物の使用の対価・対価を受ける権利などは法定果実ではないとされる。しかしながら、法定果実に関する規定は、元物が物であるか権利であるかによって適用を異にする理由はないから、（88条2項の

---

29) 我妻228頁
30) もっとも、買主倒産の場合等の売主の不利益を考えれば、対外関係（売主・買主がそれぞれの分を取り立て得る）を定めたものとする見解（四宮和夫『民法総則 第4版補正版』〈弘文堂、1996年〉138頁、米倉381頁以下）も有力のようである。公社債など利付債券を売買するときの実務は、譲受人は経過利息（前回の利払日の翌日から受渡日までの日割で計算した利子相当分）を譲渡人に支払う（売買価格〈裸値段〉とは別立表示、もしくは売買価格の一部に含める利含み値段による）こととされており、（次回利払日において）発行体（債務者）が譲渡人に経過利息を給付する一方で譲受人に対してもその残額を給付するなどということはない。したがって、89条2項は対外関係を定めたものとする説よりも、内部関係を定めたものに過ぎないとする通説の方が、実務に沿うものであり妥当な解釈であるといえよう。
31) 我妻228頁

法定果実ではない）権利使用の対価の分配についても89条の類推適用を認めるべきとする見解があるが[32]、妥当であろう。

---

32) 注釈民法(2) 652頁

第5章

法律行為

■ 1 総説 ■

(1) 法律要件と法律効果

　一定の法律上の事実が存在すれば、法律上の権利・義務が発生もしくは消滅し、あるいはそれにつき変更が生じる。たとえば、売買契約の成立という事実があれば、財産権移転と代金支払い・受領の権利・義務が生じる。取得時効の完成という事実があれば、その権利を取得する（前主は権利を喪失する）。また、飼い犬が他人を咬んだという事実があれば、損害賠償や慰謝料を請求する権利とそれを支払う義務が生じる。

　このような法律関係（権利・義務）の変動（発生・消滅・変更）を**法律効果**という。そして、それを生ぜしめる原因を**法律要件**というが、これはさらに、違法行為、適法行為、事件、内部的容態という個々の具体的な**法律事実（要件事実）**に分けることができる。

　一般に、法秩序からみて是認されない行為（損害賠償義務を負う、無効または取消しになる等の、法律上の制裁を科される行為）が**違法行為**であり、不法行為（709条）、債務不履行（415条）などが該当する。反対に、法律上の制裁を科されず、裁判所等の各種国家機関がその効果の強制的実現に協力するような行為が**適法行為**であり、売買の意思表示（555条）、取消追認の催告（20条）、債権譲渡の通知（467条）、事務管理（697条）などが該当する。

　一方で、**事件**とは、人の精神作用と関係ない出来事のことであり、時の経過（30条・162条）、人の生死（3条・882条）、物の滅失（304条）などが該当す

る。内部的容態とは、善意・悪意のような観念的容態（32条・94条ほか）と、占有意思のような、欲するか欲しないかの意思的容態（180条ほか）に分かれる。

（2）法律行為の意義

適法行為は、法律効果に対して人の意思（"意思"と"意志"の差異につき「ちょっと休廷」No.4〈68頁〉）が作用する法律事実のことであるが、その中でも、法律効果を直接に意欲してする行為を**意思表示**という。換言すれば、意思表示とは、当事者が一定の法律効果を意欲する意思（＝「効果意思」）を表示することである。「（効果）意思」に基づいて法律効果が生ずる適法行為を**法律行為**という。

法律行為は、当事者の意思とは無関係に損害賠償という法律効果が与えられる違法行為と区別され、意思表示を不可欠の要素とする点で後述の事実行為（非表現行為）と区別される。

（3）準法律行為

意思表示は、一定の法律効果の発生を直接に意欲する旨の表示行為であり、この要素を持たない行為は、意思表示ではない。しかし、意思表示以外に、法律効果を発生させる精神作用の表示行為が存する。意思の通知、観念の通知、感情の表示の3つである。

① 意思の通知

一定の意思の通知であるが、その意思内容が、その行為から生ずる法律効果以外のものに向けられている点で意思表示とは異なる。たとえば、制限行為能力者の相手方による催告の効果は、追認または取消しである（20条）。また、債務履行の催告の効果は、時効中断（153条）、履行遅滞（412条3項）、解除権の発生（541条）である。

② 観念の通知

ある事実の通知である。たとえば、社員総会招集の通知（一般法人法39条）、代理権を与えた旨の通知（109条）、債務の承認（147条3号）などである。

③ 感情の表示

昭和22年改正前の明治民法が認めていた、裁判離婚の原因に対する宥恕(ゆう)（旧814条2項[1]）のような一定の感情の表明である。

上記①～③は、人の意識内容を表明する行為であり、**表現行為**といわれる。表示されたとおりの法律効果が認められる意思表示とは異なるが、表現行為についても通常当事者は法定の効果を期待してこれをなすものであるから、法律行為に関する規定を類推適用することができる。

他方で、法律効果を生ぜしめる適法行為のうち、一定の外形的な行為を本体とし、一定の意識ないし精神作用は従たる地位を占めるに過ぎないものを**事実行為**（非表現行為）という。先占★（239条）、拾得★（240条）、埋蔵物発見★（241条）、事務管理★（697条）などである。

> **先占**：所有者のない動産につき、所有の意思をもってそれを占有すれば、その所有権を取得することができるということ。
> **拾得**：落し物を拾ったという行為のことである。落し物は、遺失物法の定めるところに従って公告をした後3か月以内にその所有者が判明しないときは、これを拾得した者（拾い主）がその所有権を取得するということ。
> **埋蔵物発見**：埋蔵物は、遺失物法の定めるところに従って公告をした後6か月以内にその所有者が判明しないときは、これを発見した者がその所有権を取得するということ。
> **事務管理**：義務なく他人のために事務の管理を始めることである。その事務の性質に従い、最も本人の利益に適合する方法によって、その事務の管理をしなければならないとされる。

上記の表現行為と非表現行為とを併せて、**準法律行為**という[2]。

ここまで述べてきたことをまとめたのが、次頁の図である。

---

[1] 一般的に宥恕とは、寛大な心で許すことを意味するが、旧814条2項は、夫婦の一方に離婚請求の原因行為があっても、他方がそれにつき宥恕すると離婚をすることができなくなると規定していた。
[2] 法律行為である解除では、「解除する」と意思表示すればその効果が生じるのに対して、準法律行為である債務履行の催告では、「○月○日までに△△円を支払え」と通知すると、その法定効果として解除権が発生する。このように、法律行為と準法律行為とでは、表示される内容とそれに与えられる法律効果とに差異がみられる。

図 5.1 法律要件の体系

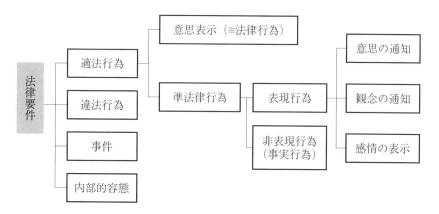

(4) 法律行為の種類

法律行為は、いくつかの基準で分類され得る。

(i) 単独行為・契約・合同行為
要素たる意思表示の態様による分類である。

(ア) 単独行為

単独行為とは、1人1個の意思表示のみ（一方の他方に対する意思表示のみ）によって成立する法律行為のことである[3]。相手方のあるもの（519条の債務免除、540条の契約解除など）と相手方のないもの（960条以下の遺言、一般法人法152条以下の一般財団法人の設立行為など）とに分かれる。

(イ) 契 約（双方行為）

契約とは、対立する二者の意思表示が合致★することによって成立する法律行為のことである。単独行為と対比して**双方行為**とされる。契約が成立するには、一方の申込みと相手方の承諾という2個の意思表示が必要である。売買・贈与・貸借・雇用・請負・委任・寄託・和解など法律行為の大半はこれに属する。

　　　意思表示≅ 法律行為??：契約においては、一方の申込みと相手方の承諾とい

---

[3] ただし、遺言行為（960条以下）等、たまたま当事者の数が多数であっても妨げない（我妻244頁）。

う2個の意思表示が合致しなければ法律効果が発生しない。すなわち、申込みという意思表示だけでは法律行為とはなり得ないのである。したがって、双方行為においては、1個の意思表示が直ちに法律行為となるものではない（「2個の意思表示の合致＝法律行為」であって、「（1個の）意思表示≠（1個の）法律行為」である）。翻って、単独行為の場合は、「（1個の）意思表示＝（1個の）法律行為」となる。

(ウ) 合同行為

合同行為とは、契約のごとく対立するのではなく、一般社団法人の設立行為（一般法人法152条以下）のように方向を同じくする複数の意思表示が合致することによって成立する法律行為のことである。意思表示の内容が相対立することなく、共同目的に向かってなされるものである。

(ⅱ) 債権行為・物権行為・準物権行為

発生する効果の種類による分類である。

(ア) 債権行為

債権行為とは、贈与・売買・貸借のように債権関係（給付請求権・履行義務）を発生させる法律行為をいう。この法律行為の目的は、発生した債務が履行されてはじめて達成される。

(イ) 物権行為

物権行為とは、物権の変動（発生・変更・消滅）を発生させる法律行為をいう。地上権・抵当権の設定契約はこの例であり、履行義務関係を残さない点で債権行為と異なる。

(ウ) 準物権行為

準物権行為とは、債権譲渡[4]（466条）・債務免除（519条）・無体財産権の譲渡（著作権法61条ほか）などのように、物権以外の権利の変動を直ちに発生させて履行義務関係を残さない法律行為をいう。物権行為と合わせて**処分行為**という。

---

[4] 債権譲渡とは、債権の内容を変えないで、債権者だけを変更する契約をいう。たとえば、C（債務者）に対して債権甲を有するAが、甲をBに譲渡すると、甲の内容は変わらないが、債権者だけがA（譲渡人）からB（譲受人）に変わる。甲がBに譲渡されると、Cは、甲につき元来Aに弁済すべきであったが、それ以後はBに弁済することになる。

(ⅲ) 財産行為・身分行為

　財産の支配（財産上の法律関係）に変動を与える行為を**財産行為**といい、婚姻・離婚・養子縁組・離縁などのような家族関係（身分上の法律関係）に変動を与える法律行為を**身分行為**という。

(ⅳ) 要式行為・不要式行為

　要素たる意思表示の形式による分類である。

(ｱ) 要式行為

　要式行為とは、一般社団法人の定款作成（一般法人法10条）、贈与（550条）、婚姻（739条）、遺言（967条以下）、自己信託の設定（信託法3条3号）等、その法律行為を組成する意思表示が、一定の形式（たとえば、書面の作成）を要するものをいう。当事者をして特に慎重に行為をさせるため、あるいは、権利の範囲を明確ならしめるためという理由に基づいて、要式行為とされる意思表示も少なくない。不動産にかかる物権の変動における公示の原則（177条）（⇒218頁）なども同様の趣旨である。

(ｲ) 不要式行為

　不要式行為とは、要式行為とは逆に、意思表示に一定の形式を要しないものをいう。契約自由の原則は、法律行為の形式の自由をもその内容のひとつとしているので、法が特に形式を要求しない限り特段の形式を要しない。

(ⅴ) 生前行為・死後行為

　死後行為とは、死因贈与[5]（554条）や遺言（967条以下）のように行為者の死後に効果が生じるものをいい、**死因行為**ともいう。これに対して、行為者の生存中に効果が生じるものを**生前行為**という。

(ⅵ) 有因行為・無因行為

　給付行為が原因と不可分であるかどうかによる分類である。財産の出捐（⇒第3章脚注3）を目的とする行為は、何らかの心理的な原因が存する。たとえば、債権を取得するためという原因を伴って、金銭を交付するとか、不動産の所有権を移転するという行為をなすのである。これらの行為は通常、

---

[5] 死因贈与とは、贈与者の死亡によって効力を生じる贈与契約をいう。遺言により遺産を譲与する**遺贈**が単独行為であるのに対し、死因贈与は贈与契約（双方行為）である。

原因が欠けたり原因行為が無効であったりした場合には効力を生じないのを原則とする。しかし、原因がなくとも（法律上無効でも）その行為だけを有効とする規定もある。前者を**有因行為**といい、後者を**無因行為**という。後者の典型は、手形行為（手形の発行、裏書交付等）である。債務を弁済するために手形（⇒73頁）を裏書交付した場合は、たとえ当該債務が（無効・取消し等により）すでに消滅していたとしても、その手形債務は消滅しないのである[6]。

(vii) 有償行為・無償行為

財産の給付が対価を伴うか否かによる分類である。売買・交換・賃貸借・雇用・請負などのように、財産の出捐を目的とする行為のうち、対価のあるものを**有償行為**という。贈与・使用貸借（無償での貸借）のように、財産の出捐を目的とするものの対価のないものを**無償行為**という。寄託契約[7]においては、有償であれば受寄者は善管注意義務（⇒93頁）をもって目的物を保管する義務を負う（400条）が、無償寄託であれば自己の財産に対するのと同一の注意でよい（659条）。また、宅地の貸借に関しては、無償であれば使用貸借の規定（593条以下）が適用されるが、有償であれば賃貸借の規定（601条以下）が適用される、等の差異が生じる。

(viii) 信託行為

一定の目的に従って他人（受託者）に財産の管理・処分等をさせるために、その者に財産の移転その他の処分をする法律行為を**信託行為**という。財産の移転その他の処分をする者（委託者）と受託者との契約による場合が一般的であるが、遺言による場合もある。また、委託者が自らの財産を一定の目的に従って管理・処分等をするために公正証書等によって意思表示（単独行為）することも可能である。信託法に規定がある。

なお、信託行為と信託的譲渡とは区別する必要がある。信託とは、一般的には、財産を有する者（**委託者**）が、他人（**受託者**）をして一定の目的に従って、一定の者（**受益者**）のために、財産の管理または処分をさせるために、受託者に財産そのものを譲渡することである。信託の受益者は、受託者に対

---

6) 当該消滅した債務の相手方は不当利得返還債務を負うこととなる。
7) 寄託とは、当事者の一方（受寄者）が相手方（寄託者）のために保管をすることを約してある物を受け取ることによって成立する契約（657条）をいう。

して、信託行為に基づいて信託利益の給付を受ける権利を有する。翻って、**信託的譲渡**とは、経済的目的を超えて法律上の権利を譲渡することである。たとえば、ある特定の公共的目的（e.g.激甚災害の罹災者の生活支援資金）のために発起人が多数の人から寄付金を集めるような場合である。発起人はそれによって利益を受けるのではないから、寄付者から発起人への金銭の移転にかかる法律上の原因を贈与とみるのは不適当である。むしろ、募集の目的に使用すべき義務を伴う。すなわち、寄付金につき一定の目的に従った処分をしなければならないのである。その観点では信託に近いが、受益者（上掲設例では、罹災者）は発起人に寄付金の給付につき請求権までは有していない。発起人が寄付で集めた金銭を罹災者に給付しないという義務違反の私法上の効果として、委託者に相当する寄付者には返還請求権が発生するが、受益者に相当する罹災者には何ら法律効果が発生しないところが信託と異なる。信託的譲渡と解される所以である。

2 法律行為自由の原則とその制限

(1) 法律行為自由の原則

契約締結に際しては、公権力を含め何人（なんびと）からもみだりに干渉されることはないというのが原則であり、契約をするか否かの自由、相手方選択の自由、内容決定の自由、方式の自由が保障されていることは既述した（⇒22頁）。これは、封建的支配服従関係を否定し、「人は、自由、かつ権利において平等なものとして生まれ、生存する」という理念の下に成立した近代法の根本原則である。このことは、契約以外の法律行為についても当てはまることより、私的法律関係を形成する法律行為は個人の自由な意思に基づくべきであるという「法律行為自由の原則」に派生した[8]。

[8) 法律行為自由の原則には、遺言（単独行為）や法人設立（合同行為）の自由も含まれるが、その中心をなすものは契約（双方行為）の自由である。そのため、法律行為自由の原則は、契約自由の原則と同義に用いられることが多い。

(2) 法律行為の自由の制約

　封建的身分羈束(きそく)から解放された近代法の下においても、経済的に優位な立場に立つ者による契約内容の決定という経済原理が働くことは不可避である。すなわち、契約自由の原則を貫徹すれば、経済的不衡平や社会的不均衡等の歪みが生じてくるのである。この結果、法律行為自由の原則の下においても、私的法律関係の種々の場面で、法律行為自由の原則も大幅な制約が課されることとなった。

① 経済的不衡平を是正するための制約

　　経済的優位に立つ者による契約条件の押し付けと、経済的弱者たる相手方のそれへの服従は是正される必要がある。借地人、借家人、中小企業金融・庶民金融の需要者、労働者等、の経済的弱者を保護するため、借地借家法、利息制限法、労働基準法等の特別法が制定されている。

② 契約の締結を円滑にし、大量の取引を画一的・迅速に処理するための制約

　　多数取引の画一的処理のため、一方当事者（企業）が定型化された契約条項をあらかじめ作成・用意し、他方当事者（消費者）は、その契約内容で契約を締結するか、契約を締結しないかを選択する自由しかないまま、受動的に承諾するという契約形態が広く存在するが、そこには契約内容決定の自由はない。電車の切符の値段（運賃）や銀行の預金利息の利率等に関しては、運送契約や預金契約における個別的な交渉によってそれらを決定する余地は事実上制限されている（鉄道会社・銀行等の企業側があらかじめ用意した運賃表や利率表等に従うことになっている）。このような契約の締結の仕方を**附合契約**といい、あらかじめ作成・用意された定型的契約条項を**普通取引約款**（普通契約約款）という。当事者間での事前の十分な交渉がないにもかかわらず附合契約に拘束力を認める根拠につき判例は、「約款に拠らない旨の意思を表示せずして契約したときは、反証がない限り、その約款に拠るという意思で契約したものと推定する」（大判大4・12・24民録21・2182）と、意思推定説を採用している。

　　なお、附合契約における取引の公正性を期するために、約款の認可制（電気事業法・ガス事業法・郵便法・保険業法・道路運送法・航空法・海上運送法・旅行業法ほか）やその他の規制（鉄道営業法・電気通信事業法・宅地建物取引業法・

積立式宅地建物販売業法ほか）が導入されている。
③ 国民経済の健全な発展を促進するための制約
　国民生活の安定と国民経済の円滑な運営を確保するために、私的独占や不当な取引制限、不公正な取引方法等が禁止されている（独占禁止法・不正競争防止法ほか）。
④ 公益保護のための制約
　公共的もしくは公益的な職務もしくは事業については、契約締結の自由や相手方選択の自由が制限される（司法書士法・公証人法・医師法・薬剤師法・放送法ほか）。

■ 3　法律行為の解釈 ■

(1) 法律行為の解釈の意義

　法律行為の効力は、その内容の実現にほかならない。そして、その内容（＝法律行為の目的）は、裁判によって強制的に実現することができる程度に確定していなければならない。しかし、法律行為の具体的内容は、必ずしも当初から明確ではない場合が多く、また当事者が約定していた場合にも、なお不明な点（表現や表示があいまいな点）が残ることは免れ得ないから、法律行為の効果につき当事者間で紛争が生じることも多い。たとえば、売買の目的物および売買金額は決めていたものの、代金支払期日や目的物の引渡場所を定めていなかった場合等である。かくして、法律効果を与えるにあたって、法律行為によって当事者がいかなる効果を欲していたか（つまり、当該法律行為の意味・内容）を明確にする作業が重要な意味を有することになる。この作業を、法律行為の解釈という。
　法律行為の解釈という作業は、単にその意味・内容を明確にするのみならず、それを通じて法律行為に妥当な内容を与え、当事者の利害を調整するという役割を果たしているのである。かような法律行為の解釈は、事実問題・法律問題★のいずれであろうか。すなわち、前者であれば、下級審のなした法律行為の解釈（法律行為の内容にかかる判断）の是非につきそれが誤りであるとて上告審に持ち込むことはできない（上告理由となり得ない）のに対し、後

者であれば上告理由となり得るという点に区別の意味がある。事実問題であると解する判例が存する（大判大10・5・18民録27・939）が、法律行為の解釈は一定の基準ないし法則による判断であるから法律問題であるとする学説が有力である[9]。

かような法律行為の解釈は、種々の基準を用いて遂行される。

> **事実問題・法律問題**：訴訟事件の審理において、事実を確定する作業を「事実問題」といい、確定した事実に法規を適用する作業を「法律問題」という。
> 　民事訴訟では、第1審と控訴審が、事実問題と法律問題とを併せて審理する事実審であるが、上告審は、事実審の行った裁判についてその違法の有無だけを審理する法律審である。すなわち、事実の認定は事実審の専権であり、法律審（上告審）は事実審が認定した事実に拘束される。

（2）法律行為の解釈の基準

法律行為は、次のような事項を基準として解釈される。

（i）当事者の意思

法律行為を解釈するにあたっては、法律行為をなした当事者の意思が尊重されねばならない。ここにいわゆる当事者の意思とは、内心の意図ではなく、当事者が当該法律行為において表示したところから、客観的に判断される意思である。すなわち、法律行為をなすにあたって当事者がとった態度、表示された文言などから、当該法律行為の内容がまず判定されるのである。したがって、このように、当事者の内心の意図を敢えて等閑視し、客観的に妥当な内容の認定が行われることもある。しかし、法律行為によって当事者の達成しようとした経済的または社会的目的はできるだけ尊重されねばならないのも事実である。そのためには、法律行為に使用された文言に拘泥することなく、当事者の企図する趣旨を察知すべきである[10]。

当事者の意思は、後述の任意規定に優先して、法律行為解釈の基準とされる（91条）。

---

9) 我妻259頁
10) 我妻250頁

内心の意思の不一致

[判例 5.1] 大判昭 19・6・28 民集 23・387（民百選 I [7 版] 18）

戦時下における生糸製造は、操業規制を受けていた。すなわち、廃業者には全国製糸組合連合会が補償金を交付する一方、希望者が廃業者の繰糸釜を使用する場合は、一定の使用禁止免除料を連合会に納付すればそれを許可していた。そのことから、戦時下の生糸製造権利の売買においては、譲受人が支払う（繰糸釜にかかる）使用禁止免除料が連合会を経由して譲渡人（廃業者）に補償金として支払われることが通常の形態であった。

かかる操業規制の中で、製糸製造販売業者である X は、絹紡原料問屋業者である Y との間で、X がその有する製糸製造権利を訴外 A に譲渡し、Y がその代金を支払う旨の契約を締結した。Y は、代金の一部を支払ったものの残額の支払をしないので、X が残代金として 2,000 円の支払を求めて本訴を提訴した。

Y は、譲渡された製糸製造権利には繰糸釜の権利をも含むから、連合会から交付される補償金 2,000 円は譲渡代金の一部であり、X はこれを受領したのだから、Y の代金債務は完済されていると主張し、補償金が譲渡代金に包含されるか否かについて当事者間に意思の合致を欠くから本件譲渡契約は不成立であるとして反訴を提起した。

判決は、本件契約の文言については当事者の双方において互いに解釈を異にし、双方が異なる趣旨をもって当該文言の意思表示をしたのだから、両者は契約の要素である点につき合致を欠き、したがって、契約は成立しなかったものといわざるを得ない、と判示した。

［判例 5.1］の判決に対しては、Y が X に支払うべき金額について当事者の意思は一致しないが、契約当時の事情に照らせば、表示は Y の付与した意味に正当性が認められる事案であったのだから、そのように契約成立を認め、これとは異なる X の意思については、錯誤（⇒ 295 頁）の問題として取り扱われるべきであったとする見解[11]がある。

---

11) 民百選 I 6 版 39 頁〔鹿野菜穂子〕ほか

(ⅱ) 任意規定

　法令中の公の秩序に関する規定を**強行規定**（⇒251頁）、公の秩序に関しない規定を**任意規定**と呼ぶ。前者は、当事者の意思いかんにかかわらず適用されるから、これと異なる意思表示は無効となる。したがって、これが法律行為解釈の基準として問題となることは特にはない。他方で、後者に関しては、これと異なる意思表示をしても有効である。

　任意規定は、当事者の意思が不分明であるような場合に法律行為解釈の基準として機能する。そしてこれは、補充的規定と解釈的規定とに大別される。前者は、当事者の意思表示に欠けている点がある場合に、その部分を補充する規定であり（e.g. 272条）、後者は、当事者の意思表示に不明瞭な点がある場合に、これを一定の意味に解釈して明確にする規定である（e.g. 557条）。

　任意規定と強行規定の区別は、規定の趣旨を考察し、個人の意思によって排斥することを許すものかどうかを判断して決する他はない[12]が、466条2項（債権譲渡禁止特約）、505条2項（相殺禁止特約）のように、任意規定である旨を明文で定めている民法規定も存する。

法律行為の解釈と任意規定

[判例5.2] 最判昭62・2・20民集41・1・159（民百選Ⅰ［7版］20）

　訴外A社は、Y保険会社との間で、A社が所有し自己のために運行の用に供する自動車を被保険自動車、記名被保険者をA社として、自動車保険契約を締結していた。

　A社代表取締役の長男で、専務と呼ばれていたBおよび従業員Cは、作業員Dと飯場で飲酒中に口論となり、Dは、BとCに暴行を加えられた上、Bに本件自動車で轢かれ死亡した。Bの傷害致死罪が確定した判決の1年8か月後、A社ははじめてY保険会社に対して本件事故について通知をした。その後、Dの未亡人（相続人）X_1および遺児X_2・X_3は、A社、BおよびCに対して損害賠償請求訴訟を提起し、Y保険会社に対して訴訟告知を行ったが、Y保険会社は訴訟参加をせず、Xらの請求を認容する判決が確定した。A社らが無資力であったため、Xらは、**債権者代位権**★に基づきA社の保険金請求権を代位行使して、Y保険会社に対し保険金請求権を提起した。これに対し、Y保険会社は、本件保険約款において「事故の発生から60日を経過したときは、当会社は、その事故にかかわる損害をてん補しません」と定められていること

---

[12] 我妻255頁

等を根拠として、保険金支払義務の免責を主張した。原審がY保険会社の主張を棄却したため、Y保険会社が上告。

上告棄却。自家用自動車保険の保険契約者または被保険者が保険者に対してすべき対人事故の通知を懈怠したときには保険者は原則として事故にかかる損害を塡補しない旨の普通保険約款の規定は、当該対人事故の通知義務の懈怠につき約款所定の例外的事由がない場合でも、保険契約者または被保険者が保険金の詐取等保険契約上における信義誠実の原則上許されない目的のもとに通知を懈怠したときを除き、保険者において塡補責任を免れ得るのは通知を受けなかったため取得することのあるべき損害賠償請求権の限度においてであることを定めたものと解すべきである。

> **債権者代位権**：債権者が債権の十分な弁済を確保するため、債務者が第三者に対して有する権利を行使しない場合に、債務者に代わってその権利を行使する権利のことである。たとえば、PがQに対して金銭債権を持っており、QはRに対する売掛代金債権以外にはめぼしい財産がなく、しかも、Qがその債権の取立てをしないで放置したままにしておくと、Pは当該金銭債権の弁済を受けられないというような場合に、PがQに代わってRに対する売掛代金債権を行使する権利である（民法423条）。

(iii) 慣 習

民法は、任意規定と異なる慣習がある場合において、法律行為の当事者がその慣習による意思を有しているものと認められるときは、その慣習に従う（92条）。強行規定に反するものは別として、任意規定が存する場合にも、慣習は、これに優先して法律行為解釈の基準となるという趣旨である（任意規定が存しない場合でも、慣習があるときは、強行規定に反しない限りその慣習について92条の適用があることはいうまでもない）。

ところで、法適用通則法3条の慣習（＝「慣習法」⇒19頁）は、任意規定が存すれば法的効力を認められないものであるから、民法92条の慣習はこの点で、それに比して重要な作用を営むものということができる。そこで、両者を区別するために、後者を「事実たる慣習」ともいう。もっとも、法律と同一の効力を有する（＝規範性が強い）「慣習法」が任意規定に劣後するのに対し、規範性の弱い「事実たる慣習」が任意規定に優先するというのは矛盾であるから、「慣習法」も92条により当事者の意思を媒介として任意規定に優先することになるという見解[13]も有力である。法適用通則法3条と民法

---

13) 四宮＝能見166頁ほか

92条との関係について、学説は、次の5つの考え方に分かれている[14]。

ⓐ 両者を峻別する説

上述のように、両者を区別する説[15]であり、通説とされている。これに対しては、上述のほか、法適用通則法3条は「慣習」といっており、「慣習法」とはいっていないのに、これを「慣習法」と読む根拠が不明であるとの批判、および、社会学的に慣習法と事実たる慣習とを区別することは可能であるが、実際上は至難のわざであるとの批判がある。

ⓑ 92条法源説

両者はともに「慣習の効力」を定めたものであり、民法92条は法適用通則法3条が定める2つの場合と同様に法源となると説く見解である[16]。これに対しては、任意規定に反する内容の慣習につき、法適用通則法3条はそれが法律と同一の効力を有するものではないとしてその適用を否定し、民法92条は契約の内容となることによってその適用を肯定していることになり、形式上はともかく実質的には矛盾があるとの批判がある。

ⓒ 92条を法令の規定とする説

民法92条は、法適用通則法3条所定の「慣習の効力」を認めた「法令の規定」であるとする見解[17]である。これに対しては、民法92条の慣習は、端的に「法律と同一の効力を有する」ものでなく、契約規範の内容を形成するに過ぎないから、当事者の主張・立証を要するものとするべきだから適当ではないとの批判がある。

ⓓ 92条を特別法とする説

民法92条を法適用通則法3条の特別法と考える見解[18]である。法適用通則法3条は制定法一般に対する慣習の補充的効力を認めたのに対し、民法92条は、私的自治の認められる分野に限って特に任意規定に優先して法律行為の解釈ないし補充の効力を認める。

ⓔ 当事者の意思によるとする説

両者を、法令に規定のない事項に関する慣習か、法令に規定のある事項に関する慣習かによって区別する見解[19]である。民法92条は、法令に規

---

14) 注釈民法(3) 260頁以下
15) 松坂197頁、我妻252頁ほか
16) 舟橋21頁ほか
17) 星野34頁ほか
18) 四宮＝能見191頁ほか

定のある事項に関する慣習を当事者がそれによると認められるときに限って適用する規定であるのに対し、法適用通則法3条は、法令に規定のない事項に関する慣習の場合に当事者がそれによるべき意思を問題にしていないに過ぎないとする。これに対しては、法適用通則法3条と民法92条の文理に照らして受け入れやすいといえるが、法適用通則法3条が法令に規定のある事項に関する慣習を全く圏外に置き去っているとはいえず、そのように慣習を振り分けることが矛盾を来さないことの説明が十分ではないとの批判がある。

判例は、ⓐ説に立脚している（[判例5.3] 参照）。

[判例5.3] 大判大 5・1・21 民録 22・25

法令2条（現「法適用通則法」.3条）の慣習は、「慣習法」にほかならないが、（大阪市内には期間の定めのない住宅賃貸借について、賃借人はいつでも賃貸人に対する告知によって将来に向かって賃貸借を消滅させる慣習があるとされた事案において）民法92条の慣習は、法的効力を有しない単純な慣行の事実で法律行為の当事者の意思を補充するものに過ぎないと判示した。

なお、92条の規定振りは、「法律行為の当事者がその慣習による意思を有しているものと認められるときは」となっているが、これを「当事者がその慣習に従うと積極的に意思表示したときは」と厳格に解すると、「法律行為の当事者が法令中の公の秩序に関しない規定と異なる意思を表示したときは、その意思に従う」としている91条と重複して無用の規定となってしまう。そこで、92条に関しては、「"法律行為の当事者がその慣習に従わないとの意思を有すると認められないとき"あるいは"その慣習が、法律行為の両当事者の職業・階級などに普遍的なものではないと認められないとき"は、その慣習に従う」と解釈すべきと解されている。

判例は、当事者が慣習の存在を知って反対の意思を表示しないときはその慣習による意思があると推定されるとする（大判大10・6・2民録27・1038〈[判例5.4]〉）。また、「当事者の意思表示からことさらその慣習に従わない旨が判定される場合、あるいは、その慣習が普遍性を欠いている場合は、その

---

19) 来栖三郎「法の解釈における慣習の意義」小山昇＝中島一郎編『裁判法の諸問題・下 兼子博士還暦記念』（有斐閣、1970年）625-626頁

慣習に従う」という基準は、当事者の意思から切り離されたものとして作用しているから、この趣旨を推していけば、当事者が慣習の存在を知っている必要もないものとされることになる（大判大3・10・27民録20・818〈[判例5.5]〉、大判大3・12・23民録20・1160）。

塩釜レール入事件

[判例5.4] 大判大 10・6・2 （民百選Ⅰ [7版] 19）

> 新潟のY商店と仙台のX商店との間で、Yを売主、Xを買主とする大豆かす（肥料）の売買契約が締結されたが、Yが相当期間を経ても目的物を送らなかったので、Xは契約を解除し、損害賠償を請求した。本売買契約に際しては「塩釜レール入」と約定されていたが、原審は、それにつき、その地方の商慣習（売主がまず貨物を宮城県の塩釜駅に送付し、到着後でなければ代金の請求ができない）であるとしてXの主張を認めた。Yは、慣習に依拠する意思があるとするならば、X自身がそれを立証すべきであるとして上告した。
>
> 大審院は、「事実上の慣習が存する場合においては、法律行為の当事者がその慣習の存在を知りながら、特に反対の意思を表示しないときは、これによる意思を有するものと推定すべきである。したがって、その慣習による意思の存在を主張する者は、特にこれを立証する必要はない」と判示して、Yの上告を棄却した。

小石川久堅町地代値上事件

[判例5.5] 大判大 3・10・27

> 借地法（現行の借地借家法の前身）の施行前に、東京市内には、その土地が繁栄し、地価が騰貴し、公租公課が増加しまたはその地代が近隣のそれに比して著しく低い状態となったような場合には、地主は、借地人の同意を得なくても相当の地代値上げをすることができるという慣習のあることを認定した上で、慣習があり、その慣習によって契約をするのが普通である場合には、反対の意思を表示しない限りは、これによる意思を有するものと推定すべきであるが、借地人がたまたまこの慣習の存在を知らなくとも、特にこれを排斥する合意がない限り、地主はなおこの慣習を援用することができると判示した。

（ⅳ）信義則 （条理）

慣習や任意規定が明らかでないときは、信義則（⇒42頁）または条理

(⇒20頁)が法律行為解釈の基準となり得る。これらは、補充的解釈の基準となるほか、他の基準に対する修正的解釈の基準ともなる。たとえば、土地の賃貸借契約書等では、一方の契約当事者（借地人）に著しく不利な条項が印刷されて入っている場合（e.g. 賃料を1回でも滞納すれば無催告で契約を解除できる）には、拘束力のない単なる例文に過ぎないとして効力が否定される（東京高裁判昭31・8・4日高裁判例集9・7・470）。この解釈方法を**例文解釈**という。これも条理による法律行為の解釈と認め得る範囲において是認すべきであろう。

（3）法律行為の成立要件

　法律行為は、一定の法律効果の発生を意欲する意思を表示することによって成立する。法律行為の成立要件は、当事者・目的および意思表示の三者であり、この1つを欠いても法律行為は成立しない。なお、**要物契約**★や**要式契約**★などの法律行為においては、意思表示に加えて目的物の引渡や一定の手続等が成立要件とされる。

> **要物契約**：契約の成立に、当事者の意思の合致のほか、物の引渡しなどの給付が必要とされる契約のことである。質権設定、消費貸借、寄託等。
> **要式契約**：要式行為たる契約のことである。

（4）法律行為の有効要件

　法律行為が有効とされるには、当事者については意思能力および行為能力を有していること、意思表示については意思の欠缺または瑕疵（⇒268頁）がないことを要する。さらに、当事者の意思表示において意欲された「法律効果の目的」については、次のような有効要件を具備する必要がある。

（i）目的の確定性

　法律行為の目的は、確定していることを要する。ただ、必ずしも当初から確定している必要はなく、当事者が将来における確定の方法を定めた場合や、意思表示の解釈やその他法律の規定によって確定し得べきとき（e.g. **選択債権**★〈406条〉のように、将来、当事者の選択によって確定し得る場合）は、その法律

行為は有効に成立する。

> **選択債権**：民法 406 条（「債権の目的が数個の給付の中から選択によって定まるときは、その選択権は、債務者に属する」）および 411 条（「選択は、債権の発生の時にさかのぼってその効力を生ずる」）によると、売主 P が、その所有するゲームソフト A とゲームソフト B のどちらかを買主 Q に 2,000 円で売る契約を締結した場合、P による選択権の行使によって、たとえば、A が給付の目的として指定されると、P が当初から A を引き渡すべき特定物債務を負っていたという結果となる。

(ⅱ) 目的の実現可能性

法律行為の目的は、それが実現可能であることを要する。事実上または法律上、実現不能なことを目的とする法律行為は、当然に無効である。ここにいわゆる実現不能とは、法律行為成立時から実現不能のことである（原始的不能）。法律行為成立後に実現不能に陥った場合（後発的不能）は、債務不履行の問題となるに過ぎず、法律行為が無効になるものではない。

法律行為の目的が一部実現不能である場合、その不能な部分については無効であることは当然である。問題は、残余の部分も無効となる（結局、法律行為の全部が無効となる）か否かについてである。これについては、無効の箇所で扱う（⇒ 431 頁）。

(ⅲ) 目的の適法性

(ア) 強行規定

法律行為の目的は、強行規定（強行法規）に反しないことが要求される。強行規定とは、公の秩序に関する規定であって、当事者の意思によって適用を排除することができないものであるから、これに反する法律行為は無効である。このことは、91 条の規定を反対解釈することにより導かれる。

任意規定との区別についてはすでに述べた（⇒ 245 頁）。任意規定が債権の規定に多くみられるのに対し、基本的な社会秩序（物権法や親族法）に関する規定、私的自治の前提となる規定（行為能力、意思表示、法律行為）、基本的な自由を保障する規定（最判平 11・2・23 民集 53・2・193〈[判例 5.6]〉は、民法 678 条は強行規定であり、やむを得ない事由があっても任意に脱退することを許さない旨の組

合契約は、これに反して無効とした)、取引の安全を保護する規定 (192 条の即時取得、109 条以下の表見代理、177 条等の対抗要件など)、経済的弱者を保護する規定 (349 条、利息制限法、借地借家法) などは原則として強行規定である[20]。

強行法規違反の法律行為の効力

[判例 5.6] 最判平 11・2・23(民百選 I [7 版] 17)

X_1・X_2 は Y_1〜Y_5 とともに、1 口 100 万円の出資をしてヨットを共同購入し、ヨットクラブを結成する組合契約を締結した。この契約に基づき、上記 7 名は合計 14 口の出資により、中古ヨット 1 隻を共同購入し、これを利用してきた。しかし、X らは、本件ヨットクラブからから脱退する旨の意思表示をしたとして、Y らに対して、組合持分の払戻金の支払などを求めた。なお、本件クラブの規約には、組合員の権利の譲渡および退会に関して、(不良なオーナーを防ぐため) オーナー会議で承認された相手方に対して譲渡することができ、譲渡した月の月末をもって退会とする、と規定されていた。

原審は、本件組合からの任意脱退は上記クラブ規約により組合員の権利を譲渡する方法によってのみ行うことができるとして、請求を棄却した。X らは、このような脱退禁止を定める本件規約は民法 678 条および民法 90 条に反し無効であると主張して上告した。

破棄差戻し。民法 678 条は、組合員は、やむを得ない事由がある場合には、組合の存続期間の定めの有無にかかわらず、常に組合から任意に脱退することができる旨を規定しているものと解されるところ、同条のうちその旨を規定する部分は、強行法規であり、これに反する組合契約における約定は効力を有しないものと解するのが相当である。けだし、やむを得ない事由があっても任意の脱退を許さない旨の組合契約は、組合員の自由を著しく制限するものであり、公の秩序に反するものというべきだからである。本件規約は、やむを得ない事由があっても任意の脱退を許さないものとしていることになるから、その限度において、民法 678 条に違反し、効力を有しないものというべきである。このことは、本件規約が設けられたことについて理由があり、本件クラブの会員は、会員の権利を譲渡し、または解散請求をすることができるという事情があっても、異なるものではない。

---

20) 能見＝加藤 150 頁

(イ) 取締法規違反と私法上の効力

　強行規定は、いわゆる取締規定（取締法規）と区別されねばならない。取締規定とは、経済政策や行政上の目的から一定の行為を禁止または制限する規定（法規）である。たとえば、覚せい剤取締法は、覚せい剤の輸出入を禁止する規定、覚せい剤の所持については、同法の規定により指定を受けた覚せい剤製造業者および厚生労働大臣の許可を受けた覚せい剤研究者以外にそれを許さないと制限する規定を有している。取締規定に反すれば制裁が科される。

　取締規定が、一定の行為が現実に行われることを禁圧防止することを直接の目的とするのに対して、強行規定は、当事者が一定の行為によって達成しようとする私法上の効果の実現について、国家が助力しないことを直接の目的とする[21]。取締規定と強行規定とはかように次元・観点が異なるから、取締規定に反する取引を行えば制裁は科されるものの、その私法的効果は否定されない場合（取締規定ではあるが強行規定の性質を有しない規定の違反行為）もある。判例にも、「預金等に係る不当契約の取締に関する法律」に違反して第三者が無担保で融資を受けるために裏金利を得てする「導入預金」の契約は無効とならないとしたもの（最判昭49・3・1民集28・2・135）や旧外為法に違反してなされた非居住者Aの居住者Yに対する米ドルによる貸付けの、Aから居住者Xへの譲渡の効果が争われた事案で「旧外為法は取締法規と解されるから、これに違反する行為は刑事上違法であるが、私法上の効力には何ら影響がないと判示したもの（最判昭40・12・23民集19・9・2306）などがある。

　また、取締規定であると同時に強行規定の性質を有するものもある。その旨を明文で定めている規定を有する法律もある。たとえば、信託業法39条は、信託会社が他の信託会社に行う信託業の事業譲渡は、内閣総理大臣の認可を受けなければ、その効力を生じないと規定する。もっとも、多くの取締規定は、私法上の効果について沈黙している。通説[22]は、取締規定が私法上の効果をも否定する効力規定と解されるか否かは、立法の趣旨、社会の倫理的非難の程度、一般取引に及ぼす影響、当事者間の信義・公正などを仔細に検討して決定されるべきとする。

---

21) 我妻 263-264 頁
22) 我妻 264 頁

取締法規違反の法律行為の効力

[判例5.7] 最判昭35・3・18民集14・4・483（民百選Ⅰ[7版]16）

> Yらを代表取締役とし、食品衛生法による許可を受けて食肉の販売を営む訴外A社は、X社との間で精肉の売買取引を行っていた。ところが、A社はX社からの買掛代金[23]の支払いを怠りがちだったので、両者間で債務承認弁済契約[24]の公正証書を作成し、A社はX社に対し上記債務につき毎月一定額を割賦弁済（分割返済）する旨を約し、取引は一時中断されていた。その後、YはX社に対し、自衛隊への食肉納入のために取引の再開を要請したところ、なお上記買掛債務が残っていることを理由に、X社はYの申出を拒否した。それを受けてYは、自己所有の自動車を担保に供しY個人として食肉を買い受けたい旨を申し入れたため、X社もこれを承諾し、一定額相当の生肉を売り渡したが、Yは同代金の1割弱の支払をしたのみであったため、X社は、その残代金と損害賠償の支払いを求めて提訴した。
>
> Yは、本件売買契約はX社とA社との間で締結されたものであると主張したが、原審は、本件売買契約の当事者はX社とYであり、たとえYが食品衛生法による営業許可を受けていないとしても、単なる行政取締規定に過ぎない食品衛生法による許可の有無は本件売買契約の私法上の効力に影響するものではないとしたので、Yが上告。
>
> 上告棄却。本件売買契約が食品衛生法による取締の対象に含まれるかどうかはともかくとして同法は単なる取締法規に過ぎないものと解するのが相当であるから、Yが食肉販売業の許可を受けていないとしても、食品衛生法により本件取引の効力が否定される理由はない。それゆえ当該許可の有無は本件取引の私法上の効力に消長を及ぼすものではないとした原審の判断は結局正当である。

(ウ) **脱法行為**

　強行規定が禁止していることを回避する手段として他の適法な法律行為の形式を利用することを**脱法行為**という。これを適法行為として有効とすべきか、あるいは脱法なのだから無効とすべきかが問題となる。脱法行為が行われるのは、社会の新たな事情に基づく経済的必要性が、旧来の強行規定を不便だとする場合に多い。したがって、この問題については、新たな経済的必

---

[23] 買掛けとは、代金後払いで商品を買うことであり、その対義語は、売掛け（代金は後で受け取る約束で商品を売り渡すこと）である。
[24] 債務承認弁済契約とは、文字どおり、すでに発生している債務について、債務者がそれを承認した上で弁済を約する契約のことである。

要性と強行規定の理想とを比較考量して判定すべきである。

　たとえば、恩給法11条は恩給権に担保権を設定することを禁じているが、この禁止規定を回避するため、金銭の借主（恩給権者）が、貸主に恩給の取立てを委任し、完済するまで当該委任契約を解除しないという特約を締結した事案で、判例は、その不解除特約を無効と解し、借主は委任契約を解除して恩給証書を取り戻すことができるとした（大判昭7・3・25民集11・464）。恩給法11条の理想を優先したということである。他方で、譲渡担保★は、強行規定である「質権設定者による代理占有の禁止規定（345条）」および「契約による質物の処分の禁止規定（349条）」に反するという説が有力に主張されたが、通説は脱法行為ではないと解し、判例もかつてはこれを無効としたが、その後これを適法行為として有効と解するようになった（大判大3・11・2民録20・865、大判大5・9・20民録22・1821、大判大8・7・9民録25・1373）。譲渡担保に関しては、合理的な社会的・経済的有用性を優先して解釈されたということである。詳細については、「担保物権法」にて習う。

> **譲渡担保**：譲渡担保とは、債権者が債務者に対して有する債権を担保するために、物の所有者または権利者が、物の所有権または権利を債権者に移転することをいう（この場合において、債権を被担保債権、債権者を譲渡担保権者、物の所有者または権利者を譲渡担保設定者という）。質権と異なり担保設定者が目的物の占有を移さなくてよい。債務者が被担保債権にかかる債務を履行すると、譲渡担保権者から所有権・権利が譲渡担保設定者に復帰的に移転する。被担保債権の不履行があると、譲渡担保権者は譲渡担保設定者に復帰的に所有権を移転するという制約がなくなる。ただし、譲渡担保権者は、譲渡担保設定者に対して、譲渡担保の目的物の価額と被担保債権の額との差額を清算金として支払わなくてはならない（最判昭46・3・25民集25・2・208）。

（iv）**目的の社会的妥当性**

(ア) 公序良俗

　法律行為の目的は、**公の秩序**または**善良の風俗**（両者を併せて「公序良俗」という）に反しないことが要求される。「公の秩序」とは国家社会の一般的利益であり、「善良の風俗」とは社会の一般的道徳観念を指すから、「公序良俗[25]に反する」とは、「社会的に妥当性を欠く」という意味となり、これに

---

25) フランス民法は、わが民法と同じく bonnes moeurs ou l'ordre public というが（1133条）、ドイツ民法（138条）およびスイス債務法（2条）はともに die guten Sitten といい、英米法では public policy という（我妻271頁）。

反する法律行為は無効とされる (90条)。したがって、公序良俗違反の法律行為に基づいて履行を求め、または不履行に対して損害賠償を請求することは許されない。これは、民法に本質的に内在する制約原理だと考えてよい[26]。なお、公序良俗違反の法律行為に基づいてすでに履行した給付を**不法原因給付**といい、民法は原則としてその返還を求め得ないものとする (708条)。

社会の秩序も道徳観念もその具体的内容は不断に変遷するから、公序良俗違反の態様を列挙することはできないが、判例に現れた態様は以下のごとくである。

① 人倫に反する行為

無効とされるべき人倫に反する法律行為としての典型は、婚姻秩序（一夫一婦制）や親子秩序に反する法律行為である。妻と離婚したら結婚するが、それまでその相手の女性に扶養料を払うという婚姻予約および扶養料支払契約は無効である（大判大9・5・28民録26・773）。愛人の約束は無効だが、愛人と関係を絶つ際に手切金を支払う約束（大判昭12・4・20新聞4133・12）のように、正当な関係の維持または不倫関係の解消を目的とする行為は有効である。

また、親子秩序に反する行為も無効である。成年に達した子が、父と別居するにあたり、離婚した母と同居しないという父と子の約束は無効である（大判明32・3・25民録5・3・37）。民法は実親子関係につき分娩主義（⇒13頁）を採用しているから、代理出産を依頼した夫婦と代理母から出生した子の間に実親子関係の成立を認める内容の外国裁判所の裁判は、公の秩序に反するものとして、わが国において効力を有しない（最決平19・3・23民集61・2・619⇒14頁）とされている[27]。

不倫な関係にある女性に対する包括遺贈

[判例5.8] 最判昭61・11・20民集40・7・1167（民百選Ⅰ［7版］12）

訴外Aは、妻X_1と別々に生活するようになる少し前からYと交際を始め、AとYはA所有のマンションに寝泊まりするようになった。これ以降、Yは生活の資をもっぱらAに頼るようになり、こうしたいわば半同棲の関係はA

---

26) 近江Ⅰ 182頁
27) 私見は、生物学上は実の親子とされるべき関係を法律上は親子ではないと断ずることが公の秩序を保つのに資すると考えることには、疑問を禁じ得ない。

の死亡時まで続いていたが、ある日、AがYの面前で遺言書を作成した。内容は、全財産はX₁、長女X₂およびYに3分の1ずつ遺贈するというものであった。AはYに対して、将来安心して生活できるだろうなどと述べ、Yの銀行の金庫で保管するように助言した。なお、X₂はすでに嫁いでおり、高等学校の講師などをしている。

本件は、X₁・X₂が、遺言書はAの真意に基づくものではない、遺言は不倫な関係の維持継続のためにのみ作成されたものであり公序良俗に反するとして、遺言の無効確認を求めた事件である。第1審・原審ともに本件遺言は公序良俗に反しないとしたため、Xらが上告。

上告棄却。A・X₁間の夫婦関係は別々に生活する等その交流は希薄となり、夫婦としての実体はある程度喪失していたという事実関係のもとでは、本件遺言は不倫な関係の維持継続を目的とするものではなく、もっぱら生計を亡Aに頼っていたYの生活を保全するためにされたものというべきで、民法90条に違反し無効であると解すべきではないとした原審を是認した。

② 不正行為に関連する行為

賭博や盗品譲受けなどの犯罪行為に関連する契約や、犯罪行為をしないことの対価として金銭を渡す契約等は、公序良俗違反で無効である。賭博の資金に供されることを知りながら金銭を貸与する行為（最判昭61・9・4集民148・417）、窃盗犯から盗品売却の委任を受ける契約（大判大8・11・19刑録25・1133）、名誉棄損をしないことの対価として金銭の授与を約する行為（大判明45・3・14刑録18・337）、証人が偽証を撤回することの対価として金員の支払を受ける契約（最判昭45・4・21集民99・99）などが公序良俗違反とされる。賭博の債務を弁済するための金銭消費貸借と賭博行為の前後関係が問題となった事案で、判例は、賭博後の弁済資金に供するため融資をすることは、これによって借主が容易に賭博することができるようになり、賭博を反復させるような弊害を生ずるおそれがあるので、その借入れが賭博行為の前であるか後であるかを問わず、いずれも公序良俗違反の

法律行為として無効であると言わざるを得ないと判示した（大判昭13・3・30民集17・578〈[判例5.11]〉⇒266頁）。

証券取引における損失保証契約

[判例5.9] 最判平15・4・18民集57・4・366（民百選Ⅰ［7版］13）

　　証券会社Ｙは、商社Ｘの起債[28]計画に際して主幹事証券会社[29]の地位獲得を狙っていたところ、Ｘから30億円の資金を年8％の利回りで運用することを打診され、これを了承した。そこで、1985年6月に、Ｘは、Ｙの関連会社を投資顧問として、信託銀行Ａに30億円を信託して運用する旨の契約をし、Ｙは、信託期間の満了時（1990年3月）に、運用益が年8％に満たない場合は、その不足分をＸに支払うことを約束した（本件保証契約）。その後、1990年3月には、契約が1993年3月まで延長され、保証利回りも年8.5％に変更された（本件追加保証契約）。

　　その後、Ｙが保証契約を履行しないため、Ｘは、主位的★に、本件保証契約と本件追加保証契約の履行を求め、予備的★に、損失補償を約束して投資を勧誘することは不法行為にあたるとして損害賠償を請求した。

　　第1審判決は、大蔵省証券局（現・金融庁）が損失補填を厳に慎むよう通達を出した1989年12月に損失保証が社会的妥当性を欠く行為であるという公序が形成され、本件追加保証契約はもちろん、本件保証契約も契約時に遡って無効になったとして、Ｘの請求を棄却した。これに対し、原審判決は、本件追加保証契約は公序に反し無効であるが、本件保証契約は公序良俗に反し無効であるとはいえず、現時点でその履行を求めることも証券取引法（現・金融商品取引法）に反し許されないわけではないとして、Ｘの請求を一部認容した。Ｙが上告。

　　一部破棄自判、一部破棄差戻し。法律行為が公序に反するとして無効になるかどうかは、法律行為がされた時点の公序に照らして判断すべきであるとの理解のもと、本件保証契約が締結された当時において、すでに、損失保証等が反社会性の強い行為であるとの社会的認識が存在していたものとみることは困難であり、本件保証契約は公序に反して無効であると解することはできない。しかしながら、Ｘの主位的主張は、証券取引法42条の2第1項3号によって禁

---

[28] 起債とは、公債（国または地方公共団体が、債券（有価証券）の発行を通じて行う借金により負う債務。また、その発行された債券）または社債（事業会社が投資家から資金を募るために発行する債券）を発行・募集することをいう。

[29] 社債などの売り出しをする際、発行会社（資金調達会社）に代わって証券会社がその業務を引き受けるが、その中心になる証券会社を「主幹事証券会社」という。

止されている財産上の利益供与を求めていることが明らかであり、法律上この請求が許容される余地はないと言わなければならない。

> **主位的請求・予備的請求**：法律上両立し得ない複数の請求に順位を付し、先順位の請求が認容されることを後順位請求の審判申立ての解除条件として請求する場合、先順位の請求を「主位的請求」、後順位の請求を「予備的請求」という。たとえば、Ｐは、「本件不動産をＱから買った」という主張をしているが、Ｑが代金を受領していないと反論すると、Ｐは、「仮に買ったのではないとしても、自分は10年も自分の不動産だと思って占有しているのだから、時効が完成している」と主張するように、二段構え三段構えの主張を行うことがある。この場合における「不動産を買った」という主張が主位的請求、「仮に……」というのが予備的請求である。

③ 暴利行為

他人の無思慮・窮迫・軽率・無経験等に乗じて不当の利得を博する行為（**暴利行為**）は、無効である。これは、暴利行為は無効である旨を明文で定めているドイツ民法138条2項を範として解釈論が展開され、一般に認められるに至った。貸金業者が借主の無知に乗じて、貸金債務が弁済されない場合には貸金の約2倍になる保険の解約返戻金を債務の弁済に充てる特約（大判昭9・5・1民集13・875〈[判例5.10]〉）、罹災跡地の一時無償使用を許された者がその返還請求に応じず、貸主の憂慮困惑に乗じて受託させた再築予定の建物の一室を無償で使用させる契約（最判昭30・7・15民集9・9・1086）などが、公序良俗違反として無効とされた。なお、大学の入学辞退者に対する授業料の不返還特約は、在学契約の解除に伴う損害賠償額の予定または違約金の性質を有するものであるが、これについては、「その目的、意義に照らして、学生の大学選択に関する自由な意思決定を過度に制約し、その他合格者の著しい不利益において大学が過大な利益を得ることになるような著しく合理性を欠くと認められるものでない限り、公序良俗に反しない」とされる（最判平18・11・27民集60・9・3732）。

暴利行為

[判例5.10] 大判昭9・5・1（民百選Ⅰ［7版］15）

　貸金業者Ｘは、昭和7年1月27日、Ｙに500円を弁済期同年3月25日の約定で貸し、担保として、Ｙから、保険金額2,000円の保険金受領権上に質権

の設定を受け、証券の交付も受けた。同時に、Yが債務の履行をしないときには、Xが保険契約を解約して解約返戻金を受領し、Yの債務に過不足を生じても清算しない特約を結んだ。Yは、農業を生業とし、その性質は単純朴訥にして金融に関する知識・経験は乏しいため、このような契約を締結した。Yは、大正9年11月から昭和6年11月まで保険料1,281円を支払い、昭和7年3月に解約すれば、その解約返戻金は980円に上るものであった。Xはこれを「了知」の上、貸付金500円から、手数料として50円、約定期間が2か月に満たないにもかかわらず、3か月分の利息として30円、印紙代として7円を天引きしたので、Yが現実に受領した金額は412円余にすぎなかった（この2か月の利息だけで実質的に2割以上となる）。Xが保険契約を解約中に、Yが保険会社より証券の再交付を受けこれを担保として金を借りたことから、Xは、解約返戻金の980円からYが支払った500円を控除した残額480円の損害を受けたとして、賠償請求した。Yは、特約が公序良俗に違反することを主張。1審、原審ともXの請求を棄却。X上告。

　上告棄却。
　①他人の窮迫、軽率または無経験に乗じて、②著しく過当の利益を獲得する行為は、公序良俗に反する事項を目的とするものであるから無効であると言わざるを得ない。そうであるならば、本件担保の目的たる保険契約に基づく解約返戻金が980円余となることを業務上知悉しているXは、農業を生業とするYのこの点に関する無知と窮迫に乗じ、貸金の倍額にも等しい返戻金があることを秘して、特に短期間の弁済期を定めて前述のような貸金をし、Yにおいてその返還をしないときはその返戻金が貸金に比して過不足を生ずるも、YはXに対して不足金を支払わないとともに剰余金の支払を請求しない旨の特約をさせたことは明白であるから、そのような特約は、民法90条により無効であると判断することを相当とする。

「別れさせ屋」は公序良俗違反？

　今日では、「別れさせ屋」というビジネスがあるという。ちゃんと公安委員会に探偵業務の届出を行っていて、一概に非合法なヤミ業者とはいえないらしい。その業務内容はどうやら、次のようなものとされている。すなわち、依頼者が別れさせたいとする対象者A（通常は、依頼者の意中の異性あるいは依頼者の子女等）の交際相手Bに、「別れさせ屋」のスタッフ（Bとは異性）が近づき、Bが工作員に夢中になるように仕向ける。Bが自分よりも工作員を好きになってしまったので、AはBと別れざるを得なくなるという工作を行う。

　具体的に、依頼の背後にどのような事情があるのかというと、「配偶者が浮気をしているが、子どものことなどを考えると離婚したくはないので、浮気相手と別れてもらいたい」と、配偶者とその不倫相手とを別れさせることを望んで「別れさせ屋」に依頼することが典型らしい。しかし、既婚者との結婚を望む独身者がその既婚者を離婚させたいとして、あるいは、息子や娘の交際相手が気に入らないとする親が別れさせたいとして依頼するケースもあるようだ。なお、名誉毀損となる工作等の犯罪行為は行わないとはしているようだが、一方で、異性の工作員を近づける以外の方法として、事前調査の過程で得られた対象者の相手の情報（借金がある、隠し事がある、秘密がある等）を利用する手法もあるとのことだ。

　さて、別れさせ屋については、次のような事件がある。

　まず、「仕事が本気に」なってしまった殺人事件である。工作員の男Aが、別れさせた女性Bとつきあった末に、別れ話を切り出されて殺害してしまった事件で、東京地裁は、2010年3月9日、Aに懲役15年（求刑17年）を言い渡した。

　判決によると、Aは探偵会社に勤務していた2007年、離婚を望む男性の依頼で、男性の妻B（当時32歳）に近づき、親密に交際している様子を同僚

に撮影させ、それを証拠に離婚を成立させた。その後もAは、名前や職業を偽りBと交際を続けたが2009年1月以降、離婚工作や自分に妻子がいることが発覚。Bにたびたび責められ、4月12日、口論の末に激高してBをビニールひもで絞殺した。

　裁判長は、事件の発端となった「別れさせ屋」について「不法のそしりや社会的非難を免れないもので、金目当てにそのような工作に及ぶ者や、目的のため手段を選ばずそのような工作を依頼する者が存在すること自体が甚だ遺憾なことだ」と批判した。

　なお、その後、Bの遺族は、元夫の依頼に基づく工作でBの人生がおかしくなったなどとして、工作を依頼した元夫や探偵会社に約1,700万円の損害賠償を求める訴訟を東京地裁に起こした。

　もうひとつは、宮城県内の女性が自ら依頼した「別れさせ屋」に対して、「公序良俗に反する仕事だ」として損害賠償を求める訴えを2012年12月25日付で仙台地裁に起こした（朝日新聞2013年2月16日夕刊）事件である。

　訴状によると、交際していた男性の浮気を知った女性は2006年12月、「別れさせ屋」に浮気解消を依頼した。報酬として80万円を支払ったものの、別れさせ屋が実際に動いた様子はなく、浮気も解消されなかったという。女性は、「別れさせ屋」は他人の恋愛感情に不当に干渉し、公序良俗に反しているので、自分が依頼した契約は無効だと主張。消費者金融で借りた80万円に金利を加え、107万円を賠償するよう求めた。

　この請求は、民法708条に抵触するとはいえないだろうか[30]。

　なお、一般社団法人日本調査業協会（探偵業・調査業の業界団体。ただし、加盟は任意のようである）は、「別れさせ屋に準じた事案」については公序良俗に反するとの理由で「受件をしない」との自主規制を設けているようである。

④　人権を侵害する行為

　芸娼妓契約のように極端に自由を制限する行為は無効である。親が借金の形(かた)に娘を身売りし、娘はその借金の返済のために芸娼妓（芸者・遊女）として働くという**芸娼妓契約**（給料の前払いをして、その返済に充てさせるとの名

---

30) 708条は、英米法のエクイティ（衡平法）の法格言であるところの**クリーン・ハンズの原則**と同じ法思想に基づく。これは、「エクイティ裁判所に来る者は、その手が清浄なるを要す」（He who comes into equity must come with clean hands.）という原則である。提訴する者が自分の側にも同一事件に関して非良心的行為または衡平に反する行為があってはならないとする法思想である。

目で、一定期間強制的に働かせるという契約で、実質的に人身売買である）において、娘が貸主方から脱出したので、貸主が親に貸金返還を求めた事案で、判例は、親の前借金受領と娘の酌婦稼動[31]とは密接不可分の関係にあるから、契約の一部たる**酌婦稼動契約**の無効は契約全体の無効を来たして金銭消費貸借契約も無効となるとし、不法の原因が受益者すなわち親についてのみ存したものということはできないから、貸主は民法708条本文により、交付した金員の返還を求めることはできないと判示した（最判昭30・10・7民集9・11・1616「前借金無効契約（事件）」）。嫡出でない子の父が、子または母に対して多額の金銭を与えて認知請求権を放棄させる契約（最判昭37・4・10民集16・4・693）、女子の定年年齢を男子より低く定めた就業規則（前掲最判昭56・3・24〈[判例1.6]〉⇒47頁）なども人権を侵害する行為として公序良俗違反とされる。

⑤ 優越的地位の濫用

独占禁止法が「不当な取引方法」のひとつとして事業者に対して用いることを禁じている**優越的地位の濫用**は、同法2条9項5号にて定義されている。すなわち、「自己の取引上の地位が相手方に優越していることを利用して、正常な商慣習に照らして不当に、次のいずれかに該当する行為をすること」として、㋐継続して取引する相手方に対して、当該取引にかかる商品または役務以外の商品または役務を購入させること、㋑継続して取引する相手方に対して、自己のために金銭、役務その他の経済上の利益を提供させること、㋒取引の相手方からの取引にかかる商品の受領を拒み、取引の相手方から取引にかかる商品を受領した後当該商品を当該取引の相手方に引き取らせ、取引の相手方に対して取引の対価の支払いを遅らせ、もしくはその額を減じ、その他取引の相手方に不利益となるように取引の条件を設定し、もしくは変更し、または取引を実施すること、が掲げられている。

優越的地位の濫用は、上述のように**独占禁止法**により**明文**で**禁止**されているが、**私法上も公序良俗に反する**。たとえば、[大阪地判平22・5・25判時2092・106]は、大手フランチャイズ飲食店Yが行った店舗工事業者Aとの間の工事代金の減額合意に関して、Aの破産管財人Xが、優越

---

[31] 酌婦とは、料理屋などで酒の酌などをして客をもてなす女性のことであるが、健康診断義務が課されており、まさに娼妓（公認の売春婦）と同等のものであったとされる。

的地位を利用して不当に利益を得るためになされたもので、公序良俗に反して無効であるとして不当利得返還請求を求めた事案であるが、大阪地裁は、「YはAに比べて優越しており、Aの売上の9割をYに依存するような関係になっており、工事代金も工事完成後に減額査定が終わるまで支払われず、Aは資金繰りに苦しんで破産した（略）といった事情の下では、Yがした減額合意が独禁法に違反するか否かは別にして、公序良俗に違反して無効である」と判示し、Xの不当利得返還請求を認めた。

また、民法の特例法として2000年に制定された**消費者契約法**は、「消費者と事業者との間の情報の質および量ならびに交渉力の格差」に鑑みて、消費者を保護するために、「事業者の損害賠償の責任を免除する条項」（8条）、「消費者が支払う損害賠償の額を予定する条項等」（9条）、「消費者の利益を一方的に害する条項」（10条）を無効とし、事業者による次の行為を取消事由とした。すなわち、「重要事項について事実と異なることを告げること」（4条1項1号）、「断定的判断を提供すること」（同項2号）、「消費者の不利益となる事実を故意に告げなかったこと」（同条2項）、「消費者を困惑したこと」（同条3項）である。

(イ) **動機の不法**

法律行為をなすに至った動機が公序良俗に反していた場合も、その法律行為が民法90条によって無効になるかが問題となる。たとえば、それが脱法ハウス[32]として使われることがわかっていながら倉庫や貸事務所の建築・改築を請け負う契約や、資金使途が違法賭博であることがわかっていながら資金を融通する契約においても、当該請負契約や金銭消費貸借契約自体は何ら公序良俗違反とはならない。しかし、そのような動機に基づいてなされた法律行為に対して、私法は何ら関知しないとなれば、それでは社会正義に著しく悖（もと）るとするのが通常の考えであろう。学説は分かれる。

ⓐ **通説**[33]

動機は常に表示されるものではないから、それが反社会的であるか否かにつき相手方は必ずしもそれを知り得ない。そこで、そのような動機であ

---

32) 脱法ハウスとは、消防法等の法律・条例が共同住宅に対し定めている基準を守っていないシェアハウス（1つの建物内のキッチンやトイレ、リビングなどを共同利用するタイプの住居）のことをいう。
33) 我妻284-285頁

っても、それが法律行為の内容として表示されない限り、当該法律行為を公序良俗違反として無効とすることはできないとする。

ⓑ **相関関係説**[34]

動機の違法性の強さと相手方の関与ないし認識の程度との相関関係によって、無効となるか否かを決すべきとする。

ⓒ **相手方悪意・有過失無効説**[35]

動機は法律行為の効果意思そのものではないが、相手方が通常人であれば動機の反社会性を知り得べきとき（反社会性につき悪意あるいはそれを知らなかったことにつき有過失であったとき）は、当該法律行為が公序良俗違反となるとする。

ⓓ **善意・無過失者保護説**[36]

動機不法の法律行為は、本質的に無効であるが、善意・無過失の相手方については、これを保護する必要から、それらの者に対しては無効を主張できないとする。

判例は、通説に立脚していると思われる。すなわち、当事者が違法な動機を法律行為の内容とした場合（大判大9・5・28民録26・773）、一方の違法な動機を相手方も知って契約が行われた場合（前掲大判昭13・3・30〈[判例5.11]〉）、当事者双方が通謀して違法な動機で第三者を害しようとした場合（最判昭36・4・27民集15・4・901）に、法律行為を無効としている。もっとも、密輸用資金と告げられて出資を約束したものの思い直して出資を拒絶したが、強い要請を受けてやむを得ず15万円を貸したところ、借主はそれを遊蕩に費消してしまい返還しなかったという事例において、これは通常の金銭の貸借であるから、90条・708条の適用はないとした判例（最判昭29・8・31民集8・8・1557）もある。すなわち、契約成立の経緯において、給付をした者に多少の不法の点があったとしても、他方当事者にも不法の点があり、前者の不法性が後者のそれに比して極めて微弱なものに過ぎない場合には、90条・708条の適用はなく、前者は契約目的物の返還を請求することができると判示したのである。これは、相関関係説の立場に適合的な判例といえる[37]。

---

34) 四宮204頁
35) 川島231頁
36) 近江Ⅰ183頁

動機の不法

[判例5.11] 大判昭13・3・30（民百選Ⅰ［6版］15）

　Xから657円を借り受けたYは、その一部をXに返済したが、その余の弁済がないとしてXが提訴した。原審は、Yがこの金銭を賭博の用に供する目的のもとで借り受けることを表示し、Xもまたこのことを承知の上で貸与した事情が窺えるのであるから、X・Y間の金銭消費貸借契約は公序良俗違反の目的を有する法律行為に帰着し無効と、Xの請求を棄却した。これを不服としたXが、自分がYに金銭を貸したのは、賭博資金としてではなく、Yが賭博の負けの弁済のためとして懇願するから貸したに過ぎないのだから、それを公序良俗違反無効とする原審判決には解釈を誤った違法があるとして上告。

　上告棄却。本件貸金は、Yが賭博に負けたため負担した債務の弁済の目的であることを貸主Xに開示して借り受けたものである。貸主に対して賭博の返済資金として金銭消費貸借を締結することは、貸主をして賭博をなすことを容易ならしめ、将来もまたその資金を受けられると信頼して賭博を反復させる弊害を生ずるおそれがないとはいえない、したがって、その借入が賭博行為の前であろうが後であろうが、公序良俗違反の法律行為として無効であると言わざるを得ない。

---

37) 能見＝加藤148頁

第6章

意思表示

■ 1 総説 ■

(1) 意思表示とは

「意思表示」は、ある動機に基づいて一定の「法律効果」を意欲するところの内心的な**効果意思**を形成し、その効果意思（意思）を相手方（外部）に伝えようとする**表示意思**に従って外形的な**表示行為**をするという心理的プロセスを経て行われる。すなわち、意思表示は、①内心的な効果意思、②表示意思、③表示行為、の3つをその要素としているのである。表意者が相手方に意思を表示するものである以上、このうち、法律的に重要な意味を有するのは、①と③である。

意思表示に関して、特に問題となるのは、効果意思と表示行為とが一致しない場合（意思と表示の不一致）である。この不一致の場合の効力に関して、ⓐ意思表示の本体は、表意者が法律効果の発生を意欲して形成するところの内心的な効果意思であるとして、意思を欠く場合は無効であるとする**意思主義**（上記の①〜③のすべてを意思表示の要素とする）と、ⓑ取引の安全の要請から、意思表示の本体を相手方への表示行為に置き、表示どおりの効果を認めようとする**表示主義**（上記の①②のいずれも不可欠の要素とはしない）とが対立する。取引の迅速と安全を重視すべき商取引や、多数の者を結合する団体関係においては表示主義が適合するであろうし、身分関係においては逆に意思主義がなじむであろう。もっとも、意思主義か表示主義かは、立場の相違というよりもむしろ立法政策の問題とされ、民法は、原則として、内心の意思の態様

によって意思表示の効力を決定するが、表示意思を信頼した第三者に対しては、表意者を保護しないとする**折衷主義**[1]を採っている。

（2）意思の欠缺と瑕疵ある意思表示

　主婦が八百屋で、「1本100円」と書いてある大根の山を指差して「これ1本くださいな」と言い、八百屋の店主が「まいどあり」と応えてそのうちの1本を取れば、両者間で大根1本の売買契約が成立する。この際、主婦の「く・だ・さ・い・」という意思表示（申込み）と店主のそれへの承諾という意思表示とが合致しているからとて、贈与契約が成立したとは考えられない。このような場面では、主婦の内心の意思（効果意思）は、「100円を店主に給付し、反対に大根の山のうち1本の給付を受ける」というものであり、表示行為は「（売って）ください」というものである、と客観的に推断される。他方で、店主の効果意思は、「大根の山のうち1本を給付し、反対に100円の給付を受ける」というものであり、表示行為は、「（売って）ください」という申込みに対する承諾である、と推断されるのである。この場合の両者の表示行為には、それぞれ効果意思が存在しているし、それに基づいて意思表示をしている。両者とも、効果意思・表示意思・表示行為に齟齬はない。

（ⅰ）意思の欠缺
　ところで、表示行為はなされたものの、効果意思が存在しないということも想定され得る。その場合、意思主義の立場からすると、意思表示は成立しないが、表示主義の立場からすれば、意思表示は成立する。
　効果意思を伴わない約束につき契約の効力を否定した判例がある（［判例6.1］参照）。

カフェー丸玉事件

［判例6.1］大判昭10・4・25新聞3835・5
　　大阪道頓堀にあるカフェー[2]の客Yは、その店の馴染みになった女給Xの

---
1) 我妻286頁
2) 明治末から昭和初期頃、女給が接待して主として洋酒類を提供した風俗営業の飲食店。現在のキャバレーに近いらしい。

歓心を買うために、Xに対して多額の独立資金（400円）を与える約束をした。Yのその言葉を真に受けたXは、Yがそれを履行しないので、訴を提起して約束の金銭を請求した。

1審Y敗訴。

原審も、Yは金400円を贈与すべきことを約束したとして、かつこれを目的として準消費貸借契約（⇒第3章脚注87）をなしたものとして、Y敗訴の判決をした。

Yは、「本件のように、カフェーに出入する間に昵懇となった女給の歓心を買うために心にもない贈与を約束することはあることで、本件もその範疇を出るものではない。本件贈与契約は、女給の歓心を求めて情交を遂げることを目的としたことは明白であるから、公序良俗に反して無効であり、準消費貸借契約も成立していない」と主張し、上告。

判決は、次のように判示して、破棄差し戻した。

XがYと昵懇になったのは、Xが女給として勤めている「カフェー」において比較的短期間Xと遊興した関係に過ぎず、他に深い縁故があったわけではない。そのような状況下において、一時の興に乗じてXの歓心を買わんがため相当多額の金員の供与を約束したとしても、Xに裁判上の請求権を付与する趣旨であると速断することは相当ではない。むしろ、このような事情の下における約束については、債務者であるYが自ら進んでこれを履行するときは債務の履行となるが、債権者であるXがその履行を強制することのできない特殊の債権関係を生ずるものと解する。もし、原審のいうように、民法上の贈与が成立していると判断するためには、贈与意思の基本的事情についてさらに首肯するに足る格段の事由を審査判示することを要する。

法律新聞3835号5頁の記事は、本判決につき「このような状況下において、女の歓心を買おうとして言ったことを真に受ける奴があるか」との趣旨であると理解している。

さて、このカフェーの店名が「カフェー丸玉」だったので「カフェー丸玉事件」と呼ばれる本事案において、本判決は、Yに効果意思がないので契約の効力は生じないとした上で、Yの債務は自然債務であるとした。**自然債務**とは、債務者が任意に

履行すれば有効な弁済となる、つまり、その債務者は給付したものを不当利得（⇒第2章脚注13）として債権者から取り戻すことはできないが、債権者から裁判所に訴えて履行を求めることができない債務をいう。消滅時効の完成した債務が典型例である。なお、本判決については、効果意思が完全にないというべきではなく、自然債務を発生させる程度の弱い効果意思しかないと考えるべきとする見解がある[3]。もっとも、本件については、自然債務よりも、書面によらない贈与（550条[4]）で法的処理する方がより簡便であったと思われる。

他方で、表示意思を伴わない意思表示はどのように処理されるべきであろうか。表示意思については、これを意思表示の要素としないとするのが一般的考え方であるが、通説は表示意思も意思表示の要素とするとされる[5]。

トリアーのワイン競売：ドイツでの講学上の設例である。トリアー[6]という町のワイン競売場には、挙手がより高い値段での競買の申込みを意味するという慣習があるが、参加者の1人が競売中に友人に挨拶をするつもりで手を上げたというケース、つまり、表示意思が存在しないというケースである。

この場合には、そもそも表示行為すらないとの考えも存する（この挙手は、意識ある挙動ではなく、睡眠中の挙動と同様に行為とはならない挙動であるということであろう）が、表示主義の立場からは、表示行為から推断される効果意思を要素として意思表示は成立すると考え、その上で表示意思または効果意思がないので、錯誤（⇒295頁）の問題として処理するのが妥当である[7]とする。翻って、意思主義

---

3) 四宮＝能見197頁
4) 書面によらない贈与は、各当事者が撤回することができる。
5) 我妻241-242頁（我妻博士自身は、表示意思の欠けた場合を特に問題とする必要はないとされる）。
6) ドイツの南西部、モーゼル川沿いに位置するトリアー（Trier）という町は、2世紀にローマ帝国によって建てられたポルタ・ニグラ（黒い門）という世界遺産やマルクス博物館（カール・マルクスの生家）等の観光スポットを有し、モーゼルワインの中心地となっている。
7) 四宮＝能見196-197頁

の立場からは、この挙手には表示意思がないから、意思表示は成立しないということになる。

表示行為が存在しない場合は、意思表示をしたことにならないから、これが意思表示の要素となることは当然である。なお、表示行為は、明示でなければならないというわけではなく、一定の要式行為を除いて、明示による表示と黙示によるそれとの間に効力の差異はない。判例は、同一所有者に属する土地およびその地上の建物のうち建物のみが任意譲渡された場合には、特段の事情がない限り、その敷地の使用権を設定する合意があったものと解するのが相当である、としている（最判昭41・1・20民集20・1・22）。

(ⅱ) 正常に形成されない意思表示

上記でみてきたように、意思の表示は外形的にあるが、それが内心の意思を伴っていないことを、**意思の欠缺**[8]という。後述の心裡留保（93条⇒272頁）、虚偽表示（94条⇒275頁）、錯誤（95条⇒295頁）がこれに該当する。意思が存在せずに表示行為のみがなされた場合には、法律行為は原則として無効となるというのが民法の立場である（94条・95条）。もっとも、内心の意思を「外部から推断される意思」と捉える表示主義の立場からすれば、意思の欠缺は理論的にあり得ないから、このような場合を、「外部から推断される意思」と「内心の意思」とが一致しない場合をいうものとして、「非真意表示」あるいは「意思と表示の不一致」と呼ぶべきとされよう。

ところで、意思の欠缺（非真意表示）のほかに、正常に形成されない意思表示として問題となる場合がある。すなわち、表示行為に対応する意思は存在するものの、意思の形成過程に詐欺（96条⇒315頁）・強迫（同⇒319頁）という瑕疵（⇒第2章脚注19）があった場合である。このような意思表示を**瑕疵ある意思表示**という。この場合は、意思表示の形成過程に瑕疵が存在したものの、意思の欠缺とは異なり意思は存在する。したがって、民法は、瑕疵ある意思表示に基づく法律行為につき、これを無効として扱う必要はなく、取り消すことができる行為として扱えば足りる、とした。無効と取消しとの異同については75頁を参照されたい。

---

8) 欠缺とは、ある要件が欠けていることをいう。「法の欠缺」とは、あるべき規定が欠けていることをいう。

2 心裡留保

(1) 意義と要件

　表意者自身が、表示行為と真意が一致しないことを知り（真意を心の裡に留保し）ながら、真意に基づかない意思表示をすることを心裡留保という（単独虚偽表示ともいう）。金満家の子であるＳ夫（小学校高学年）が 10 万円もする玩具を中間層家庭の子である同級生のＮ太に見せびらかしながら、「どうせ、Ｎ太には出せない金額だろう」と高を括って、「1 万円で売ってやってもいいぜ」と述べるのがその例である。
　心裡留保の要件は、①意思表示が存在すること、②表示行為と表意者の真意が一致しないこと、③表意者が表示行為と真意の不一致を知っていること、である。なお、表意者が真意と異なる意思表示をなした理由は問われない。
　心裡留保は、真意と表示行為に不一致があることを表意者が認識しているという点で、後述の錯誤と異なり、また相手方との通謀がない点で、後述の通謀虚偽表示とも区別される。

(2) 効 果

　民法は、表示を信頼した相手方を保護するために表示主義の立場をとり、原則として表示どおりの効力を認めている（93 条本文）。すなわち、心裡留保であるからとて、意思表示が無効とされたり取り消し得るものとされたりすることはない。意思主義からすれば、効果意思が存しないのだから本来無効となるはずだが、表意者が真意でないことを知っているのだからこれを保護する必要はないし、取引の安全にも配慮して、原則有効としたのである。
　上のＳ夫とＮ太の設例で、12 年後、相変わらず資産家の一員であるＳ夫が、2,000 万円もする自分名義の高級外車を、相変わらず中間層に属するＮ太に見せびらかしながら、「どうせ、Ｎ太には出せない金額だろう」と高を括って、「200 万円で売ってやってもいいぜ」と述べたところ、その意思表示を信じたＮ太がすかさず「買う」という意思表示をしたとき、その 200 万円での売買は有効に成立するということである。Ｓ夫の意思表示に「200

万円で売る」という効果意思がないからとてこれを無効とするのは、N太にとって酷であるし、S夫についても、内心の意思と表示との不一致を知っているのだから、彼を保護する必要はないからである。

　もっとも、93条ただし書は、「相手方が表意者の真意を知り、又は知ることができたときは、その意思表示は、無効とする」と規定するので、N太がS夫の真意につき悪意であったなら、または有過失で知らなかったなら無効となる。悪意または有過失の相手方を保護する必要はないからである。判例では、結婚式を翌日に控えた男性がそれまで同棲していた女性から求められて書いた「手切れ金2,000万円を与える」旨の契約書を、93条ただし書によって無効としたものがある（東京高判昭53・7・19判時904・70）。相手方が表意者の真意を知り、または知り得べきという事情の有無は、相手方が意思表示を了知した時期を基準として決する。

　相手方の悪意または有過失の立証責任は、表意者にあるとするのが通説である。心裡留保は原則として有効とされるのだから、それを覆す利益は表意者にあるので、このように解してよい[9]。

　心裡留保の表意者が、相手方が悪意または有過失であるにもかかわらず、無効を主張しない場合、相手方から無効を主張することができるであろうか。無効主張の利益は表意者にあるし、相手方を保護する必要もないのだから、相手方からの主張は否定すべきである[10]。

　善意・無過失であればN太は有効にS夫から当該高級外車の権利を取得するので、N太から転得したG田が（S夫のN太に対する表示行為が彼の真意と異なることにつき）悪意であってもG田は有効にその権利を取得することができる。逆に、悪意または有過失であったN太から当該高級外車の転売を受けたG田が（同上）善意であった場合に、S夫はG田に対しても、93条ただし書による無効を主張し得るであろうか。後述の虚偽表示には、善意の第三者を保護する規定が存するが（94条2項）、93条にはそれがないので、肯定する（＝G田は善意の第三者であっても保護されないとする）学説が多かった。しかし、善意の第三者の保護のために、94条2項の規定の趣旨を拡張して類推適用するのが通説[11]である（94条2項の類推適用⇒284頁）。判例も、不動産の真実

---

9) 近江Ⅰ 191頁
10) 近江Ⅰ 191頁
11) 我妻 288頁

の所有者Ａが、将来の相続税を免れるため長男Ｂ名義を無断で使用して他からの所有権移転登記を受けたところ、後にＢが自己名義であることを利用して悪意の第三者Ｃに譲渡し、さらにＣがこれを善意の第三者Ｄに譲渡した事案において、「登記について登記名義人の承諾のない場合においても、不実の登記の存在が真実の所有者の意思に基づくものである以上、94条2項の法意に照らし、同条項を類推適用すべきものと解するのが相当である」と判示した（最判昭45・7・24民集24・7・1116）。

（3）適用範囲

93条の規定は、単独行為についても適用される。相手方のある単独行為（取消し、契約解除、債務免除など）はもとより、相手方のない単独行為（寄付行為、遺言など）にも適用される[12]。ただ、相手方のない単独行為の場合は、相手方が表意者の真意を知っているとか、知り得べきであったとかいうことは問題にならないから、93条ただし書の適用される余地がない。つまり、常に有効とされる[13]（たとえば、非嫡出子の認知につき、大阪控判明42・7・8新聞592・13）。ただ、その意思表示に基づいて特定人が権利・義務を取得する場合には、93条ただし書の適用ないし類推適用を認めるべきだとする説[14]も有力である。

判例は、会社設立のための定款作成という合同行為にも93条は適用されるとする（大判昭7・4・19民集11・837）。もっとも、合同行為に関しては相手方の存在が観念されないから、相手方のない単独行為の場合と同様に、同条ただし書の適用はないという結論が導かれる。会社法は、心裡留保による設立時発行株式の引受けにつき、93条ただし書の規定は適用しないとしている（51条1項）。

なお、当事者の真意に基づく行為であることを重視すべき身分行為については、93条の適用はないとするのが通説[15]・判例（縁組につき、最判昭23・12・23民集2・14・493）である。民法は、身分行為たる婚姻や縁組につき、こ

---

12) 近江191頁、四宮＝能見200頁。反対、石田（喜）129頁〔磯村保〕。
13) 我妻289頁
14) 幾代243頁
15) 近江Ⅰ192頁ほか

の旨を規定している（742条1号・802条1号）。

（4）93条ただし書の類推適用

　代理人が本人の利益のためではなく自己の利益を図るために代理権を濫用し、かつ相手方もその濫用を知り、または知り得べきときには、93条ただし書を類推適用し、代理行為を無効とするのが判例の立場である（最判昭42・4・20民集21・3・697、最判昭44・4・3民集23・4・737、最判昭44・11・14民集23・11・2023ほか）。これは、もっぱら代理に関する問題となるので、代理の箇所で扱う（⇒362頁）。

■　3　虚偽表示　■

（1）意義と要件

　虚偽表示とは、表意者が相手方と示し合わせて（＝通謀して）真意ではない意思表示をすることをいう。心裡留保が単独虚偽表示といわれるのに対比して、通謀虚偽表示ともいう。このような意思表示は、取引を仮装するためにしばしば用いられ、第三者の利害にも影響を及ぼすことが多い。Pが債権者の強制執行を免れるため、Qと結託して売買を仮装して自己所有の土地をQ名義にして移転登記をするというのがその例である。

　表意者の保護という観点から虚偽表示を無効とすることには意味がない。このような表意者を保護する必要がないという事情は、心裡留保の場合と同様だからである。むしろ、これを無効とすることは、第三者（e.g. 上掲設例のPの債権者）の保護になることさえ考えられる。しかし、一方では、虚偽表示による法律行為の無効は、取引の安全を脅かすという側面も有する。たとえば、上掲設例において、所有権者という外観を得たQがそれをよいことに、その土地を事情を知らない第三者Rに売却してしまったようなケースである。

　虚偽表示による法律行為は、法律効果を発生させようとする効果意思がないのだから、当事者間において、当該虚偽の意思表示が無効であることは当

然である (94条1項)。虚偽表示が無効とされるためには、第1に、当事者が有効な意思表示があるかのごとき外観を作り出すことを要する。虚偽表示なのであるから、真意に基づかないにせよ、意思表示と認められるべき行為の存在が要件となることは当然であろう。証書の作成、登記・登録等々である。要物契約（⇒250頁）の場合に、意思表示のほか、なお金銭の授受や物の引渡などの外形も必要とすべきかが問題となるが、判例（大決大15・9・4新聞2613・16、大判昭6・6・9民集10・470）・通説[16]はこれを不要とする。第2に、表示行為と真意が一意しないこと、すなわち、表示から推断されるような効果意思が存しないことを要する。第3に、表示に効果意思がないことを当事者双方が知っていることを要する。第4に、真意と異なる意思表示をするにあたって、相互間に通謀が存することを要する。この点において心裡留保と異なるが、通謀の目的や理由が何であるか（強制執行や課税を免れる目的その他）は関係ないことは、心裡留保と異なるところではない。

（2）効　果

（ i ）当事者間

　上述のとおり、当事者双方とも外観上の意思表示が効果意思を欠くことを知っているのであるから、その意思表示は当然に無効である（94条1項）。したがって、当事者間では、仮装証書の破棄や仮装移転登記の抹消など虚偽外観の除去を求めることができる。虚偽外観の除去請求については、第三者もこれを行い得る場合がある。仮装売買の上掲設例において、登記をＱ名義にしたもののＱに引き渡す前にＰが当該土地をR_1に売り渡していた場合には、R_1はＰ・Ｑ間の売買の無効を主張することができるから、R_1はＱに対して、登記の抹消を請求することができるのである。

　Ｑが自己名義となっている虚偽の外観を奇貨として、当該土地を事情を知らない第三者R_2に売却したことによりＰがその所有権を失ったときでも、Ｐ・Ｑ間の売買は無効であって、ＰはＱに価額賠償を請求することができる。

　もっとも、強制執行を免れるための仮装譲渡は犯罪を構成する（刑法96条の2第1号）ので、94条1項所定の無効を理由とする不当利得返還請求や仮

---

16) 我妻290頁

装登記の抹消請求については、不法原因給付（708条）（⇒ 256頁）なのだから給付物の返還を請求することができないのではないかという問題が生ずる。判例は、708条にかかる要件を厳しく解して708条本文の適用には消極的である。すなわち、強制執行を免れる目的のために財産を仮装譲渡したとの一事によって、その行為がすべて当然に、民法708条にいう不法原因給付に該当するとしてその給付したものの返還を請求し得なくなるのではないとしている（最判昭41・7・28民集20・6・1265）。返還請求を否定することは、かえって当事者の意思に反するものと認められるのみならず、一面においていわれなく仮装上の譲受人を利得させ、他面において仮装譲渡人の債権者を害する結果となるおそれがあるからだとされる。

(ⅱ) 対第三者
(ア) 第三者の保護
当事者間では当然に無効とされた虚偽表示であるが、第三者に対しても無効を主張することができるかどうかは別問題である。上述の設例でいえば、Qが当該土地を事情を知らない第三者R_2に売却し、移転登記をした場合に、Pが虚偽表示による無効を主張して、R_2に当該土地の返還を求め得るかということである。当然ながら、それを認めたのでは第三者（R_2）の利益が著しく害され、取引の安全は保てないことになる。そこで民法は、虚偽表示の無効をもって善意の第三者に対抗できないとした（94条2項）。したがって、上述の場合には、当該土地の権利は、善意の第三者R_2に有効に帰属することになる。

(イ) 第三者とは
民法94条2項にいう「第三者」とは、虚偽の意思表示の当事者またはその一般承継人（相続人、合併後の会社等）以外の者であって、その表示の目的につき法律上利害関係を有するに至った者である（前掲最判昭45・7・24 ⇒ 274頁）。

第三者の該当例としては、虚偽表示の目的不動産に抵当権の設定を受けた抵当権者（大判昭6・10・24新聞3334・4）、虚偽表示の目的物に対して差押えをした者（最判昭48・6・28民集27・6・724）、仮装譲受人が破産した場合の破産管財人（大判昭8・12・19民集12・2882）、仮装債権の譲受人（大判昭13・12・17民集17・2651）などがある。

転得者：第三者からの転得者については、善意であれば（前主たる第三者が悪意であっても）94条2項にいう第三者に該当する（上掲最判昭45・7・24）。通説もこれを支持する。これに対して、善意の第三者からの転得者が悪意であった場合については、学説は2つに分かれる。

ⓐ **絶対的構成説**

Pが有する権利をQが虚偽表示により譲り受け（仮装譲受）、善意のR_2を経てそれを転得したR_3は、悪意であっても、保護されるとするのが通説[17]・判例（上掲大判昭6・10・24、大判昭10・5・31民集14・1220）の立場である。前主R_2の善意者の地位を承継するからである。理論的には、善意のR_2は絶対的に権利を取得し、Pが無効をもってR_2に対抗することができなくなることにより法律行為は確定するから、R_3は有効に権利を取得することになる[18]。

ⓑ **相対的構成説**

94条2項は、善意の第三者に対抗できないということに過ぎないから、善意のR_2からの転得者R_3が悪意であれば、Pは、R_3に対しては虚偽表示の無効をもって対抗できる、とする[19]（前掲最判昭45・7・24）。

なお、この問題は、32条1項後段（前段・後段につき「ちょっと休廷」No.17〈542頁〉）における転得者保護をめぐる問題と基本的に同一である（⇒128頁）。

反対に、第三者に該当しないとされたものとして、仮装名義人に金銭を貸し付けた者（大判大9・7・23民録26・1171）、土地の賃借人が地上建物を他に仮装譲渡した場合の土地賃貸人（最判昭38・11・28民集17・11・1446）などがある。土地の仮装譲受人からその土地上の建物を賃借した者につき、判例は第三者ではないとするが（最判昭57・6・8集民136・57）、建物の利用は敷地の利用を前提とし、建物所有者の土地利用権がなくなると賃借人の建物利用は法律上くつがえるから、賃借人の利害関係は法律上のものと考えて、第三者に当たるとする見解[20]が有力である。

(ウ) **善意とは**

民法94条2項にいう「善意」とは、虚偽表示があったことを知らなかったことをいう。その判定時期は、第三者たる地位を取得した時（＝第三者が利害関係を有するに至った時期）である。学説[21]・判例（最判昭55・9・11民集34・5・683）もそれを支持する。しかし、予約★時と本契約★時とで主観が異なる

---

17) 我妻292頁
18) 幾代258頁、四宮＝能見204頁、川井164頁ほか
19) 星野97頁、川島281頁ほか。近江Ⅰ198頁は、理論的には相対的構成説が正当であり、絶対的構成説は政策的判断に過ぎない、とする。
20) 四宮＝能見204頁
21) 近江Ⅰ200頁、幾代257頁、四宮＝能見205頁ほか

場合は問題となる。すなわち、仮装譲受人Qと売買契約の予約をした善意の第三者R_2が、本契約時には悪意になっていたという場合である。判例は、R_2が善意かどうかは、予約成立の時ではなく、予約完結権★の行使により売買契約が成立した時を基準とする（最判昭38・6・7民集17・5・728）が、これに反対する学説[22]も有力である。

> **予約・本契約・予約完結権**：将来に売買などの契約を成立させることを約する契約を「予約」という。それに基づいて将来に成立する契約の方を、予約に対して「本契約」といい、予約に基づいて本契約を成立させる権利を「予約完結権」という。当事者の一方だけに予約完結権が与えられている一方の予約と、当事者双方がそれぞれ予約完結権をもつ双方の予約とがある。民法は、売買について一方の予約の規定を置き、他の有償契約（＝契約の当事者が互いに対価的意味をもつ給付をする契約）にも準用するとしている（556条・559条）。

第三者の主観（善意ないし悪意）にかかる主張・立証責任は、第三者にある（第三者が、自らが善意であったことを主張・立証せねばならない）とするのが通説[23]・判例（最判昭35・2・2民集14・1・36、最判昭41・12・22民集20・10・2168）である。しかし、第三者の悪意については、悪意を主張する者が主張・立証しなければならないとする説[24]が妥当であると思料する。虚偽表示当事者は自ら作出した外観に拘束されるべきであるから、第三者R_2の悪意の立証責任は虚偽表示者Pが負担すると解するべきだからである[25]。

94条2項は、「善意の第三者に対抗することができない」との規定振りであり、第三者の善意につき無過失を要求していない。判例は、条文の文言どおり無過失を不要としている（大判昭12・8・10新聞4181・9）。通説も、自分で外形を作った者が外形のとおりの責任を負うべきだから、無過失を必要としない、とする[26]。他方で、真実の権利者の犠牲において第三者の信頼を保護するには、第三者の信頼が保護に値するものでなければならないという理由で、無過失が必要であるとする説[27]も存する。保護される第三者に虚偽表示の有無について調査義務を課するのは妥当ではないという理由で無過失を

---

22) 四宮165頁、石田（穣）320頁
23) 川島281頁ほか
24) 我妻292頁、幾代258頁ほか
25) 近江 I 202頁
26) 我妻292頁
27) 四宮＝能見204-205頁、幾代257頁

不要とする説[28]が正当であるように思う。

(iii)「対抗することができない」とは

94条2項にいわゆる「対抗することができない」とは、自分の権利を主張することができないという意味である。そうすると、「意思表示の無効は、善意の第三者に対抗することができない」とは、無効とされるべき虚偽表示当事者の行為が有効となるのではなく、無効を善意の第三者に対して主張することができないとの意味になる。仮装譲渡人P・仮装譲受人Q間の虚偽表示は本質的に無効だから、真の権利者はPである(94条1項)。したがってPは誰に対しても自分の権利を主張することができるはずだが、ただ自分に責められるべき事由があるため、善意の第三者R_2に対する権利行使は否定されるのである。その反射として、R_2は無権利者であるQから権利を取得できることになる。これはPが権利行使を否定された結果であって、虚偽表示が有効とされたり、Qが権利者とされたりするわけでは決してない。

ここにいう対抗は主張の意味だから、善意の第三者が当事者に対して無効を主張することは妨げない。たとえば、仮装譲渡人Pの債権者は、仮装売買の無効を主張して仮装譲受人Qから返還を請求することができる。

94条2項の規定によるこのような取扱いは、「無権利者から権利を承継することはできない」という近代法の大原則(=**無権利法理**)の例外的措置である[29]。

なお、ここにいわゆる「対抗」と、権利の優劣を争う「対抗問題」(⇒215頁)の対抗とは峻別されなければならない[30]。

(3) 対抗要件具備の要否

Pが、その所有する不動産をQに仮装譲渡し、その移転登記をした後、仮装譲受人Qが当該不動産を善意の第三者R_2に譲渡した場合に、仮装譲渡人Pは、未登記のR_2に対して、P・Q間の虚偽表示の無効を対抗できるであろうか。つまり、94条2項により善意の第三者を保護するにあたっての、

---

28) 川井162頁
29) 近江 I 195頁
30) 近江 I 195頁

対抗要件（この場合は登記）具備の要否である。登記具備を必要とする少数説もある[31]が、P・R_2 は 177 条の対抗関係（⇒ 215 頁）にあるわけではないから、R_2 は、P に対して対抗要件（登記）なくして自分が権利者であることを主張することができるというべきである[32]。判例も、P の帰責性が大きいことから、権利保護要件としての登記も R_2 は備えることを要しないので、R_2 は登記なくして P に対し不動産の所有権を主張することができるとする（最判昭 44・5・27 民集 23・6・998）。

では、上掲設例で、R_2 が登記を取得する前に、真の権利者である P が当該不動産を R_1 に譲渡したときは、R_2 は R_1 に対しても登記なくして当該不動産の所有権を主張することができるか。判例は、P を起点として、P → Q → R_2 と P → R_1 の二重譲渡がなされたとみて、対抗問題となるとする（最判昭 42・10・31 民集 21・8・2232）。したがって、177 条が適用され、登記の先後によって優劣が決定される。学説も、この対抗関係説[33]が有力であるが、R_2 は R_1 に対して登記なくして対抗し得るとする説も存する。その論拠として、如上二重譲渡があると考えたときに、R_1 は登記のある Q に優先され、R_2 は Q のその優先的地位を承継したのだからとする説[34]と、R_1 は登記を持たない P から譲り受けた者であるから、94 条 2 項の趣旨を無視してまで保護する必要はないとする説[35]とがある。なるほど登記は Q にあるが、Q は R_1 に対する関係では P・Q 間の仮装譲渡の有効性を主張し得る立場にない（94 条 2 項）のだから、R_2 は R_1 に対して登記なくして対抗することはできないと考えるべきであろう。

（4） 適用範囲

虚偽表示は、相手方のある意思表示であれば、単独行為についても認められ（最判昭 31・12・28 民集 10・12・1613）、契約の場合に限られるものではない。相手方のない行為には適用の余地はないことは当然だが、相手方のない単独

---

[31] 加賀山茂「対抗不能の一般理論について」判タ 618 号（1986 年）15 頁、川井 165 頁ほか
[32] 四宮＝能見 206 頁、近江Ⅰ 200-201 頁ほか
[33] 四宮＝能見 206 頁、近江Ⅰ 201 頁、幾代 261 頁ほか
[34] 高森八四郎「民法第 94 条 2 項と第 177 条」法時 42(6)（1970 年）123 頁
[35] 四宮 167 頁

行為でも利害関係人と通謀していれば94条1項が類推適用される（最判昭42・6・22民集21・6・1479）。合同行為については、判例は、会社設立行為につき合同行為なのだから94条の適用はなく常に有効だとしている（大判昭7・4・19民集11・837）が、94条の類推適用を認めるべきとする学説[36]が有力である。

要物契約において、その成立要件である物の引渡しがなかったとしても、虚偽の外観を信頼した第三者が存在するならば、94条2項が適用される（大判昭6・6・9民集10・470、大判昭8・9・18民集12・2437）。通説[37]もこの立場である。Pを債務者、Qを債権者とする金銭消費貸借契約が仮装されたが、金銭の授受はなかったという場合でも、借用証書などの貸金債権の存在を示す外形を信じた、Qの債権者である第三者R_3が、Qの仮装債権を差し押さえた、あるいはQから仮装債権を譲り受けたというようなときは、R_3は94条2項により保護されるということである。なお、物の引渡しがないために契約の効力が生じていない契約につき、94条2項の適用の余地はないとする学説[38]もあるが、善意の第三者の外形への信頼を保護すべきだから、判例・通説の立場が妥当であろう。

当事者の真意に基づく行為であることを重視すべき身分行為については、心裡留保の場合と同様、94条2項の適用はない（大判明44・6・6民録17・362、大判大11・2・25民集1・69）。身分上の行為にかかる虚偽表示は、行為の性質上、すべての関係において無効とすべきだからである。

（5）隠匿行為

虚偽表示は、他に真実の行為をする意思がありながら、それを隠匿してなされることがある。たとえば、贈与の意思があるものの、贈与税の支払いを免れるために売買を仮装するような場合である。このように外形的行為の背後に隠されている行為を**隠匿行為**という。ドイツ民法117条2項は、虚偽行為が他の法律行為を隠匿したときは、隠匿された行為の効力に関する規定を適用すると定めている。わが民法には明文規定がないが、隠匿行為に関して

---

[36] 幾代263頁ほか
[37] 我妻289-290頁
[38] 石田文次郎『現行民法総論』（1930年、弘文堂）351頁

は、94条2項が適用され、善意の第三者に対する関係では、真実に意図した隠匿行為が制限される[39]。

(6) 虚偽表示の撤回

当事者間で虚偽表示を撤回できるかどうかは、解釈上の問題とされている。というのも、94条2項によって保護され得べき第三者が、その撤回により、保護を奪われる結果となるからである。たとえば、仮装債務を負担する証書を作成した後、合意でこれを撤回すれば、証書はそのままにしておいても、仮装行為は存在しないことになり、その後に証書を信頼した第三者は94条2項によって保護されるのか。かつての判例は、虚偽表示の外形があるとき、その外形を除去しないままでも撤回を認めていた（大判大8・6・19民録25・1063、大判昭13・3・8民集17・367）。しかし、通説は、残存している虚偽表示の外形を信じ撤回を知らない第三者は不当の損害を被るおそれがあるから、いやしくも一度虚偽表示がなされた以上は、撤回されても善意の第三者には94条2項の適用があり、撤回の実を収めるためには、虚偽表示の外形を除去して善意の第三者が出現することを防止する他ない[40]と解する。最高裁判例は、上掲大審院判例とは異なり、上記通説と同じ立場に立っている（最判昭44・5・27民集23・6・998）。

(7) 詐害行為取消権との関係

債権者の強制執行を免れるための財産隠匿の手段として虚偽表示が用いられた場合、詐害行為取消権★を行使し得るかという問題が生じる。たとえば、Pが財産隠匿のために所有不動産の登記Qに移転した場合に、Pの債権者R_4は、P・Q間の虚偽表示を理由にQに対して登記の抹消を請求するほか、P・Q間の詐害行為を理由にその取消しを裁判上請求できるか、という問題である。というのも、効果については、虚偽表示のそれが無効であるのに対し、詐害行為取消権は詐害行為を有効とした上で取消しを請求することができるとなっているからである。虚偽表示により無効とされる法律行為につい

---

39) 四宮＝能見 207 頁
40) 我妻 293-294 頁

ては、取消し得る余地がないという理由から、94条が優先的に適用されるべきであるという考え方[41]もあるが、通説[42]は、虚偽表示でも詐害行為取消権でも、債権者はそのいずれかの要件を主張・立証することにより、両者が選択的に適用されるとする。通説をもって妥当と考える。

> **詐害行為取消権**：債権者が債権の弁済を確保するために、債務者のした財産減少行為（**詐害行為**）を取り消す権利を「詐害行為取消権」という（424条-426条）。財産状態が悪化し弁済のための資力を失った状態にある債務者が、所有物を他人に贈与した、あるいは、廉価で譲渡したりしたとしよう。その場合、債権者は、自己の債権の引当てとなっている財産（自己への弁済の原資となるべき債務者の財産＝責任財産）が減少していくのを傍観せねばならないわけではなく、詐害行為取消権の行使によって減少した財産を債務者の手許に取り戻すことができるという制度である。

■ 4 94条2項の類推適用 ■

（1）外観信頼保護法理

94条2項は、虚偽の外観の作出に帰責性がある者は、その外観を信頼してある行為をした者に対して、外観に基づく責任を負うべきであるという法理（＝権利外観法理）に由来する。真の権利を伴っていない外観を信頼した第三者を一定の要件の下に保護するという制度（＝**外観信頼保護法理**）として、民法には、その他に、表見代理（109条・110条）や即時取得制度（192条）がある。しかし、取引の安全を図る必要がある場面のすべてに権利外観法理が準備されているわけではない。そこで、94条2項の法意を、そのような場面で広く使うこと（拡大適用＝類推適用）が考えられる。とりわけ、わが国では、不動産に関し登記に**公信力**★が認められていないために、登記を信頼して取引をしても、それが不実登記であった場合には、登記名義人から不動産を譲り受けた者は、権利を取得できない。そこで、94条2項を類推適用することで取引の安全を図ることが判例によって展開された。同項の類推適用は、権利者に一定の帰責性がある場合に公信力を認めたのと同等の結果を導

---

[41] 鳩山204頁
[42] 我妻債権総論177頁

くという、重要な機能を果たしているのである。

> **公信力**：権利関係を推断させる外観的事実（不動産の登記、一般動産の占有等＝公示）を信頼して取引関係に入った者は、たとえそれが真実の実体的権利関係と一致していなくても法律上保護されるべきとする考え方を**公信の原則**という。公信の原則が認められる場合、あたかも外観上の権利関係が真実として存在していた場合と同様に、外観を信頼した者の権利取得が認められる。そして、公示された外観に与えられた上記の保護機能を公信力という。わが民法は、動産の占有に公信力を認め、単なる占有者（e.g. 受寄者＝預かっている者、借主等）を所有権者と信じて取引をした者について即時取得の制度を認めている（192条）が、不動産の登記には公信力を認めていないので、不実登記を信頼して取引関係に入った者は、原則として保護されない。なお、ドイツでは、登記に公信力が認められている。

（2）判例の展開

何をもって「善意の第三者に対抗できない」とするかといえば、それは「虚偽表示を無効とする」ことである、とするのが94条2項である。ところが、同項を拡大適用する場面では、必ずしも虚偽表示の存在が要求されるものではないというところに「類推適用」としての特徴がある。すなわち、同項が類推適用される場面では、「虚偽通謀性」はもはや不可欠の要件とはされない。翻って、虚偽の外観（真実の権利を伴っていない外観）を信頼した第三者を保護する（その反射として、真の権利者をして権利を失わせしめる）にあたって、自ら虚偽の外観を作出した、あるいは、他者に作出された虚偽の外観を放置したというような真の権利者の「帰責性」の有無が重要視されるのである。

判例は、いくつかの類型に分けることができる。

（i）真の権利者が積極的に虚偽の外観を作出したケース

① Pから不動産を買い受けたQが、Rにその所有権を移転する意思がないにもかかわらず、PからR名義に所有権移転登記を受けることを承認したときは、民法94条2項を類推し、QはRが所有権を取得しなかったことをもって善意の第三者に対抗し得ないものと解すべきである（最判昭29・8・20民集8・8・1505）。

② Rを代理人として、Pの先代から不動産を買い受けたQが、Rにその所有権を移転する意思がないにもかかわらず、たまたまその売買契約書

の買主名義がＲとなっていた関係上、ＲをしてＰに対する所有権移転登記手続請求の訴を提起させ、その勝訴の確定判決に基づいてＰよりＲに所有権移転登記を受けさせた場合には、民法94条2項の法意に照らし、ＱはＲが所有権を取得しなかったことをもって善意の第三者に対抗し得ない（最判昭37・9・14民集16・9・1935）。
③ 未登記の建物の所有者Ｐが、Ｑにその所有権を移転する意思がないのに、Ｑの承諾を得て、その建物についてＱ名義の所有権保存登記を経由したときは、民法94条2項を類推適用して、Ｐは、Ｑがその建物の所有権を取得しなかったことをもって、善意の第三者に対抗することができないものと解すべきである（最判昭41・3・18民集20・3・451）。
④ ＰがＱの承諾のもとにＱ名義で不動産を競落し、Ｒが善意でＱからこれを譲り受けた場合においては、Ｐは、Ｒに対して、登記の欠缺を主張してその不動産の所有権の取得を否定することはできない（最判昭44・5・27民集23・6・998）。
⑤ 不動産の所有者Ｐが、Ｑにその所有権を移転する意思がないのに、Ｑ名義を使用して他からの所有権移転登記を受けたときは、その登記についてＱの承諾がない場合においても、民法94条2項を類推適用して、Ｐは、Ｑが不動産の所有権を取得しなかったことをもって、善意の第三者に対抗することができないものと解すべきである（前掲最判昭45・7・24⇒274頁）。

(ⅱ) 真の権利者が虚偽の外観を了承・放置していたケース

① 未登記建物の所有者が、その建物につき家屋台帳上他人の所有名義で登録されていることを知りながら、これを明示または黙示に承認した場合には、その所有者は、その台帳上の名義人から権利の設定を受けた善意の第三者に対し、民法94条2項の類推適用により、当該名義人がその所有権を有しなかったことをもって、対抗することができない（最判昭45・4・16民集24・4・266、同旨最判昭48・6・28民集27・6・724）。
② Ｐ所有名義の土地につき、ＱがＰの実印などを勝手に使ってＱ名義に移転登記したが、Ｐがそれを知りながら放置していたところ、Ｑがそれを第三者に売却してしまった場合は、94条2項が類推適用される（最判昭45・9・22民集24・10・1424〈[判例6.2]〉）。

民法 94 条 2 項の類推適用

> **［判例 6.2］最判昭 45・9・22**（民百選 I ［7 版］21）
>
> 　X（♀）は、土地および建物を購入するに際し、情交関係にあった訴外 A から代金の一部の提供を受けた。A は、X の実印と当該不動産の権利証を無断で持ち出し、X・A 間の売買を原因とする不実の所有権移転登記を経由した。X は直ちにこの事実を知り、A もこれを謝罪して登記名義の回復を約束したが、登記費用の捻出が困難であったため、名義の回復はひとまず見送られた。その 1 年余り後、両人は正式に婚姻したこともあって、登記名義は回復されないままであった。不実登記から 3 年ほどを経た頃、X は、訴外 B 銀行からの借入に際し、当該不動産につき A 名義のまま抵当権設定登記がなされた。
>
> 　その 1 年余り後、A が X を相手として離婚および財産分与請求訴訟を起こしたのに対し、X は、A を相手として所有権移転登記抹消登記手続を訴求したが、その後、A が訴訟費用調達のために当該不動産を Y に売却し、A → Y の所有権移転登記がなされた。そこで、X は、Y に対して、その登記の抹消登記手続を求めて提訴した。1 審・原審とも X が勝訴したため、Y が上告。
>
> 　一部破棄差戻し。不実の所有権移転登記の経由が所有者の不知の間に他人の専断によってされた場合でも、所有者が不実の登記のされていることを知りながら、これを存続せしめることを明示または黙示に承認していたときは、94 条 2 項を類推適用し、所有者は、その後当該不動産について法律上利害関係を有するに至った善意の第三者に対して、登記名義人が所有権を取得していないことをもって対抗することを得ないものと解するのが相当である。その理由は、不実の登記が真実の所有者の承認のもとに存続せしめられている以上、その承認が登記経由の事前に与えられたか事後に与えられたかによって、登記による所有権帰属の外形を信頼した第三者の保護に差等を設けるべき理由はないからである（前掲最判昭 45・4・16 参照）。

　この類型では、真の権利者は、虚偽の外観が作出されていることを知りながら、そのことにつき明示または黙示の承認を与えていたという点に、真の権利者の帰責性が求められている。

（ⅲ）94 条 2 項と 110 条の類推適用が併用されるケース

　P・Q 間の虚偽表示によって虚偽の外観が作出されたが、真の権利者 P の予期に反して、その虚偽外観を利用した Q が別の新たな虚偽外観を作出して悪用した場合には、新たな虚偽外観が作出されたことについて真の権利者

Ｐに直接の帰責性を問うことはできない。たとえば、Ｐ所有の不動産につきＰ・Ｑ間で仮装の売買予約を行い、所有権移転請求権保全の仮登記★を経由したところ、Ｑが勝手に本登記★手続をして善意無過失の第三者Ｒに当該不動産を売却した事案（最判昭43・10・17民集22・10・2188）では、Ｒが信頼した虚偽外観（本登記）については、Ｐ自身が積極的にこれを作出したものではないし、明示的にも黙示的にも承認を与えていたものではないから、上述の（ⅰ）や（ⅱ）の類型とは異なりＰに直接の帰責性はない。判決は、「不動産について売買の予約がされていないのにかかわらず、相通じて、その予約を仮装して所有権移転請求権保全の仮登記手続をした場合、外観上の仮登記権利者がこのような仮登記があるのを奇貨として、ほしいままに売買を原因とする所有権移転の本登記手続をしたとしても、この外観上の仮登記義務者は、その本登記の無効をもって善意無過失の第三者に対抗できないと解すべきである」とし、その理由につき「このような場合、仮登記の外観を仮装した者がその外観に基づいてされた本登記を信頼した善意無過失の第三者に対して、責に任ずべきことは、民法94条2項・110条の法意に照らし、外観尊重および取引保護の要請というべきだからである」と説示した。

仮登記・本登記：登記（本登記）をなし得るだけの実体法上または手続法上の要件が完備していない場合に、将来の登記（本登記）の順位を保全するため、あらかじめなす登記を**仮登記**という（不動産登記法105条）。後日、要件が完備して登記（**本登記**）がなされれば、仮登記の順位が当該本登記の順位になるという順位保全効力を有する（同法106条）。なお、仮登記のままでは対抗力はない。

　債権者が申し立てた競売を逃れようとするＰが、自己の敷地内にＱ名義の物置を建て、土地の一部をＱと賃貸契約をしたように偽装し、虚偽の賃借権設定を仮登記することによって、入札を妨害することを画策する場合に仮登記が用いられることがある。当然ながら、公正証書原本不実記載・同行使、競売等妨害の罪に問われる行為である。

110条の規定は、「代理人がその権限外の行為をした場合において、第三者が代理人の権限があると信ずべき正当な理由があるとき」は、「代理権を与えた者」（本人）は、その代理人が「第三者との間でした行為について、その責任を負う」となっている。つまり、①代理行為をなすための基本となる代理権を本人が代理人に付与した事実はあるものの、②代理人の権限踰越行為に関しては関与していないにもかかわらず、③第三者が代理権ありと信じ

た外観（当該踰越行為）につき④責任を負わねばならないという構造となっている。上掲最判昭43・10・17においては、Ｐは、①'仮登記という虚偽外観を作出したものの、②'本登記という虚偽外観の作出には関与していないにもかかわらず、③'Ｒが本登記という虚偽外観を信頼したことにつき④'責任を負わねばならない、と、110条の構造を借用したのである★。110条の直接適用ではなく類推適用とするのは、虚偽名義人が真の権利者の代理人としてではなく本人として第三者と取引をするからである。

> **94条2項の類推適用**：94条2項の類推適用とは、94条の本来の趣旨である通謀性は緩和されるものの、真の権利者が虚偽外観の作出に関して意思的に関与していた場合（真の権利者に帰責性がある場合）には、当該虚偽外観を信頼した者を保護し、その反射として真の権利者をして当該権利を喪失せしめるというものである。ところが、上掲最判昭43・10・17の事例においては、Ｒが信頼した虚偽外観（本登記）の作出について、通謀がない上に、真の権利者Ｐのそれへの意思的関与（帰責性）もない。94条2項を類推適用するための要件が欠如するのである。そこで、代理人が権限踰越を行う基礎となる代理権（第1の外観）を付与した本人が、一定の要件の下で、その権限踰越行為（第2の外観）の責任を負うとする110条の法意をも動員することとした。すなわち、真の権利者が作出・承認・黙認した第1の虚偽外観をもとに虚偽名義人の背信行為で作出された第2の虚偽外観を信頼して取引関係に入ってきた善意の第三者を保護して、外観信頼保護法理を貫徹しようとするのである。110条の詳細に関しては、表見代理の箇所で扱う（⇒399頁）。

94条2項と110条の類推適用の併用にかかる判例の展開は、次のとおりである。

① Ｐが、融資を受けるため、Ｑと通謀して、Ｐ所有の不動産についてＰ・Ｑ間に売買がされていないのにかかわらず、売買を仮装してＰからＱに所有権移転登記手続をした場合も、その登記権利者であるＱがさらにＲに対し融資の斡旋を依頼して当該不動産の登記手続に必要な登記済証・委任状・印鑑証明書等を預け、これらの書類によりＲがＱからＲへの所有権移転登記を経由したときは、Ｐは、Ｒの所有権取得登記の無効をもって善意無過失の第三者に対抗できないと解すべきである。その理由は、民法94条2項・110条の法意に照らし、外観尊重および取引保護の要請に応ずる所以だから（前掲最判昭43・10・17参照）である（最判昭45・6・2民集24・6・465）。

② Ｐが、Ｑからその所有不動産を買い受けたものであるにもかかわらず、

Qに対する貸金を被担保債権とする抵当権と、貸金を弁済期に弁済しないことを停止条件とする代物弁済契約上の権利とを有するものとして、抵当権設定登記および所有権移転請求権保全の仮登記を経由した場合において、RがQから当該不動産を買い受けて所有権取得登記を経由したときは、Rが善意無過失である限り、Pは、Rに対し、自己の経由した登記が実体上の権利関係と相違し、自己が仮登記を経由した所有権者であると主張することはできないと解すべきである。その理由は、抵当権設定登記および停止条件付代物弁済契約に基づく所有権移転請求権保全の仮登記はPの意思に基づくものというべきであり、そうとすれば、前掲最判昭43・10・17の趣旨からみて、Pは、善意無過失の第三者に対し、上記登記が実体上の権利関係と相違し、Pが仮登記を経た所有権者であり、抵当権者ないし停止条件付代物弁済契約上の権利者ではないと主張し得ないからである(最判昭45・11・19民集24・12・1916)。

③ Pが、Qと相通じ、仮装の所有権移転請求権保全の仮登記手続をする意思で、Qの提示した所有権移転登記手続に必要な書類に、これを仮登記手続に必要な書類と誤解して署名押印したところ、Qがほしいままにその書類を用いて所有権移転登記手続をしたときは、Pは、民法94条2項・110条の法意に照らして、Qの所有権取得の無効をもって善意・無過失の第三者に対抗することができない(前掲最判昭43・10・17参照)(最判昭47・11・28民集26・9・1716)。

④ 土地賃借人Pが某土地上にQ名義で建築確認申請をして建物を建築し、Q名義での家屋補充課税台帳への登録を事後的に承認していたところ、QがPに無断で建物につき所有権保存登記を経由した上、その登記を過失なく信頼したR₁との間で抵当権設定契約を締結した場合において、当該抵当権に基づく不動産競売手続により建物を買い受けたR₂は、民法94条2項・110条の法意により建物の所有権を取得しても、当該土地の賃借権についてその法意により保護されるなどの事情がないときは、当該土地の賃借権を取得しない(最判平12・12・19集民200・257)。

⑤ 不動産の売買等を業とする会社の代表者であるQが、地目変更等のためと偽って不動産の所有者Pから交付を受けた登記済証・白紙委任状・印鑑登録証明書等を利用して、当該不動産につきQへの不実の所有権移転登記を経由したが、Pが、虚偽の権利の帰属を示すような外観

の作出につき何ら積極的な関与をしておらず、上記の不実の登記の存在を知りながら放置していたとみることもできないなど判示の事情の下においては、民法 94 条 2 項・110 条の法意に照らしても、P に関しては、善意の第三者 R に本件土地建物の所有権が移転していないことを対抗し得ないとする事情はないというべきである（最判平 15・6・13 集民 210・143）。

⑥ 最判平 18・2・23 民集 60・2・546（[判例 6.3]）。

民法 94 条 2 項・110 条の類推適用

[判例 6.3] 最判平 18・2・23（民百選 I [7 版] 22）

　X は、A の紹介により本件不動産を買い受け、所有権移転登記を経由した。その後、X は、本件不動産を第三者に賃貸したが、賃借人との交渉、契約書の作成および敷金の授受等をすべて A に委ねていた。また、A から言われるままに、本件不動産の管理を業者に委託するための諸経費の名目で 240 万円を A に公布していた。

　その後さらに、X は、① A から上記 240 万円の返還手続のため必要と言われ、本件不動産の登記済証を A に預け、②購入した甲土地の所有権移転登記手続および隣接地との合筆登記手続を A に依頼していたが、その手続に必要と言われて印鑑登録証明書 4 通を A に交付したところ、③ X が A に当該不動産を代金 4,300 万円で売り渡す旨の契約書が作成された。その際、X は、売却する意思がないのに、その内容および使途を確認することなく、A から言われるままに署名押印していた。

　その後、X は、A から甲土地の前記登記手続に必要と言われて実印を渡し、A がその場で本件不動産の登記申請書に押印するのを漫然と見ていた。A は、この登記申請と上記①および②の書類を用いて、同日、本件不動産につき、X から A への売買を原因とする所有権移転登記手続（本件登記）をした。

　A は、その後、善意の第三者 Y との間で本件不動産の売買契約を締結し、この売買を原因とする Y 名義への所有権移転登記手続がされた。

　X が、本件不動産の所有権に基づき、「A から Y への所有権移転登記」の抹消登記手続を Y に求めた。

　原審は、本件は、X が一切を任せるという内容の代理権を授与していた A が背信行為をした事案であるから、その「紛争実態」は「民法 110 条が適用される場合の事実関係と類似している」とし、110 条を類推適用して X の請求を棄却した。X が上告受理申立て。

上告棄却。Aが本件不動産の登記済証・Xの印鑑登録証明書およびXを申請者とする登記申請書を用いて本件登記手続をすることができたのは、Xのあまりにも不注意な行為によるものであり、Aによって虚偽の外観（不実の登記）が作出されたことについての<u>Xの帰責性の程度は、自ら外観の作出に積極的に関与した場合やこれを知りながら敢えて放置した場合と同視し得るほど重い</u>ものというべきである。そして、確定事実によれば、Yは、Aが所有者であるとの外観を信じ、また、そのように信ずることについて過失がなかったというのであるから、民法94条2項・110条の類推適用により、Xは、Aが本件不動産の所有権を取得していないことをYに対し主張することができないものと解するのが相当である。

　本件においては、Xが意思的に関与して作出された第1の虚偽外観をもとにXの関与しない第2の虚偽外観が作出され、この第2の外観を信頼したYが取引関係に入ってきたわけではない。虚偽外観に関しては、Xの意思的関与は希薄であるが、Yの信頼した虚偽外観をAが作出できる原因を与えたことは、その虚偽外観のもととなる第1の外観を作出したのと同様の帰責性が認められる（「上記下線部」）。第三者の信頼の対象となった虚偽外観の作出の原因となっているという点では、そのもととなる第1の虚偽外観の作出への意思的関与と、本件のような「余りにも不注意な行為」とでは両者に異同はないということである。

　94条2項・110条の類推適用を併用することにつき、上掲⑤判決はそれを否定し、上掲⑥判決はそれを肯定している。そこで、両者の差異につき検討してみる。

　まず、前者であるが、ⓐPは、工業高校を卒業し、技術職として会社に勤務しており、これまで不動産取引の経験のない者であり、不動産売買等を業とする会社の代表者であるQからの言葉巧みな申し入れを信じて、同人に地目変更等のためという趣旨で白紙委任状・本件土地建物の登記済証・印鑑登録証明書等を交付したものであって、Pには、本件土地建物につき虚偽の権利の帰属を示すような外観を作出する意図は全くなかったこと、ⓑRが本件土地建物の各売買契約を行った時点において、Pが本件登記を承認していたものでないことはもちろん、同登記の存在を知りながらこれを放置していたものでもないこと、ⓒQは、白紙委任状や登記済証等を交付したことなどから不安を抱いたPやその妻からのたび重なる問い合わせに対し、

言葉巧みな説明をして言い逃れをしていたもので、PがRに対して本件土地建物の所有権移転登記がされる危険性についてQに対して問いただし、そのような登記がされることを防止するのは困難な状況であったこと、という点で、Pに重大な帰責性があったとは評価し難い事案であった。

　それに対して、後者は、ⓐXは、Aに対し、本件不動産の賃貸にかかる事務および甲土地についての所有権移転登記等の手続を任せていたのであるが、そのために必要であるとは考えられない本件不動産の登記済証を合理的な理由もないのにAに預けて数か月間にわたってこれを放置していたこと、ⓑ本件登記がされた日には、Aの言うままに実印を渡し、AがXの面前でこれを本件不動産の登記申請書に押捺したのに、その内容を確認したり使途を問いただしたりすることもなく漫然とこれを見ていたこと、ⓒAから甲土地の登記手続に必要と言われて2回にわたって印鑑登録証明書4通をAに交付し、本件不動産を売却する意思がないのにAの言うままに本件売買契約書に署名押印するなど、Aによって本件不動産がほしいままに処分されかねない状況を生じさせていたにもかかわらずこれを顧みることがなかったこと、という点で、Xに重大な帰責性があったと評価できる事案であった。

　このような差異が両者の結論に異同をもたらしたと考えることができ、94条2項・110条の類推適用を併用することの限界を見極める上で参考となろう[43]。

(3) 94条2項の類推適用の要件

　既述のとおり、94条2項の類推適用は、虚偽外観が作出されている場合に、一定の要件の下で、真の権利者は、当該外観を信頼して取引関係に入った第三者に対して、真実の権利を主張することができない、という考え方に立脚している。不動産登記の公信力の欠缺を補完する機能を有するものであり、占有に公信力が認められている動産の取引には同項が類推適用される余地はない[44]。

　以上のように、94条2項の類推適用は、外観信頼保護法理として確立し

---

43) 四宮＝能見169頁
44) 債権譲渡についての同項の類推適用は、今後の検討課題であるとされる（四宮＝能見208頁）。

た制度となっているが、外観を信頼した第三者を無制限に保護しようとするものではない。一定の要件が要求される。

(ⅰ) 帰責性

虚偽外観が存在することにつき、通謀性はもはや要件とされないが、それでも、真の権利者にその帰責性があることが要求される。

まずは、虚偽外観の存在に対する真の権利者の何らかの意思的関与である。自ら積極的に虚偽外観を作出した場合は格別、作出された虚偽外観を明示または黙示に承認していた場合がそうである。「自分で外形を作った者が外形どおりの責任を負うべきだ」とする思想が、94条2項の根幹をなしているからである[45]。第三者が信頼した虚偽外観の作出には直接の意思的関与はないとしても、そのもととなる第1の虚偽外観作出に意思的関与がある場合や、虚偽外観の生成過程において意思的関与が一切なかったとしても、責めを負うべきほどの著しい注意の欠如が原因で虚偽外観が作出された場合は、第三者が信頼した虚偽外観の存在につき真の権利者にその帰責性が認められることになる。

(ⅱ) 第三者の無過失の要否

判例は、94条2項の「善意の第三者に対抗することができない」という条文を文字どおりに解して、同項の類推適用の場面においても、保護の対象である第三者は、善意であれば足り、無過失である必要はないという立場をとっている。しかし、外観信頼保護法理ではあるものの、同項類推適用も、過失のある者まで保護しようとする制度ではないから、第三者には善意・無過失が当然に要求されるとする学説[46]が有力である。もっとも、110条の法意を併用する場面では、判例も、110条が準用する109条のただし書（「……ことを知り、又は過失によって知らなかったときは、この限りでない」）に従って、善意のみではなく無過失をも要求している。上記有力説によれば、110条の法意の併用場面であっても、109条ただし書に依拠することなく、当然に無過失が要求されるべきである。

なお、94条2項にいわゆる善意の第三者に対しては、類推適用の場面に

---

45) 近江Ⅰ209頁
46) 近江Ⅰ209頁、同旨川井168頁。

とどまらず、すべての場面において（通謀性が認められる場面においても）無過失を要求する学説[47]があり、それには賛成しない上記有力説が妥当であろう。

■ 5 錯誤 ■

(1) 錯誤の意義

　錯誤とは、真意（内心的効果意思）と表示上の効果意思（表示から推断される意思）に不一致があり、しかも表意者自身がその不一致を知らないことをいう。要するに、表意者の誤認識・誤判断による意思表示である。表意者が知らないという点で、心裡留保とも虚偽表示とも異なる。

　民法95条は、「意思表示は、法律行為の要素に錯誤があったときは、無効とする」と規定しており、意思表示が錯誤によってなされたときは、表意者の保護のために、当該意思表示は原則として効力を生じないとされる。「法律行為の要素」とは、その錯誤がなかったならば、本人はその意思表示をしなかったであろうと考えられ、普通一般人も、その意思表示はしなかったであろうと考えられる（意思表示をしないことが一般取引の通念に照らして正当と認められる）ほどに重要な部分という意味である（通説・判例）[48]。

　表示意思に合致する内心的効果意思が存しないということで、錯誤は、心裡留保・虚偽表示と同様に「意思の欠缺」の一場面とされている。通説も、かつてはそのように解していた。しかし、動機が表示された場合には、動機の錯誤も95条の射程となるとされるので、今日においては、（内心的効果意思と表示意思との不一致ないしは内心的効果意思の欠缺でなくとも）表示から推断される意思と表意者の真に意図するところに不一致があることが錯誤であると説明されている[49]。

　95条も典型的な意思主義を採り、錯誤による意思表示を無効として、基本的には表意者を保護しようとしている。しかも、善意の第三者を保護する

---

47) 四宮＝能見204-205頁
48) 我妻300頁、大判大3・12・15民録20・1101など。
49) 我妻296頁。この理は、動機が表示されなくても95条の対象となるとする学説（舟橋105頁）においても同様である。

措置を特には講じていない。しかし、それでは、取引の安全が確保できないから、錯誤者の保護を妥当な範囲に限定する必要が生じる。心裡留保（93条）や虚偽表示（94条）とのバランスからも、善意の第三者の保護との調和が図られねばならない。

（2）錯誤の種類

錯誤は、法律行為のいかなる要素に錯誤があるかによって分類することができる。すなわち、意思表示の形成過程のどの段階に錯誤があるかによって、**表示行為の錯誤**と**動機の錯誤**とに分かつことができる。

（ⅰ）表示行為の錯誤
内心の効果意思を決定してから表示行為に至る過程で錯誤が生じる場合である（図 6.1 参照）。**表示の錯誤**と**内容の錯誤**の 2 つの類型に細分化できる。

ⓐ　表示の錯誤

　　証券会社（の担当者）が、証券取引所に対して株式の売り発注を出す際に「1 株を 61 万円で売る」とすべきところを「61 万株を 1 円で売る」と、コンピューターに誤入力したような、いわゆる誤記の場合である。ユーロとポンドの差異を承知していながら、「£10,000 で売る」とすべきところを「€10,000 で売る」と誤表示してしまった場合もそうである。

　　なお、使者等を用いた意思表示の伝達において、その表示が本人の意思と合致しない場合も、表示の錯誤に類似した状況にあるから、錯誤の規定を適用してもよい[50]。もっとも、代理人による意思表示の場合に、本人の意思との間に不一致があったとしても、それは、表見代理の問題であって錯誤の問題ではない。

ⓑ　内容の錯誤

　　£10,000 で売りたいと考えていた売主が、「€10,000 で売ってくれ」という買主の申込みに対して、ユーロとポンドが等価だと誤信して承諾を与えたような場合である（誤表記ではない）。内容の錯誤は、さらに以下のように細分類される[51]。

---

50) 近江Ⅰ 213 頁、四宮＝能見 222 頁
51) 川井 170 頁

① 同一性の錯誤：相手方や目的物を取り違えたというような場合である。
② 性状の錯誤：人や目的物の性質、身分、資産、性能、品質などを誤信したというような場合である。
③ 法律状態にかかる錯誤：勝訴判決があったのを知らないで和解契約をするような場合である（大判大 7・10・3 民録 24・1852）。

（ⅱ）動機の錯誤

　意思が決定される以前の、意思が形成される過程において錯誤があることを動機の錯誤という（図 6.1 参照）。たとえば、売り物件である牝馬が売主の言辞から受胎していると信じて購入意思を表示したところ、受胎していなかったというような場合である。このような場合においては、表示に対応する内心的効果意思（代価を支払って当該牝馬の給付を受けるという意思）は存在するから、意思と表示との不一致ではなく、意思決定をする際の動機について誤解があったということである。ただ、意中の異性の誕生日を勘違いして、1 か月遅れでバースデーケーキを買ってしまった場合も、ケーキ購入という法律行為の動機に錯誤があったことにはなるが、これが 95 条により無効になるとすれば、社会通念上問題なしとはならないであろう。ケーキ屋さんからすれば、すこぶる迷惑な話である。

図 6.1

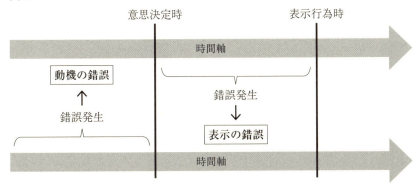

　動機の錯誤は、主として性状の錯誤について問題となるが、これに対する考え方については、学説が分かれる。

ⓐ **動機錯誤否定説**

伝統的学説は、動機は、表意者の心の中にあるものだから、その表示の有無を問わず、95条の錯誤には該当しないとしていた。法律行為において意思を重視するという意思主義の立場であり、錯誤は意思の不存在の場合に限り成立するが、動機を条件とした場合には要素の錯誤になるという[52]。立法者は、この説に立っていたとされる。今日でも、意思主義に徹して、錯誤が意思の不存在の場合に限られ、動機は法律行為の条件・保証・前提・特約などで合意されていた場合に問題となるに過ぎないとする動機錯誤否定説[53]がある。

ⓑ **動機表示必要説**

今日の通説は、動機の錯誤は当然には95条の錯誤に該当しないが、動機が表示され、相手方がこれを知っているときは、その範囲内における錯誤は、法律行為の内容の錯誤となるとしている(動機表示必要説)[54]。判例もこの立場であり、上掲の受胎馬錯誤事件は、次の［判例6.4］のとおりである。

受胎馬錯誤事件

［判例6.4］大判大6・2・24民録23・284

Xは、Yから馬1頭を買い取ったが、その際に、Yの言辞から、その馬が年齢13歳で受胎しており、その来歴からも良馬を産むであろうと信じていた。しかし、それは事実に反していることが判明したため、Xは錯誤による無効を主張して代金の返還と損害賠償をYに請求した事案におい

---

52) 川井171頁
53) 高森八四郎『法律行為論上の基本的諸問題』(関西大学出版部、1990年) 33頁以下ほか
54) 我妻297頁

て、判決は、「物の性状のごときは、通常は法律行為の縁由に過ぎず、その錯誤により法律行為が無効になることはないが、表意者が物の性状をもって意思表示の内容を構成せしめ、その性状がなければ法律行為の効力を発生せしめることを欲せず、しかも取引の観念、事物の状況からみて意思表示の主要部分となす程度のものと認められるときは、その性状も法律行為の要素を成すので、その錯誤は意思表示の無効を来すべきもの」として、Xの請求を認めた。

　動機表示必要説に立脚していると思われる判例としては、上記のほかに、家屋の売買において賃借人である現居住者から同居の承諾を得たので同居できると思って買い受けたところ、その売買契約成立後に居住者が前言を翻して同居を拒んだため、同居できなくなったケース（最判昭29・11・26民集8・11・2087）、協議離婚に伴う財産分与契約において、分与者は自己に税金が課されないと考えていたところ、実際に極めて高額の譲渡所得税が課されたケース（最判平元・9・14集民157・555〈[判例6.5]〉）などがある。これに対し、他に連帯保証人（連帯保証につき85頁参照）がある旨の債務者の言を誤信した結果、連帯保証をした場合は、縁由の錯誤であって、当然には要素の錯誤ではないとした判例がある（最判昭32・12・19民集11・13・2299）。

錯誤──法律行為の要素

[判例6.5] 最判平元・9・14（民百選Ⅰ［7版］24）
　妻Yは、夫Xが他の女性と関係を生じたことなどを原因として、Xに離婚の申し入れをしたところ、Xはこれに応じた。その際、離婚条件として、Xは、Yの意向に沿う趣旨で、自己の特有財産★に属する本件不動産を財産分与としてYに譲渡する旨約し、その旨記載した離婚協議書および離婚届に署名捺印して、その届出手続および上記財産分与に伴う登記手続をYに委任した。Yは、この委任に基づき、離婚の届出をするとともに、本件不動産につき財産分与を原因とする所有権移転登記を経由し、Xは、その後本件不動産から退去した。ところで、本件財産分与契約の際、Xは、財産分与を受けるYに課税されることを心配してこれを気遣う発言をしていたが、離婚後、自己に課税されることに気づき、その額が2億円強にのぼることを知った。
　XはYに対し、本件財産分与契約の際、自己に譲渡所得税が課されないことを合意の動機として表示したものであり、2億円を超える課税がされること

を知っていたならばこの意思表示はしなかったから、本件財産分与契約は要素の錯誤により無効である旨主張し、所有権移転登記の抹消手続を求めた。

原審は、財産分与した場合に高額の課税がされるかどうかは単にXの動機に錯誤があるに過ぎず、本件財産分与契約においてXへの課税の有無はX・Y間において話題にならなかったから、これが契約成立の前提とされていたことも、Xがこれを合意の動機としていて表示したことも認められないとして、Xの請求を棄却した。Xが上告。

破棄差戻し。事実関係からすると、本件財産分与契約の際、少なくともXにおいて課税されるという点を誤信していたものというほかはないが、Xは、その際、財産分与を受けるYに課税されることを心配してこれを気遣う発言をしたというのであり、Yも自己に課税されるものと理解していたことが窺われる。そうとすれば、Xにおいて、財産分与に伴う課税の点を重視していたのみならず、他に特段の事情がない限り、自己に課税されないことを当然の前提とし、かつ、その旨を黙示的に表示していたものと言わざるを得ない。Xとすれば、この錯誤がなければ本件財産分与契約の意思表示をしなかったものと認める余地が十分にあるというべきである。Xに課税されることが両者間で話題にならなかったとの事実も、Xに課税されないことが明示的に表示されなかったとの趣旨に解されるにとどまり、直ちに上記判断の妨げになるものではない。

> **特有財産**：特有財産とは、結婚前から持っていた預貯金や結婚後に自分の両親や親族から相続または贈与された財産のことである。個人の財産とされ、夫婦が相互に協力して共同生活を営むことによって形成していった財産とは異なって、夫婦の共有財産とはされず、財産分与の対象にもならない。

ⓒ 一元的構成説

上記の動機表示必要説（通説・判例）に対しては、錯誤にかかる判例上最も多く問題となっているのは動機に関するものであるから、動機の錯誤を救済しなければ95条は無意味となると批判し、動機の錯誤と意思表示の錯誤とを区別することはできないのであって、錯誤は動機・意思表示を含めて一元的に考えるべきとする一元的構成説（動機表示不要説）も有力である。それによると、錯誤無効が認められるかどうかは、要素かどうか、重大な過失がないかどうかによって決せられることとなる[55]。今日では、この一元的構成説が多数説となっている。

---

55) 舟橋107頁、川島289頁

(ⅲ) 目的物に関連しない錯誤

　誕生日を間違えてバースデーケーキを購入した場合の動機については、生活事実としての動機[56]であって自己の領域内の出来事に過ぎない[57]。要するに、相手方は、仮にその動機が表示されたとしても、そこに錯誤があるかないかにつき全く知る立場にはないということである。このようなタイプの動機に錯誤があった場合は（このような動機を表示されたケーキ屋さんが、たまたまケーキの受贈予定者の誕生日を知っていたというような極めて特殊なケースを除いて）、それが表示されたか否かにかかわらず、錯誤無効は認められるべきではない[58]。契約の内容そのものに関する誤解・誤信ではなく、契約をするに至った主観的理由や前提事情の点で誤解があったに過ぎず、表意者自身がリスクを負担すべき領域のものだからである[59]。

(3) 要　件

(ⅰ) 要素の錯誤

　既述のように、法律行為の要素とは、その点について錯誤がなかったならば、本人はその意思表示をしなかったであろうと考えられ（因果関係）、意思表示をしないことが一般的取引の通念に照らして正当と認められる（重要性）ような、意思表示の内容の主要部分を指す。要素の錯誤に該当するかどうかは、各場面について具体的に決すべきである。要素の錯誤の態様についてはすでに軽く触れたが（⇒296-297頁）、主要な例を以下に示そう。

(ア) 同一性の錯誤

① 人に関する同一性の錯誤

　　人に関する同一性の錯誤とは、相手方の錯誤、つまり、人違いのことである。個人の特性に重きを置く法律行為（贈与・信用取引・貸借など）の場合は要素の錯誤となるが、継続的な関係を残さない法律行為（現実売買など）においては要素の錯誤にならないとされる[60]。この類型で要素の錯誤になるとされた事案としては、手形割引★において、再割引依頼者の代理人で

---

56) 川井 172 頁
57) 四宮＝能見 217 頁
58) 川島 287 頁、四宮＝能見 217 頁ほか
59) 四宮＝能見 216-217 頁
60) 我妻 300 頁

あるのを振出人の代理人と誤信したケース（大判昭12・4・17判決全集4・8・3）、ＰがＱの依頼に応じて、Ｑの債務につき保証する意思で借入人の氏名が空欄である借用書に保証人として署名捺印しＱに交付したところ、ＱがほしいままにＲの氏名を債務者として記入し、これを債権者に差し入れたケース（大判昭9・5・4民集13・633）、戦時中に買主は国であると誤信し、軍において使用するのであればやむを得ないと思って林野を売り渡したところ、買主は財団法人であったというケース（最判昭29・2・12民集8・2・465）、兄Ｐが負っている債務を引き受けて、その弁済のためにＰの債権者Ｑに不動産を売却し、Ｑの代金債務とＰの債務とを相殺する約束であったところ、ＱはＰの債権者ではなかったというケース（最判昭40・10・8民集19・7・1731）などがある。

> **手形割引**：満期未到来の手形の所持人が、それを銀行等に裏書譲渡し、その対価として融資金（手形金額から満期までの利息〈＝手形割引料〉および手数料を控除した金額）の給付を受ける行為。銀行は、満期に手形債務者（振出人）から手形金額を取り立てるか、当該手形を他の銀行に譲渡（再割引）するかして、資金を回収する。

② 取引の客体に関する同一性の錯誤

取引の客体に関する同一性の錯誤とは、法律行為の目的を取り違えたということであり、一般に要素の錯誤となる。たとえば、ＰがＱから金銭を借りる意思で金銭消費貸借契約を締結し、ＰがＱに履行を請求した（契約どおりに融通金を給付せよ、ということ）ところ、Ｑは第三者の旧貸借関係の振替勘定の意思であったときは、Ｑに要素の錯誤があるとされた（大判明35・3・26民録8・3・73）。なお、絵画をはじめとする骨董等の真贋についての錯誤もしばしば問題となるが、これは同一性の問題ではなく、後述の性状の問題であろう。

(イ) 性状の錯誤

① 人の属性に関する錯誤

相手方の属性（身分・職業・資産状態など）の錯誤のことである。多くの場合、動機の錯誤であるから、通説・判例の立場からすれば、表示されているかどうかの検討が必要となる。高利貸を市役所の役人だと誤信して連帯債務を負担したケースでは、表示されていないから要素の錯誤とはならないとされた（大判大7・7・3民録24・1338）。この類型で要素の錯誤になる

とされた事案としては、代金を現金で支払う資力がないにもかかわらず、資力も支払意思もあるとした買主の言辞を信じた売主が不動産を売却し、買主からの転得者が所有権移転登記を経由したケース（大判大11・3・22民集1・115）、P銀行を支払可能であると誤信した結果、債務の付替えを承諾したが、実際にP銀行は破綻に瀕している状態であったときの、P銀行の資産状態の良否に関する錯誤のケース（大判昭5・10・30新聞3203・8）がある。それに対し、金銭消費貸借における債権者の性格・職業について（債権者が詐欺師の貸金業者と知らずに連帯債務を負担したケース）は、要素の錯誤とはならないとされた（大判明42・12・24民録15・1008）。

② 取引の客体の性状に関する錯誤

これは、目的物の性状・来歴に関する錯誤と、目的物の数量・価格などについての錯誤とに細分類される。

前者については、人の属性に関する錯誤と同様の範囲で、要素の錯誤となり得る。判例は、目的物の性状の錯誤は一般に動機の錯誤に過ぎないが、これが表示されて法律行為の内容となる（取引上重要な意義を持つに至る）ときは、要素の錯誤になるとしている（前掲「受胎馬錯誤事件」〈[判例6.4]〉）。この類型で要素の錯誤になるとされた事案としては、上記受胎馬錯誤事件のほか、無担保の債権であると誤信して、担保付債権を更改★したが、その錯誤なかりせば更改はしなかったと認められるケース（大判大2・10・10民録19・764）、炭鉱を買う際に、良質の処女鉱と信じて買ったが、掘り荒らされた粗悪鉱であったというケース（大判昭10・1・29民集14・183）、仮差押えの目的たるジャムにつき一定の品質を有することを前提に代物弁済★の目的物としたが、それが市場価値の半額程度の粗悪品であったというケース（最判昭33・6・14民集12・9・1492「苺ジャム事件」）、造林用の山林の売買において、北側に道路が存在するという売主の説明を信じ、造林事業に極めて有利であるとて買主が多額の代金の支払を約したところ道路は存在していなかったというケース（最判昭37・11・27集民63・347）などがある。絵画等の真贋にかかる錯誤については、油絵の売買契約に際して、買主が売主に対して、特にそれが藤島武二画伯の真作に間違いないものかどうかを確かめたところ、売主が真作であることを保証する言動を示したので、これを信じて買い受けたが、贋作であったとの事実関係のもとでは、当該売買契約においては本件油絵が真作であることを意思表示の要素とし

たものであって、買主の意思表示の要素に錯誤があり、当該売買契約は要素に錯誤があるものとして無効とした原審を是認した（最判昭45・3・26民集24・3・151「油絵贋作事件」）。しかし、自分の鑑識によって買う場合に、鑑識を誤って偽作を買い受けたときは、真作の売買という表示はないというべきだから錯誤とはならない（大判大2・3・8評論2民161）。なお、前者は、売主・買主ともに真作であるとの錯誤に陥っていた事案で、契約の両当事者に錯誤が認められる**共通錯誤**の場合には、容易に錯誤無効が認められる傾向がある。というのも、相手方も錯誤に陥っていたのであるから、錯誤無効主張者に「重大な過失」がないことは要求されず、95条ただし書の規定は適用されないというべき[61]だからである。

> **更改**：契約によって既存の債権を消滅させると同時に、これに代わる新しい債権を成立させること（513条1項）。たとえば、PがQに対して100万円の貸金債権を持っている場合に、Qがその所有する自動車をPに給付するという内容に切り替えることである。PのQに対する金銭債権（100万円）は消滅するが、Qに対して自動車を給付せよという債権が新たに成立したことになる。
> **代物弁済**：債権者・債務者間の契約により、債務者が本来負担していた債務（e.g. 100万円の借金）の代わりに、他の給付（e.g. 自動車）をして債務を消滅させること（482条）。更改に似ているが、更改では新債務を成立させるだけで旧債務が消滅するのに対して、代物弁済は要物契約であり、現実に自動車を給付しない限り、旧債務は消滅しないところに両者の異同がある。

後者（目的物の数量・価格などについての錯誤）については、その程度が取引上重要なものとされる場合にだけ、要素の錯誤となる。この類型で要素の錯誤になるとされた事案としては、抵当家屋の評価を誤って多額の根抵当（根抵当につき365頁参照）を設定したケース（前掲大判大3・12・15⇒本章脚注48）、抵当権付債権が弁済されていて半分になっていることを知らずに、当該債権を譲渡したケース（大判昭6・4・2新聞3262・15）、非上場会社の経営者が、同社の全株式を会社価値の5分の1以下の金額で売却したケース（最判平16・7・8集民214・687）などがある。これに対し、競売公告に記載のない物件をも競売物件中に包含されるものと競買申出人（買受けの申出人）が誤信したケース（大判昭16・6・7民集20・809）は、要素の錯誤にならないとされた。

(ｳ) **法律状態にかかる錯誤**

取引の客体の性状に関する錯誤に類似する。訴訟上の係争が有利な判決で

---

61) 内田77頁

確定しているのにそれを知らずに譲歩した和解契約（大判昭10・2・4裁判例9民15）は、要素の錯誤として認められた。無尽★会社の取締役がその就任前の無尽の債務について株主総会の免責決議で免責を得たと誤信して就任したケース（大判昭13・2・21民集17・232）においては、誤信は重大な過失とされた。

> 無尽：口数を定めて加入者を集め、定期に一定額の掛け金を掛けさせ、一口ごとに抽籤または入札によって金品を給付するシステム。頼母子講はこれの一種と考えてよい。無尽会社は、無尽を営業とする会社（業界団体は「社団法人全国無尽協会」）で、1951年に相互銀行に転換した（業界団体は「社団法人全国相互銀行協会」へと改称）。なお、相互銀行はさらに1989年、普通銀行に転換した（業界団体は「社団法人第二地方銀行協会」へと改称）。

(ⅱ) 表意者に重大な過失がないこと
(ア) 重大な過失の意義

　錯誤による意思表示をなした者に重大な過失があったときは、表意者自らはその無効を主張することができないものとされている（95条ただし書）。ここにいう重大な過失とは、たとえば、株式の売買を業とする者が某会社の株式の大多数を買収しようとする際に当該会社の株式譲渡に対する制限の有無を調査しなかったというように、表意者の職業や行為の種類・目的などからして、普通払うべき注意を著しく欠くことをいう（大判大6・11・8民録23・1758）。同項ただし書の趣旨は、著しく不注意であった表意者を保護する必要がないということである。表意者の「重大な過失」の主張・立証責任は、それにより利益を得る相手方にある（大判大7・12・3民録24・2284）。

　この「重大な過失」につき、通説[62]は、95条ただし書の規定振りどおりに、これがないことを錯誤無効の主張の制限と解する。しかし、今日の多数説は、それがないことは錯誤の成立要件（積極要件）ではないが、それがあることが錯誤の成立を妨げる要件としている[63]。

　判例上「重大な過失」が認められた事案としては、上掲大正6年11月8日大審院判決、前掲昭和13年2月21日大審院判決、弁護士が公正証書中の条項を閲覧しないまま、債務者の代理人として署名するつもりで連帯保証人欄（連帯保証につき85頁参照）に署名したケース（最判昭44・9・18民集23・9・

---

62) 我妻304頁
63) 川井176頁

1675)、損害保険会社が事故関係者から事情聴取もせず飲酒運転による事故であることを知らずに示談契約をしたケース（最判昭50・11・14集民116・465）などがある。

この「重大な過失」の証明責任は、それにより利益を得る相手方にあると解するのが通説[64]・判例（上掲大判大7・12・3）の立場である。

なお、婚姻・養子縁組における人違いその他の錯誤に関しては特則があり、95条ただし書は適用されない（742条1号・802条1号）。その他の身分上の行為についても、錯誤による法律行為が無効になることは当然であるが、95条ただし書の趣旨は、身分上の行為については適用がなく、重大な過失ある錯誤者も自らその無効を主張できると解するのが通説[65]であり、極めて至当である。

電子消費者契約の特則：「近年の経済社会の情報化の進展にかんがみ、消費者が行う電子消費者契約の要素に特定の錯誤があった場合（略）に関し民法の特例を定める必要がある」とて、2001年6月22日に成立した「電子消費者契約及び電子承諾通知に関する民法の特例に関する法律（電子消費者契約法）」は、消費者が行う電子消費者契約の要素に特  定の錯誤があった場合であって、当該錯誤が次のいずれかに該当するときは、民法95条ただし書の規定は適用しない、と規定する（3条）。**電子消費者契約**とは、インターネット上の映像面を介して締結される消費者契約であって、事業者が当該映像面に表示する手続に従って消費者がコンピューターから送信することによってその申込みまたはその承諾の意思表示を行うものをいう。該当事由というのは、①消費者がコンピューターから送信したときに、当該電子消費者契約の申込みまたはその承諾の意思表示を行う意思がなかったとき、②消費者がコンピューターから送信したときに、当該電子消費者契約の申込みまたはその承諾の意思表示と異なる内容の意思表示を行う意思があったとき、である。いずれも、消費者が操作ミス（いわゆる「クリックミス」）により行った意図しない契約の申込みについては、事業者が操作ミスを防止するための措置を講じていない場合には、たとえ消費者に重大な過失（著しい不注意）があったとしても、操作ミスにより行った意図しない契約を無効とすることができるようにして、消費者保護を図るものである。

64）近江I 216頁ほか
65）我妻306頁

(イ) **無効の主張者**（相手方・第三者による錯誤無効主張の可否）

95条ただし書は、「表意者は、自らその無効を主張することができない」と、重大な過失があった場合に無効を主張することができないのは表意者のみであり、相手方や第三者は主張し得るような規定振りである。しかし、相手方および第三者もまた無効を主張し得ないと解するべきである。無効を主張することが許されるべき理由がないからである（最判昭40・6・4民集19・4・924）。

錯誤者に「重大な過失」がないにもかかわらず、錯誤者自身が錯誤無効を主張する意思がない場合（95条ただし書が想定する場面ではなく、同条本文規定の範疇）は、相手方や第三者は錯誤無効を主張し得るであろうか。判例は、対抗要件を備えない借地人が、新地主に対して土地譲受行為の錯誤による無効を主張した事案において、表意者（新地主）自身において、何らその意思表示に瑕疵を認めず、錯誤を理由として意思表示の無効を主張する意思がないにもかかわらず、第三者において錯誤に基づく意思表示の無効を主張することは、原則として許されない、とする（最判昭40・9・10民集19・6・1512）。学説もほぼこの判例に賛成している[66]。もっとも、判例も、第三者が表意者に対する債権を保全する必要がある場合に、表意者が意思表示の瑕疵を認めているときは、表意者自らはその意思表示の無効を主張する意思がなくても、第三者はその意思表示の無効を主張して、その結果として生ずる表意者の債権を代位行使し得る、とした（前掲最判昭45・3・26「油絵贋作事件」）。

(iii) 相手方の悪意・過失

錯誤にかかる相手方の主観については、95条は沈黙している（図6.2a）。

図6.2a

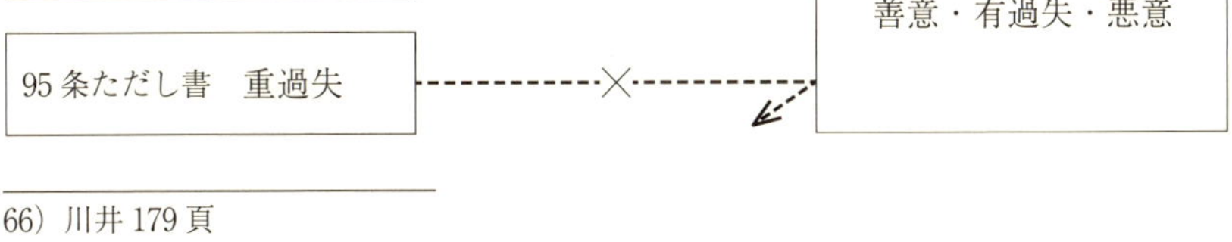

表意者	錯誤無効主張の可否	相手方
95条本文　無過失・軽過失	○ →	善意・有過失・悪意
95条ただし書　重過失	⤳×	

---

66) 川井179頁

しかし、表意者が錯誤に陥っていることを、相手方が承知しているときは、そのような相手方を保護する必要はないから、たとえ表意者が不注意であったにせよ、95条ただし書は適用されるべきではない（＝表意者は、重大な過失があっても錯誤無効を主張することができる）、とするのが通説・判例であるとされる[67]（図6.2b）。

図 6.2b

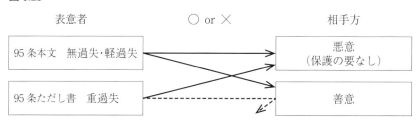

　これに対しては、次のような見解がある。すなわち、錯誤無効制度は、基本的には表意者を保護するものではあるが、同時に、相手方保護との調和の上に成り立つものでなければならず、そうであれば、善意・無過失の相手方に無効を主張して、その信頼を覆すことは妥当ではないから、善意・無過失の相手方には錯誤無効を主張できないと解すべきであるという「相手方悪意・過失必要説」[68]である（図6.2c）。

図 6.2c

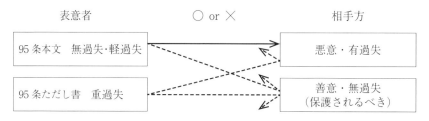

　この見解によれば、錯誤による意思表示であることにつき相手方が善意か

---

67) 近江Ⅰ 216頁
68) 近江Ⅰ 217頁

つ知らなかったことにつき無過失であった場合、錯誤者は、重大な過失がなかったとしても錯誤無効を主張することができない。

　問題は、その正反対のケース、すなわち、錯誤者に重大な過失があり、かつ錯誤による意思表示であることにつき相手方が悪意・有過失の場合である。悪意・有過失の者を保護する必要はないとの原則を貫けば、悪意・有過失の相手方は保護されない、つまり、表意者は錯誤無効を主張できるということになる。そうだとすれば、95条ただし書は全く機能しない不要の規定となってしまう。したがって、この見解によれば、悪意・有過失の者でも保護されることがあり得ることになる（重大な過失による錯誤の場合は、相手方は悪意・有過失であっても保護される）。

　この説に対しては、「表意者に重大な過失があることを相手方が知っていたときには、相手方を保護する必要がないので、表意者は錯誤による無効を主張することができる[69]」（傍点引用者）との見解もある（図6.2d）。この場合の相手方は、重大な過失があることにつき悪意なのだから、当然に、錯誤による意思表示であることについても悪意である。このような悪意の相手方を保護する必要がない、ということである。しかし、この見解を反対解釈すれば、重大な過失による錯誤の場合において、相手方が、①表意者が錯誤に陥っていることについて悪意だが、②重大な過失があることについては善意であれば、表意者は錯誤無効を主張できないこととなる。この場合の相手方は、①につき悪意であっても保護されてしまうから、この見解は、拠り所としている「悪意の者を保護する必要はない」という原則を貫徹できていないのである。

---

[69] 川井177頁

図 6.2d

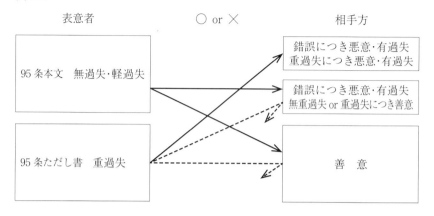

　通説と「相手方悪意・過失必要説」との差異は、前者が「悪意・有過失の者を保護する必要はない」ということであるのに対し、後者は「善意・無過失の者を保護すべし」ということである。効果の差異としては、①無過失もしくは軽過失による錯誤において相手方が善意・無過失のとき、および、②重大な過失による錯誤において相手方が悪意・有過失のときは、前者が錯誤無効の主張を可とするのに対し、後者は不可とすることである。無過失・軽過失の錯誤者の保護を貫徹するか、重過失の錯誤者を保護から排除することを貫徹するかの違いである。

　また、表意者が錯誤に陥っていることに関する相手方の事情については、悪意ないし有過失のほか、相手方の予見ないし認識可能性をも要件とする見解[70]がある。この「錯誤予見可能性説」は、善意・無過失の相手方に対しては錯誤の主張ができないとすることよりも、表意者の保護と取引の安全との調和を図ろうとするものである。他方、錯誤の対象が表意者にとって重要であることを、相手方が知りまたは知り得べきときにのみ、錯誤無効の主張が許されるとする「重要事項予見可能性説」もある[71]。錯誤に関して予見可能性を要求することは極めて難しいから、95条がほとんど機能しなくなるからとて「重要事項予見可能性説」を支持する見解[72]と、錯誤は相手方の予見

---

70) 川島 289 頁
71) 野村豊弘「意思表示の錯誤」法協 93・6・902
72) 近江 I 217-218 頁

可能性の有無にかかわらず成立し、極端に相手方の予見可能性を害する場合には信義則上無効の主張が制限されると解すれば足りるとし、上記2説のいずれに関しても予見可能性を要件とすることを疑問視する見解[73]とがある。困難ではあるものの、予見可能性を証明することができるのであれば、錯誤無効を主張することができる道を残しておいてもよかろう。

（4）効　果

（ i ）相対的無効

　錯誤による意思表示が前述の要件を備えたとき、その法律行為は無効となる。既述のとおり、錯誤無効を主張できる者は、原則として表意者に限定されている。すなわち、95条にいわゆる「無効」は、「当然無効」ではなく、主張権者の無効主張を待ってはじめてその効果が生ずるのである。これは、既述の「相対的無効」（⇒72頁）であり、法律効果上、「取消し」に近づく。学説の中には、錯誤無効の効果につき、取消しの規定を類推適用して、取消しと同様の規律に服させる見解がある[74]。しかし、相対的無効（＝取消し的無効）といえども、無効は、取消しとは原理的に異なる。両者の差異にかかる詳細については、無効の箇所（⇒431頁）で扱う。

（ ii ）錯誤無効主張者の損害賠償義務の有無

　ドイツ民法は、錯誤による意思表示を取り消し得るものとし（119条）、相手方または第三者がその意思表示を有効なものと信頼することにより損害を受けた場合には、表意者は、その損害を賠償することを要する（もっとも、取り消し得べきことの原因につき悪意・有過失のときはその限りではない）（122条）、と規定する。翻って、わが民法は、錯誤無効において善意の第三者を保護する措置を特には講じていないということはすでに述べた。錯誤無効主張者に軽過失[75]があった場合でも、錯誤者は、95条の上では損害賠償義務を負うことはないのである。しかし、過失によって他人に損害を与えたのだから、損

---

73) 川井187頁
74) 松岡久和＝中田邦博編『新・コンメンタール民法 財産法』（日本評論社、2012年）112頁
75) 錯誤者に重大な過失があったときは錯誤無効は成立しないし、無過失であれば損害賠償義務を負うことがないことは当然である。

害賠償義務が全くないとすることも是認し難い。そこで、その錯誤無効が不法行為の要件を備えている場合や、軽過失による錯誤がいわゆる「契約締結上の過失★」と認められる場合には、錯誤者の損害賠償義務（709条・415条）が生じると考えられる。

> **契約締結上の過失**：**契約締結上の過失責任**とは、契約準備交渉段階に入った当事者関係は、何らの特別な関係がない者の間の関係より緊密であることから、そのような関係にある当事者が相手方に損害を被らせた場合に負う損害賠償責任である。ドイツ民法はこれを明文で認めるが、わが民法には明文規定がない。契約責任は、本来、契約関係にある者が相手方に対して負うものであるから、契約締結上の過失は契約前のことなので、直接には契約責任を問うことができない。そこで、この責任を信義則上の義務として処理している。

もっとも、錯誤無効については、表意者が錯誤に陥っていることにつき相手方が悪意・有過失であれば、錯誤者は、重大な過失があってもこれを主張することができると解するのが通説の立場である（⇒308頁）。悪意・有過失の者を保護する必要はないとの原則を貫徹すれば、相手方が悪意・有過失の場合は、錯誤無効により相手方が損害を受けたとしても、これを保護する必要はない。しかし、表意者自身にも重大な過失もしくは軽過失があるのであれば、これを保護する必要もないから、過失相殺の問題となろう。すると、この場合は、錯誤の存在につき悪意・有過失の相手方に対しては、損害賠償義務は生じないとするドイツ民法より相手方の保護が手厚くなる。

表意者が軽過失により錯誤に陥っていることにつき相手方が善意・無過失であった場合、「相手方悪意・過失必要説」は錯誤無効を認めないから、損害賠償義務も生じないが、通説の立場であれば、上記の不法行為責任もしくは契約締結上の過失責任による損害賠償義務を錯誤無効の主張者が負うことになる。錯誤者がその損害賠償義務を履行しない限り、相手方に対して錯誤無効を主張し得ないと解せば、「相手方悪意・過失必要説」の主張する「善意・無過失者の保護」を達成することができよう。

（5）他の制度との関係

（ⅰ）瑕疵担保責任との関係

民法は、売買の目的物に隠れた瑕疵があったとき、買主は、契約をした目

的を達することができない場合は、契約の解除をすることができ、契約の解除をすることができない場合は、損害賠償の請求のみをすることができると定めている（570条→566条1項）。これを売主の**瑕疵担保責任**という。**隠れた瑕疵**とは、通常人が発見できないような欠陥、つまり通常その物が持つ性状を欠くことである。たとえば、新築マンションを購入したところ、後になって、建築士が耐震強度構造計算書を偽装していたため、震度5強程度の地震で倒壊のおそれがあるマンションであることが判明したような場合である。このような場合は、瑕疵がないと無過失で誤信して買い受けたのだから、取引の客体の性状に関する錯誤の成立も可能であろう。そこで、瑕疵担保責任と錯誤との関係をどのように理解すべきかが問題となる。というのも、効果につき①前者が損害賠償と解除であるのに対し、後者は無効、要件につき②前者の主張期間は1年である（570条→566条3項）のに対して、後者のそれは永久的である等、両者には著しい差異があるからである。学説・判例は分かれる。

ⓐ **競合説**

95条と570条とは競合する関係にあり、要件が異なる以上、買主は、そのいずれでも選択して主張することができるとする[76]。

ⓑ **錯誤優先説**

瑕疵のために契約目的を達することができない場合に、錯誤の要件を充たすときは、95条が優先的に適用されるが、それ以外のときは570条が適用されるとする。契約の要素に錯誤があって無効であるときは、民法570条の瑕疵担保の規定の適用は排除されるとした判例がある（前掲最判昭33・6・14「苺ジャム事件」）。[大判大10・12・15民録27・2160]も錯誤無効を認めるが、判例は総じて明確ではない。

ⓒ **瑕疵担保責任優先説**

通説は、570条の規定が優先して適用されるとする[77]。1年を過ぎても永久的に錯誤無効を主張できるとすると、目的物の瑕疵をめぐる紛争を早期に確定するという期間制限の趣旨が無に帰すると考えられるからである。

---

[76] 石田（穣）151頁、北川善太郎『民法総則 第2版』（有斐閣、2001年）166頁、野村豊弘「錯誤と瑕疵担保責任について」学習院大法学部研究年報11・33以下
[77] 我妻栄『債権各論中巻一 民法講義V2』（岩波書店、1957年）302頁以下

（ⅱ）事情変更の原則との関係

契約は、締結時の社会的事情を基礎とし、それを前提として締結されるものであるから、その社会的事情に変化があれば契約の内容はそれに応じて変更されねばならない。これを**事情変更の原則**という。たとえば、バブル経済絶頂期に高額な賃料で建物を借り上げたサブリース業者が、その後のバブル経済の崩壊により急激に賃料相場が下落したため、建物所有者を相手取り、その保証した賃料の値下げ請求を行うようなことである（最判平15・10・21民集57・9・1213）。

これも、錯誤で考えることが可能であろう。上掲例では、契約締結時に契約当事者が前提とした事情（＝バブル経済は崩壊しないという予測）について契約当事者に錯誤があったことになるからである。ただ、今日では、事情変更の原則は、錯誤とは切り離された独立の存在として認識されている。事情変更の原則を適用すれば、その効果は、あくまでも将来に向かって、契約を解除・改訂することになる。しかし、錯誤を適用すると、理論的には遡及的に無効[78]となってしまい、適当な解決とはならないからである。

（ⅲ）和解との関係

当事者が互いに譲歩をしてその間に存する争いをやめることを約する契約を**和解**という（695条）。譲歩をするのだから、和解契約締結後に損害が生じたとしても、それを請求することはできない。ただ、和解も契約であるから、その締結に際して錯誤があれば、無効となり得るのは当然である[79]。判例も、争いの前提であって争われていなかった事項について錯誤があったときは、錯誤無効の主張が許されるとしている（大判大6・9・18民録23・1342、前掲最判昭33・6・14「苺ジャム事件」）。さりながら、和解契約における錯誤をすべて認めると、紛争が蒸し返され、紛争を終局的に解決するために和解をした意味がなくなる。そのため、民法は、争いの対象となった権利が、和解で存在すると認められたのに、実際にはその権利がないことが後で判明した場合は、その権利は和解によりその者に移転したものとして扱われ、逆に、和解で権利が存在しないと認められたのに、実際にはその権利が存在することが後で判明した場合は、その権利は和解により消滅したものとして扱われると規定

---

78) 四宮＝能見229頁
79) 近江 I 226頁

している（696条）。

　両者の関係が特に問題となるのが、交通事故などの示談契約締結後に、示談当時予期し得なかった後遺障害が発症した場合である。これを錯誤とした下級審の判決例もあるが（東京地判昭40・1・27下民集16・1・111）、最高裁は、「示談によって被害者が放棄した損害賠償請求権は、示談当時予想していた損害についてのもののみと解すべきであって、その当時予想できなかった不測の再手術や後遺症がその後発生した場合、その損害についてまで、賠償請求権を放棄した趣旨と解するのは、当事者の合理的意思に合致するものとはいえない」と、別損害が発生したとみる（最判昭43・3・15民集22・3・587）。

■ 6　瑕疵ある意思表示　■

（1）意思形成過程での不当な干渉

　詐欺または強迫による意思表示を**瑕疵ある意思表示**という。意思の欠缺（表示主義の立場からすれば「意思と表示の不一致」）の場合は、表示に該当する内心の効果意思が存在しないが、詐欺・強迫の場合は、表示と内心の効果意思は一致している。しかし、効果意思の形成過程において瑕疵があった（詐欺・強迫という外的作用が加えられた）ため、意思決定が自由に行われなかったという点で、これも正常な意思表示とは認められない。ただ、表示に該当する意思の欠缺があったわけではないので、意思の欠缺の場合のように無効にするまではなく、取り消すことができる行為とすれば十分であるとされる。民法96条1項は、「詐欺又は強迫による意思表示は、取り消すことができる」と規定する。なお、消費者契約法は、詐欺・強迫にまでは至らなくても事業者の行為（言動）により消費者が誤認・困惑し、それによって意思表示をしたときは、これを取り消すことができると規定している。

（2）詐欺による意思表示

（ⅰ）要　件
　詐欺とは、他人を欺罔して錯誤に陥らせ、瑕疵ある意思表示をさせる違法

な行為をいう。詐欺によって意思表示をした者（被詐欺者）は保護されるべきであることは当然であるが、被詐欺者がその意思表示を取り消すためには、次の要件を必要とする。

① 欺罔行為があったこと

　欺罔行為とは、真実でないことを真実であると表示する行為である。虚偽を陳述することと、真実を隠蔽することとの両方を含む。相手方の不知を利用し、沈黙によって錯誤に陥れるような行為も、欺罔行為となり得る。ただ、欺罔行為が社会通念に反する違法性を備える場合にはじめて欺罔行為となる（通説・判例）。いわゆる「看板に偽りあり」も、すべてが詐欺になるわけではない。単なる誇張表現が、信用ある大商店の行為としては詐欺になっても、露店の商人の行為としては詐欺にならないことが多いのもこれ（社会通念）による[80]。

② 故意

　詐欺者に、相手方を欺罔して錯誤に陥れようとする故意、および、この錯誤によって意思表示をさせようとする故意が必要とされる。したがって、過失で虚偽を陳述してしまったために相手方が錯誤に陥った場合には、96条の適用はない。

③ 錯誤があること

　欺罔行為によって錯誤が生じていることである。すでに錯誤に陥っている者が、欺罔行為によってその程度を深められた場合も含む。

④ 錯誤によって意思表示をしたこと

　錯誤と意思表示との間に因果関係がなければ、詐欺による取消しは認められない。

（ⅱ）第三者の詐欺

　相手方のある意思表示について相手方以外の第三者が詐欺を行った場合には、相手方がその事実を知っていたときに限り、その意思表示を取り消すことができる（96条2項）。たとえば、主債務者（⇒85頁）の欺罔行為により錯誤に陥って保証契約を締結した場合、債権者がその詐欺の事実を知っているときにだけ、保証人は当該保証契約を取消すことができる。この場合、相手

---

[80] 我妻309頁

方には無過失が要求されるであろうか。表意者に落ち度のある心裡留保においてさえ過失のある相手方は保護されないのであるから、それより表意者の落ち度が少ない詐欺においては、過失のある相手方が保護されるべきではないから、無過失が必要であると考えるべきである[81]。

なお、代理人が相手方を欺罔して本人との契約を締結させた場合、これは第三者詐欺ではなく、本人による詐欺と同一視される（110条）。

(ⅲ) 効 果

詐欺による意思表示は、取り消すことができる（96条1項）。詐欺をすることを目的とする法律行為（90条により無効となる）とは区別する必要がある。たとえば、Qが結婚詐欺をすることによってRから金品を詐取してきたら、PがQに賞金を与えるというP・Q間の契約は公序良俗に反し無効であるが、RはQ・R間の取引（贈与行為）を96条により取り消すことができる（詐取された金品を法的には回収できる）。

詐欺による意思表示の取消しは、善意の第三者に対抗することができない（96条3項）。「第三者に対抗することができない」とは、詐欺者・被詐欺者の当事者間では取消しの効果を生ずるが、第三者に対しては、取消しの効果を主張し得ないということである。たとえば、QがPを欺罔して不動産を買い、善意のRに転売した後に、P・Q間の売買契約をPが詐欺を理由として取り消したとすると、Qははじめから無権利者となり、Rは無権利者Qから権利を譲り受けることはできない（無権利法理）。しかし、取引安全の保護を図るため、Rが善意であれば、Pは、取消しの効果を主張できないとした。

また、善意の第三者とは、詐欺による意思表示によって生じた法律関係に基づき、当該詐欺の事実を知らないで、新たに取引に入った者をいう。詐欺による行為によって反射的に利益を得た者は包含されない。たとえば、連帯債務者（⇒191頁）の1人が詐欺によって代物弁済をした場合の他の連帯債務者（大判昭7・8・9民集11・1879）は、善意であっても第三者には該当しない。

96条3項は、保護され得る第三者に、無過失までは要求していない。法文どおり無過失であることを要求しないとする学説と、94条2項の類推適

---

81) 我妻311頁、川井186頁

用と同じく、取引安全の保護を主眼とした外観信頼保護法理のひとつと考えられるから、第三者は善意であるだけでは足らず、無過失であることを要するとする学説に分かれる。94条2項の場合と同じく、保護される第三者に詐欺の有無について調査義務を課するのは妥当ではないという理由で無過失を不要とする説[82]が正当であるように思う。

　被詐欺者が不動産取引を取り消した場合に、善意の第三者が96条3項による保護を受けるためには、当該不動産にかかる登記を経ている必要があるか否かについても学説は対立する。第三者との関係では詐欺による意思表示も完全に有効なものとして扱うということであるから、登記は不要であると考えるのが多数説であった[83]。これに対しては、被詐欺者の犠牲において保護される第三者は、保護されるためになし得ることをすべてした上で保護されるべきであるとて、第三者は保護を受けるためには登記が必要とする登記必要説がある。判例は、96条3項の第三者の範囲につき「必ずしも、対抗要件を備えた者に限定しなければならない理由は、見出し難い」（最判昭49・9・26民集28・6・1213〈[判例6.6]〉）としていることから、登記不要説の立場であるとみる向きが多い。

詐欺における善意の第三者の登記の必要性

[判例6.6] 最判昭49・9・26（民百選Ⅰ[7版] 23)
　　訴外E社は、本件農地・非農地を建売住宅の敷地とする目的でXから買い受け、代金支払のために手形を振り出して、本件農地については農地法5条の許可★を条件とする所有権移転の仮登記を、本件非農地については所有権移転登記を備えた。ところがE社は設立当時から経営状態が劣悪で、上記売買契約の1週間後には事実上倒産し、本件農地・非農地は、その数日後に債権者Yのための売渡担保★に供され、本件農地については上記仮登記移転の付記登記（⇒222頁）が、本件非農地については所有権移転登記が経由された。そこで、Xは、上記売買契約は、代金支払の意思も資力もないEがあたかもそれらを有していると信じ込ませて締結したのだから、詐欺によるものであるとして、取消しの意思表示をした上で、Yに対して、本件農地の付記登記の抹消登

---

[82] 川井189頁。もっとも、詐欺の有無についての調査を義務とする必要はない（調査をしなかったことを「過失」と解する必要はない）と考えれば、無過失を要求してもよかろう。
[83] 内田84頁

記手続と本件非農地の所有権移転登記手続を請求した。

1審はXの請求を棄却したが、原審は、Xの請求を認容した。Yが上告。

破棄自判。民法96条1項・3項は、詐欺による意思表示をした者に対し、その意思表示の取消権を与えることによって詐欺被害者の救済を図るとともに、他方その取消の効果を「善意の第三者」との関係において制限することにより、当該意思表示の有効なことを信頼して新たに利害関係を有するに至った者の地位を保護しようとする趣旨の規定であるから、そのような第三者の範囲は、同条のかような立法趣旨に照らして合理的に画定されるべきであって、必ずしも、所有権その他の物権の転得者で、かつ、これにつき対抗要件を備えた者に限定しなければならない理由は、見出し難い。（中略）本件売渡担保契約により、Yは、Eが本件農地について取得した権利を譲り受け、仮登記移転の附記登記を経由したというのであり、これにつきXが承諾を与えた事実が確定されていない以上は、YがXに対し、直接、本件農地の買主としての権利主張をすることは許されないにしても、本件売渡担保契約は当事者間においては有効と解し得るのであって、これにより、Yは、もし本件売買契約について農地法5条の許可がありEが本件農地の所有権を取得した場合には、その所有権を正当に転得することのできる地位を得たものということができる。そうすると、Yは、以上の意味において、本件売買契約から発生した法律関係について新たに利害関係を有するに至った者というべきであって、民法96条3項の第三者にあたると解するのが相当である。

> 農地法5条の許可：農地を農地以外のものにするためにその所有権移転する場合には、都道府県知事の許可を受けなければならない。
> 売渡担保：目的物について売買契約を締結し、売主が利息相当額を加えた代金を返済することで目的物を取り戻すという一種の担保取引。

(3) 強迫による意思表示

(i) 要件

強迫[84]とは、違法に害意を告知して畏怖を生じさせる行為である。その畏怖によってなした意思表示については、表意者はこれを取り消すことができ

---

[84] ちなみに刑法上の罪名は「脅迫」であり、漢字が異なることに留意されたい。強迫も脅迫も、他人に恐怖心を生じさせるところでは異同がないが、民法上の強迫は、他人に恐怖心を生じさせて自由な意思決定を妨げることであるのに対し、刑法上の脅迫は、恐怖心を生じさせるに足る害意を加える旨を通告するだけで成立し、被脅迫者の意思決定への影響の存否は関係ない。

る（96条1項）。被強迫者がその意思表示を取り消すためには、次の要件を必要とする。
① 強迫者の故意
　相手方に畏怖を生じさせ、その畏怖によって意思表示をさせようとする、強迫者の故意が必要とされることは、詐欺の場合と同様である。強迫者の故意が否定された事例としては、実在しない不動産を担保に借金をしたとしてPがQを告訴すると脅したときに同伴していたRが、自分にも累が及ぶことを恐れて告訴をしないことの代償として手形を裏書したケースがある（大判昭11・11・21民集15・2072）。
② 畏怖により意思表示をさせること
　強迫行為と被強迫者の意思表示の間に因果関係が存することが必要である。その畏怖の程度に関しては、表意者が意思決定の自由を奪われることは必要ではなく、完全に意思の自由を奪われた場合の意思表示は当然無効であるから96条の適用はないというのが通説・判例（最判昭33・7・1民集12・11・1601）である。この場合は、意思の欠缺による無効と強迫による取消しとの二重効を生じる。
③ 強迫が違法であること
　害意を告知することによって相手方を畏怖させて意思表示をさせることが違法であることを要する。違法性の存否については、目的と手段の相関関係において判断される。実際上最も問題となるのは、不正な行為をした者を告訴・告発すると脅して、民事上の問題を有利に解決しようとした場合である。不正の利益を得る目的で、会社取締役の不正を告発すると脅して無価値の株式を買い取らせたケース（大判大6・9・20民録23・1360）、相手方が損害賠償の義務を負う場合であっても、これを準消費貸借の目的として借用証書を差し入れさせるために、警察に頼んで令状なしに種々の脅しをしてもらったケース（大判大14・11・9民集4・545）は、いずれも強迫の違法性が肯定された。前者については、目的が不正であるとして違法性が認められ、後者については、目的は正当であるものの手段が不当であるからとして違法性が認められた。

(ⅱ) **効 果**
詐欺の場合と同様、強迫による意思表示についても表意者はこれを取り消

すことができる（96条1項）。しかし、強迫の場合は、詐欺の場合と異なり、第三者保護規定が存在しない。すなわち、強迫の場合は、取消しの効果をもって善意の第三者にも対抗することができる。96条3項の反対解釈からそのように解することに判例・通説が一致している（大判明39・12・13刑録12・1360）。また、第三者が強迫した場合にも、相手方の主観（善意あるいは悪意）に関係なく、常に取り消すことができると解すべきである（通説）。この理は、被強迫者は被詐欺者より一層保護されるべきであるという考えに基づいている。

(4) 誤認・困惑

(i) 消費者契約法

前述したように、2000年に制定された消費者契約法は、消費者と事業者との間の情報の質および量ならびに交渉力の格差に鑑み、消費者の利益の擁護を図るために、民法の特別法として、詐欺・強迫にまでは至らない場合であっても、事業者の一定の行為により消費者が誤認し、または困惑した場合に、消費者をしてその意思表示を取り消すことを可能ならしめることとした。ただし、そのような誤認・困惑の場合でも、その意思表示に瑕疵があったときは、民法96条の適用を妨げるものではない（消費者契約法6条）。

(ii) 消費者の誤認による取消し

消費者は、事業者が消費者契約（消費者と事業者との間で締結される契約）の締結について勧誘をするに際し、重要事項について事実と異なることを告げ（＝不実告知）、または、将来における変動が不確実な事項につき断定的判断を提供したこと（断定的判断の提供）により誤認をし、それによって意思表示をしたときは、その意思表示を取り消すことができる（消費者契約法 4条1項）。また、消費者の不利益となる事実を故意に告げなかった場合も同様に、消費者は、その意思表示を取り消すことができる（同4条2項）。

(iii) 消費者の困惑による取消し

消費者が事業者に対して、勧誘を行っている場所から退去すべき旨の意思を示したにもかかわらず、それらの場所から退去しないことにより、または、

事業者が勧誘をしている場所から消費者が退去する旨の意思を示したにもかかわらず、その場所から消費者を退去させないことにより消費者が困惑し、それによって意思表示をしたときは、その意思表示を取り消すことができる（消費者契約法 4 条 3 項）。

（ⅳ）効 果

上述の取消権は、これをもって善意かつ無過失の第三者に対抗することができない（消費者契約法 4 条 5 項）。また、この取消権は、追認ができる時から 6 か月間行使しないときは、時効によって消滅する。当該消費者契約の締結の時から 5 年を経過したときも同様である（同 7 条 1 項）。

■ 7 意思表示の効力発生時期と受領能力 ■

（1）意思表示の効力発生時期

（ⅰ）序 説

意思表示は、法律行為の有効要件（⇒250頁）が備わった時に効力を生ずる。相手方のない意思表示であれば、その表示によって、法律行為が直ちに成立し、その効果が発生する[85]。しかし、相手方のある意思表示の場合、特に遠隔者に対して書状等を通じて意思表示をする場合は、①表意者が意思を表白し、②次いでそれを発信し、③相手方がそれを受領し（相手方にそれが到達し）、④相手方がそれを了知する、という過程を経るので、効力発生の時期に関しては、表白主義・発信主義・受信主義（到達主義・受領主義）および了知主義の 4 種があり得る[86]。そこで、民法は、相手方のある意思表示に関して、相手方の了知と効力発生の関係にかかる一般的な規定を設けている。

（ⅱ）到達主義

民法は、遠隔者[87]に対する意思表示につき一般の原則として受信主義（到

---

85) ただし、民法に特別の規定が存する場合は別異である。たとえば、938 条（相続の放棄）、985 条 2 項（停止条件付遺言）など。
86) 我妻 316 頁

達主義)を採った(97条)。到達とは、社会通念上、意思表示が相手方の勢力圏内に入り、相手方が了知し得る客観的状態になったと認められることである。したがって、意思表示の書状が郵便受函に投入されたときや同居の親族などに交付されたときには、了知し得る状態になったので、何らかの理由でたまたまそれを了知しなくても、到達となる。判例は、会社に対する催告書を、たまたま会社事務室に居合せた代表取締役の娘が受領した場合は、同人にその催告書を受領する権限がなかったとしても、催告書の到達があったものと解すべき(最判昭36・4・20民集15・4・774)とし、内容証明郵便が留置期間の経過により差出人に還付された場合は、社会通念上、遅くとも留置期間が満了した時点で受取人に到達したものと認められる(最判平10・6・11民集52・4・1034〈[判例6.7]〉)としている。また、内縁の妻が夫の不在を理由にその受領を拒絶した事案においては、正当な理由なく拒絶したとして、到達があったと判示した(大判昭11・2・14民集15・158)。

　発信者は、到達前であれば、任意にそれを撤回することができるが、撤回の意思表示は、遅くとも前の意思表示と同時に到達しなければならない。前の意思表示が先に到達していればその効果がすでに生じているので、発信者が単独でそれを撤回することはできなくなるからである。

　表意者が通知を発した後に死亡し、または行為能力を喪失しても、その意思表示の効力を妨げられない(97条2項)。意思表示はすでに成立しているので、発信後の死亡・能力喪失は、意思表示の効果に何ら影響を及ぼさないということである。ただし、契約の申込者が反対の意思を表示した場合、またはその相手方が申込者の死亡もしくは行為能力の喪失の事実を知っていた場合には、97条2項の規定は適用されない(525条)。「反対の意思を表示した場合」とは、自分(申込者)が死亡したときは契約を取り止めるという留保をつけたような場合を意味する。当然に、申込みが到達する以前の問題である。

---

87) 97条は「隔地者に対する意思表示」としているものの、対話者間の場合や電話による場合であっても時間的な差に過ぎず、別の主義を採るという意味ではない(我妻318頁)。

意思表示の到達

[判例6.7] 最判平 10・6・11（民百選Ⅰ［7版］25）

　死亡したAの相続人は、実子であるXら2名および養子であるYの3名であった。ところが、Aは、死亡する5年強前に公正証書により、本件不動産の所有権を含む全財産をYに遺贈していた。A死亡の20日後、Yのために本件不動産の所有権移転登記がなされた。他方、Xらは、A死亡の約3か月後に、Aの遺言執行者から上記公正証書の交付を受けて、減殺すべき遺贈があったことを知った。なお、その翌日から、民法1042条前段所定の遺留分減殺請求権★の消滅時効が進行する。

　それから約7か月後、Xらの代理人であるB弁護士は、Yに対し、「貴殿のご意向に沿って分割協議をすることにいたしました」と記載した普通郵便を送付した。これを受領したYは、弁護士に相談して遺留分減殺について説明を受けている。その約6週間後、Bは、Yに対し、遺留分減殺の意思表示を記載した内容証明郵便を発送したが、Y不在のために配達されなかった。Yは、不在配達通知書によってその旨を知ったが、多忙であるとして受領に赴かず、本件内容証明郵便は留置期間の経過によりBに返送された。その後、Yは、Bに対し、多忙のため本件内容証明郵便を受け取ることができない旨および遺産分割をするつもりはない旨を記載した書面を郵送している。

　翌年、Bは、Yに対し、Xらの遺留分を認めるか否かを照会する普通郵便を送付し、Yはそれを受領したが、すでにこの時点で1年の消滅時効期間が経過していた。

　以上の事実関係において、Xらは、Yに対し、遺留分減殺を原因とする本件不動産についての持分の所有権移転登記を求めた。1審は、Xらの請求を棄却。原審も内容証明郵便は返送されている以上、遺留分減殺の意思表示がYの了知可能の状態ないし勢力範囲に置かれたものとはいえないとして、Xらの控訴を棄却した。Xらが上告。

　破棄差戻し。事実関係によれば、Yは、不在配達通知書の記載により、Bから本件内容証明郵便が送付されたことを知り、その内容が本件遺産分割に関するものではないかと推測していたというのであり、さらに、この間弁護士を訪れて遺留分減殺について説明を受けていた等の事情が存することを考慮すると、Yとしては、本件内容証明郵便の内容が遺留分減殺の意思表示または少なくともこれを含む遺産分割協議の申入れであることを十分に推知することができたというべきである。また、Yは、本件当時、長期間の不在、その他郵便物を受領し得ない客観的状況にあったものではなく、その主張するように仕事で多

忙であったとしても、受領の意思があれば、郵便物の受取方法を指定することによって、さしたる労力、困難を伴うことなく本件内容証明郵便を受領することができたものということができる。そうすると、本件内容証明郵便の内容である遺留分減殺の意思表示は、社会通念上、Yの了知可能な状態に置かれ、遅くとも留置期間が満了した時点でYに到達したものと認めるのが相当である。

> **遺留分減殺請求権**：一定の相続人のために法律上必ず留保しなければならない遺産の一定割合を「遺留分」という（民法1028条以下）。遺留分が侵害された場合、遺留分権利者（遺留分の保障を受ける者）は、すでに給付された財産の返還を請求（遺留分減殺請求）することができる（1031条）。たとえば、子および配偶者については、その法定相続分（割合）は全遺産のそれぞれ2分の1ずつであるが、遺言でその法定相続分を無視して、配偶者の相続分をゼロとすることは違法ではない。しかし、その場合でも、配偶者は、法定相続分の半分（＝4分の1）までは、他の相続人・受遺者に返還を請求することができるのである。ただ、この権利は、遺留分侵害の事実を知った時から1年以内に行使しなければ時効により消滅する（1042条）。

(ⅲ) 発信主義

　民法は、上述のとおり原則として到達主義を採るが、特別の場合に**発信主義**を採った。すなわち、契約成立に向けての「承諾」の意思表示については、発信主義が採られている（526条1項）。もっとも、「申込み」は、97条1項による到達主義である[88]。また、単独行為ではあるが、制限行為能力者の相手方の催告への確答（20条）、株主総会の招集通知（会社法299条1項）も発信主義が採られている。

　なお、契約当事者間であらかじめ承諾の通知を必要としないとした場合には、契約は、申込みの到達によりその効力が生ずる（526条2項）。そのようなあらかじめの合意がない場合、たとえば、注文していない商品を勝手に送り付け、その人が断らなければ買ったものとみなすというようなもの（ネガティブオプション[89]）は効力がない。

(ⅳ) 公示の方法による意思表示

　相手方が死亡して相続人が誰であるかわからないとか、相手方が行方不明である場合には、意思表示を到達させることが困難もしくは不可能である。

---

[88] 契約における「申込み」と「承諾」については、236頁を参照。

そこで、民法は、表意者が相手方を知ることができず、またはその所在を知ることができないときは、公示の方法によって意思表示をすることができるとした（98条1項）。

公示の方法とは、民事訴訟法の公示送達に関する規定（110条‐113条）に従い、裁判所の掲示場に掲示し、かつ、その旨を官報に少なくとも1回掲載することである。ただし、裁判所は、相当と認めるときは、官報への掲載に代えて、市役所、区役所、町村役場又はこれらに準ずる施設の掲示場に掲示すべきことを命ずることができる（民法98条2項）。

公示の方法による意思表示は、最後に官報に掲載した日またはその掲載に代わる掲示を始めた日から2週間を経過した時に、相手方に到達したものとみなされる（98条3項本文）。ただし、表意者が相手方を知らないこと、またはその所在を知らないことについて過失があったときは、到達の効力を生じない（同項ただし書）。

公示の方法による意思表示を行う際には、表意者は、公示に関する費用を予納せねばならない（同条5項）。

（2）意思表示の受領能力

上述のとおり、意思表示は原則として到達主義が採られているが、それは、受領者が意思表示を了知し得る（内容を理解し得る）能力を有していることが前提となっている。意思表示を了知し得る能力を、「（意思表示の）受領能力」という。意思表示の相手方にその能力がない場合には、意思表示は到達したことにはならない。民法は、未成年者と成年被後見人の受領能力を否定している（98条の2）。その反射として、被保佐人・被補助人のそれは肯定される。受領能力は、他人の意思表示の内容を理解し得る能力であるから、自ら意思を決定して発表する能力たる行為能力よりも、程度が緩和されているのであ

89）ネガティブオプションの商品の送付を受けた者は、商品の送付があった日から数えて14日間経過すればそれを自由に処分（使用・消費・廃棄）することができる。特定商取引に関する法律59条が、この期間経過後は、販売業者は「送付した商品の返還を請求することができない」と定めているからである。ということは、一方的に送りつけられた側には迷惑な話だが、14日間は保管しておく必要がある。ネガティブオプションの事例としては、叙勲者に皇室の写真集や叙勲者名簿を送り付けて、しつこく代金を請求するというケースがある（警視庁）。

る。

　なお、98条の2本文は、「その意思表示をもってその相手方に対抗することができない」という規定振りであるから、受領能力を欠く者から意思表示の到達を主張することは妨げられない。また、受領能力を欠く者の法定代理人がその意思表示を知った後は、この限りでない（同条ただし書）。未成年者が例外として行為能力を認められる場合（⇒81頁）には、受領能力を有するものと解するべきである[90]。

90）我妻322頁

第7章

代 理

■ 1 総説 ■

(1) 代理の社会的機能・意義

　代理とは、広辞苑によると、「①本人に代わって事を処理すること。また、その人。名代(みょうだい)。代弁」と説明され、その用例として「社長の——で挨拶する」が挙げられている。しかし、民法における「代理」とは、「他人（代理人）の独立の行為（意思表示）によって、本人が、直接にその法律効果を取得するという制度」のことである（99条）。社長の「代理」で葬儀に参列した専務は、葬儀において何ら意思表示（法律行為）をするものではないので、この場合の「代理」は、「民法上の代理」（次頁「ちょっと休廷」No.10参照）とはまったく異なるものである。広辞苑も、上記に加え、「②〔法〕ある人（代理人）が、その権限（代理権）の範囲内で、本人に代わって意思表示をし（能動代理）、または第三者からの意思表示を受ける（受動代理）こと。その効果は直接本人について生ずる」との説明も載せており、これは、民法上の「代理」と符合する。

　私的自治の原則の下においては、法律行為は、その法律効果を受ける本人自らこれをなすのが本則である。ⓐ自己の知識・経験を超える行為をする場合、または同時に多数の取引をする必要がある場合や、ⓑ本人に十分な意思能力がない場合などには、本人自ら法律行為をすることができない。そのような場合には、他人が本人に代わって法律行為をし、その法律効果が直接本人に及ぶような制度が必要となる。これが、「代理制度」であり、私的自治

329

民法上の"代理" ✕ 法律上の"代理"

　「社長の代理として葬儀に参列する」というような語法を含めた、生活用語としての「代理」が「民法上の代理」と異なるからとて、法律上の「代理」の語がすべて「民法上の代理」と同義であるということではない。たとえば、銀行法10条2項8号は、銀行が営むことができる業務として、「(他の)銀行の業務の代理または媒介」を挙げているが、ここにいわゆる「業務の代理」には、単に計算事務を代行するようなことも含まれている。「計算事務の代行」は何ら法律行為を伴うものではないから、ここにいわゆる「代理」の意味は、「民法上の代理」のそれとは範囲を異にしていることになる。

の拡張（ⓐの場合）や私的自治補充（ⓑの場合）といった機能を果たしている。

　民法上の代理を設例で説明すると、本人Pからその所有地の売却の権限を与えられた代理人Qが、買手（相手方）Rと売買契約を締結した場合は、P・R間に売買の効力が生じ、PはRに対して代金債権を取得し、当該土地の引渡しおよび移転登記の債務を負うという制度であるといえる。このように、代理においては、本人・代理人間（代理権授与）、代理人・相手方間（代理行為）、相手方・本人間（法律効果）の3方面に関係を生ずる。

(2) 代理の種類

(i) 任意代理と法定代理

　代理人に対して本人が代理権を授与したものか否かによる分類である。
　任意代理は、本人から代理権が授与されるものである。その代理権とその範囲は、本人の意思によって定まり、私的自治を拡張する機能を果たす。民法は、これを**委任代理**（委任による代理）と称している（104条・111条2項）。確かに、代理権は、委任状の交付によって授与されることが多い。しかし、代理は、常に委任契約（643条以下）によって発生するというわけではなく、

それ以外に、雇用・請負等の契約によっても生ずるものであるから、この名称は適当ではない[1]。

他方で、**法定代理**は、本人の意思に関係なく法律の規定によって代理権とその範囲が定められているものである。これは、制限行為能力者の私的自治を補充する機能を果たす。

法定代理人は、次の3つの場合に成立する。すなわち、①一定の身分関係によって当然に定まる場合（未成年の子に対する親権者＝818条ほか）、②特定の私人の協議・指定により定まる場合（父母が協議離婚をする際に定める親権者＝819条1項ほか、指定後見人＝839条）、③裁判所の選任により定まる場合（不在者の財産管理人＝25条・26条、裁判所の決定した親権者＝819条2項ほか、未成年後見人＝840条、相続財産管理人＝952条）である。

（ⅱ）能動代理と受動代理

代理人自ら意思表示をするのか、相手方の意思表示を受けるのかによる分類である。

代理人が本人に代わって相手方に対して意思表示をする（99条1項）のが**能動代理**（積極代理）であり、本人に代わって相手方から意思表示を受領する（同条2項）のが**受動代理**（消極代理・受領代理）である。もっとも、代理行為が双方行為たる契約である場合は格別、一般的には、法律行為を行う場合には相手方からの意思表示を受領しなければならないから、委任代理にせよ法定代理にせよ、代理権には通常、能動代理権と受動代理権の両方が含まれている[2]。

なお、受動代理については、本人に代わって受領するという意味では代理であるが、これは法律行為を積極的に行うのとは異なるので、意思表示の代理たる能動代理とは性質を異にするという見解[3]がある。これを代理ではないとする説[4]、意思表示の到達の問題とみる説[5]もある。

---

1) 我妻 330 頁
2) 近江 I 238 頁
3) 近江 I 238 頁
4) 石田（穣）379 頁
5) 川島 311 頁

(ⅲ) 有権代理と無権代理

代理人が、正当な代理権を有するか否かによる分類である、正当な代理権に基づく代理を**有権代理**といい、代理権なしにまたは代理権の範囲を超えて代理行為をすることを**無権代理**という。

(3) 代理の法的性質

代理権とは、本人の名において一定の法律行為をし、その法律効果を直接本人に帰属させることのできる法律上の地位または資格であって、物権とか債権のような通常の意味での権利ではない。法文が示すように、まさに権限（＝地位・資格）（99条・103条・107条・110条）なのである。

99条1項は、代理人が、本人のためにすることを示した（顕名）上で行った意思表示は、本人に対して直接にその効力を生ずる（本人効・他人効）、としている。一方で、100条本文は、代理人が本人のためにすることを示さないでした意思表示は、自己（＝代理人）のためにしたものとみなす、としている。そこで、この顕名が本人効（他人効）の本質的要素と捉える説[6]がある。しかし、夫婦間の日常の家事債務[7]（761条）、商法504条（商行為の代理）においては顕名は要求されないから、代理権の授与こそが代理（本人効）の根拠・本体であって、顕名主義は、法政策的問題と捉える見解[8]が有力である。

また、代理行為の行為主体が誰であるかについても、以下のような学説の対立がある。

ⓐ **代理人行為説**（代表説）

代理行為は純粋に代理人の行為であり、代理行為の瑕疵（意思の欠缺や瑕疵ある意思表示など）の効果はすべて代理人だけについて決する（101条）が、その効果は本人に帰属するという点（動的な行為と、静的な法律効果とが分離するという点）に、代理の特質が存すると説く。通説[9]である。

---

6) 柚木馨『判例民法総論 下巻』（有斐閣、1954年）181頁ほか
7) 日常家事債務とは、衣食住、光熱、家電製品・家具などの日用品、生活に必要な自動車、医療、娯楽・交際、教育など、夫婦と未成熟子が日常の家庭生活を営む上で通常必要とされる一切の事項にかかる債務のことである。761条によれば、家庭における電気需給契約が夫名義だからとて、妻は電気の集金人に対して支払いを拒むことはできない。
8) 近江Ⅰ 240頁
9) 我妻 329頁

ⓑ　本人行為説

　代理人は本人の意思の担い手に過ぎないから、行為主体は本人であるとする説[10]である。

　ⓒ　共同行為説

　本人の代理権授与行為と代理人の代理行為との共同によって代理が成立し、代理人のした行為が本人に帰属するという説[11]である。

　本人行為説と共同行為説は、本人の行為または意思によらずに本人に法律効果を生ずべきではないという理論的前提に立っているが、法定代理をあわせ考えると、両説はあてはまらず、代理人行為説が妥当とされよう。

（4）代理の要件

（ⅰ）代理人による法律行為

　代理人は、行為能力者であることを要しない（102条）。制限行為能力者を代理人としても、制限行為能力者がなした代理行為の効果は本人に帰属する。行為能力の制限制度は、制限行為能力者を保護するための財産管理制度であるが、代理人は代理行為によって何らの不利益を被ることはないし、その結果が本人にとって不利益であっても、制限行為能力者であることを承知した上で代理権を授与したのであるから、本人を保護する必要もないからである。もっとも、代理人が意思能力も有しないときは、そもそも法律行為としての効力を認めることはできない[12]と解されている。

　102条は、任意代理だけではなく法定代理にも適用されると解されている[13]。法定代理人については、行為能力者であることを要するという特別の規定が設けられていることもある（847条など）が、その制限のない場合には、制限行為能力者も法定代理人の地位を得ることを妨げないという。これが通説であるが、法律の規定が、制限行為能力者に代理権を授与することを許容していると考えることには抵抗を感じざるを得ない。

　102条は、制限能力を理由としてその代理行為を取り消すことはできない

10）石田（喜）184-186頁〔髙森八四郎〕
11）髙橋5頁以下・112頁以下
12）我妻350頁
13）我妻350-351頁

> **ちょっと休廷 No.11**
>
> **民法102条と信託法7条**
>
> 　民法が102条で代理人につき行為能力者であることを要しないとする一方で、信託法7条は、「未成年者又は成年被後見人若しくは被保佐人を受託者としてすることができない」と規定する。信託の受託者とは、委託者から信託された財産（＝信託財産）の主体となって受益者のために当該財産の管理処分を行う者である。民法上の代理においては、代理権授与の後も、代理の範囲内の法律行為について本人は依然として自らこれを行うことができる（代理人に任せなければならないというわけではない）。しかし、信託財産の管理・処分権については、受託者に排他的に属するので、（財産の管理・処分を依頼した）委託者はもはやその管理・処分権を有しない。民法上の代理においては、制限行為能力者を代理人にしても、代理行為にかかる法律行為を行うことのできる行為能力者（＝本人）がなお存する。翻って、信託において制限行為能力者を受託者とすれば、信託財産の管理・処分を行うことのできる行為能力者が存しなくなるという点で、両者に大きな差異がある。

という趣旨であるが、本人と制限行為能力者たる代理人との間の代理権授与行為は取り消し得るとされる。代理権授与行為が制限能力を理由に取り消された場合の代理権につきこれは遡及的に消滅すると考えると、すでになされた代理行為も遡及的に効果を失うことになる[14]。しかし、それでは、すでになされた代理行為の相手方に不利益であるばかりでなく、102条の趣旨を没却することになる。したがって、代理権授与行為の取消しは、代理関係を将来に向かって終了させるだけで、すでになされた代理行為は何らの影響も受けないと解すべきである[15]。

---

14) 民法121条が「取り消された行為は、初めから無効であったものとみなす」と規定している。
15) 我妻352頁

(ⅱ) 顕名主義

(ア) 意 義

　代理行為として成立するためには、代理人は「本人のためにすることを示して」意思表示をすることを要する（99条1項）。「本人のためにする」とは、その行為の法律的効果を本人に帰属させようとすることであって、これを**顕名主義**という。

　顕名は、黙示的でもよい。個々の具体的事情から、本人のためにすることが示されていると認められればそれでよい。一例として、手形振出しに際し、肩書に会社の出張所主任の文字を記載するのは会社のためにすることを示したことになる（大判明40・3・27民録13・359）。また、代理人が自己の名を示さず本人の名だけを示し、あたかも本人自身の行為のような外観をもって意思表示をする署名代理も、代理意思の適法な表示方法とされる（最判昭44・12・19民集23・12・2539）。

(イ) 顕名しない場合

ⓐ 原 則

　代理人Qが本人Pのためにすることを示さないでした意思表示は、自己（Q自身）のためにしたものとみなされる（100条本文）。顕名なくして代理人Qがした法律行為は、代理行為としては無効である。その意味は、その行為の法律効果が本人Pには帰属しないということであって、その法律行為の成立が完全に否定されるものではない。すなわち、Q・相手方間の法律行為として成立し、その法律効果はPではなくQに帰属することになる。100条本文が適用される場面では、代理人の真意（本人のためにする）と表示が一致しないから、錯誤の成立する可能性があるが、取引の安全のために錯誤の主張を禁じて代理人自身のために意思表示をしたものとみなすことにしたのである。

　Pの代理人であるQが顕名なくしてRに意思表示をした場合、相手方Rは、100条本文により、代理人Qに対して法律関係を主張できるわけである。ということは、Qが顕名をしなかった以上、Rは、もはやPに対して代理関係を主張することはできないのであろうか。この場合においても、顕名をしなかったとはいえ、Qが代理権を有していることには変わりがない。顕名することが代理効果を発生させるわけではない[16]のだから、代理効果はすでに発生しているのである。そこで、100条本文は、「代理人Qが本人Pのた

めにすることを示さないでした意思表示」の効果が本人Pに帰属することを、(善意・無過失の) 相手方Rに対して主張できないというに過ぎず、相手方は本人に帰属することを主張することもできると解せられる。つまり、相手方Rは、その効果の帰属先につき、PにするかQにするかの選択権を有しているということである。PもQもこの選択権を有しないことは当然である (そうでなければ、100条本文は無意味の規定となる)。

なお、100条の規定は、受動代理には適用がない。顕名主義は、受動代理の場合でも適用されるが、顕名することを要求されるのは相手方である。すなわち、相手方が本人のためにすることを示すことにより、その法律効果が本人に帰属することになる (99条2項)。したがって、相手方Rが本人Pに効果を及ぼす意思で、しかもそのことを示さずに、代理人Qに対して意思表示した場合には、意思表示の通則に従って (意思表示の解釈と到達の問題として) 解決すべきであり、一般には効力は生じない[17]とされる。もっとも、このような場合、表意者Rは、意思表示の相手方が、その効果を帰属させたい本人Pではなく、代理人 (Q) であることを知っていることになる。Q自身は、自己がPの代理人であることを知らないなどということは、通常考えられないので、このような場合は、Rがことさら「本人Pのためにする」ことを明示しなくても、黙示の顕名があったと解されることとなろう。

ⓑ **例外**

例外的に、顕名なくして代理人がした行為の法律効果が、本人に帰属することがある。

まず、相手方Rが、代理人Qのした意思表示が本人Pのためになされたことを知っていたか、または知ることができた場合である (100条ただし書)。この場合は、顕名があった場合と同様に扱われ、本人Pに対して直接にその効力を生ずる。たとえば、供託者[18]が債務者の代理人としてする意思で本人のためにすることを示さないで弁済供託した場合に、債権者 (被供託者)

---

16) 近江 I 261頁
17) 我妻 348頁
18) 供託とは、金銭、有価証券などを国家機関である供託所に提出して、その管理を委ね、最終的には供託所がその財産をある人 (被供託者) に取得させることによって、一定の法律上の目的を達成しようとするために設けられている制度。供託は、その機能により、①弁済のためにする供託 (弁済供託)、②担保のためにする供託 (担保保証供託)、③強制執行のためにする供託 (執行供託)、④保管のための供託 (保管供託)、⑤没取の目的物の供託 (没取供託) の5つに大別される。

がその供託が本人のためにされたことを知り、または知ることができたときはその供託は本人から債権者に対してされたものとして効力を有する（最判昭50・11・20集民116・489）。

ところで、相手方Rにとって、代理人Qとした法律行為にかかる効果の帰属先が誰であるかは取引上一般に重要でないと考えられる場合には、顕名主義の例外として、なお本人Pについて効果を生じるとされる（通説）[19]。信義則からして当然[20]とされる。もっとも、R・Q間の法律行為が売買であってRが売主であった場合に、顕名なくしても対象物の所有権が直ちに（Qを経由することなく）Pに移転すると解するとすれば疑問である。後述の間接代理との区別が不明になるからである。

また、商法504条は、商行為[21]の代理人が代理行為をする際に、本人のためにすることを示さなかったとしても、その行為は、本人に対してその効力を生ずると規定する。つまり、商行為については、顕名主義の原則を採らないということである。制度上当然の代理関係という社会的承認を基礎とするものであるから、敢えて顕名主義は要求されないと説かれる[22]。すなわち、営業主Pが商業使用人Qを介して大量的・継続的取引をするのを通常とする商取引において、いちいち本人Pの名を示すことは煩雑であり、取引の迅速を害するおそれがある一方、相手方Rにおいても、その取引が営業主のためにされたものであることを知っている場合が多い等の理由により、簡易・迅速を期する便宜のために、特に商行為の代理について認められた例外であるということである。もっとも、これを徹底させると、善意・無過失の相手方に不測の損害を及ぼすおそれがないとはいえない。そこで、同条ただし書は、「相手方（R）が、代理人（Q）が本人（P）のためにすることを知らなかったときは、代理人（Q）に対して履行の請求をすることを妨げない」と規定し、善意のRは、Pに対して代理関係を主張しても、Qに対して履行を請求してもよく、それはRの選択によることになる。したがって、RがPとの法律関係を否定してQとの法律関係を選択したときは、PはもはやRに対し自己との法律関係を主張することはできなくなる（最判昭43・

---

19) 我妻347頁
20) 近江 I 261頁
21) 「商行為」の定義は、商法501条-503条に規定されているが、ここでは端的に「商人がその営業のためにする行為」と理解しておかれたい。
22) 近江 I 261頁

4・24民集22・4・1043）。判例は、善意であっても有過失の相手方は同条ただし書の相手方に包含されないとする（上掲最判昭43・4・24）。

　㋒ **本人の名のみで行為した場合**
　代理人Qが、本人Pの代理人としてではなく、P自身であると偽装して相手方Rに対して意思表示をした場合の代理行為はいかに扱われるべきであろうか。この場合は、本人Pの代理人である旨を示さなかったという点では、顕名をしなかった場合と同じである。しかし、相手方Rの認識が、誰を行為主体として取引を行っているのかにつき差異がある。すなわち、100条ただし書が想定する状況下では、Rは、Qが取引相手であると誤認しているのに対し、ここで問題としている場面でのRは、Pが取引相手であることだけは正しく認識しているのである（むろん、QがPとして法律行為をしようとしていることを知っていることもあり得る）。日本では契約の締結等において署名より捺印を重視するので、代理人が代理行為をするにあたって、代理人である旨を明示せず、相手方の面前で本人の印鑑を押すことにより、結果的に本人に成り済ます（あたかも本人自身が当該行為をなすかのような外観を作出する）ことが慣行として、特に手形行為において、行われることが多い（他の国ではあまり例をみない）。判例は、代理権の範囲内であれば、これも有効な代理の形式とするが、いわゆる「成り済まし」の権限も与えられていることが必要であると判示する（大判大9・4・27民録26・606[23]）。

　日常取引で妻の氏名と同じ呼称を用いている者が妻の氏名を表示して法律行為を行った場合は、その表示は、その夫自身の表示であって、代理意思の表示ではないとされる（大判大10・7・13民録27・1318）。

　しかし、代理人Qが代理意思を有しているならば、有効な代理行為と認めて差し支えない。というのも、Qがその行為をPのためにするという代理権を有していることに変わりはないのだから、代理行為としてもPにとっても酷とはならないからとされる[24]。

　ところで、代理人が、代理行為である旨を示さず直接本人の名で、権限外の行為をした場合はどのように扱われるべきであろうか。相手方Rが、行為者が本人Pであると誤認していた場合は、QがP名義で行為をする

---

[23]　支配人に印章（はんこ）を預けて自由裁量の下に本人の氏名で手形振出権限を与えた事例。
[24]　近江Ⅰ262頁

権限を有していたかどうかは関係なく、民法110条[25]の適用問題となる。すなわち、RがQにその権限があると信ずべき正当な理由がある場合に限り、本人Pが責任を負わなければならないとされる（前掲最判昭44・12・19⇒335頁）。なお、これは、あくまでも110条の類推適用である。というのも、そもそも110条は、Rが行為者Qは代理人であることを認識していることを前提にした規定である。しかし、ここで問題としている場面は、相手方Rが、行為者QがPであると誤認している、その点において、110条の想定する場面とは状況を異にしているのである。よって、110条が直截には適用できず、類推適用となるのである。

(5) 代理の効果

　代理人の意思表示は、本人に対して直接にその効力を生ずる（99条）。これは、本人自身がその意思表示をしたのと同様に、意思表示から生ずるすべての効果が本人に帰属するという意味である。たとえば、代理人によって家屋を購入した場合は、当該家屋の所有権・引渡請求権・登記請求権・代金支払債務などだけでなく、家屋に瑕疵があったときに相手方（売主）に担保責任（瑕疵担保責任につき、313頁参照）を追及する権利や代理人が詐欺をされたときの取消権などもすべて本人について生ずる。また、「直接に」本人に帰属するのであって、いったん代理人に帰属した上でそれから本人に移転するという関係ではない。
　なお、代理の本人効が意思表示制度の効果であるのに対し、不法行為の責任は、いかなる意味でも、意思表示制度の効果ではない。したがって、代理人が代理行為をするにあたって不法行為をした場合でも、その損害賠償責任（709条）は代理人自身にあり、本人には及ばない。ただ、本人・代理人間に使用関係（指揮・命令関係）がある場合には、本人は使用者責任（715条）を負うことがある。

---

[25] 110条「代理人がその権限外の行為をした場合において、第三者が代理人の権限があると信ずべき正当な理由があるとき」は、本人は、その代理人がその「第三者との間でした行為について、その責任を負う」。

(6) 代理の認められる範囲

　代理は、私的自治の拡張または補充のために、法律効果を転帰させるという意思の効力として、法律行為をする者と法律効果を受ける者とを分離する制度である。したがって、その認められる範囲は、意思表示をすること（能動代理）と意思表示を受けること（受動代理）に限られる。当然に、不法行為および事実行為には、代理はない。もっとも、準法律行為のうち、債務承認・債権譲渡のような観念の通知と意思の通知については、代理制度を拡張して、その代理を認めてよい[26]。

　代理が許されるか否かについては、代理に親しむか否かにより判断されるべきである。本人の意思表示を絶対的に必要とするもの——婚姻・縁組・認知・遺言など、身分上の行為に多い——については、代理は許されない。

(7) 代理と類似の制度

　代理は、他人（本人）の名において法律行為をなし、その他人に直接に権利・義務を取得させることを特色とするが、それと類似する制度がある。代理とそれらとを比較することによって、代理の特徴も明らかとなろう。

　(ｱ) 間接代理

　他人の締結する法律行為によって経済的効果を収め得る代表的方法として、「直接代理」および「間接代理」の2形態が存在するといわれる[27]。直接代理は、本章で扱っている代理のことである。間接代理との混同を避ける必要がある場合に直接代理と呼ぶが、通常は代理と称される。間接代理とは、問屋（商法551条）のように、他人の計算により他人のために自己の名で法律行為をなすものをいう[28]。行為者（間接代理人）と相手方が委託事務たる契約の当事者となり、行為者・相手方間の経済的効果を第二次的に本人（委託者）に帰せしめる[29]が、本人と相手方は直接の関係には立たない。「自己の名

---

26) 我妻330頁
27) 鈴木竹雄「問屋関係における委託者の地位」鈴木238頁、神崎克郎「証券売買委託者の法的地位(1)」神戸13巻4号（1964年）476頁。なお、鈴木239頁は、「直接代理と間接代理の中間の形態として第三者のためにする契約が存する」としている。
28) 遠田新一「間接代理」末川博編集代表『民事法学辞典 下巻』（有斐閣、1960年）303頁

で」という点、および「本人と相手方は直接の関係には立たない」という点で、他人の名で法律行為を行い、本人と相手方が直接の関係に立つ直接代理と峻別される。他人の計算で法律行為をすることにおいては、（直接）代理と同様であるが、その際に損失が生じた場合（e.g. 相手方が債務を履行する前に無資力となり破産した等）、代理にあっては本人がその損失を負担するが、間接代理にあっては、間接代理人がそれを負担しなければならない。

ところで、間接代理については、民法にそれに関する一般の規定はない[30]とされる。しかし、民法は委任につき、①委任者（となる者）が法律行為をすることを受任者（となる者）に委託すること（643条）であり、②受任者は、委任者のために自己の名で取得した権利を委任者に移転しなければならない（646条2項）、と規定している。間接代理は、民法の委任規定に符合していると解すべきではないだろうか。

委任契約と間接代理：よく当たると全国的に有名な宝くじ売り場の所在地域に在住している者Ｑが、遠方の友人Ｐから、その売り場で1枚300円のジャンボ宝くじを100枚買っておいて欲しいと依頼を受けることは稀有なことではないであろう。Ｐから3万円の銀行振込みを受けたＱが、その売り場に赴いて宝くじ100枚を購入する際に、窓口の販売員Ｒに「私はＱと申しますが、実は某所在住のＰから委任を受けまして……」などと顕名することはあるまい[31]。この場合、ＱはＰを代行して売買契約の締結・履行を行うものであるが、決して直接代理ではない。Ｑは、Ｐの計算で（Ｐのために）Ｑ自身の名で受任事務を行うものであるから、このようなＰ・Ｑ間の委任契約は、まさに間接代理である。Ｑは、①委任の本旨に従い、善良な管理者の注意をもって、委任事務を処理する義務を負い（644条）、②Ｑは、委任事務を処理するにあたって受け取った宝くじをＰに引き渡さなければならず（646条）、③Ｑは、特約がなければ、Ｐに対して報酬を請求することができない、などをはじめとして、デフォルトルールとしては、民法の委任の規定（643条 - 656条）が悉く適

---

29) 遠田・前掲（注28）303-304頁
30) 鈴木242頁。
31) 仮にＱがＰから委任状の交付を受けていて、それをＲに提示したところで、Ｒは売買契約の当事者がＰであろうがＱであろうが、関知するところではない。換言すれば、Ｑ・Ｒ間の意思の合致の効果をＰに転帰させるという意思はないはずである。

用されるであろう。
　　間接代理については、民法にそれに関する一般の規定はないといわれていることは既述したが、私見は、以上より、民法の委任規定こそが間接代理に関する規定であると解するのである。

(イ) 使 者
　代理における意思決定をするのは代理人であるが、「使者」は、本人の決定した意思を相手方に伝達するに過ぎない。本人の完成した意思表示を伝達する伝達機関と、本人の意思を相手方に表示することによって意思表示を完成させる表示機関とに二分される。
　意思の欠缺や詐欺・強迫の有無の判断は、使者にあっては本人を、代理にあっては代理人を基準とされる。また、婚姻や縁組等の代理を許さない行為（⇒340頁）でも、使者であれば許される場合が多い。

(ウ) 代 表
　法人の代表機関（理事）は、法人を代表する。「代表」にあっては、代表機関は法人に帰一し、代表機関の行為そのものが法人の行為とみられる。これに対して、代理人は、本人とは別人格で、代理行為は代理人自身の行為である（その行為の法律効果が本人に及ぶことになるに過ぎない）。したがって、代表においては、代表機関の不法行為が法人自体の不法行為となり、法人が損害賠償責任を負う（一般法人法78条）のに対して、代理にあっては、代理人の不法行為について本人が損害賠償責任を負うことはない。ただし、715条の要件を充たす場合はこの限りではないことは既述した（⇒339頁）。
　なお、民法の規定においては、代表と代理の区別が不分明であることは既述した（⇒179頁）。旧44条[32]・54条[33]は、一般法人法78条・77条にて改められたが、107条、824条、859条の「代表」は依然として不適切である。

(エ) 代理占有
　「代理占有」とは、他人（占有代理人）が物を所持し、その効果である占有権が本人に帰属する関係をいう（181条・183条・184条・204条）。このように、代理占有は、物の事実上の支配を「代行」する制度であって、意思表示に関する制度である「代理」とは本質を異にする。その意味で、181条以降の

[32) 44条「法人は、理事その他の代理人がその職務を行うについて他に加えた損害を賠償する責任を負う。②……その決議を履行した理事その他の代理人は、……」。
[33) 54条「理事の代理権に加えた制限は、善意の第三者に対抗することができない」。

「代理」の語は、民法第1編第5章第3節の「代理」とは異なることに留意すべきである。

　(オ) **第三者のためにする契約**

　契約当事者の一方（諾約者）が、相手方（要約者）の依頼に応じて、第三者（受益者）に対して一定の給付をなすべきことを約する契約を、「第三者のためにする契約」という（537条-539条）。たとえば、精神障害者の医療および保護を目的とした医療保護入院は、保護義務者と精神病院の管理者が行う有償の準委任契約[34]であり、精神障害者本人という第三者のためにする契約としての性質を有するものであると判示されている（東京地判昭48・8・17下民集24・5-8・585）。より端的には、体調のすぐれない20歳の大学生をその親が医院に連れて行き診察を受けさせるような場面が相当するであろう。その場合の医療契約の当事者は、親と医院である。親（要約者）は医療費の支払いという債務を負う一方、医院（諾約者）は医療行為を給付するという債務を負う。その医療行為の給付は、契約当事者たる親ではなく、その子（受益者）に向けられるというわけである。受益者は、諾約者に対し、直接にその給付を請求する権利を取得する。上記医療行為のケースでいえば、医療行為という給付を受益者たる子が親を介することなく直接医院に請求することができるということである。法律行為の効果が直接受益者本人に及ぶ点で代理に類似するが、それは法律効果の一部すなわち権利だけであって、義務を含まない点において、代理とは異なる。

　(カ) **授　権**

　「授権（Ermächtigung）」とは、他人の権利を自己の名で処分させる行為のことであるが、狭義のそれは、代理権の授与を含まず、独立した法律行為である。たとえば、PがQに対しQの名で行為をさせ、その行為の効果をPに帰属させるという権限を与えることである。これは、ドイツ民法185条の規定[35]を基礎に、同国の学説で構成された概念であるが、わが民法には手がかりとなる規定すら存しない。しかし、判例は、他人の権利を自己の名で処分した場合に本人が後日その処分を追認したときは、本人のために効力が生

---

34) 法律行為の委託を「委任」というが（643条）、法律行為でない事務の委託を「準委任」という。医療契約は、医師に法律行為でない事務（診察・治療）を委託することだから、準委任契約である。もっとも、準委任には委任の規定が全面的に準用されるので（656条）、両者を区別する実益はない。

ずるとし、これにつき、学説は、「授権」を前提としたものであると理解している。被授権者も義務を併存的に負担する場合であれば、わが民法の下でも授権概念が認められるとする学説[36]が有力である。

(キ) 信 託

財産主体以外の非財産主体に他人の財産を管理または処分をさせることを目的とする制度である代理の比較対象としての「信託」とは、財産の譲渡を受けた者（受託者）が一定の目的に従って当該財産の管理または処分をすべきものとすることをいう（信託法2条1項・3条1号）。同じく他人の財産の管理・処分を目的としながら、代理は管理処分権限のみを代理人に与え、信託は財産自体を受託者に移転する。つまり、財産の帰属主体と財産の管理主体とが分属する代理に対して、信託にあっては、財産の帰属と管理が同一主体にあるところに、両者の差異がある。

2 代理権

(1) 代理権の本質

代理人の代理行為の効果が本人に帰属するためには、代理人がその代理行為をする権限を有している必要がある。この権限を**代理権**というが、これは、本人の名において一定の法律行為をなし、その法律効果を直接本人に帰属させることのできる法律上の地位ないし資格である。代理権とはいうが、物権や債権などのような意味での権利ではない。この代理権の本質についても多くの議論がなされている。

ⓐ **資格説**

代理権は、代理行為の効果を本人に転帰させるためにのみ必要なものであり、これ自体は代理人に何らの利益も不利益ももたらすものではなく、

---

35) ドイツ民法（BGB）185条「非権利者が目的につきなした処分は、権利者の同意をもってなしたるときは、有効とする。②権利者が処分を追認したとき、または処分者が目的を取得したとき、または権利者が処分者を相続し、かつ、遺産債務につき無限責任を負うときは、その処分はその効力を生ずる。後の2つの場合において、目的につき、相互に相容れない数個の処分をなしたるときは、最初の処分のみその効力を生ずる」。
36) 近江Ⅰ244頁

また、本人または代理人を何ら拘束するものでもなく、ことに、受動代理においては代理人は何らの意思表示をするものではないところから、これは、権利能力・行為能力と同じく、ひとつの法律上の資格（能力）ないし地位に過ぎないと解すべきである[37]、とする。ドイツならびにわが国の通説である。

ⓑ **適状説**（要件説）

代理権を資格ないし地位に過ぎないと解するのであれば、代理権の定義は、代理行為の本人に対する直接効果は、法律要件（代理権）が存在する場合に常に発生するという同義語反復に過ぎなくなり、代理権とは全く姿のない幽霊に過ぎないことになる。代理権は、代理人の主観的地位においてだけでなく、権限のない者が行った代理行為——無権代理（表見代理 ⇒ 399 頁）——が成立する場合も含めて、客観的な代理適状と解すべきである[38]、とする。そこから、代理権の授与を、代理人の法律行為の効果が本人に直接帰属するための要件（法律帰属要件）であると説く[39]

(2) 代理権の発生原因

(ⅰ) 法定代理の場合

法定代理は、本人の意思とは無関係に、法律の規定によって発生するが、その原因は次の3つの場合である。

まずは、本人に対して一定の身分上の地位にある者が当然に代理人になる場合である。親権者（818条）、子の出生前に父母が離婚した場合の親権者（819条3項本文）などがそうである。

次いで、本人以外の私人の協議・指定によって代理人になる場合である。父母が協議上の離婚をするときの親権者（819条1項・3項ただし書）、父が認知した子に対する親権者を父とするとき（819条4項）、未成年後見人の指定（839条）などがそうである。

最後に、裁判所が代理人を選任する場合である。不在者の財産の管理人（25条・26条）、裁判上の離婚の場合の親権者（819条2項）、協議上の離婚の場

---

[37] 我妻 325 頁ほか
[38] 大西耕三『代理の研究』（弘文堂書房、1928 年）41 頁、川島 314-317 頁
[39] 四宮＝能見 298 頁

合に協議が調わないときの親権者（819条5項）、裁判所による親権者の変更（819条6項）、未成年後見人の選任（840条）、成年後見人の選任（843条）、相続財産の管理人（918条2項・3項・952条）などがそうである。

なお、事務管理（697条以下）（⇒第2章脚注12）によって一種の法定代理が生じるという見解がある。事務管理者の代理権の根拠は法律にあるので、法定代理に近いという[40]。しかし、これに対しては、事務管理における管理者の管理権は代理権を包含する権利ではなく、事務管理で一定の「処分」が可能なのは、急迫した要務（事務）の処理の必要上特別に認められるからであって、代理権があるから処分権があるという論理からではないとする批判がある[41]。判例も、「事務管理は、事務管理者と本人との間の法律関係をいうのであって、管理者が第三者となした法律行為の効果が本人に及ぶ関係は事務管理関係の問題ではない。したがって、事務管理者が本人の名で第三者との間に法律行為をしても、その行為の効果は、当然には本人に及ぶ筋合のものではなく、そのような効果の発生するためには、代理その他別個の法律関係が伴うことを必要とするものである」と判示する（最判昭36・11・30民集15・10・2629）。

(ⅱ) 任意代理の場合

任意代理は、本人の意思に基づく代理であり、その代理権は、本人が代理人に対して代理権を与える旨の意思を表示すること、すなわち代理権授与行為によって発生する。代理権授与行為は本人と代理人との間の委任契約によることが多いことから、民法の規定（104条・111条2項）は「委任による代理」という表現を用いている。なるほど、実務においても、代理権を授与する際には、委任状を交付することが多い。しかし、代理権の存否は、必ずしも委任状により認定しなければならないものではない。「委任（準委任を含む）」とは、当事者の一方が法律行為（もしくは準法律行為）をすることを相手方に委託することをいうが、委任契約には、問屋（といや）★契約のように代理権授与行為を伴わないものも存在する（委任は、必ずしも代理を伴うものではない）。また、代理権授与行為は、委任契約にのみ伴うものではなく、それ以外の事務処理契約（e.g. 雇用・請負★・組合★など。以下、「内部契約」）と結合することも少

---

40) 四宮 = 能見 298-299 頁
41) 近江Ⅰ 247 頁

なくない。104条・111条2項の規定振りから、本人の意思に基づいて代理権が生じる場合を「委任代理」と称していたが、上記の理由から、現在では「任意代理」と呼ぶ方が適切とされる。

> **問屋**：自己の名をもって他人のために（＝他人の計算で）物品の販売または買入れをなすこと（いわゆる「取次ぎ」）を業とする者をいう（商法551条）。間接代理の典型とされる。代表的な例としては、証券会社がある。問屋はその取引関係において、一方において自ら直接法律行為の当事者となり、当該行為から生じる権利義務の主体としての地位に立つ。他方、当該行為から生じる経済上の効果（損益）についてはすべて、取次ぎを委託した他人に帰属するものとされている。
> **請負**：当事者の一方（請負人）がある仕事を完成させ、他方（注文者）がその仕事の結果に対してその報酬を支払うことを約する契約をいう（民法632条）。建築請負契約が典型例である。労務提供契約の一種であるが、仕事の完成を目的としている点で、必ずしも結果の完成を必要としない「雇用」や「委任」と区別される。
> **組合**：数人が金銭その他の財産・労務などの出資をして、共同の事業を営むことをいう（民法667条）。組合自体は法人格を有しないので、組合の対外的な法律行為については、一部の組合員（業務執行者）が全員を代理してこれを行うことがある。

代理関係の基礎となる、委任・請負等の内部契約と代理権授与行為との関係が問題となる。すなわち、代理権は、内部契約から直接に発生するのか、あるいは、内部契約とは別個独自の法律行為によって発生するのか、ということである。

代理権授与行為の法的性質（意思表示〈法律行為〉か否か）をめぐっては学説が分かれる。

(ア) 代理権授与行為の独自性肯定説

代理権授与行為は、本人・代理人間の対内関係を生ずる内部契約そのものではなく、独立に代理権の発生を目的とする法律行為（意思表示）と捉える考え方である。これを「授権行為」という（前述の「授権（Ermächtigung）」〈⇒343頁〉と混同しないように留意すべきである）。この考え方も、次の2つに分かれる。

ⓐ 単独行為説

ドイツ民法は、「授権権の授与は、代理人またはこれと取引する相手方である第三者に対する意思表示によって行う」と規定する（167条）。すな

わち、授権行為は、代理人に1つの資格を与えるだけで、何らの義務を負担させるものではないから、代理人の同意を必要としない、本人の単独行為であるとしている。わが民法の解釈としても、単独行為とする説がある[42]。代理権の授与によって代理人に不利益を生じないこと、また、それが代理人の行為能力を不要とする102条に適することが根拠とされる。

ⓑ **無名契約説**

代理権授与行為を本人・代理人間の対内関係とは独立した「**授権行為**」と捉えるところは、上のⓐ単独行為説と同様である。しかし、民法は、代理と委任とを必ずしも判然と区別しない立場にあるのだから（104条・111条2項など）、その解釈として、委任に類似した一種の**無名契約**★だとする見解[43]である。したがって、この説に従えば、「授権行為」は、単独行為ではなく、代理人となるべき者の承諾を要するとされる。上記ⓐ説との差異は、代理人の承諾が必要か否かというところにある[44]。これが、わが国の通説とされている。これに対しては、（対内関係を生ずる内部契約と授権行為という）2つの契約を区別することは困難であるし、区別する実益もないとの批判[45]がある。

> **無名契約**：契約自由の原則の下では、契約のタイプは無限にあり得るが、法律にその名称・内容が規定されている契約類型もある。民法では、第3編第2章第2節（549条～）から第14節（695条～）に、贈与・売買・交換・消費貸借・使用貸借・賃貸借・雇用・請負・委任・寄託・組合・終身定期金・和解の13種の契約が規定されており、それらを（民法上の）**有名契約**（**典型契約**）という。法律に名称・内容が規定されていないタイプの契約を無名契約（**非典型契約**）という。

(イ) **代理権授与行為の独自性否定説**

上記ⓐⓑ説に対して、代理権は、代理関係の基礎となる内部契約から直接発生するものであり、その授与行為は、内部契約の義務の履行行為にほかならないとし、内部契約とは別個独自の法律行為であるとする「授権行為」概念を否定する。つまり、代理権授与行為を法律行為（意思表示）とは考えない見解である。そうした内部契約を委任契約と捉えるかどうかで、次の2つ

---

[42] 川島322頁、川井209頁ほか
[43] 我妻334頁、近江Ⅰ 250頁
[44] 近江Ⅰ 248頁
[45] 四宮＝能見299頁

に分かれる。

　ⓒ　委任契約説

　古くは、代理権の発生は委任契約の効果と考えられていた。その見解に立脚して、雇用・請負・組合等において代理権の授与が行われるときも、このような委任契約が包含されているとする説[46]である。下のⓓ内部契約説の一種といえよう。

　この説に対しては、委任のない場合に代理を認め得ないことになって不都合であるという批判[47]、および、委任と代理との関係が理論的に峻別された今日においては、説得性を有しないという批判[48]がある。

　ⓓ　内部契約説

　上のⓒ委任契約説に対し、委任契約のほか、雇用・請負・組合等他の内部契約からも直接代理権が生じるとする見解[49]である。この説によれば、代理権授与行為は、代理関係の基礎となる内部契約の義務の履行行為であるという。事務処理契約説、融合契約説ともいわれる。

(ⅲ) 代理権授与行為と内部契約との関係

　上記(ⅱ)で見てきた、代理権授与行為の法的性質をめぐる学説の差異に関しては、論争に意味がないとする見解[50]もあるが、川井教授によれば、その議論の実益は、①代理権授与の相手方の承諾を必要とするか、②代理人の行為能力を不要とする102条との整合性をどのように説明するか、③内部契約の解除・取消しは代理権授与行為に有因性をもつかどうか、という点にある[51]。本書も、これらの点から検討を及ぼすこととする。

　㋐　承諾の要否

　現在の有力説は、ⓐ単独行為説、ⓑ無名契約説、ⓓ内部契約説であるが、ⓐ説では承諾不要とされ、ⓑ説では承諾必要とされることは既述した。ⓓ説では承諾が契約成立の要件となる。わが国ではドイツ民法167条のような規

---

46) 辻284頁
47) 我妻334頁
48) 近江Ⅰ249頁
49) 森島昭夫「委任と代理」契約法大系刊行委員会編『契約法大系Ⅳ』（有斐閣、1963年）302頁以下、四宮＝能見299頁、幾代326頁以下ほか
50) 内田138頁
51) 川井208頁

定がない以上、同一に解すべき必要性はない。本人の一方的意思表示だけで、代理人側の承諾がなくとも代理権が発生し得ると考えなければならないとする実質的な必要につき疑問が呈せられている[52]。代理の行為は、顕名なくしては、本人に転帰する代理の効果が得られない。「本人の代理人となること」を承諾していない者に、「本人の代理人である旨」の表示（顕名）を要求することも、意味がないと考えられるので、この観点からは、ⓑ説とⓓ説が妥当であるといえよう。

(イ) 102条との整合性

ⓑ説とⓓ説の立場では、代理人が制限行為能力者である場合、代理権授与行為（代理権単体であろうが、代理権と内部契約との融合契約全体であろうが）は取り消し得るものとなるので、「代理人は、行為能力者であることを要しない」とする102条との整合に難がみられる。翻って、ⓐ説では、内部契約が制限行為能力によって取り消されても代理授与行為には影響がないということになり、説明がつけやすい[53]。ⓑ説の立場からは、無名契約たる授権行為は、102条の規定により、制限行為能力者の取り消し得る行為（5条2項・9条・13条4項・17条4項）から除外されると解することになろう。ⓓ説の立場からは、代理権授与行為を内包する融合契約（内部契約＋代理権授与行為＝1つの契約）のうちの、代理権授与行為の部分のみが取り消されるべきではないと解することになるが、そうであるならば、2つの契約と分けて考えるⓑ説の方が説得力を有しているといえよう[54]。

(ウ) 有因か無因か

内部契約が無効もしくは取消しとされた場合に、代理権授与行為は、その影響を受けるか否か。

---

[52] 幾代327-329頁。一般人が、時の首相や中国の国家主席に突然手紙を出状し、「貴殿を小生の所有地売却に関する代理人といたします」といえば、それで代理権が発生し、「首相（中国の国家主席）は私の代理人だ」と吹聴してまわっても嘘にも名誉棄損にもならない、ということには、抵抗を感じないわけにはいかないとされる。

[53] 舟橋134頁

[54] 契約自由の原則から、「代理権授与行為の独自性肯定説」に立った上で、内部契約と授権行為との混合契約（1つの契約）とすることは可能である。しかし、そのような混合契約であれば、その要素たる内部契約と授権行為とに分けて観念することは可能である。翻って、「代理権授与行為の独自性否定説」にあっては、内部契約からの分化物である代理権授与行為が依然として内部契約に癒着していると理解するのであるから、両者を分けて観念することが困難である。

代理権授与行為が内部契約と融合していると解する「代理権授与行為の独自性否定説」（＝ⓒ説・ⓓ説）では、当然に影響を受ける。つまり、内部契約が無効もしくは取消しとなれば、代理権授与行為も遡及的に効力を失うという「有因説」の立場に立つとされる。

翻って、代理権授与行為を独立の法律行為（＝授権行為）と解する「代理権授与行為の独自性肯定説」（特にⓐ説）は、代理権授与行為は独自性を有し、内部契約の無効・取消しの影響を受けないという「無因説」になじみやすい[55]。判例は、無因説の立場であるとされる（大判大8・8・1民録25・1413［判例7.1］）。もっとも、代理権授与行為は内部契約とは異なる別個独自の法律行為であるとの「代理権授与行為の独自性肯定説」に立ったところで、内部契約と代理権授与行為との有因性が直ちに否定されるものではなかろう[56]。むしろ、内部契約とその手段たる授権行為とは、普通は因果関係で結ばれている――すなわち、ある事項を委任するから代理権を与えるのだ、という目的と手段の関係で結ばれている――とみるべきであるから、内部契約の取消しによって授権行為も効力を失う[57]ことになるとみるべきである。

以上のように、上記ⓐ説からⓓ説のいずれをとっても、代理権授与行為の内部契約に対する有因性を認めることは可能であると思われる。また、「代理権授与行為の独自性否定説」（＝ⓒ説・ⓓ説）でも、融合契約のうちの内部契約の部分が無効・取消しとなったときでも代理権授与行為の部分はその影響を受けないという説明は可能とされる。しかし、1つの契約のうちのある部分が原因行為で、その余の部分が無因行為とするならば、最初から2つの契約と分けて考えるべきであろうから、上述のとおり、説得性に優れるとは言い難い。

わが民法においては、代理の基礎となる内部契約（原因）の無効・取消しがあった場合に代理権授与行為が影響を受けないとするような規定は存在し

---

55) 舟橋129頁、近江Ⅰ251頁
56) 有因性・無因性の議論は、ある行為がそれとは別の行為（原因行為）の無効・取消しの影響を受けるか、というものであるから、行為が複数存すること（「原因行為」と「有因行為もしくは無因行為」）が前提である。その上で、有因か無因かの判断をするのであるから、「代理権授与行為の独自性肯定説」に立って、内部契約および授権行為という2つの行為の存在を認めたところで、授権行為が当然に無因行為となるわけではない。他方で、「代理権授与行為の独自性否定説」にあっては、行為は1つしか存しないのであるから、そもそも有因か無因かの立論そのものが成立しないこととなろう。
57) 我妻352頁

[判例7.1] 大判大8・8・1

> 未成年者Aとその親権者Bの委任に基づき、Yは代理人としてXと売買契約をしたところ、Bが民法旧886条[58]（母の代理権の制限）違反を理由にY・X間の売買契約の取消しを主張したので、XはYに対し無権代理人の責任を追及した事案において、次のように判示してXの請求を棄却した。
>
> 代理権授与行為とそれに基づいて代理人がした法律行為とは一体の法律行為をなすものではなく、各独立の法律行為であるから、代理権授与行為の瑕疵が代理人の行為の瑕疵となるべきものではない。したがって、代理権授与行為が取り消し得べき行為であるからといって、それに基づいて代理人がなした法律行為も取り消し得べきものであるということはできない。

ないから、両者の法的関係（有因あるいは無因）は、一般的な取引観念から判断しなければならない。その上で、無因説に対しては、契約が無効もしくは取消しとされても代理行為は依然有効だとするのは、一般の取引観念に反するとの批判[59]があるが、けだし至当である。その結果、内部契約が無効もしくは取消しとされた場合、代理権は遡及的に消滅し、すでになされた代理行為も、無権代理となる。しかし、それでは、相手方保護が等閑（なおざり）になる（102条の趣旨を没却することにもなる）。相手方保護に関しては、3つの考え方がある[60]。

　ⓐ **非遡及的消滅説**

　　内部契約の取消しは、代理関係を将来に向かって終了させるだけで、すでになされた代理行為は、何らの影響も受けない[61]とする。無権代理構成をとらない。

　ⓑ **取消権否定説**

　　単に権利を得、または義務を免れる法律行為については、法定代理人の同意を得なければ取り消すことができる未成年者の法律行為から除外されるという5条1項ただし書を類推して、代理権の授与は代理人に不利益を生じるものではないから、制限行為能力や意思表示の瑕疵を理由に、その

---

58) 親権を行う母が未成年の子に代わって一定の行為をし、または子がそれをすることに同意するには、親族会の同意を得なければならない、という規定であった。
59) 近江 I 251頁
60) 近江 I 252-253頁
61) 我妻 352頁

授与行為を取り消すことはできないとする。無権代理構成をとらない。

ⓒ 表見代理説

無権代理を承認し、その上で、表見代理法理（109条ないし112条）（⇒399頁）によって相手方を保護しようとする。

有因説を採った場合の相手方保護を考察するにあたっては、取消しと無効の場合とで分け、さらに、前者については取消原因ごとに、後者については相対的無効と絶対的無効（⇒72頁）とに分けて考えるべきとされる。ケースバイケースということである。なお、公序良俗違反による絶対的無効（90条）の場合は、表見代理も成立せず、相手方は、無権代理として、代理人に追及できるにとどまるとされる。

(iv) 代理権授与行為の方式

代理権授与の意思表示は、不要式行為であるから、何らの方式も必要とせず、明示的はもとより黙示的にもなされ得る。通常は、委任状の交付が行われることが多いが、それは代理権の存在を示す証拠書類に過ぎない。

委任状は、委任者（本人）が、当該委任契約の相手方（代理人）・委任事項等を記した書面に署名捺印して、代理人に交付するのが通常である。つまり、契約の両当事者が署名捺印した書面を双方が所持するのではなく、当事者の一方が他方に差し入れる形式である。したがって、正確にいえば、委任または授権行為の契約証書ではなく、代理権を与えたことの証拠なのである。委任状を交付せずに代理権を授与することも、もとより可能である。

委任状の特殊なものに白紙委任状と呼ばれるものがある。委任状の一部の事項を空白にしておいて、交付を受けた者（通常は代理人）が、後にその空欄を記入することができるようにしておくものである。代理人となる者の氏名を空欄にするものもある。このような白紙委任状も、代理の委託書類として有効である。

(3) 代理権の範囲

代理権を授与されたからとて、当該代理人は、「本人のためにすることを示」したところで、いかなる法律行為もなすことができるというわけではない。代理人が代理行為としてできることは、自ずと「その権限内に」限られ

る（カギカッコ内につき99条1項参照）。その権限内であれば有権代理であり、権限を越えた代理行為は無権代理となる。代理権の範囲に関しては、法定代理権と任意代理権とで異なる。

(ⅰ) 法定代理権の範囲

法定代理権の範囲は、法定代理人に関するそれぞれの法律の規定による（28条・824条以下・859条以下など）。親権者の代理権は包括的（824条本文）で若干の制限があるだけ（824条ただし書・826条）であるが、後見人の場合は制限が多い（859条以下）。

(ⅱ) 任意代理権の範囲

任意代理権の範囲は、代理権授与行為の解釈による。代理契約の解釈が問題となるのは、相手方という当該契約の当事者以外の者に対する関係においてであるから、特に慎重になされなければならない。その際には、代理権授与を示す文書（委任状等）、代理人の地位、代理事項の性質などが考慮される。

主要な判例を示せば、まず、債権取立の代理権は、債務の承認を受ける権限を含むが（大判大10・2・14民録27・285）、代物弁済を受領する権限を含まない（大判大6・2・7民録23・210）とされる。また、売買契約締結の代理権は、登記をする権限（大判大14・10・29民集4・522）・不成立の場合に内金や手付金の返還を受ける権限（大判昭16・3・15民集20・491）・取消しの意思表示を受ける権利（最判昭34・2・13民集13・2・105）などを含むが、売買代金受領の代理権は、その売買を解除する権限を含まない（大判大14・10・5民集4・489）とされる。

(ⅲ) 権限の定めのない代理権の範囲

代理権が存在することは明らかであるが、その範囲を定めていない場合およびその範囲が不分明である場合について、民法は補充的規定を設けている。すなわち、そのような場合は、代理の目的物の現状を維持する保存行為（103条1号）・代理の目的物の性質を変えない範囲内での収益を図る利用行為および使用価値や交換価値を増加する改良行為（同条2号）は許されるが、処分行為は許されない（103条）。具体例を挙げれば、保存行為としては家屋の修繕・消滅時効の中断（⇒488頁）等、利用行為としては家屋の賃貸等、

改良行為としては家屋への造作・田畑を宅地にすること等、である。

なお、103条の規定は、法定代理においてもその範囲の標準とされる（28条・918条3項・953条）。

（iv）共同代理

数人の代理人が共同して本人のためにする行為をすべき代理は、2つの類型に分けられる。ひとつは、各代理人が単独で代理する権限を有するタイプであり、一般法人の各理事の代表権に関する一般法人法77条2項がその例である。もうひとつは、数人の代理人が共同してのみ代理することができるタイプ、換言すれば、数人の代理人が共同して代理行為をしなければ代理の効果を生じないものである。これを共同代理という。親権を行使する父母の共同代理などは、その例である。共同代理において、各代理人が単独で代理行為をしたとき、たとえば、父母の一方が他方を無視して単独で親権を行使したときは、それは権限外の行為だから、無権代理となり113条以下の規定が適用される。もっとも、共同代理であっても、受動代理であれば、各代理人が単独で行うことができると解される[62]。

なお、「共同」という意味に関しては、意思決定は全員の一致があることを要するとされるが、表示行為の実行については、見解が分かれる。すなわち、これも全員そろって行う必要があるとする説[63]と、意思決定に全員一致があればそれで足り、そのうちの一部の者による表示でかまわないとする説[64]である。

（v）代理人の権利・義務

内部契約において、代理人が本人に対し受任者として信任関係にある場合は、他人の事務を処理する者として、本人に対して次のような義務を負い、権利を有するとされる。

ⓐ 善管注意義務

代理人は、善良な管理者の注意（⇒93頁）をもって代理行為をしなければならない。内部契約が委任・組合の場合は、明文規定（644条・671条）

---

[62] 我妻341頁
[63] 川島345頁
[64] 幾代342頁

がある。もっとも、請負であれば、仕事の完成を目的とする契約なので、過失の前提として要求される注意義務の程度は問題とならないし、雇用であれば、労務者たる代理人は、使用者の指揮に従うので、株式会社の役員が会社に対して負う善管注意義務と同様の注意義務を負わされることはない。

あくまでも、これは、代理人の本人に対する義務である。代理人が善管注意義務違反による責任を本人に対して負うことはあっても、代理人に善管注意義務違反の代理行為をする権限がないからとて、取引自体が無効とはならないことに留意すべきである。

ⓑ **忠実義務**

代理人は、専ら本人の利益のために代理行為をすべきであって、自己や第三者の利益のために行動してはならないし、本人と利益相反する地位に身を置いてはならない。これを**忠実義務**という。826条の規定（親権者とその子との利益が相反する行為の禁止）や後述の108条の規定（自己契約・双方代理の禁止）は、これを具現化したものである。

ⓒ **自己執行義務**

代理人は、補助者を使用することは認められるが、代理行為自体については、自ら代理行為をすべきとされる。これを**自己執行義務**という。したがって、代理権の譲渡は、特に許された場合以外には認められず、復代理人の選任についても制限がある（104条-106条）。

ⓓ **受領物等引渡義務**

代理人は、その事務を処理するにあたって、金銭その他の物を受け取ったときは、本人にそれを引き渡さなければならない。内部契約が委任であれば、646条が直接に適用されると考えられているようである。しかし、代理の場合は、本人効が成立するので、代理人が事務処理にあたって受領した目的物の権利は直接本人に帰属する。権利者たる本人は、代理人に対して物権的請求権★を有しているのだから、代理人にこのような引渡義務を課す必要性は大きく後退する。

> **物権的請求権**：物権は物を直接かつ排他的に支配する権利なので、円満な支配が妨げられたときはそれだけで妨害を除去して物権の内容（物の直接的・排他的支配）を実現する権利を「物権的請求権」という。妨害の態様により、**物権的返還請求権**（自己の所有物を奪われた者が、侵害者に対して、当然に所有物の

返還を請求できる権利)、**物権的妨害排除請求権**（たとえば、Ｐの土地にＱ所有のブロック塀が倒れてきた場合は、Ｐは土地の所有権を侵害〈妨害〉されたわけだから、その侵害の排除を請求することができるとする権利）および**物権的妨害予防請求権**（たとえば、Ｐの土地にＱ所有のブロック塀が倒れてくるおそれのある場合は、Ｐは土地の所有権を侵害〈妨害〉されるおそれがあるわけだから、その侵害の予防を請求することができるとする権利）の３つがある。

　既述のとおり、646条は、顕名を前提としない委任行為、典型には間接代理を想定しており、本人効が成立せず、受任者が事務処理にあたって受領した目的物の権利は、いったん受任者に帰属するので、それを本人（委任者）に引き渡すことにより、権利移転をせねばならないとする規定であると解すべきである（したがって、646条が要求する引渡しには、占有改定★も含まれる）。したがって、直接代理の代理人に対しては、内部契約が委任であろうが、請負その他の契約であろうが、原則として、このような**受領物等引渡義務**を課す実益は大きくない。代理権授与行為の独自性肯定説の立場からしても、「委任代理」は内部契約たる委任契約が、授権行為とは異なる別個独自の法律行為なのだから、契約上の別段の定め（特約）により排除しない限り、646条は適用されることになる。本人（委任者）が物権的返還請求権を有する一方で、同一目的物につき代理人（受任者）は（本人による返還請求権の行使がなくても）引渡義務を負う、としたところで、実務上不都合は発生しないから、「委任代理」の代理人は646条に基づき受領物等引渡義務を負うと説明しても問題はない。

　ただし、代理人が事務処理にあたって受領した目的物が貨幣（紙幣・鋳貨）であれば、その所有権につき本人効が成立しない。貨幣の所有権は占有と一致する（通説）からである（「ちょっと休廷」No.8〈225頁〉）。そこで、内部契約が委任である場合の代理人が事務処理にあたって貨幣を受領したときには、646条が適用されて、代理人に受領物引渡義務が課されると考えられよう。

　労働者・請負人にあっては、事務処理にあたって受領した貨幣を使用者・注文者に引き渡さなければ、雇用契約の目的（労働に従事）・請負契約の目的（仕事の完成）が達成できないであろうから、貨幣の引渡義務は623条・632条から直接に導かれるものであろう（もっとも、受領した貨幣そのものではなくとも、それと同額の金銭を引き渡せばよいとしているケースが大半であると

考えられる)。組合にあっては、業務執行者が事務処理にあたって受領した貨幣は、本来は組合員全員の共有財産であるが、上記通説により共有が観念し得ないだけのことである。その貨幣は、再投資等にまわされること、あるいは、預金債権と性質を変えるのが通常であるから、貨幣に限らず、直ちに引渡義務が課されるものではない。

> **占有改定**：物の引渡しの類型として、対抗要件具備の観点からは、①**現実の引渡し**（現実に物を引き渡す方法）のほか、②**簡易の引渡し**（目的物の所有権が所有権者から占有者に移転する場合などは、いったん目的物を所有権者に返還し、その上で改めて現実の引渡しを受ける必要はなく、単に当事者間の意思表示だけで引渡しがあったとされる）、③**指図による占有移転**（第三者が占有している目的物につき所有権移転する場合に、いったん所有権者が目的物の返還を受けた上で、承継人に現実の引渡しをする必要はなく、所有権者が当該占有者に対して、以後は承継人のために占有せよと命じることによって、引渡しがあったとみなされる)、④**占有改定**（所有権移転の際に、所有権者兼占有者が以後は承継人のために占有する旨の意思表示だけで、引渡しがあったとみなされる）がある。詳しくは物権法で扱う。

ⓔ **費用償還請求権**

代理人は、その事務を処理するのに必要と認められる費用を支出したときは、本人に対し、その費用および支出の日以後におけるその利息の償還を請求することができる（650条)。これは、内部契約が委任であった場合の代理人の権利であるが、代理権授与行為を無名契約と考える見解に立脚したとしても、648条は内部契約たる委任に適用されるものであり、ことさら代理行為に適用されるものではなかろう。請負にあっては、632条の報酬請求権に包含されるのが通常であろうし、雇用にあっては、就業規則等に記載されている通常の立替経費精算で処理され得るべきものであろう。組合にあっては、事務を処理するのに必要と認められる費用を支出した業務執行者は、共有財産たる組合財産から支弁を受けることができるのが通常である。

ⓕ **報酬請求権**

報酬の特約があるときは、代理行為終了後に、代理人は本人にその報酬を請求することができるとされる（648条)。もっとも、648条は内部契約たる委任に適用されるものであり、ことさら代理行為に適用されるものではないことは、ⓔ費用償還請求権の場合と同じである。雇用・請負におい

ても、623条・632条に基づいて報酬が支払われるわけで、648条に基づくものではない。また、組合にあっても、業務執行者に報酬を支払う旨の約定があるのであれば、それに基づいて支払われるものであり、ことさら代理行為に対して報酬請求権が発生するものではなかろう。

(vi) 自己契約・双方代理の禁止
(ア) 108条本文の趣旨

本人の利益を保護するために、代理権が制限されることがある。すなわち、同一の法律行為について、当事者の一方であるQが、相手方Pの代理人となる**自己契約**（自己取引）や、同一人Qが当事者P・R双方の代理人となる**双方代理**は、本人と代理人との利害が相反するから、原則として禁止される（108条本文）（次頁の図7.1aおよび7.1b参照）。相対する二者による契約の場合、売買契約であれば、売買価格につき買い手は安ければ安いほどよいし、売り手はまったく逆で、高ければ高いほどよい。金銭消費貸借であれば、金利につき借り手は低ければ低いほどよいのに対し、貸し手は高ければ高いほど[65]よい。この相反する二者がお互いに妥協して落ち着くところが、売買における約定価格であり、金銭消費貸借における約定金利となる。ところが、自己代理や双方代理においては、相対する二者間での約定ではなく、代理人1人で契約条件が完結してしまう。自己代理にあっては、自己に一方的に有利（本人にとって一方的に不利）な条件で約定することが可能である。双方代理にあっても、本人か相手方のどちらか一方に有利な条件で約定し、いわゆる「貸しを作る」もしくは「借りを返す」ことを可能ならしめてしまう。利害が相反するとは、このようなことを指す。

これに反する代理行為は無権代理となり、原則として無効である。しかし、108条本文の規定は、代理人が本人に損害を及ぼすことを防遏する趣旨であるから、その代理人のなした法律行為は無権代理人の行為にほかならず、したがって、その行為は絶対に無効なのではなく（大判大11・6・6民集1・295）、本人が追認すれば本人に対して効果が帰属する（大判大12・5・24民集2・323）。

---

65) 金利にかかる規制（利息制限法・出資法）の制限が上限ではあるが。

図 7.1a

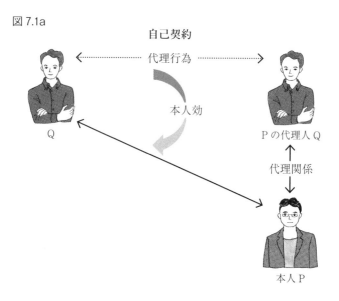

図 7.1b

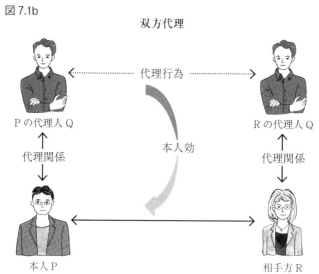

(イ) 例外

　債務の履行は、すでに確定した法律関係を実現するに過ぎず、利益相反行為とはならないから、108条本文の適用が除外される（同条ただし書）。登記申請に関し、同一人が登記権利者と登記義務者の双方の代理人となっても、登記義務者にとっては義務の履行にほかならないから108条に違反しないとされる（大判昭19・2・4民集23・42、最判昭43・3・8民集22・3・540）。

　また、自己契約・双方代理を原則として禁止する根拠は、本人の利益保護にあるのだから、本人自身があらかじめ許諾した行為についても、108条本文の適用が除外される（同条ただし書）。もっとも、本人があらかじめ許諾しているといっても、それが著しく一方の利益に偏して衡平を欠く場合には、90条の規定（公序良俗違反を目的とする法律行為を無効とする規定）を適用して無効とすべきである[66]。家主が借家人に対し、将来紛争を生じた場合に和解するため、その代理人を選ぶ権利をあらかじめ自己に授与させる（家主にとって都合の良い代理人を選べる）契約を、108条を根拠に無効とした判例があるが（大判昭7・6・6民集11・1115）、これは、相手方の急迫に乗じて不当な権限の授与を求めるものであるから、90条を根拠に無効とすべきであったろう。代理権授与行為が無効であるから、それによる代理は無権代理となる。

　108条の規定は、法定代理における自己契約・双方代理についても適用がある（通説・判例）。ただ、法定代理においては、利益相反行為に関する特別代理人の選任が規定されている場合が多く（826条・851条4号・860条・876条の2第3項等）、その限りでは108条は適用されないと考えるべきである。

(vii) **代理権の消滅**

　代理権は、本人の死亡・代理人の死亡・代理人が破産手続開始の決定もしくは後見開始の審判を受けたことによって消滅する（111条1項）。これは、任意規定であるから、これらの要件を充足しても代理権は消滅しないと合意することも有効である（最判昭31・6・1民集10・6・612）。

　さらに、委任による代理権は、委任の終了によって消滅する（111条2項）。ここにいわゆる「委任」とは、643条の委任に限られるものではなく、雇用その他の内部契約全般を意味するものと解すべきである。

---

66) 我妻344頁、幾代347頁

（4）代理権の濫用

（i）代理権濫用の法律構成

代理人が、顕名の上代理意思を表示しながらも、内心においては、本人の利益を図る意思がなく、自己（または第三者）の利益のために背信的な代理行為をした場合は、**代理権の濫用**として、その効果が問題となる。たとえば、会社の仕入主任が、自らの利益を図る目的をもって当該会社の名義を用いて原材料を仕入れ、それを他に転売して代金を着服したような場合である。このような背信的行為であっても、代理意思の表示があり、かつ形式的には代理権の範囲であるから、相手方保護のために原則として有効な代理行為と解される。本人である当該会社（または代理人たる当該主任もしくはその両方）が、この代理行為による契約につき本人のためにしたものではないからとて、その効果が本人たる会社に帰属しないと主張できるとすれば、取引の安全（本人たる会社との取引であると思って納入した相手方の利益）を著しく害することになるからである。

もっとも、代理権の濫用につき相手方がその事実を知りまたは知り得た場合は、そのような悪意・有過失の相手方を保護する必要はないから、代理行為の効力を否認してもよいであろう。学説・判例ともに、その点では見解が一致しているが、この結論を導き出す法律構成については考え方が分かれる。

ⓐ 93条ただし書類推適用説

相手方が代理人の真意（代理権の濫用）を知り、またはこれを知ることができたときは、民法93条ただし書を類推適用（⇒275頁）して、代理行為の効力を否認すべきとする説[67]である。代理権濫用は、表意者たる代理人が代理にかかる表示行為と真意の不一致を知っているという点が、心裡留保に準じるからである。立証責任に関しては、相手方の悪意・有過失について本人がこれを負う。

ⓑ 代理権濫用説

上記ⓐ説に対しては、過失があるに過ぎない相手方すら保護しないという帰結は取引の安全を害するとの批判がある。この見解[68]は、代理権の濫用につき悪意ないし重過失の相手方が本人に対して代理行為の有効性を主

---

67) 我妻345頁、近江Ⅰ259頁ほか
68) ［判例7.2］の大隅健一郎裁判官意見、川井217頁ほか

張することは、信義則（1条2項）に反して許されないとし、軽過失の相手方を救済しようとする。

ⓒ **無権代理説**

上記ⓐ説およびⓑ説は、権利の濫用であっても代理権の範囲内であることが前提となっている。それに対して、権利濫用は代理権の範囲外の行為、つまり無権代理（表見代理）であると構成するのが無権代理説（表見代理説）である。この見解[69]によると、相手方は、代理権の範囲内である（代理権の濫用ではない）と信ずべき正当な理由があるときにのみ保護される（110条）。正当な理由とは、善意・無過失とほぼ同じであるから、結果としては、上記ⓐ説と変わらない。もっとも、立証責任に関しては、正当な理由があることにつき相手方がこれを負うことになるから、より本人保護的傾向を帯びる。

判例は、当初は「無権代理説」を採るものがあったが、後に「93条ただし書類推適用説」を採るようになり（最判昭38・9・5民集17・8・909）、これが判例理論として確立した（最判昭42・4・20民集21・3・697〈[判例7.2]〉、最判平4・12・10民集46・9・2727〈[判例7.3]〉）。学説としても、「93条ただし書類推適用説」が通説的見解とされているが、取引安全の観点から無効とされる場合をできるだけ制限しようとする商法学者の多くは「代理権濫用説」を支持する。また、無権代理説は、ドイツの学説に範をとる学者によって主張されている。

代理権の濫用

[判例7.2] **最判昭42・4・20**（民百選Ⅰ[7版] 26）

Y会社の製菓原料店の仕入主任Pがその代理権を濫用し、転売して密かに差益を得る目的でX会社から原料を仕入れる契約をし、X社の支配人Qもそれを承知で契約に応じていた事案において、X社はPによる代理行為の有効性を主張し、Yに代金の請求をした事案において、次のように判示して、X社の請求を棄却した。

代理人が自己または第三者の利益を図るため権限内の行為をしたときは、相手方が代理人のその意図を知りまたは知り得た場合に限り、民法93条ただし書の規定を類推して、本人はその行為につき責に任じないと解する。

---

69) 川島123頁

[判例7.3] 最判平4・12・10（民百選Ⅰ［6版］26）

　未成年者Ｘは父Ｆの死亡により本件土地を相続したが、その登記手続等は、Ｘの親権者である母Ｅが叔父Ｄ（Ｆの弟）に依頼して行い、叔父Ｄは登記手続を含めて諸事にわたってＥ・Ｘ母子の面倒をみていた。母Ｅは、Ｘの土地につき、Ｙ保証協会がＨ社（叔父Ｄが代表者として経営する会社）に対して保証委託取引に基づき取得する債権を担保するため、根抵当権★を設定することをＸの親権者として承諾し、また叔父Ｄが母Ｅを代行して、上記合意について契約書を作成することおよび登記手続をすることを許容した。そこで、叔父Ｄは母Ｅを代行して、極度額を4,500万円とする根抵当権設定契約証書を作成の上、登記手続を行った。Ｈ社は、事業資金としてＮ銀行から総額4,000万円を借り受け、その際、Ｙ保証協会は、Ｈ社との間で信用保証委託契約を結び、Ｎ銀行に対し、Ｈ社の各借受金債務を保証する旨を約した。Ｙ保証協会は、叔父Ｄが母Ｅを代行して行った根抵当権設定契約の締結に際して、Ｈ社のＮ銀行からの借受けがＨ社の事業資金のためであって、Ｘの生活資金その他Ｘの利益のために使用されるものではないことを知っていた。そこで、成年に達したＸは、Ｙ保証協会に対し、本件根抵当権設定契約が母Ｅの代理権濫用行為であり、Ｙ保証協会は契約締結の際に濫用であることを知っていたので、本件根抵当権設定契約は無効であるとして、土地の所有権に基づき、根抵当権設定登記の抹消登記手続を求めた。

　第1審はＸの請求を棄却。原審は、母Ｅの行為は濫用行為にあたり、Ｙ保証協会は濫用の事実を知っていたのであるから、民法93条ただし書の規定を類推適用して、Ｘには本件根抵当権設定契約の効果は及ばないと判断しＸが勝訴した。Ｙ保証協会が上告。

　破棄差戻し。親権者は、原則として、子の財産上の地位に変動を及ぼす一切の法律行為につき子を代理する権限を有する（民法824条）ところ、親権者がその権限を濫用して法律行為をした場合において、その行為の相手方がその濫用の事実を知りまたは知り得べかりしときは、民法93条ただし書の規定を類推適用して、その行為の効果は子には及ばないと解するのが相当である（前掲最判昭42・4・20参照）。しかし、親権者が子を代理してする法律行為は、親権者と子との利益相反行為にあたらない限り、それをするか否かは子のために親権を行使する親権者が子をめぐる諸般の事情を考慮してする広範な裁量に委ねられているものとみるべきである。親権者が子を代理して子の所有する不動産を第三者の債務の担保に供する行為について、それが子自身に経済的利益をもたらすものでないことから直ちに第三者の利益のみを図るものとして親権者

による代理権の濫用にあたると解するのは相当でない。

> **根抵当権**：将来発生する複数の債権を被担保債権として担保する抵当権のことである。普通の抵当権は、特定の債権を担保するためだけのものであるから、完済等で当該債権が消滅すれば抵当権も消滅する。他方で、特定の債権を担保するだけではない根抵当権の場合は、債務がゼロになっても、（将来の債務を担保するため）消滅することはない。

(ⅱ) 転得者の保護

代理権の濫用につき悪意ないし有過失の相手方Rから、事情を知らずに権利を譲り受けた者Sをどのように保護すべきであろうか。

93条ただし書が直接に適用される場面では、善意の第三者保護のため、94条2項が類推適用される（⇒273頁）。93条ただし書が類推適用される場合も同様である。したがって、上記ⓐ説の立場からは、Rは本人との関係では有効に権利を取得できないが、善意の転得者Sは無権利者のRから有効に権利を取得できることになる。（善意の立証責任は、Sが負う）。判例もこの立場である（最判昭44・11・14民集23・11・2023）。上記ⓒ説を採っても同様の結論となると思われるが、「94条2項による類推適用が必ずしも明確でない」との有力な見解[70]がある。

他方、上記ⓑ説にあっては、一般的に94条2項が類推適用されるとしても、有効な代理行為に関して、信義則違反によって権利の取得が否定されるのは悪意ないし重過失のRであるのに対し、94条2項の類推適用によって保護される善意の第三者とは、善意・無過失の第三者（転得者）であるSのはずである（通説）。すると、Rは軽過失でも保護されるが、Rからの転得者Sは無過失でなければ保護されないというアンバランスな結果を招来してしまう。

(ⅲ) 法人の代表者・雇用関係

通説・判例によると、法人の代表者が自己の利益を図るために法人を代理して行為をした場合に、93条ただし書の類推適用が認められることはもちろんであるが、相手方は一般法人法78条（←同197条）に基づき法人の不法行為責任を追及することもできる。また、法人代表者の当該行為が越権行為

---

70) 近江Ⅰ 259頁

であるときは、相手方は民法110条の要件を主張・立証して法人の表見代理責任を追及することもできる。

　被用者（他人に雇われている人）が自己の利益を図るために使用者から授与された代理権を濫用して、相手方に損害を被らせた場合には、93条ただし書の類推適用がある（通説・判例）ほか、相手方は民法715条1項の適用により使用者責任（損害賠償責任）を追及することができる。93条ただし書類推適用の場合は、相手方の善意・無過失を要件として使用者に対して法律行為の履行を請求することが認められる。それに対して、715条の場合は、履行請求ではなく損害賠償請求である。また、相手方は、軽過失[71]があっても、過失相殺の規定（722条2項）の適用を受けつつ請求権が認められる点で、93条ただし書の類推適用と異なる。

（5）代理行為の瑕疵

　代理行為の効果は本人に帰属するものの、代理行為の行為主体は代理人自身である（代理人行為説）から、意思表示の効力に影響のある意思の不存在、詐欺・強迫、またはある事情を知っていたことまたは知らなかったことに過失があることなどの事実の有無も、代理人について判断される（101条1項）。

（i）意思の不存在
(ｱ) **代理人の心裡留保**
代理人に心裡留保があっても、代理行為は原則として有効である（93条）。
(ｲ) **代理人の錯誤**
代理人に錯誤があったときは、代理行為は無効である（95条）。
(ｳ) **代理人と相手方との通謀による虚偽表示**
代理人が相手方と通謀して虚偽の意思表示をしたときは、本人が虚偽表示をしたのと同視される。したがって、本人や本人の債権者は、相手方に対して無効を主張することができる（94条1項）。問題は、代理人が本人を欺く目的で相手方と通謀して虚偽表示をした場合、相手方と本人の法律関係がどうなるかである。

---

[71] 重過失のある場合は別異である（最判昭42・11・2民集21・9・2278、最判昭44・11・21民集23・11・2097）。

ⓐ **無効説**

虚偽行為を本人との関係で有効としてまで敢えて本人を保護する必要があるかは疑問であるとして、101条1項・94条1項による原則が貫徹されるとする見解で[72]、通説とされる。代理人・相手方間の虚偽行為は、本人との関係においてなお無効となる。判例も、本人の善意・悪意を問わず、この場合の法律行為は無効であるとしている（大判大3・3・16民録20・210、大判昭16・8・30新聞4747・15）。

ⓑ **無効主張否定説**

少なくとも、善意・無過失の本人は保護されるべきであるとして、相手方は本人に対し無効を主張できないとする見解であるが、その根拠につきさらに学説が分かれる。

ⓑ-1 **93条ただし書類推適用説**

いかなる代理人も相手方と通謀して本人を欺く権限を有しないので、代理人はもはや相手方の意思表示の伝達機関に過ぎず、したがって、相手方の本人に対する心裡留保であるから、本人が相手方の真意を知り、または知ることができた場合でない限り、相手方の意思表示は93条ただし書により有効であるとする見解である[73]。この立場に立った判例もある（大判昭14・9・22新聞4481・7、大判昭14・12・6民集18・1490）。この説に対しては、「代理人に本人を欺く権限はない」とのドグマ的前提で、代理人を伝達機関と認定することは技巧的過ぎるとの批判がある。

ⓑ-2 **94条2項類推適用説**

本人を善意の第三者として、94条2項を類推適用する見解[74]である。本人が94条2項の善意の第三者に該当するときは、101条1項の適用はないとする。この説に対しては、94条2項にいう第三者は、虚偽表示の外形を信頼して新たに利害関係を持つに至った第三者を意味するが、代理人が相手方と通謀して虚偽の意思表示をした場合における本人は、94条2項の第三者に該当しないという批判がある。

ⓑ-3 **信義則説**

代理人・相手方間の虚偽表示を相手方の心裡留保に転換することは妥

---

72) 我妻349頁、幾代317頁
73) 川島269頁
74) 石田（穣）314頁、近江Ⅰ265頁

当ではないとし、代理人の虚偽表示は本人に帰属する（101条）のを原則とするが、例外として、代理人が本人を欺く目的で相手方と通謀したときは、本人がそのことにつき善意・無過失であるならば、相手方は信義則上、虚偽表示無効を本人に対抗できない、とする見解[75]である。この説に対しては、信義則違反理論というのは、権利者の権利行使が客観的に許容できないゆえにその行為を否定する理論であるが、代理人の行為は本来無効なのだから正当な権利主張とはいえないという批判がある。

(ⅱ) 瑕疵ある意思表示

　代理人が詐欺または強迫されたときの代理行為は、101条1項の規定により、取り消すことができる。その取消権は本人が取得するが、代理人がこれを行使し得るかどうかは、代理権の範囲の問題である[76]。ただし、代理人が詐欺・強迫を行った場合は、101条の規定の範疇外の問題である。しかし、本人効を伴う代理法理においては、代理人の詐欺・強迫は相手方にとって第三者の詐欺・強迫というべきではなかろう。判例は、代理人が詐欺・強迫を行った場合も、101条を適用して、本人の知・不知にかかわらず相手方は常に取消すことができるとする（大判明39・3・31民録12・492、大判昭7・3・5新聞3387・14〈[判例7.4]〉）。

　なお、本人が相手方を詐欺した場合には、その事実にかかる代理人の知・不知にかかわらず、相手方はその法律行為を取り消すことができる。詐欺を行ったのが本人である以上、その取消しを認めても本人に酷であるとはいえないから、理論構成としては、96条2項（⇒316頁）の適用外としてもよいし、101条2項の拡張解釈としてもよい[77]。

[判例7.4] 大判昭7・3・5

　Xの代理人Aが、代理行為の相手方Yを欺き、順位第1番抵当と誤信させて順位第2番抵当を設定して金銭消費貸借契約を締結した事案において、Xは要素の錯誤を理由として契約の無効を主張したが、「意思の不存在、詐欺・強迫、善意・悪意などすべて意思表示の効力に影響を及ぼす事情は、代理人につ

---

75) 川井220頁
76) 我妻349頁
77) 近江Ⅰ266頁

> いてこれを定めるべきものであり、民法101条にいう詐欺・強迫は代理人が相手方からこれを受けた場合のみならず、代理人が相手方に対してこれを行った場合をも包含するものである」とするとともに、「相手方を欺罔して要素に錯誤ある意思表示をなさしめて法律行為の無効を引き起こした者はその無効を主張し得ない」と判示した。

（ⅲ）特定の法律行為をすることを委託された場合

　本人が特定の行為を代理人に委託した場合において、代理人が本人の指図に従ってその行為をしたときは、本人は、自ら知っていた事情または過失によって知らなかった事情について代理人が知らなかったことを主張することができない（101条2項）。たとえば、特定の家屋を購入する代理権を授与した場合に、本人自身がその家屋に瑕疵のあることを知っていたならば、たとえ代理人がそれを知らなくても、本人は相手方に対して、瑕疵担保責任を問うことは許されない。代理行為につき本人の心理状態は意思表示理論とは無関係であるが、悪意の本人に代理人の善意を主張することを許しては公平に反するとの理由に基づいて規定されたのが101条2項である。

（ⅳ）代理人の不法行為

　代理行為に際して、代理人が不法行為を行った場合（故意または過失によって他人の権利または法律上保護される利益を侵害した場合）、その不法行為責任（それによって生じた損害を賠償する責任）は、本人について生じない。不法行為責任は、いかなる意味でも、意思表示制度の効果ではないからである。もっとも、場合によっては、使用者等の責任（715条）、一般法人の代表者の行為についての損害賠償責任（一般法人法78条）が適用されることに留意されたい。

（6）復代理

（ⅰ）復代理の意義

　代理人の義務として「自己執行義務」があると述べた（⇒356頁）が、いかなる場合にも必ず自ら代理行為をしなければならないとすると、病気その他代理行為をすることができない事情が生じた場合は格別、近時の高度化・専門化・分業化された契約社会において何もかもすべてを代理人が直接に代

理行為をせねばならないとすることを前提とするのは現実的ではない。というのも、代理権授与の目的は、代理人が代理処理を自身で遂行することに向けられているわけではなく、代理権を授与した事務処理を円滑かつ効果的に遂行されることに向けられているはずである。つまり、最もふさわしい行為者を見出すことも代理人の職務とされるわけである。そこで民法は、**復代理制度**を準備した。これは、代理人が、自己の権限の範囲内の代理行為の一部または全部を別の代理人（＝復代理人）に行わせることである。任意代理にあっては、その権限は広範囲に及び、また法定代理人は辞任が容易にできないから、復代理人を選任する権限（＝**復任権**）は一般的に認められるが、任意代理の復代理は制約を受ける。したがって、この制約が自己執行義務であるといえよう。

なお、復代理人は、代理人（＝原代理人）が自己の名で選任した代理人であるが、原代理人を代理するのではなく、直接本人を代表（正しくは「代理」）する（107条1項）。

(ⅱ) 復任権とその責任
㋐ 任意代理の場合

任意代理人の復任権行使は、「本人の許諾を得たとき」または「やむを得ない事由があるとき」に限り認められる（104条）。それだけに、復代理人の事務過誤に対する原代理人の責任はあまり重くない。すなわち、原代理人は、復代理人の選任および監督について、本人に対してその責任を負うに過ぎない（105条1項）。すなわち、不適任・不適当な者を選任したことにより、また適任者であってもその監督を怠ったことにより本人に損失を及ぼした場合、原代理人はこれを賠償する責任を負う。ただし、本人の指名に従って復代理人を選任したときは、（本人が指名した）復代理人が「不適任または不誠実であることを知りながら、その旨を本人に通知しまたはその復代理人を解任することを怠」らない限り、その選任・監督責任すら負わない。本人の選任につき選任責任を負わされないのは当然である。監督責任にしても然りである。監督を全うしなければならないような者を選任したのであれば、そのような者（復代理人）の事務過誤・不適切な行為は、選任者たる本人の責めに帰すべきだからである。

(ｲ) **法定代理の場合**

　法定代理人については、上述のとおり、復任権も広く認められるが、その反面、復代理人の失当に対する責任は重い。すなわち、選任・監督責任のみではなく、復代理人の行為につき（代理人としての自己の行為と同じく）すべての結果責任を負う（106条前段）。ただし、やむを得ない事由で復代理人を選任したときは、任意代理人による復任の場合と同じ責任（選任・監督責任）に縮減される（同条後段）。

(iii) 復代理当事者間の法律関係

　前述のとおり、復代理人は、本人の代理人であって、原代理人の代理人ではない（107条1項）。そのことから、復代理の当事者間は、次のような法律関係となる。

① **対代理人関係**

　復代理人は、原代理人の監督に服する。復代理における代理権は、原代理人の代理権（原代理権）の範囲に限られ、かつそれに付従する。原代理人の代理権が消滅すれば、復代理人の代理権も消滅する。

② **対本人関係**

　復代理人は本人の代理人であるから、原代理人と同一の権利を有し、義務を負う（107条2項）。したがって、本人・原代理人間に「委任」という内部契約がある場合には、復代理人も本人という委任者との関係で受任者となり、直接本人に対して善管注意義務（644条）、忠実義務（108条・826条）、受領物等引渡義務（646条）、費用償還請求権（650条）、報酬請求権（650条）などを有することになる。

③ **対第三者関係**

　復代理人は、本人の代理であるから、第三者に対する関係においても原代理人と同一の法律関係を有する（107条2項）。すなわち、顕名主義（99条1項）、顕名しない場合（100条）、代理行為の瑕疵（101条）などが適用される。

(iv) 復代理人が受領物を引き渡すべき相手方

　復代理人は、相手方から受領した物を、本人・原代理人のいずれに引き渡すべきであろうか。最高裁は、復代理人は、特別の事情がない限り、相手方

から受領した物を本人に対して渡すべき義務を負うほか、代理人に対しても引き渡す義務を負い、もし代理人に引き渡したときは、本人に対する受領物引渡義務は消滅するとしている（最判昭51・4・9民集30・3・208〈[判例7.5]〉）。

[判例7.5] 最判昭51・4・9

XのAに対する損害賠償請求に関する復代理人Yは、Aから賠償金250万円を受領して原代理人Bに引き渡したが、BはXに120万円しか引き渡さなかったので、XがYに残金130万円の引渡しを求めた事案で、「復代理人は、特別の事情がない限り、相手方から受領した物を本人に対して引き渡す義務を負うほか、原代理人に対しても同じ引渡義務を負うが、これを原代理人に引き渡したときは、本人に対する受領物引渡義務もまた消滅する」としてXの請求を棄却した。

■ 3 無権代理 ■

(1) 無権代理の意義

代理権の授与がないにもかかわらず、または代理権の範囲を超えて代理行為がなされることを**無権代理**という。顕名などの要件は備えているが、代理権を欠くものであるから、代理行為としては無効であり、本人が追認をしなければ、本人に対してその効力を生じない（113条1項）。ただ無権代理人（代理権がないにもかかわらず、顕名の上、代理人と称して行為を行った者）に不法行為に基づく損害賠償責任（709条）が生じるに過ぎない。しかし、代理権の存否や範囲は、本人・代理人間の内部関係であって、相手方はこれを容易に正確には知り得ない。そうであるにもかかわらず、無権代理の効果を一律に否定したのでは、無権代理であるという事情を知らずに取引関係に入った相手方の利益を甚だしく害し、延いては近代法における取引の安全の理想に反することにもなる。

そこで、民法は、無権代理を2つに分け、無権代理人・本人間に特定の緊密関係が存在して正当な代理人らしくみえる場合には、代理の効果を認めて本人にその責任を負わせ、その他の場合には無権代理人に特別の責任を負わ

せることとし、それによって、代理制度の信用を維持し、取引の安全を期した。この２つの類型のうち、前者を**表見代理**、後者を**狭義の無権代理**という（表見代理については次節で扱う）。

なお、無権代理行為が本人に対してその効力を生じない（113条1項）というのは、無効ということである。追認によって有効になるので無効ではないとする学説（効果不帰属）[78]もあるが、無効には絶対的無効と相対的無効があるとするのが通説であり、この場合に特に無効概念を否定する理由はない（不確定的無効）とされる[79]。

（２）契約（双方行為）の無権代理

上述のとおり、表見代理が成立する場合、すなわち、外形的事情により相手方が正当な代理行為であると信じることがもっともであると考えられる場合は、本人効が付与される。したがって、表見代理が成立しない場合（相手方が正当な代理行為であると信じることがもっともではない場合＝狭義の無権代理の場合）は原則として代理の効果が生じない。しかし、無権代理行為は必ずしも本人の不利益になるとは限らないから、民法は、本人の追認があれば、契約（双方行為）の無権代理行為につき本人効を与えることとした。

（ⅰ）追認の意義

狭義の無権代理による代理行為は本人効を生じないが、本人は、無権代理人または相手方に対する一方的な意思表示（単独行為）によって本人効を得ることができる（113条・116条）。この意思表示を**追認**という。

契約（双方行為）の無権代理にあっては、本人は、その効果を欲するときは追認することができる（113条1項）。追認は、本人の単独行為であるから、無権代理人や相手方をはじめとして誰の同意も要しないが、当該契約（無権代理行為）の相手方または無権代理人に対してなされなければならない。ただ、契約の相手方に対して追認を対抗するには、その相手方に対して追認の意思表示をしなければならない（113条2項本文）。もっとも、相手方がその追認の事実を知ったときは、この限りでない（同項ただし書）。

78）四宮＝能見 318 頁
79）川島 394 頁

(ⅱ) 追認の効果

本人が追認するときは、無権代理行為は、最初から適法な代理行為であったと同様になる。その効果は、原則として契約のときに遡及して発生するが、別段の意思表示があればそれに従う（116条本文）。ここにいわゆる「別段の意思表示」については特に規定されていないが、本人だけの意思表示ではなく、相手方の同意を要すると解すべきだから、本人・相手方間の合意のことである（通説[80]）。

無権利者を委託者とする販売委託契約の所有者による追認の効果
[判例 7.6] 最判平 23・10・18 民集 65・7・2899（民百選Ⅰ［7 版］37）

　X は、訴外 A の代表取締役である訴外 B から、その所有する工場を賃借し、平成 14 年 4 月以降、同工場でブナシメジを生産していた。B は、平成 15 年 8 月 12 日から同年 9 月 17 日までの期間、賃貸借契約の解除等をめぐる紛争に関連して同工場を実力で占拠し、その間、A が、Y との間でブナシメジの販売委託契約（以下「本件販売委託契約」という）を締結した上、X の所有する同工場内のブナシメジを Y に出荷した。Y は、本件販売委託契約に基づき、上記ブナシメジを第三者に販売し、その代金を受領した。X は、X と Y との間に本件販売委託契約に基づく債権債務を発生させる趣旨で、本件販売委託契約を追認した上で、Y に対し、本件販売委託契約を追認したからその販売代金の引渡請求権が自己に帰属すると主張して、その支払いを請求した。
　原審は、X が、上記の趣旨で本件販売委託契約を追認したのであるから、民法 116 条の類推適用により、同契約締結の時に遡って、X が同契約を直接締結したのと同様の効果が生ずるとして、X の支払請求を認容した。Y が上告。
　破棄自判（請求棄却）。
　無権利者を委託者とする物の販売委託契約が締結された場合に、当該物の所有者が、自己と同契約の受託者との間に同契約に基づく債権債務を発生させる趣旨でこれを追認したとしても、その所有者が同契約に基づく販売代金の引渡請求権を取得すると解することはできない。なぜならば、この場合においても、販売委託契約は、無権利者と受託者との間に有効に成立しているのであり、当該物の所有者が同契約を事後的に追認したとしても、同契約に基づく契約当事者の地位が所有者に移転し、同契約に基づく債権債務が所有者に帰属するに至ると解する理由はないからである。仮に、上記の追認により、同契約に基づく

---

80) 我妻 378 頁

債権債務が所有者に帰属するに至ると解するならば、上記受託者が無権利者に対して有していた抗弁を主張することができなくなるなど、受託者に不測の不利益を与えることになり、相当ではない。

　また、第三者の権利を害する場合も、追認の遡及効は認められない（116条ただし書）。追認するまでの間に相手方から権利を取得した第三者は保護されるという趣旨である。判例は、無権代理人に弁済された債権につきその後差押え・転付命令★が発せられた場合には、本人において無権代理人の受領行為を追認しても、差押債権者に対抗することはできないとする（大判昭5・3・4民集9・299）。このように、債務の弁済や債権の差押えのような場合には、116条ただし書の適用がある。すなわち、第三者の行為の対象となった権利につき、無権代理人が第三者の権利に影響する行為をしており、しかも無権代理の行為には対抗要件を必要としない場合に、第三者の権利の保護のために追認の遡及効が制限される[81]。

　　転付命令：債務者Qが第三債務者Rに対して有している債権を、Qに対する債権者Pへ直接的に移す手続のこと。債務者Qの財産（債権）に対する強制執行のひとつである。

(ⅲ) 116条の類推適用

　116条は、他人（本人）の権利をその他人の名において勝手に処分した場合、つまり本人の意思が欠けた場合の無効を前提としているから、本人の意思が欠けている状況であれば、代理以外であっても（行為者が本人に効果を転帰させる意思を有していない場合でも）類推適用される（通説）。判例は、他人の権利を勝手に自己の名で処分した場合について、116条を類推適用するとしている（最判昭37・8・10民集16・8・1700〈[判例7.7]〉）。

---

81) 川井257頁

他人の権利の処分と追認

[判例7.7] 最判昭37・8・10（民百選Ⅰ[7版]38）

　訴外Pは、昭和28年6月、父Xの印鑑を無断で持ち出し、Xの所有する不動産（以下、「本件不動産」）につきXからPへの贈与契約書を偽造して自己への所有権移転登記手続をした。ついで、PとYとの間で、訴外QがYに対して負う債務を担保するため、Yのために本件不動産に根抵当権（以下、「本件抵当権」）を設定する契約が締結され、その旨の登記がなされた。

　その約2年後に、Xは、本件不動産について上記所有権移転登記と本件抵当権設定登記がされた事実を知った。Xは、本件不動産の所有権に基づいて、Yに本件抵当権設定登記の抹消登記手続を請求した。

　原審は、Xは上記事実を知ったときから遅くとも半年後にはYに対して本件抵当権は当初から有効に存続することを承認し、Pのした本件抵当権設定を追認したものと認定した。その上で、本件抵当権の設定はXの追認により無権代理行為の追認の場合に準じてXのために効力を生じ、本件抵当権設定登記は現在の実体関係に合致するに至ったとして、Xの請求を棄却した。Xが上告。

　上告棄却。ある物件につき、何ら権利を有しない者が、これを自己の権利に属するものとして処分した場合において真実の権利者が後日これを追認したときは、無権代理行為の追認に関する民法116条の類推適用により、処分の時に遡って効力を生ずるものと解するのを相当とする（大判昭10・9・10民集14・1717参照）。

（ⅳ）相手方の催告権

　上記の追認につきそれをするか否かは本人の自由であるが、不確定の状態で長く放置されては相手方が迷惑する。そこで、民法は、相手方にも催告権を認めた。すなわち、相手方は、本人に対し、相当の期間を定めて、その期間内に追認をするかどうかを確答すべき旨の催告をすることができ、その期間内に確答がないときは、追認を拒絶したものとみなされる（114条）。

（ⅴ）追認の拒絶

　本人は、無権代理の効果が自己に及ばないことを確定させるために、追認を拒絶することもできる。拒絶の意思表示をなすべき相手方は、追認の場合と同様である。

本来、無権代理行為は、本人が放置すれば、本人に対して何らの効果も及ぼさないのであるから、追認を拒絶することの実益はほとんどない。しかし、本人が追認を拒絶することによって、無権代理行為は本人に効力を生じないことを確定して、本人は以後追認することができなくなり、相手方は取り消す必要もなくなるから、法律関係を確定するだけの意味はある。

(vi) 相手方の取消権

契約の時において代理権を欠くことを知らなかった善意の相手方は、本人の追認がない間は無権代理人との契約を取り消すことができるが (115条本文)、契約時に悪意であった場合は取り消すことはできない (同条ただし書)。この相手方の取消しによって、本人は追認権を失うことになる。また、取消しをした相手方は、無権代理人との法律関係が消滅するから、後述の「無権代理人の責任 (117条)」の追及もできなくなる。

(3) 無権代理人の責任

無権代理行為が本人の追認を得られない場合、本人に対してその効力を生じないという効果、つまり無効として本人を保護するのみで完結すると、相手方の保護に著しく欠け、代理制度に対する信用を低下させることにもなる。そこで、民法は、無権代理人は善意・無過失の相手方に対して責任を負わねばならないこととした (117条)。判例は、この責任につき「相手方の保護と取引の安全並びに代理制度の信用保持のために、法律が特別に認めた無過失責任であ」るとしている (傍点引用者) (最判昭62・7・7民集41・5・1133 ⇒ [判例7.8] 380頁)。

(i) 責任の要件
(ア) 117条1項の要件
他人の代理人として契約をした者が、自己の代理権を証明することができず、かつ、本人の追認を得ることができなかったことが要件である (117条1項)。

自己の代理権を証明することができる者は有権代理人であるから、無権代理人の責任を追及されることはないのは当然の事理である。したがって、

「自己の代理権を証明することができず」とは、相手方は、その責任を問うために、代理権のないことを自ら証明する必要はないということを意味するのであり、代理人と称した者がこの責任を免れる（本人に対してその効力を生ぜしめる）ためには、その証明が必要であるということである。

相手方は、代理権ありと信じて契約を締結したのだから、通常は、まず代理権の存在を代理人に証明させて代理行為が本人に転帰することを主張するであろう。それが不首尾に終われば、少なくとも表見代理の成立を主張し、それも成功しなかったとき、すなわち、代理人が自己の代理権を証明できないことがすでに判明しているときに、相手方は117条の無権代理人責任を追及することになろう。

本人が追認をしたときは、既述のとおり、有権代理となるから、相手方は無権代理人責任を問えなくなる（最判昭36・10・10民集15・9・2281）し、問う必要もなくなるのが通常であろう。

なお、既述のとおり、相手方が115条による取消権を行使した場合は、この無権代理人の責任は発生しない。この責任は、契約関係の存在が前提として発生するからである。

(イ) 117条2項の要件

代理人と称する者が代理権を有しないことにつき相手方が善意・無過失であること、および代理人と称する者が行為能力を有していることが要件となる（117条2項）。

悪意者・有過失者を保護する必要はないことを理由として、代理権を欠くことにつき相手方の善意・無過失が要件となるとされる。しかし、無権代理人が、自己に代理権がないことにつき悪意であり、しかも本人から追認も得られる見込みもないのに敢えて無権代理行為をした場合でも、過失ある相手方は、無権代理人責任を追及することができないとなると、法的衡平を欠くことになる。また、この責任追及は、表見代理が成立しないときの補充的責任であることは既述したが、表見代理の成立にも相手方の善意・無過失が要件とされるから（110条・112条）、表見代理が成立しない場面とは通常は相手方に過失があるときとなる。すると、相手方が有過失であるからとて表見代理が成立しない場面では、この無権代理人責任も追及することができないということになり、117条の趣旨を没却することになる。

そこで、117条2項の「過失」の解釈によって、過失の相手方を保護しよ

うとする学説が現れた。判例・学説の状況は、以下のとおりである。
　ⓐ **重過失説**
　　表見代理では保護を受けることができない相手方を保護するところに117条の存在意義があるのだから、117条の免責要件である過失は限定的に解するべきであるとの考え方である。つまり、相手方が悪意・重過失であったことが証明された場合にのみ無権代理人は免責される、とする説[82]である。
　ⓑ **判　例**（過失説）
　　上記ⓐ説に対して、判例は、117条にいわゆる過失は、文言どおり、軽過失をも含めた通常の過失であるとする。いわく、「民法は、過失と重大な過失とを明らかに区別して規定しており、重大な過失を要件とするときは特にその旨を明記しているから（e.g. 95条・470条・698条）、単に『過失』と規定している場合には、その明文に反してこれを『重大な過失』と解釈することは、そのように解すべき特段の合理的な理由がある場合を除き、許されないというべきである。そして、117条2項が『前項の規定は、他人の代理人として契約をした者が代理権を有しないことを相手方が知っていたとき、若しくは過失によって知らなかったとき、又は他人の代理人として契約をした者が行為能力を有しなかったときは、適用しない』と規定しているのは、同条1項が無権代理人に無過失責任という重い責任を負わせたところから、相手方において代理権のないことを知っていたときもしくはこれを知らなかったことにつき過失があるときは、同条の保護に値しないものとして、無権代理人の免責を認めたものと解されるのであって、その趣旨に徴すると、上記の『過失』は重大な過失に限定されるべきものではないと解するのが相当である」（前掲最判昭62・7・7〈[判例7.8]〉）。従来の見解であるが、117条の意義にかかる上述の問題には応接していない。

---

[82] 安永正昭「民法117条2項にいう『過失』と重大な過失　2. 無権代理人が民法117条1項所定の責任を免れる事由として表見代理の成立を主張することの許否」判時1266号（1988年）190頁

無権代理人の責任

［判例 7.8］最判昭 62・7・7（民百選 I ［7 版］34）

> X 信用組合の訴外 P 工務店に対する金銭貸付約定書には連帯保証人 Q の署名・捺印がなされたが、それは、Q の妻 Y が無権代理をしたものであった。P 工務店が倒産したので、X 信用組合は Q に連帯保証債務の履行を訴求したが、敗訴した。そこで、Y に対し、117 条 1 項に基づく連帯保証債務の履行を請求した（連帯保証につき 85 頁参照）。
>
> 原審は、117 条は表見代理によっては保護を受けることができない場合の相手方を救済しようとするものであるから、117 条 2 項の過失とは、相手方を保護することが、却って信義則ない公平の原理に反する場合、すなわち悪意に近いほどの重過失を指すが、X 信用組合にはこれが認められないとして、X 信用組合を勝訴せしめた。Y が上告。
>
> 破棄・差戻し。117 条 2 項の「過失」とは明文に反して「重大な過失」と解釈することは許されないとした上で、「表見代理の成立が認められ、代理行為の法律効果が本人に及ぶことが裁判上確定された場合には、無権代理人の責任を認める余地がないことは明らかであるが、無権代理人の責任をもって表見代理が成立しない場合における補充的な責任すなわち表見代理によっては保護を受けることのできない相手方を救済するための制度であると解すべき根拠はなく、両者は、互いに独立した制度であると解するのが相当である。したがって、無権代理人の責任の要件と表見代理の要件がともに存在する場合においても、表見代理の主張をすると否とは相手方の自由であると解すべきであるから、相手方は、表見代理の主張をしないで、直ちに無権代理人に対し 117 条の責任を問うことができるものと解するのが相当である。
>
> さらに、Y からの表見代理成立の抗弁の主張については、「表見代理は本来相手方保護のための制度であるから、無権代理人が表見代理の成立要件を主張立証して自己の責任を免れることは、制度本来の趣旨に反する」として、これを否定した。

ⓒ **信義則説**

悪意で無権代理行為をした無権代理人が、相手方の過失を証明して 117 条責任を免れようとすることは、信義則に反して許されないとする見解[83]である。

上記ⓑ説に対しては、確かに、条文の文言に頑なに拘っているに過ぎず、

---

83) 辻 316 頁

117条の趣旨を没却させるとの批判が妥当する。ⓐ説とⓒ説の差異は、無権代理人の主観的態様であるが、ⓒ説が問題としている、無権代理人に信義則もしくは**エストッペル（禁反言）の原則**★に反する態様があれば、ⓐ説と結論に差異はない。しかし、ⓒ説のみでは、無権代理人にそのような主観的態様がない場合は117条の趣旨が没却されてしまうことから、ⓐ説をもって妥当とするほかはないであろう[84]。

なお、代理権を有しないことにつき相手方の悪意・有過失にかかる立証責任は、当然に無権代理人側にある（通説）。

> **エストッペル（禁反言）の原則**：英米法上の原則で、何らかの行為によってある事実を表示した者は、それを信頼した者に対して、表示に反する主張をしてはならないという法理である。すなわち、PがQのした表示を信じ、それに基づいて自己の地位を変更したときは、Qは後になって自己の表示が事実に反していたことを理由としてそれを翻すことが許されないということである。

(ⅱ) 責任の内容

上記の要件が充たされれば、無権代理人は、「相手方の選択に従い、相手方に対して履行または損害賠償の責任を負う」（117条1項）。この相手方の債権は、406条の選択債権である（多数説）[85]。

117条1項にいわゆる履行の責任とは、その無権代理行為があたかも無権代理人自身と相手方との間に成立したのと同様の責任を、無権代理人が負うということである（最判昭41・4・26民集20・4・826[86]）。もっとも、**特定物の引渡し**（e.g. 本人が所有する不動産の売却）、本人以外では意味を成さない「**なす債務**」の履行（e.g. 本人たる歌手によるコンサートへの出演債務）の場合には、無権代理人による履行は不能であるから、相手方としても、履行責任を選択することはできず、ひっきょう損害賠償の責任に転化することとなる。

履行責任に代わる損害賠償責任の範囲は、**信頼利益**★にとどまらず**履行利益**★に及ぶと解するのが通説[87]・判例（大判大4・10・2民録21・1560）である。

---

[84] 近江Ⅰ274頁
[85] 近江Ⅰ275頁
[86] PがQの無権代理人としてQ所有の不動産をRに売り渡す契約を締結した後、Qから当該不動産の譲渡を受けてその所有権を取得するに至った場合において、Rが117条にいわゆる履行を選択したときは、当該売買契約は、P・R間に成立したと同様の効果を生ずると判示した。
[87] 近江Ⅰ275頁

信頼利益・履行利益:「信頼利益」とは、有効でない契約を有効であると信頼したために生じた、信頼した者の利益をいう。たとえば、土地の売買契約を有効であると信じて、当該土地を見に行くのに必要とした費用、その土地上に建てるつもりで建築材料を買った費用、契約書作成費用等である。他方で、「履行利益」とは、契約が有効であって完全に履行されたならば得られたであろう利益をいう。たとえば、土地の売買契約が履行されて買い入れることができたなら、それを他に転売して得られたであろう利益などである。

(4) 地位の同化

相続等の承継により、無権代理人の地位と本人の地位とが同一人に帰することがある。想定される事態としては、①無権代理人が本人を相続した場合、②無権代理人が無権代理行為の目的である権利を本人から取得した場合、③本人が無権代理人を相続した場合、④第三者が無権代理人と本人の両方の地位を承継した場合、である。

以上のような無権代理人の地位と本人の地位との同化は、追認を得られなかった無権代理人が本人の地位を承継した場合に、本人の立場で引き続き追認を拒絶することができるか、あるいは、追認をしなかった本人が無権代理人の地位を承継した場合に、依然として追認を拒絶することができるか、という問題を招来する。

(i) 無権代理人が本人の地位を相続した場合
(ア) 総 説

上記の①の類型である。相続人たる子が、父の無権代理人として父の財産を処分し、父死亡後にその地位を相続する例はしばしば生ずる。

Qは、父Pの印鑑を無断で持ち出し、Pの所有する不動産につきPからQへの贈与契約書を偽造して自己への所有権移転登記手続をした。ついで、QとRとの間で、SがRに対して負う債務を担保するため、Rのために本件不動産に根抵当権を設定する契約が締結され、その旨の登記がなされた。その後、追認を拒絶していたPが死亡した。Pを相続したQは、被相続人Pの有していた追認拒絶権を相続により承継したとして追認を拒絶できるであろうか。相手方Rは、Q(Pの追認権の相続人)の追認がない限り、履行責任の追及は不可能である。

ⓐ 追認拒絶肯定説（資格併存説）

無権代理人が本人を相続しても、無権代理は、依然として無権代理のままであって、無権代理人と本人との資格（地位）が併存すると説く。したがって、追認の拒絶を認め、無権代理人責任の問題として処理すれば足りるとする説[88]である。上記設例における相手方Rは、Qが追認するまでは取消しができ、追認を拒絶されたときは無権代理人責任を追及して損害賠償の請求ができる（目的物が特定不動産であるから、履行責任は問えない）。

ⓑ 追認拒絶否定説

本人の地位を承継したといえども、無権代理人は、本人の立場で追認拒絶はできないとするのが、判例・多数説である。その法的構成については、学説が分かれる。

ⓑ-1 資格融合説

無権代理人Qと本人Pの資格が相続によって一体となり、本人が自ら法律行為をしたのと同じことになるから、無権代理の効果が当然にQに帰属し、追認を拒絶する余地はないと考える立場である（大判昭2・3・22民集6・106）。これと同趣旨の学説も多く、あるいは、無権代理人は本人の地位を承継すると構成し（地位承継説[89]）、あるいは、無権代理人が相続財産処分権を取得して代理権の欠缺が追完されると構成する（代理権追完説[90]）。

ⓑ-2 信義則説

基本的にⓐ説に立脚するが、QがPの地位についた場合は追認をするのが相当であり、それを拒絶して代理行為の効果が自己に帰属するのを回避することは信義則上許されないとする説[91]である（大判昭17・2・25民集21・164および最判昭40・6・18民集19・4・986〈[判例7.9]〉は、追認の拒絶が信義則に反するとしているが、上記のいずれの学説によっているのかは必ずしも明確ではない）。

---

88) 幾代363頁以下、石田（穣）462頁ほか
89) 我妻376頁
90) 川島400頁ほか
91) 近江Ⅰ277頁、川井266頁ほか

[判例7.9] 最判昭40・6・18

Xは、父Pの代理人と称して、Pの土地を担保に金融を受けるためPの印鑑と必要書類をQに渡したところ、Qは本件土地をYに譲渡して移転登記をした。Pの死亡で相続人となったXは（他の共同相続人は相続放棄をした）、自分の行為は無権代理であり、またQには金融を依頼したに過ぎず土地譲渡行為は無効であると主張した事案において、「無権代理人が本人を相続し本人と代理人との資格が同一人に帰するに至った場合においては、本人が自ら法律行為をしたのと同様な法律上の地位を生じたものと解するのが相当であり（上掲大判昭2・3・22参照）」、「XはQに対する金融依頼が亡Pの授権に基づかないことを主張することは許されず、Qはその範囲内においてPを代理する権限を付与されていたものと解すべき」である。そして、QのYへの土地譲渡行為は「Qが授与された代理権の範囲をこえて本件土地をYに売り渡すに際し、YにおいてQに当該土地売渡につき代理権ありと信ずべき正当の事由が存する」ので「XはYに対し当該売買の効力を争い得ない」と判示した。

相続によって本人の追認拒絶権を得たといえども、無権代理人は、その効果を本人に転帰させるという内心の効果意思をもって無効代理の意思表示をした人格であることには変わりはない。自分のなした意思表示を自ら否定することを許容すべきではないとするのが妥当である。したがって、結論が不当となるⓐ説はとり得ない。結果妥当となるⓑ説にあっても、本人の追認拒絶権を相続した無権代理人のそのようなエゴイズムを許すという信義則違反を排除するために、端的に信義則違反を問うⓑ-2説以外の根拠を敢えて唱える必要もないであろう。ⓑ-2説が妥当である。

(イ) 共同相続の場合

もっとも、上記ⓑ説も、単独相続の場合には相手方保護の観点から見て妥当であるが、**共同相続**の場合には問題がある。すなわち、共同相続人の1人が相続開始前に被相続人を本人とする無権代理行為をしていた場合に、相続開始とともにその無権代理行為が当然に有効になると解することは、他の共同相続人の追認拒絶権を封殺することになる。学説は分かれる。

ⓐ **判　例**

判例は、本人の有していた追認権・追認拒絶権が共同相続人全員に不可分的に帰属し、共同相続人全員が共同行使しなければ無権代理行為は有効

にならないと説く（最判平5・1・21民集47・1・265〈[判例7.10]〉）。もっとも、他の共同相続人全員が追認をしているときに無権代理人のみが追認を拒絶することは信義則上許されないとするから、他の共同相続人のうち1人でも追認拒絶をすれば無権代理行為は全面的に無効となり、無権代理人は117条の無権代理人責任を負うことになる。

無権代理人の本人相続──共同相続の場合

[判例7.10] **最判平5・1・21（民百選Ⅰ [7版] 36）**

　訴外Pは、訴外Qから200万円の融資を依頼されたが、Qに対し、先にPがQに貸し付け、未回収となっていた貸金債権600万円に金利を加え、これに依頼された新規の融資分200万円を加えた850万円について、改めてQが借用証書を書き換え、Yの父であるRがそれに連帯保証人として署名捺印することを求めた。そこで、Qは、Yに対し、短期間内に自己の責任で債務全額の処理をすることを誓って、借用証書に連帯保証人としてのRの名による署名捺印を依頼した。Yは、Rから代理権を授与されていなかったにもかかわらず、その了解を得ずにQの依頼に応じ、貸金額850万円、借主Q、遅延損害金年3割、公正証書を作成すべきこと等を内容とする借用証書に連帯保証人としてRの名を記載し、預かっていたRの実印を押捺し、Rがその貸金債務について連帯保証をする旨の契約を締結した。Xは、Pから、Qに対する前記850万円の貸金債権の譲渡を受けた者である。

　第1審では、別訴でRが無権代理を主張していた関係で、XはYに対し無権代理人の責任（民法117条責任）を追及したが、請求棄却。その直後、Rが死亡し、Rの妻の訴外SおよびYが、各2分の1の割合で相続した。

　原審では、Xは主張の一部を変更し、Yに対し、連帯保証債務の2分の1については、無権代理人の本人相続による連帯保証契約の有効な成立を理由に支払いを求め、残余の2分の1については、無権代理人としての責任を追及した。判決は、Yの無権代理人としての責任に民法117条2項の免責事由（相手方Pの過失）に該当することを理由に否定したが、連帯保証債務の2分の1についてはその履行を命じた。Yが上告。

　破棄自判。無権代理人が本人を他の相続人とともに共同相続した場合において、無権代理行為を追認する権利は、その性質上相続人全員に不可分的に帰属するところ、無権代理行為の追認は、本人に対して効力を生じていなかった法律行為を本人に対する関係において有効なものにするという効果を生じさせるものであるから、共同相続人全員が共同してこれを行使しない限り、無権代理

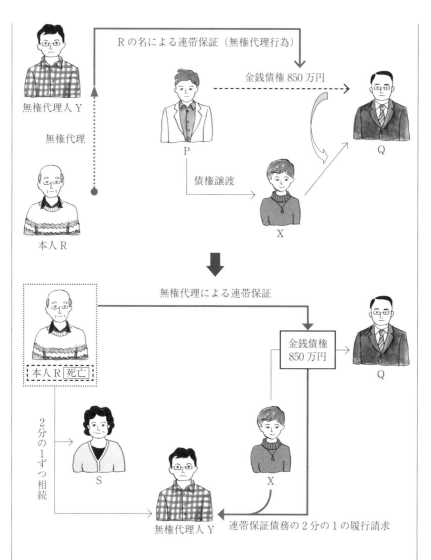

行為が有効となるものではないと解すべきである。そうすると、他の共同相続人全員が無権代理行為の追認をしている場合に無権代理人が追認を拒絶することは信義則上許されないとしても、他の共同相続人全員の追認がない限り、無権代理行為は、無権代理人の相続分に相当する部分においても、当然に有効となるものではない。

なお、三好達裁判官の次の反対意見がある。

> 無権代理人は、相手方から、自己の相続分に相当する限度において、その行為の効果を主張された場合には、共同相続人全員の追認がないことを主張して、その効果を否定することは信義則上許されず、このように無権代理人において追認がないことを主張し得ない以上、相手方は、追認の事実を主張立証することなくして、無権代理人たる相続人に対して、その相続分に相当する限度において、その行為の効果を主張することができることとなり、無権代理人たる相続人は、その限度において本人が自ら法律行為をしたと同様な法律上の地位に置かれる結果となるというべきである。

ⓑ 一部有効説

無権代理人以外の共同相続人は追認拒絶ができるが、無権代理人は追認を拒絶することはできないとし、無権代理行為は無権代理人の行為部分の限度で有効になるとする説[92]である。具体例でいえば、無権相続人 Q_1 が、本人 P 所有の不動産を R に売却した後、P が死亡して、Q_1 と他の相続人 $Q_2 \sim Q_n$ が n 分の 1 ずつの相続分で P の相続人となった場合において、$Q_2 \sim Q_n$ のうち 1 人でも追認を拒絶する者が存するときは、該不動産は、R と $Q_2 \sim Q_n$ のうち追認を拒絶した者との共同所有になる。

ⓒ 折衷説

ⓐ説とⓑ説の折衷説である。上掲判例と同様に、追認権は不可分的に(共同)相続人全員に帰属する(追認権は可分性を有しない)と解するから、その点においてはⓐ説に立脚する。判例は、他の相続人全員が追認すれば、無権代理行為は全面的に有効であり、他の相続人のうち 1 人でも追認を拒絶すれば、無権代理行為は全面的に無効となるとする、いわばオール・オア・ナッシングの考え方である。追認権が不可分であるとすれば、そのように考えざるを得ないであろうが、これを推し進めれば、無権代理人は、他の相続人の 1 人でも追認拒絶をしてくれれば、自ら行った意思表示の効果を否定できるという背理を招来することになる。これが信義則に悖(もと)り、単独相続の場合の判例法理(上掲最判昭 40・6・18)がとっていると思われる信義則説の趣旨に反することは明らかである[93]。そこで、ⓐ説に立脚しつつも、無権代理人は、他の共同相続人全員が追認しないことをもって、

---

[92] 昭和 40 年度最高裁判所判例解説 193 頁〔栗山忍〕
[93] 近江 I 284 頁

その無効を主張することは信義則上許されず、その場合には、相手方は、無権代理人の相続分の限度で、その行為の効果を主張することができるとする説である（上掲最判平 5・1・21 三好達裁判官反対意見）。ⓑ説とⓒ説の違いは、あくまでも考え方の相違に過ぎず、導き出される結論に差異はない。

　思うに、無権代理行為が連帯保証である場合では、他の共同相続人全員の追認が得られない場合、無権代理人に対しては、相続分に相当する限度において債務保証を履行させるまでもなく、端的に 117 条責任を追及して債務保証につき全額を履行させればよい。無権代理人の追認拒絶権の行使につき、その理非を論じるまでもない。

　もっとも、上掲最判平 5・1・21 事案においては、民法 117 条 2 項の免責事由（相手方Pの過失）に該当することを理由に、無権代理人の 117 条責任が否定されたので、相手方のXは、やむを得ず「相続分に相当する限度」という部分的な追認を追及したものと考えられる。すなわち、相手方（の承継者）たるXは、Yに対して、まず、無権代理人Yの履行または損害賠償の責任に対して追及し、それが許容されなかったから、次いで、（本人の追認権を承継した）Yの追認拒絶権の否定およびその結果としての履行責任を追及したものである。ところが、117 条 1 項の規定振りは、「（無権代理人は）本人の追認を得ることができなかったときは、相手方の選択に従い、相手方に対して履行または損害賠償の責任を負う」というものであるから、Xの主張の順序としては順逆の関係になる。「自己（＝相手方）に対する履行または損害賠償の責任」さえ問うことが許容されない相手方（＝悪意もしくは有過失）に対して、追認拒絶権の否定およびその結果としての履行責任を追及することを認めることは妥当であろうか。この問題については、(エ)にて後述する。

　(ウ) 相続発生前に本人が追認を拒絶した場合

　本人の地位を承継したといえども、無権代理人は、本人の立場で追認拒絶はできないという判例法理も、本人が追認も追認拒絶もしないで死亡した場合に限定されるべきであって、本人が追認拒絶をした後に死亡した場合には及ばないと解するべきである。地位を承継したといえども、それは、明確に拒絶した地位だからである。判例（最判平 10・7・17 民集 52・5・1296 もこの立場に立つ〈[判例 7.11]〉）。

[判例7.11] 最判平10・7・17（民百選I [5版] 37）

　Pの長男Qは、Pを無権代理してYとの間で、自らが経営するS社の債務の担保として、P所有の不動産に根抵当権を設定し、かつPが連帯保証人となる契約を締結したが、Qが死亡して、その妻Rと子Xが限定承認★した。その後、Pにつき禁治産宣告がなされ、その後見人に就任したRが、Pの法定代理人として、Yに対して本件根抵当権登記の抹消登記手続を求める本訴を提起した。その訴訟継続中にPが死亡し、Xが代襲相続★により本件不動産を取得するとともに、訴訟を承継した。

　1・2審はYの勝訴。Xが上告。

　破棄自判。本人が無権代理行為の追認を拒絶した場合には、その後に無権代理人が本人を相続したとしても、無権代理行為が有効になるものではないと解するのが相当である。けだし、無権代理人がした行為は、本人がその追認をしなければ本人に対してその効力を生ぜず（民法113条1項）、本人が追認を拒絶すれば無権代理行為の効力が本人に及ばないことが確定し、追認拒絶の後は本人であっても追認によって無権代理行為を有効とすることができず、（本人による）追認拒絶の後に無権代理人が本人を相続したとしても、その追認拒絶の効果に何ら影響を及ぼすものではないからである。このように解すると、本人が追認拒絶をした後に無権代理人が本人を相続した場合と本人が追認拒絶をする前に無権代理人が本人を相続した場合とで法律効果に相違が生ずることになるが、本人の追認拒絶の有無によってそのような相違を生ずることはやむを得ないところであり、相続した無権代理人が本人の追認拒絶の効果を主張することがそれ自体信義則に反するものであるということはできない。

　　限定承認：相続人が相続によって得た財産を責任の限度として被相続人の債務および遺贈の義務を負担することを留保した上で、相続の承認をすることである（922条以下）。単純に相続をしたところ、相続財産が債務超過[94]であった場合、俗にいう「借金だけが残った」ということになる。相続財産が明らかに債務超過の場合は、相続放棄をすれば足りる。しかし、債務超過のおそれがあるという程度の場合は、限定承認をすれば、相続財産で当該債務を弁済してなお相続財産が残れば、これを取得できるので有利である。

　　代襲相続：推定相続人である子または兄弟姉妹が、相続の開始以前に死亡して相続権を失ったときに、その者の子が、その者に代わって相続することである（887条2項）。

94）債務超過とは、「積極財産（＝プラスの財産）＜消極財産（≒債務等のマイナスの財産）」の状態をいう。

(エ) 相手方が悪意・有過失の場合

本人の地位を承継したといえども、無権代理人は、本人の立場で追認拒絶はできないという判例法理も、相手方が悪意・有過失の場合は問題となる。すなわち、悪意・有過失の相手方は、117条2項の規定により、117条1項規定の無権代理人責任を追及する資格が剥奪されているにもかかわらず、無権代理人が追認拒絶を否定される結果として履行責任を負わされるという判例法理を介して、結局、無権代理人に責任を負わせることとなり、悪意・有過失者の権利行使を排除する117条2項の趣旨に反することとなる。この問題に関しては、学説の対立がみられる。

まず、本人の追認権を相続した無権代理人の、無権代理人の資格と本人の資格の使い分けを貫徹し、117条1項の責任が追及できる場合、つまり相手方が無権代理であることにつき善意・無過失であるときにのみ、無権代理人の追認拒絶権は否定されるという説である。

もうひとつは、無権代理人の追認拒絶は信義則違反であるが、相手方が無権代理であることにつき悪意であるときは、その例外として、無権代理人による追認拒絶を認める説である。また、無権代理人は、相手方が悪意でない限り、履行拒絶も認められないとする。その結果、相手方は、善意・無過失のときだけではなく、有過失のときも保護される。

思うに、追認を得られなかった場合の相手方の保護規定である117条責任の追及権すら認められない相手方に、(追認を得られなかったにもかかわらず) 追認請求を許し、その結果としての履行責任を追及することを認めるということは、背理である。そもそも、この問題は、117条2項の要件 (117条2項の「過失」の解釈) に基づくものであろう。つまり、相手方が117条2項の規定により117条責任を追及できないときは、無権代理人は追認 (履行) も拒絶することができると解するべきである。私見は、それにつき重過失説を採るが、同説によれば、無権代理人は、相手方が悪意・重過失のときは、履行を拒絶することができるが、相手方が善意・無過失・軽過失のときは、履行を拒絶することができないということになる。

(ii) 本人が無権代理人の地位を承継した場合

本人が無権代理人を相続する場合には、本人が被相続人の無権代理行為の追認を拒絶しても、信義に反するところがないから、無権代理行為が当然に

有効になるわけではないとされる（最判昭37・4・20民集16・4・955〈[判例7.12]〉）。

本人の無権代理人相続

[判例7.12] **最判昭37・4・20**（民百選Ⅰ［7版］35）

　Ｙの先代Ｐは、自己の借財整理のために、代理権がないにもかかわらずＹの代理人として、Ｙ所有の本件建物をＸに売り渡し、Ｘは所有権移転登記を経た。その後、Ｐが死亡し、その家督相続人★となったＹは、Ｘに対し、Ｐの上記無権代理行為を理由に本件建物の所有権移転登記抹消手続を請求する訴訟を提起し、Ｙ勝訴の判決が出されて確定し、Ｘ名義の移転登記は抹消された。そこで今度は、ＸがＹに対し、本件建物の所有権移転登記手続等を請求する訴えを提起し、ＹがＸに対し本件建物の明渡しを請求する反訴を提起した。原審は、Ｘの請求を認容したので、Ｙが上告。

　破棄差戻し。「無権代理人が本人を相続した場合においては、自らした無権代理行為につき本人の資格において追認を拒絶する余地を認めるのは信義則に反するから、当該無権代理行為は相続とともに当然有効となると解するのが相当であるけれども、本人が無権代理人を相続した場合は、これと同様に論ずることはできない。後者の場合においては、相続人たる本人が被相続人の無権代理行為の追認を拒絶しても、何ら信義に反するところはないから、被相続人の無権代理行為は一般に本人の相続により当然有効となるものではないと解するのが相当である」と判示した上で、「本人たるＸにおいて無権代理人の家督を相続した以上、無権代理行為はこの時から当然有効となり、本件不動産所有権はＸに移転したと速断し、これに基いて本訴および反訴につきＹ敗訴の判断を下した」原審は違法であるとした。

　　　　　家督相続：1947年改正前の民法旧規定において、戸主（家族を統率・扶養する義務を負った一家の首長）の地位を承継する身分相続のことをいう。

　無権代理人を相続した本人が、無権代理人が負っていた無権代理人責任（117条責任）をも相続するかについて、学説は分かれる。

ⓐ **相続肯定説**

　地位の承継相続を中心に考え、相続を肯定する説[95]である。

---

95) 我妻376頁ほか

ⓑ 相続否定説

追認の拒絶ができる（上掲最判昭 37・4・20）のに、117 条責任の相続を認めると、追認拒絶権を与えた意味が没却するとの理由から、117 条責任の相続を否定する説[96]である。

ⓒ 中間説

ⓒ-1 履行責任相続否定説

117 条責任のうち、損害賠償責任については相続肯定説を採り、履行責任については相続否定説を採る説[97]である。

ⓒ-2 特定物給付責任相続否定説

特定物の給付義務については相続否定説を採り、その他については相続肯定説を採る説[98]である。

判例は、上記ⓐ説からもⓒ-2 説からも説明が可能となっている（最判昭 48・7・3 民集 27・7・751〈[判例 7.13]〉参照）。もっとも、ⓒ-2 説は、この昭和 48 年判決が出された後に提起されたとされている。すなわち、[最判昭 49・9・4 民集 28・6・169] は、「他人物売買★」の事案であって「代理」という要素は存しないものの、他人物の売主が死亡し当該目的物の権利者が売主を相続することになったケースにつき、「権利者は、（略）その権利の移転につき諾否の自由を保有し、（略）売買契約上の売主としての履行義務を拒否することができる」と判示したのであるが、これを契機に、無権代理人を相続した本人の場合も同様に、債務の内容が特定物の給付である場合には履行を拒否できることになると解すべきであるとの問題が提起されたとされている。他人物売買における権利者が売主を相続した場合と、無権代理における本人が無権代理人を相続した場合とは、社会的実態が類似しており、同様の類型と捉えることができるから、両者の責任相互間でアンバランスがあってはならないという趣旨である。

> 他人物売買：無権利法理についてはすでに述べた（⇒280 頁）。すなわち、「無権利者から権利を承継することはできない」という近代法の大原則である。すると、ある権利を有する P がこれを他に譲渡する意思がない場合に、Q が P のその権利を R に譲渡する契約は当然に無効となりそうである。しかし、民法 560 条は、「他人の権利を売買の目的としたときは、売主は、その権利を取

---

96) 中川善之助『相続法』（有斐閣、1964 年）138 頁
97) 四宮＝能見 327 頁
98) 星野英一「判批」法協 92 巻 9 号（1976 年）1227 頁、近江 I 281 頁、川井 267 頁ほか

得して買主に移転する義務を負う」と規定しており、そのQ・R間の売買契約は有効に成立するのである（最判昭25・10・26民集4・10・497）。すなわち、このQ・R間の売買契約は、契約時には他人Pに属している権利につき、売主Qは、それをPから取得して権利者となった上で、それをRに譲渡する義務を負うという契約（他人物売買）なのである。

［判例7.13］最判昭48・7・3（民百選Ⅰ［5版］35）

父Pが権限なく子Yの代理人と称してQのXに対する債務につきXと連帯保証契約を結んでいたので、P死亡後にXがYを含む共同相続人に対し保証債務の履行を請求した事案で、「民法117条による無権代理人の債務が相続の対象となることは明らかであって、このことは本人が無権代理人を相続した場合でも異ならないから、本人は相続により無権代理人のその債務を承継するのであり、本人として無権代理行為の追認を拒絶できる地位にあったからといってその債務を免れることはできないと解すべきである。まして、無権代理人を相続した共同相続人のうちの1人が本人であるからといって、本人以外の相続人が無権代理人の債務を相続しないとか債務を免れ得ると解すべき理由はない」と、Xの請求を認めた。

（ⅲ）無権代理人が本人から譲渡により権利を取得した場合

本人Pの権利をQが無権代理人としてRに売り渡し、後にQがPよりその権利の譲渡を受けた場合には、Qは無権代理行為の履行が可能となるが、無権代理行為が追完（⇒229頁）により有効となるとみるべきか、あるいは117条責任の問題として処理すべきか等をめぐって、学説は分かれる。

まず、信義則上、追認を擬制し、無権代理行為が遡及的に有効になるとする説である。無権代理人QがPの所有地をRに賃貸した後、Pからその土地の譲渡を受けて所有権を取得したときは、Rとの賃貸借は、Qについてその効力を訴求的に生ずるものと解すべきとした［最判昭34・6・18民集13・6・737］は、この説に拠るとされる。

そして、117条により無権代理行為が有効であったと同様の法律関係が無権代理人と相手方との間に生ずるとする説で、［最判昭41・4・26民集20・4・826（［判例7.14］）］は、この説に従ったものとされる。

[判例7.14] 最判昭41・4・26
　Yが代理権なくしてPの不動産をXに譲渡する契約をした後に、Pから当該不動産を譲り受けPからXへの所有権移転登記をしたところ、XはPの追認を得たとして所有権を主張し、不動産占有者Yにその明渡しを請求したが、YはXの残代金未払いを理由に当該契約を解除しXの登記抹消を求めた事案で、「本件売買契約は、Yの無権代理行為に基づくもので無効であるが、無権代理人たるYは、民法117条の定めるところにより、相手方たるXの選択に従い履行または損害賠償の責に任ずべく、相手方Xが履行を選択し無権代理人Yが本件不動産の所有権を取得するにいたった場合においては、本件売買契約が無権代理人Y自身と、相手方Xとの間に成立したと同様の効果を生ずると解するのが相当である」と判示して、Xの主張を認めた原審を破棄した。

(iv) 第三者が双方の地位を承継した場合

(ア) 第三者が無権代理人を相続した後、さらに本人を相続する場合

　判例は、P・Q間の子Sが、無権代理人Qを本人Pとともに相続し、その後、Pの地位も相続したという事案において、Sは本人の資格で無権代理行為の追認を拒絶することはできず、本人が自ら法律行為をしたのと同様の法律上の地位ないし効果が生じる（最判昭63・3・1集民153・465）として、無権代理行為が当然有効になるとする（図7.2）。これは、前掲「追認拒絶否定説」（⇒383頁）と立場を同じにする。すなわち、無権代理人が本人を相続した類型の延長と捉え、同様の処理をする。学説の多くもこれを支持する[99]。

(イ) 第三者が本人を相続した後、さらに無権代理人を相続する場合

　上記(ア)の事案とは順序が逆で、Sが、まず本人Pを相続した後、さらに無権代理人Qを相続した場合である。管見によればこのケースに関する判例は存しないが、上掲判例（最判昭63・3・1）の法理を推し進めていくと、Sは、先にP（本人）の資格を得ているため、この本人の資格で追認を拒絶しても信義に反しないが、Q（無権代理人）の資格をも相続する以上、117条責任を負うことになる。これに対しては、上記(ア)の類型（無権代理人先行型）とこの類型（本人先行型）とで結論が異なるのは適当ではないとの批判がある[100]。偶然の事情による相続の先後で、相手方の立場（履行責任の追及の可

99）近江 I 283頁ほか。反対、四宮＝能見328頁。
100）四宮＝能見328頁

第 7 章 代理

図 7.2

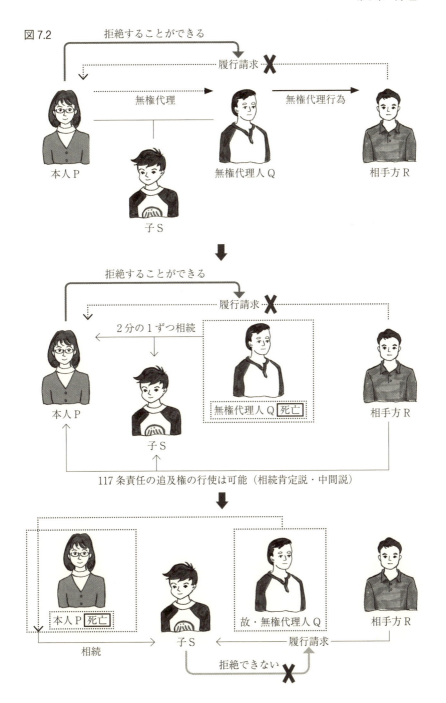

否)が逆になるのは妥当ではないとの批判もあり得よう。しかし、それは、相続原理上やむを得ないことである。同時死亡の推定（⇒132頁）は、死亡の先後次第で相続分や相続人が異なることがあり得るために設けられた推定規定であろう。このように、相続の先後という偶然の事情により望外の利益を得る者が出現することは、民法がもとより想定していることなのである。

　本人先行型の場合は、本人相続型の延長で考えてよい[101]。なお、本人Ｐと無権代理人Ｑが同時に死亡した（あるいは同時に死亡したと推定された）場合は、ＰはＱを相続しないし、ＱもＰを相続しないのだから、両者の相続人Ｓは、いずれの立場も主張することができるから、追認を拒絶することは可能であると解される。

（ⅴ）無権代理人が本人の後見人に就任した場合
㈦ 信義則

　無権代理人が本人を単独相続した場合、無権代理行為を追認拒絶するのは信義則に反するとするのが判例（前掲最判昭40・6・18 ⇒ ［判例7.9］384頁）の立場であるが、無権代理人が本人の後見人に就任した場合は、その効果が無権代理人自身ではなく、被後見人に及ぶことになる点で、事情が異なる。

　この点につき、［最判昭47・2・18民集26・1・46］は、無権代理人の行った無権代理行為（売買契約）につき、誰からも異論がなく、当該売買をなすについて無権代理人と本人との間に利益相反の関係がないときは、当該売買契約は、無権代理人が本人の後見人に就任するとともに有効となる旨述べて、後見人はこの場合、信義則上、無権代理行為の追認拒絶ができないと判示した[102]。学説の多くもこれを支持する[103]。

　一方、［最判平6・9・13民集48・6・1263］[104]は、1999（平成11）年改正前の禁治産者に関する事案であるが、追認拒絶が信義則に反するか否かは、①無権代理行為に至る交渉経緯、②追認によって禁治産者が被る経済的不利益と追認拒絶によって相手方が被る経済的不利益との比較衡量、③無権代理行為時から後見人就任までの間の交渉経緯、④無権代理人と後見人との人的

---

101) 近江Ⅰ283頁
102) 千葉＝潮見＝片山8-9頁〔新井誠〕参照
103) 近江Ⅰ279頁。反対、四宮＝能見328頁
104) 平成6年度重判58頁参照

関係、⑤本人の意思能力についての相手方の認識の程度等の事情を勘案して決するべきであると判示している。これは、追認拒絶ができることを示したものと考えられる[105]。

上記2つの最高裁判決の差異は、昭和47年判決では無権代理行為が本人の利益に反するものではなかったのに対して、平成6年判決では無権代理行為が本人の利益を害する蓋然性がきわめて高く、本人保護が緊急の課題であった点にあると考えられる。昭和47年判決は、追認拒絶が認められない要件のひとつとして「無権代理人と本人との間に利益相反の関係がない」ことを挙げている。「無権代理行為が本人の利益を害する蓋然性がきわめて高い」場合に、後見人となった無権代理人が追認拒絶できないと被後見人に不利益が及ぶことになる。すなわち、本人保護の必要性の有無が決定的な相違である[106]。

なお、[最判平7・11・9集民177・107]は、無権代理人が提訴した訴えにつき、誰からも異論がなく、訴え提起について無権代理人と本人との間に利益相反の関係がなく、これに基づいて判決がなされた場合であっても、民事訴訟法が無権代理人の訴訟行為が効力を生じる場合として、追認がされた場合のみを明文で規定している趣旨に照らせば（34条）、訴訟行為をした無権代理人が後見人に就任したからといって、信義則をそのまま用いて、追認された場合と同じく有効とすることは相当ではないと破棄自判している。これは、無権代理人が後見人に就任した場合の判断枠組みとして信義則を用いないことを最高裁が示したもので、画期的である。この考え方は民事訴訟法理のみならず、民法法理にもそのまま妥当するものである[107]。

また、無権代理人と本人が同一人物である場合、両者には人的連続性はあるものの、法的には役割の質的転換が生じている。すなわち、後見人たる者はもっぱら本人の利益のみを図るべき善管注意義務を負い、このことは、過去に無権代理行為を行ったこととは関係ない。無権代理人は後見人就任によって本人の保護者としての責務を負う。後見人の判断基準は本人の利益擁護であるが、本人の利益といえるかは、ⓐ被後見人が将来とも安定した生活を送ることができる生活の質を確保するため、ⓑ財産の運用は安定した収益を

---

105) 千葉＝潮見＝片山9頁〔新井誠〕参照
106) 千葉＝潮見＝片山9頁〔新井誠〕参照
107) 千葉＝潮見＝片山9頁〔新井誠〕参照

確保することを目的として適正であったか、ⓒ財産が譲渡されたり、担保に供されることなく保全が原則であったか等をメルクマールとして決定されるべきである[108]。

####　(イ) 相手方の保護

後見人就任後の無権代理人に追認拒絶を認めた場合、相手方は、無権代理人に履行または損害賠償を求めることができる（117条1項）。もっとも、それを免れるために、無権代理人が被後見人の不利になるにもかかわらず、無権代理行為を追認してしまう可能性もある。監督の強化が求められよう。また、追認の拒絶により被後見人が利益を受け相手方が損失を被るときは、相手方は被後見人に対して不当利得の返還を求めることもできる（703条）[109]。

(5) 単独行為の無権代理

単独行為は、契約の場合と異なり、相手方の合意を要せずに法律効果が発生するから、無権代理行為たる単独行為は原則として無効となる。この場合、本人の追認は認められるであろうか。

契約の解除や債務の免除など、相手方のある単独行為の無権代理行為は、相手方が、①その行為の時において、代理人と称する者が代理権なくして行為をすることに同意したとき、②その行為の時において、代理権のないことを争わなかったとき、③代理権を有しない者に対して、その同意を得て単独行為をしたとき（受動代理のこと）、の3つの場合に限り、本人の追認、相手方の催告・取消し、無権代理人責任などの規定（113条ないし117条）が準用される（118条）。

なお、財団法人設立時の寄付行為、所有権の放棄など、相手方のない単独行為の無権代理行為は、確定的に無効で追認の余地がなく、無権代理人責任も生じない。

---

108) 千葉＝潮見＝片山10頁〔新井誠〕参照
109) 千葉＝潮見＝片山10-11頁〔新井誠〕参照

4 表見代理

(1) 表見代理制度

(ⅰ) 表見代理制度の意義

　無権代理人と本人との間に存する特定の緊密関係により、無権代理人が真正の代理人らしくみえるような客観的事情（外観の作出）があるため、相手方が代理権の存在を信じたことがもっともだと思われる場合がある。このような場合には、外観を信じた相手方を保護するために、その外観につき機縁を与えた本人にその効果（代理効果）を転帰させることが適当である。これを**表見代理制度**という。

　民法は、3つの場合を表見代理としてその効果を認めている。すなわち、①本人がある人に代理権を授与したと言いながら、実は授与していない場合（109条「代理権授与の表示による表見代理」）、②代理権の範囲を踰越した場合（110条「権限外の行為の表見代理」）、③代理権が消滅した後に代理行為が行われた場合（112条「代理権消滅後の表見代理」）、である。なお、「責任を負う」（109条・110条）、「対抗することができない」（112条）というのは、端的に、本人は代理行為の効果が自己に帰属することを拒絶できないということである。本人が表見代理の効果を欲する場合（進んで代理効果の自己への転帰を望む場合）でも、自ら表見代理を主張することは許されず、ただ相手方の無権代理行為取消前に追認することが認められるだけである。

　表見代理制度は、意思表示における表示主義（93条・94条2項・96条3項）等と同様に、権利外観法理（⇒284頁）に基づく[110]ものである。淵源的には、ドイツ法における「法外観の理論」（Rechtsscheintheorie）★や英米法の「禁反言（エストッペル）の原則」（doctrine of estoppel）★を由縁とするとされる。

---

[110] 商法・会社法には、この法理に基づく規定が極めて多い。たとえば、不実登記の公信力（商法9条2項・会社法908条2項）、名板貸責任（商法14条・会社法9条）、商号を続用する営業譲受人等の責任（商法17条・会社法22条）、営業譲受人等の債務引受広告による責任（商法18条・会社法23条）、表権支配人の行為についての営業主の責任（商法24条・会社法13条）、表見代表取締役の行為についての会社の責任（会社法354条）などである。

法外観の理論：法外観の理論（レヒツシャイン理論 Rechtsscheintheorie）とは、大陸法特にドイツ法において発達した法理で、真実に反する外観が存在する場合に、外観作出者に外観の作出について帰責事由があり、他方で、外観を信頼した者に責任がないときは、外観を信頼した者を保護するために、外観を基準として判断する考え方である。「外観理論」ともいう。この理論は、取引の安全と迅速性を保護する機能を持ち、特に商法の分野で重要な役割を果たしている。

禁反言の原則：「禁反言（エストッペル）の原則」とは、過去にある事実につき表示行為をした者は、それを信頼した者に対して、表示に反する主張をしてはならないという英米法における法原則である（⇒381頁）。信義則の派生原理であり、法の世界におけるフェア・プレーの精神の現れでもあるが、機能的には上掲のレヒツシャイン理論と同一である。記録による禁反言、捺印証書による禁反言、法廷外の行為による禁反言など種々あるが、最も重要なのは、商事について確立された表示行為による禁反言で、一定の表示により他人をしてその地位を変更せしめた者は、その表示が真実でないことを理由に責任を免れ得ないという原則である。たとえば、執行債務者Pの住所における動産仮差押の執行に際し、第三者Xが、執行債権者Yに対して、自己（X）が占有し、かつ、Yもその所在を知っていなかった動産を、Pの所有に属するものと主張し、Yをその所在場所に案内の上任意に提供して仮差押手続をなすことを積極的に容認し、これによって、Yをしてその物件がPの所有に属するものと誤信してこれに対する執行をするに至らせるとともに、Yの他の物件に対する執行が取り止めになった等の事情があるときは、XがYに対し執行排除の異議事由として仮差押物件の所有権を主張することは許されないという判例（最判昭41・2・1民集20・2・179）は、表示行為による禁反言の原則の適用が認められた事案とされる[111]。レヒツシャイン理論と同様に、取引の安全を保護する機能を持つ。

（ⅱ）表見代理の法的性質

　表権代理は、真正な代理ではないにもかかわらず、当該行為があたかも正当な代理行為（有権代理）であったのごとく、本人にその効果（代理効果）を転帰させるものである。この趣旨をどう理解するかについては、見解は分かれる。伝統的には、無過失で外観を信頼した者の保護に重点を置き、本人の帰責性は必要ないとする説[112]が有力であった。

　これに対し、近時では、ひとつの外観保護の法理ではあるが、その責任は、代理権授与（外観の作出）に関する一定の関与がある場合に認められる、つまり、外観に対する相手方の信頼と本人の帰責性とが、責任発生の前提となる

---

111) 本件調査官解説（昭和41年度最高裁判所判例解説43頁〔森綱郎〕）
112) 我妻364頁ほか

と考える説[113]が有力である。

また、代理効果が本人に転帰される表見代理が、有権代理なのか無権代理なのかについても、見解は分かれる。通説[114]・判例は、広義の無権代理に属するとみる**無権代理説**を採る。表見代理制度は、相手方の保護のためのみに存在する（本人の保護のためではなく、ましてや表見代理人の保護のためでもない）のであるが、表見代理行為（表見代理の要件が充たされている代理行為）は依然として無権代理行為であることを失わないとしても、相手方保護が等閑になるものではないからである。これに対して、**有権代理説**は、代理権授与行為を内部契約とは無因的なものと解することにより、代理権授与行為自体には問題なく、依然、代理権に基礎を置く有効な代理行為とする[115]。また、無権代理説に立脚しながらも、表見代理は解釈により有権代理と認定されると解して、有権代理への織込みを主張する見解[116]もある。

(iii) 表見代理と無権代理との関係

表見代理の相手方は、本人に対して表見代理を主張して代理行為の履行を請求することができるが、115条の取消権の行使や117条責任の追及はできないのであろうか。上述の有権代理説と無権代理説とで、当然に見解は分かれる。

ⓐ 表見代理優先説（補充的責任説）

表見代理が成立すれば、117条責任は生じないとする説[117]である。表見代理の要件が充たされ本人に履行責任を追及することができる以上、相手方は、それで初期の目的を達し得るのだから、もはや117条責任を追及させる必要はないと考えるのである。117条責任は、表見代理が成立しない場合の補充的な救済手段であるという考え方の立場から、117条責任の成立要件として、「表見代理とならないこと」という1項目を解釈上追加する。また、上述の有権代理説に立脚するから、相手方は115条の取消権も有しないことになろう。

---

113) 安永正昭「越権代理と帰責性」林良平先生還暦記念『現代私法学の課題と展望・中巻』（有斐閣、1982年）55頁以下、幾代370頁、近江Ⅰ288頁、四宮＝能見329頁ほか
114) 近江Ⅰ288頁、幾代402頁、川井234頁ほか
115) 高橋196頁・247頁
116) 注釈民法(4) 94頁〔椿寿夫〕
117) 我妻381頁

ⓑ **選択責任説**

　本人に対して表見代理を主張して履行責任を追及することと、代理人（と称する者）に対して117条責任を追及することは、それぞれ独立した救済手段であり、その要件が充たされる限り、相手方はいずれかを選択することができるとする説[118]である。判例（最判昭33・6・17民集12・10・1532、前掲最判昭62・7・7 ⇒380頁）は、この立場をとっている。この立場に立った場合、相手方は、表見代理の主張をしないで直ちに115条の取消権を行使することもできることになろう。

　また、この説を採ると、117条責任を追及される無権代理人は、表見代理が成立することを主張・立証して117条責任を免れることはできないことになる（上掲最判昭62・7・7）。

　さらに、この説が妥当であるとして、117条責任と、表見代理に基づく本人の履行責任とは、連帯または不真正連帯債務（⇒191頁）の関係にある（重畳的である）と考えるべきか、あるいは、選択的であると考えるべきか、が問題となる。選択権を有している相手方といえども、表見代理に基づく本人の履行責任により満足を受けながら、さらに117条責任をも追及することは許容されるべきではないから、この問題は、突き詰めれば、相手方はどの段階でどちらにするかを確定せねばならないか、ということになろう。これに関しては、本人が表見代理責任を履行した場合、あるいは表見代理責任が裁判上確定した場合には、もはや117条責任を認める必要はないので、追認があった場合と同様に、117条の要件を充たさなくなったと考えるべきであろう[119]。117条責任が先に確定したという逆の場合においては、表見代理責任につき、なお追及できるとする説[120]と、もはや追及することはできないとする説[121]に分かれる。相手方は117条責任によって保護を受けようとしたのだから、表見代理責任を追及することはできないとする後者を支持すべきであろう。

---

[118] 於保不二雄『民法総則講義』（有信堂、1966年）240頁、近江Ⅰ289頁、川井269頁ほか
[119] 四宮＝能見324頁
[120] 四宮＝能見325頁
[121] 近江Ⅰ289頁、川井269頁

（2）代理権授与表示による表見代理（109条）

（ⅰ）109条の趣旨

　第三者に対して他人に代理権を与えた旨を表示（代理権授与表示）した者は、その代理権の範囲内においてその他人（表見代理人）が第三者（相手方）との間でした行為について、その責任を負う（109条）。Ｐが、第三者Ｒに対して、他人Ｑに代理権を与えた旨を表示したときは、真実にはＰ・Ｑ間に代理権授与はなかったとしても、その表示された代理権の範囲内においてＱ（表見代理人）が代理人としてＲ（相手方）との間でなした代理行為につき、Ｐ（本人）はその責任を負わなければならないということである。

（ⅱ）要　件

㈦　代理権授与の表示があること

　実際には代理権を授与していないのに、本人が第三者（相手方）に対して、他人に代理権を授与した旨を表示（開示）することが要件となる。

　この表示とは、本人が代理人になってもらいたい者に対して代理権を授与する意思表示ではなく、代理権授与があったことについての（相手方に対する）観念の通知（⇒234頁）であり、これが、本人が責任を負うべき帰責事由となる。

　表示は、書面でも口頭でもよい。特定の第三者に対するものでも、新聞広告等によって一般の第三者に対して行うものでもよい。

　ところで、責任を負わねばならない本人が、代理権を与えていないにもかかわらず、代理権を与えたとわざわざ表示するなどということは、初学者には、心裡留保か酔狂にしか思えまい。そこで、実際に問題となる典型的類型を挙げておこう。まず、会社等が従業員に、客観的にみて代理権の存在を推測させる肩書き等を与えている場合である。たとえば、「総務部長」という肩書きを有している従業員は、会社の什器・備品の購入契約の締結権限を有しているとみられるのが普通であろう。次いで、代理権を与えた旨を表示するものではないが、本人名義の使用を許諾した場合（いわゆる「名義貸し」）である。たとえば、会社が従業員の互助組織に会社名を冠することを許諾した場合、その互助組織の行為が、会社自身の行為とみなされることがあり得る。また、実際に最も多いのは、白紙委任状の流用の場合であろう。

ⓐ 肩書き等の付与

① P社の従業員Qに、営業の一部である土地売買の斡旋につき顧客と折衝するにあたって、P社営業部長の名称を称することを許容した場合は、一般第三者に対してはQに不動産売買の契約締結および代金受領に関する代理権を与えた旨を表示したものと認めるべきであるとされる（東京高判昭42・6・30判時491・67）。

② もっとも、同じ「部長」の肩書きでも、表見代理が否定された事例もある。すなわち、金融業者が2億円もの巨額な貸金の担保として百貨店大阪店特需部長との間で同百貨店を保証人とする保証契約をした事案で、特需部長は、不動産売買の業務を担当するに過ぎないのであって、財務部とか経理部とかの財務や信用供与に関する名称のある部の部長ではないというものである（大阪地判昭54・10・25判タ402・140）。

③ 課長代理の肩書きも、表見代理の成立は否定されるようである。すなわち、会社の総務課長代理が同社のために贈答用のビール券を購入するように装って百貨店からビール券を騙取した行為につき、課長代理という肩書きは、社会通念上、代理権を伴わない職制上の名称として用いられることが多いから、課長の決裁を受けずして単独で事務処理ができると考えられる特段の事情がない限り、同社は、課長代理との名称の使用を許諾することによって代理権を授与した旨を表示したことにはならないとされた（東京地判昭58・6・10判タ517・142）。

ⓑ 名義貸し

本人Pが、他人QがPの名で取引をすることを承諾ないし黙認することが**名義貸し**である。代理権の言葉を用いていることは必ずしも必要ではなく、自己の氏名・名称・名義の使用を許諾するということが、109条にいわゆる「他人に代理権を与えた旨を表示」そのものとなり、109条が適用されるというのが通説・判例（大判昭4・5・3民集8・447、大判昭5・5・6新聞3126・14、大判昭15・4・24民集19・749）である。

なお、「商号」にかかる名義貸しについては、商法が1938年の改正時に特別にその責任を新設した（現14条）。これを**名板貸し**★という。上掲大判昭15・4・24は、P商店の名で行っていた営業をQに譲渡したPが、Qが引き続きP商店の商号で営業することを承諾した場合に、取引相手Rに対するPの責任につき、（商法の上記改正前の事案であったので）これを民法

109条によって肯定したが、現在であれば商法14条により肯定することとなろう。

商法の特則
名板貸し：商法14条は、「自己の商号を使用して営業又は事業を行うことを他人に許諾した商人は、当該商人が当該営業を行うものと誤認して当該他人と取引をした者に対し、当該他人と連帯して、当該取引によって生じた債務を弁済する責任を負う」と規定する。109条の表見代理人とは言い難い場合をカバーする。

表見支配人：商法24条は、「商人の営業所の営業の主任者であることを示す名称を付した使用人は、当該営業所の営業に関し、一切の裁判外の行為をする権限を有するものとみなす」と規定する。営業部長や支店長等の名称が、本・支店の営業の主任者（＝支配人）であることを示すとされる。これも109条よりも保護が厚い。

表見代表取締役：会社法354条は、「株式会社は、代表取締役以外の取締役に社長、副社長その他株式会社を代表する権限を有するものと認められる名称を付した場合には、当該取締役がした行為について、善意の第三者に対してその責任を負う」と規定する。上記表見支配人と同様の趣旨である。

役付取締役の名称

社長（頭取）、副社長（副頭取）、専務取締役、常務取締役などの役付取締役の名称は、法律上に規定のある地位ではない。取締役にかかる会社法上の区分は、「代表取締役」と「取締役」である。法定用語ではないものの、株式会社において「社長」とされている役員は、代表権を有しているとみられるのが通常である。したがって、名刺に「代表取締役社長」と記載する必要はない（重言となる）。「代表取締役」もしくは「社長」で十分である。もっとも、その株式会社においては、代表権のない社長が選任されることがしばしばあるということであれば別異である。

その他に名義貸しとみられるような関係にかかる判例として、
① 東京地方裁判所は、ある団体に「東京地方裁判所厚生部」という名称の使用を許した以上、その団体の取引を自己の取引であるかのような外形

を作出したのだから、その外形を信頼した第三者に対して民法109条・商法23条（現14条）等の法理に照らし、自ら責に任ずべきである（最判昭35・10・21民集14・12・2661〈[判例7.15]〉）、

② 日本電信電話公社（現・日本電信電話株式会社（NTT））近畿電気通信局の施設内において、職員のために生活物資販売業務を委託された者が、「近畿地方生活必需品販売部」等の名称を使って業務を行っていても、同公社がその一部局であることを示す「日本電信電話公社」なる名称の使用を許していない限り、109条の表示に当たらないとした（最判昭40・2・19集民77・465）、

③ 一般の買い物客がそのテナント店の営業主体はスーパーマーケットであると誤認するのもやむを得ないような外観が存在する場合、その外観を作出しまたはその作出に関与したスーパーマーケットは、商法23条（現14条）の類推適用により、買い物客とテナント店との取引に関し名板貸人と同様の責任を負うとされた（最判平7・11・30民集49・9・2972）等が挙げられる。

東京地裁厚生部事件

[判例7.15] 最判昭35・10・21（民百選I [7版] 28）

　繊維製品等の販売を目的とするX社は、「東京地方裁判所厚生部」との間で生地の売買契約を締結して納品した。この「厚生部」なるものは、戦時中から同裁判所職員の福利厚生を図るため、生活物資の購入配給活動を行い、いわば自然発生的に「厚生部」と呼称されたものであった。その後、東京地裁事務局総務課に厚生係が設置された後も、同地裁では、これまで「厚生部」の事業に携わってきた職員Pらを厚生係とし、その本来の事項を分掌させるとともに、従前どおり「厚生部」の担当者としてこれを継続処理することを認めた。そして、Pらは、Xとの本件取引においても、発注書や支払証明書には、庁用の裁判用紙を使用し、さらに、発注書の頭書には、「東地裁総厚第○号」と記載し、また、支払証明書には東京地裁の庁印を使用する等の方法を用いていた。ところが、「厚生部」が売買代金374万円余を支払わなかったため、Xは、Y（国）に対し、その支払いを求めて訴えを提起した。これに対して、Yは、「厚生部」は東京地裁と全く関係なく、裁判所の取引方法は法令によって定められているから、Xが「厚生部」の権限を誤信したとしてもそれはXの過失であると反論した。第1審と原審はXの請求を棄却し、Xが上告した。

破棄差戻し。「およそ、一般に、他人に自己の名称、商号等の使用を許し、もしくはその者が自己のために取引する権限ある旨を表示し、もってその他人のする取引が自己の取引なるかの如く見える外形を作り出した者は、この外形を信頼して取引した第三者に対し、自ら責に任ずべきであって、このことは、民法109条、商法23条（現14条）等の法理に照らし、これを是認することができる」。そして、本件では、「戦後、社会福祉の思想が普及するとともに、当時の経済事情と相まって、会社銀行等の事業体は競って職員のための厚生事業や厚生施設の拡充に意を用い」るに至ったという社会情勢のもとにおいて、「一般に官庁の部局をあらわす文字である『部』と名付けられ、裁判所庁舎の一部を使用し、現職の職員が事務を執っている『厚生部』というものが存在するときは、一般人は法令によりそのような部局が定められたものと考えるのがむしろ当然であるから、『厚生部』は、東京地方裁判所の一部局としての表示力を有する」。したがって、「東京地方裁判所当局が、『厚生部』の事業の継続処理を認めた以上、これにより、東京地方裁判所は、『厚生部』のする取引が自己の取引なるかの如く見える外形を作り出したものと認めるべきであり、もし、『厚生部』の取引の相手方であるＸが善意無過失でその外形に信頼したものとすれば、同裁判所はＸに対し本件取引につき自ら責に任ずべきものと解するのが相当である」。

ⓒ **白紙委任状の流用**

委任状は、代理権を授与する場合の証拠であり、通常は、受任者（代理人）名・委任事項（代理の内容）などが記載されるが、その一部を記載しないで白地のままにしておき、その決定と補充（記入）相手方その他の者に任せたものを**白紙委任状**という。株主総会における議決権行使の白紙委任状はよく用いられている。補充を任せるといっても、白紙委任状を交付した本人とそれを受領した代理人との当事者間では、ある程度の合意が存在するのが通常であり、補充権者がその合意に従って補充すれば特に問題は生じない。しかし、白紙委任状に、補充権者でない者が補充したり、補充権者が補充権を濫用して代理行為を行ったりした場合には、表見代理の問題が生ずる。この問題については、①白紙委任状の交付を受けた者が濫用した場合と、②白紙委任状の転得者が濫用した場合、の２つの場面に分けて考える必要がある。

① 委任者（本人）から白紙委任状を直接受領した者が、委任の趣旨を逸脱

して、白紙委任状を補充した場合のことで、たとえば、Ｐがその所有する不動産を担保にR_1から融資を受けるために、Ｑに対して白紙委任状およびその他必要な書類（印鑑証明書等）を交付したところ、Ｑは、Ｑ自身がR_2からの借金の担保にするために、当該不動産抵当権を設定した（Ｐに物上保証（＝第三者担保提供⇒ 85 頁）させたことになる）ような場合である。このような不当補充に関しては、委任状の偽造であって、正当な委任状ではなく、したがって109条の適用はないとする説[122]もある。原則的には、何らかの代理権（基本代理権）が存するのだから、109条ではなく110条の問題（権限外の行為の表見代理）とすべきとされる。もっとも、通説は、基本代理権が存しない場合もあり得るから、「代理権を与えた旨を表示」したことの有無の問題とする（福岡高判昭37・2・27判時302・20）。白紙委任状の交付という行為は、白地部分についてどのように補充してもよいという権限を与えているようにみえる「表示」があると考えることができるからである[123]。

② 債務者Ｐが債権者Ｑとの間にＰ所有の不動産について抵当権設定契約を締結し、ＰがＱに対し抵当権設定登記手続のため白紙委任状等の書類を交付して登記手続を委任したところ、Ｑがさらに同書類をＳに交付し、Ｓが同書類を濫用してＰ代理人名義でＲとの間に当該不動産について根抵当権設定契約を締結したような場合である。判例は、この種の白紙委任状は、転々流通することを常態とするものではないから、白紙委任状につき特に何人が行使しても差し支えない趣旨でＰがそれを交付したものでない限り、Ｐは、109条にいわゆる「他人に代理権を与えた旨を表示した者」に当たらず、当然に109条が適用されるものではないとした（最判昭39・5・23民集18・4・621〈[判例7.16]〉）。その後、判例は、転得者Ｓは実質的にはＱと同視すべきものとして、109条と110条の競合適用を認めるに至った（最判昭45・7・28民集24・7・1203 ⇒ [判例7.22] 425頁）。

白紙委任状と代理権授与表示
[判例7.16] **最判昭39・5・23**（民百選Ⅰ [7版] 27）

Ｘは、Ｐから12万円を借り受け、担保としてＸ所有の本件不動産に抵当権

122）川島329頁
123）四宮＝能見331頁

を設定することとし、登記手続のため本件不動産の登記済権利証、白紙委任状2通および印鑑証明書をPに交付した。ところが、Pは、金融を得る目的で、前記権利証、白紙委任状および印鑑証明証を電気器具販売業者のQに交付した。その後、Qは、取引のあった電気器具の継続的商品取引契約を結ぶにあたり、Xから何の委任も受けていないのに、前記権利証、白紙委任状および印鑑証明証をYの代表者に示し、自分はXの友人で、承諾を得ていると偽り、Y代表者との間で、QのYに対する前記継続的商品取引契約から生ずる将来の債務の担保として、本件不動産について極度額100万円の根抵当権設定契約およびQの債務不履行を停止条件（⇒449頁）とする代物弁済契約を締結し、各書類をYに交付した。Yはこれらの書類を用いて根抵当権設定登記および所有権移転請求保全の仮登記をした。そこで、XはYを相手として、根抵当権・代物弁済契約上の権利の不存在の確認、および根抵当権設定登記・仮登記の抹消登記を請求したのが本件である。原審は、XがQその他の者に代理権を与えた旨を第三者に表示したものとは認められず、本件に109条が適用される余地はないとして、Xの請求を正当とした。Yが、本件には109条の表見代理が成立すると主張して上告。

　上告棄却。論旨は、この場合において、Xは民法109条にいわゆる「第三者に対して他人に代理権を与えた旨を表示した者」に当たるという。しかしながら、不動産所有者がその所有不動産の所有権移転、抵当権設定等の登記手続に必要な権利証、白紙委任状、印鑑証明書を特定人に交付した場合においても、交付を受けた者がその書類を利用し、自ら不動産所有者の代理人として任意の第三者とその不動産処分に関する契約を締結したときと異り、本件の場合のように、登記書類の交付を受けた者がさらにこれを第三者に交付し、その第三者において登記書類を利用し、不動産所有者の代理人として他の第三者と不動産処分に関する契約を締結したときに、必ずしも民法109条の所論要件事実が具備するとはいえない。けだし、不動産登記手続に要する前記の書類は、これを交付した者よりさらに第三者に交付され、転々流通することを常態とするものではないから、不動産所有者は、前記の書類を直接交付を受けた者において濫用した場合や、特に前記の書類を何人において行使しても差し支えない趣旨で交付した場合は格別、その書類中の委任状の受任者名義が白地であるからといって当然にその者よりさらに交付を受けた第三者がこれを濫用した場合にまで民法109条に該当するものとして、濫用者による契約の効果を甘受しなければならないものではないからである。

(イ) 相手方が善意・無過失であること

　第三者（相手方）が、代理権の授与がなかったことを知り、または過失によって知らなかったときは、109条の適用はない。民法は、2004年の改正により現代語化されたが、その改正前の民法109条には、現行109条のただし書が存在しなかった。しかし、改正前においても、112条は明文で保護を受ける第三者に善意・無過失を要求し、110条も第三者の信頼につき正当理由を要求していたし、109条も、取引の安全のために本人の犠牲において第三者の利益を保護する制度であることからすれば、109条の第三者も当然に善意・無過失であることが要求された（最判昭41・4・22民集20・4・752〈[判例7.17]〉）。この相手方の善意・無過失にかかる立証責任は、本人にある。つまり、本人が、相手方の悪意・有過失を立証せねばならない（相手方には、自らの善意・無過失を立証する責任はない）（上掲最判昭41・4・22）。

[判例7.17] 最判昭41・4・22

　PがYとの石油類販売契約のために必要な物上保証人につきQに相談したところ、QはPと共謀し、XにXの不動産を担保としてPから融資を受けられる旨を告げ、登記済権利証・印鑑証明書・実印の交付を受け、Pはそれらを利用してXの代理人と称しYとの間で当該不動産につき根抵当権設定契約を締結した事案で、「民法109条にいう代理権授与表示者は、代理行為の相手方の悪意または過失を主張、立証することにより、同条所定の責任を免れることができるものと解すべきである。本件において、担保物の提供者たるYは、Xと面識をもたず、また、XとPとの関係についても何ら知るところがなく、本件不動産を評価する目的でX方を訪れたにもかかわらずPの代理権につきこれを確かめるためのなんらの措置もとらず、漫然とPに契約締結の代理権ありと信ずるにいたったことには過失があり、民法109条所定の表見代理は成立しない」と判示した。

(ウ) 代理権授与の表示を受けた者が表示された代理権の範囲内の行為をすること

　109条は単に「第三者に対して～を表示した者は」としているが、この第三者は、代理権授与の表示を受けた相手方に限る（大判明38・2・21民録11・196）。すなわち、PがQを保証契約締結の代理人とした旨の書面を、R宛に

書いているときは、SがこれをみてQと保証契約をしても、P・S間には109条の関係は生じない。

　もっとも、代理権授与の通知が広告でなされたときには、あらゆる者が相手方となり得る。また、Qが、その表示された代理権の範囲を越えて、109条の表見代理を行った場合には、109条と110条（権限外の行為の表見代理）の重畳適用の問題となる（⇒425頁）。

(ⅲ) 法定代理への適用の有無
　109条は、その「第三者に対して他人に代理権を与えた旨を表示した者は」との規定振りから、代理権授与行為を前提としている。したがって、代理権授与行為のない法定代理には適用される余地はないというのが通説[124]・判例（大判明39・5・17民録12・758）である[125]。

(3) 権限外の行為による表見代理（110条）

(ⅰ) 110条の趣旨
　「代理人」がその権限外の行為をした場合において、「第三者（相手方）」が代理人の権限があると信ずべき正当な理由があるときは、109条本文の規定が準用され、本人は、その責任を負う（110条）。すなわち、何らかの代理権（基本代理権）を有する者が、その代理権の範囲を越えた行為（無権代理行為＝越権行為）をし、これを相手方が代理権の範囲内の行為であると信頼したことに正当な理由があるときに、本人の責任が生ずるという趣旨である。**権限踰越の表見代理**ともいう。

(ⅱ) 要　件
(ア) 基本代理権
　110条の表見代理が成立するには、代理人に何らかの範囲の代理権（＝基本代理権）が与えられていなければならない。この基本代理権を全く有しない者の代理行為は、真正な代理権があるように思われる場合でも、110条の

---
[124] 近江Ⅰ 293頁ほか
[125] 反対、於保不二雄『民法総則講義』（有信堂、1951年）241頁、注釈民法(4) 121頁〔椿寿夫〕ほか

表見代理が成立する余地はない。

110条の表見代理が成立するための前提としての本人の帰責性は、まさにこの基本代理権の存在にある。すなわち、本人が基本代理権を与えていることが、代理人の権限踰越行為（越権行為）の縁由となっている。

どのようなものが基本代理権たり得るのかについて、判例は当初、私法上の法律行為をする任意代理権で、かつ代理行為と同種同質であることを要すると解していたが、やがて、異種異質についても110条の適用を認めるに至り（大判昭5・2・12民集9・143）、また、借用証書の補充権などの代理権類似の権限でもよい（大判昭15・11・30民集19・2067）とし、さらには、法定代理人でもよい（大連判昭17・5・20民集21・571）として、拡張的に解釈するようになった。学説もこれを認める。ただ、事実行為の権限や公法上の行為の代理権が基本代理権になり得るかについては争いがある。

ⓐ **事実行為**

判例は、法律行為ではなく単なる事実行為をすることの委託は基本代理権にならないという立場をとる。すなわち、勧誘外交員を使用して一般人を勧誘し、金員の借入れをしていた会社の勧誘外交員Ｐが、事実上長男Ｑをして一切の勧誘行為に当たらせていたという事案において、勧誘それ自体は事実行為であって法律行為ではないのであるから、ＱをＰの代理人として110条を適用することはできないとした（最判昭35・2・19民集14・2・250〈[判例7.18]〉）。これに対しては、本人の帰責事由という観点から[126]、あるいは、子守を頼んだという程度の事実行為の委託であれば格別、印鑑を預けるというような重要な事実行為を頼んだ場合には、基本代理は肯定されてしかるべきという強力な反対説もある。むしろ、事実行為であっても、本人の帰責性を認めることができる場合には基本代理権を認め、後は相手方の善意・無過失の問題（正当な理由）として処理すべきという[127]。判例においても、大学出版局の業務課長ではなく、総務課長心得が外部からの物品購入をした場合に、110条適用の前提たる代理権については、事業内容とその機構につき、単に制度上の建前からのみ、その有無を判断すべきものではなく、その事業の実際の運営状況の実体に即して判断すべきだとして、基本代理権を肯定したものもある（最判昭35・6・9民

---

126) 近江Ⅰ 296頁
127) 四宮＝能見334頁

集14・7・1304)。

民法110条の基本代理権——事実行為
[判例7.18] 最判昭35・2・19 (民百選I [7版] 29)

　P社は、勧誘外交員を使用して一般人を勧誘し、金融機関の預金より高い利息で金員を借り入れて、高利で貸し付けるのを業として行っていた。Yはその地方で相当の財産を有し、P社に相当額を預金してP社の勧誘員となったが、健康上の理由で自らは勧誘行為を行わず、事実上、長男のQに一切を委ねていた。なお、P社豊岡支店に備え付けられている配当表支払明細帳にはY契約欄が設けられていて、Yの勧誘取扱いにより成立した借入契約が明らかにされていた。その後、Yは、P社須田出張所長となった。同じ頃、XはQの勧誘により、P社に対して返済期を6か月後として、Yの保証名義の下に計30万円を貸し付けた。その後、Qの勧誘によりP社豊岡支店長も立会いの上で、上記貸借をそのまま再契約することとした。そこで、X社は、金員の授受を省略し、従前契約の毎期の月中に合計30万円を、再びP社に返済期を6か月後として貸し付けた。その後、同月中に本件借入債務についてYが保証をする旨の保証契約証が差し入れられたが、これはYが関知しない間に、QがXからの求めに応じて、Yの印鑑を使用し、Yの氏名を冒用して作成したものであった。その後、XのYに対する保証債務の履行請求に対して、Yは、当該保証について一切関知せず、Qが勝手に行ったものであるとして履行を拒んだ。

　原審は、QはYから与えられた代理権限に基づいて借入金勧誘行為を行っていたが、Yの当該個人保証契約の締結は代理権限を踰越する行為であるとして、Xの正当事由を認めて、Yに保証債務の履行を命じた。そこで、Yは、法律行為でない単なる事実行為の委託に基づいて民法110条を適用することは違法であるとして上告した。

　原判決破棄・差戻し。本件において、民法110条を適用し、Yの保証契約上の責任を肯定するためには、まず、Yの長男QがYを代理して少なくとも何らかの法律行為をなす権限を有していたことを判示しなければならない。しかるに、原審が縷々認定した事実のうち、Qの代理権に関する部分は、Yは、勧誘外交員を使用して一般人を勧誘し金員の借入れをしていた訴外P社の勧誘員となったが、その勧誘行為は健康上自らこれをなさず、事実上長男Qをして一切これに当たらせて来たという点だけであるにかかわらず、原審は、Qの借入金勧誘行為はSがYから与えられた代理権限に基づきこれをなしたものであることは明らかである旨判示しているのである。しかしながら、勧誘それ

自体は、論旨の指摘するごとく、事実行為であって法律行為ではないのであるから、他に特段の事由の認められない限り、その事実をもって直ちにQがYを代理する権限を有していたものということはできない。

ⓑ 公法上の行為

　判例は、単なる公法上の行為についての代理権は、民法110条の規定による表見代理の成立の要件たる基本代理権にあたらないとする。すなわち、印鑑証明書交付の申請の代理権を与えられた者が印鑑証明書を悪用して本人の所有する不動産に抵当権を設定した事案において、取引の安全を目的とする表見代理制度の本旨に照らせば、110条の権限踰越による表見代理が成立するために必要とされる基本代理権は、私法上の行為についての代理権であることを要し、公法上の行為についての代理権はこれにあたらない、としている（最判昭39・4・2民集18・4・497）。しかし、特定の私法上の取引行為の一環としてなされる移転登記申請手続にかかる代理権は、その行為が公法上のものとはいえども私法上の作用を看過することはできないから、110条の基本代理権になることを肯定した（最判昭46・6・3民集25・4・455〈[判例7.19]〉）。公法上の行為となれば悉ことごとく基本代理権になることが否定されるわけではなく、公法上の行為であっても、私法上の作用を有する場合は基本代理権になることが認められ得るということである。実印・印鑑証明書等を交付して、登記申請手続についての代理権を与えた場合には、私法上の行為についても濫用されるおそれがある。そのリスクについては、本人の帰責性という観点からも、本人が負担すべきであろう。

[判例7.19] 最判昭46・6・3（民百選Ⅰ［5版］26）

　Pは、かねて融資を受けていたX社から担保の提供を要求されたが、これ以前にPは、実兄Yから土地の贈与を受けていた。そこでPは、その譲受土地の所有権移転登記手続のためと称し、Yにその実印・印鑑証明書・土地登記済証の交付を求め、Yは、上記登記手続をするものと信じて、Pに実印等を交付した。しかし、Pは、上記登記手続をしないまま、上記実印等を用い、PのX社に対する現在および将来の債務につき、Yが担保提供者兼連帯保証人となる旨の契約書を作成し、X社に差し入れた。その後、PがX社宛に振り出していた約束手形が不渡りとなったため、X社は、Pの上記手形金債務にかかる

連帯保証債務の履行を Y に求めて提訴した。原審は、公法上の行為の委任であるとして、X 社の請求を棄却した。X 社上告。

破棄差戻し。単なる公法上の行為についての代理権は民法 110 条の規定による表見代理の成立の要件たる基本代理権にあたらないと解すべきであるとしても、その行為が特定の私法上の取引行為の一環としてなされるものであるときは、同条の規定の適用に関しても、その行為の私法上の作用を看過することはできないのであって、実体上登記義務を負う者がその登記申請行為を他人に委任して実印等をこれに交付したような場合に、その受任者の権限の外観に対する第三者の信頼を保護する必要があることは、委任者が一般の私法上の行為の代理権を与えた場合におけると異なるところがないものといわなければならない。したがって、本人が登記申請行為を他人に委任してこれにその権限を与え、その他人がその権限を越えて第三者との間に行為をした場合において、その登記申請行為が本件のように私法上の契約による義務の履行のためになされるものであるときは、その権限を基本代理権として、第三者との間の行為につき民法 110 条を適用し、表見代理の成立を認めることを妨げないものと解するのが相当である。

(イ) 相手方が代理人の権限があると信ずべき正当な理由を有すること

正当な理由があるとは、客観的に観察して、普通の人が代理権があるものと信ずるのがもっともだと思われることを意味する[128]。112 条の「善意・無過失」と同義であるというのが通説[129]・判例であり、取引の種類・内容等に応じて客観的に判断される。したがって、相手方に過失があるときには、権限踰越による表見代理は成立しない（大判昭 15・7・20 民集 19・1379、最判昭 27・1・29 民集 6・1・49）。

越権行為につき相手方において代理権ありと誤信し、その誤信につき正当な理由があることの立証責任については、説が分かれる。すなわち、表見代理の成立を主張する相手方にある[130]とする説と、109 条や 112 条の場合と取扱いを異にする根拠が見当たらないから、表見代理の成立を否定する本人が、相手方の悪意・有過失を証明する必要があるとする説[131]である。後者をもって妥当としたい。

---

[128] 我妻 371 頁
[129] 近江 I 298 頁
[130] 近江 I 298 頁、四宮＝能見 335 頁
[131] 我妻 370 頁、幾代 385 頁、川井 249 頁ほか

正当な理由は、本人の過失によって生じたことを要件とするものではなく（最判昭34・2・5民集13・1・67）、必ずしも常に本人の作為または不作為に基づくものであることを要しない（最判昭28・12・3民集7・12・1311）とするのが判例・通説[132]である。理由が正当なるや否やの判断は、その事案における諸般の事情を考慮してなされるべきで、本人側の事情も考慮の対象とすべきとする判例も現れた。すなわち、本人の意思に基づくものであると信ずるには足りない特段の事情があるときは、本人に直接照会するなど可能な手段によってその意思の存否を確認すべきであり、そのような手段を講ずることなく、たやすく信じたとしても、いまだ正当理由があるということはできない、というものである（最判昭51・6・25民集30・6・665〈[判例7.20]〉）。斟酌される事情は、相手方が権限ありと信じるのがもっともであるとの判断に直接関連する事情に限らず、より広範な事情を前提とした上で、本人と相手方のどちらがより保護に値するかという総合的判断がなされるべきであるが、最終的には当該事案の個別的・具体的な諸事情によって大きく影響される[133]。

民法110条の正当理由の判断

[判例7.20] 最判昭51・6・25（民百選Ⅰ［7版］30）

　電気器具の販売会社であるＸ社は、訴外Ｐ社（代表者Ｑ）に対するモーター販売の取引を開始して間もなくＰ社の経営状況に不安を感じ、Ｑに対して、Ｐ社の取引上の債務についてＱの父（Ｐ社の親会社の経営者）の個人保証をつけるよう求めた。これに対してＱが、Ｑの父の保証は得られないが、妻の父（実際には妻の伯父）であるＹが保証人になる旨の申入れをしたところ、Ｘ社はこれを了承し、連帯保証人欄を空白にした根保証約定書を作成してＱに交付した。Ｑは、当時別件についてＹを代理するためにＹから預かっていた実印を使用して、Ｙに無断で、その連帯保証人欄にＹの記名押印をし、印鑑証明書を添えて、Ｘ方へ持参した。その後もＸ社とＰ社との取引は継続したが、約1年後にＰ社が倒産したため、Ｘは、モーター代金支払いのためにＰ社が振り出した約束手形6通の手形債務につき、Ｙに対して連帯保証人としての責任を追及して本訴に及んだ。
　Ｘ・Ｙ間の連帯保証契約締結につき、第1審は、民法110条の正当な理由が

---

132) 我妻372頁
133) 民百選Ⅰ　6版63頁〔早川眞一郎〕

ないとしてXの請求を棄却、原審は正当な理由ありとして1審判決を取り消しXの請求を認容した。Yが上告。

破棄差戻し。印鑑証明書が日常取引において実印による行為について行為者の意思確認の手段として重要な機能を果たしていることは否定することができず、X社としては、Yの保証意思の確認のため印鑑証明書を徴したのである以上は、特段の事情のない限り、代理人の代理権限を信じたことにつき正当理由があるというべきである。しかしながら、原審は、他方において、①X社がQに対して本件根保証契約の締結を要求したのは、訴外P社との取引開始後日が浅い上、訴外A社が代金の決済条件に違約をしたため、取引の継続に不安を感ずるに至ったからであること、X社は、当初、Qに対し同人および同人の実父に連帯保証をするよう要求したのに、Qから「父親とは喧嘩をしていて保証人になってくれないが、自分の妻の父親が保証人になる」との申し入れがあって、これを了承した（なお、YはQの妻の父ではなく、妻の伯父に過ぎない）こと、Yの代理人として本件根保証契約締結の折衝にあたったQはその契約によって利益を受けることとなる訴外P社の代表取締役であることなど、X社にとって本件根保証契約の締結におけるQの行為等について疑問を抱いて然るべき事情を認定し、②また、原審認定の事実によると、本件根保証契約については、保証期間も保証限度額も定められておらず、連帯保証人の責任が比較的重いことが推認されるのであるから、Y自らが本件約定書に記名押印をするのを現認したわけでもないX社としては、単にQが持参したYの印鑑証明書を徴しただけでは、本件約定書がY自らの意思に基づいて作成され、ひいて本件根保証契約の締結がYの意思に基づくものであると信ずるには足りない特段の事情があるというべきであって、さらにY本人に直接照会するなど可能な手段によってその保証意思の存否を確認すべきであったのであり、かような手段を講ずることなく、安易にそのように信じたとしても、いまだ正当理由があるということはできないと言わざるを得ない。

契約の相手方が代理人の権限があると信ずべき正当な理由があったかどうかは、その契約成立の時を標準として決定される（大判大8・11・3民録25・1955）。

(ⅲ) 第三者の範囲

110条にいわゆる第三者は、代理行為の直接の相手方である。代理行為によって生じた権利をその相手方から転得した者が110条の保護を受けること

ができるかについては争いがあるが、転得者は110条の適用を受けないとするのが多数説[134]・判例である。すなわち、一般に相手方において110条の要件を充たしている場合には、相手方から権利を転得した者もその善意・悪意を問わず間接的に保護されるが、相手方において要件を充たしていない場合には、転得者が善意であっても保護されない。判例は、手形行為の場合についても同様に解している。すなわち、約束手形が代理人によりその権限を踰越して振り出された場合、110条によりこれを有効とするには、受取人が代理人に振出しの権限あるものと信ずべき正当な理由あるときに限り、かかる事由のないときは、たとえ、その後の手形所持人が、代理人にかかる権限があるものと信ずべき正当な理由を有していたとしても、振出人に手形上の責任を負担させることはできないとする（最判昭36・12・12民集15・11・2756）。

(ⅳ) 拡張適用

(ア) 法定代理

110条の表見代理は、法定代理にも成立し得るであろうか。109条の表見代理は、「代理権を与えた」という文言があるゆえに、法定代理には適用の余地がないと解されるが、110条にはそのような文言はない。

取引の安全を重視し、それによる本人の不利益は、正当な理由によって調整すればよいとして、後見人の権限のような法定代理権は110条の基本代理権となり得るとするのが、通説[135]・判例（大連判昭17・5・20民集21・571）である。

(イ) 夫婦間の日常家事

民法761条は、「夫婦の一方が日常の家事に関して第三者と法律行為をしたときは、他の一方は、これによって生じた債務について、連帯してその責任を負う」と規定する。すなわち、夫婦の日常家事（婚姻共同生活のための行為）から生じた債務については、「(a)夫婦に連帯責任を負わせる」という効果の生じる前提として、夫婦は相互に日常の家事に関する法律行為につき「(b)他方を代理する権限をも有する」ことをも規定しているものと解されている（最判昭44・12・18民集23・12・2476）。

この「夫婦の日常家事権」は、110条の基本代理権となり得るであろうか。

---

134) 我妻370頁ほか
135) 我妻372頁ほか

たとえば、① 夫Pが単身赴任中にその妻Q（専業主婦）が新聞勧誘員R_2と新聞購読契約を夫P名義で締結したとしよう。翌月末に新聞販売店R_1が集金に行くと、Qは「その契約は夫P名義だから、料金はPに請求してください」と言って払ってくれない。そこで、帰省中のPに支払いを請求すると、「それは妻Qが勝手に契約したものだから、Qに請求してくれ」と言う。Pにそう言われたことを伝えて、再度、Qに請求したが、「私は専業主婦だから、自由になるお金はない。夫Pに請求して」と、堂々めぐり。あるいは、② QがR_2と自己名義で新聞購読契約を締結したところ、Qは「私は専業主婦だから、自由になるお金はない。夫Pに請求して」と言って、購読料を支払ってくれない、仕方なく夫Pに請求すると、「それは妻Qが自分名義で契約したものだから、Qに請求してくれ」と取り合ってくれない。

さて、上記①および②の場合において、新聞販売店R_1はどうしたものか。新聞販売店R_1が確実に購読料を回収しようとするならば、いずれの場合においても、夫Pに購読料支払債務があることを認めさせる必要がある。①の場合においては、まず、当該契約（QとR_2が締結した、P・R_1間の契約）が有効とされる必要がある。つまり、本人効が成立する（P・R_1間の契約が成立する）必要があるわけであり、さすれば、Qがその行為につきPの代理人であるとされねばならない。すなわち、PによるQへの具体的な代理権授与行為がないとなれば、ⓐ Qの表見代理が成立する必要がある。さらに、主たる債務者（⇒85頁）Pに弁済の意思があるか否か、または資産があるか否かにかかわらず、いきなりQに対して請求することができるようにするために、ⓑ Qが代理人を務めたP・R_1間の契約においてQ自身を連帯債務者（⇒191頁）とさせる必要が生じる。すなわち、Q・R_2間で締結した（P・R_1間名義での）契約は、P・Q間に代理権が存在し、さらに代理人たるQ自身が当該契約にかかる連帯債務者となる混合契約（代理契約＋連帯債務契約）と解される必要がある。翻って、②の場合においては、妻Qが自身の名で契約している以上、新聞購読契約そのものに夫Pへの本人効が成立する余地はないから、QがPを本人とする代理人として連帯債務契約を締結することができる代理権を有していると解することができなければならない。

新聞購読契約の締結というような日常家事における代理権を基本代理権として110条の表見代理が成立するのかどうかについては、考え方が分かれる。

ⓐ 110条適用肯定説

　日常家事代理権は基本代理権となり、110条が適用されると解する説[136]である。近江幸治教授は、日常家事代理権については、配偶者という地位自体に代理権が与えられているのだから、これを法定代理権であると解した上で、110条は法定代理に類推適用されると主張される[137]。

ⓑ 110条適用否定説

　日常家事権を基本代理権として110条を適用することは、夫婦各自の財産領域は独立したもの（別産制）とする民法の趣旨に反するとして、日常の家事管理権を根拠として110条の適用を認めることは避けるべきとする説[138]である。

ⓒ 折衷説

　夫婦の一方が761条所定の日常家事代理権の範囲を超えて第三者と法律行為をした場合においては、その代理権を基本代理権として一般的に110条所定の表見代理の成立を肯定すべきではなく、その越権行為の相手方である第三者においてその行為がその夫婦の日常の家事に関する法律行為に属すると信ずるにつき正当な理由があるときに限り、110条の趣旨を類推して第三者の保護を図るべきであるとする説である。判例はこの立場に立つとされる（上掲最判昭44・12・18〈[判例7.21]〉）。

[判例7.21] 最判昭44・12・18（民百選Ⅰ[5版]30）

　Xの夫Pが、Yに対する債務清算のため、妻Xの婚姻前からの所有不動産を無断でXの名でYに売却して所有権移転登記をした。その後、XとPは離婚し、XがYに対して所有権移転登記抹消手続を請求したところ、Yは表見代理の成立を主張したという事案である。第1審・原審ともXの勝訴。Yが上告。

　棄却。民法761条は、（略）その明文上は、単に夫婦の日常の家事に関する法律行為の効果、とくにその責任のみについて規定しているに過ぎないけれども、同条は、その実質においては、さらに、右のような効果の生じる前提として、夫婦は相互に日常の家事に関する法律行為につき他方を代理する権限を有することをも規定しているものと解するのが相当である。

---

136) 注釈民法(4) 163-164頁〔椿寿夫〕ほか
137) 近江Ⅰ 301頁
138) 我妻 374頁

そして、民法761条にいう日常の家事に関する法律行為とは、個々の夫婦がそれぞれの共同生活を営むうえにおいて通常必要な法律行為を指すものであるから、その具体的な範囲は、個々の夫婦の社会的地位、職業、資産、収入等によって異なり、また、その夫婦の共同生活の存する地域社会の慣習によっても異なるというべきであるが、他方、問題になる具体的な法律行為が当該夫婦の日常の家事に関する法律行為の範囲内に属するか否かを決するにあたっては、同条が夫婦の一方と取引関係に立つ第三者の保護を目的とする規定であることに鑑み、単にその法律行為をした夫婦の共同生活の内部的な事情やその行為の個別的な目的のみを重視して判断すべきではなく、さらに客観的に、その法律行為の種類、性質等をも十分に考慮して判断すべきである。

　しかしながら、その反面、夫婦の一方がそのような日常の家事に関する代理権の範囲を越えて第三者と法律行為をした場合においては、その代理権の存在を基礎として広く一般的に民法110条所定の表見代理の成立を肯定することは、夫婦の財産的独立をそこなうおそれがあって、相当でないから、<u>夫婦の一方が他の一方に対しその他の何らかの代理権を授与していない以上、当該越権行為の相手方である第三者においてその行為が当該夫婦の日常の家事に関する法律行為の範囲内に属すると信ずるにつき正当の理由のあるときに限り、民法110条の趣旨を類推適用して、その第三者の保護を図れば足りるものと解するのが相当である。</u>

　上記①ⓐ（配偶者名義で契約する場合）において、具体的な代理権授与行為がないとなれば、表見代理が成立する必要があると述べたが、日常家事債務に関しては、個別・具体的な代理権授与行為がなくても761条により包括的な代理権が授与されているわけであるから、表見代理の成立に依拠する必要はないことになる。そして、上記②（配偶者名義ではなく自分名義で契約する場合）においては、当該行為（日常家事債務）は、行為者が配偶者を本人とする代理人として連帯保証契約を締結する代理権が761条により与えられていると解されている（上掲最判昭44・12・18）のであるから、相手方とことさらその旨を明示して合意しなくても、当然に配偶者が連帯保証をしたものと解される。また、代理とは関係がないが、上記①ⓑ（配偶者名義で契約する場合）において、日常家事債務の範囲内であれば（あるいは、範囲外であっても、相手方が行為者に代理権限ありと信ずべき正当な理由を有していたなら）、行為者自身が連帯保証人となる意思表示が暗示になされている（代理人が本人の履行を連帯保証するというこ

と）と解するべきであろう。

専業主婦が締結した新聞購読契約

　110条所定の権限踰越の表見代理は、何らかの基本代理権を授与されている代理人が、その範囲を超えて行為をした場合において、相手方が代理人の権限があると信ずべき正当な理由があるときは、本人がその責任を負う（本人効が成立する）というものである。

　新聞購読契約の締結権限につき夫が妻（専業主婦）に委託していない（代理権を授与していない）にもかかわらず、妻が夫名義で購読契約を締結した場合に、110条を適用して夫（本人）に履行責任を追及するためには、基本代理権の存在が不可欠である。しかし、朝刊のみの購読契約の代理権を授与されていた妻が、朝夕刊のセット購読契約を締結したというような場合は、基本代理権（朝刊のみ）が存在し、それを踰越した行為（朝夕刊のセット購読契約締結）をしたような場合は格別、上掲設例では基本代理権すら存しない。したがって、110条を適用することは困難である。そもそも、この設例のような一般的な日常家事につき110条を適用するとしても、如何なる基本代理権が想定できるであろうか。

　上掲最判昭44・12・18によれば、761条は、配偶者の「他方を代理する権限」をも認めているのであるから、妻が個別に夫から代理権を授与されていないにもかかわらず新聞購読契約を夫名義で締結するというような日常家事代理権の存在は、110条に依拠する必要はまったくない。ひっきょう761条のみで肯定することができるのである。夫婦は互いに日常家事に係る代理権を有するのであるから、その代理権の範囲を踰越する行為については、その日常家事代理権を基本代理権として、相手方が代理人の権限があると信ずべき正当な理由があるときは、表見代理の成立が認められることになる。しかしながら、その行為は日常家事の範囲を踰越したものなのであるから、相手方は、通常、代理人（配偶者の一方）に権限ありと信ずべき正当な理由を有しない。もっとも、日常家事債務の範囲は、すべての夫婦に一律に定められるものではなく、収入や資産の多寡・生活様式により異なるから、各夫婦の共同生活の実情に即して広狭が認められるであろう。たとえば、高校3年生の子のための50万円の予備校授業料債務について、A夫婦間では日常家事債務の範囲内だが、B夫婦間では範囲外である、ということもあり得る。したがって、A夫婦の一方の配偶者が他方名義で予備校授業料債務を負っても、表見代理の成立する余地はない（真正な代理である）。他方で、B夫婦の場合にあっては、基本代理権の範囲

> 外の行為となるが、相手方（予備校）が代理人（行為者）に権限ありと信ずべき正当な理由を有していたならば、110条の表見代理が適用されることとなろう（基本代理権が存在するから、類推適用ではない）。日常家事に関して、110条の適用が問題となるのは、夫婦間の契約により代理権を剥奪もしくは極端に制限されている配偶者が、その範囲を超えて（されど、一般的な日常家事の範囲内）代理行為を行った場合であるが、これは表見代表取締役の法理が妥当すると思料する。

(ウ) 首長の権限踰越行為

　市町村長など自治体の首長が、法令の制限を越える権限踰越行為によって代表行為を行った場合も、理論的には110条の適用が認められるが、判例（最判昭34・7・14民集13・7・960）は、村長が村議会の議決なしに借入れを行った事案につき、村長の代表権に制限があるとは知らなかったというだけでは、110条の表見代理を認めるべきではないとし、相手方の正当な理由を容易に認めない。

(4) 代理権消滅後の表見代理（112条）

(ⅰ) 112条の趣旨

　代理権の消滅は、善意の第三者に対抗することができない（112条）。代理権が、委任の解除とか本人の死亡によって消滅しても、第三者はそのことにつき不知であることが多い（代理人自身が知らないこともあり得る）。そこで、かつて代理人であった者が、その代理権が消滅した後も、代理人と称して代理行為を行った場合（滅権代理）には、本人は表見代理責任を負わねばならないとするのが、112条の規定である。

(ⅱ) 要　件
(ア) 代理権消滅後も代理権が存する外観が残っていること

　委任代理契約を解除したのに、本人が委任状を回収しなかったため、代理人であった者がその委任状を用いて代理行為を行った、集金人を解雇したあるいは集金人が退職したのに、その旨を取引先に通知しなかったので、集金人だった者が依然として集金し持ち逃げしてしまった、などという場合に、

この要件が充足される。代理権がなおも存在するかのような外観を撤回しなかったところに、本人の帰責性が認められるからである。

なお、従前に真正な代理権が存在したことが前提となることは当然である。

(イ) **消滅前の代理権の範囲内の行為であること**

消滅する前の代理権の範囲を踰越する行為の場合には、110条規定との重畳適用になる（大連判昭19・12・22民集23・626 ⇒ ［判例7.23］427頁）。

(ウ) **第三者が善意・無過失であること**

外観信頼保護法理である以上、第三者が代理権の消滅につき善意・無過失であることを要する。ここにいわゆる第三者とは、代理行為の直接の相手方を意味し、それ以後転々して行われた取引の当事者（転得者）は包含されないと解されている（大判昭2・12・24民集6・754）。

なお、112条の表見代理の成立のためには、代理行為の相手方において、代理人と称する者が従前、代理権を有していたことの認識を必要とするか否かについては、肯定説と否定説が対立してきた。判例は、大審院が「112条は、代理権が消滅する前にその者と取引をしたことがある等の場合に限り、その適用がある」と判示（大判昭8・11・22民集12・2756）して以来肯定説を採り、学説の多くはこれを支持してきた。しかし、これに対しては、表見代理成立を不当に狭くするものだとする批判説が有力に展開せられ、最高裁もその批判説を採用するに至った（最判昭44・7・25集民96・407）。いわく、112条の表見代理が成立するためには、相手方が、代理権の消滅する前に代理人と取引をしたことがあることを要するものではなく、このような事実は、112条所定の相手方の善意・無過失に関する認定のための一資料となるにとどまるものと解するべきである。

善意・無過失の立証責任については、本人が第三者の悪意・有過失を立証すべきとするのが、通説・判例（大判明38・12・26民録11・1877）である。本人は、代理権消滅の事実を直ちに公知しなければ、責任を免れることはできない。

(iii) **効　果**

代理権の消滅は、善意の第三者に対抗することができない。この点は、109条・110条の効果と同じである。

(iv) 適用範囲

112条は、法定代理にも適用されるというのが通説[139]・判例（前掲大判昭2・12・24）である。

（5）表見代理の重畳適用

（i）109条と110条の重畳適用

権限踰越の表見代理（110条）の成立は、本人が実際に何らかの代理権（基本代理権）を授与していることが前提となっている。しかし、109条による表見代理を基本代理権として、さらに表示された代理権の範囲を超える無権代理にも、110条の表見代理を認めることは肯定されるべきだとされる[140]。たとえば、商店主Pが、その商号および名義の使用を娘婿のQに許し印鑑も使わせていたところ、Qがその印鑑や印鑑証明書およびPが所有する家屋の登記済権利証を用いて抵当権を設定したような場合である。

判例は、109条の代理権授与表示を超えた代理がされ、第三者がその行為者に権限があると信ずべき正当な理由（110条）を有するときは、両条の重畳適用による表見代理の成立を認める（［判例7.22］参照）が、実例はごく少ない。その理由としては、代理権授与の表示が明確な文書の形をとっているような場合には、そもそも110条が適用される余地が少ないこと、表示が不明確な場合には、当該表示の意味するところの問題として結局は109条の表見代理のみで処理できる事態が多いと考えられる[141]とされる。

民法109条と110条の重畳適用

［判例7.22］**最判昭45・7・28民集24・7・1203**（民百選Ⅰ［7版］32）

　Yは、訴外Pに対し、Pの代理人Qを介して、Y所有の本件土地を代金205万円で売却し、手付金20万円を受領した。Yは、その際、Pに対する本件土地の所有権移転登記手続のために、①登記済権利証、②Yの印鑑証明書、③Yの記名押印および売渡物件の記載があり、金額・名宛人・年月日各欄を白地とした売渡証書、④Yの記名押印、目的物および登記一切の権限を与え

---

139) 我妻375頁ほか
140) 我妻370頁、幾代397頁ほか
141) 注釈民法(4) 122頁〔椿寿夫〕

る趣旨の委任事項の記載があり、受任者・年月日の各欄を白地とした白紙委任状を、Qを介してPに交付した。Pは、その後、Qを、Xの代理人訴外Rとの間で本件土地とX所有の土地の交換にあたらせた。しかし、QはRに対し、QがPの代理人であることを告げることなく、Yから何ら権限を与えられていなかったにもかかわらず、Pから改めて交付を受けていた①〜④の各書類（以下、「各書類」）をRに示し、Yの代理人のごとく装った。このため、Rは契約の相手方をYと誤信し、即日、Qとの間でX所有の土地とY所有の本件土地を交換し、Xが追銭15万円の交付を受ける旨の契約を締結した。追銭のうち10万円は契約成立時に、残金5万円と白地部分に補充がなされていない各書類は翌日QからRに交付された。

　X は、Yを相手として、本件土地の所有権移転登記手続を求めて本訴を提起した。原審は、Xの主張する110条による表見代理成立について、Qに基本代理権の生ずる余地がないとして請求を棄却。Xが上告。

　破棄差戻し。なるほど、各書類はYからQに、QからPに、そしてさらに、PからQに順次交付されてはいるが、Qは、Yから各書類を直接交付され、また、Pは、Qから各書類の交付を受けることを予定されていたもので、いずれもYから信頼を受けた特定他人であって、たとえ各書類がPからさらにQに交付されても、当該書類の授受は、Yにとって特定他人である同人らの間で前記のような経緯のもとになされたものに過ぎないのであるから、Qにおいて、各書類をRに示してYの代理人として本件交換契約を締結した以上、Yは、Rに対しQに本件土地売渡の代理権を与えた旨を表示したものというべきであって、X側においてQに本件交換契約につき代理権があると信じ、かく信ずべき正当の事由があるならば、民法109条・110条によって本件交換契約につきその責に任ずべきものである。

(ii) 112条と110条の重畳適用

　代理権消滅後にかつての代理人が過去に有していた代理権の範囲をさらに逸脱した事項について代理行為がなされた場合に、判例は、当初、表見代理成立の余地を認めなかった。すなわち、かつて支店主任であった者が権限消滅後に手形を振り出した事案において、110条は、その代理行為が過去においてかつて有していた代理権を超越しているというような場合にまで適用されるべき規定ではなく、112条は、いったん存在した代理権が消滅した場合の規定で、はじめから代理権が存在しなかった場合には適用されない、としていた（大判大7・6・13民録24・1263）。しかし、これに対しては、条文を形

式的に解釈するだけでは代理制度の信用維持は困難であるとの有力な反対意見が展開され、判例もその後、代理権の真実の内容と越権行為との間の同質性を不要とするように変化したこと（⇒ ［判例 7.18］ 413 頁）なども相俟って、やがてその態度を改め、112 条と 110 条との重畳適用を認めるに至った（前掲大連判昭 19・12・22〈［判例 7.23］〉）。すなわち、代理権消滅後の代理行為であるという点につき 112 条の法意を類推し、従前の代理権の範囲を超える代理行為であるという点につき 110 条の法意を類推して、善意・無過失の第三者を保護するものである。かくして、112 条と 110 条の重畳適用による表見代理成立の肯定説は、その後の判例によっても踏襲されている。すなわち、代理権の消滅後、従前の代理人がなお代理人と称して従前の代理権の範囲に属しない行為をなした場合に、代理権の消滅につき善意・無過失の相手方において、自称代理人の行為につきその権限があると信ずべき正当な理由を有するときは、当該代理人と相手方との間で行われた行為につき、本人にその責任を負わせるのを相当とするとし（最判昭 32・11・29 民集 11・12・1994）、当座勘定取引のため小切手を振り出す代理権しか有しない Q が、その代理権消滅後、代理人と称して約束手形を振り出した場合に、受取人が代理権の消滅につき善意・無過失で、Q に手形振出しの権限があると信じるにつき正当な理由を有するときは、本人は受取人に対し振出人としての責任を免れないとした（最判昭 35・12・27 民集 14・14・3234）。学説も一般にこれを支持する。なお、やや特殊な例として、本人 P の無権代理人 Q のした第三者 R との契約を P が追認した後、Q が S と無権代理行為をした場合にも、112 条と 110 条が重畳適用されるとしたものがある（最判昭 45・12・24 民集 24・13・2230）。

民法 110 条と 112 条の重畳適用

[判例 7.23] 大連判昭 19・12・22（民百選 I ［7 版］33）

　Y の叔父 Q が、かつて Y が未成年の当時から、Y から実印を預かり、約 15 年にわたって Y のために代理行為を行ってきたが、代理権が消滅したにもかかわらず、その実印を利用して、Y を自分の X 銀行からの借入れの連帯保証人とした。X 銀行は、Q は Y から本件保証契約を行う代理権を授与されていたと主張し、仮に Q に代理権がないとしても、X 銀行において Q に代理権があると信ずべき正当な理由を有しており、Y は保証責任を負うと主張して、Y に対して保証債務の履行を求めた。

原審は、上掲大判大7・6・13の趣旨をもってXの請求を棄却。Xが上告。
　破棄差戻し。112条の規定は、代理権の消滅後、従前の代理人が今なお代理権の存続を装って代理権に基づく法律行為をした場合に関するものであることが、その文言から読み取れるため、代理権の消滅後、従前の代理人が代理人と称して従前の代理権の範囲に属しない法律行為をした場合においては、本来この規定の適用はできない。しかし、相手方が、過失なく代理権の消滅を知らなかったときは、自称代理人に従前の代理権が今なお存続することを信じるのと同時に、そうした代理権がある以上、当該事項についてもやはり代理権を有していると信じることがあり得る。このとき、その相手方がそのように信じるについて正当な理由を有している場合には、112条の規定を適用すべき前述の場合と比較して、相手方の保護に関して、その取扱いを区別する理由が見出せず、これらを同一に取り扱って、取引の安全を図るのが正当である。加えて、110条は、ある代理権を有する代理人が権限外の行為をした場合においても、その相手方が正当な理由を有する限り、その相手方を保護している。両条の法意から推論すれば、当該代理人の従前の代理権の消滅につき善意・無過失の相手方が、その代理人の現になした行為についてその権限ありと信ずべき正当な理由を有する場合においても、同様に相手方を保護するのが正当である。

第8章

無効と取消し

■ 1 無効と取消しの差異 ■

(1) 緒説

　当事者が法律行為によって達成しようとした法律効果も、①公益に反する行為、②当事者を保護する必要性がある行為、③効果意思が欠如した行為などには、無効もしくは取消しとされて、その発生が阻止されることは既述した。①は、公序良俗に反する事項を目的とする法律行為（90条）や不法な条件を付した法律行為（132条）（⇒452頁）などであり、いずれも無効である。②は、法定代理人の同意を得ずに未成年者がした法律行為（5条）、成年被後見人の法律行為（9条）、保佐人の同意を得なければならない行為につき被保佐人が保佐人の同意を得ずにしたもの（13条）、詐欺または強迫による意思表示（96条）などであり、いずれも取り消すことができる行為である。③は、心裡留保・虚偽表示・錯誤による意思表示（93条-95条）などであり、いずれも無効である。

(2) 具体的な差異

① 主張の要否

　無効な行為は、誰からの主張もなくして無効であり、当然に効力がない（**当然無効**）。それに対して、取消しは、取消権者の取り消すという主張があってはじめて、その法律行為の効力が遡及的になくなる（取消しの遡及

効)。
② 効力発生の有無

無効な行為が、最初から効力のないものとして取り扱われるのに対して、取り消すことができる行為は、いったん有効に成立し、取り消すという主張のない間は効力があるものとされる（一応有効）。

③ 追認の可否

無効は、追認によっても治癒されないが、取り消すことができる行為は、追認によって確定的に有効となる。

④ 期間制限の有無

無効は、時の経過によって補正されることはないが、取り消すことができる行為は、一定期間の経過により取消しができなくなり、有効なものとして確定する（取消権の消滅）。

（3）無効と取消しの区別

上記のような差異は、絶対的なものではなく、実定法（⇒第3章脚注5）上ないし解釈上は、以下のように種々のタイプがあり、その区別は相対的なものといえる。

無効にあっては、虚偽表示や重過失のある錯誤などのように、取引の安全のために無効主張が許されない場合（94条2項・95条ただし書）や、無権代理行為のように、追認によって契約の時に遡って有効であったとされるもの（116条）もある。

取消しにあっては、身分上の行為（婚姻・離婚・縁組等）や当事者の利益保護の必要があるとき（雇用契約等）などには、取消しの効力が将来に向かってのみその効力を生ずるものがある（非遡及的取消し）。また、詐欺による意思表示（96条3項）や夫婦間の契約（754条）などのように、取消しの効力を善意の第三者に主張できないこともある。

ある法律行為を無効とすべきか取り消すことができるものとすべきかは、法的価値判断ならびに立法政策上の問題であり、原理的・必然的な理由は存しないとされる[1]。一般的には、個人の意思がどのようなものであるかにか

---

1) 近江 I 311頁

かわらず、客観的・社会的な理由から効力を否定すべき場合は「無効」とし、当事者や関係者の意思によって効力を否定しても差し支えない場合は「取り消すことができるもの」とされよう。

詐欺による錯誤の場合のように、1個の法律行為が、無効の要件と取消しのそれとの両方を充たす場合は、当事者はいずれの主張をしてもよいと解するのが通説である（二重効）。

■ 2 無 効 ■

(1) 無効の意義

(i) 無効とは

無効とは、法律行為が成立要件を充たして成立したにもかかわらず、有効要件（目的の確定性・目的の実現可能性・目的の適法性・目的の社会的妥当性）（⇒250頁）を欠くために効力を生じないことをいう。当初から成立要件を欠く法律行為の不成立とは区別しなければならない★。また、いったん有効に成立した法律行為の効力を、特定の者（取消権者）の「取り消す」という主張によって消滅させる取消しとも異なり、無効は、絶対に無効であって、いつでも誰でもその効力を否認することができる。したがって、時間の経過によっても追認によっても効力を生じない（後述・絶対的無効）。ただし、例外的に、表意者自身は主張することができない、あるいは表意者が主張する意思のない場合には相手方・第三者は主張し得ない無効もある（後述・相対的無効）。

なお、無効には、民法総則に共通する**一般的無効**（90条の公序良俗違反の無効、93条～95条の効果意思の欠落による無効、131条～134条の特殊条件の無効など）のほかに、特に家族法において特別に認められる**特殊的無効**（742条の婚姻の無効、802条の縁組の無効、966条の被後見人の遺言の無効など）がある。

> **不成立無効**：成立要件を欠いて法律行為が成立しない場合を**不成立無効**という。他方で、成立要件を充たすものの有効要件を欠くという本来の無効のことを**成立無効**と呼ぶ。

(ⅱ) **無効の種類**
(ア) **当然無効と裁判上の無効**

　無効は、法律上当然であって、別段の行為または手続を要しないのが原則であるとされ、これを**当然無効**という。これに対して、会社設立の無効（会社法828条1項1号）、会社の合併無効（同828条1項7号・8号）、株主総会決議の無効（同830条2項）などは、訴えによってのみ主張することが許され、これを**裁判上の無効**という。

(イ) **確定的無効と未確定無効**

　公序良俗や強行規定に反するとして無効とされる行為は、追認によっても、その効力を生じない（119条本文）。このような無効を**確定的無効**という。これに対して、追認することのできる無効および治癒することのできる無効を**未確定無効**という。無権代理における無効が典型である。この無効は、追認が可能であり（113条1項）、追認されれば、契約の時に遡ってその効力を生ずる（116条）。未確定無効において有効要件を充たす行為が、**追認**および**追完**（治癒行為）である。

(ウ) **絶対的無効と相対的無効**

　対世的に（＝すべての人に対する関係で）無効であって、誰からでも主張できる無効を**絶対的無効**という。公序良俗に反する行為など公益を害する行為を防遏（ぼうあつ）するための無効であるから、誰の意思によってもこれを有効とすることはできない。これに対して、取引の安全のために、善意の第三者には対抗することができない無効や、重過失の表意者は自ら主張することができないという無効が存在し、これを**相対的無効**という。虚偽表示や重過失による錯誤における相手方等の保護（94条2項・95条ただし書）のように、保護の対象が私益的なものにとどまる場合の無効である。なお、絶対無効説および相対無効説につき、72頁を参照。

（2）無効行為の追認

　法律行為の無効は、原則として、確定的無効であって、追認によって有効となるものではない（119条本文）。公序良俗違反のような絶対的無効に当てはまる。しかし、無効な行為が追認することによって契約の時に遡って効力を生ずるもの（未確定無効）もある（113条・116条）。本人の意思が欠けている

状況であれば、代理以外であっても 116 条が類推適用されるというのが通説であることは既述した（⇒ 375 頁）。

当事者が無効であることを承知で追認したときは、新たな行為をしたものとみなされ、追認のときから効力が生ずる（119 条ただし書）。これを**非遡及的追認**という。

（3）一部無効

法律行為の一部分が無効であるとき、その法律行為の全部を無効とする必要はなく、その一部分だけを無効とし、残余部分は有効とする**一部無効**も認められるべきであろう。明文でこれを認めている民法規定がある。たとえば、永小作権（小作料（耕作地または牧畜地の使用料）を支払って他人の土地において耕作または牧畜をする権利）の存続期間は 50 年以内と定められている（278 条前段＝強行規定）が、設定行為でそれを超えた期間を定めたときであってもその期間は 50 年とすると定めており（同条後段）、50 年を超える部分のみを無効（一部無効）としている。その他に、133 条 2 項・360 条 1 項後段等、一部無効につき多くの民法規定がこれを認める。

明文規定のない場合は、解釈によることとなろう。無効ではない残余部分が、無効とされる一部分と密接不可分の性質を有するような場合は、全体として無効と解すべきとされる[2]。既述の「前借金無効契約事件」（最判昭 30・10・7 民集 9・11・1616）（⇒ 263 頁）では、契約の一部たる酌婦稼動契約の無効は契約全体の無効を来たして金銭消費貸借契約も無効となるとされた。

しかし、このような公序良俗違反のケースではなく、残余部分を有効としてなお効力が維持できる場合においては、解釈上一部無効を認めることが当事者の意思に合致するであろう。判例（最判昭 47・12・19 民集 26・10・1969）は、根抵当権の設定契約が、PおよびQの各債務を担保する 2 個の目的を有していた場合、その一方の目的について錯誤があったとしても、そのために他方の目的をも達成できなくなるものでない限り、当該根抵当権設定契約の全部が無効となるものではないと解すべきとする。

---

[2] 近江 I 316 頁

(4) 無効行為の転換

　無効な法律行為が、他の法律行為の要件を充たしている場合に、その法律効果を認めることを**無効行為の転換**という。たとえば、妻以外の女性との間にもうけた子を妻との間の嫡出子として届け出たことに認知の効力を認めること（最判昭53・2・24民集32・1・110）などである。

　無効行為の転換については、わが国の民法は、それを一般的に認めるドイツ民法（140条）のような規定を持たないが、当事者が当初の行為の無効を知ったならば要件を充たしている他の法律行為の効果を欲したであろうと認められる客観的事情があるときに限り、転換を認めるべきとされる。一般に、要式行為から不要式行為への転換は可能であるが、その反対は、容易に認められないとされる[3]。

　明文でこれを認めている民法規定は、秘密証書による遺言が規定の方式を欠く遺言であっても、自筆証書遺言の方式★を具備しているときは後者の効力を有すると規定する971条、申込者は遅延した承諾を新たな申込みとみなすことができると規定する523条、申込みに変更を加えた承諾は新たな申込みをしたものとみなすと規定した528条などがある。

> **遺言の方式**：いわゆる遺言状・遺言書とは、法的には、法定の方式に従い遺言（民法上は「いごん」と読む）を記載した書面（＝遺言証書）のことである。民法の定める遺言証書には、死亡の危急に迫った者が遺言をしようとするとき等の特別な場合を別として、①遺言者がその全文・日付・氏名を自書・押印した自筆証書遺言、②証人2人以上の立会いの下に遺言者が遺言の趣旨を公証人に口述して筆記させ、遺言者・証人・公証人がこれに署名・押印した公正証書遺言、③遺言者が署名・押印した遺言書を封印し、公証人がその封印された証書の提出日および遺言者の申述を封紙に記載した後、遺言者・証人とともにこれに署名・押印した秘密証書遺言、の3種がある。各方式とも要件を厳正に具備しない限り無効とされる。たとえば、自筆証書遺言につき、全文自書ではなく署名以外はすべてワープロで作成されていれば、その遺言証書は無効とされる。

---

[3] 近江 I 316-317頁

■ 3 取消し ■

(1) 取消しの意義

　取消しとは、いったん有効に成立した法律行為について、特定の人（取消権者）の主張（取消しの意思表示）によって、その効力を遡及的に消滅させることである。この取消の意思表示は、相手方に対する一方的な（相手方の意思表示を必要としない）単独行為であり、形成権（⇒25頁）である。

　上述のように、当事者に選択の余地がある点で、その余地のない無効とは異なる。また、すでに生じた法律行為の効力を事後に遡及的に消滅させるものであるから、意思表示をした者がその意思表示の効力を将来に向かって消滅させる撤回★とも異なる。

> 撤回：「撤回」とは、意思表示をした者がその意思表示の効力を将来に向かって消滅させることである。取消しと異なり、詐欺・強迫のような特定の原因（取消原因）がなくてもできるが、原則として意思表示が効力を生じた後は撤回できない。ただし、撤回ができない意思表示も取消原因があれば取り消すことはできる。
>
> 　なお、契約関係を遡及的に消滅させる行為として、取消し以外に「解除」がある。意思表示前にその原因（詐欺等）が存する場合に遡及的に消滅させるのが取消しであるのに対し、意思表示後（契約が有効に成立した後）に発生した原因（＝解除原因。相手方の債務不履行等）により遡及的に消滅させるのが解除である。

　120条は、「行為能力の制限によって取り消すことができる行為は、制限行為能力者又はその代理人、承継人若しくは同意をすることができる者に限り、取り消すことができる。②詐欺又は強迫によって取り消すことができる行為は、瑕疵ある意思表示をした者又はその代理人若しくは承継人に限り、取り消すことができる」と規定する。すなわち、ここにいわゆる「取り消すことができる行為」は、原則として、制限行為能力または意思表示の瑕疵によって取り消すことができる行為に限られ、そのほかには、後見人の権限外の行為の取消し（865条）に適用があるにとどまる。したがって、無権代理行為の相手方の取消し（115条）、詐害行為の取消し（424条）、書面によらない贈与の撤回（550条）、要件の欠缺による婚姻の取消し（743条以下）などに

は、120条の適用がない。また、行為以外のものの取消し（後見開始の審判の取消し（10条）、失踪宣告の取消し（32条）など）にも適用されない。

取消しには、すべての法律行為に共通する**一般的取消し**（5条の未成年者の法律行為の取消し・9条の成年被後見人の法律行為の取消し・13条の保佐人の同意を要する行為の取消し・96条の詐欺または強迫による意思表示の取消し）のほかに、次のような、契約法や家族法[4]において特別に認められる**特殊的取消し**がある。すなわち、書面によらない贈与の撤回（550条）、夫婦間の契約の取消し（754条）、婚姻の取消し（743条ないし748条）、協議上の離婚の取消し（764条）、縁組の取消し（803条ないし808条）、負担付遺贈に係る遺言の取消し（1027条）、詐害行為の取消し（424条）などであり、これらには取引の安全を目的とする120条以下の取消しの規定はその適用を制限される。

（2）取消権者

取り消すことができる法律行為を取り消すことのできる者（取消権者）は、制限行為能力者もしくは瑕疵ある意思表示をした者（詐欺または強迫によって意思表示をした者）、およびそれらの代理人または承継人に限られる（120条）。

（ⅰ）120条1項
ⓐ 制限行為能力者

制限行為能力者は、意思能力を有する限り、単独で有効な取消しをすることができると解される（通説）。成年被後見人については、「意思能力があるときでも自ら法律行為ができないので、後見人の同意を得ても取り消すことができない。もし成年被後見人が自ら取消しをしたならば、後見人の同意を得たか否かを問わず、その取消しは取り消しうるものとなる」とする説[5]もある。しかし、「取り消すことができる取消し」というようなものは、相手方の地位を甚だしく不安定にすること、もとの行為を白紙に還元することは

---

[4] 「契約法」とか「家族法」という固有の法典が存在するわけではない。前者は、狭義では民法3編2章「契約」を指すが、広義は、それを中心に、民法1編の中心部分、3編1章・4章の一部、さらには消費者契約法・割賦販売法等の契約に関連する多くの民事特別法や特定商取引法などの総称である。後者は、狭義では民法4編「親族」を指す「親族法」と同義であるが、広義の意味はそれに民法5編「相続」を含めた概念である。
[5] 川井278頁

制限行為能力者に特別の不利益をもたらさないはずであること、120条は（その文理上も）単独で取消しをなし得る者を列挙したものととられることなどから、認めるべきではない[6]。

　ⓑ　代理人

　親権者や成年後見人等、制限行為能力者の法定代理人は、独自の立場で取消しをなし得る。これは、上記ⓐの制限行為能力者の取消権とは別個・固有の取消権である。なお、代理権授与行為の内容によって、任意代理人に当該行為を取り消す権限が認められている限り、任意代理人も取消権を行使することができる。ただし、任意後見人（⇒104頁）は、取消権を有しないとされる[7]。その理由としては、本来制限能力者制度の中で家庭裁判所が付与していた取消権を、当事者同士の契約で設定することには無理があること、また契約当事者間を縛る契約の効力が取消権により第三者の取引の安全に影響することなど、私法上の限界を超越してしまうことが挙げられている[8]。

　ⓒ　承継人

　制限行為能力者の承継人である。承継人には、**包括承継人**（相続人や合併会社のように、前主〈被相続人や合併前の会社〉の権利・義務を包括的に承継する者）と**特定承継人**（たとえば、不動産の売買によりその譲受人が当該不動産の所有権を取得するというように、個々の権利だけを前主〈売買の場合は売主〉から承継する者）との2種類がある。前者がこの承継人の中に入ることは疑いない。制限行為能力者の特定承継人については、これに含まれないとする説[9]がある。取消権という一種の形成権だけが譲渡されるということは、実際上、まずあり得ないと思われるが、取り消すことができる法律行為によって成立した法律上の地位を譲り受けた特定承継人は取消権も承継すると解するのが通説である[10]。例としては、土地を所有する未成年者が、親権者の同意を得ないで不利益な地上権を設定し、その後、その未成年者からその土地所有権を譲り受けた者は、原則として、土地所有権とともに取消権を承継すると説明される[11]。

---

6) 我妻394頁、幾代427頁
7) 成年後見問題研究会『成年後見問題研究会報告書』（金融財政事情研究会、1997年）68頁
8) 任意後見人が取消権を有しないことの問題点については、新井誠＝赤沼康弘＝大貫正男編『成年後見制度——法の理論と実務』（有斐閣、2006年）179頁以下を参照されたい。
9) 川井279頁
10) 我妻395頁、幾代429頁

ⓓ 同意権者

制限行為能力者の保佐人および補助人のことである。前者の同意（13条1項柱書前段）もしくは裁判所の許可（同条3項）を得ないで被保佐人がした13条1項各号所掲の行為（日用品の購入その他日常生活に関する行為を除く）は、同意権者である保佐人が取り消すことができ、後者の同意（17条1項）を得ないで被補助人がした特定行為（家庭裁判所の審判により補助人の同意を要するとされた行為）も、補助人が同意権者として取り消すことができる。

120条は、「取消シ得ヘキ行為ハ、無能力者若クハ瑕疵アル意思表示ヲ為シタル者、其代理人又ハ承継人ニ限リ之ヲ取消スコトヲ得」とあった1999年改正前の旧規定につき、準禁治産者の保佐人は代理人でないことから取消権を有しないとした判例に対して学説の大勢が反対の態度をとっていたことに鑑み、成年後見制度の導入に伴い、制限行為能力者の同意権者にも取消権を認める趣旨で改められたものである。

なお、これも、上記ⓐの制限行為能力者の取消権とは別個・固有の取消権である。

（ⅱ）120条2項

ⓐ 被詐欺者・被強迫者

詐欺または強迫によって意思表示をした本人である。被詐欺者・被強迫者は、瑕疵ある意思表示をした者として取り消すことができる（96条1項）。

ⓑ 代理人

被詐欺者・被強迫者の法定代理人および任意代理人がこれに該当する。

ⓒ 承継人

被詐欺者・被強迫者の包括承継人および特定包括人[12]である。なお、保証人が主たる債務者（主たる債務者については85頁参照）の取消権を行使することができるか否かは、実際上かなり重要な問題であるが、保証人は承継人ではないことを理由に否定するのが通説・判例である。すなわち、主債務者Pが相手方Qの詐欺によってQに対する債務を負担した場合において、Pの保証人となったRは、承継人には該当しないとされる（大判昭20・5・21民集

---

11) もっとも、未成年者による所有権譲渡のときの事情もからむので、細心の注意を払った検討が必要とされる。
12) 特定承継人をこれに含める実益に関しては、懐疑的な説もある（幾代430頁）。

24・9）。

（3）取消しの方法

　取消しをする方法は、取消権者の単独の（一方的な）意思表示によってなされる。理論上、取消しという形成権行使と、取消しの結果の主張とは区別されるが、取消しの効果の主張のうちに取消しの意思表示そのものを認定することができる。

　取消しは、相手方が確定している場合には、相手方に対する意思表示によってする（123条）。訴えによる必要もない。ここに相手方とは、取り消すことができる意思表示が向けられた者である。たとえば、Qの詐欺によってPがRに不動産を売却したときは、Pの取消しはRに対してなされるべきであり、Qに対してなされるべきではない（大判昭5・10・15評論20民29）。なお、相手方が確定していない場合は、客観的に取消しの意思表示と認められるような行為があれば足りる。

（4）取消しの効果

（i）遡及効

　取消しの結果、当該行為は、当初から効力を生じなかったものとして取り扱われる（121条本文）。その具体的な効果は、無効の場合と同様である。

　ただし、遡及効を有しない場合もあることは既述した。すなわち、身分上の行為（婚姻・離婚・縁組等）や当事者の利益保護の必要があるとき（雇用契約等）などは、取消しの効力が将来に向かってのみその効力を生ずる。賃貸借契約のような継続的契約関係についても、取消しの遡及効は否定されるべきであろう。

　取消しの効果は、原則として誰にでも主張することができるが、詐欺による取消しの場合は善意の第三者には対抗することができない（96条3項）。

（ii）不当利得の返還義務

㋐　原状回復

　取消しにより、法律行為は当初から無効であったことになることから、当

該法律行為から生じた債務等は履行する必要がなくなり、すでに履行がなされていたときは、元に戻さなければならない（原状回復）。この原状回復については、不当利得返還請求権（703条以下）に基づくものなのか、物権的返還請求権（⇒356頁）に基づくものか、につき学説は分かれる。

ⓐ **物権的請求権説**

取り消された債務がすでに履行されていたとき、当該履行者は物権的返還請求権のみによって返還（原状回復）を請求することができるとする説である。物権的請求権は時効にかからないので（167条2項の反対解釈）、取り消された債務につきすでにその履行をした者は、永久に返還を請求することができるとなる。

ⓑ **不当利得返還請求権説**

取り消された債務がすでに履行されていたとき、当該履行者は不当利得返還請求権（703条以下）のみによって返還（原状回復）を請求することができるとする説である。これによると、原状回復請求権は、10年の時効によって消滅する（167条1項）。今日では、この説が通説的理解となっている。

(ｲ) **制限行為能力者の現存利益返還義務**（利得縮減抗弁）

民法は、上記(ｱ)の返還義務に関し、制限行為能力者を保護するため、特別な規定を設けてその返還義務の範囲を縮減した。すなわち、制限行為能力者は、法律行為を取り消した場合、その行為によって現に利益を受けている限度で返還すればよい（121条ただし書）。「現に利益を受けている限度」とは、取り消すことができる行為によって事実上取得した利益が、そのまま現存し、あるいは形を変えて残存しているときにのみ、それだけの返還義務を負う、という意味である。事実上取得した利益を浪費したときは、利益は現存しないから返還しなくてもよい（大判昭14・10・26民集18・1157）。しかし、生活費その他の必要な出費に充てたときは、他の財産がこれによって消費を免れたから、利得は残存することになり、それだけは返還しなければならない（大判昭7・10・26民集11・1920〈[判例8.1]〉）。

[判例8.1] 大判昭7・10・26

未成年者Ｙの親権者ＰがＹを代理してＸから4,000円を借り、Ｙの不動産

> に抵当権を設定したところ、Yはこの貸借は親族会（⇒前章脚注58）の同意を得なかったとして取り消し、貸金債権の不存在および抵当権設定登記抹消を求める訴えを提起した。これに対し、XはYがその4,000円を債務弁済および生活費に充て4,000円相当の利益を得ているからとて返還を求めた事案で、「無能力者が、取り消すことのできる法律行為により相手方から受領した金員をもって他の債務を弁済し、必要な生活費を支弁したときは、無能力者はその法律行為により現に利益を受けているものと言い得るから、その法律行為を取り消した以上、民法121条により弁済または支弁した金員を相手方に償還する義務を負う」とした。

(ウ) **双務契約の場合の返還請求権**

双務契約が取り消された場合、公平上、双方の返還義務につき同時履行の抗弁権★（533条以下）を認めることができる。判例（最判昭47・9・7民集26・7・1327）は、売買契約が詐欺を理由として取り消された場合、各契約当事者の返還義務は、533条の類推適用により同時履行の関係にあるから、土地売買契約が取り消されたことによる登記回復手続義務と代金返還義務の間にも、同時履行関係の存在が認められるとした。

> **同時履行の抗弁権**：売買のような双務契約の当事者は、相手方が債務を提供するまでは、自分の債務を履行しないと主張することができる（533条）。これを「同時履行の抗弁権」という。

(5) 取り消すことができる行為の追認

(ⅰ) 追認の意義

取り消すことができる行為は、取消権者（120条）が**追認**の意思表示を行うことによって、確定的に有効なものとすることができる（122条本文）。追認とは、すでに有効に成立していてかつ取り消すことができる行為を取り消さない旨の意思表示をすること、つまり取消権の放棄をいう。追認の方法は、取消しとまったく同様である。

(ⅱ) 要 件

追認は、取消権の放棄だから、取消権者が、相手方に対する意思表示により（123条）これをなすことを要する。

441

追認をすることができる時期につき、法定代理人・保佐人・補助人には特別な制限はないが、意思表示者本人（制限行為能力者・瑕疵ある意思表示をした者）は、取消しの原因となっていた状況が消滅した後でなければ、有効な追認をすることができない（124条1項・3項）。すなわち、制限行為能力者は行為能力者になった後、詐欺により意思表示をした者はそれを知った後、強迫により意思表示をした者は強迫が終わった後でなければ追認することはできない。それ以前に追認をしても、それは、取り消すことができる追認となるのではなく、無効である（通説[13]）。当然ながら、法定代理人・保佐人・補助人が追認をする場合はこの限りではない（同条3項）。

　追認が取消権の放棄である以上、追認者が取消権の存在（取消事由）を認識した上で追認する必要がある。124条2項は、成年被後見人が行為能力者となった後に追認をなす場合についてのみ、このことを規定しているが、これは、他の制限行為能力者が行為能力者となった後に追認をする場合も同様であるのみならず、法定代理人・保佐人・補助人が追認する場合も同様と解されている。

(ⅲ) 効　果

　追認をすると当初から完全に有効な行為であったことになり（122条本文）、以後は取り消すことができなくなる（確定的有効）。

　民法は、追認によって第三者の権利を害することはできない旨を規定している（122条ただし書）。しかし、取り消すことができる行為は、取消しがない限り有効であって、追認はその有効性を確定するに過ぎない。相手方としても、有効であることが前提になっているのだから、その追認により権利を害するに至るおそれはない。したがって、これは無意味な規定であるといわれる。

(ⅳ) 法定追認

(ア) 法定追認の意義

取消権者が、実質上、取消権を放棄したと認められるような行為をしたと

---

[13] 我妻399頁。なお、取消しの原因となっていた状況が消滅する前であれば、「追認自体が、取消原因下での意思表示として、取り消すことができるものとなる」とする説も有力である（近江Ⅰ325頁）。

き、取消権者の意思のいかんを問わず（特に追認をしたわけではなくとも）、民法は、これに追認と同様の効果を認めた。すなわち、取り消すことができる行為の効果は、それにより確定するものとされる。取消権者が、取消権を放棄したと認められるような行為（法律行為の有効性を前提とした行為）をしたときには、法律行為は追認されたとの信頼が相手方に生じるのが通常であろう。その信頼は合理的なものと考えられるから、取消権者の内心によってその追認が否定され、法律行為は取り消され得る、というのでは、相手方の合理的信頼は裏切られることとなる。そこで、取引の安全を図るため、そのようなとき（取消権者が取消権を放棄したと認められるような行為をしたとき）には、法律が追認を擬制することにした。これが**法定追認**である（125条）。

(イ) 要 件

取り消すことができる行為について、次の事実の1つがあることが要件となる（法定追認事由）。

① **全部または一部の履行**（125条1号）

取消権者が、取り消すことができる法律行為から生じた義務を履行する場合、および、相手方の義務の履行を受領する場合の両方を含むものと解するのが通説・判例（大判昭8・4・28民集12・1040）である。

② **履行の請求**（同条2号）

取消権者がする場合に限る（大判明39・5・17民録12・837）。相手方が履行を請求しても法定追認とはならないのは当然である。

③ **更改**（同条3号）

更改とは、契約によって既存の債権または債務を消滅させると同時に、これに代わる新しい債権または債務を成立させること（513条1項）であるが、ここでは、取り消すことができる行為によって生じた債権・債務を消滅させ、その代わりに他の債権・債務を成立させることである。取消権者が、債権者・債務者いずれの立場でなす場合でもよい。

④ **担保の供与**（同条4号）

取消権者が債務者として人的担保または物的担保を供する場合のみならず、債権者として担保の提供を受ける場合をも含む。

⑤ **取り消すことができる行為によって取得した権利の全部または一部の譲渡**（同条5号）

取消権者が譲渡した場合に限る。

⑥ 強制執行（同条6号）

取消権者が債権者として執行したときである。債務者として執行を受けたときは問題となる。強制執行を受けることによる法定追認の成立を否定する判例として、大判昭4・11・22新聞3060・16が挙げられることがあるが、これは、前訴確定判決に基づく強制執行に対して前訴口頭弁論終結後の法律行為取消しを理由とする請求異議を是認したもののようであるから、ここで引用するのは不適切と解する見解もあり、通説は、強制執行を受けることによる法定追認の成立を肯定する[14]。

制限行為能力者または瑕疵ある意思表示をした者については、上記所掲行為（①〜⑥）が、追認をすることができる時以後、すなわち取消しの原因となっていた状況が消滅した後になされた場合に、はじめて法定追認としての効果が認められる。制限行為能力者の法定代理人・保佐人・補助人が上記所掲行為をしたときは、その条件にかかわらず、法定追認としての効果を生ずるものと解される。

これらの行為をする際に異議をとどめたときは、法定追認としての効力を生じない（125条ただし書）。たとえば、取り消すことができる行為によって負担した債務について受けた強制執行を免れるために、一応弁済するにあたって、追認ではないことを表示してするような場合である。

また、法定追認の規定は、取消権者が取消権の存在を知っていると否とを問わず、その適用がある（大判大12・6・11民集2・396）。

(ウ) 効 果

法定追認の効果は、追認のそれと同じである。なお、125条の規定は、無権代理の追認には類推適用されないことに留意すべきである。

(6) 取消権の行使期間

(i) 不行使に基づく取消権の消滅

取り消すことができる行為は、相手方や第三者の地位を不安定にするので、民法は、取消権の不行使が一定期間継続したとき、これを消滅させることとしている。すなわち、追認をすることができる時から5年間、または取り消

---

14) 我妻402頁

すことができる行為をした時から20年間のいずれか早い方の期間の経過により、取消権が消滅する（126条）。

　上記の両期間は、条文が「時効によって消滅する」と規定していることからも、一般に時効期間であると解されてきた（時効については469頁参照）が、その性質については、疑問が提起されるに至り、20年間の方は除斥期間（除斥期間については537頁参照）であるとし、あるいは、両期間とも除斥期間であるとする説が主張されている（詳細については、第10章で扱う）。

（ⅱ）短期消滅時効

　一般に、債権は、10年間行使しないときは（時効により）消滅するとされる（167条）。「追認をすることができる時から5年間行使しないとき」とする126条前段は、167条に対して短期であり、その特則であるということができる。「追認をすることができる時」とは、124条に定められている時であり、これが起算点となる。すなわち、制限行為能力者本人については行為能力者となった時、法定代理人については取り消すことができる行為がなされた時、被詐欺者・被強迫者については詐欺・強迫の状況が消滅した時から5年間という期間の計算が始まることになろう。

（ⅲ）長期消滅時効

　追認をすることができる時から5年間を経過していなくても、取り消すことができる行為がなされた時から20年を経過すれば、取消権は消滅する。制限行為能力者が能力を回復することなく、また法定代理人も選任されていない状況が長期化すると、いつまでも取消権は消滅せず、権利関係が確定しない。そこで、そのような場合でも、権利関係を確定するため、20年の期間制限が設けられた。長期消滅時効と呼ばれるが、5年という短期の期間制限をさらに短縮する規定でもある。すなわち、取消しの原因となっていた状況が、取り消すことができる行為がなされた時から15年超を経過してはじめて消滅した場合は、126条前段の5年という短期の期間制限が、さらに「20年－15年超＝5年未満」へと短縮されるということである。

（iv）「取消権」と「原状回復請求権・現存利益返還請求権」との
　消滅時効にかかる関係

　126条所定の期間制限の対象をどのように考えるか。すなわち、同条の期間制限にかかるのは取消権のみであると解するのか、あるいは、取消権を行使したときにすでになされていた履行の内容の返還請求権（不当利得返還請求権等）も含まれると解するのかにつき議論されている。

　二段階説は、126条の期間制限は取消権自体に関するものと捉え、取消権の行使によって発生する返還請求権の消滅時効については、取消権のそれとは別で、取消しの時から進行すると解する。追認ができる時から5年以内に取消権を行使し、それにより不当利得返還請求権が発生した場合は、その返還請求権の存続期間は、その時からさらに10年間存続する（167条1項）ということである。判例は、一貫してこの立場である。すなわち、賃貸借合意解除の取消しにより復活した賃借権は取消時から一般の消滅時効に服する（大判昭12・5・28民集16・903）とし、商事契約の解除による原状回復義務の履行不能を理由とする損害賠償請求権の消滅時効は解除時から進行する（最判昭35・11・1民集14・13・2781）としている。また、遺留分減殺★による目的物返還請求権に1042条の消滅時効★は及ばない（最判昭57・3・4民集36・3・241）とし、遺留分減殺により取得した所有物返還請求権は消滅時効にかからない（最判平7・6・9集民175・549）としている。

> **遺留分減殺・1042条の消滅時効**：遺留分とは、一定の相続人のために法律上必ず留保されなければならない遺産の一定割合（1028条-1044条）のことである。相続人からみれば、相続により期待できる最小限度の財産の確保を意味する。遺言で遺留分が侵害されている相続人は、遺留分減殺請求によって、自分の権利を主張することができる。すなわち、遺留分を保全するため、贈与や遺贈の履行を拒絶し、さらに、すでに給付された財産の返還を請求することができる（1031条）。
> 　**遺留分減殺請求権**は、遺留分権利者が、相続の開始および減殺すべき贈与または遺贈があったことを知った時から1年間行使しないときは、時効によって消滅する。相続開始の時から10年を経過したときも同様である（1042条）。

　二段階説に対しては、取消権を早く消滅させて法律関係を確定しようとする短期消滅時効を定めた立法の趣旨が没却されるとの批判説が存する。この説によると、取消権に関する消滅時効は、取り消して原状回復を図ることを含めての時効消滅を定めたものと解される（一段階説）[15]。取消権自体は形成

権であり、それが不当利得返還請求権などを発生させる場合には、請求権発生のための手段に過ぎないから、取消権者は126条の期間内に意思表示を取り消し、かつ返還請求することを要すると解して、一段階説を支持する見解[16]もあるが、不当利得返還請求権などが発生する場合としない場合とで、取消権の機能が異なる（前者においては請求権発生のための手段に過ぎない——他の機能はない——が、後者においては請求権発生以外の目的のための手段となる）と考えることには無理があろう。

（v）制限行為能力者の取消権と法定代理人のそれとの消滅時効の競合

　5年という短期の期間制限については、制限行為能力者（本人）とその法定代理人とで、それぞれ起算点を異にし、法定代理人のそれが先であるのが通常である（その逆はあり得ない）。すなわち、法定代理人の取消権の消滅時効が本人のそれよりも先に完成する（法定代理人の取消権の方が本人のそれよりも先に消滅する）。たとえば、制限行為能力者が行為をしてから3年後に行為能力を回復し、それから2年が経過した時点で、法定代理人の取消権は時効で消滅する。法定代理人が消滅時効により取消権を喪失しても、本人はなおあと3年間、取消権を有し続けるのであろうか。

　両者の取消権は別個独立のものであるとしても、発生原因は同じである[17]。また、取消権の期間制限は、法律関係をできるだけ早く安定させようとする制度であるから、法定代理人について5年間が経過した時点では、法定代理人がなお存在する場合と、すでに存在しない場合とがあり得るし、本人についての5年の期間がまだ進行を始めていない場合と、すでに進行を始めている場合とがあり得るが、法定代理人の取消権が消滅すれば、本人のそれも消滅すると解すべきである[18]。この理は、取消権の時効による消滅のみではなく、どちらかが取消権を行使した場合や追認をした場合にも該当し、他方の取消権は消滅すると解するのが妥当である[19]。

---

15) 我妻405頁
16) 四宮＝能見292頁
17) 近江Ⅰ330頁
18) 幾代447頁
19) 四宮＝能見292頁

第9章

条件・期限・期間

　法律行為の効力の発生または消滅を、将来の一定の事実の成否や到来に係らせる制約を付款という。

■ 1 条件 ■

（1）条件の意義

　①「某大学に合格したら」学費を給付する、とか、②「留年したら」学費の給付をやめる、などの取り決めがなされることは稀有でない。このように、法律行為の効果の発生または消滅（上記①にあっては「学費を給付する」ということ、同②にあっては「学費の給付をやめる」ということ）を、将来発生するかどうか不確実な事実（上記①にあっては「某大学に合格したら」ということ、同②にあっては「留年したら」ということ）に係らせるものを「条件付法律行為」といい、その付款を**条件**という。条件は、将来発生するか否かが不確定である点において、将来到来することが確実な「期限」とは区別される。

　条件は、その性質により**停止条件**と**解除条件**とに分けられる。前者は、上記設例①のように、それが成就した時に法律行為の効力が発生するもの（127条1項）であり、後者は、上記設例②のように、それが成就した時は法律行為の効力が消滅するもの（同条2項）である。前者を「停止」条件と呼ぶのは、その条件が成就する（上記設例①にあっては、某大学に合格する）までは効力の発生（同、学費を給付する）を「停止」しておく機能を有するからであり、後者を「解除」条件と呼ぶのは、その条件が成就した（上記設例②にあっては、留年した）時は従来の法律関係を「解除」（同、学費の給付の中止）する機

能を有するものだからである。

図 9.1

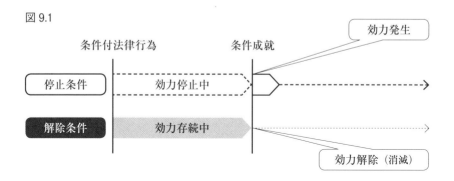

（2）条件の要件

条件となり得る事実は、次のような要件を満たしている必要がある。
① 将来の事実
　将来の事実であることを要する。すでに成否の確定した過去の事実（**既成条件**）は、当事者が知らなくても、条件とすることはできない。既成条件（既定事実を条件とした場合）については、条件が法律行為の時にすでに成就していた場合は、停止条件は無条件、解除条件は無効となり（131条1項）、条件が成就しないことが法律行為の時にすでに確定していた場合は、停止条件は無効、解除条件は無条件となる（同条2項）。
② 実現可能な事実
　実現可能な事実であることを要する。実現不可能な事実を条件（**不能条件**）とした法律行為は、それが停止条件の場合は無効となり（133条1項）、解除条件の場合は無条件となる（同条2項）。
　既成事実を条件とした場合において、当事者が、条件が成就したことまたは成就しなかったことを知らない間は、128条および129条の規定が準用され、一定の保護を受ける（131条3項）。すなわち、各当事者は、条件の成否を不知である間は、条件が成就した場合にその法律行為から生ずべき相手方の利益を害することができず（128条）、条件の成否を不知である間における当事者の権利義務は、一般の規定に従い、処分し、相続し、も

第9章　条件・期限・期間

出世払い

　いわゆる「出世払い」を、停止条件と解するか不確定期限と解するかが問題となる。出世払いとは、出世または成功してから借金を返済すること（約束）のことである。たとえば、学生用下宿の大家が、「出世したら払ってくれよ」「ありがとうございます。出世したら必ずお返しします」と、家庭の経済状況が悪化した下宿生を、卒業するまで下宿代を徴収せずに下宿させるというようなケースである。

　これを停止条件（出世という条件が成就するまでは返済しない）と解すれば、大家は、この下宿生が「出世」をしない限り、いつまで経っても返済してもらえないということになる。そもそも、何をもって出世とするかにつき明確な社会的合意はない。当事者間で、「係長になる」とか「取締役に就任する」、あるいは「月給が○○円以上になる」のように、具体的合意がなければ、条件が成就したか否かがわからないのである。判例は、これを条件ではなく、不確定期限と解している（大判大 4・3・24 民録 21・439[1]）。すなわち、当事者の意図は、出世しなければ返済しなくてもよいというものではなく、払えるようになったとき、あるいは払えるようになる見込みがなくなったときに、弁済期が到来するという趣旨に解するべきだからとされる。すると、いずれかの事実は必ず到来するから、停止条件ではなく不確定期限となる。

---

1)「出世という事実が後日到来するか否かは不確定のものであることはもちろんであるが、本件消費貸借契約の趣旨は、出世という事実の到来によって債務の効力が発生するものではなく、すでに発生した債務の履行をこれによって制限し、債務者が出世した時に至ってその履行をなすべきであるというものであり、その場合の債務は不確定期限を付したものであるというべきであって、停止条件付の債務ではない」と判示した。

> また、数社を介在させて順次発注された工事の最終の受注者Xと、Xに対する発注者Yとの間におけるYが請負代金の支払いを受けた後にXに対して請負代金を支払う旨の合意について、判例は、Xに対する請負代金の支払いにつき、Yが請負代金の支払いを受けることを停止条件とする旨を定めたものとはいえず、Yがその支払を受けた時点またはその見込みがなくなった時点で支払期限が到来する旨を定めたものと解すべきとする（最判平22・10・14集民235・21）。

しくは保存し、またはそのために担保を供することができる（129条）。もっとも、これは、あまり意味のある規定ではない。というのも、既成条件の場合には、権利関係は確定的に生じているのであるから、条件付権利関係に関する128条・129条を準用する余地がないからである。すなわち、すでに確定的に権利を取得していれば、その権利の効力として問題を解決すればよいし、権利を獲得しないことに確定していれば、その侵害とか処分とかは問題とはならない[2]。

③ 成否未定の事実

成否が未定（不確実）な事実であることを要する。「飼っているペットが死亡したならば」のような、将来において到来することが確実な事実は条件とはなり得ない。到来することが確実な事実は期限である（特定の自然人の死亡などのように、いつ到来するかわからないものは、不確定期限という。⇒461頁）。

④ 適法な事実

条件は、適法なものであることを要する。不法なもの（**不法条件**）は条件となり得ない。不法な条件を付した法律行為は無効である（132条前段）。不法な条件とは、条件である事実自体が不法であるということではなく、その条件を付することによって法律行為自体が不法性を帯びることである[3]。したがって、不法な行為をしないことを条件とすることも不法条件となり、その法律行為は無効となる（同条後段）。一定額の金銭の給付をしてくれたら不法行為をやめるというように、条件自体（金銭を給付する）は適法でも全体として不法性を帯びる（公序良俗に反する）ということである。

---

2) 我妻＝有泉 276-277頁
3) 我妻＝有泉 277頁

反対に、不法行為により損害を与えたら一定の損害賠償を支払うというように、条件自体（不法行為により損害を与える）としては不法でも、契約全体としては適法であり、132条の適用のない場合もあることに留意すべきである。

(3) 条件となり得ないもの

(ア) 純粋随意条件

たとえば、「債務者が気が向いたら弁済する」という金銭貸借などのような、単に債務者の意思のみにかかるもの（純粋随意条件）を条件とする停止条件付法律行為は、無効である（134条）。もっとも、買主が品質良好と認めたときは代金を支払い、品質不良と認めたときは代金を支払わない旨を約しても、債務者の意思のみにかかるとはいえないから、純粋随意条件ではないとされる（最判昭31・4・6民集10・4・342）。なお、解除条件付法律行為の場合はもちろん無効とならない（最判昭35・5・19民集14・7・1145）。

(イ) 法定条件

条件は、当事者が任意で定めたものでなければならない。したがって、法律上当然に必要とされる「法定条件」は、127条以下にいわゆる条件とは異なる。たとえば、「農業委員会の許可を条件としてこの農地を売買する」という契約における条件は、無効ではないが無意味である。農地の所有権の移転に際しての農業委員会の許可は、農地法3条によって当然に要求されるもの（法定条件）だからである。したがって、売主が、その許可を受けることを故意に妨げたとしても、130条（⇒455頁）の適用はない（最判昭36・5・26民集15・5・1404）。また、農地の売買において許可のない間に農地の引渡しがなされた場合、その引渡しを受けた者は、許可のない間は、売買契約による債務の履行として引渡しを受けたことを主張してその農地の返還請求を拒むことは許されない（最判昭37・5・29民集16・5・1226）。

もっとも、127条以下にいわゆる条件とは異なる法定条件であっても、法定条件が充たされたときに得られる利益に対する期待権は保護されるべきであり、これに対しては128条が類推適用される（最判昭39・10・30民集18・8・1837）。

(ウ) 反対給付

　条件は、反対給付とは異なる。たとえば、学生Pが学生Qに対して「レポート作成を手伝ってくれたら1,000円の食事をおごる」と言った場合、「レポート作成を手伝うこと」は条件ではなく、PがQに対して1,000円の食事をおごるという約束と対価関係になるQのPに対する単なる「反対給付の約束」に過ぎない。条件付法律行為が成立した後に条件を成就させることは当事者のいずれにとっても義務ではないが、反対給付は当事者一方の義務である。

（4）条件に親しまない行為

　条件を付することのできない法律行為もある。
　(ア) 身分行為
　婚姻や縁組、認知、相続などの身分行為には、公益上条件を付することが許されない。妻と離婚したら結婚するがそれまでは扶養料を払うという婚姻予約および扶養料支払契約は無効である（大判大9・5・28民録26・773）。
　(イ) 単独行為
　取消し（120条以下）・追認（116条・122条）・解除（540条以下）などの単独行為は、相手方の地位の保護の観点より条件を付することが許されない。506条は、条件付相殺を明文で禁止している。
　(ウ) 手形行為
　手形の裏書は、単純であることを要し、裏書に付した条件は、これを記載しなかったものとみなされる（手形法12条1項）。

（5）条件付法律行為の効力

（ⅰ）条件成就の効果

　停止条件付法律行為は、条件成就の時からその効力を生ずる（127条1項）。解除条件付法律行為の場合には、条件成就の時からその効力が失われる（同条2項）。すなわち、条件成就の効果は、原則として遡及しない。ただし、当事者が条件が成就した場合の効果をその成就した時以前に遡らせる意思を表示したときは、効果の遡及的発生も認められる（同条3項）。

(ⅱ) 条件の成否が未定である段階における効力 （期待権の保護）

　条件の成就により利益を受けることができる者は、条件の成就が未定の間においても利益実現への期待をもつ。すなわち、停止条件の成就によって一定の権利を取得することのできる者や、解除条件の成就によって一定の権利を回復できる者は、その条件成就によって、権利を取得することができる、あるいは権利を回復することができるとの期待を有する。そのような期待は、条件付権利（期待権）として法的保護の対象となり得る。

(ア) 相手方の利益の侵害の禁止

　条件付法律行為の各当事者は、条件の成否が未定である間においては、条件が成就した場合にその法律行為から生ずべき相手方の利益を害することができない（128条）。たとえば、停止条件付贈与の目的物を贈与者が毀損したり、他へ売却したりするようなことは、受贈者の期待権を侵害する行為である。その侵害は、債務不履行ないし不法行為に基づく損害賠償責任を発生させる。

(イ) 条件付権利・義務の処分ほか

　期待権は厳密にはいまだ権利ではないが、経済的価値を有するので、条件の成否未定の間でも、その権利義務は、一般の規定に従い、処分・相続・保存（登記）または担保し得る（129条）。

(ウ) 条件成就の妨害

　条件が成就することによって不利益を受ける当事者が、故意にその条件の成就を妨げたときは、相手方は、その条件が成就したものとみなすことができる（130条）。

　たとえば、Bとの間で「結婚したら、祝い金として50万円を給付する」という停止条件付贈与契約をしたAが、Bを誹謗する内容の怪文書をBの婚約者に交付するなどして結婚を妨害した場合には、Bがそのために結婚できなかったとしても、「Bが結婚する」という条件が成就したものとみなして、Aに対して50万円を請求できる。

　130条が適用される要件として「故意」、すなわち、自分の行為が条件成就を妨げることを認識していることが必要とされる。130条は信義則に基礎を置く規定であるから、結果的に条件成就を妨げることとなる行為をしても、130条の成立は否定されるべきである[4]。

　また、妨害によって不成就となったことが必要である。換言すれば、妨害

がなければ成就したであろうと認められる場合でなければならない。たとえば、大学4年生のBに対して「卒業論文が最優秀卒業論文賞を取ったら、20万円を給付する」という停止条件付贈与契約をしたAが、Bの卒業論文提出を妨害した場合でも、その論文がおよそ最優秀卒業論文賞には値しないという場合にあっては、130条は適用されない。

条件成就が妨害されると、期待権の侵害として損害賠償責任が認められる(128条)。この場合は、130条と損害賠償責任とが競合し、妨害を受けた者は、そのいずれかを選択的に行使することができるというのが通説である[5]。ただし、130条によって条件が成就されたとみなされると、損害は発生しないことになるので、損害賠償責任は生じない[6]。

不動産仲介契約と直接取引

　130条に関してよく問題となる事例に、不動産仲介契約において、当事者が業者を排除して直接取引をした場合の、業者の報酬請求権がある。

　住宅の売主が自分で買主を探すことは非常に困難なので、一般的な不動産取引の際には不動産仲介業者（宅建業者←宅地建物取引業者）が売主に代わって、売り出しの広告を行うなどして買主を探して、売主の売却を手伝う。買主にしても、購入希望条件に合う売り物件を自分で探すことは困難であるから、同様に宅建業者に仲介を依頼する。宅建業者の尽力により売買が成立した場合、その成功報酬として売主・買主は宅建業者に仲介手数料（通常は、売主・買主がそれぞれ「売買代金の3％＋6万円」）を支払う。これを不動産媒介契約という。

　自宅を5,000万円で売りたいAと不動産媒介契約を締結した宅建業者Cが、購入希望者Bを見つけ、A・B間の売買契約締結を媒介しようとしたところ、A・Bは示し合わせてそれぞれがCと締結していた不動産媒介契約を解除し、直接A・B間で売買契約を締結した（仲介手数料（A・Bそれぞれ156万円）の

---

4) 四宮＝能見344頁
5) 近江Ⅰ334頁
6) 川井301頁

支払いを免れるためである）としよう。そのような場合、Cは、条件成就（売買契約締結の媒介成功）の妨害があったとして手数料を請求できるかが問題となる。判例は、130条を適用して、宅建業者の手数料請求権を認める（最判昭39・1・23民集18・1・99、最判昭45・10・22民集24・11・1599）。

なお、不動産媒介契約に関しては、国土交通省が、標準媒介契約約款（同省が定めた標準的な媒介契約の契約条項）を使用するように指導している。それによると、媒介契約の有効期間満了後2年以内に、宅建業者の紹介によって知った相手方と宅建業者を排除して目的物件の売買または交換の契約を締結したときは、媒介行為が「契約の成立に寄与した割合に応じた相当額の報酬」を請求することができるという条項が設けられている。なお、依頼者が（宅建業者の紹介によって知った相手方ではなく）自ら発見した相手方と目的物件の売買もしくは交換の契約を直接締結することには130条の適用はないし、標準媒介契約約款上も原則として妨げられるものではないが、約款の種類によっては禁じられている。すなわち、標準媒介契約約款には、①標準一般媒介契約約款、②標準専任媒介契約約款、③標準専属専任媒介契約約款、の3種類があるが、③は、依頼者は、媒介契約の有効期間内に、自ら発見した相手方と目的物件の売買または交換の契約を締結することはできず、これに違反したときは、宅建業者は、約定報酬額に相当する金額の違約金の支払いを請求することができると規定している（11条）。

(エ) 故意の条件成就（130条の類推適用）

130条は、「成就によって不利益を受ける者」が「故意に成就を妨げた」場合は、条件成就を擬制するとしているが、反対に、「成就によって利益を受ける者」が「故意に成就させた」場合には、条件不成就が擬制されるかが問題となる。たとえば、「契約日から2か月以内に住宅ローンが実行されないときには、買主は契約を解除できる（売主は手付金を返金せねばならない）」という解除条件（ローン条項）を付した不動産売買において、買主が購入意欲を失った結果、期日までに金融機関に住宅ローンの申込みをせず、「2か月以内に住宅ローンが実行されないとき」という条件を成就させた場合、売主は買主に手付金を返還しなければならないのかということである。

このような場合について、ドイツ民法は、明文で条件不成就とみなすことを肯定している（162条2項）が、わが民法には規定がない。通説・判例（最判平6・5・31民集48・4・1029〈[判例9.1]〉）は、130条を類推適用して条件は

成就していないものとみなすとしている（130条類推適用説）。したがって、上記設例においては、住宅ローンの申込みをしないという不作為による条件を成就させる行為は、ローン条項による保護に値せず、買主は手付金を没収されても文句が言えないことになる。

　条件成就によって利益を受ける者が故意に成就させるといっても、条件成就がその者の努力にかかっているような場合、たとえば、「今年度中に卒業要件単位数をすべて取得すれば」というような条件付法律行為にあっては、原則として、条件不成就が擬制されることはない。なるほど、この場合の条件は、その成就によって利益を受ける者の故意がなければ成就できない。しかし、成就によって利益を受ける者が、努力によって条件成就させる場合は、信義則に反して不正手段を用いて条件を成就させる場合と峻別されて然るべきである。したがって、カンニングによって卒業要件単位数を取得した場合は130条が類推適用されることがあり得る。

故意の条件成就

[判例9.1] 最判平6・5・31（民百選Ⅰ［7版］39）

　ともに有名なカツラ製造販売業者であるX社とY社の間で、カツラに使用する櫛歯ピン（ピンが櫛歯状に付いたストッパー）について争いが生じ、①X社は櫛歯ピン付きの部分カツラを製造販売しない（第1項）、②違反した場合には違約金1,000万円を支払う（第2項）旨の和解条項を記載した裁判上の和解調書が作成された。

　その後、Y社は、取引関係者であるAに、X社が櫛歯ピンを使用していないかの調査を依頼し、Aは通常の客を装ってX社の店舗に赴いた。Aは、見本として示された「櫛歯ピンとは形状の異なる3Sピン」を櫛歯ピンと誤認し、部分カツラの購入契約を締結した。Aの報告から、櫛歯ピンではないことに気づいたY社は、Aに解約等の指示をした。すなわち、X社に対し、3Sピン付きの部分カツラならば解約したい、解約できないなら櫛歯ピンのようなストッパーを付けて欲しい旨を申し入れた。部分カツラの製作作業がかなり進んだ段階であったので困惑したX社の従業員は、Aの強い要求を拒み切れず、契約の変更を承諾した上、櫛歯ピンを付着した部分カツラをAに引き渡した。Yは、これにより、上記和解条項第1項にかかる違反があり、同第2項の条件が成就されたとして、Xに対する執行文★の申請をし、執行文が付与された。これに対し、X社が、条件は成就していないとして、執行力の排除を求めた。

原審は、X社に和解条項第1項違反があったことを認めたが、Y社がAに櫛歯ピン付き部分カツラをX社から購入させた行為は、X社の和解条項違反行為の調査・確認というより、和解条項違反を積極的に誘発したものであり、このような事情の下では、Yが、同第2項の条件の成就を主張することは信義誠実の原則に反し許されないと判示して、Xの請求を容認した。Yは、民法1条（信義誠実の原則）の解釈適用の誤り等を主張して上告。

　上告棄却。櫛歯ピン付き部分カツラを販売した行為が本件和解条項第1項に違反する行為にあたるものであることは否定できないけれども、Y社は、単に本件和解条項違反行為の有無を調査ないし確認する範囲を超えて、Aを介して積極的にX社を本件和解条項第1項に違反する行為をするよう誘引したものであって、これは、条件の成就によって利益を受ける当事者であるY社が故意に条件を成就させたものというべきであるから、民法130条の類推適用により、X社は、本件和解条項第2項の条件が成就していないものとみなすことができると解するのが相当である。これと同旨をいう原審の判断は、正当として是認することができる。

　　　執行文：執行文とは、民事執行手続において、債務名義の執行力の存在および範囲を公証するために、裁判所書記官が付与する文言ないし文書で、「債権者は、債務者に対し、この債務名義に基づき強制執行することができる」旨を債務名義の正本の末尾に付記する方法により付与されるものをいう。
　　　なお、上述の**債務名義**とは、強制執行によって実現されるべき請求権の存在および内容を公証する文書をいう。典型的には、債務者を相手取って「○○の給付義務を履行せよ」という裁判を起こし、それで確定した勝訴判決がこれにあたる。貸したお金を返してくれないからといって、金銭消費貸借契約書のみをもって執行機関（執行官および執行裁判所）に強制執行の申立てをすることはできない。金銭消費貸借契約書だけでは強制執行申立ての前提となる実現されるべき請求権の存在が公証されていない（完済されているか否かもわからない）からである。
　　　ところで、確定した判決などを称して「名義」というのは奇妙である[7]。債務名義という言葉はドイツ語のSchuldtitelの訳語であるが、Schuld ＝「債務」はともかく、titelの訳に問題がある。この単語が有する意味は、英語のtitleと同じく、「名義」という意味と「資格・権限」という意味の2つに大別される。Schuldtitelにおけるtitelは後者の意味であり、全体としては「債務についての権限を表す証書」という意味なのである。それを前者の「名義」の意味で訳語してしまったので妙な言葉となった。

7）以下は、道垣内288頁。

条件の具体例

〔既成条件〕

例　金曜日の午後 10 時に、「今日の日経平均株価の終値が〇〇円を超えていたら、保有している某上場銘柄株 10,000 株を△△円で売る」と約束した。

→　今日の日経平均株価の終値が〇〇円を超えていたのであれば、無条件で売却することになる（131 条 1 項）。

　　今日の日経平均株価の終値が〇〇円を超えていなかったのであれば、法律行為全体が無効となる（131 条 2 項）。

〔不能条件〕

例　殺人事件の被害者遺族が、「被害者を生き返らせてくれたら、10 億円を差し上げます」と広告を出した。

→　法律行為自体が無効となる（133 条 1 項）。

例　殺人事件の被害者遺族が僧侶に、「10 億円を差し上げるが、被害者を生き返らせてくれなかったら返してもらう」と約束した。

→　無条件の贈与となる（133 条 2 項）。

〔不法条件〕

例　殺人事件の被害者遺族が、「いまだ逃亡中の犯人を殺してくれたことにより有罪判決を受けた人には 10 億円を差し上げます」と広告を出した。

→　法律行為全体が無効となる（132 条）[8]。

〔純粋随意条件〕

例　「気が向いたらこの車を貸してやる」と停止条件付使用貸借契約（使用貸借＝無償での貸借）を締結した。

→　法律行為全体が無効となる（134 条）。

例　「この車をただで貸してやる。でも、気が変わったら返してもらう」と解除条件付使用貸借契約を締結した。

→　少なくとも「気が変わる」までは有効である。

---

8) 刑法上の殺人教唆罪に該当するかについては、別異の問題である。

2 期限

(1) 期限の意義

期限とは、「今月末に」支払うとか、「来月1日から」賃貸するとか、あるいは「何某が死亡するまで」賃借するなどといったように、法律行為の効力の発生・消滅または債務の履行を、将来到来することの確実な事実に係らせる付款をいう。

条件の場合と同じく、身分行為や単独行為には期限を付することは許されない。また、相殺の意思表示に期限を付することは明文で禁止されている（506条1項後段）。ただ、条件とは異なり、手形行為には期限（履行期）を付することができると解されている（先日付手形）。

(2) 期限の種類

㋐ 確定期限
「○年○月○日」とか「○日後」、あるいは「○○地域における次の皆既日食の日」などのように、到来する時期が確定している期限を**確定期限**という（412条1項参照）。

㋑ 不確定期限
「何某が死んだ時（死ぬまで）」というように、到来することは必至であるが、それがいつ到来するかわからない期限を**不確定期限**という（412条2項）。不確定なのはあくまでも到来時期であって、到来するかどうかが不確定である条件と区別せねばならない。前述した出世払いは、不確定期限と解されることが多い。

(3) 期限の要件

㋐ 到来確実な事実
期限は、将来において到来することの確実な事実であることを要する。この点で、到来するか否かが不確実な条件とは区別される。

(イ) 始期・終期

期限は、**始期**と**終期**とに分けられる。前者は、その到来により法律行為の効力が発生し、または債務が履行期となる期限をいい、後者は、その到来により効力が消滅する期限をいう。始期と終期との間の時間的隔たりである期間とは区別せねばならない。

（4）期限付法律行為の効力

債務履行の始期が到来すれば履行を請求することができ、効力発生の始期が到来すれば効力が生じる（135条1項）。終期が到来すれば効力が消滅する（同条2項）。

なお、始期到来により権利を取得することのできる者と終期到来により権利を回復することのできる者は、一種の期待権を有しており（期限付権利）、これは保護に値するものであることは、条件付権利の場合と同じである。したがって、これには、条件付権利の規定である128条・129条が類推適用されると解するのが通説である[9]。

（5）期限の利益とその放棄・喪失

(i) 期限の利益

始期または終期が到来していないことにより、当事者が有する利益を**期限の利益**という。期限の利益は、通常、債務者のために存すると推定される（136条1項）。期限が到来するまで弁済が猶予されるということである。ただ、債権者のためだけに期限が定められる場合もある。たとえば、無償の寄託の場合は、寄託者（預けた者）が債権者（寄託物（＝預けた物）を返還せよという債権を有する）であるが、期限まで預かってもらう利益を有する。また、債権者・債務者の双方のために定められる場合もある。たとえば、定期預金や利息付消費貸借などがそれである。

---

9) 近江 I 338頁ほか

(ⅱ) 期限の利益の放棄

期限の利益は放棄することができる（136条2項本文）。期限の利益が一方のみに存する場合、たとえば、無利息消費貸借や使用貸借（無償の貸借）、無償寄託の場合において、期限の利益を放棄しても（＝期限前にその返済や返還を行っても）特に問題は生じないが、期限の利益が双方に存する場合は別である。たとえば、利息付金銭消費貸借にあっては、債務者にとっては弁済の猶予、債権者にとっては利息の取得という期限の利益をそれぞれ有している。債務者が放棄すれば、債権者は期待した利息の取得ができなくなるし、債権者が放棄すれば、債務者は直ちに弁済しなければならなくなるのである。

民法は、放棄により相手方の利益を害してはならない（同項ただし書）と規定するが、通説は、当事者が全期間の利息や賃料を支払うなど、相手方に与えることになる損害を賠償すれば期限の利益を放棄することができるとし、判例も同様に解している（大判昭9・9・15民集13・1839〈[判例9.2]〉参照）。

[判例9.2] 大判昭9・9・15

　AのY銀行に対する借入金債務が延滞したので、Y銀行は、Aの定期預金と相殺する意思表示をしたところ、Aに対する債務名義をもつXもその定期預金について転付命令★を得てY銀行に支払いを求めた事案で、Y銀行が一方的に定期預金の期限の利益を放棄できるか否かが問題になったが、「定期預金の返還期が当事者双方のために定められた場合であっても、預金引受機関は、預金者の喪失利益を補填すれば期限の利益を放棄することができる」と判示した。

　　転付命令：強制執行を行う場合に、債務者の第三債務者（債務者の債務者）に対する金銭債権を差し押さえ、差押債権者の申立てに基づいてこれを支払いに代えて差押債権者に移転するよう命じることをいう（民事執行法159条）。

(ⅲ) 期限の利益の喪失

民法137条は、債務者が①破産手続開始の決定を受けたとき（1号）、②担保を滅失させ、損傷させ、または減少させたとき（2号）、③担保を供する義務を負う場合においてこれを供しないとき（3号）は、債務者は期限の利益を主張することができないと規定する。そのような状況（債務者に著しい信用危殆が顕現した状況）で債権者の請求を期限まで待たせるのは、債権者に酷だ

からである。

　なお、期限の利益の喪失について特約がある場合は、それに従う。銀行取引約定書（「ちょっと休廷」No.15参照）には、期限の利益喪失条項が記載されている。

　債務者が期限の利益を喪失すれば、債権者は直ちに請求することができる。

銀行取引約定書

　法人や個人事業主が銀行と運転資金や設備資金等の融資取引をする際に、最初に銀行が必ずといってよいほど締結することを要求する基本約定書を**銀行取引約定書**（銀取約定書）という。全国銀行協会連合会（全銀協）によって1962年にそのひな形が制定されて以降、全銀行共通に使用されたが、2000年以降、全銀協がひな形を廃止し、各銀行は独自に銀行取引約定書を制定することとなった。

　以下は、銀行取引約定書の「期限の利益喪失条項」の一例である。

（期限の利益喪失）
○○条
① 私について次の各号の事由が1つでも生じた場合には、貴行から通知催告等がなくても貴行に対するいっさいの債務について当然期限の利益を失い、直ちに債務を弁済します。
1. 支払の停止または破産・和議開始・会社更生手続開始・会社整理開始もしくは特別清算開始の申立があったとき。
2. 手形交換所の取引停止処分を受けたとき。
3. 私または保証人の預金その他の貴行に対する債権について仮差押・保全差押または差押の命令・通知が発送されたとき。
4. 住所変更の届出を怠るなどの私の責めに帰すべき事由によって、貴行に私の所在が不明となったとき。
② 次の各場合には、貴行の請求によって貴行に対するいっさいの債務の期限の利益を失い、直ちに債務を弁済します。
1. 私が債務の一部でも履行を遅滞したとき。
2. 担保の目的物について差押、または競売手続の開始があったとき。
3. 私が貴行との取引約定に違反したとき。
4. 保証人が前項または本項の各号の一にでも該当したとき。
5. 前各号のほか債権保全を必要とする相当の事由が生じたとき。

特約としての期限の利益喪失条項は、該当事由発生により当然に債務者は期限の利益を喪失すると定めるものと、該当事由発生後に債権者が債務の履行を請求することによって債務者は期限の利益を喪失すると定めるものとに大別できる。後者において該当事由が発生した場合における債権の消滅時効の起算点を、該当事由発生時とすべきか、あるいは請求時とすべきかについて論争が行われてきた。たとえば、割賦払い（分割払い）債務について、1回弁済を怠れば、債権者は直ちに全部の返還を請求することができる、という特約のある場合が多いが、このような場合に、1回弁済を怠れば全額について消滅時効は進行を開始するか、あるいは、債権者が全額を請求した場合にはじめて全額についての消滅時効が進行し、その請求をしない限りは、各割賦について、従前のとおりそれぞれの弁済期から進行するか、という問題についてである。判例は、請求時説に立つ（大連判昭15・3・13民集19・544）。

期限の具体例

〔確定期限〕

例　息子に対して、「次の春分に自動車を買ってやろう」と約束した。

→　春分は一定の時期に必ず訪れるので、確定期限付債務となる。

例　大学4年生の息子に対して、「卒業式の日に自動車を買ってやろう」と約束した。

→　ある大学につき次の卒業式は必ず訪れるとは限らない。その意味では、停止条件付債務と考えることも可能である。しかし、4年生の在学生が存する限り、通常は、定められた日にとり行われる蓋然性が極めて高い。その場合は、確定期限付債務と解するべきである。

〔不確定期限〕

例　「今飼っている犬が死んだら、猫を買ってあげよう」と約束した。

→　今飼っている犬の死はいつ到来するかが不確定である。しかし、いつかは必ず到来するので、「猫を買ってあげる」というのは不確定期限付債務となる。

例　「次に雨が降ったら、傘を買ってあげよう」と約束した。

→　科学的には、地球上に二度と雨は降らないということがあり得るのかもしれない。しかし、社会通念に基づけば雨は必ず降る。ただ、いつ降るかはわからないだけであるから、これも不確定期限付債務となる。

◼ 3 期　間 ◼

（1）期間の意義

　期間とは、ある時点から他の時点までの継続した時間の区分である。一定の時点を示す「期日」や、始期または終期のみをもつ「期限」とは異なる。期間は、当事者の契約により定めることができる（e.g. 賃貸期間・雇用期間）ほか、法令（成年・時効期間・失踪期間・催告期間等）によって定められることもある。

　期間の計算方法は、法令や裁判上の命令もなく、法律行為に特別の定めがない場合は、民法139条ないし143条の規定が適用される（138条）★。

> **期間に関する規定**：期間に関する民法の規定（139条-143条）は、特別の規定（年齢計算ニ関スル法律1項、国会法14条、特許法3条、戸籍法43条、刑法22条-24条等）がない限り、私法関係のみならず公法関係にも適用される。判例（大判昭5・5・24民集9・468）は、衆議院解散後の総選挙期日の起算日について、初日不算入の原則（民法140条）を採用し、民法139条ないし143条の規定は、民法上の法律関係に限らず、わが国の法適用における期間計算の通則であるとした（もっとも、衆議院解散後の総選挙期日の起算日については、新憲法下では、国会法14条が当日起算主義を明記したことを根拠に、当日起算主義によって運用されている）。

（2）期間の計算方法

（i）自然的計算方法

　ある瞬間から他の瞬間までの期間を計算する方法を**自然的計算方法**という。時・分・秒を単位として定めた期間で、その起算点は即時であり（139条）、満了点は所定の時・分・秒の終了した瞬間である。たとえば、午後1時45分に「3時間」と定めた場合は、午後1時45分が起算点で、午後4時45分が満了点である。

(ⅱ) **暦法的計算方法**

(ア) **起算点**

　日・週・月・年で定めた期間で計算する方法を**暦法的計算方法**という。この場合、原則として初日は算入せず、翌日から起算する (140条)。4月1日に「今日から10日間」という場合は、翌日の4月2日を起算日とし、4月11日の24時 (4月12日の午前0時) を満了点とするわけである。24時間に満たない初日を1日と計算するのは不適当だからである。これを**初日不算入の原則**という ([判例9.3] 参照)。したがって、「明日から10日間」とか「来月1か月間」とかのように、その期間が午前0時から始まるときは初日を算入する (同条ただし書)。もっとも、年齢計算ニ関スル法律、戸籍法43条、刑法24条などは、初日算入の特則を設けている。

[判例9.3] 最判昭57・10・19民集36・10・2163

　　1970年12月1日午前7時にX・Y双方の自動車が衝突した事故につき、Xが1973年8月31日に損害賠償請求訴訟を提起したところ、Yも同年12月1日に反訴を提起したので、XがYの訴えに対し消滅時効 (724条：不法行為による損害賠償の請求権は、被害者またはその法定代理人が損害および加害者を知った時から3年間行使しないときは、時効によって消滅する) を援用した事案で、「民法724条所定の3年の時効期間は、被害者またはその法定代理人が損害および加害者を知った時から進行するが、その時効期間の計算についても、同法138条により同法140条の適用があるから、損害および加害者を知った時が午前0時でない限り、時効期間の初日はこれを算入すべきものではない」と判示し、1973年12月1日中の訴え提起を認め、Xの請求を棄却した。

(イ) **満了点**

　日・週・月・年によって期間を定めた場合には、期間は、その末日の終了をもって満了とする (141条)。週・月・年によって期間を定めた場合は、暦に従って計算し (143条1項)、最後の週・月・年においてその起算日に応当する日の前日をもって満了とする (143条2項本文)。たとえば、「1月15日から1か月間」という場合は、2月15日が満了日となる。ただし、最後の月に応当する日がないときは、その月の末日に満了する (同項ただし書)。たとえば、「1月30日から1か月間」という場合は、2月に応当日 (2月30日)

が存在しないため、2月の末日つまり2月28日（閏年であれば29日）をもって満了日とする。期間の末日が日曜日・祝日その他の（「ちょっと休廷」No.16参照）休日で取引をしない慣習がある場合は、その翌日が満了日となる（142条）。銀行実務では、応当日である月末が祝日等の場合は、その翌日ではなくその前日を満了日としている。

　定年年齢の算定も問題となる。たとえば、1950年4月1日生まれの者は2015年3月31日をもって満65歳に達した者といえるかどうかである。出生日を起算日とし、その応当日の前日の終了時点（3月31日24時）が満了点であるが、年齢は日を単位として計算するので、その終了時点を含む日（2015年3月31日）をもって満65歳に達したものと解される（最判昭54・4・19判時931・56）。

ちょっと休廷 No.16

法律用語の解説②

「その他」と「その他の」

　「その他」は、たとえば、「戦地に臨んだ者、沈没した船舶の中に在った者その他死亡の原因となるべき危難に遭遇した者」（民法30条2項）にみられるように、「その他」の前にある語句（「戦地に臨んだ者」「沈没した船舶の中に在った者」）と、「その他」の後にある語句（「死亡の原因となるべき危難に遭遇した者」）が、並列の関係にある場合に用いられる。これに対して、「その他の」は、たとえば、「学術、技芸、慈善、祭祀、宗教その他の公益を目的とする法人」（同33条2項）にみられるように、「その他の」の前にある語句（「学術」「技芸」「慈善」「祭祀」「宗教」）が、「その他の」の後にある、より内容の広い言葉（「公益を目的とする法人」）の一部をなすものとして、例示としての役割を果たす場合に用いられる。「A君その他のイケメンたちが選出された」との表記では、A君はイケメンとされていることになるが、「A君その他イケメンたちが選出された」との表記では、A君はイケメンとされていないことになる。

第10章

時 効

■ 1 時効通則 ■

(1) 時効の意義と存在理由

(ⅰ) 時効の意義
時効とは、ある事実状態が一定期間継続した場合に、それが真の権利関係と一致するか否かを問わず、その事実状態を尊重して、その状態に即した権利関係を確定できるとする制度である。時効には、他人の物を一定期間継続して占有する者に、その物に関する権利を取得させる**取得時効**と、権利者がその権利を一定期間行使しないことにより、その権利を消滅させる**消滅時効**の2つの形態がある。

(ⅱ) 時効制度の存在理由
時効制度の存在理由としては、次のようなことが挙げられている。
① **法律関係の安定**
　永続した事実状態の上に築き上げられた信頼が、後日覆されては、取引の安全が害され、社会秩序を保つことができなくなる。
② **証拠保全の困難性**
　長期間の経過により、証拠が散逸して、正当な権利関係が不明となることが多い。
③ **権利の上に眠るものは保護に値せず**（起源不明）
　消滅時効において時効で権利を失うことを正当化するために用いられて

きた法諺（法格言）である。ローマ法に由来するともいわれるが、定かではない。

これらを並列的・多元的に挙げるのが従来の通説であったが、上記①を主要な根拠とする説[1]、同②のみにより一元的に説明する説[2]、取得時効の根拠を①に求め、消滅時効の根拠を同②および③に求める説[3]なども主張されるに至った。さらに、これらの説を批判し、むしろ証明方法がないために不利になる真の権利者や債務弁済者を保護する制度として、限定的に考えるべきであるとする説[4]もある。

（2）時効の援用

（ⅰ）援用の意義

民法は、一定期間の事実状態の継続によって権利を取得する（162条・163条）、もしくは権利が消滅する（167条以下）と定める一方、当事者がこれを援用しなければ裁判所はこれによって裁判をすることができないと定める（145条）。**援用**とは、時効によって利益を受ける者（援用権者）が、時効が完成したことを主張することである。したがって、時効の援用とは、「時効であり支払義務はなく支払いません」とか「今まで○○年間占有してきたので私の物だ」という意思表示（相手方のある単独行為）である。これは、時効完成によって勝訴することを潔しとしないこと、すなわち、真の権利者が別に存するのであればその者に返還しようとか、債務があるとわかれば時効期間が経過していようとも弁済したいと考える者の意思を尊重する意思主義に基づくものとされる[5]。

---

1) 我妻431頁
2) 川島428頁
3) 於保不二雄『民法総則講義』（有信堂、1966年）286頁
4) 時効制度の主眼は、義務者に義務を免れさせ、非権利者に権利を取得させることにあるのではなく、弁済により義務のない者や真の権利者が、証拠書類などがないために不利になることがないように保護することにあるとする。すなわち、①債権者が古い債権証書をたてに再度弁済を求めた場合、②売主が昔の所有権の証拠を持っていて自分の物だと主張した場合、弁済者や所有者がその証明方法がないために訴訟で煩わされるのは酷なので、時の経過その他の要件が充たされれば、①債務は消滅している、②所有権が存在する、と認めてよいというのが時効の制度であるとの主張である（星野251頁）。
5) 時効の利益を享受するか否か、すなわち援用するか否かを個人の意思に委ねる145条は、フランス民法およびこれを踏襲した旧民法に由来するものである（幾代535頁）。

(ⅱ) 時効の完成と援用

　145条によると、時効による権利の得喪（取得・消滅）は、法律の定める時効期間が経過しただけでは確定的に生ぜず、援用があってはじめて確定的に生じることになりそうである。しかし、一方では、取得時効については、一定期間他人の物（権利）を占有した者（行使する者）は、その所有権（権利）を取得する（162条・163条）と規定し、消滅時効については、一定期間行使しないときは消滅する（167条以下）と規定しているから、時効期間の経過によって実体法上は権利の得喪が生じていることになる。すると、実体法上すでに取得している権利あるいはすでに消滅している権利について、援用というさらなるアクションがなければ裁判することができないという矛盾が顕現するのである。時効の完成と援用との関係を論理的にどうみるかにつき学説は多岐に分かれている。

(ア) 実体法説

　時効の完成によって実体法上権利の得喪が生じるとする見解であり、これは、さらに以下のように分かれる。

ⓐ 確定効果説

　　時効期間の経過によって権利の得喪は確定的に生じ、援用は、訴訟における攻撃防御方法に過ぎないとする学説で、かつての判例の立場である（大判明38・11・25民録11・1581、大判大8・7・4民録25・1215ほか）。この説によると、援用が攻撃防御方法として提出されなければ、実体法上の権利関係とは異なった判決がなされることがあるということであり、要するに145条は、主張責任の原則や弁論主義の採用からの当然の帰結を示したに過ぎないと解することになる。

ⓑ 不確定効果説

　162条・163条や167条以下による権利の得喪は確定的なものではなく、時効の援用や時効利益の放棄があってはじめて確定すると理解する説である。これは、さらに、次の2つに分かれる。

ⓑ-1 解除条件説

　　時効期間の経過によって一応時効の効果が生じるが、その効果はなお不確定であり、援用があればそのまま確定するが、援用がなければ、もしくは時効利益の放棄があれば時効の効果が消滅するという学説である[6]。この説に対しては、法文の文言に忠実な解釈ではあるが、消滅時

効期間を経過した債権は消滅していることになり、したがってその債務の履行は消滅した債権を復活させる効果をもつと同時にあらためて債権を消滅させる効果をも持つという複雑な説明になるとの批判[7]がある。

ⓑ-2 停止条件説

援用を停止条件として、条件が成就するまでは（＝援用があるまでは）、時効による権利の得喪の効果は生じていないとみる学説であり、通説的見解である。時効は当事者の意思をも顧慮して効果を生じさせようとする制度であることからみれば、時効が完成するときは、当事者は援用によって権利の得喪を生じさせることができるようになると解することが、説明として最も簡明であると説く[8]。この説に従ったとみられる判例もある（最判昭61・3・17民集40・2・420〈[判例10.1] 参照〉）。すなわち、農地の売買契約に基づく県知事に対する所有権移転許可申請協力請求権の消滅時効期間が経過し、その後に同農地が非農地化（原則として農地法は適用されなくなり、許可なくして所有権が買主に移転する）した事案において、不確定効果説を前提とした停止条件説を採用し、時効期間が経過した後、時効の援用がされるまでの間に当該農地が非農地化したときには、その時点において当該農地の売買契約は当然に効力を生じ、買主にその所有権が移転するものと解すべきであり、その後に売主が県知事に対する許可申請協力請求権の消滅時効を援用してもその効力を生じないとした。

時効援用の効果

［判例10.1］最判昭61・3・17（民百選Ⅰ［7版］40）

X_1ら4名（以下、「X」）の被相続人Aは、その所有する土地（当時は農地）をBに売り渡し（以下、「本件売買」）、売買代金全額の支払いを受け、所有権移転請求権保全仮登記（以下、「本件仮登記」）がなされた。本登記をするために必要な本件売買に対する農地法3条の知事の許可が得られないまま、本件売買の約5年3か月後にAは死亡、その約6年8か月後にBは本件売買契約上の買主たる地位をCに譲渡し、本件仮登記につき所有権移転請求権移転の附記登記（以下、「本件附記登記」）がなされた。Xは、本件附記登記から約7年3か月後、Bに対して本件仮登記の抹消登記手続を、Cに対して本件附記登記の抹

---

6) 鳩山582頁ほか
7) 川井317-318頁
8) 我妻444頁ほか

消登記手続および本件土地の明渡しを求めて本訴を提起した。その理由として、Xは、BのXに対する農地法3条の許可申請協力請求権は、本件売買契約から10年の経過により消滅したので、農地の所有権が買主に移転するための法定要件である許可の不成就が確定し、本件土地の所有権は確定的にXに帰属することになったと主張した（Bに対する請求については、2審でXの勝訴が確定）。これに対してCは、本件土地の現況は非農地なので農地法3条の許可を要せずに所有権移転の効力が生じているなどと主張して、本件附記登記に基づく本登記手続を求める反訴を提起した。

1審は、Cの反訴請求を認めたのでXが控訴（なお、Cは、2審係属中に死亡し、相続人であるY₁ら4名（以下、「Y」）が、Cの地位を相続した）。2審は、本件土地は本件売買当時から農地であったので、本件売買は農地法所定の県知事の許可が法定条件となっていたところ、Yが本件売買に基づきXに対して有していた県知事に対する許可申請協力請求権は、本件売買の成立した日から10年を経た日の経過とともに時効により消滅し、これによりその法定条件は不成就に確定し、本件土地の所有権はBに移転しないことが確定したから、本件土地はXに帰属することに確定した旨の主張を認め、本件土地の所有権に基づき、Xの本訴請求を認容し、Yの本件反訴請求を棄却した。Yが上告。

破棄差戻し。民法167条1項は『債権は、10年間行使しないときは、消滅する』と規定しているが、他方、同法145条および146条は、時効による権利消滅の効果は当事者の意思をも顧慮して生じさせることとしていることが明らかであるから、時効による債権消滅の効果は、時効期間の経過とともに確定的に生ずるものではなく、時効が援用されたときにはじめて確定的に生ずるものと解するのが相当であり、農地の買主が売主に対して有する県知事に対する許可申請協力請求権の時効による消滅の効果も、10年の時効期間の経過とともに確定的に生ずるものではなく、売主が請求権についての時効を援用したときにはじめて確定的に生ずるものというべきであるから、時効の援用がされるまでの間に当該農地が非農地化したときには、その時点において、農地の売買契約は当然に効力を生じ、買主にその所有権が移転するものと解すべきであり、その後に売主が県知事に対する許可申請協力請求権の消滅時効を援用してもその効力を生ずるに由ないものというべきである。

なお、この判決は、消滅時効につき不確定効果説を採るものであるが、その根拠を時効一般の通則である145条および146条に求めていることから、取得時効についても不確定効果説を採ることを示したものと解されている[9]。

この説に対しては、法律行為の付款である条件という概念を借りてきてまで援用を説明するより、端的に要件とした方が簡明であるとする批判があるが、説明の次元で理論構成の価値を評することは正当ではないとする見解[10]に従ってよいと思う。

(イ) **訴訟法説**

　時効をもっぱら訴訟法上の制度であるとの前提に立ち、時効をもって訴訟法上の法定証拠としての性格をもつものとし、援用とは、時効期間の経過による権利の得喪という法定証拠を裁判所に提出する行為であると解する説[11]である。この考え方は、自由心証主義★をとる現行民事訴訟制度に反するゆえに、現在では主張者はあまりみられないとされる[12]。

> **自由心証主義**：自由心証主義とは、民事訴訟法上、裁判所が証拠に基づいて事実認定をするにあたり、証拠方法の選択および証拠の証明力の評価について、法律上何らの拘束も設けず裁判官の自由な判断に委ねる主義をいう。

(iii) **援用権者**

　時効を援用できる者（援用権者）について、民法は単に当事者と規定するだけである（145条）。そのため、その範囲が問題となる。判例は、援用権者の具体的範囲についての一般的な基準として、「時効により直接に利益を受けるべき者およびその承継人」としており、「時効により間接に利益を受けるべき者」は含まれないと、その範囲を限定してきた（大判明43・1・25民録16・22）。しかし、学説は、このようにその範囲を狭小に解することは援用制度の趣旨に適さないとして、一層これを拡張する方向で進んできた。実体法説（停止条件説）の立場は、時効によって直接権利を取得しまたは義務を免れる者のほか、この権利または義務に基づいて権利を取得しまたは義務を免れる者をも包含すると解する[13]。

　援用権者かどうかにかかる具体的問題点は以下のとおりである。

(ア) **取得時効の場合**

　時効期間所有の意思をもって、平穏に、かつ、公然と他人の物を占有した

---

9) 民百選 I 6版 81頁〔松久三四彦〕
10) 近江 I 346-347頁
11) 川島 450頁以下
12) 近江 I 344-345頁
13) 我妻 446頁

者（162条・163条）が援用権者であることは当然であるが、Pの所有地を時効によって取得したQから地上権・抵当権などの設定を受けたRも、Qの所有権取得時効を援用し得ると解するのが通説である[14]。判例は、傍論ながらこれを肯定するものもある（大判昭10・12・24民集14・2096）。なお、この設例で、Qが時効を援用しない場合には、Qは所有権を取得せず、Pの所有地の上にRが地上権・抵当権などを有することになる。

しかし、Pの所有地上にQが建物を建て、それを賃借している賃借人Rについて判例（最判昭44・7・15民集23・8・1520）は、敷地の時効取得の完成によって直接利益を受ける者ではないとして、取得時効を援用することができないとする。これに対しては学説がこぞって反対しているとされるが、Rは土地そのものについての利害関係人ではないとして判例を支持する見解[15]も存する。

(ｲ) 消滅時効の場合
① 保証人・連帯保証人

消滅時効の援用権者に関して、保証人や連帯保証人による主債務の消滅時効の援用については、判例（大判大4・7・13民録21・1387、大判昭7・6・21民集11・1186、大判昭8・10・13民集12・2520）は比較的早くから認めていた。連帯債務者（⇒191頁）の援用権については、明文の規定がある（439条）。

② 物上保証人・担保不動産の第三取得者

物上保証人（⇒85頁）および担保不動産の第三取得者による被担保債権の消滅時効の援用について判例は、当初否定していた（前掲大判明43・1・25、大判昭10・5・28新聞3853・11）が、判例変更がなされ（最判昭42・10・27民集21・8・2110、最判昭43・9・26民集22・9・2002、最判昭48・12・14民集27・11・1586）、今日では肯定している。後者（担保不動産の第三取得者）に関しては、たとえば、Qに対して金銭債務を負っているPが自己の不動産にQのために抵当権を設定し、Pからこの不動産の譲渡を受けたRは抵当不動産の第三取得者であるが、QのPに対する債権の消滅時効を援用できるとするに至った（前掲最判昭48・12・14、最判昭60・11・26民集39・7・1701）。

---

14) 我妻446頁、幾代538頁
15) 川井321頁

③ 売買予約に基づく仮登記に後れる抵当権者

再売買予約の目的物の第三取得者による予約完結権の消滅時効について判例は、当初は否定していた（大判昭9・5・2民集13・670）が、後に変更された。すなわち、Pの土地につきP・Q間で売買予約がなされ、Qはその仮登記（⇒288頁）を得たが10年以上が経過した。他方、その土地上に抵当権の設定を受けたRは、その抵当権の実行をしようとしたが、Qの仮登記のためそれができない。そこで、Qの予約完結権（⇒279頁）の時効消滅を主張した事案において、Rは予約完結権が行使されると仮登記の本登記承諾義務を負って抵当権を抹消されるが、その反面、予約完結権が消滅すれば抵当権を実行することができるから、援用権者にあたるとした（最判平2・6・5民集44・4・599）。

④ 詐害行為の受益者

詐害行為（⇒284頁）の取消権者の債権（被保全債権）にかかる消滅時効を、受益者[16]が援用することについて判例は、当初は否定していた（大判昭3・11・8民集7・980）が、後に肯定するに至った。すなわち、Qの債権者Pが、Q・R間の契約を詐害行為として取り消す際に、受益者Rは、詐害行為取消権の直接の相手方であり、これが行使されると、同行為によって得ていた利益を失い、反対にPの債権が消滅すれば利益の喪失を免れるから、直接利益を受ける者にあたるとした（最判平10・6・22民集52・4・1195）。

⑤ その他

消滅時効の援用権者として肯定された例として、仮登記担保権の目的不動産の第三取得者（上掲最判昭60・11・26、最判平4・3・19民集46・3・222）、譲渡担保（⇒255頁）の目的物を譲渡担保権者から譲り受けた者による（譲渡担保設定者が有する）清算金支払請求権の消滅時効の援用（最判平11・2・26集民191・457）などがある。

これらに対して、後順位★抵当権者による先順位抵当権者の被担保債権の消滅時効の援用については否定されている。すなわち、後順位抵当権者は、目的物（担保物）の価額についてのみ優先弁済を受ける地位であるに過ぎず、また、抵当権消滅の順位上昇による配当額増加の期待は、順位上

---

[16] 詐害行為の受益者とは、債務者の詐害行為によって財産上の利益を得た者をいう。

昇によってもたらされる反射的な利益に過ぎないから、直接に利益を受けるものではないとした（最判平11・10・21民集53・7・1190〈[判例10.2]〉）。また、差押債権者による他の差押債権の消滅時効の援用も否定されている（大判昭11・2・14新聞3959・7）。

　　抵当権の順位：同一の不動産に複数の抵当権が設定される場合、各抵当権の優劣は、民法373条の定めるとおり、登記の先後により決せられる。抵当権の付着していない不動産に抵当権を設定して融資を受けるとしよう。まずPから300万円を借り、その後Qから400万円を借り、最後にRから500万円を借りたとすると、第1順位の抵当権者がP（被担保債権額300万円）、第2順位抵当権者がQ（同400万円）、第3順位抵当権者がR（同500万円）である。この状況下で抵当権が実行され、当該不動産（抵当目的物）が1,000万円で売却されたとすると、Pが300万円、Qが400万円、Rが300万円をそれから回収できることになる（説明を簡略化するために、執行費用等は等閑視している）。

時効の援用権者

［判例10.2］最判平11・10・21（民百選Ⅰ［7版］41）

　Y銀行は、A社との間で銀行取引を行ってきたが、本件取引契約により生ずるA社の債務を担保するため、合計17の不動産について極度額を1億5,000万円とする根抵当権（⇒365頁）を設定させ、その登記を経由した。そしてY銀行はA社に本件取引契約に基づき2億4,300万円を貸し付けたが、A社は、その弁済期を過ぎても支払いをしなかったので、Y銀行は本件根抵当権の実行として競売の申立てをし、競売開始が決定され、本件各不動産について差押登記がなされた。

　他方、その間にX_1社は本件不動産のすべてに抵当権および根抵当権の設定または譲渡を受け、X_2はその一部の不動産について所有権移転登記を了した。

　X_1・X_2が、Yの本件貸付金は、その弁済期限から5年を経過したので時効により消滅したと主張して、本件根抵当権設定登記の抹消登記手続を求めて訴えを提起した。1審・原審ともX_1・X_2の請求を棄却。X_1・X_2が上告。

　棄却。民法145条所定の当事者として消滅時効を援用し得る者は、権利の消滅により直接利益を受ける者に限定されると解すべきである（前掲最判昭48・12・14参照）。後順位抵当権者は、目的不動産の価格から先順位抵当権によって担保される債権額を控除した価額についてのみ優先して弁済を受ける地位を有するものである。もっとも、先順位抵当権の被担保債権が消滅すると、後順位抵当権者の抵当権の順位が上昇し、これによって被担保債権に対する配当額が増加することがあり得るが、この配当額の増加に対する期待は、抵当権の順

位の上昇によってもたらされる反射的な利益に過ぎないというべきである。そうすると、後順位抵当権者は、先順位抵当権の被担保債権の消滅により直接利益を受ける者に該当するものではなく、先順位抵当権の被担保債権の消滅時効を援用することができないものと解するのが相当である。論旨は、抵当権が設定された不動産の譲渡を受けた第三取得者が当該抵当権の被担保債権の消滅時効を援用することができる旨を判示した（上述の昭和48年）判例を指摘し、第三取得者と後順位抵当権者とを同列に論ずべきものとするが、第三取得者は、被担保債権が消滅すれば抵当権が消滅し、これにより所有権を全うすることができる関係にあり、それにかかる消滅時効を援用することができないとすると、抵当権が実行されることによって不動産の所有権を失うという不利益を受けることがあり得るのに対し、後順位抵当権者が先順位抵当権の被担保債権の消滅時効を援用することができるとした場合に受け得る利益は、上記で説示したとおりのものに過ぎず、また、それにかかる消滅時効を援用することができないとしても、目的不動産の価格から抵当権の従前の順位に応じて弁済を受けるという後順位抵当権者の地位が害されることはないのであって、後順位抵当権者と第三取得者とは、その置かれた地位が異なるものであるというべきである。

(ⅳ) 援用の方法

(ア) 援用の場所

訴訟法説の立場からは、援用は必ず裁判上でしなければならないことになる。それに対し、実体法説によれば裁判上でも裁判外でも援用し得る（前掲大判昭10・12・24）。もっとも、当事者が援用しなければ、裁判所がこれによって裁判をすることができない（145条）。時効の援用がない限り、時効が完成しているか否かは裁判所の職権調査事項ではない（大判明39・3・8民録12・339）し、裁判所に釈明権★行使の義務もない（最判昭31・12・28民集10・12・1639）。

> **釈明権**：釈明権とは、民事訴訟法上、当事者の訴訟行為の趣旨・内容を明確にするため、事実上および法律上の事項に関し、当事者の陳述の不明確または不完全な点を指摘して、訂正・補充の機会を与え、また証明の不十分な点を指摘してさらなる立証を促す裁判所の機能をいう。

(イ) 援用の時期

時効の援用は、事実に関する主張であるから、裁判上の攻撃・防御の方法は、事実審の口頭弁論終結時までに提出しなければならない。したがって、

第2審のその時までになされる必要がある（大判大12・3・26民集2・182）。時効を援用しないで敗訴した場合には、別訴において援用することは認められない（大判昭14・3・29民集18・370）。

(ⅴ) 援用権の代位行使

債権の消滅時効を当の債権者が援用し得ないことは当然である（大判大8・7・4民録25・1215）。けだし、援用の利益がない。ただし、時効期間が経過した債権の債務者に対する他の一般債権者が援用し得るかは問題となる。通説・判例（大判昭11・2・14新聞3959・7）は、単に債権者というだけでは援用権を有しないと解する。しかし、債務者が無資力の状態にある場合（債務者の資力が債務の弁済に不十分な場合）に関しては、見解が分かれる。すなわち、①債務者が無資力の場合には債権者は援用権者であるとする説[17]と、②債務者が無資力の場合にも債権者は援用権者ではないとする説である。上記②はさらに、②-1 債権者は、援用権者ではないが、債権者代位権（423条）★に基づき、債務者の援用権を代位行使し得ると解する説と、②-2 債権者は、援用権者ではないのみならず、債務者の援用権を代位行使することもできないと解する説の2つに分かれる。

> **債権者代位権と時効の援用権の代位行使**：民法423条1項本文は、「債権者は、自己の債権を保全するため、債務者に属する権利を行使することができる」と規定している。「自己の債権を保全するため」とは、債権者がその債権内容の満足を得るのに必要な場合ということである。すなわち、この規定は、債務者が債務を履行する資力が十分でないにもかかわらず、自分が有する債権の取立てをしないというような場合に、債権者が、債務者に代わって、その債権の取立てをし、取り立てたものをもって債権者自身の債権に対する弁済に充てることができるということであり、この機能を**債権者代位権**という。

上記①と②-1 の差異は、前者であれば、債務者が時効利益の放棄をしても、債権者はなお援用することができるが、後者であれば、債務者が時効利益を放棄した後は債権者はもはや援用権を代位行使し得ないところにある。①に対しては、無資力の場合に限って援用権が認められるという点の説明がつけにくいとの批判が妥当し、②-1 が通説[18]・判例（最判昭43・9・26民集22・9・2002）となっている。

---

[17] 川島453頁ほか
[18] 幾代541頁ほか

なお、上記②-2は、援用権は一身専属権（423条1項ただし書）とみて、代位行使を否定するものである[19]が、債務者の援用権不行使が債権者を詐害する場合には、債権者は、自己の債権を保全する必要があるから、423条による援用権の代位行使が否定されるべきではない[20]。

（vi）援用の効果

援用の効果は、相対的なもので、援用した者にのみ生じ、援用した部分についてのみ生ずる。たとえば、援用権者が複数存在する場合に、その1人の援用や不援用の効果は他の者に及ぶことはなく（大判大8・6・24民録25・1095）、被相続人の占有により取得時効が完成した場合に、その共同相続人の1人は、自己の相続分の限度においてのみ取得時効を援用することができる（最判平13・7・10集民202・645）。また、元本債権についてのみ消滅時効の援用がなされたときには、裁判所は、元本債権についてのみ判断すれば足り、利息債権について判断しなくても違法ではない（大判大6・8・22民録23・1293）。これを、**相対効の原則**という。なお、連帯債務者（⇒191頁）については、絶対効の特則（439条）があることに注意すべきである。

（vii）援用の撤回

時効をいったん援用した後に、これを撤回することの可否について、援用は訴訟における攻撃防御方法に過ぎないとする確定効果説および判例（前掲大判大8・7・4）はこれを肯定するが、実体法説によれば、援用によって時効の効果が生じているので援用の撤回は許されないことになる[21]。

援用の撤回の可否に関しては、援用の相対効が認められる以上は、当事者の意思の尊重という見地からみて、撤回の自由を認めても実際上の弊害はないように思われるし、逆に撤回を認めなくても特段の不都合はないとの見解もみられる[22]。

---

19) 近藤英吉『註釈日本民法 総則編』（厳松堂、1942年）546頁
20) 近江Ⅰ350頁、川井323頁
21) 我妻452頁
22) 幾代546頁

(ⅷ) 援用権の濫用

　時効は公益的制度であるから、安易に時効の援用を制限すべきではないが[23]、時効援用権の行使が権利濫用ないし信義則違反となり得る場合がある。判例（最判昭51・5・25民集30・4・554）は、亡父の遺産全部を家督相続により相続した子が母に対して生活保障・扶養等の目的で農地を贈与し、母が同農地を20年余にわたって耕作していたところ、子が同農地につき農地法3条所定の許可申請協力請求権の消滅時効を援用した事案について、その援用権の行使は信義則に反し権利濫用であるとした。

　下級審では、不法行為に基づく損害賠償請求権の消滅時効の援用について権利濫用ないし信義則違反として許されないとしたものが多い。旧鳴尾村農地買収無効国家賠償請求訴訟（東京地判昭54・2・16判時915・23）、日本化工クロム労災訴訟（東京地判昭56・9・28判時1017・34）、安中公害訴訟（前橋地判昭57・3・30判タ469・58）、予防ワクチン禍東海地方訴訟（名古屋地判昭60・10・31訟月32・8・1629）などである。

新生児取り違え「重大な不利益」と賠償命令（読売新聞2013年11月27日）

　60年前に出生した産院で別の新生児と取り違えられたとして、東京都内の男性（60）らが墨田区の「賛育会病院」側に損害賠償を求めた訴訟で、東京地裁は26日、病院側に計3,800万円の支払いを命じる判決[24]を言い渡した。

　宮坂昌利裁判長は、「男性は真の両親との交流を絶たれ、貧しい家庭環境で育つなど重大な精神的苦痛を被った」と指摘した。

　男性は1953年に同病院で生まれ、別の家族の四男として育った。しかし、2011年、本来の家族内で似ていない兄弟がいることが問題となり、病院の記録を調べて取り違えの疑惑が発覚。昨年1月に行ったDNA鑑定で、男性が本来の家族の長男であることが判明した。

　判決は、男性が出生直後、助産師らに産湯に入れてもらうなどしている間に、男性の13分後に出生した別の男児と取り違えられたと認定。その上で、男性が生活保護を受ける家庭環境で育ち、進学をあきらめて中学卒業後に町工場に就職した一方、取り違えられた男児は裕福な家庭で育ち、大学に進学したと指摘した。

　原告の実の両親は取り違えの事実を知らないまま他界しており、判決は「生

---

23) 川井324頁
24) 東京地判平25・11・26判時2221・62

活環境の格差は歴然としており、男性は重大な不利益を被った。真の親子の交流を永遠に絶たれた両親と男性の喪失感や無念は察するに余りある」と述べた。

病院側は時効（10年）の成立も主張したが、判決は「DNA 鑑定の結果が明らかになった時から時効がスタートする」と判断した[25]。

（3）時効利益の放棄

（ⅰ）時効利益の放棄の意義

時効利益の放棄とは、時効の援用権者による時効の利益を受けないという意思表示（相手方のある単独行為[26]）である。つまり、時効の援用の逆の概念であり、援用権の放棄ということである。

（ⅱ）時効完成前の放棄の禁止

時効の利益は、あらかじめ放棄することができない（146条）。その理由は、第1に、時効は、期間の経過によって権利の得喪を生じさせるという客観的側面をもつ公益上の制度であるため、私人があらかじめこれを排除することは時効の制度趣旨が没却されること、第2に、債権の消滅時効の利益をあらかじめ放棄することを許すと、強者たる債権者が自己の怠慢による権利不行使から被る不利益を免れようとして、弱者たる債務者に放棄を強いるというおそれがあることに求められる。

時効利益の放棄は、単独行為たる意思表示とはされるが、金銭消費貸借契約（双方行為）の契約書に、「債務者は時効利益を放棄する」という文言があっても146条により無効とされる。また、ここにいわゆる「あらかじめ」とは、時効期間が満了する前という意味である。時効が進行を開始する以前（特に消滅時効の場合は、債権成立の際）に、契約に放棄の特約を盛り込むことが

---

[25] 原告らの主張は、分娩助産契約に基づき、原告らの親および原告男性は、それぞれ真実の子の引き渡しを求める請求権、すなわち、原告男性は真実の両親に引き渡されることを求める請求権を取得していたにもかかわらず、被告病院は原告男性を真実の親ではない夫妻に引き渡したのであるから、原告らは被告病院に対して債務不履行に基づく損害賠償請求権を取得したというものであった。したがって、被告病院は、不法行為に基づく損害賠償請求権の消滅時効（民法724条）ではなく、債権の消滅時効（民法167条）の援用を主張した案件ではある。

[26] したがって、銀行預金につき債務者たる銀行が内部の帳簿に預金利子を元本に組み入れたことを記入しただけでは、債権者（預金者）に対する行為がされたとはいえないから、預金者に対し債務を承認したとはいえない（大判大5・10・13民録22・1886）。

典型であろうが、時効進行中（債権が成立した後、時効期間が満了するまでの期間）の放棄（債務者からの一方的意思表示あるいは契約書を訂正して放棄する旨の条項を追加すること）も同様である。もっとも、時効期間進行中の放棄は、時効中断を生ずる承認（147条3号）に該当するとみて、過去に進行してきた期間についての放棄という効果を生ずる（通説）。

146条は、あらかじめの放棄のみを禁ずるが、同様の趣旨から、時効の完成を困難にする特約も無効と解するべきである。すなわち、時効期間を延長する特約、時効の起算点を遅らせる特約、中断事由を排斥する特約等である（通説）。なお、上記とは逆に、時効完成を容易にする特約（時効期間を短縮するなど）は、一般に有効と解されている。

(ⅲ) 時効完成後の放棄

時効利益を放棄することは、時効期間満了後であれば有効である（146条の反対解釈）。上記(ⅱ)のような弊害を伴わないからである。

時効期間満了後の時効利益の放棄は、ひとつの意思表示を要素とする、相手方のある単独行為（形成権）であるから、裁判外で行うことができる（前掲大判大8・7・4）。

放棄も援用と同じく、その効果は相対的である。すなわち、援用権者が複数存在する場合には、1人の放棄は、他の者に効果を及ぼさない（最判昭42・10・27民集21・8・2110等）。また、債務者が時効の利益を放棄しても、保証人や物上保証人などはなお援用することができる。

時効利益が放棄された時点を起算点として、新たな時効の進行が開始するであろうか。たとえば、飲食店で飲食料の代価にかかる債権の消滅時効期間は1年であるが（174条4号[27]）、ツケ[28]で飲食をしてから1年が経過した後に、当該飲食店に対して「時効期間は満了したが、時効の援用はしない。ツケは必ず返す」と述べて時効利益を放棄したが、それからさらに1年、返すと言ったツケを一切払わずに経過した後に、「今度は時効を援用してツケを払わない」と主張することが認められるか、ということである。学説は分かれる。新たな権利状態につきおよそ時効を否定するのは妥当ではないとして時効の再進行を肯定する説[29]と、放棄は権利・利益などを積極的に享受しな

---

27) 2014年10月現在
28) 付けとは、その場で支払わないで店の帳簿につけさせておき、後でまとめて支払うことをいう。

いとする意思表示であるから時効が再度完成してもその利益を享受することはないとして再進行を否定する説[30]とに分かれる。判例（最判昭45・5・21民集24・5・393）は、消滅時効完成後に債権者に対して債務を承認した場合には、爾後再び時効が進行するとして、肯定説に立つ（その根拠として、157条〈中断後の時効の進行⇒488頁〉と174条の2〈判決で確定した権利の消滅時効⇒533頁〉との権衡等が挙げられている）とされている[31]。

(iv) 放棄の能力と権限

時効利益の放棄は、放棄者に不利益な（権利を取得しまたは義務を免れることのできる地位を失う）処分をする意思表示であるから、意思表示・法律行為に関する一般原則に従い、処分の能力・権限★のあることが必要とされる。この点で、時効中断事由としての承認（⇒496頁）には処分の能力や権限を要しないとする156条と異なる。

> **処分の能力・権限**：156条には「処分につき行為能力又は権限があることを要しない」とあるが、「処分につき行為能力を有しない者」とは、602条柱書にいわゆる「処分につき行為能力の制限を受けた者」であり、「処分につき権限がない者」とは、同「処分の権限を有しない者」を意味するものと考えられる。前者は、財産管理（単なる保管を目的とした管理行為）の能力はあるが、処分（単なる保管の域を超えて財産（権）の性質や現状を変更する行為）の能力を有しない者をいう。制限行為能力者のうち、管理能力をも有しない未成年者および成年被後見人はこれに該当せず、結局、被保佐人と被補助人の一部だけがこれに該当する。後者は、他人の財産に対して管理権限だけを有し、処分権限を有しない者である。権限の定めのない代理人（103条）、不在者の財産管理人（28条）、相続財産の管理人（953条）、後見人（864条が適用される場合）などがこれに属する。

(v) 援用権の喪失

時効利益の放棄もひとつの意思表示であるから、通常の意思表示と同じく、黙示的にもなされ得る。すると、消滅時効完成後に、債務者が、債務の承認、弁済、一部弁済、延期証の差入れ（支払猶予の懇請）などをした場合、これは

---

29) 川井326頁ほか
30) 近江Ⅰ352頁
31) もっとも、上掲の再進行否定説は、時効完成を知らずして債務を承認する場合と（時効完成を知った上で）放棄する場合とは、利益不享受の論理が異なるとして、判例の見解は正当であるとしている（近江Ⅰ354頁）。

時効利益を黙示的に放棄したことになり、もはや債務者は改めて時効を援用して債務を免れることができないと解すべきであろうか。そもそも「放棄」とは、「自分の権利・利益などを捨てて行使しないこと」であるから、時効利益の放棄は、時効完成の事実を知った上で行うものであろう。したがって、特に、時効完成を知らずに上掲のような行動に出た場合は、放棄といえるのかが問題となる。時効完成を知らずして「時効利益」を捨て、援用する権利を行使しないと意思表示することはできないはずだからである。

　旧来の判例は、放棄は時効完成を知って行うことを前提とし（大判大3・4・25民録20・342）、時効完成後の弁済や債務承認は、時効完成の事実を知って行ったものと推定するとした（大判大6・2・19民録23・311、大判大10・2・7民録27・233、最判昭35・6・23民集14・8・1498）。しかし、その推定を覆す反証を容易には認めなかったので、時効完成の事実を知らなかったとしても、実際上は、放棄として扱われ、もはや時効を援用することができないという結論になるケースが多かった。

　判例の上記構成に対して多くの学説は、結論は是認しつつも強く批判を加えていた。すなわち、推定とは、当事者間に別段の取決めのない場合に、一般の経験則に基づいて一応一定の状態にあるものとして判断を下すことであるが、時効完成後の弁済や債務承認は時効完成の事実を知らないですることが通常（知っていたならば時効を援用していたはず）であるから、時効完成後の弁済や債務承認が時効を知ってしたものと推定することは、一般の経験則に悖るとの批判である。債務者は、むしろ時効完成を知らないからこそ弁済や債務承認をしたと推定すべきであるとの主張であり、道理至極である。

　かくして、最高裁大法廷は判例を変更し、①消滅時効完成後に債務の承認をした場合において、そのことだけから、その承認は時効が完成したことを知ってしたものであると推定することは許されない、②債務者が、消滅時効完成後に債権者に対し当該債務の承認をした場合には、時効完成の事実を知らなかったときでも、その後その時効の援用をすることは信義則上許されない、とするに至った（最判昭41・4・20民集20・4・702〈[判例10.3]〉）。

　この判決により、債務者が時効利益を享受することができなくなる場面として、①時効完成を知った上で敢えて積極的に「放棄」の意思表示をする場合（146条の反対解釈）、②時効完成の事実を知らなかったとはいえ、弁済や債務承認をした以上、その後において時効を援用することは信義則上許されな

くなる場合、の2種類が認められることとなった。講学上、上記①を「時効利益の放棄」、上記②を「時効援用権の喪失」と呼び、両者を区別している。

時効完成後の債務承認

[判例 10.3] 最判昭 41・4・20（民百選Ⅰ [7版] 42）

　木材商たるXは、Yから金7万8,000円を利息月5分の約定で借り受け、公正証書による契約書を作成した。Xは、当該借金の弁済期から約8年半後の手紙でYに対して本件借金を元本だけにまけてもらいたい、そうしてくれると年内に分割払いで返済できる旨を申し入れた。翌年7月に至ってYは公正証書に基づいてXの動産に対して強制執行をした。これに対しXは、公正証書（契約書）の無効とともに5年の消滅時効（商法522条）を理由に請求異議の訴え（現民事執行法35条）を提起した。

　原審は、公正証書を基本的には有効と判断し、かつ商人は商事債務が5年の消滅時効に服することを知っているものとした上で、手紙をもって債務を承認したXは反証のない限り時効の完成を知りながら時効の利益を放棄したものと推定して、元本および旧利息制限法の上限金利を超えない利息についてYの強制執行を認めた。Xが、商人たるXが債務を承認したという事実だけに基づいてXが本件債務について時効利益を放棄したと推定するのは経験則に反し違法であるとして上告。

　棄却。債務者は、消滅時効が完成した後に債務の承認をする場合には、その時効完成の事実を知っているのはむしろ異例で、知らないのが通常であるといえるから、債務者が商人の場合でも、消滅時効完成後に当該債務の承認をした事実からその承認は時効が完成したことを知ってされたものであると推定することは許されないものと解するのが相当である。したがって、これと見解を異にする当裁判所の判例（前掲最判昭35・6・23参照）は、これを変更すべきものと認める。しかしながら、債務者が、自己の負担する債務について時効が完成した後に、債権者に対し債務の承認をした以上、時効完成の事実を知らなかったときでも、爾後その債務についてその完成した消滅時効の援用をすることは許されないものと解するのが相当である。けだし、時効の完成後、債務者が債務の承認をすることは、時効による債務消滅の主張と相容れない行為であり、相手方においても債務者はもはや時効の援用をしない趣旨であると考えるであろうから、その後においては債務者に時効の援用を認めないものと解するのが、信義則に照らし、相当であるからである。また、かく解しても、永続した社会秩序の維持を目的とする時効制度の存在理由に反するものでもない。そして、

この見地に立てば、前記のように、Xは本件債務について時効が完成した後これを承認したというのであるから、もはや当該債務について時効の援用をすることは許されないと言わざるを得ない。

　時効援用権の喪失事由としては、上掲最判昭41・4・20における時効完成後の債務承認のほか、従前の判決における時効利益の放棄の諸事由が該当するものと解される。すなわち、債務の支払約定（大判昭7・11・11新聞3487・12）、履行延期の申入れ（大判大10・2・14民録27・285）などがこれに該当する。これに対して、債務減額の懇請（大判昭14・2・21民集18・122）や強制執行に着手した債権者に対する示談の申入れ（大判昭17・3・14新聞4766・16）などの場合には、特別の事情のない限り、時効利益の放棄ないし援用権の喪失には該当しないとされている[32]。

　時効援用権の喪失の効果の及ぶ範囲については、金銭債権のような可分債権★の一部を債務者が弁済した場合に、残存債務に関しても時効援用権を喪失するか（全部についての放棄とみられるか）については、当事者の意思の解釈の問題ではあるが、全部についての放棄とみられる場合が多いというのが通説の立場である。したがって、債務者が時効完成後にした債務の内入弁済（前掲最判昭35・6・23）、一部弁済（大判大12・4・26新聞2136・18）も援用権喪失事由とされよう。

> **可分債権・可分債務**：たとえば、小麦粉100kgの引渡しとか、洋服10着の製作などのように、分割して実現することのできる給付（可分給付）を目的とする債権・債務のことを「可分債権・可分債務」という。自動車1台の引渡しなどのように分割して実現することのできない給付（不可分給付）を目的とする多数当事者の債権・債務であるところの**不可分債権・不可分債務**に対置される。

（4）時効の効果

　時効の効力は、その起算日に遡る（144条）。すなわち、取得時効の場合には、占有開始の時から権利を有していたことになり、消滅時効の場合には、当初から権利義務がなかったことになる。その具体的な効果は次のとおりである。

---

[32] 能見＝加藤320頁

取得時効の場合は、まず、時効による権利取得者は、期間中取得した果実を返還する必要はない。また、権利取得者が期間中になした目的物の処分行為（e.g.売却や質権の設定）は有効となる（権利喪失者の行為は無効となる）。

消滅時効の場合は、時効により債務を免れた者は、期間中の利息を支払う必要がなくなる。なお、508条（時効により消滅した債権を自働債権[33]とする相殺）は、遡及効の例外である。

（5）時効の中断

（ⅰ）中断の意義

時効期間が満了する前に、その事実状態の継続を阻止するような事実（債権者の権利行使や債務者の債務承認など＝中断事由）があれば、時効の進行は中断する（147条）。中断により、それまで進行してきた時効期間は効力を失う。すなわち、元の起算点から中断までの期間はご破算になり、中断事由が終了すると、その時を起算点として新たに時効期間の進行が開始する（157条1項）。たとえば、消滅時効期間が10年間の債権につき、9年が経過したところで中断事由が発生した場合、当該中断事由が終了した時点から新たな時効期間が進行するのであり、時効完成にはその時点からまた10年間の経過が必要となる。つまり、中断前の9年間はゼロにリセットされることとなるのである。次目（6）で扱う「時効の停止」（⇒499頁）とともに、「時効完成の障害（**時効障害**）」といわれる。

広義の時効中断には、取得時効・消滅時効に共通する法律が定めた事由によって時効が断ち切られる**法定中断**（147条）と、取得時効に特有の、占有または準占有[34]が失われて時効の進行が断ち切られる**自然中断**（164条・165条）とがある。

時効中断の根拠には、基本的には以下の2つの考え方がある。

ⓐ **権利行使説**（実体法説から）

時効が中断するのは、中断事由（権利行使や承認）により、時効の基礎で

---

33) 相殺の場合に、相殺の意思表示をする側の債権を**自働債権**、される側の債権を**受働債権**という。
34) 物以外の財産権（e.g. 債権）を自己のためにする意思をもって行使することを「準占有」という。占有と同じ効果が与えられる（205条）。

あるところの永続した事実状態が破られるからであるとする[35]。

ⓑ **権利確定説**（訴訟法説から）
　権利の存在が判決等により確認されるところに中断の根拠があり、無権利者・義務者と確認された場合には時効の進行を認める必要はないから中断する、とする[36]。

(ⅱ) 中断事由

　147条の定める中断事由（法定中断）は、ⓐ請求、ⓑ差押え・仮差押え・仮処分、ⓒ承認である。

ⓐ **請　求**（147条1号）
請求とは、権利者が、時効によって利益を得ようとする者に対して、その権利内容を主張する裁判上および裁判外の行為のことである。具体的には、裁判上の請求（149条）、支払督促（150条）、和解および調停の申立（151条）、破産手続参加等（152条）、催告（153条）の5つの事由がある。

① **裁判上の請求**（149条）
　　裁判上の訴えとは、民事上の訴えを提起することである。目的物を引き渡せというような「**給付の訴え**」が典型であるが、特定の権利が自己に属することを相手方に承認させる「**確認の訴え**」、法定の原因に基づく特定の法律関係の変動を判決によって宣言することを求める「**形成の訴え**」、訴えを提起された被告が原告を相手方として反対に訴えを提起する「**反訴**」など、その形態を問わない。しかし、訴えの**却下**★または**取下げ**★の場合には、時効の中断の効力を生じない（149条）。たとえば、来年の最終銀行営業日（xx年12月30日）に時効期間が満了する債権にかかる債権者が債務者に対し支払請求の訴えを提起したが、その訴えを取り下げた場合には、当該債権は、xx年12月30日（もともとの時効期間満了日）に時効で消滅する。訴えの提起の時に生じたはずの中断効が、取下げによって生じていなかったものとされるわけである。したがって、訴えの提起時からも取下げの時からも新たな時効が進行することはない。訴えが却下された場合も同様である。ただし、訴えの取下げが、権利の主張・公権的判断を受ける機会の放棄でないときは、時効中断の効力は消滅しない（最判昭50・11・

---

35) 我妻458頁、近江Ⅰ356頁、川井329頁
36) 川島473頁以下

28民集29・10・1797)。なお、訴えの却下または取下げの場合にも、もしその訴えの訴状が相手方に送達された場合には、153条の催告としての効力は生ずると解される。

 却下：民事訴訟法上、一般に、裁判所に対する申立てを、理由（根拠）がないとして退ける裁判を**棄却**という。一方、その申立ては不適法であるとして、理由の有無を判断しないまま退ける裁判を**却下**という。ここにいわゆる却下は、形式的な不適法を理由として退けられるものだけでなく、実質的理由により退けられる棄却をも含むと解される（大判大6・2・27新聞1256・26）。もっとも、請求が実質的理由により棄却された場合は、債権の存在自体が否定されたのであるから、債権の存在を前提とする時効およびその中断がもはや問題となることは通常ない。
 取下げ：民事訴訟法261条・262条参照。

⑦ 一部請求

　債権の一部のみの支払いを求める訴えを提起した場合の中断の効力は、残部に及ぶか否か。たとえば、債権額1,000万円の一部100万円を請求した場合に、中断効が生ずるのは債権1,000万円全額か、それとも一部の100万円か、ということである。判例は当初、「一個の債権の数量的な一部についてのみ判決を求める旨を明示して訴えが提起された場合、訴訟物となるのは債権の一部であって全部ではないから、訴えの提起による消滅時効中断の効力は、その一部の範囲においてのみ生じ、その後時効完成前残部につき請求を拡張すれば、残部についての時効は、拡張の書面を裁判所に提出したとき中断するものと解すべきである」（最判昭34・2・20民集13・2・209）とし、一部請求の場合の中断効は残部には及ばないと判示したものと解されていた。しかし、その後、「一部についてのみ判決を求める趣旨が明示されていないときは、訴えの提起による消滅時効中断の効力は、債権の同一性の範囲内においてその全部に及ぶ」との判決が出され（最判昭45・7・24民集24・7・1177)、学説も大方この結論に賛成するに至った。

④ 応　訴

　被告が原告の訴えに応じることを**応訴**という。すなわち、「受けて立つぞ」という態度をとることである。原告の訴えに反論するなどの態度をみせれば、被告は応訴したとみなされる。応訴しなければ（＝裁判所からの呼び出しを無視すれば）、通常は原告の主張がすべて認められてしまう。なお、

上述の反訴とは異なるので留意されたい。応訴は、訴えられた者が被告として応じることであるのに対し、反訴は、係属中の訴訟（本訴）の原告を相手方として被告が原告（反訴原告）として訴えを提起する点に顕著な差異がみられる。

さて、原告として訴えを提起した場合に限らず、被告として応訴して自己の権利を主張し請求棄却の判決を求めたときでも、裁判上の請求として時効の中断効が認められる。たとえば、債権不存在請求訴訟の被告が当該債権の存在を主張して勝訴した場合（大連判昭14・3・22民集18・238）、株券の返還請求訴訟の被告が抗弁として、当該株券について原告に対して立替金債権があることを理由に留置権を主張した場合（最判昭38・10・30民集17・9・1252）、目的物の占有者からの所有権に基づく登記手続請求訴訟の被告が、自己に所有権があることを主張して請求棄却の判決を求め、その主張が認められた場合（最判昭43・11・13民集22・12・2510）、債務者兼抵当権設定者が債務不存在を理由として提起した根抵当権設定登記抹消登記手続請求訴訟において、債権者兼抵当権者である被告が請求棄却の判決を求め被担保債権の存在を主張した場合（最判昭44・11・27民集23・11・2251）などは、裁判上の催告または請求に準ずるものとされる。

⑦ その他

債権を保全するために、債権者Pが、債務者Qから不動産を譲り受けたRに対して当該譲渡を詐害行為として取消訴訟を提起した場合、Pは、詐害行為取消（⇒284頁）の先決問題たる関係において当該債権を主張するにとどまり、直接、債務者Qに対して裁判上の請求をするものではないから、同詐害行為取消訴訟の提起をもって、当該債権の消滅時効は中断されない（最判昭37・10・12民集16・10・2130）。この判例に対して実体法説の立場からは批判が加えられている。

PのQに対する債権Aを保全するために、QのRに対する債権BをPが債権者代位権（⇒479頁）に基づき代位行使して勝訴判決を得た場合は、債権Bの消滅時効はQとの関係で中断する。なお、この場合に債権Aの消滅時効も中断するかについて判例はないが、上掲最判昭37・10・12の趣旨からすると、否定的に解される[37]。

---

[37] 能見＝加藤323頁

係争地が自己の所有に属することについて、請求の趣旨を境界確定から所有権確認に変更した場合は、被告の所有権取得時効を中断する効力は失効しない（最判昭38・1・18民集17・1・1）。

　㈣ **時効中断の効力発生時期**

裁判上の請求が時効中断の効力を生ずる時期は、訴えの提起の時であって（民事訴訟法147条）、訴状が相手方に送達された時ではない。反訴による場合も同様である。もっとも、応訴の場合は、訴訟中において自己の権利の存在を主張した時であると解すべきである[38]。

② **支払督促**（150条）

支払督促とは、金銭その他の代替物または有価証券の一定の数量の給付を目的とする請求について、債権者の申立てにより、裁判所書記官が債務者に対して発するものである（民事訴訟法382条）。債務者が支払督促の送達を受けた日から2週間以内に督促異議の申立てをしないときは、裁判所書記官は、債権者の申立てにより、支払督促に手続の費用額を付記して仮執行の宣言をしなければならず（同391条1項）、仮執行の宣言を付した支払督促に対し督促異議の申立てがないときは、支払督促は、確定判決と同一の効力を有する（同396条）。

この支払督促の申立ては、147条1号の請求に該当する。時効の中断効が生ずるのは申立ての時であるが、判例（大判大2・3・20民録19・137）および少数説は、督促の送達によって申立ての時に遡及するとし、多数学説[39]は、送達されることを条件として申立ての時に中断効が生ずると解する。もっとも、いずれの説に従っても結果は異ならない。

なお、債権者が仮執行の宣言の申立てをすることができる時から30日以内に仮執行の宣言の申立てをしないことによりその効力を失うときは、時効の中断の効力を生じない（民法150条）。

③ **和解および調停の申立て**（151条）

裁判上の和解・調停の成立は、判決と同一の効力をもつので、147条1号の請求に該当する。和解の申立てまたは民事調停法・家事事件手続法による調停の申立ては、相手方が出頭せず、または和解・調停が調わないときは、1か月以内に訴えを提起しなければ、時効の中断の効力を生じない

---

[38] 幾代563頁
[39] 我妻462頁、川井336頁ほか

(151条)。文言上は、「訴えを提起」することを要すると規定しているが、それに限らず、破産手続参加・差押え・仮差押え・仮処分等他の強力な中断事由でもよいと解されている。判例は、和解申立て後1か月以内に債務者が承認した場合に、和解の申立てをした時に時効中断があったものとしている（大判昭4・6・22民集8・597）。

④ **破産・民事再生・会社更生手続参加**（破産手続参加等）(152条)

破産手続参加（破産法103条）とは、他人の申立てによって開始された破産手続において破産債権者として債権の届出をすることである（同111条）。これは、権利の明確な行使であるから、時効中断効を生ずる。どのようなものが破産手続参加等になるかにつき、判例は、民事執行法に基づく配当要求★（民事執行法51条）については、破産手続参加に準ずるものとしている（大判大8・12・2民録25・2224）。また、債権者Pが主債務者（主債務者につき85頁参照）Qの破産手続において債権の届出をし、債権調査期日終了後、保証人RがPに債権全額の弁済をした上、Pの地位を承継した旨の届出名義変更の申出をした場合について、弁済によってRが破産者Qに対して取得する求償権の消滅時効は、届出名義変更の時から破産手続終了の時まで中断し、中断後の新たな消滅時効期間は、174条の2第1項の適用はないとされる（最判平7・3・23民集49・3・984）。**民事再生手続参加**および**会社更生手続参加**の場合も同様である。

なお、債権者がその届出を取り下げ、またはその届出が却下されたときは、時効の中断の効力を生じない(152条)。ただ、その場合でも、催告の効力は生ずる（最判昭45・9・10民集24・10・1389）。

> **配当要求**：民事執行手続において、執行債権者（＝債務名義をもって強制執行の手続をとる債権者）以外の債権者が自己の金銭債権に対しても弁済をなすよう要求して、手続に参加することを**配当要求**という。

⑤ **催 告**（153条）

催告とは、債務者に対して債務の履行を要求したり、制限行為能力者や無権代理人の行為を追認するかどうかを確答せよと求めたりするなど、相手方に対して一定の行為を要求する、裁判外の「意思の通知（準法律行為)」である。ただ、ここにいわゆる催告には、裁判外で意思を通知する「通常の催告」に限らず、裁判上で同様の意思の通知をする「裁判上の催

告」も含まれると解されている。

　この「催告」自体は、他の中断事由と異なり、完全な中断効を有しない。すなわち、催告の後6か月以内に、他の時効中断事由としての「裁判上の請求、支払督促の申立て、和解・調停の申立て、破産手続参加等、差押え、仮差押えまたは仮処分」をしなければ、時効の中断の効力を生じない（153条）ということであり、時効の完成を最大6か月延期できるという機能を有するに過ぎない。一般に、時効の完成が迫っており、中断手続をとる余裕がない場合などに有効な手段である[40]。なお、この6か月の起算点は、催告が相手方に到達した時である（大判昭8・4・14民集12・616）。

　催告は、独立の中断事由ではなく、他の中断手続の予備的措置に過ぎないのであるから、それによって相手方が履行遅滞に陥るなど、権利者が完全に権利を行使し得る状態においてなされることを要しない。したがって、たとえば、相手方が同時履行の抗弁権を有する場合に、債権者が自己の債務を履行しないままで催告をしても中断効が認められる（[最判昭38・1・30民集17・1・99]は、手形債務者を履行遅滞に陥らせるには手形の提示を要するが、時効中断事由としての催告には提示を要しない、とする）。

　一度催告をした後6か月以内に正式の中断手続をとらないで再び催告し、その後6か月以内にまた催告をするというように、催告をくりかえすことによる時効期間の伸長は認められないというのが通説・判例（大判大8・6・30民録25・1200）である。これを許せば時効制度の意味がなくなる。催告は1回限りしか使えないということである。

　催告は、履行請求の意思が表明されればよく、その形式・方法のいかんを問わないから、権利者のどのような主張がここにいわゆる催告に該当するかが問題となる。手形を提示しない催告に関して、判例は当初、手形債権にかかる消滅時効の中断効はないとしていたが（最判昭36・7・20民集15・7・1892）、後にこれを変更し、単に時効中断のための催告については、その意思通知が債務者に到達するをもって足り、必ずしも手形の提示を伴う請求であることを要しないとした（前掲最判昭38・1・30）。相殺の意思表示について判例は、対当額（自働債権と受働債権の小さい方の額）を超える債権について催告とはならないとするが（大判大10・2・2民録27・168）、学

---

[40] 近江 I 361頁

説の多く[41]は、債権の一部についての催告や相殺の意思表示は全部についての催告と認めるべきと主張している。

　裁判における債権者の主張が、中断事由には該当しなくても、催告に該当する場合がある。このことについては、以下のような判例がある。株券の返還請求訴訟の被告が抗弁として、当該株券について原告に対して立替金債権があることを理由に留置権を主張した事案（前掲最判昭38・10・30）において判例は、債権の消滅時効中断の効力は、訴訟係属中存続すべきものであり、当該訴訟の終結後6か月以内に他の強力な中断事由に訴えることを要するとした。破産申立てが取り下げられた場合に、その手続における権利行使の意思表示は中断の効力を生じないが、153条所定の催告としての効力は生ずることは既述した（前掲最判昭45・9・10）。代理人が本人のためにすることを示さないでなした商行為において本人が相手方に対して訴訟を提起した場合に、当該訴訟の係属中に相手方が債権者として代理人を選択したときは、本人の請求は、同訴訟が継続している間、代理人の債権について催告に準じた時効中断の効力を及ぼす（最判昭48・10・30民集27・9・1258）。財物を着服した者に対する不法行為に基づく損害賠償請求訴訟について、同一の事実に基づき不当利得返還請求訴訟が追加された場合に、前者の訴えにより後者について催告の効果を生じ、後者の訴えの追加により確定的に時効中断の効力を生ずる（最判平10・12・17集民190・889）。

ⓑ 差押え・仮差押え・仮処分（147条2号）

　差押え・仮差押え・仮処分は、それぞれ、債務名義に基づいてなされる強制執行（民事執行法45条・122条・143条）、金銭債権について強制執行をすることができなくなるおそれがある場合の権利を保全するための仮差押え（民事保全法20条）、現状の変更により債権者が権利を実行することができなくなるおそれがある場合の権利を保全するための仮処分（同23条）である。いずれも裁判所を通して権利者が権利を実現する行為であるから、時効中断の効力を有する。公正証書に基づく強制執行（民事執行法22条5号）によっても中断される。担保権の実行としての競売（同180条以下）も差押えに準じて中断事由と認められる（最判昭50・11・21民集29・10・1537）。

　これらの手続は、「時効の利益を受ける者に対してしないとき」、たとえば

---

[41] 我妻465頁、川島488頁ほか

物上保証人（⇒85頁）に対してなしたときは、通知により債務者に対しても中断の効力を生ずる。判例は、債権者Xより物上保証人Yに対して抵当権実行のため競売申立てをした事案において、「被担保債権の実行として任意競売の申立てがされ、競売裁判所がその競売開始決定をしたうえ、競売手続の利害関係人である債務者に対する告知方法として同決定正本を当該債務者に送達した場合には、債務者は、民法155条により、当該被担保債権の消滅時効の中断の効果を受けると解するのが相当である」とした（上掲最判昭50・11・21）。

中断の効力発生時期については、判例は旧来、動産執行の場合は執行官が執行に着手した時（大判大13・5・20民集3・203）、不動産の場合は執行を申し立てた時（大決昭13・6・27民集17・1324）と解し、一種の不統一を示していたが、その後、動産執行についても執行申立時と解するに至った。すなわち、Xに対する貸金債権の消滅時効期間が満了する約1か月前に至って、債権者YがXの動産に対する強制執行を申し立て、その翌々日に執行官がXの住所へ赴いたもののXの転居のため不能に帰したので、Yは、時効期間満了の2日前に再度執行申立てをし、その14日後に執行官が差押えをしたところ、Xが時効消滅を主張した事案において、「動産執行による金銭債権についての消滅時効の中断の効力は、債権者が執行官に対し当該金銭債権について動産執行の申立てをした時に生ずるものと解する」「不動産執行と動産執行とでは、手続を主宰する執行機関の点に差異はあるものの、執行手続としての基本的な目的・性格、手続上の原理等において格別異なるところはなく、いずれも、職権をもって進行され、原則として債権者の関与しないものであるから、不動産執行と動産執行とによって時効中断の効力が生ずる時期を別異に解すべき理由はない」としてXの主張を棄却した（最判昭59・4・24民集38・6・687）。

なお、権利者の請求により、または法律の規定に従わないために、これらが取り消されたときは、時効の中断の効力が生じない（154条）。

ⓒ 承認（147条3号）

時効により利益を受ける者が、利益を失う者に対して、相手の権利を承認するような表示（観念の通知）をした場合には、時効は中断される。承認の方式は問わないし、中断事由であることを知っているか否かも関係ない（ただし、権利の存在を認識していることは要する）。支払猶予や延期の懇請（大判大10・

3・4民録27・407)、証書書換、一部弁済 (大判大8・12・26民録25・2429)、利息支払い (大判昭3・3・24新聞2873・13)、担保提供などはもとより、債務者がその債務を記載した決算報告書を作成して債権者に提示すること (最判昭59・3・27集民141・445) も債務の承認となる。しかし、相殺の意思表示に対して何ら異議を述べなかったとしても、他の事情が伴わない限り、相殺の意思表示をされた者は、債務を承認したことにはならないとされる (前掲大判大10・2・2)。他方、相殺の意思表示をした者は、自己の債務 (受働債権) について、後に相殺を撤回しても、時効中断の効力は失われない (最判昭35・12・23民集14・14・3166)。また、債権者が利息債権について強制執行をしたのに債務者が異議を述べなかった場合、元本債務については承認したことにはならないとされる (大判大11・4・14民集1・187)。

中断の効力発生時期は、表示が相手方に到達した時である (97条1項参照)。

承認は、既述のとおり、観念の通知 (準法律行為) であって意思表示ではないので、相手方の権利につき処分の行為能力または権限を有することを要しない (156条)。しかし、管理の行為能力・権限は必要である (156条の反対解釈) から、成年被後見人は承認をなし得ず、未成年者は原則として法定代理人の同意を得てのみすることができる (大判昭13・2・4民集17・87)。

(iii) 中断の効果

147条以下の時効中断事由が発生すると、時効の完成は阻止され、それまでの時効期間は効力を失う。自然中断事由が発生した場合についても同様である。

(ア) 新時効の進行開始

法定中断は、必ずしも、時効の基礎たる事実状態を消滅させるものではないから、中断事由が終了するとその時から新たに時効が進行する (157条1項)。

① 裁判上の請求

裁判上の請求により中断した場合は、その裁判が確定した時から再進行する (同条2項)。会社更生法の適用においても同様であり、会社更生手続参加に関して、主債務について債務免除を定めた更生計画の認可決定があった場合には、更生手続参加により時効中断していた保証債務の消滅時効は、認可決定が確定した時からさらに新時効が進行する (最判昭53・11・20

民集32・8・1551)。

② 差押え等

不動産および動産に対する強制執行および担保権実行による場合は、債権者に売却代金が交付または配当された時に新時効が進行を開始し（大判大10・6・4民録27・1062、大判昭18・3・16新聞4836・12）、金銭債権に対する強制執行による場合は、債権者が取立権（民事執行法155条1項）に基づいて取り立てた時、転付命令が発せられた場合は、命令が債務者および第三債務者に送達（同159条2項）された時に新時効の進行が開始する（大判大6・1・16民録23・1）。

③ 仮差押え等

仮差押え・仮処分に関しては、それらの手続の終了の時から新時効の進行が開始すると解されている（大判昭8・10・28新聞3664・7）。

(イ) **時効中断の相対効**

法定中断の効力は、当事者とその承継人の間においてのみ生ずる（148条）。これを**相対効の原則**（中断の相対効）という。たとえば、債務者Qに対して多数の債権者（P_1～P_n）がいて、P_1が差押えをしたときは、P_1についてのみ中断効が生じる（P_2～P_nには中断効が生じない）。また、P・Qの共有地を占有するRに対しPだけが勝訴した場合、時効中断の効力はP・R間にのみ生じQには及ばない（大判大8・5・31民録25・946）。ただ、相対効の原則にも例外がある。

① 地役権（⇒521頁）の不可分性

要役地（⇒521頁）が数人の共有に属する場合において、その1人につき時効が中断したときは、他の共有者にもその効力を生ずる（284条2項・292条）。

② 連帯債務者の1人に対する履行の請求

連帯債務者（⇒191頁）の1人に対する履行の請求は、他の連帯債務者に対しても、その効力を生ずる（434条）。連帯保証の場合も同様である（458条）。

③ 保証債務における主たる債務者について生じた中断事由

主たる債務者（⇒85頁）についての時効中断は、保証人にも及ぶ（457条1項）。主たる債務者についての時効中断が物上保証人（⇒85頁）に及ぶか否かについては規定がないが、判例は、396条の「抵当権は、債務者及び

抵当権設定者に対しては、その担保する債権と同時でなければ、時効によって消滅しない」との規定は、被担保債権の時効中断効が担保設定者たる物上保証人にも及ぶことを前提としているとして、物上保証人にも及ぶとしている（最判平 7・3・10 集民 174・811）。

なお、相対効の原則は、自然中断には適用がない。たとえば、Pの所有地をQが占有中、Qが死亡してR_1とR_2が相続人となり、R_1が占有していたが、R_1が任意にその占有を中止し、あるいはこれを侵奪された場合における自然中断の効力は絶対であり、R_2にもその効力を及ぼす。時効の基礎たる占有または準占有がなくなるのであるから、その時効は、何人に対する関係においても中断せざるを得ないからである。

(6) 時効の停止

(ⅰ) 時効停止の意義

時効期間が満了するにあたり、時効の中断をするのに困難な事情があるときは、時効の完成が一定期間だけ猶予される。その期間は時効期間に算入されない。これを**時効の停止**という。これは、停止事由が終了してから一定の猶予期間を経て時効が完成するものであって、すでに経過した期間が無効となる中断とはその点で異なる。

(ⅱ) 時効の停止事由

㋐ 未成年者・成年被後見人

時効の期間の満了前 6 か月以内において法定代理人がない未成年者・成年被後見人の権利については、その未成年者・成年被後見人が行為能力者となった時または法定代理人が就職した時から 6 か月を経過するまでの間は時効が完成しない（158 条 1 項）。また、未成年者・成年被後見人が財産管理人（父・母または後見人）に対して有する権利については、その未成年者・成年被後見人が行為能力者となった時または後任の法定代理人が就職した時から 6 か月を経過するまでの間は時効が完成しない（同条 2 項）。

㋑ 夫婦間の権利

夫婦の一方が他の一方に対して有する権利については、婚姻の解消の時から 6 か月間内は時効が完成しない（159 条）。婚姻関係（夫婦関係）の継続中は、

相互の間で権利を行使することは、事実上困難だからであるとされる。これによる時効停止の対象は、もとより、婚姻前から有する権利であるか、婚姻後に有することになった権利であるかを問わない、

　㈦　相続財産

　相続財産に関しては、相続人の確定、管理人の選任または破産手続開始の決定があった時から6か月間内は時効が完成しない（160条）。相続人が確定せず、または相続財産の管理人が確定しない場合には、相続の承認（915条以下）によって相続人が確定し、相続人の不存在（戸籍上相続人となる者がいないこと）として相続財産管理人が選任され（952条）、または相続財産について破産の宣告がなされる（破産法222条）が、相続財産に対する債権がその間に消滅時効によって消滅しそうだとしても、債権者は誰を相手に中断手続をとってよいか、実際上困却するから、それらの時から6か月を猶予することにしたのである。

　相続財産の管理人の選任前に、相続財産たる土地の占有を継続した場合において、相続人の確定または管理人の選定のない限り、相続財産に属する権利および相続財産に対する権利について時効の完成はあり得ないが、管理人が選任されて6か月を経過したときには、時効が完成する（最判昭35・9・2民集14・11・2094）。

　㈣　天災等

　天災その他避けることのできない事変のため時効を中断することができないときは、その障害が消滅した時から2週間内は時効は完成しない（161条）。「天災」とは、文字どおり、自然現象によってもたらされる災難（地震・洪水など）を意味し、「その他避けることのできない事変」とは、天災を除く事変という意味であるから、自然現象によるものではない事変（暴動・戦乱など）がこれに該当する。

■　2　取得時効　■

（1）取得時効の意義

　取得時効とは、占有または準占有、すなわち権利者らしい外形が一定期間

継続することによって、権利取得の効果を生ずる時効であり、所有権の取得時効（162条）と、所有権以外の財産権の取得時効（163条）とに区分される。一定期間は、原則として20年（長期取得時効）であるが、善意・無過失の場合は10年（短期取得時効）に縮減される。いずれも、中断・停止などの規定が適用されることはいうまでもない。

ただし、身分権は、一般的な取得時効の目的とはならない。身分関係は、事実関係に基づいて法律関係を変更するに適さないのが一般的だからである。

（2）所有権の取得時効

所有権の取得時効の要件は、一定の条件を備えた占有と一定期間の継続の2つである。

（ⅰ）占　有

まず、「所有の意思をもって、平穏に、かつ、公然と他人の物を占有」することを要する。占有とは、「自己のためにする意思をもって物を所持すること」（180条）、すなわち、物を事実上支配している状態をいう。必ずしも、物を物理的に支配していることを要しないから、その物を他人に貸すなど代理人による占有（間接占有・代理占有）（181条）でもよいとされる（大判大10・11・3新聞1931・17）。逆に、物を借りている者（賃借人・使用借人）や預かっている者（受寄者）の占有は、物理的に支配しているとはいえ、「所有の意思」があるとは認められないから、一定期間それを「平穏かつ公然と」占有しても取得時効を援用することはできない（物を20年間借りて占有していればその所有権を取得することができるとなれば、首肯し難いであろう）。後者のように、所有の意思を伴わない占有を**他主占有**という（所有の意思を伴う占有は、**自主占有**と呼ばれる）。物の賃借人は、いつまでたっても他主占有者であるから、それを時効取得することはない。他主占有を自主占有に転換するには、自己に占有をさせた者に対して自主占有する意思を表明するか、新権原により所有の意思をもって占有を始めなければならない。前者は、借主が貸主に「今後は所有の意思をもって占有する」と述べるのがその例である。その表示を受けた貸主は、時効中断の手続をとることが可能である。後者は、借主が目的物の贈与を受けるとか、買い受けるということである（詳細は、物権法にて習う）。

なお、占有していること自体が、「所有の意思」「善意」「平穏かつ公然」「占有の継続」を推定させる（186条）ので、それを否定しようとする者は、その立証責任を負う（最判昭54・7・31集民127・315、最判昭58・3・24民集37・2・131）。ただし、無過失の推定は受けない。

(ア) 所有の意思

所有の意思は、自分のものにしようという内心の意思では足りない。客観的に見て、所有者としての占有（自主占有）であることを要する。借りている物や預かっている（他主占有している）物の場合は、所有の意思を表示するか、新たな権原（贈与・売買・交換など）により新所有者としての状況を生ずることが必要である（185条）ことは既述した。また、上述のとおり、占有自体に所有の意思が推定されるから、占有者の取得時効を争う側が、当該占有が他主占有であることの立証責任を負う。なお、所有の意思をもって占有することは、特段の事情のない限り、15歳くらいから可能であるとされる（最判昭41・10・7民集20・8・1615）。

所有の意思の有無に関して、リーディングケース（上掲最判昭58・3・24）は、占有者がその占有を取得した権原の性質につき客観的に分析することによって判定されるとしている。

① 売 買

売買によって取得した買主の占有は、買主が代金を支払わなかった場合でも、自主占有である（最判昭44・12・18民集23・12・2467）。また、解除条件付売買において、買主の占有は、現に解除条件が成就して売買契約が失効しても、自主占有でなくなるものではない（最判昭60・3・28集民144・297）。

② 交 換

近く自作農創設特別措置法によって買収され、耕作者に売り渡されるものと信じて耕作者との間で同人から所有権を譲り受けることを内容とする交換契約を締結して当該土地の引渡しを受けた者については、結局買収がされず土地の所有権を取得し得なかった場合でも、所有の意思はある（最判昭45・10・29集民101・243）。

③ 贈 与

贈与によって所有権を取得したと信じ込んでいたとしても、現在に至るまで登記名義が他人になっており、公租公課も他人が納付しているのを

30年も放置しているなどの場合には、特別の事情がない限り、自主占有があったものとはいえない（大判昭10・9・18判決全集22・4）。

④ 相 続

共同相続人の1人が、単独で相続したものと信じて疑わず、相続開始とともに相続財産を現実に占有し、その管理・使用を専行してその収益を独占し、公租公課も自己の名でその負担において納付してきており、これについて他の相続人が何ら関心をもたず、異議も述べなかった等の事情のもとにおいては、当該相続人は、その相続の時から相続財産について単独所有者としての自主占有を取得したものというべきである（最判昭47・9・8民集26・7・1348）。翻って、他に共同相続人のいることを知りながら敢えて他の共同相続人名義の虚偽の相続放棄の申述をして単独名義の登記をした場合は、単独所有者としての自主占有は認められない（最判昭54・4・17集民126・625）。

⑤ 賃貸借

賃借人には、占有物に対して所有の意思がないから、賃料の不払いの継続というだけでは、その占有につき自主占有ということはできない。

過去に賃料を支払ったことがあり、また、当該土地の売却を申し入れて拒絶され、滞納賃料の支払督促を受けたことがある場合について、その売却申入れの時点までは、自主占有があったとはいえない（最判昭43・12・17判時544・36）。賃借人が死亡し賃借権が相続された場合でも、占有の性質に変わりはなく、相続人の占有形態は他主占有であるが、ただ、相続人が、相続開始により相続財産の占有を継承したばかりではなく、新たに相続財産を事実上支配することによって占有を開始し、その占有に所有の意思があるとみられる場合においては、被相続人の占有が他主占有であっても相続人の占有が自主占有となり得る（最判昭46・11・30民集25・8・1437）。

(イ) 平穏かつ公然

不穏当でなく、隠秘でないことを意味する。強奪や暴力的な占有の維持は「平穏」の要件を欠き、窃取は「公然」の要件を欠く。不動産所有者その他占有の不法を主張する者から返還や登記抹消手続の請求を受けても、占有が平穏を失ったことにはならない（最判昭41・4・15民集20・4・676）。これにかかる立証責任も、占有者の取得時効を争う側にあることは言うまでもない。

(ウ) 他人の物

 162条は、取得時効の対象を「他人の物」と規定している。通常は、自己の物に取得時効を援用することは無意味だからである。しかし、係争物につき先代から所有権ありと聞かされていたがその証文がない（下記「江戸時代のひな人形」参照）とか、係争物の所有権がはたして誰にあるかさえ明確でないなど、自己の所有物であることを証明する手立てがない場合に、取得時効制度は有効に機能するであろう。判例も、自己の物であっても、所有権の立証が困難であるとか、対抗要件を欠くなどの場合について判例は取得時効の援用を認める（最判昭42・7・21民集21・6・1643〈[判例10.4]〉）。

 また、売買契約により引渡しを受けて占有してきた買主が、売主に対して取得時効を主張できるのかについて、判例（前掲最判昭44・12・18）は、上掲最判昭42・7・21を引用して肯定する。しかし、これに対しては、二重譲渡の譲受人間に関する理論を、契約関係の当事者間に適用することは妥当ではないとの批判がある。その後、売主が、買主から転得した者に対して、条件不成就を理由に売買の効力を否定するとともに取得時効を主張した事案で、売買の効力は判断せず、直ちに取得時効の完成を認めた判例（最判昭46・11・25集民104・445）が現れた。

江戸時代のひな人形

 2013年7月1日付日本経済新聞は、以下のように伝えている。

 「江戸時代のひな人形の所有権をめぐり、山形県庄内地方の旧家同士が争っている。鶴岡市のP家の財産管理団体が1月、酒田市のQ美術館を相手取り、約60年前に貸したとするひな人形の返還を求めて山形地裁酒田支部に提訴。一方、美術館を運営するQ家側は『P家から購入した』と主張し、両家とも一歩も引かない構えだ。◆P家、Q家は江戸時代にそれぞれ『鶴岡一の豪商』『日本一の地主』と呼ばれた庄内地方を代表する旧家で、多くの古美術品を所有する。◆訴状によると、P家は1950年にひな人形一式56点をQ家に貸し出し、その謝礼として58年から3回に分け計10万円を受け取った。ひな人形は大型の豪華な作りで、専門家の鑑定によると、約750万～1,000万円の価値があると

いう。約 15 年前から返還を求めてきたが、美術館は応じないとしている。◆Q 家が 47 年にオープンした Q 美術館は多くのひな人形を所蔵。問題のひな人形は企画展などで『旧 P 家のひな壇飾り』の名称で展示されてきた。◆Q 美術館の館長は『10 万円は売買代金で、ひな人形は美術館の財産目録にも明記されている。訴訟は心外で残念』と話している」

自己の物の時効取得

[判例 10.4] **最判昭 42・7・21**（民百選 I ［7 版］44）

Aは、弟 Y に本件家屋を贈与しておきながら、Y が所有権移転の登記をしなかったこともあり、無断で本件家屋に抵当権を設定したため、これを競落して登記を経由した X が Y に明渡しを求めた事案において、Y が取得時効を主張した。

原審は、取得時効のためには、他人の物を占有することを要し、自己の物には取得時効の成立する余地はないとして X の請求を認容した。Y が上告。

破棄差戻し。民法 162 条所定の占有者には、権利なくして占有をした者のほか、所有権に基づいて占有をした者をも包含するものと解するのを相当とする（大判昭 9・5・28 民集 13・857）。すなわち、所有権に基づいて不動産を占有する者についても、民法 162 条の適用があるものと解すべきである。けだし、取得時効は、当該物件を永続して占有するという事実状態を、一定の場合に、権利関係にまで高めようとする制度であるから、所有権に基づいて不動産を永く占有する者であっても、その登記を経由していない等のために所有権取得の立証が困難であったり、または所有権の取得を第三者に対抗することができない等の場合において、取得時効による権利取得を主張できると解することが制度本来の趣旨に合致するものというべきであり、民法 162 条が時効取得の対象物を他人の物としたのは、通常の場合において、自己の物について取得時効を援用することは無意味であるからにほかならないのであって、同条は、自己の物について取得時効の援用を許さない趣旨ではないからである。しかるに、原判決は、それと異なる見解のもとに Y ら主張の取得時効の抗弁を排斥したものであって、民法 162 条の解釈を誤った違法があるから、（略）破棄を免れない。

㋔ 物の一部

物の一部については、その範囲が明確であり独立性がある限りで物権の対象となるので、経済的価値の単位として扱われる場合[42]は、それも取得時効の対象となり得る。1 筆の土地の一部についても取得時効が認められる（大

連判大13・10・7民集3・509)。また、他人の所有する土地に無権原で自己所有の樹木を植栽し、爾来その樹木につき所有の意思をもって平穏かつ公然に20年間占有した者は、取得時効によりその樹木の所有権を取得する（最判昭38・12・13民集17・12・1696)。

(オ) 公 物

官庁の庁舎、道路、河川、海浜地、公園などの公物については、判例は、明示の公用廃止がない限り取得時効の客体となり得ないとしていたが（大判大8・2・24民録25・336ほか)、学説は、現に公用に供されず、公物の管理が放置されてきた場合には、黙示の公用廃止の意思表示があったとみて時効取得が認められるとする説が有力である。判例も、後に変更され、都市計画において公園と決定された市有地であっても外見上公園の形態を具備しておらず、現に公共用財産としての使命を果たしていない場合（最判昭44・5・22民集23・6・993)、公図上水路とされている国有地が長年事実上放置され公共用財産としての形態・機能をまったく喪失している場合（最判昭51・12・24民集30・11・1104）について、取得時効を認めるに至った。また、公有水面埋立法に基づく埋立免許を受けて埋立工事が完成した埋立地についても、黙示的に公用が廃止されたものとして取得時効の対象となるとした（最判平17・12・16民集59・10・2931)。

(ⅱ) **取得時効期間**

上述のような占有の状態が一定期間継続することを要する。

(ア) 取得時効の起算点

取得時効期間は、時効の基礎事実たる占有の開始時点を起算点として決定すべきであって、時効の援用権者が任意にその起算点を選択し、時効完成の時期を早めたり遅らせたりすることはできないというのが判例の立場である（最判昭35・7・27民集14・10・1871)。

(イ) 占有の継続

時効期間中、占有を継続することが必要である。前後両時点での占有が立証されれば、その間の占有継続が推定される（186条2項)。途中で任意に占有を中止し、または侵奪されたときは、時効が中断される（164条)。ただし、

---

42) 近江Ⅰ381頁

侵奪の場合でも、占有回収の訴え（200条）によって占有継続の擬制を受けることができる（203条）。

(ウ) **取得時効期間**

所有の意思をもって平穏かつ公然と他人の動産・不動産を占有する者は、その占有の開始の時に悪意または有過失であった場合は、20年間（長期取得時効）である（162条1項）。占有の開始の時に善意・無過失の場合は、10年間（短期取得時効）に縮減される（同2項）。この善意・無過失要件は、10年間の占有を開始した当初あればよいと解される。すなわち、占有を開始した時に善意・無過失であれば、その後10年以内に悪意に変じても（自己に所有権がないと知るに至ったとしても）短期取得時効を援用することができるということである。10年の短期取得時効を取引安全で正当化する理解からすれば、当然の帰結となる[43]。

① **占有の承継**

占有の承継があった場合、承継人は、自己の占有のみを主張してもよいし、自己の占有に前の占有者（前主）の占有を併せて主張してもよい（187条1項）。たとえば、㋐悪意または有過失の前主が15年間占有し、その後、善意・無過失の承継人が6年間占有している場合、自己の占有のみを主張すれば、善意6年に過ぎないから短期消滅時効は完成しないが、前主の占有を併せて主張すれば、計21年になるから、善意であるか悪意・有過失であるかを問わず、承継者は時効取得することができる（図10.1a参照）。

また、㋑悪意または有過失の前主が5年間占有し、その後、善意の承継人が12年間占有している場合は、自己の占有のみを主張すれば、善意12年だから短期消滅時効が完成し、承継者は時効取得することができる。

図 10.1a

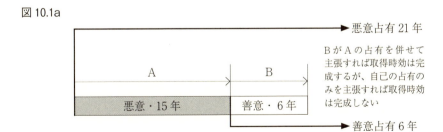

---

43) 内田 414 頁

前主の占有を併せて主張する場合には、その瑕疵をも承継しなければならない（同条2項）。ここに瑕疵とは、悪意・有過失または平穏かつ公然でないことを意味する。これに対して、善意・無過失で平穏・公然と占有していることを「瑕疵のない占有」という。上掲設例⑦においては、前主の占有を併せて主張すれば、計17年となるが、前主の悪意・有過失をも承継するので、長期取得時効のために必要な20年に満たない。したがって、承継人は、自己の占有（善意12年）のみを主張して短期取得時効を援用することになろう（図10.1b 参照）。

図 10.1b

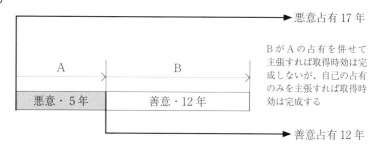

反対に、⑦善意・無過失の前主が5年間占有し、その後、悪意または有過失の承継人が12年間占有している場合は、前主の瑕疵のない占有を承継して、善意17年間を主張することができるであろうか。換言すれば、悪意または有過失の承継者は、前主の善意・無過失を自己の悪意・有過失占有期間と併せて短期（10年）の時効取得を援用できるか、という問題である。これは、短期取得時効を援用する場合の、要件である「占有の開始の時に、善意であり、かつ、過失」（162条2項）における「占有の開始」とは、どの占有者の開始なのか、ということである。学説は対立する。

ⓐ 第1占有者基準説

承継人は、自己の占有が悪意または有過失であっても、最初の占有者の善意・無過失による占有開始を主張して、短期取得時効を援用できるとする学説[44]であり、通説・判例（最判昭53・3・6民集32・2・135〈[判例10.5]〉）ともこの立場である（図10.1c 参照）。

44）近江Ⅰ 383頁

図 10.1c

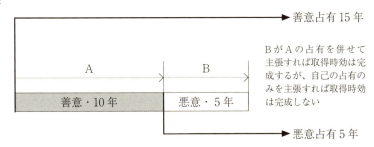

前主の無過失と 10 年の取得時効

[判例 10.5] 最判昭 53・3・6（民百選 I ［7 版］45）

　Xは先々代Aの土地を先代Bの家督相続を経て 1951 年に相続したが、登記はPのままにしていた。1954 年、国CがAを所在不明としてこの土地の買収手続をし、順次D、C、E、Yへと譲渡され登記も移転された。Xは、国Cの買収処分は調査を尽くさず無効であると主張したが、Yは、予備的に取得時効を援用し、善意無過失のD（4年間）からC（3年間）さらにE（4年間）に至る占有で短期取得時効が完成した旨を主張した。

　原審判決は、取得時効について、占有期間中に 10 年の時効が完成した旨の抗弁を判断するにつき、占有主体に変更があって悪意または有過失の者が善意・無過失の者の占有を特定承継した場合には、前主の占有に瑕疵のないことについてまで承継してその者が瑕疵のない占有者となるものではなく、かつ、瑕疵のある中間者からさらに占有を特定承継した者について取得時効の完成をいう場合には、前々主および自己の占有に瑕疵がないときであっても、瑕疵のある中間者の占有期間を併せて主張する以上は、全体として瑕疵のある占有となる旨の判断を示した上、本件の場合、中間者である訴外Cの占有に過失があったことを理由として取得時効の完成を否定し、Yの抗弁を排斥した。Yが上告。

　一部破棄差戻し。10 年の取得時効の要件としての占有者の善意・無過失の存否については占有開始の時点においてこれを判定すべきものとする民法 162 条2項の規定は、時効期間を通じて占有主体に変更がなく同一人により継続された占有が主張される場合について適用されるだけではなく、占有主体に変更があって承継された2個以上の占有が併せて主張される場合についてもまた適用されるものであり、後の場合には･その･主張･に･か･かる･最初の占有者につきその占有開始の時点においてこれを判定すれば足りるものと解するのが相当である（傍点引用者）。

ここに「その主張にかかる最初の占有者」とは、取得時効を主張する者が任意に選ぶことができると解するのが通説・判例（大判大6・11・8民録23・1772）である。すなわち、他人（原所有者）の物につき占有を開始した第1占有者に限らず、その者から承継を受けた者を「その主張にかかる最初の占有者」とすることも認められるということである。たとえば、原所有者の物につき悪意で占有を開始した者Aが3年間占有し、Aから善意で承継したBが6年間占有した後にBから承継を受けた善意のCが5年間占有している場合、自己の占有のみを主張しても、善意5年にしかならないから短期取得時効といえども完成しない。そこで前主の占有を併せて主張するとて、Aの占有をも併合すると、その瑕疵をも承継せねばならないから、悪意14年となり、短期取得時効は言うまでもなく長期取得時効も完成しない。
　ところが、Bの占有開始から併合主張（Aの占有期間は除外）すれば、承継すべき瑕疵はなく、善意11年となり短期取得時効が完成する。「その主張にかかる最初の占有者」にいわゆる「その主張」とは、Bの占有とCの占有を併合した占有期間（Aの占有期間は除かれる）という意味と解されるのである。なお、この説の立場からは、Cは悪意であってもBの占有だけを併せて主張するなら、短期取得時効を援用することができるということになる（図10.1d参照）。

図10.1d

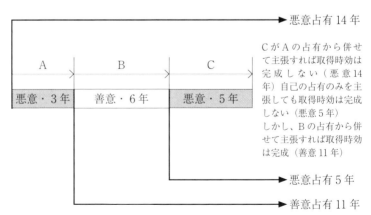

ⓑ 全占有者基準説

上記ⓐ説では、前主の占有を併合して主張することにより、承継人自身の瑕疵まで治癒される結果となるから妥当ではないとして、いずれか1つ瑕疵付きの占有が含まれていれば、併合主張される占有全体は瑕疵付になるとする説[45]である（便宜上「ⓑ-1説」としておこう）（図10.1e参照）。

また、187条1項は、現在の占有者が悪意・有過失者か、善意・無過失者かに応じて20年または10年の時効取得を問題にし、そのうえで前主の占有期間の合算を認める趣旨と解されるから、取得時効を主張する者の占有が悪意・有過失のときは、20年の時効取得のみが成り立ち、その限度で前主の占有を併せて主張できると説明する占有承継人基準説[46]もある（同「ⓑ-2説」）。

図10.1e（ⓑ-1説）

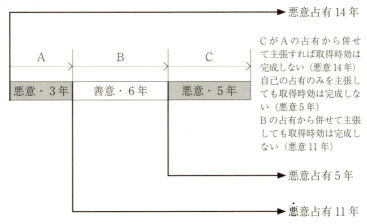

この説に対しては、上記ⓐ説の立場から、占有の開始時というのは前主のことであることは疑いないから、「善意・悪意」を自己だけの問題として自己の占有の開始とすることは、承継の論理に反するし、187条の規定を無視するものであるとの批判がある[47]。ⓑ説の主張するように不都合が生じること（現在の占有者に過大な保護を与えること）は認めながらも、162条2項は「占有の開始の時に」という言辞を用いていることからも、善意・

---
45) 田中整爾「判批」判時903号（1978年）22頁
46) 川井361-362頁
47) 近江Ⅰ383頁

無過失で占有を始めた者は10年間占有すれば途中で悪意となっても短期取得時効を主張できるということだから、占有主体に変更があった場合もこれとパラレルに考えればよいとする（図10.1f参照）。

図 10.1f（ⓑ説に対する批判）

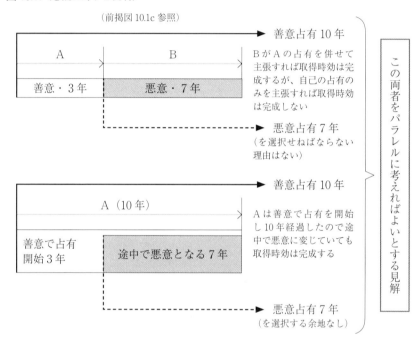

② 瑕疵のない占有の承継

　思うに、ⓑ説の立場は、187条は、前主の占有を併せて主張する場合に「前主の占有の瑕疵を承継せねばならない」と規定しているのであって、「前主の占有に瑕疵のないことも承継できる」とまで規定しているわけではないということであろう。

　ところで、前主の占有を併せて主張する場合は、その瑕疵をも承継せねばならないという187条2項の規定は、当然ながら、前主が善意・無過失の場合は適用の余地がない。善意の前主が5年間占有した後に、6年占有している悪意の承継人が併合を主張しても、承継せねばならない瑕疵が存しないからである。ということは、ⓑ説は、これに短期取得時効を認めないが、「187条2項が『前主の占有に瑕疵のないことも承継できる』とま

で規定しているわけではない」と解することは、その根拠にならない（背理である）ということである。

③ **中間占有者の瑕疵**

ⓑ-1 説の立場からすると、5 年間占有した善意の前々主 B から悪意で承継した前主 C が 3 年間占有した後、善意の承継人 D が 6 年間占有している場合も、短期取得時効の完成は認められないことになる。敷衍すれば、善意で 5 年間占有した前々主 Q から非平穏に（違法強暴の行為を用いて）承継した前主 R が 3 年間占有した後、善意の承継人 S が 6 年間承継した場合も、短期取得時効の完成を認めないことになる。R の違法強暴行為は、Q に対するものであって原所有者（P）に対するものではない。そうであるにもかかわらず、S の時効取得を阻止したい P は、何年経っても Q に対して取得時効を援用することができない R がたまたま存在することを立証することにより、所有権喪失を阻止できることになる（図 10.1g 参照）。

この場合において、R が存在しなければ（Q と S のみであったなら）、ⓑ-1 説の立場であっても、S の時効取得を認めるであろう。このように、P の占有喪失（第 1 占有者たる Q の占有開始）に何ら関与していない R が存するか否かによって、P の救済の可否が決せられるということには首肯し難いと言わざるを得ない。

図 10.1g（ⓑ-1 説の立場）

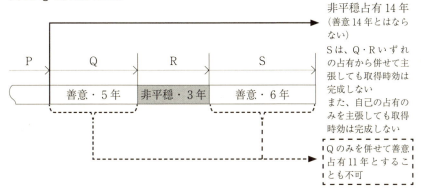

④ **「占有の開始」と「前の占有者」**

ⓑ-2 説の立場からは、187 条 2 項の適用対象主体は、占有期間 10 年未

満の善意・無過失・平穏・公然（ここでは、以下、単に「善意」という）の承継人（現占有者）のみということになる。悪意の現占有者は、前主の瑕疵の有無にかかわらず短期取得時効（162条2項）が認められないというのだから、前主の瑕疵を承継しようがしまいが結論に差異は生じないし、善意の現占有者であってもその占有期間10年以上の場合は、自己の占有のみを主張すればよいからである。そして、占有期間10年未満の善意の現占有者が短期取得時効の完成を主張することができるのは、前主が善意のときに限られるから、短期取得時効完成の要件のひとつである162条2項にいわゆる「占有の開始の時に善意・無過失」については、前主の占有開始時および現占有者の占有開始時の両方において具備されていなければならないということになる。そうであるならば、187条2項にいわゆる「前の占有者（前主）」は、第1占有者Q→中間占有者R（単数もしくは複数）→現占有者Sと承継された場合は、QはもとよりRも含まれることとなろう。すると、ⓑ-1説同様、Rの占有に瑕疵があったなら、Sは162条2項による時効を取得することはできないことになる。そうであるならば、ⓑ-1説同様、善意の第1占有者と善意の現占有者の間に非平穏の占有者が存するという偶然の有無によって、原所有者の救済の可否が決せられるという不都合が生じる。

⑤　私　見

　思うに、ⓑ説の主要な根拠は、ⓐ説であれば、悪意の現占有者の保護が過度であるということであろう。これに対して、ⓐ説の実質的根拠としては、本来短期取得時効により保護されるべきは、善意の前主であるが、そのためには悪意の承継人をも保護しなければならないという考えが重要となっている。

　ⓑ説によれば、9年間占有した善意の第1占有者Qが悪意の承継人Rに譲渡してから1年経過しているとしても、Rはそれから10年以内は時効取得できないから、その間に原所有者Pから返還請求を受ければ、Q・R間の売買契約を解除してQに対し売買代金の返還等を請求するであろうし、それは民法561条により認められることになる（図10.1h参照）。

第 10 章　時　効

図 10.1h（ⓑ説の立場）

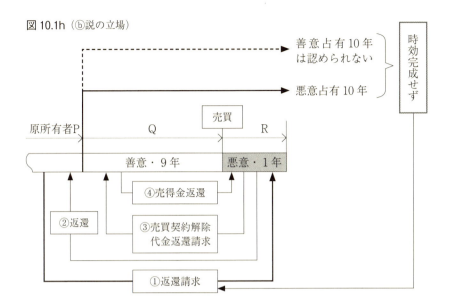

　そこで、ⓐ説は、短期取得時効完成前にRへの移転があるとはいえ、Qの占有開始から10年以上経過しているのにRが保護されないのは、Qがあと1年占有していた場合と権衡を失し妥当ではないと考える[48]わけである（図10.1i参照）。

　結局、ⓑ説の根拠（悪意の現占有者の保護が過度であってはならない）とⓐ説の根拠（善意の前主の保護）とは、互いにトレードオフ（表裏）の関係にあるといえよう。

　ⓐ説・ⓑ説それぞれの上記不都合をこのように解した上で、上記③④において指摘したⓑ説がなお有している弱点を勘案すれば、ⓐ説が妥当であると思う。そこで、「善意のQが6年占有→悪意のRが1年占有→善意のSが5年占有」という場合において、187条2項をどのように考えるべきかを検討する。

　187条2項は、「前の占有者の占有を併せて主張する場合には、その瑕疵をも承継する」と規定する。ここにいわゆる「前の占有者」であるが、2004年改正前は「前主」と表現されていた。この「前主」を直接の前主

---

48) 吉井直昭「占有の承継が主張された場合と民法162条2項にいう占有者の善意・無過失の判定時点（最判昭和53・3・6）」曹時33巻11号（1981年）50頁

515

図 10.1i（ⓑ説に対するⓐ説の批判）

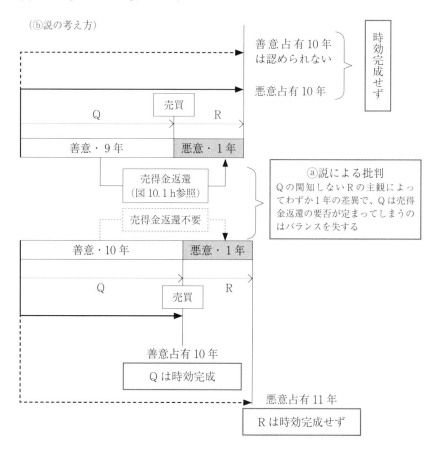

に限ると解する説もあったが、そう解しなくてはならない理由はない（前掲大判大6・11・8）とされており、改正後の「前の占有者」も同様に解されている。すると、Sが自己の占有にQ（前々主＝前の占有者）およびR（直前の前主＝前の占有者）の2個の占有を併せて主張する場合には、前の占有者（＝QおよびR）の瑕疵をも承継するから、Qの占有には承継すべき瑕疵がないとしても、結局、Rの占有の瑕疵（＝悪意）を承継するから、全体として悪意占有となってしまうかにみえる（図10.1j参照）。

図 10.1j

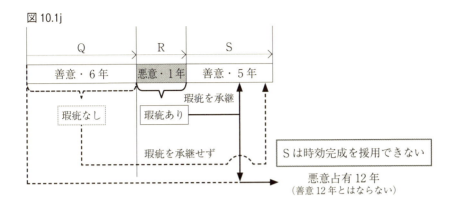

しかし、162条2項の「その占有の開始」が誰の占有を意味するかにつき第1占有者基準説（ⓐ説）を採ればRの悪意も治癒されるから、全体として善意となる。このように解すれば、187条2項と162条2項とは無理なく調和することになろう（図10.1k 参照）。

図 10.1k

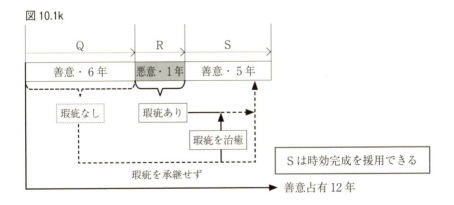

(エ) **目的物の変容**

土地改良法に基づく農地の交換分合などにより目的物（農地）が占有の途中で別のものに変わったような場合にも、時効期間の通算が認められる。すなわち、Xは1952年にPから農地Aの贈与・引渡しを受け耕作を開始したが、農地AはP死亡のため知事の許可を得ないうちに土地改良法により農地Bと交換分合され、以来Xは農地Bを占有してきたが、農地AはPの

相続人Yの名義となり、交換分合により農地BもY名義となったので、Xが1972年Yに対し20年間の農地A・Bの占有により時効取得したと主張した事案で「土地改良法に基づく農用地の交換分合の前後を通じ両土地について自主占有が継続しているときは、取得時効の成否に関しては両土地の占有期間を通算することができるものと解するのが相当である」(最判昭54・9・7民集33・5・640)。

162条2項（短期取得時効）の原条文は、特に「不動産」についてだけ規定し、動産を廃止していたが、2004年改正は、これを「物」と改めた。改正前に短期取得時効を不動産に限ったのは、動産は、常に192条（即時取得⇒224-225頁）の適用を受けて、即時に権利を取得するから、善意の取得時効の成立する余地がないと考えられたためと思われるが、192条は取引による場合であるから、それ以外の場合（e.g. 他人所有の山林を自己の所有林と誤信して伐採した木材など）の動産には、192条の適用がないから、162条2項を準用しようとするのが通説であった。

(オ) **善意・無過失**

短期取得時効のためには、占有者が善意・無過失であることを要する。ここに善意とは、自己に所有権があるものと信ずることであり（大判大8・10・13民録25・1863)、無過失とは、そう信ずるにつき過失がないことである。既述のとおり、善意は推定されるが（186条1項)、無過失はそうではないので、実務上の実際に照らして決せられる。

たとえば、農地調整法に基づく知事の許可がないままに農地を譲り受けた場合に、当該農地の所有権を取得したと信じたことについては、許可の必要なことは知り得たはずであり、特段の事情のない限り、過失があるとされる（最判昭59・5・25民集38・7・764)。

また、所有名義につき登記簿を確かめることや境界等につき公図等を調査する等の注意をしないことは、過失とされるのが通常であろう。すなわち、賃借地の一部に属するものと信じて賃貸人以外の第三者が所有する隣地を占有していた者が、国に物納された同賃借地の払下げを受け、以後所有の意思をもって第三者所有の隣地を占有するに至った場合において、隣地所有者や公図等について確認する等の調査をしないで当該隣地が賃借地に含まれると信じたときには、そう信ずるにつき過失がなかったとすることはできないとされた（最判昭50・4・22民集29・4・433)。しかし、登記簿等を調査しなか

ったとしても、過失があるとはいえない場合もあり（最判昭42・6・20集民87・1055）、一概にはいえない。その他の諸事情も考慮して判断されるからである。

(ⅲ) 取得時効と登記
不動産の時効取得と登記に関しては、2つの点で問題となる。

(ア) 成立要件としての登記
不動産の時効取得のためには時効援用者が登記簿に権利者として記載されていることが必要かという問題であるが、162条の規定によれば、占有のみが要件であって、登記名義は要件とはならない。したがって、時効援用者は、その所有権の取得を、原所有者に対して登記なくして対抗できると解される（大判大7・3・2民録24・423）。未登記不動産や他人登記名義の不動産についても同様である。

(イ) 対抗要件としての登記
不動産の時効取得者は、取得時効完成前に登記した第三者に対して、登記なしに対抗できるかが問題となる。すなわち、Pの所有する不動産をQが一定期間占有して取得時効の要件を充たしたが、その間に不動産の登記名義がPから第三者Rに移転していた場合に、Qの時効取得は認められるか、ということである。判例は、「第三者のなした登記後に時効が完成した場合においてはその第三者に対しては、登記を経由しなくとも時効取得をもってこれに対抗しうることとなると解すべき」「不動産の取得時効完成前に原所有者から所有権を取得し時効完成後に移転登記を経由した者に対し、時効取得者は、登記なくして所有権を対抗することができる」（前掲最判昭35・7・27、前掲最判昭42・7・21）と、登記なしに対抗できるとしている。通説も同様の立場である。

他方で、時効完成後に第三者が所有権を取得して登記をした場合、すなわち、Pの所有する不動産をQが一定期間占有して取得時効の要件を充たした後に、Pが当該不動産を第三者Rに売却しその登記名義がPからRに移転した場合にも、Qの時効取得は認められるかという問題に対しては、「時効が完成しても、その登記がなければ、その後に登記を経由した第三者に対しては時効による権利の取得を対抗しえない（民法177条）」というのが判例の立場である（上掲最判昭35・7・27）。通説もこれを支持する。

しかし、時効完成の前後で登記の要否を区別すると、完成時点（起算点）の操作の問題が生ずる。既述のとおり、判例は、時効援用者による起算点の選択を否認している（上掲最判昭35・7・27）が、これを批判する学説も有力である。
　また、時効完成後の第三者に対しては登記を要すると解する判例に対しては、時効取得というのは、相手方から権利を主張されてはじめて時効の完成を知り、それを援用するというのが常態であり、それ以前の段階で（時効取得の結果、登記ができるのにそれを怠っていたという）対抗要件主義の精神を持ち出すのは適当ではないとの批判[49]もある。さらに、Qが18年間占有した後に、PからRへの登記が経由され、20年経過したときにQが時効取得を争った場合、判例の立場からすると、Qは善意・無過失であればRに対抗できないが、悪意または有過失であれば対抗できるという矛盾が生じる。学説は紛糾しているが、詳細は、物権法にて習う。

(iv) 自然中断
　162条に定める取得時効は、占有者が任意にその占有を中止し、または他人によってその占有を奪われたときは、中断する（164条）。これを「自然中断」ということは既述した。
　「任意にその占有を中止」するとは、占有者が占有の意思を放棄し、または占有物の所持をやめることである。また、「その占有」とは、「所有の意思をもってする占有」であるから、所有の意思だけを放棄した場合（自主占有から他主占有に変わった場合）にも、中断が生じると解される[50]。
　「他人によってその占有を奪われ」ても、1年以内に占有回収の訴えを提起すれば占有は継続するとされる（203条ただし書・201条1項本文）ので、取得時効は中断しない。
　この164条の規定は、所有権以外の財産権の取得時効の場合にも準用される（165条）。すなわち、所有権以外の財産権を行使している者が、任意にその行使を中止し、または権利者もしくは第三者にその行使を妨害された場合に、中断が生じる。

---

49) 近江幸治『民法講義Ⅱ 物権法 第3版』（成文堂、2006年）109頁
50) 我妻＝有泉 319頁

(3) 所有権以外の財産権の取得時効

　所有権以外の財産権についても、所有権の場合に準じて20年間または10年間、「自己のためにする意思をもって、平穏に、かつ、公然と行使する」ことによって、取得時効が完成する（163条）。

　地上権★（最判昭46・11・26集民104・479）・永小作権★・地役権★・質権・漁業権・鉱業権・無体財産権（著作権・特許権など）等、継続的な権利行使が可能な支配権が「所有権以外の財産権」として時効取得の客体となり得る。土地賃借権についても、「土地の継続的な用益という外形的事実が存在し、かつ、それが賃借の意思に基づくことが客観的に表現されているとき」は、民法163条に従い土地賃借権の時効取得が可能とされている（最判昭43・10・8民集22・10・2154ほか）。著作権法21条の複製権も取得時効の対象となり得るとされている（最判平9・7・17民集51・6・2714）。

　「自己のためにする意思」とは、その財産権の権利者として権利を行使する意思のことであり、「平穏に、かつ、公然と」については162条の場合と同様である。また、「所有権以外の財産権を行使する」とは、権利者としての行動ないし状態を続けることで、その財産権が物に対する支配を内容とする場合（地上権・永小作権・質権等）においては物を占有すること（180条・181条）であり、そうでない場合、たとえば無体財産権においては準占有（205条）である。

　　地上権：地上権とは、他人の土地において工作物または竹木を所有するためにその土地を使用する権利（物権）をいう（265条）。このような土地利用権は、賃貸借によることもでき、地上権か賃借権かは、譲渡性の有無、期間の長短などから判断される。実際には、地主が地上権より効力の弱い賃貸借を選ぶため、賃貸借が圧倒的に多い。
　　永小作権：永小作権とは、小作料を支払って他人の土地において耕作または牧畜をする権利（物権）をいう（270条）。実際にはこれも賃貸借による場合が大部分である。
　　地役権：地役権とは、設定行為で定めた目的に従い、他人の土地を自己の土地の便益に供する権利（物権）をいう（280条）。A地への通路が狭小で自動車が入れない場合に、B地の一部を通行したり（通行地役権）、A地の日照を確保するためにB地に一定の建築や植栽をしないこととしたり（日照地役権）するというように、A地（要益地）の利用価値を増すためにB地（承益地）を利用する権利のことである。

(i) 地上権・永小作権・地役権

　地上権・永小作権は、163条の財産権に該当し、行使の意思をもって土地を占有することによって時効取得される。地上権の時効取得のための要件は、「土地の継続的な使用という外形的事実が存在するほかに、その使用が地上権行使の意思にもとづくものであることが、客観的に表現されていること」であり、「成立要件の立証責任は、地上権の時効取得の成立を主張する者の側にある」とされる（最判昭45・5・28集民99・233）。土地を杉等の立木を所有する目的で継続的に使用し、その使用が立木所有のための地上権を行使する意思に基づくものであることが客観的に表現されている場合には地上権の時効取得の成立が認められるとした判例もある（前掲最判昭46・11・26）。なお、対価の支払いは、地上権・永小作権行使の意思の客観的表現となり得る。

　地役権は、「継続的に行使され、かつ、外形上認識することができるもの」に限り取得時効の対象となる（283条）。したがって、不表現または不継続の地役権（e.g.通路を開設しない通行地役権、眺望・日照地役権）には、163条の適用がない。

(ii) 債　権

　賃借権は、目的物の「継続的な用益という外形的事実が存在し」、かつ、それが「賃借の意思に基づくことが客観的に表現されている」ときは、163条の適用が認められる（最判昭43・10・8民集22・10・2154、最判昭44・7・8民集23・8・1374）。また、賃料の支払いは賃借権行使の意思の客観的表現として絶対的要件ではないが、「賃料の支払いを継続しているとき」には、上記の要件を充たすとされる（最判昭62・6・5集民151・135〈［判例10.6]〉参照）。使用借権（＝無償で物を借りる権利。593条）・転貸借についても、同様に取得時効が認められる（転貸借につき最判昭62・12・15集民152・263）。農地の賃借権の時効取得については、農地法3条の適用はなく、同条1項所定の許可がなくても時効取得が認められる（最判平16・7・13集民214・953）。

　無記名債権（⇒224頁）は、動産とみなされ（86条3項）、証券の継続的占有によって時効取得が認められる。

　定期金債権や定期利払貸金債権（⇒532頁）などのような継続的給付を目的とする債権は、それらの支分債権★や利息請求権の行使によりその給付が現実に継続的に受領されていることを要する。

支分債権：たとえば、賃料を月額1万円（月末払い）とする賃貸借契約が締結された場合の、単位期間ごとに発生し毎月末に弁済期に達する個々の具体的な債権を「支分債権」という。これに対して、毎月末に1万円を請求できるという包括的・抽象的な1個の債権を**基本債権**という。

賃借権の時効取得

[判例10.6] 最判昭62・6・5（民百選Ⅰ[7版] 46）

本件土地は、Xらの祖父Aの所有であったところ、Xらは、Aの死亡に伴い相続により本件土地の所有権を取得したA_1ほか9名からそれぞれ共有持分の贈与を受け、1968年4月8日、その旨の共有持分移転登記を経由した。

Cは、1928年頃、Aから本件土地の提供を受け、その上に本件建物を建築し、これを所有してきたが、その後、本件建物の所有権は、家督相続によりC_2が承継取得した。

Bは、1950年5月12日、C_2から本件建物を買い受けると同時に、その敷地である本件土地を賃借し、同月25日本件建物につき上記売買を原因とする所有権移転登記を経由したが、その際、C_2はBに対し、本件土地は、CがAから買い受けてその所有権を取得したものだが、なお問題があり、Bに不利益が及ぶようなことがあれば、C_2において責任をもつ旨を約した。

Bは本件建物に居住し、その敷地として本件土地を使用する一方、その賃料をC_2に支払ってきた。Bは1971年8月31日に死亡し、Yらが相続によってBの地位を承継したが、Bの死亡後は、Y_1が本件建物に居住し、従前同様の方法で1980年分まで賃料の支払いを続けてきた。BおよびYらは、以上の期間中、Xらや本件土地の前所有者から本件土地の明渡しを求められることはなかった。

C_2は、1970年7月、Xらを相手方として、本件土地はCがAから買い受けたものであり、相続によりC_2がその所有権を承継取得したことを理由に共有持分移転登記手続請求の訴えを提起したが、1審では原告C_2の敗訴となり、控訴審において、1980年12月18日、C_2はXらに対し本件土地がXらの所有であることを認めること、XらはC_2に対し和解金を支払うことを骨子とした和解が成立した。翌1981年、C_2から、Xらとの間の訴訟につき裁判上の和解が成立し、本件土地がXらの所有になったと聞かされたY_1は、Xらに対し賃料を送付したが、送り返されたため、1981〜1982年分の賃料を供託した。

同年3月、XらはYらに対し、本件土地の所有権に基づき、本件建物の収去ならびに本件土地の明渡し等を求めて、訴えを提起した。Yらは、1983年8月4日の第1審口頭弁論期日において、Bは本件土地について用益を開始し

た1950年5月12日から20年を経た1970年5月12日の経過とともに本件土地の所有者に対抗することができる賃借権を時効により取得したとして、時効を援用する旨の意思表示をした。

1審・原審とも、Bによる賃借権の取得時効（20年）および相続による賃借権のYらへの承継を認め、Xらの請求を排斥した。Xらが上告。

棄却。他人の土地の継続的な用益という外形的事実が存在し、かつ、その用益が賃借の意思に基づくものであることが客観的に表現されているときには、民法163条により、土地の賃借権を時効取得するものと解すべきことは、当裁判所の判例とするところであり（昭43・10・8民集22・10・2154、昭52・9・29集民121・301）、他人の土地の所有者と称する者との間で締結された賃貸借契約に基づいて、賃借人が、平穏公然に土地の継続的な用益をし、かつ、賃料の支払を継続しているときには、前記の要件を満たすものとして、賃借人は、民法163条所定の時効期間の経過により、土地の所有者に対する関係において当該土地の賃借権を時効取得するに至るものと解するのが相当である。そして、本件の事実関係のもとにおいては、Bの本件土地の継続的な用益が賃借の意思に基づくものであることが客観的に表現されているものと認めるのが相当であるから、同人は、民法163条所定の20年の時効期間を経た1970年5月12日の経過により、本件土地の所有者であるXらに対する関係において本件土地の賃借権を時効取得したものであり、Yらは、Bの死亡に伴い、相続により当該賃借権を承継取得したものということができる。

(ⅲ) 担保物権

163条適用の対象となるのは、占有を伴う質権に限られる。留置権および先取特権（⇒第4章脚注16）などの、直接法律の規定によって成立する権利は、法律の定める要件が充たされてはじめて成立するのだから、取得時効の対象とならない。

(ⅳ) 準物権・無体財産権

漁業権・鉱業権・採石権などの準物権（民法上の物権ではないが、特別法上、物権とみなされる権利）や、特許権・実用新案権・意匠権・商標権・著作権などの無体財産権も、取得時効の対象となり得る。

（ⅴ）形成権ほか

　取消権・解除権・買戻権など1回の行使によって消滅する権利（形成権）や1回だけの給付を請求することを内容とする債権などは、その性質上、取得時効の対象とならない。また、扶養を受ける権利（877条）等、一定の身分を前提とする権利も取得時効の対象とならない。

（4）取得時効の効果

　取得時効の効果は、時効期間開始の時、すなわち物の占有または財産権の準占有を開始した時（起算日）に遡る（144条）。
　なお、所有権の時効取得は、原始取得（⇒第4章脚注21）であり、取得される所有権の範囲は、取得時効の基礎となる占有の状態によって定まるから、前所有者の所有権に地役権などの制限が存した場合も、その制限のない所有権を取得する（289条）。もっとも、取得時効の基礎となった占有が、すでに他人の地役権を容認しているような場合には、その制限を受けた所有権を取得すると解すべきとされる（通説・大判大9・7・16民録26・1108）。

■ 3　消滅時効 ■

（1）消滅時効の意義と効果

　消滅時効とは、権利不行使という事実状態が一定期間継続することによって、権利消滅の効果を生ずる制度であり、取得時効とは別個独立の法律要件である。取得時効の結果として、原権利者は権利を喪失することになるが、それは消滅時効の効果ではない。したがって、始期付権利または停止条件付権利の目的物を第三者が占有する場合は、その権利の消滅時効は、始期到来または条件成就まで、消滅時効は進行を開始しないが、その第三者のための取得時効は、占有の時から進行する（166条）。ただし、権利者は、取得時効中断のため第三者に対し、自己の権利の承認を求めることができる（同条2項）。
　消滅時効が完成すれば、当初からその権利・義務が存在しなかったことに

なる（144条）。

（2）債権の消滅時効

債権の消滅時効の要件は、債権の不行使という状態が一定の期間継続することである。その一定の期間は、各種の権利ごとに詳細な規定がある。

（i）債権の不行使

債権の不行使とは、始期の未到来とか条件の未成就などの「法律上の障害」がないのに、債権を行使しないことである。「法律上の障害」とは、法律上権利をまだ行使することができないことをいい、事実上の障害（e.g. 権利者の病気・行方不明）があるに過ぎないときには、時効は進行する。

（ii）消滅時効の起算点

消滅時効は、「権利を行使することができる時」から進行する（166条1項）。債権の消滅時効に関しては、債権を行使することについて法律上の障害がなくなった時から進行を開始する。

(ア) 確定期限付債権

確定期限付債権の起算点は、期限到来の時である。ただし、期限の利益がもっぱら債権者のためにのみあるときは、債権者はいつでも期限の利益を放棄して債権を行使し得るから、その放棄の時が起算点になる[51]。

確定期限付債権であっても、一定の事由があるときには債務者が期限の利益を失う旨の特約（次頁の囲み記事参照）が付されている場合は問題となる。判例は、債務者が他の債権者から差押えその他の強制執行を受けるに至ったときは期限の利益を喪失するという特約のある債務について、このような特約の意味は、他から強制執行を受けた場合には、債権者において債務者の期限の利益を奪うかどうかの自由を保留する趣旨であるから、債権者がこの権利を行使しない以上、強制執行があったというだけでは弁済期は当然に到来するものではなく、消滅時効は本来の期限が到来した時から進行するとした（大判昭9・11・1民集13・1963）。

---

51) 於保309頁

定期預金債権も確定期限付債権に属するが、自動継続特約付定期預金契約における預金払戻請求権の消滅時効について判例（最判平19・4・24民集61・3・1073）は、「自動継続特約の効力が維持されている間は、満期日が経過すると新たな満期日が弁済期となるということを繰り返すため、預金者は、解約の申入れをしても、満期日から満期日までの間は任意に預金払戻請求権を行使することができない。したがって、初回満期日が到来しても、預金払戻請求権の行使については法律上の障害があるというべきである」として、その消滅時効は、「預金者による解約の申入れがされたことなどにより、それ以降自動継続の取扱いがされることのなくなった満期日が到来した時から進行するものと解するのが相当である」とした。

期限の利益喪失約款付割賦払債権

期限の利益喪失約款付割賦払債権については、不履行と同時に進行すると解するか、債権者の請求があった時から進行すると解するかについては、見解が分かれる。

1回でも弁済を怠るときは直ちに全額の支払いを請求されても異議はないという特約がある割賦払債権の起算点につき、判例は、当初動揺がみられたが、大審院連合部判決（大連判昭15・3・13民集19・544）によって確定した。すなわち、その特約が、1回の懈怠によっては当然に期限の利益を喪失するものではなく、そのためには改めて債権者において債務全額の履行請求の意思表示をした時から、債務全額についての消滅時効が進行すると判示された。期限の利益喪失約款は、①不履行があれば当然に期限の利益を喪失し、直ちに残債務全部の弁済期が到来する趣旨のものと、②不履行によって当然に期限の利益を喪失するのではなく、債権者の意思表示によってはじめて残債務の弁済期が到来する趣旨のものとに区別できるということであり、時効の起算点は、①の場合は不履行の時であるが、②の場合は債権者の意思表示の時であるという。このように区別するのは、②の場合において期限の利益を喪失させるか否かは債権者の自由であり、従前どおり割賦弁済を求め債務者の懈怠を咎めず、期限の利益喪失の意思表示をしないときは、債務者は依然として期限の利益を有するのであり、当初から期限の定めのない債権（412条3項）と同視することはできないからであるとする。最高裁もこれを踏襲し、1回の不履行があっても、各割賦金額につき約定弁済期の到来ごとに順次消滅時効が進行し、債権者が特に残債務全額の弁済を求める旨の意思表示をした場合に限り、その時から全額について消滅時効が進行するものと解すべきであるとされた（最判昭42・6・23

民集21・6・1492)。

　学説は、債務者の履行遅滞責任の発生時について①と②とで差異が生ずることに異論はないのだが、②の場合の時効の起算点については説が分かれる。

ⓐ **不履行時とする説**

　1回でも弁済を怠ったという事実があれば、この時から全額について消滅時効が進行すると解する見解[52]である。判例のように債権者請求時とする説がいうように、債権者が全額を請求し得るようになったら、その時から全額について消滅時効が進行するのは当然であって、期限の利益を失わせる旨の意思表示などが債権の行使を妨げている事情とみるべきではない。また、債権者はいつでも全額の請求が可能なのであるから、期限の定めのない債権と同様に処理すべきだと説く。

ⓑ **債権者請求時とする説**

　判例と同様に、債権者の請求の時から時効が進行すると解する見解である。上記ⓐ説に対して、それでは全額について時効が完成しやすく、かえって悪質な債務者を利するだけに終わると批判する。この説によれば、債務者の履行遅滞にかかわらず、債権者が今後も割賦払いによる弁済受領を継続したいため残債務全部の弁済を請求しないときには、残債務全部についての消滅時効は進行しない。

　(イ) **不確定期限の債権**

　不確定期限の債権の場合も同様である。たとえば、出世払いにおいては、出世の成否が確定した時である（大判大4・3・24民録21・439）。

　なお、債務者が期限の到来したことを知っていても知らなくても、期限到来の時から時効は進行する。

　(ウ) **期限の定めのない債権**

　期限の定めのない債権については、債権者はいつでも請求が可能であるから、債権成立が「権利を行使することができる時」である。返還期の定めのない寄託契約の返還請求権の消滅時効は、契約成立の時から進行を開始する（大判大9・11・27民録26・1797）。

　普通預金契約は、返還期間を定めない消費寄託契約であるから、預入れの時から消滅時効は進行を開始する（東京地判平16・9・24判タ1170・227）が、預入れや払戻しがあるごとに時効中断（承認）があるから、最後に預け入れ

---

52) 我妻487頁、幾代510頁、近江Ⅰ392頁、川井372頁、四宮＝能見380頁ほか

た時、または引き出された時から消滅時効は進行を開始すると解されている。当座預金の場合は、小切手によらずして払戻請求はできないので、当座預金契約が存続する限り、払戻請求権の消滅時効は進行しないとされる（大判昭10・2・19民集14・137）。

　また、生命保険契約において、被保険者の死亡の翌日を死亡保険金請求権の消滅時効の起算点とする約款の定めがあっても、行方不明になって死亡後3年以上が経過して遺体が発見されたという特段の事情の存する場合には、その権利行使が現実に期待することができるようになった時以降において消滅時効が進行する趣旨と解すべきであり、死亡から遺体が発見されるまでの間は、消滅時効は進行しない（最判平15・12・11民集57・11・2196）。

　(エ) 条件付債権
　停止条件付債権の消滅時効の起算点は、条件成就の時である。
　解除条件付債権にあっては、債権の成立時である。条件成就未定の間でも、時効は進行する。

　(オ) 不作為債権
　不作為債権は、ドイツ民法199条5項を根拠に、違反行為のあった時から進行すると解される。

　(カ) 債権者が権利の存在を知らないとき
　債権者が権利の存在を知らないときでも時効は進行する。たとえば、不当利得返還請求権の消滅時効は、権利者が債権の存在を知らなくても、それは事実上の障害であり、その債権発生と同時に消滅時効は進行を開始する（大判昭12・9・17民集16・1435）。

　(キ) 損害賠償請求権
　債務不履行に基づく損害賠償請求権は、本来の債権の内容が変更したに過ぎず、債務の同一性があるから、本来の債権の履行を請求できる時（履行期）から消滅時効が進行を開始するとされる[53]。

　契約解除に基づく原状回復義務の履行不能による損害賠償請求権の消滅時効についても、契約解除によって原状回復義務の履行を請求し得る時、すなわち本来の債務の履行期から進行を開始するとされる（最判昭35・11・1民集14・13・2781）。

---

[53] 川井 373 頁

雇用契約における雇用者の安全配慮義務違反を理由とする損害賠償請求権の消滅時効（[判例10.7] 参照）は、行政上の決定を受けた時から進行を開始する。

じん肺罹患による損害賠償請求権

[判例10.7] 最判平6・2・22民集48・2・441（民百選I [7版] 43）

Y経営の長崎県内の鉱山の元労働者であるXら63名は、炭鉱での労働過程でじん肺症に罹患したとして、使用者Yを相手取って安全配慮義務違反による債務不履行に基づく損害賠償を請求した。

原審は、具体的な起算点につき「Xら元従業員がじん肺に関する最初の行政上の決定を受けた日とするのが相当である」と判示した。Xらが上告。

破棄差戻し。じん肺は、肺内に粉じんが存在する限り進行するが、それは肺内の粉じんの量に対応する進行であるという特異な進行性の疾患であって、しかも、その病状が管理2または管理3に相当する症状にとどまっているようにみえる者もあれば、最も重い管理4に相当する症状まで進行した者もあり、また、進行する場合であっても、じん肺の所見がある旨の最初の行政上の決定を受けてからより重い決定を受けるまでに、数年しか経過しなかった者もあれば、20年以上経過した者もあるなど、その進行の有無、程度、速度も、患者によって多様であることが明らかである。そうすると、たとえば、管理2、管理3、管理4と順次行政上の決定を受けた場合には、事後的にみると1個の損害賠償請求権の範囲が量的に拡大したに過ぎないようにみえるものの、このような過程の中の特定の時点の病状を捉えるならば、その病状が今後どの程度まで進行するのかはもとより、進行しているのか、固定しているのかすらも、現在の医学では確定することができないのであって、管理2の行政上の決定を受けた時点で、管理3または管理4に相当する病状に基づく各損害の賠償を求めることはもとより不可能である。以上のようなじん肺の病変の特質に鑑みると、管理2、管理3、管理4の各行政上の決定に相当する病状に基づく各損害には、質的に異なるものがあると言わざるを得ず、したがって、重い決定に相当する

病状に基づく損害は、その決定を受けた時に発生し、その時点からその損害賠償請求権を行使することが法律上可能となるものというべきであり、最初の軽い行政上の決定を受けた時点で、その後の重い決定に相当する病状に基づく損害を含む全損害が発生していたとみることは、じん肺という疾病の実態に反するものとして是認し得ない。これを要するに、雇用者の安全配慮義務違反によりじん肺に罹患したことを理由とする損害賠償請求権の消滅時効は、最終の行政上の決定を受けた時から進行するものと解するのが相当である。

(ⅲ) 消滅時効期間

消滅時効期間は、それぞれの権利について証拠保全の難易、従来からの慣習、あるいは取引の迅速安全などによって、その長短が決せられる。

(ア) 一般債権

貸金債権などの通常の債権の消滅時効期間は、10年間である（167条1項）。

農地の買主が売主に対して有する農地法3条所定の所有権移転許可の申請協力請求権（最判昭55・2・29民集34・2・197）、日本電信電話公社（日本電信電話株式会社（NTT）の前身）の電話番号簿掲載の広告料債権（最判昭51・12・17民集30・11・1052）などもこれに属し、消滅時効期間は10年間である。

国や地方公共団体の金銭債権債務（e.g.税金・社会保険）に関しては、各行政法規に特別の定めがあるが[54]、国の普通財産売払いによる代金債権（最判昭41・11・1民集20・9・1665）、弁済供託における供託金取戻請求権（最大判昭45・7・15民集24・7・771）、国の安全配慮義務違背を理由とする国家公務員の国に対する損害賠償請求権（最判昭50・2・25民集29・2・143）については、性質上は公法上の債権ではないから、167条1項が適用される（消滅時効期間は10年間である）。

(イ) 商行為に基づく債権

商行為に基づく債権の消滅時効期間は、5年間である（商法522条）。商行為である金銭消費貸借に関し、利息制限法所定の制限を超えて支払われた利息・損害金についての不当利得返還請求権は、法律の規定によって発生する債権であり、しかも、商事取引関係の迅速な解決のため短期消滅時効を定めた立法趣旨からみて、商行為によって生じた債権に準ずるものと解すること

---

54) 国の債権（会計法30条）、税金債権（国税通則法72条1項、地方税法18条1項）の消滅時効期間は5年である。

もできないから商法522条に該当せず、その消滅時効の期間は民事上の一般債権として民法167条1項により10年となる（最判昭55・1・24民集34・1・61）。

(ウ) **定期金債権・定期給付債権**

年金・恩給・扶養料・地代などのように、ある期間定期的に金銭またはその他の代替物の給付を受けることを目的とする債権（基本債権）を**定期金債権**（168条）といい、そこから生ずる具体的請求権（支分債権）を**定期給付債権**（169条）という。

定期金債権の消滅時効期間は、第1回の弁済期から20年間であり、最後の弁済期から10年間である（168条1項）。数回支払われた場合は、その都度時効が中断されるので、その最後の支払いの時点から20年間となる（多数説）。なお、定期金債権の債権者は、時効の中断の証拠を得るためにいつでも債務者に対して承認書の交付を求めることができる（166条2項）。

1年以内の期間によって定めた金銭その他の物の給付を目的とする債権の消滅時効期間は、5年間である（169条）。

(エ) **短期消滅時効期間**

民法は、170条以下に、日常の取引から生ずる債権で、通常、その金額が僅少で、速やかに弁済され、証拠書類の作成や保存を期待し難いものについて、3年以下の消滅時効期間を準備している。

① **3年の時効**

医師・助産師・薬剤師の労務給付に関する債権（170条1号）、工事の設計・施工・監理を業とする者の工事に関する債権（同条2号）、弁護士・弁護士法人・公証人がその職務に関して受け取った書類についての責任（171条）の消滅時効期間は、3年間である。

② **2年の時効**

弁護士・弁護士法人・公証人の職務に関する債権（172条）、生産者・卸売商人・小売商人の売却代金債権（173条1号）、自己の技能を用い、注文を受けて、物を製作または自己の仕事場で他人のために仕事をすることを業とする者の仕事に関する債権（同条2号）、学芸または技能の教育を行う者が生徒の教育、衣食または寄宿の代価について有する債権（同条3号）の消滅時効期間は、2年間である。

なお、「自己の技能を用い、注文を受けて、物を製作または自己の仕

事場で他人のために仕事をすることを業とする者」とは、2004年改正前は、「居職人及び製造人」とされていたが、それが古めかしくて現在の社会状況に適さなくなったとして、表現が改められた。居職人とは、鍛冶・鋳物師・仏師などのように、需要者の必要とする製品を家内（業種によっては工房）において生産する家内生産者のことをいう。

③　1年の時効

　1か月以内の時期によって定めた使用人の給料にかかる債権（174条1号）。ただし、労働基準法の規定による請求権は、2年間である（115条）。自己の労力の提供または演芸を業とする者の報酬やその供給物代金にかかる債権（174条2号）、運送賃にかかる債権（同3号）、旅館・料理店・飲食店・貸席・娯楽場の宿泊料・飲食料・席料・入場料・消費物の代価・立替金にかかる債権（同4号）、動産の損料にかかる債権（同5号）の消滅時効期間は、1年間である。

　なお、「自己の労力の提供または演芸を業とする者」とは、2004年改正前は、「労力者及び芸人」とされていたが、173条2号と同様に、表現が改められた。また、「損料」とは、貸衣装や貸布団等の短期の「借り賃」「使用料」のことである。

(オ)　判決等で確定した権利

　短期消滅時効にかかるべき債権であっても、それが消滅時効にかかる前に、確定判決によって確定した権利や、裁判上の和解、調停その他確定判決と同一の効力を有するものによって確定した権利については、10年より短い時効期間の定めがあるものであっても、その時効期間は、10年となる（174条の2第1項）。

　ただし、この規定は、確定の時に弁済期の到来していない債権については、適用しない（同2項）。

　主たる債務の消滅時効期間が延長されるときは、その保証債務のそれも10年となる。判決によって債権の存在についての確証が生じたこと、またすぐに時効が進行してその中断のために訴えを必要とするのでは煩わしいことなどがその理由である。民法457条1項は、「主たる債務者に対する履行の請求その他の事由による時効の中断は、保証人に対しても、その効力を生ずる」と規定するが、判例は、「民法457条1項は、主たる債務が時効によって消滅する前に保証債務が時効によって消滅することを防ぐための規定で

あり、もっぱら主たる債務の履行を担保することを目的とする保証債務の附従性に基づくものであると解されるところ、民法174条の2の規定によって主たる債務者の債務の短期消滅時効期間が10年に延長せられるときは、これに応じて保証人の債務の消滅時効期間も同じく10年に変ずるものと解するのが相当である。そして、このことは連帯保証債務についても異なるところはない」とする（最判昭43・10・17集民92・601）。

（3）債権以外の財産権の消滅時効

債権または所有権以外の財産権は、20年間で消滅時効にかかる（167条2項）。

（ⅰ）所有権
所有権は、長期間不行使の状態が続いても消滅時効にはかからない。取得時効によって取得されるだけである（他人の取得時効が完成すれば、その反射的効果として、原所有者は所有権を失うが、それは消滅時効ではないことは既述した）。これは、わが国の法体系が「所有権絶対の原則」「所有権の恒久性」の観念を基本としていることに基づく。また、所有権から派生する物権的請求権（⇒356頁）や登記請求権も同様と解するのが、通説[55]・判例（大判大11・8・21民集1・493、最判昭51・11・5集民119・181、最判平7・6・9集民175・549）である。相隣権（209条以下）・共有物分割請求権（256条）も、所有権が存する限り消滅時効にかからない。

（ⅱ）地上権・永小作権・地役権
地上権（265条）・永小作権（270条）・地役権（280条）の消滅時効期間は、20年間である（167条2項）。

（ⅲ）担保物権
担保物権は、その被担保債権に従たる権利であるから、被担保債権と独立して消滅時効にかかることはないと解されている。

---

55) 近江Ⅰ395頁

抵当権も、債権を担保する目的をもって存在する権利であるから、被担保債権から独立して消滅時効にかかることはないというべきである。しかし、民法396条は、「債務者および抵当権設定者に対しては」時効によって消滅しないと規定しているから、その反対解釈として、債務者および抵当権設定者以外の者、たとえば、抵当不動産の第三取得者・後順位抵当権者に対する関係では、抵当権だけが被担保債権から独立して20年の消滅時効にかかり得る（大判昭15・11・26民集19・2100）。すると、被担保債権そのものは時効の中断が繰り返されることによって消滅しない場合でも、抵当権だけが消滅することがあり得るのは不当であるとして、この立法に対する批判も有力である[56]。

（iv）準物権・無体財産権

漁業権・鉱業権・採石権などの準物権（⇒524頁）や知的財産権などの無体財産権は、所有権と同性質の財産権であるので、消滅時効にはかからないと解すべきであろう。ただし、それぞれ特別法に存続期間（多くは167条2項の時効期間より短い）が定められている。たとえば、実名の著作物に係る著作権の存続期間は、創作の時から著作者の死後50年までである（著作権法51条）。

（v）形成権

取消権・解除権などの形成権は、「債権または所有権以外の財産権」に該当する。

取消権（126条）（⇒444頁）・買戻権（580条）のように権利行使期間の定めのある形成権については、その条文の解釈として論じられるが、解除権（540条以下）・売買予約完結権（556条）・建物買取請求権（借地借家法13条）のようにその定めのないものはどのように解するべきか。これらは、債権ではないから、167条2項の適用を受け、20年の消滅時効にかかると解すべきということになりそうである。しかし、それでは、解除権行使の結果生ずる原状回復請求権や損害賠償請求権（545条）が10年で時効消滅するのと比べて権衡を失する。そこで、通説・判例（大判大6・11・14民録23・1965）は、普通

---

[56] 石田（穣）635頁・我妻＝有泉624頁ほか

の解除権は、その行使の結果たる原状回復請求の債権と同一期間によって消滅すると解している。さらに、地代不払いを理由とする土地賃貸借契約（最判昭56・6・16民集35・4・763）や、無断転貸を理由とする借地契約（最判昭62・10・8民集41・7・1445）の解除権は、契約から生ずる権利であるから、それを167条2項の財産権とみないで通常の債権と同じく167条1項の適用があるとされる。再売買予約完結権（最判昭33・11・6民集12・15・3284）、建物買取請求権（最判昭54・9・21集民127・469）など、債権に準ずべき形成権も同様である。なお、形成権の期間制限は消滅時効ではなく、後述の除斥期間であると解する学説[57]が有力に主張されている。その理由として、これらは、一方的な意思表示で権利関係が確定してしまうから、「中断」ということはあり得ないことが挙げられている。

（vi）抗弁権

抗弁権（相手方の請求権の行使に対し、その作用を阻止し請求を拒絶し得る他方当事者の地位）が、消滅時効にかかると解すべきかどうかについては、抗弁権の永久性の問題[58]として議論がある。

抗弁権（催告の抗弁権〈452条⇒85頁〉、検索の抗弁権〈453条⇒85頁〉、同時履行の抗弁権〈533条⇒441頁〉など）は、現状の変更を要求するという請求権が自己に向けて行使されたときに、それに対抗して、現状の維持を主張するという防御的形態で行使できるものであるから期間の制限に服しない、とする法理を**抗弁権の永久性**という。例としては、Pが子QがいるのにR全財産をRに遺贈する旨の遺言を作成して死亡した場合が挙げられる。QがRに対して有する遺留分減殺請求権（⇒325頁）は、1年または10年の消滅時効にかかる（1042条）。Qが財産を占有していると、Rは遺贈に基づく引渡請求権を有するが、これは5年ないし20年の消滅時効にかかると解される（990条など）。この状況において、Rはまだ消滅時効にかかっていない引渡請求権を行使できるが、Qの遺留分減殺請求権はすでに消滅時効にかかっているというケースが起こり得る。その場合、Qの遺留分減殺請求権は、それが抗弁権の形で防御的に主張されるときは、Rからの権利主張（遺産引渡しの請求）を受ける限りにおいて、消滅時効にかからないと解するべきではないかという

---

57) 近江 I 396頁
58) 川島 578頁以下

主張である。

　学説は、取消権などの形成権が抗弁権として機能する場合については、抗弁権は永久的に行使し得ると解して抗弁権の永久性を肯定する見解と、抗弁権の永久性を一般的に認める必要はなく、個々の抗弁権の行使の許否を検討すれば足りるとする見解（通説）とに分かれる。判例は、否定説（通説）の立場であり、遺留分減殺請求権と引渡請求権の対立という事案において、Qの遺留分減殺請求権の消滅時効の起算点を、遺留分侵害を知った時に遅らせることによって同じ解決を導いている（大判昭13・2・26民集17・275）。

　しかし、返還請求権が5年の消滅時効にかかるとすると、取消権はもはや行使する意味がなくなり、このことは抗弁権の永久性に反することになる。また、5年経過後に取消権を行使した場合には、その時点から返還請求権が発生するわけだから、請求権が消滅しないのと同じ結果になるのであるから、抗弁権の永久性の理論は、理論的な矛盾を来たしているとされる[59]。

(vii) その他の権利

　占有権（180条・181条）は、一定の法律関係または事実状態とともに存在するので、消滅時効の余地がない。

(4) 消滅時効類似の制度

　消滅時効と同様の根拠を有し、それと類似の、または補充的な機能を有する制度として、「除斥期間」および「権利失効の原則」が重要である。いずれも、民法に明文の規定をもたないが、学説・判例によって認められている。

(i) 除斥期間
(ア) 除斥期間の意義

　権利の**除斥期間**とは、権利関係を速やかに確定させるために、一定の権利について法律の予定する存続期間であって、この期間を経過した後の権利行使を除斥する（排除する）という意味の制度である。たとえば、即時取得（192条 ⇒ 224-225頁）の目的物が盗品または遺失物であるときは、被害者また

59）近江Ⅰ 396-397頁

は遺失主の回復請求権は、2年間に限ってその行使が認められ（193条）、その後は行使することができない。

　ドイツ法やフランス法とは異なり、民法の条文上には除斥期間の用語は使われていない。しかし、民法典起草者によれば（民法典審議に際しての梅謙次郎の説明）、権利には、あらかじめ期限が定められ、その期限が到来すれば、いかなる事情があろうとも消滅してしまう性質を有するものがあり、民法規定中に「時効によって」と明言しないで期間の制限される権利がそれである。そして、これに時効の規定を適用すべきでないというから、わが民法上も除斥期間の存在は自明とされ、通説・判例もこれを認める[60]。

(イ) 消滅時効との差異

① 中断の有無

　除斥期間は、一定期間の経過により権利を消滅させる点で消滅時効に類似するが、公益的見地あるいは権利自体の性質から権利関係を安定させることに主眼があり、中断が認められず、その期間は固定的である。ただし、「除斥期間の停止」については、公平の観点から158条の法意に照らし、これを認めようとしている（最判平10・6・12民集52・4・1087）。すなわち、「不法行為による損害賠償の請求権は、不法行為の時から20年を経過したときは、時効によって消滅する」と規定する民法724条後段の規定は、「不法行為による損害賠償請求権の除斥期間を定めたもの」とした上で、「不法行為の被害者が不法行為の時から20年を経過する前6か月内においてその不法行為を原因として心神喪失の常況にあるのに法定代理人を有しなかった場合において、その後当該被害者が禁治産宣告を受け、後見人に就職した者がその時から6か月内に損害賠償請求権を行使したなど特段の事情があるときは、民法158条の法意に照らし、同法724条後段の効果は生じないものと解するのが相当である」とした。また、[最判平21・4・28民集63・4・853]も、「被害者を殺害した加害者が被害者の相続人において被害者の死亡の事実を知り得ない状況を殊更に作出し、そのために相続人はその事実を知ることができず、相続人が確定しないまま上記殺害の時から20年が経過した場合において、その後相続人が確定した時から6か月内に相続人が上記殺害に係る不法行為に基づく損害賠償請求権を行

---

60) 近江 I 372頁

使したなど特段の事情があるときは、民法160条の法意に照らし、同法724条後段の効果は生じない」としている。

② 援用の要否

　除斥期間は、事実状態の継続や援用を要しない点で、消滅時効とは異なる。除斥期間経過後は、権利が当然かつ絶対的に消滅するから、「裁判所は、除斥期間の性質にかんがみ、請求権が除斥期間の経過により消滅した旨の主張がなくても、期間の経過により請求権が消滅したものと判断すべき」である（最判平元・12・21民集43・12・2209）。

③ 起算点

　除斥期間の起算点は、消滅時効のそれ（権利を行使することができる時：166条1項）と異なり、権利の発生した時である。

④ 遡及効の有無

　遡及効を有する時効（144条）とは異なり、除斥期間による権利消滅の効果は遡及しない。

⑤ 放棄の可否

　時効は、その利益を放棄することができる（146条）が、権利が当然かつ絶対的に消滅する除斥期間では、放棄することはできない。

(ウ) 消滅時効との判別基準

消滅時効と区別する基準は、条文に「時効によって」との語句があるかどうかだとするのがかつての通説であった。しかし、現在の多数説は、権利の性質と規定の趣旨に従って実質的に判断すべきものとしている。たとえば、126条前段は、「取消権は、追認をすることができる時から5年間行使しないときは、時効によって消滅する」と規定するが、取消権にあっては、単独の意思表示によって権利関係が確定してしまうから、特に訴訟を提起してそれを中断させる意味はないから、これを除斥期間と解するのが妥当とされている。126条以外に、条文に「時効によって」と規定されながら、その権利消滅が、時効によってではなく除斥期間によると解されているのは426条である。

また、短期と長期の両様の定めのある請求権（724条・884条・1042条）においては、一方は前段で「時効によって消滅する」と規定されるが、他方は後段で「同様とする」とされているだけだから、同様に「時効によって消滅する」のか、同様に「消滅する」のかが必ずしも明らかでない。通説・判例

539

（前掲最判平元・12・21、前掲最判平10・6・12）は、前段の期間制限を時効期間と解する場合でも、後段の期間制限は、それによって権利関係を確定しようというものであるから、除斥期間と解している。

なお、既述のとおり、解除権や取消権などの形成権には理論上中断などあり得ないので、その期間制限はすべて除斥期間と解すべきであるとする学説も有力である。

(ⅱ) 権利失効の原則

権利が長期間行使されない場合に、相手方がもはや権利行使はないものと信じて他の行為に出ることがあるが、その後になって権利者が権利を行使して法律関係を変動させることは、信義則上許されないとするのが、**権利失効の原則**である。

消滅時効は、法律の定める一定の期間の不行使状態が続けば権利は消滅するという画一的・一般的な制度であるのに対し、権利失効の原則は、各場合について、不行使という状態の上に築き上げられた相手方その他の関係者の期待や信頼を具体的に検討し、信義則に訴えて判断される具体的・個別的な制度である[61]。まだ時効期間や除斥期間が満了していなくても、権利行使が許されなくなる点に特徴がある。長期間の不行使により権利が効力を失うという点で消滅時効に類似するが、当事者の援用を待たずして裁判所の職権により失効を認定できる点でも消滅時効とは異なる。

権利失効の原則は、ドイツの学説・判例により発展した理論であるが、通説も消滅時効ないし除斥期間を補充する理論としてこれを承認する。

判例も、これを一部認める。すなわち、Pから土地を賃借し建物を所有していたYが、1945年無断で土地賃借権と建物をQに譲渡し、同年3月に建物消失につき賃借権を回収していたが、1947年Pが本件土地をXに賃貸したためYと借地権をめぐり紛争となり、1952年に至りPがYの無断譲渡を理由に賃貸借の解除を主張した事案において、「解除権を有するものが、久しきに亘りこれを行使せず、相手方においてその権利はもはや行使せられないものと信頼すべき正当の事由を有するに至ったため、その後にこれを行使することが信義誠実に反すると認められるような特段の事由がある場合には、

---

[61] 我妻440頁

もはや解除は許されない」(ただし、一切の事実関係を考慮すると、本件解除権の行使が信義誠実に反するものと認めるべき特段の事由があったとは認めることができない)とした(最判昭30・11・22民集9・12・1781)。

　権利失効の原則に対しては、あるいは時効制度のもとで権利の失効を容易に認めると権利者の期待が害されるとして、あるいは権利不行使が継続した場合には時効制度で処理するのが原則であるから適当な理論ではないとして、これを否定すべきとする説も有力である。もっとも、通説・判例とも権利失効の原則の具体的適用は慎重にすべきであるとしている。たとえば、[最判昭40・4・6民集19・3・564]は、土地を目的とする代物弁済予約に基づく完結権を行使し得る時から約15年後に完結の意思表示がなされたことが、権利失効の原則に該当し、権利の行使は許されないという主張に対して、通常予想される期間を遙かに経過した後に行使されたものということができるが、本件土地については予約完結による所有権移転請求権保全の仮登記が依然として登記簿上存在していたのであるから、その後に所有権を取得した者は、本件土地の所有権取得に際し、登記簿によって公示された代物弁済予約完結権がいずれ行使されるかもしれないことを予想すべきであったのであり、他に特段の事情の認められない事実関係の下においては、代物弁済予約完結権がもはや行使されないものと信頼すべき正当な理由があるとはいえないとして、その主張を排斥した。また、[最判昭41・12・1集民85・497]も、賃料の催告とその催告の趣旨不履行による賃貸借契約解除の意思表示との間に約14年のへだたりがあっても、相手方においてもはやその催告に基づく解除権の行使はないものと信ずべき正当な事由が生じたとはいえない事情のもとでは、解除権は有効に存続していたと解することができるとした。

法律用語の解説③

「この限りでない」

ある規定の一部または全部を打ち消し、その適用除外を定める場合に用いられる。用例としては、「未成年者が法律行為をするには、その法定代理人の同意を得なければならない。ただし、単に権利を得、又は義務を免れる法律行為については、この限りでない」（民法5条1項）等があり、ただし書の中で用いられるのが通例である。

「妨げない」

一定の事項について、ある法令の規定なり制度が適用されるかどうか疑問がある場合に、その適用が排除されるものではない旨を示すときに用いられることが多い。用例としては、「留置権の行使は、債権の消滅時効の進行を妨げない」（民法300条）等がある。

「前段・中段・後段」

法文の項の規定が2つの完結した文章から成り立っている場合に、前の方の文章を前段といい、後の方の文章を後段という。「従来の住所又は居所を去った者がその財産の管理人を置かなかったときは、家庭裁判所は、利害関係人又は検察官の請求により、その財産の管理について必要な処分を命ずることができる。本人の不在中に管理人の権限が消滅したときも、同様とする」（民法25条1項）の規定においては、「従来の住所又は居所を去った者がその財産の管理人を置かなかったときは、家庭裁判所は、利害関係人又は検察官の請求により、その財産の管理について必要な処分を命ずることができる」が前段で、「本人の不在中に管理人の権限が消滅したときも、同様とする」が後段である。項の規定が3つの文章から成り立っている場合（e.g. 刑事訴訟法24条1項）には、前の方からそれぞれ、前段・中段・後段という。後段が「ただし」で始まる場合は、「ただし書」といい、ただし書に対する前段を**本文**という。また、法律の条文の中に「号」と呼ばれる箇条書で項目を列挙した記述がある場合の、それらの列記事項部分を除いた条文の部分を**柱書**（法令用語としては「各号列記以外の部分」）という。たとえば、①「代理権は、次に掲げる事由によって消滅する」に続いて、②「(1号) 本人の死亡」、③「(2号) 代理人の死

亡又は代理人が破産手続開始の決定……を受けたこと」とあれば（民法111条1項）、①が「柱書」で、②③のそれぞれが「各号」である。

「相当の（な）」

「合理的な」「ふさわしい」等の意味に用いられ、社会通念上その程度に応じていることを表す。

「遅滞なく・直ちに・速やかに」

いずれも「すぐに」ということで、時間的に遅れてはならないという趣旨であるが、それぞれニュアンスの差がある。「遅滞なく」は、正当または合理的な理由による遅滞は許されるものと解されている。「直ちに」は、最も時間的即時性が強く、一切の遅滞が許されない。「速やかに」は、「直ちに」よりは急迫の程度が低い。

「及び・並びに」

ともに2つまたは2つ以上の語句をつなぐための併合的接続詞であるが、「及び」は、単純・並列的な接続に使われる。たとえば、「権利の行使及び義務の履行」（民法1条2項）、「未成年者、成年被後見人、被保佐人及び17条1項の審判を受けた被補助人」（同20条1項）のように用いる。併合的接続の段階が複雑で2段階以上になる場合には、小さい接続の方に「及び」が使われ、大きい接続の方には「並びに」が使われる。たとえば、「養子及びその配偶者並びに養子の直系卑属」（民法729条）のように用いる。「新郎及び新婦並びにご両家の皆様方」は正しいが、「新郎並びに新婦及びご両家の皆様方」はおかしい。

「～に係る・～に関する」

いずれも、ある事項につながりがあることを意味する用語であるが、「～に係る」は、「～に関する」よりも関係・つながりが直接的である場合に用いられる。たとえば、「商品の代価に係る債権」（民法173条1号）「使用人の給料に係る債権」（同174条1号）とは、「商品の代価」または「使用人の給料」に関係がある「債権」というより狭く、「商品の代価」または「使用人の給料」の目的あるいは内容となっている「債権」を指す。

「又は・若しくは」

選択的に段階なく並列された語句を接続する場合には、「又は」が用いられる。語句が2個のときは「又は」でつなぐ。3個以上のときは最後の2個の語句を「又は」でつなぎ、その他の接続は読点でつなぐこととされている。たと

えば、「本人、配偶者、四親等内の親族、未成年後見人、未成年後見監督人、保佐人、保佐監督人、補助人、補助監督人又は検察官」（民法7条）のように用いる。選択される語句に段階があるときは、段階がいくつあっても、一番大きな選択的連結に1回だけ「又は」を用い、その他の小さい選択には「若しくは」が重複して用いられる。たとえば、「法定代理人又は制限行為能力者の保佐人若しくは補助人」（同124条3項）のように用いる。「デザートは、バニラ若しくは抹茶のアイスクリーム又はクレームブリュレからお選びください」は正しいが、「デザートは、クレームブリュレ若しくはバニラ又は抹茶のアイスクリームからお選びください」はおかしい。

参 照 文 献

文献略称

幾代　　幾代通『民法総則　第 2 版〕』（青林書院、1984 年）

石田（喜）　石田喜久夫編『現代民法講義 1　民法総則』（法律文化社、1985 年）

石田（穣）　石田穣『民法総則』（悠々社、1992 年）

伊藤　　伊藤真・伊藤塾『泣き寝入りしないための民法相談室』（平凡社、2003 年）

内田　　内田貴『民法Ⅰ　第 4 版　総則・物権総論』（東京大学出版会、2008 年）

近江 0　　近江幸治『民法講義 0　ゼロからの民法入門』（成文堂、2012 年）

近江 I　　近江幸治『民法講義 I　民法総則　第 6 版補訂』（成文堂、2012 年）

加藤　　加藤雅信『民法総則　第 2 版』（有斐閣、2005 年）

川井　　川井健『民法概論①　民法総則　第 4 版』（有斐閣、2008 年）

川島　　川島武宜『民法総則』（有斐閣、1965 年）

公益法人　『改訂版新公益法人制度はやわかり』（公益法人協会、2008 年）

小林＝原　小林昭彦・原司『平成 11 年民法一部改正法等の解説』（法曹界、2002 年）

四宮＝能見　四宮和夫＝能見善久『民法総則　第 8 版』（弘文堂、2010 年）

小辞典　金子宏＝新堂幸司＝平井宜雄編集代表『法律学小辞典　第 4 版補訂版』（有斐閣、2008 年）

鈴木　　鈴木竹雄『商法研究Ⅰ　総論・手形法』（有斐閣、1981 年）

高橋　　高橋三知雄『代理理論の研究』（有斐閣、1976 年）

千葉＝潮見＝片山　千葉美恵子＝潮見佳男＝片山直也編『Law Practice 民法Ⅰ　総則・物権編　第 2 版』（商事法務、2014 年）

注釈民法(1)　谷口知平＝石田喜久夫編『新版　注釈民法(1)　総則(1)　改訂版』（有斐閣、2002 年）

注釈民法(2)　林良平＝前田達明編『新版注釈民法(2)　総則(2)』（有斐閣、1991 年）

注釈民法(3)　川島武宜＝平井宜雄編『新版注釈民法(3)　総則(3)』（有斐閣、2003 年）

注釈民法(4)　於保不二雄編『注釈民法(4)　総則(4)』（有斐閣、1967 年）

辻　　辻正美『民法総則』（成文堂、1999 年）

道垣内	道垣内弘人『ゼミナール民法入門 第4版』(日本経済新聞出版社、2008年)
能見＝加藤	能見善久＝加藤新太郎編『判例民法1』(第一法規、2009年)
鳩山	鳩山秀夫『日本債權法(總論)増訂改版』(岩波書店、1925年)
百年	広中俊雄＝星野英一編『民法典の百年Ⅰ』(有斐閣、1998年)
舟橋	舟橋諄一『民法総則 法律学講座』(弘文堂、1954年)
星野	星野英一『民法概論Ⅰ序論・総則 改訂版』(良書普及会、1993年)
星野論集	星野英一『民法論集 1巻』(有斐閣、1970)
穂積	穂積陳重『法窓夜話』(岩波文庫、1980年)
松坂	松坂佐一『民法提要総則 第3版増訂』(有斐閣、1982年)
森泉	森泉章『新・法人法入門』(有斐閣、2004年)
山本	山本敬三『民法講義1 総則 第3版』(有斐閣、2011年)
米倉	米倉明『民法講義 総則(1)』(有斐閣、1984年)
我妻	我妻栄『新訂民法総則』(岩波書店、1965年)
我妻＝有泉	我妻栄＝有泉亨＝清水誠＝田山輝明『我妻・有泉コンメンタール民法——総則・物権・債権 第2版追補版』(日本評論社、2010年)
我妻債権総論	我妻栄『新訂債権総論』(岩波書店、1964年)

雑誌略称

北法　北大法学論集

法政　法政研究

東京外国語大学論集

早誌　早稲田法学会誌

熊法　熊本法学

学習院大法学部研究年報

神戸　神戸法学雑誌

法協　法学協会雑誌

ジュリ　ジュリスト

ジュリ増刊　ジュリスト増刊号

別冊ジュリ　別冊ジュリスト

別冊法セ　別冊法学セミナー

法教　法学教室

判時　判例時報

判タ　判例タイムズ

民百選Ⅰ　民法判例百選Ⅰ

民百選Ⅴ　民法判例百選Ⅴ
家族百選　家族法判例百選
法時　法律時報
重判　重要判例解説
曹時　法曹時報

主要判例索引

大刑判明 36・5・21 刑録 9・874　　210
大判明 38・5・11 民録 11・706　　71, 73
大判大 3・10・27 民録 20・818　　249
大判大 4・5・12 民録 21・612　　72, 75, 80
大判大 5・1・21 民録 22・25　　248
大判大 6・2・24 民録 23・284　　299
大判大 6・4・30 民録 23・715　　72
大判大 8・3・3 民録 25・356　　44
大判大 8・8・1 民録 25・1413　　351, 352
大判大 10・6・2 民録 27・1038　　249
大判大 13・10・7 民集 3・476　　213, 219
大判昭 7・3・5 新聞 3387・14　　368
大判昭 7・5・27 民集 11・1069　　191
大判昭 7・10・6 民集 11・2023　　64
大判昭 7・10・26 民集 11・1920　　440
大判昭 9・5・1 民集 13・875　　259
大判昭 9・9・15 民集 13・1839　　463
大判昭 9・11・1 民集 13・1963　　526
大判昭 10・4・25 新聞 3835・5　　268
大判昭 10・10・1 民集 14・1671　　222
大判昭 10・10・5 民集 14・1965　　43
大判昭 13・2・7 民集 17・59　　126, 129
大判昭 13・3・30 民集 17・578　　258, 265, 266
大判昭 19・6・28 民集 23・387　　244
大連判昭 19・12・22 民集 23・626　　424, 427

最判昭 28・4・23 民集 7・4・396　　67
最判昭 30・10・7 民集 9・11・1616　　263, 433
最判昭 33・6・14 民集 12・9・1492　　303, 313, 314
最判昭 34・2・20 民集 13・2・209　　490
最判昭 35・2・19 民集 14・2・250　　412, 413
最判昭 35・3・18 民集 14・4・483　　254
最判昭 35・3・22 民集 14・4・551　　118, 119
最判昭 35・7・27 民集 14・10・1871　　506, 519, 520
最判昭 35・10・21 民集 14・12・2661　　406
最判昭 36・11・30 民集 15・10・2629　　346
最判昭 37・4・20 民集 16・4・955　　391, 392
最判昭 37・8・10 民集 16・8・1700　　375, 376

最判昭 39・5・23 民集 18・4・621　　408
最判昭 39・10・15 民集 18・8・1671　　169, 170, 171
最判昭 40・3・9 民集 19・2・233　　44
最判昭 40・5・4 民集 19・4・811　　228
最判昭 40・6・18 民集 19・4・986　　383, 384, 387, 396
最判昭 40・9・10 民集 19・6・1512　　307
最判昭 41・1・20 民集 20・1・22　　271
最判昭 41・4・20 民集 20・4・702　　485, 486
最判昭 41・4・22 民集 20・4・752　　410
最判昭 41・4・26 民集 20・4・826　　381, 393, 394
最判昭 41・4・26 民集 20・4・849　　185
最判昭 42・4・20 民集 21・3・697　　363
最判昭 42・7・21 民集 21・6・1643　　504, 505, 519
最判昭 43・3・15 民集 22・3・587　　315
最判昭 43・10・8 民集 22・10・2172　　83
最判昭 43・10・17 民集 22・10・2188　　288, 289
最判昭 44・2・13 民集 23・2・291　　112, 114
最判昭 44・3・28 民集 23・3・699　　228, 229
最判昭 44・5・27 民集 23・6・998　　283
最判昭 44・11・4 民集 23・11・1951　　170, 176
最判昭 44・12・18 民集 23・12・2476　　418, 420, 421, 422
最判昭 45・3・26 民集 24・3・151　　304, 307
最判昭 45・6・24 民集 24・6・625　　182
最判昭 45・7・24 民集 24・7・1116　　274, 277, 278
最判昭 45・7・28 民集 24・7・1203　　408, 425
最判昭 45・9・22 民集 24・10・1424　　286, 287
最判昭 46・6・3 民集 25・4・455　　414
最判昭 47・3・9 民集 26・2・213　　226
最判昭 47・6・2 民集 26・5・957　　176, 177
最判昭 48・7・3 民集 27・7・751　　392, 393
最判昭 48・10・9 民集 27・9・1129　　175
最判昭 49・9・26 民集 28・6・1213　　318
最判昭 50・11・21 民集 29・10・1537　　495, 496
最判昭 50・12・24 民集 30・11・1104　　216
最判昭 51・4・9 民集 30・3・208　　372
最判昭 51・6・25 民集 30・6・665　　416
最判昭 52・12・12 集民 122・323　　211
最判昭 53・3・6 民集 32・2・135　　508, 509
最判昭 55・2・8 判時 961・64　　172
最判昭 55・2・8 判時 961・69　　172
最判昭 55・2・8 民集 34・2・138　　170
最判昭 56・3・24 民集 35・2・300　　47, 263
最判昭 57・10・19 民集 36・10・2163　　467

最判昭 60・11・29 民集 39・7・1760　　200
最判昭 61・3・17 民集 40・2・420　　472
最判昭 61・6・11 民集 40・4・872　　45
最判昭 61・11・20 民集 40・7・1167　　256
最判昭 61・12・16 民集 40・7・1236　　211, 219
最判昭 62・2・20 民集 41・1・159　　245
最判昭 62・6・5 集民 151・135　　522, 523
最判昭 62・7・7 民集 41・5・1133　　377, 379, 380, 402
最判平元・9・14 集民 157・555　　299
最判平 4・12・10 民集 46・9・2727　　363, 364
最判平 5・1・21 民集 47・1・265　　385, 388
最判平 6・2・22 民集 48・2・441　　530
最判平 6・5・31 民集 48・4・1029　　457, 458
最判平 6・9・13 民集 48・6・1263　　69, 396
最判平 8・3・19 民集 50・3・615　　186, 187
最判平 10・6・11 民集 52・4・1034　　323, 324
最判平 10・7・17 民集 52・5・1296　　388, 389
最判平 11・2・23 民集 53・2・193　　251, 252
最判平 11・7・16 労働判例 767・14　　45
最判平 11・10・21 民集 53・7・1190　　477
最判平 14・3・28 民集 56・3・662　　43
最判平 14・4・25 判タ 1091・215　　187
最判平 15・4・18 民集 57・4・366　　258
最判平 18・2・23 民集 60・2・546　　291
最判平 18・11・27 民集 60・9・3732　　259
最決平 19・3・23 民集 61・2・619　　14, 256
最判平 20・10・3 集民 229・1　　118
最判平 21・4・28 民集 63・4・853　　538
最決平 23・7・8 公刊物未搭載　　115
最判平 23・10・18 民集 65・7・2899　　374

東京高判平 22・12・8 金商 1383・42　　114
熊本地判昭 48・3・20 判時 696・15　　194
大阪地判平 22・5・25 判時 2092・106　　263

事項・人名索引

ア

相手方の悪意・過失　307
相手方の催告権　109, 376
相手方の取消権　377
相手方の保護　109
遺言執行者　157
意志　69
意思主義　267
意思能力　67
　——と行為能力との関係　79
　——の相対性　69
　——のない者の行為　73
意思の欠缺　268, 271
意思の不存在　366
意思表示　267
　——の効力発生　322
　——の受領能力　326
　——の到達　324
意思無能力の効果　71
遺贈　238
一部請求　490
一物一権主義　212
一部無効　433
一般財団法人　157, 205
一般社団法人　155, 195
一般条項　42
一般法　7
一般法人　145
委任　341, 343
委任財産管理人　122
遺留分減殺請求権　325
飲食契約　4
隠匿行為　282
請負　347
宇奈月温泉事件　43
売渡担保　319
永小作権　522

カ

営利法人　146
援用権者　474
援用権の喪失　484
援用権の代位行使　479
援用権の濫用　481
援用の効果　480
援用の撤回　480
援用の方法　478
応訴　490
大岡裁き　12
沖縄の門中　172
御仕置類例集　14

カ

外界の一部　211
改革後の制度の概要（法人制度改革）
　151
外観信頼保護法理　284
外国法人　145
解除　435
解除条件　449
　——説　63
学説　21
確定期限　461, 465
確定的無効　432
瑕疵ある意思表示　268, 271, 368
瑕疵担保責任　312
果実　229
過失責任主義　23
肩書き等の付与　404
家庭裁判所が選任した管理人　121
金沢セクハラ事件　45
カフェー丸玉事件　268
可分債権・可分債務　487
貨幣　225
仮差押え等　498
仮住所　120
仮登記　288

事項・人名索引

簡易の引渡し　358
慣習　246
慣習法　19
間接代理　340
期間　466
機関　195
企業責任論　194
期限　461
期限付法律行為　462
期限の始期　462
期限の終期　462
期限の利益　462
　　——喪失約款付割賦払債権　527
　　——の喪失　463
　　——の放棄　463
既成条件　460
期待権の保護　455
寄託　239
基本代理権　411
94条2項・110条の類推適用　291
　　——が併用されるケース　287
94条2項の類推適用　287, 293
旧民法　30
強行規定　251
強行法規違反の法律行為の効力　252
強制主義　154
行政庁による監督　164
供託　336
共同代理　355
強迫　319
許可主義　154
　　——から準則主義へ　155
虚偽の外観を作出したケース　285
虚偽の外観を了承・放置していたケース
　　286
虚偽表示　275
　　——の撤回　283
居所　120
銀行取引約定書　464
禁反言の原則（禁反言）　400
組合　347
　　——との異同　168
栗尾山林事件　213

芸娼妓契約　262
形成権　25
契約自由の原則　22
　　——の修正　25
契約締結上の過失　312
契約の無権代理　236, 373
権限外の行為による表見代理　411
権限の定めのない代理権の範囲　354
原始取得　222
現実の引渡し　358
原状回復請求権・現存利益返還請求権
　　446
現代語化　48
建築中の建物　222
限定承認　389
元物　229
顕名主義　335
権利失効の原則　540
権利の上に眠るものは保護に値せず
　　469
権利能力　59, 165
　　——の始期　62
　　——の終期　65
　　——のない社団・財団　166
　　——のない社団の成立要件　171
　　——のない社団の財産の帰属　173
　　——のない社団の取引上の債務　175
　　——のない社団の債務と責任　175
　　——平等の原則　60
権利の客体　209
権利濫用の禁止　41, 42
小石川久堅町地代値上事件　249
故意の条件成就　457, 458
行為規範　7
行為能力　74
　　——制度の趣旨　74
公益認定基準　162
公益認定等委員会　164
公益法人　145
公益法人制度　159
　　——改革　149
　　——改革関連法　150
公益法人の事業活動　163

553

公益法人の認定　159
公益目的事業　161
更改　304
公共の福祉　42
後見　87
後見開始の審判　91
後見等の登記　107
後見人の追認拒絶　69
公示　218
公示の方法による意思表示　325
公序良俗　255
公信力　285
公正証書　79
合同行為　237
公法人　144
合有　174
国民道徳　35
後婚有効説　130
個人の尊厳　42, 45
誤認・困惑　322
小間物屋政談　134

サ

在学契約　3
債権　50
債権以外の財産権の消滅時効　534
債権行為　237
債権者代位権　246, 479
債権譲渡　237
債権の消滅時効　526
債権法改正　48
催告　493
財産拠出の履行　159
財産行為　238
裁判規範　7
裁判上の請求　489, 497
裁判上の無効　432
債務名義　459
詐害行為取消権　283, 284
詐欺　315
先取特権　218
詐欺における善意の第三者の登記の必要性　318

錯誤　295
錯誤（法律行為の要素）　299
錯誤無効主張者の損害賠償義務　311
差押え・仮差押え・仮処分　495
差押え等　498
指図による占有移転　358
死因贈与　238
塩釜レール入事件　249
私権　24
私権の公共性　41
時効　469
時効援用の効果　472
時効完成後の債務承認　486
時効完成後の放棄　483
時効完成前の放棄の禁止　482
時効の援用　470
──権者　477
時効の完成　471
時効の中断　488
時効の停止　499
時効利益の放棄　482
自己契約・双方代理の禁止　359
死後行為　238
自己の物の時効取得　505
事実的契約関係　76
事実問題　243
使者　342
事情変更の原則　314
自然的計算方法　466
自然法的思想の衰退　32
実現可能な事実　450
執行文　459
失踪宣告　122
──の効果　125
──の手続　124
──の取消し　126
実体法　97
実定法　142
支払督促　492
私法人　144
事務管理　71, 235
社員　157
社会的作用説　144

事項・人名索引

主位的請求　259
住所　116
自由心証主義　474
重大な過失　305
従物　226
授権　343
受胎馬錯誤事件　298
主たる債務者　85
出捐　142
出世払い　451
受動代理　331
取得時効期間　506
取得時効と登記　519
取得者善意説　129
主物　226
準消費貸借契約　184
純粋随意条件　453, 460
準則主義　155
準物権　524
準物権行為　237
準法律行為　234
準用　132
条件付法律行為の効力　454
証券取引における損失保証契約　258
条件に親しまない行為　454
譲渡担保　255
承認　496
消費者契約法　264, 321
消費者の誤認による取消し　321
消費者の困惑による取消し　321
消費貸借契約　184
消滅時効　10, 446, 447, 525
　──期間　531
　──類似の制度　537
将来の事実　450
条理　20
除斥期間　537
所有権以外の財産権の取得時効　521
所有権絶対の原則　22
　──の修正　23
所有権の取得時効　501
事理弁識能力　88
信義誠実の原則　41, 42

信義則（条理）　42, 249
信玄公旗掛松事件　44
人権を侵害する行為　262
信託　344
信託行為　239
じん肺罹患による損害賠償請求権　530
審判　90
信頼利益　382
心裡留保　272
人倫に反する行為　256
推定する　56
請求　489
制限行為能力者　75
　──の取消権　447
清算法人　189
正常に形成されない意思表示　271
性状の錯誤　302
生前行為　238
成年後見制度　76
成年後見人　93
成年被後見人　89
成否未定の事実　452
成文法主義　16
成立要件（法人の不法行為責任）　189
責任財産　168
絶対的構成説　129
絶対的無効　432
絶対無効説　72
設立時役員（理事）　156, 158
善管注意義務（善良な管理者としての注意
　義務）　93
前主の無過失と10年の取得時効　509
先占　235
選択債権　251
占有改定　358
占有　501
相続発生前に本人が追認を拒絶した場合　388
相対的構成説　129
相対的無効　311, 432
相対無効説　72
双方善意説　128
総有　174

555

贈与契約　　4
遡及効　　439
即時取得　　225
組織体説　　144

タ

体外受精生殖補助医療　　14
対抗要件具備　　280
第三者が双方の地位を承継した場合　　394
第三者の詐欺　　316
第三者のためにする契約　　343
第三者の保護　　277
胎児の権利能力　　62
代襲相続　　133, 389
代替物　　217
代表　　342
代表理事の個人責任　　191
代表理事の代表権の制限と民法110条　　200
代物弁済　　304
大陸法　　16
代理権授与行為　　349
　　——の方式　　353
代理権授与表示による表見代理　　403
代理権消滅後の表見代理　　423
代理権の消滅　　361
代理権の発生原因　　345
　　——任意代理の場合　　346
　　——法定代理の場合　　345
代理権の本質　　344
代理権の濫用　　362, 363
代理行為の瑕疵　　366
代理占有　　342
代理と類似の制度　　340
代理人による法律行為　　333
代理人の権利・義務　　355
代理人の不法行為　　369
代理の効果　　339
代理の社会的機能　　329
代理の法的性質　　332
代理の認められる範囲　　340
代理母　　14

脱法行為　　254
建物　　219
他人の権利の処分と追認　　376
短期消滅時効　　445
男女平等　　42, 46
単独行為　　236
担保物権　　524
地益権　　522
地上権　　522
中間法人　　146
長期消滅時効　　445
直接取引　　456
賃借権の時効取得　　523
賃貸借契約の終了と転借人への対抗　　43
賃貸借媒介契約　　3
追完　　228
追認の拒絶　　376
定款の作成　　155, 157
停止条件　　449
　　——説　　63
抵当権　　85
適法な事実　　452
適用　　131
撤回　　435
手続法　　97
電気需給契約　　4
典型契約　　348
電子消費者契約　　306
転得者の保護　　365
天然果実　　230
転付命令　　375, 463
ドイツ民法　　37
問屋　　347
同一性の錯誤　　301
登記　　156, 159
動機錯誤否定説　　298
動機の錯誤　　297
動機の不法　　264, 266
動機表示必要説　　298
東京地裁厚生部事件　　406
動産　　217, 224
同時死亡の推定　　132
当事者の意思　　243

事項・人名索引

同時履行の抗弁権　441
当然設立主義　155
当然無効　432
到達主義　322
到来確実な事実　461
特定の法律行為の委託　369
特定物　217
特別失踪　123
特別法　8
　——による公益法人・NPO法人　147
　——は一般法に優先　9
特別養子縁組　14
特有財産　300
特例民法法人　152
土地　218
土地の定着物　219
特許主義　154
取消し　435
取消権　446
　——者　436
　——の行使期間　444
　——の剥奪　111
取消しの効果　439
取消しの方法　439
取り消すことができる行為の追認　441
取締法規違反と私法上の効力　253
取締法規違反の法律行為の効力　254

ナ

内国法人　145
内心の意思の不一致　244
内容の錯誤　296
日産自動車事件　47
任意規定　245
任意後見監督人　106
任意後見契約の終了　107
任意後見契約の締結　105
任意後見契約法　104
任意後見制度　78, 103
任意後見人　106
任意代理　330, 346
任意代理権の範囲　354
認可主義　154

認証主義　154
認知　63
認定死亡制度　67, 131
根抵当権　365
能動代理　331

ハ

配当要求　493
売買契約　4
白紙委任状と代理権授与表示　408
白紙委任状の流用　407
破産・民事再生・会社更生手続参加　493
発信主義　325
阪神電鉄事件　64
反対解釈　55
反対給付　454
パンデクテン体系　51
判例法　19
　——主義　16
非典型契約→無名契約
ひな人形　504
被保佐人　89
被補助人　90
表意者に重大な過失がないこと　305
表権代理制度　399
表見代理と無権代理　401
表見代理の重畳適用　425
表見代理の法的性質　400
表示行為の錯誤　296
表示主義　267
表示の錯誤　296
夫婦間の日常家事　418
不確定期限　461, 465
復代理　369
復代理当事者間の法律関係　371
復代理人が受領物を引き渡すべき相手方　371
復任権とその責任　370
不行使に基づく取消権の消滅　444
不在者　120
不真正連帯債務　191
不正行為に関連する行為　257

557

普通失踪　123
物権　50
物権行為　237
物権的請求権　356
不動産　217, 218
　　——仲介契約　456
　　——の登記　176
不当利得　71
不当利得の返還義務　439
不能条件　460
不法条件　460
不法原因給付　256
不法行為　71
扶養義務　3
不要式行為　238
不倫な関係にある女性に対する包括遺贈　256
文理解釈　54
法外観の理論　400
放棄の能力と権限　484
法源　15
法人格否認の法理　147
法人擬制説　143
法人実在説　144
法人制度改革　149
法人設立の諸主義　153
法人の意義　141
法人の合併・解散・清算　207
法人の行為　178
法人の種類　144
法人の代表者　365
法人の不法行為責任　188
法人の不法行為能力　189
法人の目的　179
法人の目的と団体の性質　187
法人否認説　143
法人法定主義　153
法人本質論　142
法定果実　230
法定後見制度　78
　　——3類型　89
法定条件　453
法定代理　330, 345

法定代理権の範囲　354
法定追認　442
法的三段論法　55
法典論争　31, 32
暴利行為　259
法律学派　31
法律行為自由の原則　240
法律行為の意義　234
法律行為の解釈　242
　　——と任意規定　245
法律行為の自由の制約　241
法律行為の種類　236
法律行為の成立要件　250
法律行為の有効要件　250
法律効果　233
法律状態にかかる錯誤　304
法律上の代理　330
法律問題　243
法律要件　233
保佐　95
補助　100
保証　85
北方ジャーナル事件　45
本登記　288
本人が無権代理人の地位を承継した場合　390
本人の無権代理人相続　391

マ

未確定無効　432
未成年者　80
　　——が単独で法律行為をすることができる場合　81
未成年の行為能力　81
みなす　56
身分行為　238
未分離の果実　224
民刑峻別　7
民事特別法　17
民法出デテ忠孝亡ブ　34
民法規範　7
民法94条2項の類推適用　287, 293
民法94条2項・110条の類推適用　291

民法上の代理　330
民法典論争　33
民法109条と110条の重畳適用　425
民法110条と112条の重畳適用　427
民法110条の基本代理権（事実行為）　413
民法110条の正当理由の判断　416
無因行為　238
無過失責任主義　26
無記名債権　224
無権代理　332, 372
無権代理人が本人から譲渡により権利を取得した場合　393
無権代理人が本人の後見人に就任した場合　396
無権代理人が本人の地位を相続した場合　382
無権代理人の責任　377, 380
無権代理人の本人相続（共同相続の場合）　385
無権利者を委託者とする販売委託契約の所有者による追認の効果　374
無権利法理　280
無効　72, 431
無効行為の追認　432
無効行為の転換　434
無効の主張者　307
無償行為　239
無体財産権　524
無名契約　348
名義貸し　404
明治14年の政変　36, 38
明治民法　35
明認方法　223
目的の確定性　250
目的の実現可能性　251
目的の社会的妥当性　255
目的の適法性　251
目的の範囲内の判断基準　181
目的物に関連しない錯誤　301
物　209
物の分類　216
物の要件　209

ヤ

野球場　221
役員等の法人に対する責任　191
役員等の損害賠償責任　203
八幡製鉄政治献金事件　182
有因行為　238
優越的地位の濫用　263
有機体説　144
有権代理　332
有償行為　239
有体性・支配可能性　209
有名契約→典型契約
要式契約　250
要式行為　238
要物契約　250
要素の錯誤　301
予備的請求　259

ラ

履行利益　382
立木　223
旅客運送契約　4
類推解釈　55
類推適用　131
暦法の計算方法　467
連帯債務　191
連帯保証　85
労働契約　4
ローマ法　49
　──継受　50
論理解釈　54

ワ

和解　314
　──および調停の申立て　492
別れさせ屋　261

人名

梅謙次郎　34
江藤新平　27
大岡越前守忠相　12

サヴィニー（Friedrich Karl von Savigny） 32
ティボー（Anton Friedrich Justus Thibaut） 32
テヒョー（Hermann Techow） 39
富井政章 34
ボアソナード（Gustave E. Boissonade） 29

穂積陳重 34
穂積八束 34
箕作麟祥 28
ルドルフ（Otto Rudorff） 39
ロエスレル（Karl Friedrich Hermann Roesler） 38

条文索引

民 法
1条1項　24, 25, 42
1条2項　26, 42
1条3項　26, 42
2条　42
3条　233
3条1項　60, 62
3条2項　60, 165
5条　75, 429, 436
5条1項　81, 86
5条1項ただし書　81
5条2項　81, 85
5条3項　82
6条　75
6条1項　82
6条2項　82
7条　75, 87, 89
9条　90, 429, 436
9条ただし書　90
10条　95, 436
11条　75, 95, 96
12条　95, 96, 98
13条　429, 436
13条1項　96
13条1項1号　96
13条1項2号　96
13条1項3号　97
13条1項4号　97
13条1項5号　97
13条1項6号　97
13条1項7号　98
13条1項8号　98
13条1項9号　96, 98
13条2項　96
13条2号　98
13条3項　99
13条4項　98
14条1項　99

14条2項　99
15条　75
15条1項　100
15条2項　100
15条3項　101
16条　101
17条1項　101
17条2項　101
17条4項　101
18条1項　102
18条2項　102
18条3項　102
20条　109, 233, 234
20条1項　75, 110
20条2項　110
21条　109, 113
22条　117
23条1項　120
23条2項　120
23条2項ただし書　120
24条　120
25条　116, 331, 345
25条1項　121
25条2項　121
26条　122, 331, 345
27条2項　122
27条3項　122
28条　121, 354, 355
29条1項　121
29条2項　121
30条　116, 233
30条1項　123
30条2項　123
30条-32条　122
32条　234, 436
32条1項　126, 128, 130, 131
32条2項　126, 131
32条2項ただし書　126

561

32条の2	133	99条	60, 332, 339
33条	153	99条1項	331, 335
34条	166, 180, 181	99条2項	331
35条1項	145	100条	335
35条2項	145	101条	332
85条	209	101条2項	369
86条	66, 216	102条	86, 333, 334
86条1項	218	103条	332, 355
86条2項	224	103条1号	354
86条3項	224	103条2号	354
87条	216	104条	330, 346, 370
87条1項	226	104条-106条	356
87条2項	226, 228	106条	371
88条	216	107条	332
88条1項	230	107条1項	370, 371
88条2項	230, 231	107条2項	371
89条	216	108条	356, 359
90条	256, 264, 265, 353, 429	109条	284, 353, 399, 403, 408, 409, 425
91条	243	109条ただし書	294
92条	19, 246	110条	192, 200, 284, 288, 289, 317, 332, 363, 378, 399, 411, 412, 417, 425
93条	271, 274, 366		
93条-95条	429	111条1項2号	92
93条ただし書	201, 273, 274, 362, 365, 367	111条2項	330, 346
		112条	353, 378, 399, 423, 424, 426
94条	234, 271	113条	373, 432
94条1項	276, 282, 366	113条1項	373, 432
94条2項	273, 277, 279, 280, 283, 286, 288, 289, 293, 365, 367, 430, 432	113条2項	373
		114条	376
95条	271, 366	115条	435, 533
95条ただし書	304, 305, 307, 430, 432	116条	373, 374, 430, 432
96条	271, 429	116条ただし書	375
96条1項	315, 317, 438	117条	377, 385
96条2項	316	117条1項	377, 381, 390, 398
96条3項	317, 430, 439	117条2項	378, 388
97条	323	119条	72, 432
97条1項	497	120条	25, 99, 109, 436, 441
97条2項	323	120条1項	81, 86, 101
98条の2	92, 327	120条2項	438
98条1項	326	121条	439
98条2項	326	121条ただし書	440
98条3項	326	122条	99, 110, 441
98条3項ただし書	326	122条ただし書	442
98条5項	326	123条	439, 441

124条1項	442	154条	496
124条2項	442	156条	484, 497
124条3項	442	157条1項	488, 497
125条	109, 443	157条2項	497
125条1号	443	158条1項	499
125条2号	443	158条2項	499
125条3号	443	159条	499
125条4号	443	160条	500
125条5号	443	161条	500
125条6号	444	162条	233, 470, 471, 501
125条ただし書	444	162条1項	507
126条	79, 109, 445, 535	162条2項	508
127条1項	454	163条	470, 471, 501, 521
127条2項	454	164条	488, 506, 520
127条3項	454	165条	488
128条	450, 455	166条	525
129条	452, 455	167条	470, 471
130条	455, 457	167条1項	440, 531
131条1項	450	167条2項	534
131条2項	450	168条	532
131条3項	450	168条1項	532
132条	429	169条	10, 532
133条1項	450	170条1号	532
133条2項	433, 450	170条2号	532
134条	453	171条	532
136条1項	462	172条	532
136条2項	463	173条1号	532
137条	463	173条2号	532
141条	467	173条3号	532
143条1項	467	174条1号	533
143条2項	467	174条2号	533
144条	487, 525, 539	174条3号	533
145条	10, 470, 478	174条4号	483, 533
146条	539	174条5号	533
147条	488	174条の2	484
147条1号	489	174条の2第1項	533
147条2号	495	177条	217, 238
147条3号	483, 496	178条	217, 224
149条	489	180条	1, 234, 501, 537
150条	492	181条	342, 501, 537
151条	492	183条	342
152条	493	184条	342
153条	234, 493	186条	502

186条2項	506	525条	323
187条1項	507, 511	526条1項	325
187条2項	515	526条2項	325
192条	224, 225, 284, 537	528条	434
193条	538	533条	25
200条	507	537条-539条	343
201条1項	520	539条	239
203条	507	540条	25, 236, 535
203条ただし書	520	541条	234
204条	342	550条	238, 270, 435, 436
207条	218	554条	238
239条	235	555条	233
240条	235	556条	279, 535
241条	235	559条	279
265条	521, 534	566条1項	313
270条	521, 534	570条	313
280条	521, 534	580条	535
289条	525	593条	239
304条	233	601条	239
360条1項	433	602条	98
370条	220	632条	347, 358
400条	239	643条	341
406条	251	643条-656条	341
411条	251	644条	121, 341
412条1項	461	646条	121, 341, 357
412条2項	461	646条2項	341
412条3項	234, 527	647条	121
415条	233, 312	648条	358
423条1項	479	650条	122, 358
423条1項ただし書	480	653条	107
424条	435, 436	653条3号	92
424条-426条	284	659条	239
439条	480	667条	168, 347
452条	25, 536	668条	169
453条	25, 536	675条	169
457条1項	498, 533	695条	314
466条	237	696条	315
467条	224, 233	697条	71, 233, 235, 346
484条	116	703条	60, 71, 127, 398
508条	488	704条	127
513条1項	304	708条	256, 262, 265, 277
519条	236, 237	709条	17, 71, 190, 191, 233, 312
523条	434	713条	89

715 条	6, 26, 189, 194		859 条 2 項	94
715 条 1 項	194		859 条の 3	94
721 条	63		864 条	94
722 条 2 項	366		865 条	435
724 条	539		869 条	93
731 条	86		876 条の 4 第 1 項	96, 99
737 条	86		876 条の 4 第 2 項	101
739 条	238		876 条の 4 第 3 項	99
743 条	435, 436		876 条の 5 第 1 項	99, 101
748 条	436		876 条の 7 第 1 項	101
753 条	86		876 条の 9 第 1 項	101
754 条	430, 436		882 条	66, 233
761 条	418		883 条	116
764 条	436		884 条	539
770 条 1 項 4 号	91		886 条-890 条	165
770 条 1 項 5 号	131		886 条 1 項	63
780 条	86		900 条	132
803 条	436		901 条	132
808 条	436		918 条 2 項	346
818 条	81, 331, 345		918 条 3 項	346, 355
819 条 1 項	331, 345		922 条	170
819 条 2 項	331, 345		941 条	170
819 条 3 項ただし書	345		951 条	155, 166
819 条 3 項	345		952 条	331, 346, 500
819 条 4 項	345		953 条	355
819 条 5 項	346		959 条	165
819 条 6 項	346		960 条	236
823 条 2 項	82		961 条	86
824 条	81, 354		967 条	238
824 条ただし書	94, 354		971 条	434
826 条	354, 356		990 条	536
839 条	81, 331, 345		1027 条	436
840 条	81, 331, 346		1042 条	536, 539
842 条	93			
843 条	93, 346		民法旧 11 条	95
843 条 3 項	93		民法旧 44 条 1 項	189
843 条 4 項かっこ書	93		民法旧 44 条 2 項	191
847 条	93		改正前民法 68 条 1 項 4 号	164
849 条の 2	95		改正前民法 71 条	164
851 条	95			
857 条	82		**一般法人法**	
859 条	81, 354		5 条	156, 158
859 条 1 項	94		10 条	155, 238

11 条　　156	77 条 1 項　　197
11 条 2 項　　156	77 条 2 項　　197, 355
13 条　　156	77 条 3 項　　198
14 条　　156	77 条 4 項　　198
16 条 1 項かっこ書　　201	77 条 5 項　　198
20 条 1 項　　156	78 条　　188, 189, 190, 191, 192, 201, 342
20 条 2 項　　156	79 条 2 項　　189
22 条　　156	80 条 1 項　　189
23 条　　156	83 条　　198
27 条　　157	84 条 1 項　　198
28 条　　157	84 条 2 項　　198
29 条　　157	85 条　　198
30 条 1 項　　195	88 条 1 項　　198
31 条　　157	90 条 1 項　　201
35 条 1 項　　195	90 条 2 項　　201
35 条 3 項　　195	90 条 3 項　　201
35 条 4 項　　195	91 条 1 項　　201
37 条 1 項　　195	91 条 2 項　　201
37 条 2 項　　196	92 条 1 項　　201
39 条　　234	93 条 1 項　　202
39 条 1 項　　196	93 条 2 項　　202
39 条 1 項ただし書　　196	95 条 1 項　　202
48 条 1 項　　196	95 条 2 項　　202
48 条 1 項ただし書　　196	99 条 1 項　　202
48 条 2 項　　196	99 条 2 項　　202
49 条 1 項　　196	100 条　　202
49 条 2 項　　196	101 条 1 項　　202
50 条 1 項　　196	102 条　　203
50 条 2 項　　196	103 条　　202
57 条 1 項　　196	104 条 1 項　　202
57 条 2 項　　196	107 条 1 項　　203
57 条 3 項　　196	107 条 2 項　　203
60 条 1 項　　197	108 条 1 項　　203
60 条 2 項　　197, 201, 202, 203	108 条 2 項　　203
61 条　　202, 203	109 条　　234
63 条 1 項　　195, 196, 197	111 条 1 項　　203
64 条　　196	111 条 2 項　　203
65 条 1 項　　197	112 条　　204
66 条　　197	113 条　　204
66 条ただし書　　197	113 条 1 項　　195
70 条 1 項　　195, 196, 197	116 条 1 項　　204
76 条 1 項　　197	116 条 2 項　　204
76 条 2 項　　197	116 条 2 項柱書ただし書　　204

117条1項　191
117条2項　191
118条　192, 204
119条　204
120条　204
121条　204
122条　204
123条　204
124条　204
126条2項　195
128条　205
131条　205
141条1項　205
143条　205
146条　195
147条　195
147条3号　234
148条3号　195
149条　208
150条　195
152条　237
152条1項　157
152条2項　157
153条1項　157, 158
153条1項8号　205
153条2項　159
153条3項1号　158
153条3項2号　158
155条-157条　158
157条1項　159
159条　156
159条1項　158
161条1項　158
161条2項　159
163条　159
164条　159
166条　159
166条1項　206
166条2項　206
167条　206
169条　206
170条　205
171条　205

173条2項　205
173条3項　205
174条1項　205
178条1項　205
178条2項　205
184条　206
187条　206
188条　206
189条1項　206
190条　206
191条　206
192条　206
193条　206
194条　206
195条　206
197条　188, 206
198条　191, 206
199条　206
200条1項　158
200条3項　158
203条　208
206条　208
207条　208
208条1項　208
212条　208
214条1項　189
215条1項　208
242条　207
243条1項　207
243条2項　207
247条　195
251条1項　195
257条　195
261条　207
301条1項　157
301条2項　157
302条1項　159
302条2項　159

公益法人法

1条　159
2条4号　161
5条　162, 163

5条17号　　164
17条　　163
18条　　163
27条　　164
28条　　164
29条　　164
29条5項　　164
43条1項　　164
46条　　165
47条　　165
50条　　165
59条　　165

任意後見契約法
2条1項　　105, 106
3条　　105
4条1項　　106
4条3項　　106
5条　　106
7条1項　　107
7条2項　　107
8条　　106, 107

9条1項　　107
9条2項　　107
10条1項　　105
10条3項　　105, 107
11条　　106

信託法
2条1項　　344
3条1号　　344
3条3号　　238
7条　　334
56条1項2号　　92

法適用通則法
3条　　19, 247

憲法
29条　　23

大日本帝国憲法
27条1項　　22

著者略歴

新井 誠（あらい まこと）
中央大学法学部教授・筑波大学名誉教授・日本成年後見法学会理事長。
1973年、慶應義塾大学法学部卒業。1979年、法学博士（ミュンヘン大学）。
2006年、フンボルト賞受賞。
主要著書に、『信託法 第4版』（有斐閣）、『高齢社会の成年後見法 改訂版』（有斐閣）、『成年後見と医療行為』（編著、日本評論社）、『成年後見法制の展望』（共編著、日本評論社）、『信託法制の展望』（共編著、日本評論社）、『新信託法の基礎と運用』（編著、日本評論社）、『信託制度のグローバルな展開』（編訳、日本評論社）、『ドイツとヨーロッパの私法と手続法』（監訳、日本評論社）、『ドイツ社会法の構造と展開』（監訳、日本評論社）、『成年後見法における自律と保護』（日本評論社）、『信託と相続の社会史』（監訳、日本評論社）など。

岸本 雄次郎（きしもと ゆうじろう）
立命館大学大学院法学研究科教授。
早稲田大学大学院法学研究科修士課程修了。博士（法学、筑波大学）。
1985年早稲田大学法学部卒業後、住友信託銀行（現・三井住友信託銀行）入社。ルクセンブルク住友信託銀行（現・ルクセンブルグ三井住友信託銀行）副社長、シティバンク東京支店（現・シティバンク銀行株式会社）コンプライアンス・ディレクター等を経て現職。
主な著書に、『大岡裁きの法律学』（日本評論社）、『信託制度と預り資産の倒産隔離』（日本評論社）、『TRUST LAW IN ASIAN CIVIL LAW JURISDICTIONS, A Comparative Analysis』（共著、Cambridge University Press）、『コンメンタール信託法』（共著、ぎょうせい）、『ドイツ法の継受と現代日本法』（共著、日本評論社）など。

民法総則
みんぽうそうそく

2015年3月25日　第1版第1刷発行
2018年3月10日　第1版第3刷発行

著　者　新井　誠／岸本　雄次郎
発行者　串崎　浩
発行所　株式会社日本評論社
　　　　〒170-8474　東京都豊島区南大塚3-12-4
　　　　電話　03-3987-8621　FAX　03-3987-8590
　　　　振替　00100-3-16　　http://www.nippyo.co.jp/
印刷所　平文社
製本所　難波製本
装　幀　銀山　宏子
挿　画　服部　繭子

© 2015 ARAI Makoto／Y.Kishimoto 検印省略
ISBN 978-4-535-52077-6　Printed in Japan

[JCOPY]〈(社)出版者著作権管理機構　委託出版物〉
本書の無断複写は著作権法上での例外を除き禁じられています。複写される場合は、そのつど事前に、(社)出版者著作権管理機構（電話 03-3513-6969、FAX 03-3513-6979、e-mail : info@jcopy.or.jp）の許諾を得てください。また、本書を代行業者等の第三者に依頼してスキャニング等の行為によりデジタル化することは、個人の家庭内の利用であっても、一切認められておりません。